Jörg Ernesti

Paul VI.

Die Biographie

HERDER

FREIBURG · BASEL · WIEN

MIX
Papier aus verantwortungsvollen Quellen
FSC www.fsc.org FSC® C083411

Erweiterte Neuausgabe des 2012 unter dem Titel
„Paul VI. Der vergessene Papst" erschienenen Werkes

www.herder.de
Umschlaggestaltung: Verlag Herder
Umschlagbild: David Lees/corbis
Satz: dtp studio eckart | Jörg Eckart
Herstellung: Těšínská Tiskárna a.s., Český Těšín
Printed in Czech Republic
ISBN 978-3-451-35703-9

Inhalt

Geleitwort

Es mag fast dramatisch überzogen klingen, wenn man im Blick auf einen Nachfolger Petri, der in der zweiten Hälfte des 20. Jahrhunderts die Kirche leitete, von einem „vergessenen Papst“ spricht. Aber in Wirklichkeit hat man damit doch etwas Richtiges getroffen. Pius XII. in seiner hoheitsvollen Gestalt, Johannes XXIII. mit dem überraschenden Charisma eines junggebliebenen Alten, Johannes Paul I. ein kurz strahlender Komet, Johannes Paul II. mit einer außerordentlichen, durch die Medien vermittelten Ausstrahlung in die ganze Welt, der große Theologe Benedikt XVI. – sie sind im lebendigen Gedächtnis der gegenwärtigen Kirche. Paul VI. hingegen tritt eher in den Hintergrund. Es gibt mindestens im deutschsprachigen Raum keine wissenschaftliche Biografie über sein Pontifikat, die den Ansprüchen genügt und seinem Leben und Wirken gerecht wird.

Dies steht geradezu in einem umgekehrten Verhältnis zu der Bedeutung des Pontifikates (1963–1978). In vielen Ländern ist Papst Paul VI. freilich fast unauslöschlich mit der Enzyklika *Humanae Vitae* vom 25. Juli 1968 verbunden. Ohne den Reichtum dieses Weltrundschreibens zu Ehe und Familie auch nur oberflächlich zur Kenntnis zu nehmen, hat man *Humanae Vitae* zur bloßen Pillenenzyklika verkürzt. Auf weite Strecken bietet Paul VI. jedoch ein anderes Bild. Seine Antrittsenzyklika *Ecclesiam Suam* (6. August 1964) eröffnet den Willen zu einer grundlegenden Begegnung mit der modernen Welt, vor allem durch einen gezielten Dialog. Kraftvoll führt er im Jahr 1963 das vor einem knappen Jahr eröffnete Konzil fort. Viele Akzente setzt Paul VI. in dieser Zeit: ein großer Einsatz für Frieden und Entwicklung; weitreichende ökumenische Akzente; Einführung der Weltfriedenstage; neues Verhältnis zum Judentum und zu den nichtchristlichen Religionen, aber auch zum Atheismus; Einführung der Bischofssynode; große apostolische Reisen (UNO, Asien, Südamerika); Evangelisierung als Programm; neue Begegnungen mit der modernen Kultur, besonders der Kunst. Noch vieles wäre zu nennen, z. B. die Verstärkung der Rolle der Laien, die Bewertung der Arbeit, die Aufhebung des Index verbotener Bücher, die Nahostpolitik.

Ich denke besonders aber an den zielstrebigen Abschluss des Zweiten Vatikanischen Konzils und die Aufhebung des Bannes im Blick auf die Orthodoxie zum Konzilsende am 8. Dezember 1965. Paul VI. hat jedoch nicht nur das Konzil erfolgreich abgeschlossen, sondern er hat mit einem hohen zielstrebigen, persönlichen Einsatz konsequent die von ihm angestoßenen Reformen durchgeführt. Dabei hat er auch persönlich nochmals viel studiert. Dies gilt besonders für die liturgischen Reformen, z. B. die Einführung des erneuerten Messbuches im Jahr 1969, aber auch im Blick auf den Ritus der Firmung. Sosehr Paul VI. auch um die politische Dimension seines Wirkens wusste und die großen Reisen in ihren Dienst stellte, sosehr war er aber auch ein zutiefst geistlicher Mensch, der sehr genau wusste, dass die Zukunft von Glauben und Kirche von der Vertiefung eines lebendigen Glaubens abhängt. Ohne sie wäre der programmatisch entwickelte Dialog mit der Welt zum Scheitern verurteilt (vgl. „Jahr des Glaubens", „Credo des Gottesvolkes").

Die Zeit nach dem Konzil brachte jedoch in der ganzen Welt große Umwälzungen, besonders im Jahr 1968. Eine ruhige und stetige Rezeption des Zweiten Vatikanischen Konzils wurde in diesem epochalen Übergang nicht selten gestört und in Frage gestellt. Das hat diesen Papst zwar immer wieder zu einem neuen Aufbruch herausgefordert, aber auch manchmal enttäuscht und misstrauisch erscheinen lassen. Es scheint, dass er in diesem vielfachen Widerstreit – auch innerhalb der Kirche – einsamer geworden ist. Aber Paul VI. hat die Zerrissenheiten und die Zwiespältigkeit der Zeit klar erkannt und sie als Aufgabe der Kirche zu ihrer Überwindung und Heilung angenommen. Oft sah man ihm diese zermürbenden Spannungen im Gesicht an. Ich glaube nicht, dass man im Blick auf den älter gewordenen Paul VI. von einer „reaktionären Wende" sprechen kann, wie es gelegentlich geschehen ist. Aber er war gewiss über das weltweite negative Echo auf *Humanae Vitae* enttäuscht. Danach hat er keine Enzyklika mehr geschrieben. Ist er der erste moderne Papst, wie man oft formuliert?

Professor DDr. Jörg Ernesti, der an der Philosophisch-Theologischen

Hochschule in Brixen (Südtirol) Kirchengeschichte lehrt und außerdem ein kompetenter Ökumeniker ist, hat im Blick auf die Person Pauls VI. und die umschriebene Situation ein längst fälliges Buch geschrieben. Er wertet in hohem Maße die weitgehend italienisch verfassten Quellen aus, die ihm aufgrund seiner Sprachkenntnisse und der Nähe Brixens zum italienischen Kulturraum leicht zugänglich waren. So erschließt er vor allem für den deutschen Sprachbereich viele Zusammenhänge zum ersten Mal. Wer über die Zeit des Zweiten Vatikanischen Konzils und seine Rezeption sich ernsthaft äußern will, darf an diesem instruktiven und objektiven Buch nicht vorbeigehen. Der Autor weiß freilich um die Vorläufigkeit und Ergänzungsbedürftigkeit seines Bemühens. Er stellt hauptsächlich das Wirken Giovanni Battista Montinis in der Zeit als Mailänder Erzbischof (1954–1963) und als Papst Paul VI. in die Mitte. Professor Ernesti weiß um die verbleibenden Spannungen und Ambivalenzen im Charakterbild des Papstes und noch mehr in den öffentlichen Spiegelungen seines Wirkens. Vieles bleibt noch aufzuhellen, besonders die Kindheit und die Jugend, die Liebe zur französischen Kultur und die Zuwendung zu einem personalistischen Denken. Ich danke Jörg Ernesti für dieses Buch und wünsche ihm viele aufmerksame Leser. Das Buch ist im Übrigen außerordentlich spannend und lehrreich für die gegenwärtigen Aufbruchsbewegungen und Dialogprozesse in der Kirche.

Mit besonderer Freude möchte ich vermerken, dass Professor Ernesti sein Werk dem Altbischof von Brixen, Professor Dr. Karl Golser, widmet, ein überaus kompetenter Mitarbeiter in der römischen Glaubenskongregation, ein ausgezeichneter Moraltheologe in Brixen und vor diesem Hintergrund ein vielversprechender Bischof.

Mainz, 15. Februar 2012

Karl Kardinal Lehmann
Bischof von Mainz

Vorwort der Erstausgabe 2012

Dieses Buch ist in gewissem Sinn vorläufig. Es beansprucht keine Vollständigkeit und stellt eher eine Annäherung an Giovanni Battista Montini/Paul VI. denn ein „letztes Wort“ zu seiner Person dar. Anders kann es angesichts einer so komplexen Persönlichkeit, einer solch langen Karriere und eines dermaßen ereignisreichen Pontifikates auch gar nicht sein. Wie will man einem Papst, der durch sein Wirken das kirchliche Leben in bis heute wahrnehmbarer Weise mit geprägt hat, auf einigen hundert Seiten gerecht werden? Wenn dieses Buch im deutschen Sprachraum zu einer neuen Beschäftigung mit dieser historischen Gestalt führt und zu weiteren Forschungen anregt, dann hat es trotz seiner Unvollständigkeit seinen Zweck erfüllt.

Das Wort, das auf dem Sarkophag des Papstes Hadrian VI., eines Zeitgenossen Luthers, in der deutschen Nationalkirche S. Maria dell'Anima in Rom zu lesen ist, gilt im Letzten wohl ebenso vom Montini-Papst: *Quantum refert in quae tempora vel optimi cuiusq[ue] virtus indicat* – „Ach, wie viel hängt davon ab, in welche Zeit auch des besten Mannes Wirken fällt.“ Sein Pontifikat fällt in eine sehr bewegte Zeit, deren Entwicklungen er trotz aller Klugheit sowie pastoralen und kurialen Erfahrung kaum entscheidend beeinflussen konnte. Herausforderungen, vor die sich keiner seiner Vorgänger gestellt sah, hatte er zu bewältigen – gerade das macht die Beschäftigung mit seiner Person so spannend. Zumindest über den ersten Teil seiner Regierungsjahre, die Zeit des Zweiten Vatikanischen Konzils, wird man sagen können, dass die katholische Kirche in der öffentlichen Wahrnehmung gut dastand und der Einsatz des Papstes für Frieden, Entwicklung und Gerechtigkeit anerkannt war. Die Kirche erschien modern und auf der Höhe der Zeit. Heute dagegen wird die Spannung zwischen kirchlicher Verkündigung und moderner Kultur stärker denn je empfunden. Besonders die katholische Kirche erscheint vielen Zeitgenossen als vormodernes Relikt und von ihrem Wesen her nicht modernitätstauglich. Das war um 1965 anders. Diese Biographie ist insofern kein Selbstzweck, sondern dient der historischen Standortbestimmung, zumal die Weichen für die gegenwärtige kirchliche Situation zum großen Teil in jener Zeit gestellt wurden.

Zwar sollen die hier vorgetragenen Ergebnisse wissenschaftlich dokumentiert werden, gleichzeitig aber richtet sich das Buch an den interessierten Laien, der sich über den Mann und seine Zeit informieren will. Um dem Leser Sprache, Stil und Denken Montinis nahezubringen, kommt dieser in Originalzitaten immer wieder selbst zu Wort.

Danken möchte ich all jenen, die mir beim Entstehen dieses Buches mit Rat und Hilfe beigestanden haben: Dr. Benjamin Dahlke (Mainz/Paderborn), der mir zahlreiche Anregungen gegeben und der überdies die Hauptlast der Korrekturen getragen hat; den Mitarbeitern des *Istituto Paolo VI* in Concesio/Brescia, für die ich stellvertretend Professor Dr. Angelo Maffeis nennen möchte, bei dem ich stets ein offenes Ohr gefunden habe; daneben dott. Lino Albertelli, dem Archivar und Bibliothekar des Hauses, der mir insbesondere bei der Auswahl der Fotos sehr behilflich war; Professor Dr. Leonhard Hell (Mainz) für manche Ermunterung; dem Lektor des Hauses Herder, Dr. Bruno Steimer, der sich auf das Wagnis dieses Projektes eingelassen und das Entstehen des Buches von den ersten Anfängen an mit Interesse begleitet hat; meinem Brixner Vorgänger Professor em. Dr. Josef Gelmi für fachlichen Rat; den Mitarbeitern der Brixner Hochschulbibliothek für vielfache Unterstützung; nicht zuletzt meinen Kolleginnen und Kollegen an der Philosophisch-Theologischen Hochschule Brixen, die mich darin unterstützten, einige Schlüsselaspekte des Themas im Rahmen eines internationalen Symposions zu vertiefen.[1]

Widmen möchte ich dieses Buch dem emeritierten Bischof von Bozen-Brixen, Professor Dr. Karl Golser.

Brixen, Ostern 2012 — *Jörg Ernesti*

1 „Timoniere in Tempi difficili – Paolo VI e la crisi postconciliare" („Steuermann in schwierigen Zeiten – Paul VI. und die nachkonziliare Krise"): Internationale Studientage in Kooperation mit dem Istituto Paolo VI (Brescia) – Brixen, 25./26. 2. 2012.

Vorwort zur Neuausgabe

Im Juni des Jahres 2012 konnte ich die erste Auflage dieser Studie über Giovanni Battista Montini (1897–1978) vorlegen, der als Papst Paul VI. von 1963 bis 1978 die katholische Kirche geleitet hat. Bereits fünf Monate später sollte eine zweite verbesserte Auflage folgen. Nun lege ich eine überarbeitete und deutlich erweiterte Neuausgabe vor.

Der Papst ist mittlerweile „zur Ehre der Altäre" erhoben worden. Die Seligsprechung erfolgte am 19. Oktober 2014 in Rom.

Seit dem Erscheinen der ersten Auflage habe ich mich kontinuierlich weiter mit Montini beschäftigt und mehrere Artikel zu speziellen Fragen seines Wirkens veröffentlicht (Kurienreform, Rolle im Konzil, Ökumene, Religionsfreiheit, Dialog, Verhältnis zu Deutschland, Einstellung zur Moderne, moderne Kunst). Bei zahlreichen Gastvorlesungen und -vorträgen konnte ich meine Arbeiten zu Montini ins Gespräch bringen und habe in den anschließenden Diskussionen interessante Anregungen bekommen. Auch den mittlerweile erschienenen Besprechungen sowie den Reaktionen aufmerksamer Leser verdanke ich Korrekturen und Hinweise, die in den überarbeiteten Text eingeflossen sind. Was den dritten Teil des Buches angeht, konnte ich sehr von den Internationalen Studientagen in Brixen über „Paul VI. und die nachkonziliare Krise" und namentlich von der Diskussion mit den teilnehmenden Kollegen profitieren. Mittlerweile sind die Akten dieser Tagung erschienen.[1]

Ganz neu ist in dieser Neuausgabe das Kapitel über die Religionsfreiheit, ein für Montini / Paul VI. wichtiges Anliegen. Stark überarbeitet und erweitert wurden die älteren Ausführungen zur Antrittsenzyklika *Ecclesiam Suam,* zur Kurienreform und zur Ökumene. Modifiziert habe ich auch die Passagen, welche das Wirken Pauls VI. im Konzil be-

1 Vgl. Jörg Ernesti (Hg.): Paolo VI e la crisi postconciliare – Paul VI. und die nachkonziliare Krise [= Internationale Studientage Brixen, 25.–26. Februar 2012/IPB. Pubblicazioni 32], Brescia 2013.

leuchten. Viel Zuspruch hat bei Lesern und Kritikern der Versuch einer Gesamtbewertung gefunden. Es war meine Absicht, das biographische Material nicht nur auszubreiten, sondern es auch kritisch auszuwerten. Insbesondere das Bemühen um Ausgewogenheit wurde dabei immer wieder zustimmend gewürdigt. Insgesamt halte ich auch nach weiterer Beschäftigung mit der Gestalt Pauls VI. an meiner Gesamteinschätzung fest, möchte sie aber um einen wichtigen Aspekt ergänzen: Man kann Persönlichkeit und Wirken Montinis schwer pauschal als „konservativ" oder „progressiv" einstufen. Es gilt vielmehr für verschiedene Bereiche zu differenzieren. Während er etwa im Blick auf die Themen Ökumene, Religionsfreiheit, Kurienreform und moderne Kunst ein progressives Profil erkennen lässt, wird man ihn in der Ekklesiologie, in der Sexualethik oder in der Auffassung des priesterlichen Amtes eher als konservativ bezeichnen müssen.

Schon bei der Erstellung der ersten Auflage ist mir aufgefallen, dass nur wenige Texte dieses Papstes in deutscher Sprache zugänglich sind. Wichtige und für seinen Pontifikat zentrale Ansprachen, Predigten, Briefe und Stellungnahmen sind entweder gar nicht oder nur abgelegen auf Deutsch publiziert. Als Beispiel sei etwa die programmatische Predigt vor Künstlern am Himmelfahrtstag des Jahres 1964 in der Sixtinischen Kapelle angeführt, die zum Auftakt einer produktiven Wiederannäherung von Kirche und moderner Kunst wurde, mit bisher noch kaum recht gewürdigten Folgen für die sakrale Kunst in der ganzen Welt. Selbst historisch bedeutsame Dokumente wie die Rede Pauls VI. vor der UNO am 4. Oktober 1965, sein Brief an die terroristischen Roten Brigaden oder sein Gebet für den ermordeten christdemokratischen Parteivorsitzenden Aldo Moro vom Frühjahr 1978 liegen nur in der Originalsprache gedruckt vor. Das führt nicht selten dazu, dass gewichtige und folgenreiche Texte im deutschen Sprachraum kaum wahrgenommen werden. Nicht nur die Person und das Wirken Pauls VI. können also heute als weitgehend „vergessen" gelten, sondern auch seine Ansprachen und Texte. Dem soll nun in der dritten Auflage mit einer Auswahl entsprechender Dokumente ein wenig abgeholfen werden. In einem Anhang soll also der Pontifex selbst zu Wort kommen.

Montini war ein Sprachkünstler. Er wuchs mit Literatur auf: Seine

Mutter machte den Jugendlichen mit den großen geistlichen Schriftstellern Frankreichs vertraut. Für den jungen Mann, der aus gesundheitlichen Gründen weder eine normale Schul- noch eine Seminarausbildung erlebte, blieb viel Zeit, vor allem die großen Literaten des 19. Jahrhunderts kennenzulernen. Schon seine frühen Äußerungen kennzeichnet daher eine bemerkenswerte Sensibilität im Formulieren. Sprachlich und gedanklich hochstehend sind auch die Aufsätze des jungen Priesters, der in der Begleitung von Studenten tätig war. Sprache blieb schließlich für den Bischof und Papst das wichtigste Werkzeug. In der jeweiligen Originalsprache liegen seine Texte mittlerweile in teils brauchbaren, teils vorbildlichen Editionen vor.

Montinis Sprache zu begegnen heißt, seiner Persönlichkeit zu begegnen. Schon bei dem jungen Mann prägte sich ein Stil aus, den er zeitlebens beibehielt und weiterentwickelte. Man kann mit dem Literaturwissenschaftler Fabio Finotti von einer „dialogischen und dramatischen Form“ sprechen.[2] Montini meidet bewusst antiquierte Wendungen: „Und er zieht einen eher modernen Wortschatz vor, baut oft Fragen ein, lässt die Wendungen in der Schwebe, um so nicht einen geschlossenen Gedanken zu präsentieren, sondern einen Gedanken in der Entfaltung, eine sich gerade vollziehende geistige Spannung.“[3] Stets werden auf diese Weise die Leser oder Hörer einbezogen. Dazu gehört auch, dass er sich auf anderslautende Positionen einlässt, sie in seine Argumentation einzubeziehen und zu verstehen versucht.

Als Seelsorger kann er freilich ebenso in ganz einfachen und leicht verständlichen Worten reden, wie etwa die hier wiedergegebene Predigt in der Kirche St. Paul's in Bombay zeigt. Bei derartigen Anlässen bevorzugt er – selten genug für ihn – parataktische Wendungen. Ansonsten sind seine Ansprachen und Predigten stets sehr ausgewogen und differenzierend. Im Italienischen spricht man treffend von „elaborato“, das heißt sie sind stilistisch gründlich ausgearbeitet. Mit anderen Worten: Es handelt sich um Texte, denen man anmerkt, dass an ihnen gefeilt wor-

2 „Forma dialogica e drammatica“: Fabio Finotti: Lo stile della prosa montiniana, in: Notiziario IPB 38 (1999), 61–68, 61.

3 „Ecco la scelta di un vocabolario più moderno e la frequente struttura interrogativa o sospesa delle frasi, a rappresentare non un pensiero concluso, ma un pensiero che si andava facendo, una tensione spirituale in atto (ebd., 61f.).

den ist. In der Tat stammen sie wirklich von ihm selbst. Hinter ihm stand kein „Ghostwriter“, und nie wäre ihm eingefallen, bloß von einem Mitarbeiter vorgefertigte sprachliche Produkte zu verlesen. Der Dienstagnachmittag blieb im päpstlichen Kalender stets für die Vorbereitung der Mittwochskatechese reserviert. Samstagnachmittags wurde die kurze Angelusansprache für den kommenden Tag eigenhändig geschrieben. Beiden Veranstaltungen, die von seinen Vorgängern begründet worden waren, drückte er durch dieses Engagement nicht nur seinen Stempel auf, sondern gab ihnen auch ein Gewicht, das sie bis heute behalten haben.

Aus dem Gesagten wird bereits deutlich, dass die Übersetzung der Texte Montinis eine Herausforderung darstellt. Es handelt sich eben nicht nur um ausgefeilte, sondern auch um wortreiche und bisweilen für den deutschen Leser verstiegen wirkende Dokumente. Wörtlich übersetzen kann man sie kaum, denn das würde nicht selten skurril klingen. Ich habe versucht, sie einigermaßen wort- und sinngetreu ins Deutsche zu übertragen. Montini neigt – wohl aus Freude an der sprachlichen Differenzierung – zum Pleonasmus. Dieser lässt sich in der nüchterneren deutschen Sprache nicht leicht nachahmen. Das Italienische erlaubt eine ausgiebige Periodenbildung; Montinis Stil ist ein gutes Beispiel dafür. Im Deutschen ist das kaum möglich. Längere Satzkonstruktionen habe ich daher des Öfteren aufgelöst, wie es dem deutschen Sprachduktus entspricht. Nicht jede poetische Wendung oder Metapher kann man ins Deutsche übertragen. Oft habe ich diese daher durch verwandte Redewendungen ersetzt.

Bei der Auswahl der Texte habe ich denjenigen den Vorzug gegeben, in denen der Papst als Person selbst spricht. Offizielle Verlautbarungen (Enzykliken, Botschaften etc.) habe ich dann zu berücksichtigen versucht, wenn sie erkennbar seine Handschrift tragen. Namentlich bei den Enzykliken wird zu berücksichtigen sein, dass er sich im Vorfeld der Veröffentlichung zuarbeiten ließ, indem er sich Informationen, Literatur, ja ganze Vorlagen erbat. Erst eine zukünftige Öffnung der vatikanischen Archive wird ein Urteil ermöglichen, wie weit jeweils sein eigener Beitrag reichte.

Beigegeben sind dieser Neuausgabe weitere Fotografien, die selbst historische Quellen darstellen. Sie gehören zum großen Teil zum Bestand des Istituto Paolo VI in Brescia, dessen Mitarbeitern ich nochmals meinen ganz herzlichen Dank aussprechen möchte. Allen voran nenne ich den neuen Präsidenten des Instituts, Prof. Dr. Angelo Maffeis, bei dem ich stets ein offenes Ohr für meine Anliegen gefunden habe und der meine Forschungen mit freundschaftlichem Interesse unterstützt. In den Dank schließe ich jetzt auch meine Mitarbeiter an der Universität Augsburg ein: Sebastian Walser, Johannes Beering, Ludwig Bolkart und Waltraud Güldenring.

Augsburg im Juni 2015 *Jörg Ernesti*

Einführung

Il Papa dimenticato – Der vergessene Papst

Il Papa dimenticato – Der vergessene Papst: unter diesem Titel wurde im Dezember 2006 im italienischen Staatsfernsehen (RAI 3) zur besten Sendezeit eine dreiteilige Dokumentation über Papst Paul VI. gezeigt (Regie: Luigi Bizzarri). Dieser Titel erscheint treffend, denn um die Gestalt Montinis, der die katholische Kirche von 1963 bis 1978 führte, war es lange Zeit vergleichsweise still. Keine wissenschaftliche Biographie ist in den dreißig Jahren nach seinem Tod erschienen, und keine ernst zu nehmende umfangreichere Monographie mit akademischem Anspruch wurde seinem Pontifikat gewidmet. Besonders im deutschen Sprachraum scheint er weitgehend aus dem öffentlichen Bewusstsein verschwunden zu sein.[1] Das mag umso mehr verwundern, als seine Regierungsjahre für die Kirche bedeutende Umwälzungen und neue Weichenstellungen mit sich gebracht haben, die von Johannes Paul II. weiterentwickelt wurden und die bis heute fortwirken.

Dieses lange Vergessenwerden eines großen Kirchenmannes, das erst langsam einem neuen Interesse weicht, mag zwei Gründe haben: Zum einen stehen die nicht weniger bedeutenden Päpste vor und nach ihm immer noch im Mittelpunkt des Interesses. Die Diskussion um Pius XII. und seine Haltung zum Nationalsozialismus sowie um sein vermeintliches „Schweigen“ angesichts des Holocaust scheint nicht enden zu wollen und gerade im deutschen Sprachraum sehr viel Aufmerksamkeit zu binden. Dessen Nachfolger, der „gute Papst“ Johannes XXIII., schlägt die Menschen mit seinen liebenswerten Zügen bis heute in den Bann. Und schließlich kam, nach dem einmonatigen Intermezzo Johannes Pauls I., die lange Zeit des charismatischen Johannes Paul II., einer der längsten und bewegtesten Pontifikate der jüngeren Papstgeschichte. Zwischen diesen großen Vorgängern und Nachfolgern wird das Gedächtnis Pauls VI. gewissermaßen „erdrückt“.

Ein zweiter Grund dafür, dass Paul VI. allmählich in Vergessenheit geraten ist, mag darin liegen, dass dieser Papst sein Amt zwar hoffnungsvoll antrat und hohe Erwartungen weckte, im Verlauf seiner 15 Amtsjahre jedoch zunehmend glücklos zu agieren schien. Weithin stellte sich der Eindruck ein, dass ihm die Fäden mehr und mehr entglitten und dass sich bei ihm selbst eine gewisse Verbitterung bemerkbar machte. Nicht von ungefähr wurde der Name *Paolo sesto* in seiner lombardischen Heimat zu *Paolo mesto,* zum *traurigen, bedrückten Paulus* verballhornt. Die erschütternden Bilder vom Requiem des von Terroristen ermordeten christdemokratischen Parteivorsitzenden Aldo Moro zeigen im Mai 1978 einen Papst mit tränenerstickter Stimme, einen gebrochenen Mann. Insbesondere was die langen Jahre nach dem Konzil angeht, ist sein Name für viele Zeitgenossen untrennbar mit einer unruhigen, verwirrenden, bisweilen geradezu traumatischen Epoche der Kirchengeschichte verbunden. Während Montini in seinen ersten Regierungsjahren noch relativ instinktsicher die öffentliche Meinung beherrschte, kam er nach 1968 nicht aus dem Meinungstief heraus.

Der Pontifikat ist nicht von seinem zeitgeschichtlichen Kontext zu trennen. Der erste Teil fällt in die sechziger Jahre, die von einem großen Optimismus gekennzeichnet waren, der seinen sprechendsten Ausdruck in der Eroberung des Weltraums fand. Der Glaube an ein unbegrenztes Wachstum war noch ungebrochen. Der zweite Teil dagegen beginnt 1968 und umfasst damit eine Zeit, in der die Grenzen des Wachstums durch Öl- und Wirtschaftskrise schlagartig bewusst wurden. In diesem Zeitraum vollzog sich außerdem eine Kulturrevolution, in deren Rahmen die Emanzipation der Frau, der Jugend- und Studentenprotest, Sympathien für den Marxismus im Westen, die Ablehnung des Vietnamkriegs und die sexuelle Revolution gehören. All diese Entwicklungen, die nur vor dem Hintergrund eines hohen Wohlstands denkbar waren, hatten einschneidende Auswirkungen auf das religiöse Leben. Hugh McLeod analysiert in seiner historisch-religionssoziologisch ausgerichteten Studie *The Religious Crisis of the 1960s,* die „religiöse Krise der sechziger Jahre“.[2] In diesem Zeitraum ging eine christliche Hoch-Zeit definitiv zu Ende. In allen westlichen Staaten war nach 1945 Orientierung gerade bei den Kirchen gesucht worden, und überall war es zu einem Aufschwung des kirchlichen Lebens gekommen. Nun aber setzten Rückgang und Abschwung ein.[3] Paul VI. hatte in gewissem Sinn das Pech, dass sein Pontifikat in diesen größeren Kontext fiel. Wie McLeod allerdings deutlich macht, betraf diese Krise nicht nur die katholische Kirche, sondern alle großen in den westlichen Gesellschaften vertretenen Kirchen. In unterschiedlichem Maße war in den betreffenden Ländern eine Abkehr von der christlichen Moral zu beobachten, in deren Gefolge es zu einer neuen Gesetzgebung kam.[4] Überall wurden neue Gesetze zur Ehescheidung, zur Abtreibung, zur Homosexualität und zur Emanzipation der Frau erlassen. Die junge Generation entfremdete sich in einem nie gekannten Maße von den Kirchen, und die Sinnsuche verlagerte sich vielfach zu den östlichen Religionen. In den sechziger Jahren herrschte gleichzeitig ein großes Interesse an religiösen Fragen, das sich allerdings oftmals in kritischer Weise äußerte. Die „religiöse Krise" hat nach McLeod verschiedene Ursachen, die erst in der Summe die Dramatik der Entwicklung bewirken. Offen bleiben muss dabei die Frage, ob die sechziger Jahre einen neuen Ansatz oder den Höhepunkt einer langen, vielleicht gar jahrhundertelangen Entwicklung im Sinn einer zunehmenden „Säkularisierung" und „Entchristlichung" darstellen.[5]

Es bleibt unbestreitbar: Wohl selten zuvor in ihrer 2000-jährigen Geschichte hat die Kirche binnen kürzester Zeit so dramatische Umbrüche erlebt – und soviel sei vorweggenommen: Paul VI. hat sie nur zum Teil zu steuern vermocht. Die Gläubigen schienen in ihm nicht den Halt zu finden, der in dieser bewegten Zeit nötig war, um den Glauben zu bewahren.[6] Karl Rahner beklagte schon 1971, dass von diesem Papst keine klare Orientierung ausgehe: „Fortschrittlichkeit und Konservativismus, Mut und Vorsicht, plötzliche Entschlüsse und überlanges Zögern, entschlossene Fortführung der Impulse des II. Vaticanums und Tendenzen eher rückläufiger Art mischen sich auf allen Gebieten."[7] So bleibe letztlich der Eindruck des Zwiespältigen, schwer zu Fassenden. Darin dürfte eben der wesentliche Grund dafür liegen, dass die Beschäftigung mit seinen Regierungsjahren lieber aufgeschoben, wenn nicht gleich ganz verdrängt wird.

Die wichtigsten Quellen

In diesem Buch geht es vorrangig um Paul VI. und um sein Wirken als Nachfolger Petri – um seine Persönlichkeit dagegen nur insofern, als sie für sein Handeln als Papst relevant ist. Daher nehmen die Jahre von 1897 bis 1963 nur einen vergleichsweise bescheidenen Raum ein.

Dass dieser Papst weitgehend aus dem Blick geraten ist, erscheint nicht nur deshalb ungewöhnlich, als seine Entscheidungen das Leben der Kirche bis heute prägen, sondern auch weil die Überlieferung über seine Amtszeit exzellent ist, ja die einschlägigen Zeugnisse kaum zu überblicken sind. Kein Pontifex zuvor hat sich so oft und so breit öffentlich geäußert. Für die Zeit vor seiner Bischofsweihe liegt außerdem ein Großteil der relevanten Dokumente in brauchbaren Ausgaben vor.[8]

Wichtigste Quelle für den Pontifikat selbst sind die nahezu vollständig edierten Reden des Papstes. Sie lassen direkte Rückschlüsse auf sein Denken und Wollen zu. Sein langjähriger Sekretär Pasquale Macchi (1923–2006), der Montini vom Amtsantritt in Mailand bis zu dessen letztem Tag diente, bezeugt, dass dieser seine Ansprachen immer selbst geschrieben und sie stets akribisch vorbereitet hat. Hinter ihm stand kein Ghostwriter, der ihm die Reden verfasst hat, und keinem Berater hat er seine Gedanken übermittelt, die dieser dann in fertige Manuskripte hätte umwandeln müssen (wie es zuletzt bei Johannes Paul II. üblich war). Jeder Dienstagnachmittag blieb für die Vorbereitung der Ansprache in der Generalaudienz am Mittwochmorgen reserviert.[9] Allein im ersten Jahr hielt er über 300 Reden und Predigten. Auch die kurzen allsonntäglichen Ansprachen zum Angelus (einer von Johannes XXIII. begründeten Tradition) verfasste er selbst. Die *Insegnamenti di Paolo VI* umfassen über 20.000 gedruckte Seiten.[10] Sie spiegeln alle kleinen und großen Geschehnisse in Kirche und Welt in jenen 15 Jahren wider. Johannes Paul II. bezeichnet die gesammelten Texte seines Vor-Vorgängers einmal als „Summa theologica“[11]. Fast alle wichtigen Dokumente dieses Pontifikates sind mittlerweile über die offizielle Internetseite des Vatikans zugänglich.[12]

Der genannte Pasquale Macchi, von 1988 bis 1996 Erzbischof von Loreto, hat mehrfach seine Erinnerungen an die Jahre mit Montini niedergeschrieben und dabei bislang unveröffentlichte Äußerungen und unbekannte Aktivitäten kolportiert. Insbesondere der Band *Paolo VI nella sua parola* (Brescia 2001) ist für die Rekonstruktion des Pontifikates von großer Bedeutung.

Montini/Paul VI. hat anders als sein Vorgänger kein Tagebuch und keinen geistlichen Rechenschaftsbericht hinterlassen, sieht man von einem kurzen Text des Seminaristen, den Besinnungen vor dem Tod und dem Testament ab.[13]

Eine wichtige, wenngleich schwierig einzuordnende Quelle stellen die Schriften des Papst-Freundes Jean Guitton (1901–1999) dar, eines französischen Schriftstellers, dem Montini Einblicke in seine Anschauungen und Absichten gab. Die beiden hatten sich 1950 kennengelernt und verbrachten bis zum Tod des Papstes mindestens einen Tag im Jahr zusammen (zumeist den Festtag Mariae Geburt am 8. September). Der Franzose war von Johannes XXIII. als Beobachter zum Konzil eingeladen worden. In der zweiten Sitzungsperiode war er dann unter den 14 *Auditores* im Laienstand, einer von Montini geprägten Kategorie. Bereits 1967 erschien sein Buch *Dialog mit Paul VI.* (als Übersetzung des im selben Jahr herausgegebenen französischen Originals), im Jahr 1985 folgte *Paolo VI segreto*.[14] Es handelt sich weder um Biographien noch um Interviews, sondern um Dokumentationen langer Gespräche. Diese zeugen zwar einerseits von einer tiefen Vertrautheit mit dem hochgestellten Gesprächspartner, und die hier wiedergegebenen Äußerungen lassen durchaus dessen Denk- und Sprechweise erkennen. Insofern es sich jedoch um keine direkten Zitate handelt, sind sie andererseits sehr schwer nachprüfbar. Immerhin scheint der Papst das längere erste Werk gutgeheißen zu haben. Historiographisch brauchbarer sind dagegen ohne Zweifel die Aufzeichnungen aus dem Jahr 1985, da sie weniger stark redigiert scheinen und der Grundakkord nicht so devot ist.

Es steht zu erwarten, dass eine zukünftige Öffnung der Archivbestände über die veröffentlichten Texte dieses Papstes hinaus weniger an Neuem erbringen wird als bei manchem seiner Vorgänger, denn er selbst ordnete in seinem Testament an, dass alle Notizen und Zeitschriften, alle Korrespondenz, alle handschriftlichen Manuskripte und alle persönlichen Schriften nach seinem Ableben vernichtet werden, ebenso wie an ihn gerichtete Briefe geistlicher Natur. Diese Anordnung sollte durch seinen Testamentsvollstrecker Pasquale Macchi ausgeführt werden.[15] Dass dieser später dennoch zahlreiche Dokumente, die zum Teil durchaus privater und geistlicher Natur sind, veröffentlicht oder dem *Istituto Paolo VI* übergeben hat, ist einerseits für die Erhellung der Persönlichkeit Montinis sehr wertvoll, andererseits im Blick auf den erklärten Willen des Papstes nicht ganz unproblematisch.

Obgleich die Paul VI. betreffenden Akten im Vatikanischen Geheimarchiv sicher noch weitere 40 bis 50 Jahre unter Verschluss bleiben, da zunächst die Archive der Päpste Pius XII. und Johannes XXIII. der Forschung vollständig zugänglich gemacht werden müssen, liegen damit doch die meisten bis heute greifbaren Quellen in brauchbaren Editionen vor.

Aufgrund der reichen Quellenlage soll der Dargestellte, Giovanni Battista Montini/Paul VI., immer wieder selbst zu Wort kommen, sei es in öffentlichen Äußerungen oder in privaten Aufzeichnungen. Er war ein *homo litteratus*, ein Mann des Wortes, und als solcher in hohem Maße zur Reflexion seines Tuns fähig. Insofern kommt diesen direkten Zitationen besondere Bedeutung bei der Rekonstruktion seiner Persönlichkeit und seines Wirkens zu.

Daneben soll aufgezeigt werden, welche Resonanz seine Aktionen in der Presse und damit in der öffentlichen (bzw. veröffentlichten) Meinung gefunden haben. Die hier getroffene Auswahl von Tageszeitungen und Nachrichtenmagazinen ist keinesfalls repräsentativ. Das Thema „Paul VI. in der Publizistik“ würde eine eigene Studie rechtfertigen.

Schließlich war es mir ein Anliegen, unveröffentlichte oder im deutschen Sprachraum noch nicht publizierte Fotografien auszuwählen.

Paul VI. als Gegenstand der Forschung

Dass Paul VI. im öffentlichen Bewusstsein seit langer Zeit weithin „vergessen" ist, bedeutet nicht, dass die Forschung sich nicht mit ihm beschäftigt hätte. Das Forschungsinteresse ist jedoch im Wesentlichen auf den romanischen Sprachraum beschränkt geblieben. Die Deutung des Pontifikates wurde dabei stark durch einen französischen Tagungsband aus dem Jahr 1984 geprägt, in dem das Wirken des Papstes mit der grundlegenden Kategorie der *Modernité* gedeutet und er selbst als Reformpapst gewürdigt wird.[16]

Noch im Todesjahr Montinis wurde im *Istituto Paolo VI.* in dessen Heimatstadt Brescia damit begonnen, die wichtigsten Facetten seines Wirkens in regelmäßig stattfindenden Tagungen zu untersuchen, deren Ergebnisse durch große Tagungsbände der Fachwelt zugänglich gemacht wurden.[17] Das Institut, das erst jüngst einen neuen Sitz im Geburtsort des Papstes in Concesio erhalten hat, bewahrt neben einer umfangreichen Spezialbibliothek als Herzstück die jetzt schon zugänglichen Teile seines Nachlasses und seine Privatbibliothek, die testamentarisch den beiden Brüdern des Papstes hinterlassen wurde. Anders als bei seinen Vorgängern wurde diese nach seinem Tod beisammen gelassen. Sie würde eine eigene Studie rechtfertigen, da ihre Zusammensetzung Rückschlüsse erlaubt, welche Theologen er gelesen und mit welchen Autoren er sich intensiver beschäftigt hat. Ohne genaueren Untersuchungen vorzugreifen, kann man doch sagen, dass neben italienischen Philosophen und Theologen viele Franzosen, hingegen nur wenige angelsächsische und noch weniger deutsche Autoren vertreten sind (und letztere überwiegend in Übersetzungen). Leider ist der Bestand an Belletristik, den zu kennen aufgrund seiner einschlägigen Interessen besonders interessant wäre, nach seinem Tod auseinandergerissen worden. Er ließe Rückschlüsse auf seine Geisteshaltung und auf ihn wirksame Einflüsse zu. Es existiert auch kein zeitgenössischer Katalog, der eine

Rekonstruktion ermöglichen würde.[18] Eine gründliche wissenschaftliche Auswertung des erhaltenen Bestandes, die im Rahmen einer Biographie nicht geleistet werden kann, steht noch aus.

In Brescia/Concesio wird auch die Zeitschrift *Notiziario* herausgegeben, in der wichtige, Montini betreffende Dokumente und wissenschaftliche Artikel zu speziellen Fragen publiziert werden. Jeder der zweimal jährlich erscheinenden Bände präsentiert bislang unveröffentlichte oder schwer zugängliche Quellen aus seiner Feder. Frucht der Arbeit des Instituts ist weiterhin eine groß angelegte Edition von Dokumenten aus der Zeit vor seiner Ernennung zum Mailänder Erzbischof, welche einen guten Teil der für den „jungen Montini" relevanten Quellen enthält.[19] Derzeit wird am Sitz des Instituts eine neue kritische Edition der frühen Korrespondenz Montinis vorbereitet. Lokaler Schwerpunkt der Erforschung der Bischofsjahre ist Mailand, wo auch die „Reden und Schriften" des Erzbischofs ediert worden sind.[20]

Im italienischen Bereich wurden also wichtige Vorarbeiten für jede künftige Beschäftigung mit dem Wirken Pauls VI. geleistet. Insofern kann es auch nicht verwundern, dass sich zuerst in seinem Heimatland ein neues Interesse an seiner Person und an seinem Wirken entwickelt hat. Anlässlich des dreißigsten Todesjahres des Pontifex sind gleich vier umfangreiche Biographien erschienen, überdies bei großen Verlagen. Zwar beeindrucken diese Arbeiten durch die Fülle des verarbeiteten Materials, doch sind sie allesamt von einer unverkennbar hagiographischen Tendenz gekennzeichnet. Deutlich spürbar ist das Bemühen, die Brüche im Wirken des Papstes zu glätten. Schwierige Züge der Persönlichkeit werden ausgeblendet und die starken Seiten hervorgekehrt. So nehmen sich die Autoren nach und nach jene Aspekte vor, die schon von den Zeitgenossen als problematisch empfunden wurden und die seither das Urteil über sein Wirken geprägt haben. Cristina Siccardi etwa schreibt gegen das Bild eines allzu intellektuellen, grüblerischen, zweifelnden Mannes an und hebt stattdessen die spirituelle, religiöse Ausrichtung seiner Persönlichkeit hervor.[21] Giselda Adornatos Biographie ist zwar insgesamt gründlicher gearbeitet und überzeugt durch die Kenntnis der derzeit zugänglichen Quellen, namentlich der „Reden und Schriften" des Mailänder Erzbischofs, an deren Veröffentlichung sie mitgewirkt hat. Doch ist auch hier eine gewisse Tendenz, den Papst zu rechtfertigen, nicht zu verkennen.[22] Andrea Tornielli schreibt seine Biographie ebenfalls nicht ohne Absicht.[23] So sucht er erkennbar den gegen Paul VI. erhobenen Vorwurf des Schwankenden, Zögerlichen und Unentschiedenen zu korrigieren und hebt dessen Weitblick und Führungskraft hervor. Interessant ist seine Darstellung aber nicht zuletzt dadurch, dass er als „Vaticanista" (Redakteur im Vatikan) zahlreiche Zeitzeugen befragen konnte.[24] Gabriele della Balda bescheinigt dem Papst in seiner kleinformatigen Lebensbeschreibung Mut und ein konsequentes Handeln.[25] Deutlich spürbar ist die hagiographische Absicht bei einem von persönlichen Eindrücken gefärbten Buch des emeritierten Mailänder Erzbischofs Dionigi Tettamanzi, das wohl als Biographie kaum in Frage kommt.[26] Anzuführen ist schließlich noch das Lebensbild des Vatikankorrespondenten Carlo Cremona aus dem Jahr 1997, das zwar keinen wissenschaftlichen Anspruch erhebt, aber reich an Anekdoten sowie unveröffentlichten Begebenheiten und Aussprüchen des Papstes ist.[27] Im Jahr 2014 erschien schließlich eine umfangreiche Biographie in italienischer Sprache, die aber in jeder Hinsicht enttäuschen muss, insofern sie nicht einmal den Forschungsstand widerspiegelt. Das offenkundig schnell gestrickte Werk, das zur Seligsprechung vorliegen musste, stützt sich vor allem auf italienische und französische Literatur, während angelsächsische und deutsche Arbeiten kaum wahrgenommen werden. Ebenso gravierend scheint, dass nicht einmal die Beiträge der Brescianer Tagungen in ausreichendem Maße rezipiert werden.[28] Während Fulvio De Giorgi und Giselda Adornato im Wesentlichen ältere eigene Publikationen neu präsentieren, bleibt die Darstellung der Pontifikatsjahre durch Ennio Apeciti besonders blass und unkritisch. Die vor dem Oktober 2014 erschienenen zahlreichen weiteren Kleinschriften und Würdigungen in italienischer Sprache, die mit kritischer Geschichtsschreibung wenig zu tun haben, können hier nicht im Einzelnen gewürdigt werden.[29]

Das Bild Pauls VI. zu glätten versucht gleichfalls ein 2008 im italienischen Staatsfernsehen ausgestrahlter fast vierstündiger Spielfilm unter dem Titel *Paolo VI. Un Papa nella Tempesta* (Regie: Fabrizio Costa). Unzweideutig wird das Bild eines Heiligen zu zeichnen versucht, unter Ausblendung der heiklen Aspekte des Pontifikates.

Bei aller Anerkennung für diese biographischen Versuche wird man doch nicht umhin können, einen Mangel an kritischer Distanz zum Gegenstand festzustellen. Eine kritische Distanz und eine sachliche Neutralität dem Erforschten gegenüber sind aber unerlässliche Voraussetzung für eine gerechte Würdigung. Insgesamt geht man wohl nicht fehl, wenn man den jüngeren Veröffentlichungen attestiert, dass sie ein konservativeres Bild zeichnen. Dies mag der gegenwärtigen kirchenpolitischen Situation und der erwünschten Seligsprechung geschuldet sein, ist jedoch historiographisch nicht angemessen. Das entsprechende Verfahren wurde im Übrigen am 10. Mai 1993 förmlich eröffnet.[30] Am 20. Dezember 2012 wurde es mit der Feststellung des „heroischen Tugendgrades" durch Benedikt XVI. abgeschlossen. Die Seligsprechung erfolgte am 19. Oktober 2014 in Rom, passenderweise im Rahmen der Bischofssynode – hatte doch Paul VI. diese Institution selbst ins Leben gerufen.

Ein Solitär ist die umfangreiche Biographie von Peter Hebblethwaite aus dem Jahr 1993, die stark der genannten Deutungskategorie der „Modernité" verpflichtet ist.[31] Allerdings ist von diesem wohlinformierten und anekdotisch angereicherten Werk des englischen Vatikan-Korrespondenten keine nennenswerte Wirkung ausgegangen. Das gilt ebenso für einen Band Luitpold Dorns, der immerhin manche erhellende Beobachtung bietet.[32]

90% der jetzt schon zugänglichen Quellen sind in italienischer Sprache verfasst, ebenso wie ein Großteil der Sekundärliteratur. Dieses Buch will Vermittlungsdienste leisten, insofern die betreffenden Veröffentlichungen im deutschen Sprachraum kaum wahrgenommen werden.[33] Die Zeit dafür ist reif. Brixen als südlicher Außenposten der deutschsprachigen Theologie erscheint dazu als besonders geeigneter Wissenschaftsstandort, nicht zuletzt durch die Zweisprachigkeit sowie die räumliche Nähe zu Brescia. Wenn einmal die Zeit Pauls VI., die für die katholische Kirche eminent wichtigen Jahre zwischen 1963 und 1978, auch im Norden als Forschungsfeld stärker in den Blick kommt, wird man sich auf eine Fülle bereits erschlossener Quellen und italienischer Sekundärliteratur stützen können, ähnlich wie man sich auf die Bologneser Studien zum II. Vaticanum gestützt hat, als es in deutscher Sprache nichts Vergleichbares gab.

Die Vita bis 1963

1 Stationen einer kirchlichen Karriere

Brescia

Die Montini bewohnten als alteingesessene Bürgerfamilie einen herrschaftlichen Palazzo im Herzen von Brescia. Aber nicht hier, sondern im Sommerdomizil im acht Kilometer nördlich gelegenen Dorf Concesio wurde der spätere Papst als Giovanni Battista Enrico Antonio Maria Montini am 26. September 1897 geboren. Will man seine Persönlichkeit verstehen, muss man diese seine Herkunft unbedingt berücksichtigen.[1] Brescia ist eine stolze, alte lombardische Stadt. Zahlreiche Monumente der Vergangenheit wie das Theater, in dessen Ruinen der kleine Giovanni Battista gespielt hat, zeugen von der römischen Vergangenheit. Freie Stadtrepublik und Mitglied des lombardischen Städtebundes im Mittelalter, konnte sich Brescia im Ringen mit der Kaisermacht behaupten, bis es 1426 wie so viele andere oberitalienische Städte an die seinerzeit noch mächtige *Serenissima*, an das große Venedig fiel. Nach einem

1 Geburtshaus in Brescia

österreichischen Intermezzo wurde die Stadt 1859 Teil des neuen Königreichs Piemont-Sardinien. Bis heute bewahren sich die Bewohner der lombardischen Städte ein hohes, von der Geschichte genährtes Selbstbewusstsein, das bisweilen in Form von Verachtung für die anderen Regionen Italiens unschöne Züge annimmt.

Brescia war stets auch eine katholisch geprägte Stadt. Schon in altkirchlicher Zeit hatte es hier blühendes kirchliches Leben gegeben, wie das Kloster der heiligen Justina zeigt. Um 1900 bestimmten der Katholizismus und besonders die katholische Soziallehre das gesellschaftliche Leben. Hier wurzelt Montinis „Einsatz für die Freiheit, die Gerechtigkeit und die aktive Solidarität"[2], wie er gegen Ende seines Lebens rückblickend gegenüber einer Delegation aus seiner Vaterstadt bekennen sollte.

Giorgio Montini (1860–1943), sein Vater, war durch und durch Brescianer, sowohl was das historische Bewusstsein als auch was seine katholische Prägung angeht. Der studierte Jurist und Stadtrat gab 30 Jahre lang die Zeitung *Il Cittadino di Brescia* heraus, die der katholischen Kir-

2 Giovanni Battista Montini im Kreis seiner Familie (21. Mai 1921)

che nahe stand. Als Papst wird sein Sohn einmal die journalistische Tätigkeit des Vaters als eine „mutige Sendung im Dienst der Wahrheit, der Demokratie, des Fortschritts; mit einem Wort: des Allgemeinwohls" bezeichnen[3]. Mutig war dieses Engagement schon deshalb, weil der Antagonismus zwischen der katholischen Kirche und dem neuen italienischen Nationalstaat, der 1870 das Territorium des Kirchenstaates annektiert hatte, damals noch nicht überwunden war. Katholiken war in jener Epoche die aktive Teilnahme am politischen Leben durch päpstliche Entscheidung verwehrt (*Non Expedit*, 1874), so dass die Gestaltung der Gesellschaft weitgehend Freimaurern, Atheisten, Juden, Waldensern und liberalen Katholiken, welche die vatikanischen Verbote missachteten, überlassen blieb. Formal galt diese Bestimmung, nach der Katholiken weder an Wahlen teilnehmen noch Mandate anstreben durften, bis 1919. Giorgio Montini war es ein Anliegen, diesen Zustand zu beenden, sobald es die Umstände erlaubten. Er zählte daher zu den frühen Aktivisten des *Partito Popolare*, der 1919 von dem sizilianischen Priester Luigi Sturzo (1871–1959) geschaffenen christdemokratischen Volkspartei.[4] Der katholischen Soziallehre verpflichtet, aber ohne an Weisungen der Hierarchie gebunden zu sein, gewann die Partei rasch an Einfluss. Dreimal wurde Montini-Vater für die Partei zum Kammerabgeordneten in Rom gewählt (1919, 1921, 1924), bis ihm sein Mandat von den Faschisten aberkannt wurde. Mehrfach musste er es erleben, dass die Redaktionsräume seiner Zeitung von den Schwarzhemden gestürmt wurden. 1926 wurde die Partei aufgelöst und lebte erst 1942 unter maßgeblicher Beteiligung ihres Mitbegründers und letzten Vorsitzenden Alcide De Gasperi (1881–1954) als *Democrazia Cristiana* (DC) wieder auf. Da sich nun auch die katholischen Verbände (Studenten, Katholische Aktion und andere) beteiligten, kann man von einer echten katholischen Sammlungsbewegung sprechen. Auch wenn von der DC erwartet wurde, dass durch sie gesellschaftspolitische und ethische Positionen der Kirche verwirklicht wurden, kam ihr doch in allen konkreten Entscheidungen Autonomie zu. Sie verstand sich keinesfalls als der verlängerte Arm der Hierarchie. In der Familie Montini herrschte die Überzeugung, dass die politische Einheit der Katholiken ein hoher Wert sei, dem die Partei in erster Linie verpflichtet sein müsse.

Der junge Giovanni Battista scheint also von seinem Senior die Bedeutung gesellschaftspolitischen Engagements, die Wirkmächtigkeit der katholischen Soziallehre und die Notwendigkeit, für die eigenen Überzeugungen auch gegen Widerstände einzustehen, gelernt zu haben. In seinen erhaltenen Briefen an den Vater sind eine starke Vertrautheit der beiden sowie ein großer Respekt des Sohnes zu spüren. Gegenüber der Mutter bezeichnet er ihn nach dessen Tod als „meinen Meister und Freund".[5]

Um Giovanni Battista Montinis positive Haltung gegenüber gesellschaftlichem Engagement recht einordnen zu können, muss man sich vergegenwärtigen, dass neben der Frontstellung zwischen Kirche und Politik auch eine weitere zwischen Kirche und weiten Teilen des Kulturlebens bestand. Der junge Montini bejahte die moderne Kultur, soweit sie nicht offen antiklerikales Gepräge zeigte. Allerdings ging er mit seiner Bejahung niemals so weit, dass er in den Verdacht des Modernismus geriet. Denn der Antimodernismus behinderte seit dem Pontifikat Pius' X. (1903–1914) eine positive Auseinandersetzung der Kirche mit der modernen Kultur. Darauf wird noch einzugehen sein.

Der älteste Bruder Lodovico (1896–1990) wurde wie der Vater Jurist und christdemokratischer Politiker. Er war seit 1946 für zwei Jahrzehnte Abgeordneter in Rom, zunächst als Kammerabgeordneter, später als Senator. Auf Giovanni Battista folgte noch als drittes Kind Francesco (1900–1971), der den Beruf des Arztes ergriff.

Die Mutter Giuditta Alghisi (1874–1943), mit der Giorgio Montini seit 1895 verheiratet war, war eine schöngeistige Frau, tiefreligiös und spirituell ambitioniert. Die großen geistlichen Schriftsteller Frankreichs des 17. und 18. Jahrhunderts, und unter diesen vorzugsweise Bossuet (1627–1704), las sie im Original – ihr Sohn sollte es ihr später gleichtun. Sie widmete sich ansonsten der Familie, unterstützte ihren Gatten in der journalistischen Tätigkeit und fand nebenher noch Zeit für caritatives Engagement. Dass sie einen stark prägenden Einfluss auf den jungen Giovanni Battista ausüben konnte, wurde durch einen besonderen Umstand begünstigt: Dieser hatte als Kind und Jugendlicher eine schwache und kränkliche Konstitution, so dass sich sein Ausbildungsgang anders gestaltete als bei anderen Schülern. Immer wieder mussten ihn die

Eltern aus der Schule nehmen und zu Hause behalten, so dass ihm mehr Zeit für Lektüre und geistige Tätigkeit blieb als seinen Altersgenossen und sich bei ihm schon früh eine gewisse Reife einstellte.[6] Da er auch in der Freizeit nicht an allen Unternehmungen der Gleichaltrigen teilhaben konnte, lernte er schon als junger Mensch die Bedeutung der schriftlichen Kommunikation kennen. Sein Leben lang blieb der – zumeist handgeschriebene – Brief sein vielleicht wichtigstes Ausdrucksmittel. Es erschließt sich leicht, dass bereits dem Schüler die treue und gleichgesinnte Freundschaft zum hohen Wert wurde; sie blieb es ein Leben lang. Auch die Erfahrung des Kriegseinsatzes sollte ihm wegen seines Gesundheitszustandes erspart bleiben, da er als wehruntauglich eingestuft wurde. Er lebte zeitlebens in dem Bewusstsein der eigenen Hinfälligkeit, sah stets ein plötzliches Ende voraus und blieb daher ein ängstlicher und unruhiger Charakter. Der Glaube war es, durch den er innere Ruhe und Ausgeglichenheit fand.[7]

Im Umgang mit anderen Menschen zeigte er bereits als junger Mann einen großen Respekt, ja eine gewisse scheue Zurückhaltung. Ein hohes Maß an Sensibilität, die ihm zu eigen war, ermöglichte es ihm, andere Menschen zu verstehen, selbst wenn diese sich selbst nicht recht artikulieren konnten.

Geprägt wurde er neben seinem Elternhaus durch die Jesuiten seiner Heimatstadt, bei denen er zur Schule ging und bei denen er die Marianische Kongregation anführte. Noch stärker wirkte sich hingegen der Einfluss des örtlichen Oratoriums *Santa Maria della Pace* aus. Oratorianer stehen in ihrer Lebensform eher den Weltpriestern als den Ordensleuten nahe. Im Geiste des heiligen Philipp Neri sind sie vor allem durch das Band der Liebe verbunden, nicht aber durch starke institutionelle Bindungen. Nach dem Abitur am staatlichen altsprachlichen Gymnasium (Liceo classico) *Arnaldo da Brescia* im Jahr 1916 wurde Montini Seminarist. Warum er Weltpriester und nicht Oratorianer werden wollte – immerhin die offenste Ordensform, die bis dahin existierte –, ist ungeklärt. Einem der Priester des Oratoriums in Brescia, Giulio Bevilacqua (1881–1965), blieb er ein Leben lang verbunden. Dieser hatte Sozialwissenschaft studiert und war mit Vater Montini befreundet, dem er die christliche Soziallehre nahebrachte. Der Sohn sollte seinen alten geistlichen

Begleiter, den er Ende der zwanziger Jahre kurzzeitig bei sich aufnahm, als dieser dem Druck der Faschisten weichen musste, 1965 zum Kardinal ernennen und zum Bischof weihen. Bevilacqua war für ihn „Meister, Vertrauter, Bruder und Ideengeber".[8]

Giovanni Battista Montini lernte während seiner Studienzeit auch Benediktinerklöster kennen und bewahrte sich ein Leben lang eine große Bewunderung für die Lebensform dieser Mönche. Erst im Jahr 2007 veröffentlichte Skizzen aus seiner römischen Zeit zeigen, dass er die benediktinische Spiritualität gerade wegen ihrer Ausgewogenheit hoch schätzte.[9] Als Erzbischof von Mailand sollte er später mehrfach seinen Urlaub im schweizerischen Benediktinerkloster Engelberg (bzw. in einer der Pfarreien des Klosters) verbringen. In einem Aufsatz aus dem Jahr 1929, den er für die Studentenzeitschrift *Studium* verfasste, gibt er sich als großer Bewunderer der Kunst der benediktinischen Beuroner Kongregation zu erkennen.[10] Sie ist für ihn religiöse Kunst in Reinform, da sie nicht von den heiligen Mysterien ablenkt und die Aufmerksamkeit für sich beansprucht, sondern ins Gebet einführt. Dabei ist sie aber durchaus populär und hat einen katechetischen Anspruch. Er kennt die entsprechenden Künstler und die Hauptwerke. Die Strenge und Einfachheit ihrer Formen, die sie in die Nähe zur Kunst der Katakomben rückt, wird zum Vehikel der Mystik. Starken Eindruck in dieser Hinsicht übte namentlich das Kloster Maria Laach auf ihn aus, das er 1928 besuchte.[11] Er korrespondierte zwischen 1920 und 1964 mit verschiedenen Mönchen der von dem liturgischen Pionier Dom Prosper-Louis-Pascal Guéranger (1805–1875) gegründeten französischen Abtei Sainte Marie Madeleine in Marseille, wobei es oft um liturgische Fragen ging.[12] Am 24. Oktober 1964 weihte er voll innerer Bewegung den Altar der im Zweiten Weltkrieg zerstörten und später rekonstruierten Klosterkirche von Montecassino und erhob den heiligen Benedikt zum Patron Europas. Am 8. September 1971 begab er sich zum Kloster Sacro Speco bei Subiaco, der Keimzelle benediktinischen Mönchtums. Stets ist in seinen Äußerungen die Bewunderung für das benediktinische Ideal zu spüren.

Als Seminarist durfte Montini wegen seiner schwachen Gesundheit zu Hause wohnen bleiben und musste nicht ins Priesterseminar einziehen (ähnlich wie Pius XII., der wegen körperlicher Beschwerden nach dem ersten Studienjahr von der Präsenzpflicht dispensiert wurde). Dieser Umstand bestimmte fortan seine geistige Haltung: Er konnte das Gebäude seines Wissens nicht nach einem festen Plan errichten und es nicht im Umfeld einer Schule oder Universität, also im Austausch mit Gleichaltrigen, formen. Er behielt daher stets etwas Autodidaktisches.[13] Auf kulturellem und wissenschaftlichem Gebiet blieb er zeitlebens ein nach neuen Leseerfahrungen, Eindrücken und Begegnungen Suchender, weniger ein systematisch sein Arbeitsfeld bestellender Wissenschaftler. Er war ein Liebhaber von literarischer und philosophischer Prosa, ohne auf diesem Feld selbst etwas Bleibendes zu hinterlassen.

Da er nicht der strengen Seminardisziplin unterworfen war, konnte er für einen damaligen Seminaristen ungewöhnliche Autoren lesen: die großen Russen des 19. Jahrhunderts (namentlich Tolstoj und Dostojewskij), Oscar Wilde, die bedeutenden zeitgenössischen französischen Literaten (wie Georges Bernanos) und Philosophen. Unter letzteren war Jacques Maritain (1882–1973), dessen Werk *Trois réformateurs: Luther, Déscartes, Rousseau* er 1928 übersetzte und den er später als Papst zu sich einladen sollte. Eine solche Lektüre war allenfalls für einen externen Studenten denkbar, denn in der Zeit des Antimodernismus galten in dieser Hinsicht in der Seminarausbildung strenge Regeln. Pius X. hatte 1907 in der Enzyklika *Pascendi* Versuche verurteilt, die Erkenntnisse und Methoden der modernen Wissenschaften mit der Theologie zu versöhnen. Sein besonderes Augenmerk hatte sich auf die Einführung historisch-kritischer Methoden in der Bibelwissenschaft und des Entwicklungsgedankens in der Dogmengeschichte sowie auf Abweichungen von der gängigen Philosophie der Neuscholastik gerichtet. Durch den sogenannten Antimodernisteneid, mit dem alle Theologen auf diese Linie verpflichtet wurden, wurde ein Klima des Misstrauens in der ganzen Kirche geschaffen. Der junge Montini blieb von diesen Entwicklungen weitgehend unberührt, anders als etwa Angelo Roncalli, der spätere Johannes XXIII., der kurzzeitig in den Verdacht geriet, Kontakte zu Modernisten zu unterhalten.

Wie bereits erwähnt, erbte Montini von der Mutter eine große Liebe zur französischen Sprache und sollte sich später sehr gewandt in ihr bewegen. Bei seiner privaten wie bei seiner theologischen Lektüre bevorzugte er zeitlebens frankophone Autoren.[14] Als alter Mann vertraute er einmal seinem Freund Jean Guitton an, er übersetze einen Gedanken ins Französische, wenn er wissen wolle, ob dieser wirklich wahr sei.[15] Da seine Kenntnis der deutschen Sprache nicht sehr entwickelt war – und es im Vergleich zu dem germanophilen Pius XII. auch niemals sein sollte –, war ihm die deutsche Kultur stets verhältnismäßig wenig vertraut.[16] Er hatte keinen wirklichen Bezug zur deutschen Philosophie, Theologie und Dichtung. Der für die Theologie so wichtige deutsche Idealismus mit Namen wie Immanuel Kant (1724–1804) und Georg Friedrich Wilhelm Hegel (1770–1831) spielte in seinem Denken keine nennenswerte Rolle. Bis auf einige wenige Lesefrüchte aus seinen jungen Jahren blieben ihm der Gang der deutschen Geistesgeschichte und die jüngere deutsche Theologie fremd, seien es katholische Denker wie Karl Rahner (1904–1984) oder evangelische wie Karl Barth (1886–1968).[17] Allenfalls beeindruckten ihn in den zwanziger Jahren die Schriften Karl Adams (1876–1966) und Romano Guardinis (1885–1968), später diejenigen Hans Urs von Balthasars (1905–1988), die er allerdings in Übersetzungen las.[18] Der damals in der Begleitung von Studenten tätige Montini lernte bei diesen Autoren ein für seine Arbeit fruchtbares Gemeinschaftsdenken kennen. Durch Guardini wurde er überdies schon früh für die Anliegen der Liturgischen Bewegung sensibilisiert und suchte diese seinen Studenten näherzubringen. 1929 setzte er sich dafür ein, dass der *Geist der Liturgie*, eines der meistgelesenen Werke der liturgischen Erneuerung, ins Italienische übersetzt wurde. Auch als Bischof und Papst hörte er nicht auf, die Schriften des Theologen zu lesen. 1957 wollte er ihn sogar als Redner für die Mailänder Mission gewinnen, und vor dem Konsistorium des Jahres 1965 galt Guardini als ernsthafter Anwärter auf den Kardinalshut.[19] Auffällig viele „Zeichen der Aufmerksamkeit und der Zuwendung“[20] ließ der Papst, in dessen Bibliothek sich 22 seiner Schriften befanden, dem gebürtigen Italiener bis zu dessen Tod im Jahr 1968 zukommen. Von den Engländern beeindruckten Montini am meisten John Henry Newman (1801–1890), bei dem er eine neue, biblisch-dynamische Ekklesiologie kennenlernte, und Gilbert Keith Chesterton (1874–1936), dessen Scharfsinn und christliche Geradlinigkeit er bewunderte.[21] Die Beziehung zu Christus zum Dreh- und Angelpunkt des Denkens zu machen und die Kirche als eine sakramentale, die Welt in allen Bezügen heiligende Kraft und nicht bloß als eine äußerlich-juridische Größe zu sehen, lernte er bei diesen Autoren. Diese Eindrücke wollte er an seine Studenten weitergeben.

Man darf diese seine Leseerfahrungen und seine philosophisch-literarische Prägung jenseits der zeittypischen Priesterausbildung in ihrer Wirkung nicht unterschätzen. Montini gewann schon als junger Mann ein positives und gleichsam natürliches Verhältnis zur modernen Kultur. Die Erfahrung vieler deutscher Katholiken im Kaiserreich und zu Beginn der Weimarer Zeit, kulturell im Hintertreffen zu sein, ist ihm einigermaßen fremd. Ihn wird noch als Papst eine grundsätzlich positive Einstellung zur Moderne bestimmen, die sich bisweilen in einem regelrechten Fortschrittsoptimismus äußern kann.[22]

Zwischen 1918 und dem Verbot durch die Faschisten im Jahr 1926 steuerte er zahlreiche Artikel zur Zeitschrift *La Fionda*[23] bei, die sein Freund und Klassenkamerad Andrea Trebeschi (1897–1945) herausgab und in der religiöse und gesellschaftspolitische Themen aus katholischer Sicht behandelt wurden. In diese kleineren Arbeiten konnten seine Leseerfahrungen einfließen. Trebeschi arbeitete nach dem Ersten Weltkrieg im Büro der Katholischen Jugend in Rom. Als Partisan von den deutschen Besatzern verhaftet, starb der Familienvater gegen Ende des Zweiten Weltkriegs in deutscher Gefangenschaft.[24] 1925 gründete Montini zusammen mit anderen, in der Mehrzahl jüngeren Brescianern – Fausto Minelli, Alessandro Capretti, Mario Bendiscioli, Giulio Bevilacqua – die katholische Verlagsbuchhandlung *Morcelliana*, um den Dialog mit dem modernen Denken und die Verbreitung nicht-italienischer Denker zu fördern. Eine ähnliche Ausrichtung hatte in Deutschland die Zeitschrift *Hochland*, von deren Autoren Montini einige durch Bendiscioli (1903–1998) kennenlernte, namentlich die genannten Karl Adam und Romano Guardini, die dieser seit 1929 übersetzte. Bendiscioli und Montini korrespondierten sechzig Jahre miteinander.[25]

Die schriftlichen Äußerungen des jungen Montini aus jener Zeit, sowohl in seinen Briefen an Freunde und Verwandte als auch in seinen Veröffentlichungen, wirken wortreich und schwärmerisch, bisweilen etwas verstiegen. Ein wichtiges Zeugnis für sein Denken sind die *Note giovani-*

li, Aufzeichnungen, die er in den Jahren 1919 bis 1921 in ein kleines Notizbuch eintrug und die den Charakter eines geistlichen Tagebuchs haben.[26] Er geht von Bibelstellen und Gebeten der Liturgie aus. Der erste Satz lautet fast programmatisch: „Ich muss anerkennen, dass religiöse Überzeugungen die Kraft haben, das ganze Leben des Menschen grundlegend zu verändern."[27] Er nimmt sich vor, sich ganz auf Christus auszurichten: „Meine ganze Existenz muss Kult sein."[28] Manche Formulierungen klingen erstaunlich reif und modern, etwa: „Beten heißt, sich als Zelle des Leibes zu fühlen, dessen Haupt Christus ist, und zu wissen, dass man in ihm das Leben hat."[29] Durch dieses Tagebuch will er sich selbst zu Tugend und Frömmigkeit erziehen. Immer wieder enden seine Aufzeichnungen im Gebet.

1920 wurde er im Dom zu Brescia zum Priester geweiht. Bei seiner ersten heiligen Messe, die er am folgenden Tag in der Marienkirche S. Maria delle Grazie zelebrierte, trug er ein Messgewand, das aus dem Brautkleid seiner Mutter gefertigt worden war – ein ungewöhnliches Zeichen der Dankbarkeit und Anhänglichkeit.[30]

Als Papst blickt er auf die Zeit in seiner Heimatstadt zurück und erinnert sich an

> „viele äußerst würdige Personen, die wir in der ersten Phase unseres Lebens getroffen haben; bewundernswerte Priester, menschlich wertvolle und vorbildliche Laien, effektive Einrichtungen der christlichen Nächstenliebe, eine Atmosphäre des Glaubens und Handels, die von dem ungewöhnlichen Geist einer ehrlichen Frömmigkeit und eines männlichen Gemeinsinns geprägt war."[31]

Die in den Brescianer Jahren empfangenen Einflüsse blieben für die folgenden Jahrzehnte bestimmend. An seinem Vater hatte er erlebt, wie ein katholischer Laie aus seinem Glauben heraus die Gesellschaft mitzugestalten suchte. Wie kein anderer Papst in der Neuzeit sollte er später die Rolle der Laien hervorheben.[32] In seinen Jugendjahren entstand auch die Liebe zu Dichtung und Philosophie. Wie niemand anderer unter seinen Vorgängern im 20. Jahrhundert war er sensibel für Literatur und zeitgenössisches Denken. Kein anderer Papst der neuzeitlichen Kirchengeschichte maß der Begegnung mit Künstlern und Wissenschaftlern so viel Bedeutung bei. Moderne Kunst, Philosophie und Literatur stellen den Menschen in seiner Gebrochenheit, in seinem Zweifel, in seinen Anfechtungen dar. Montini hatte mehr als alle anderen Päpste seines Jahrhunderts ein Ohr für diese Dimension. Seine Äußerungen als Papst thematisieren immer wieder die geistige Situation seiner Zeitgenossen und lassen Verständnis für sie erkennen. Dies ist später oft als Schwäche gedeutet worden, als sei er selbst ein Angefochtener gewesen. Es sei dahingestellt, ob dieser Schluss erlaubt ist.

Auf Fotografien aus jener Zeit sind nun schon die charakteristischen Züge zu erkennen: kleine Augen, die oft von Schatten umgeben sind, eine breite Stirn, eine scharf gezogene Nase in einem eher hageren Gesicht und schmale Lippen.[33] Eigentümlich ist der Klang seiner Stimme: rau und tief, dabei dennoch zur Modulation und zur Emphase fähig. Er selbst glaubt in diesem Alter, nicht sehr alt zu werden.[34] Schon auf dem Gesicht des jungen Mannes zeigen sich immer wieder Sorge und Müdigkeit. Seine Schrift dagegen wirkt bereits jetzt energisch und kraftvoll, wie noch in den späteren Jahren: zügig geschrieben, ohne große Lücken in den Wörtern bzw. zwischen ihnen, mit leicht nach rechts geneigten Buchstaben, kaum stilisiert und daher durchaus charakteristisch.[35] Zeitgenossen berichten, dass er seinen Gesprächspartnern mit großer Aufmerksamkeit begegnete, ohne allzu auffällig klerikal oder salbungsvoll zu wirken.[36]

Rom

Viele waren es, die sich nun für den jungen, sensiblen und vielversprechenden Priester einsetzten, der sich am liebsten erst einmal der Seelsorge gewidmet hätte. Dass er weiterstudieren sollte, war jedoch klar. Dem Brescianer Bischof Giacinto Gaggia schlug er zunächst auf Nachfrage das Fach Kirchengeschichte vor, doch dazu sollte es nicht kommen.[37] Montini wurde 1920 nach Rom geschickt, um an der Päpstlichen Universität Gregoriana Philosophie und an der staatlichen Universität Sapienza Philosophie und Literatur zu studieren. Zu diesem Zweck zog er in das Lombardische Kolleg ein, das gegenüber der Basilika S. Maria Maggiore gelegen ist. Nicht zuletzt durch die politischen Verbindungen des Vaters erhielt er jedoch wenige Monate später einen Platz in der römischen *Pontificia Accademia dei Nobili Ecclesiastici*, der direkt hinter dem Pantheon gelegenen Ausbildungsstätte für den diplomatischen Nachwuchs der Kirche. Eine Karriere war damit fast vorprogrammiert: Leo XIII. und Benedikt XV. hatten hier studiert, Eugenio Pacelli hatte hier gelehrt. Paul VI. sollte später der letzte Vertreter einer langen Reihe von Päpsten sein, die zu Diplomaten ausgebildet worden waren oder als solche gewirkt hatten. Im Zeitraum von 1878 bis 1978 muss man allein Pius X. ausnehmen. Der Kardinalstaatssekretär Pietro Gasparri (1852–1934), der von Parteifreunden von Giorgio Montini avisiert worden war, setzte sich für Giovanni Battista Montini ein. Die Laufbahn des jungen Geistlichen schien damit vorgezeichnet. Die Studenten der päpstlichen Diplomatenakademie benötigen für ihre zukünftige Tätigkeit weniger Kenntnisse in Literatur als in Kirchenrecht und Geschichte. Daher nahm er ein Kirchenrechtsstudium an der Gregoriana auf, schrieb sich dort aber überdies in Philosophie und Theologie ein. Ob sein Bedauern, das er brieflich gegenüber Verwandten und Freunden äußerte, sich nun nicht mehr der Wissenschaft, der Lehre und der Pastoral widmen zu können, sondern für Diplomatie und Verwaltung bestimmt zu sein, mehr als Attitüde war, ist schwer zu sagen. Jedenfalls ergab er sich zur Zufriedenheit aller in sein Schicksal. Er erwies sich als fleißig und ehrgeizig: Schon nach zwei Jahren konnte er Abschlüsse sowohl in Philosophie als auch in Kirchenrecht und in staatlichem Recht vorweisen.

3 Giovanni Battista Montini in der Päpstlichen Diplomatenakademie in Rom (16. März 1924)

Für den diplomatischen Dienst kam ihm seine zurückhaltende und bescheidene Art zustatten, seine Fähigkeit, im Gespräch auf sein jeweiliges Gegenüber einzugehen – Eigenschaften, die zeitlebens an ihm gerühmt wurden. Er machte allenthalben den Eindruck eines aufmerksamen, intelligenten und liebenswürdigen Zuhörers.[38] Durch Reisen, u.a. nach Deutschland und Frankreich, suchte er seine sprachlichen und kulturellen Kenntnisse weiter zu verbessern. Der 1922 zum Papst gekrönte Achille Ratti / Pius XI. (reg. 1922–1939), ein Lombarde wie er, der schon als Präfekt der Mailänder *Biblioteca Ambrosiana* im Hause Montini verkehrt hatte, hielt schützend die Hand über ihn. 1923 wurde Montini als Sekretär an die Nuntiatur in Warschau entsandt. Das war sicher eine Aufgabe, durch die er wichtige Erfahrungen hätte sammeln können, war doch der polnische Staat in Folge des Ersten Weltkriegs gerade erst neu begründet worden. Der amtierende Papst hatte in Warschau zunächst als Apostolischer Visitator, dann als Nuntius Schützenhilfe beim Aufbau des neuen Staatswesen geleistet. Hier fühlte sich der junge Diplomat Montini allerdings nicht wohl, und insbesondere das rauere nördliche Klima setzte seiner schwachen Gesundheit zu, so dass man ihn noch im selben Jahr nach Rom zurückbeorderte. 1924 trat er in den Dienst des vatikanischen Staatssekretariates, wo er 29 Jahre lang verbleiben und langsam die Karriereleiter hinaufsteigen sollte.

Nebenher wirkte er als Geistlicher Assistent *(Assistente ecclesiastico generale)* des Studentenbundes FUCI *(Federazione universitaria cattolica italiana)*, zunächst für die römische Abteilung, dann 1925 auf nationaler Ebene. Diese Arbeit sagte ihm sehr zu, obgleich er sich zunehmend den Drangsalierungen durch die faschistischen Schwarzhemden ausgesetzt sah.[39] Auch wenn seine Tätigkeit nicht direkt gegen diese gerichtet war, wird man doch nicht unterschätzen dürfen, dass er auf diese Weise dazu beitrug, dass sich unter den Bedingungen des Mussolini-Regimes eine katholische Akademikerschaft formieren konnte, die später entscheidend zum moralischen und politischen Wiederaufbau des Landes beitragen sollte.[40] Für die Studenten organisierte er geistliche Übungen, hielt Vorträge und Vorlesungen, schrieb Artikel für Studentenzeitschriften, unterstützte mit den jungen Leuten die Benachteiligten in den Vorstädten Roms und unternahm mit ihnen Fahrten – er praktizierte also das, was man später in seinem Pontifikat als „geistliche Begleitung“ bezeichnen sollte. Sein persönlicher Wahlspruch „Alles, was man tut, gut und gern tun“[41] wurde ihm bei dieser Arbeit zum Leitgedanken. So forderte er von seinen Studenten ein echtes Engagement und die Bereitschaft zu konzentriertem Arbeiten mit der dazu nötigen geistigen Anspannung: „Wer Zeit verliert, verliert sich selbst."[42] Was ihm seine schwächliche Natur auferlegt hatte, wurde damit zum Motto der Erziehung.[43] Die besondere Form der Ausbildung, die er selbst erfahren hatte, kam ihm nun entgegen: In ihm begegneten die jungen Leute einem Mann, der ihnen nicht vorgefertigtes Schulwissen präsentierte, sondern der durch eigenständige Leseerfahrungen geprägt war. So fällt die Breite der Themen auf, die er den Studierenden nahebringt: Er schreibt etwa über den Jesuitenmissionar Matteo Ricci, über Leo XIII. und die historischen Studien, über die französische Aszese, über die Kunst Beurons, über studentische Spiritualität, über die kirchliche Einheit. Im Jahr 1931 veröffentlicht er sieben Artikel über das Denken des heiligen Paulus. Zwar schreibt er über viele Themen, doch sind diese auf eine Mitte ausgerichtet: Schon jetzt zeigt sich nämlich, dass seine priesterliche Spiritualität christozentrisch, also stark an der Gestalt Christi orientiert ist.[44] Das lässt auch ein „Spiritus veritatis" überschriebener autographer Text aus demselben Jahr erkennen, den man durchaus als geistliches Programm verstehen kann. Dieser beginnt mit den Worten: „Ich will, dass mein Leben für die Wahrheit Zeugnis ablegt, um auf diese Weise Jesus ähnlich zu werden, wie es sich für mich gehört."[45] Jesus Christus findet Montini in der Kirche, die ihm geistige Heimat, aber nicht Zufluchtsort und Ghetto ist. Besondere Bedeutung hat in diesem Zusammenhang die kirchliche Feier par excellence, die Eucharistie.[46] Diese liturgisch-kirchliche Prägung seiner Frömmigkeit schlägt sich in der Begleitung der Studenten nieder, denen er in seinen einschlägigen Schriften immer wieder den Sinn der Heiligen Geheimnisse zu erschließen sucht, nicht anders als das der italienisch-deutsche Theologe Romano Guardini mit seinen jungen Leuten tat. Dessen Schriften schätzte er übrigens sehr und las sie schon als junger Mann.

Bei alledem ist die Kirche für den kunstsinnigen und historisch informierten Priester keine abstrakte Größe, sondern eine lebendige, in der Zeit und in der Gegenwart inkarnierte Wirklichkeit. Auffällig scheint, dass dem Papsttum dabei eine zentrale Stellung zukommt, ja dass für ihn die Kirche Christi in der römischen Kirche und ihrem irdischen Haupt Gestalt annimmt. Einige Jahre später, am 9. Februar 1941, darf er Pius XII. begleiten, als dieser des Abends die neu angelegte Grablege seines Vorgängers aufsucht und kniend an dessen Grab betet. Seinen Eltern schildert er am selben Tag brieflich seinen Eindruck:

> „Niemals zuvor schien mir, dass die Gemeinschaft der Heiligen [= die Kirche] und die geistliche Ahnenreihe der Nachfolger Christi [sic!] eine so bewegende Darstellung gefunden haben. Und das ist sehr tröstlich. Die Kirche, diese zugleich lebendige und unsterbliche, geistliche und sichtbare Wirklichkeit ist gegenwärtiger als je zuvor, sie ist moderner und notwendiger denn je; und Gott sei gepriesen, dass sie uns alle eint und unterweist."[47]

Diese geradezu hymnischen Worte weisen weit in die Zukunft und lassen bereits Äußerungen des Konzilspapstes anklingen. Wenn dieser die Kirche zum Gravitationspunkt der universalen Kirchenversammlung zu machen sucht, dann folgt er damit keiner Mode oder zeitgenössischen Strömung, sondern seiner tief verwurzelten innersten Haltung. Insgesamt wird man mit Yves Congar sagen können, dass die Spiritualität Montinis bzw. Pauls VI. bisher noch nicht ausreichend gewürdigt wurde und dass er auf diesem Gebiet vielleicht größere Stärken hat als in der Theologie.[48]

Die Sorge um die heranwachsende Akademikerschaft blieb im Übrigen eine Konstante in seinem Leben. Noch als Papst betonte er immer wieder die Verantwortung der Kirche für die Bildung einer katholischen Führungsschicht und umgekehrt die Mitverantwortung der katholischen Akademiker an der christlichen Gestaltung der Gesellschaft. Während seiner Tätigkeit in der Studentenschaft lernte er zahlreiche Studenten kennen, in deren Händen nach 1945 der Neuaufbau der italienischen Gesellschaft lag. Von daher war er mit führenden Exponenten der jüngeren Garde der *Democrazia Cristiana* wie den Ministerpräsidenten Aldo Moro (1916–1978), Giulio Andreotti (1919–2013) und Amintore Fanfani (1908–1999) persönlich bekannt. Zeitlebens nahm er intensiv an der Entwicklung der italienischen Christdemokraten Anteil und war mit ihm bekannten Politikern im Gespräch, ohne allerdings das politische Tagesgeschäft beeinflussen zu wollen.

Im Jahr 1925 wurde er zum Minutanten im Staatssekretariat er-

4 Giovanni Battista Montini mit Studenten der Studentenvereinigung FUCI auf dem Petersplatz (August 1931)

nannt, unter Beibehaltung seiner Aufgabe in der Studentenschaft, die seine „oasis sacerdotale“[49] blieb, also der Ort, wo er als Seelsorger wirken konnte. „Minutant“ leitet sich her vom italienischen Wort „Minuta“, *Entwurf*. In dieser Aufgabe hatte er die erste Fassung von Briefen und Dokumenten für die Nuntiaturen zu verfassen und dem Kardinalstaatssekretär sowie dessen beiden Substituten in bestimmten Angelegenheiten Bericht zu erstatten. Daneben lehrte er ab 1930 *Geschichte der vatikanischen Diplomatie* an der Juristischen Fakultät *S. Apollinare* (später Teil der Lateranuniversität). 1933 gab er seine Arbeit bei der FUCI auf, da diese seit 1931 zunehmend von den Faschisten behindert wurde, insbesondere durch die Verwüstung und Durchsuchung der Büros. Vatikanische Intrigen mögen bei seiner Demission ebenfalls im Spiel gewesen sein. Seine persönlichen Kontakte zur Studentenschaft blieben dennoch bestehen.[50] 1933 gründete er zusammen mit Igino Righetti (1904–1939), dem Präsidenten der FUCI, den katholischen Akademikerverband (*Mo-*

vimento laureati di Azione cattolica), um seinen „Fucini" auch nach dem Studium eine kirchliche Heimat zu bieten.[51]

Der junge Montini hatte weiterhin die Möglichkeit zu reisen. 1922 und 1928 findet man ihn im deutschen Sprachraum, 1924, 1926, 1930, 1934 in Frankreich. Als Unterstaatssekretär sollte er später Nordamerika bereisen (1951). Er las viel, vor allem die klassischen christlichen Autoren wie die Kirchenväter (und hier besonders Augustinus), Thomas von Aquin (er schätzte den erneuerten Thomismus eines Jacques Maritain[52]), John Henry Newman und die großen Franzosen der Barockzeit (Pascal, Bossuet …).

Im Jahr 1937 wurde er zum Substituten und Chiffrensekretär im Staatssekretariat ernannt und unterstand damit direkt dem Kardinalstaatssekretär Eugenio Pacelli (1876–1958).[53] Eng arbeitete er mit dem zweiten Substituten Domenico Tardini (1888–1961) zusammen, dem späteren Kardinalstaatssekretär unter Johannes XXIII. 1939 zum Papst gewählt, ernannte Pacelli zwar in der Person Luigi Magliones (1877–1944) zunächst einen Staatssekretär, behielt aber die Zügel der vatikanischen

5 Der am 24. August 1939 im Radio weltweit übertragene Friedensappell Pius' XII.

Innen- und Außenpolitik weiterhin in Händen. Tardini, der für die außerordentlichen Angelegenheiten zuständig war, und Montini, dem die ordentlichen Angelegenheiten oblagen, mussten ihm weiterhin regelmäßig Rapport erstatten.[54] Montini zog nun aus der Stadt in den Vatikan.[55]

Gleich zu Beginn des Pontifikates konnte er sich bewähren und das Vertrauen des neuen Papstes untermauern. Dieser übernahm für seinen im Radio übertragenen Friedensappell vom 24. August 1939 wesentliche Teile aus dem Entwurf, den sein Substitut verfasst hatte. So stammt die weltweit berühmt gewordene Formulierung „Nichts ist verloren mit dem Frieden – alles kann verloren sein mit dem Krieg" („Nulla è perduto con la pace – tutto puo esserlo con la guerra") von ihm.[56] Für mehrere weitere päpstliche Verlautbarungen lieferte er während des Krieges den Entwurf.[57] Die Grundlinien einer zukünftigen Friedensordnung, die hier umrissen werden, tragen also auch Montinis Handschrift. Er besaß das uneingeschränkte Vertrauen des Papstes. In dieser Zeit schrieb er einmal an seine Eltern: „Ich habe immer das Glück, den Papst abends besuchen zu dürfen; es geht um ganz einfache Fragen, aber immer von seiner Seite her sehr väterlich, was mich bewegt und erfreut."[58] Der Einsatz des Pontifex für den Frieden und für die Opfer des Krieges beeindruckte ihn sehr und gab ihm die Kraft, sich selbst bis zur Erschöpfung einzusetzen: „Man opfert diese Leiden und Müdigkeit für alle anderen auf, die noch mehr leiden müssen."[59] Auf den weltbekannten Bildern, die Pius XII. zeigen, wie er nach der Bombardierung Roms das betroffene Viertel aufsucht und dabei weit die Hände ausbreitet, sieht man ihn an der Seite seines Dienstherrn.[60] Die damaligen Erlebnisse beeindruckten ihn tief, wie eine Predigt aus dem Jahr 1971 erkennen lässt, in der er den Schrecken und die Verzweiflung der damaligen Bevölkerung Roms schildert. Ein Jugendlicher habe sich an den päpstlichen Wagen gehängt und geschrien: „Heiliger Vater (…), lieber Sklaverei als Krieg! Befreien Sie uns vom Krieg, befreien Sie uns vom Krieg!"[61]

Die Belastungen durch den Krieg hinterließen auch bei ihm ihre Spuren: Bereits kurz nach Kriegsausbruch war er physisch sehr erschöpft: „Ich sehne mich nur nach Ruhe, Schweigen und Sammlung"[62], schrieb er an die Seinen. Das sollte sich die Jahre des Krieges über nicht ändern.

In Montinis Verantwortung lag seit Beginn des Krieges ein Informationsbüro, das in den folgenden Jahren besser bekannt war als *Informationsdienst* für Kriegsgefangene. Dieser wurde für Hunderttausende von Menschen ohne Ansehen der Nationalität oder Religionszugehörigkeit zur ersten Anlaufstelle, um gefallene oder vermisste Angehörige wiederzufinden. 1942 rief der Substitut die Zeitschrift *Ecclesia* ins Leben, welche die Arbeit der kirchlichen Hilfsdienste dokumentieren sollte.[63] Die Wirkungsmöglichkeiten des Informationsdienstes wären noch größer gewesen, wenn Deutschland und die Sowjetunion kooperiert hätten. Eine „Hilfskommission“ koordinierte die Unterstützung für verschiedene Personengruppen (Juden, Flüchtlinge, Kriegswaisen). Während der Kriegsjahre standen die Kapazitäten der vatikanischen Behörde weitgehend im Dienst dieser Hilfsmaßnahmen. Gleichwohl hatten sie diskret und mit diplomatischer Vorsicht abgewickelt zu werden, um dem Heiligen Stuhl nicht den Vorwurf der Parteilichkeit einzuhandeln.

An der Ausarbeitung der verschiedenen Friedensappelle und -initiativen des Heiligen Stuhls war der junge Diplomat von Amts wegen beteiligt. Ob er sich in der Tat nach einer entsprechenden Bitte des italienischen Königshauses bereit erklärt hat, bereits 1942 bei den Alliierten zu sondieren, inwieweit ein Separatfriede mit Italien bei weitgehender Wahrung der Souveränität des Landes möglich sei, ist schwer zu entscheiden. Von diesem Zusammenhang hat die letzte italienische Königin Marie José von Savoyen 1979 in einem Interview mit dem italienischen Staatsfernsehen berichtet.[64] Sie habe sich am 3. Oktober 1942 mit diesem Anliegen an Montini gewandt. Dieser sei durchaus beeindruckt gewesen, da er sich von der Sorge habe leiten lassen, nach einer Niederlage Italiens könne es zu anarchischen Zuständen und zum Sieg der Kommunisten kommen. Selbst wenn diese Darstellung als glaubwürdig eingeschätzt wird, ist doch davon auszugehen, dass der Substitut nicht *sua sponte,* sondern nur in engster Abstimmung mit seinen Vorgesetzten handeln konnte. Schwer nachzuprüfen sind auch Hinweise, nach denen er 1943 den deutschen Botschafter Ernst von Weizsäcker (1882–1951) zu einem Gespräch gebeten habe, um eine drohende Entführung des Papstes nach Deutschland zu verhindern.[65]

Nach eigenem Zeugnis blieb er während der Kriegsjahre sehr eingespannt, auf Kosten seiner privaten Interessen. 1942 etwa beklagte er sich leicht ironisch:

> „Nun sind es auf den Tag fünf Jahre, dass ich auf diesem Posten bin; mir scheint, dass ich sehr viel mehr Verantwortung als Verdienst angesammelt habe (…). Ich denke an die aufgegebenen Studien, an den geringen Stellenwert, den ich den Heiligen Geheimnissen beimesse, an die wenige Zeit, die für das Gebet bleibt."[66]

Dennoch ließ er es sich nicht nehmen, sich weiterhin im Rahmen der Vinzenzkonferenz für die Armen der Stadt einzusetzen und jede Woche Bedürftige in den Vororten aufzusuchen. Schon als junger Mann hatte er während des Ersten Weltkriegs im Rahmen der Vinzenzkonferenz von Brescia Nahrungsmittel an die Armen verteilt und sich auch nach Kriegsende um die Armen der Stadt gekümmert. Diese Gewohnheit sollte er als Erzbischof von Mailand beibehalten.[67]

Nach dem Tod des Kardinalstaatssekretärs Maglione im Jahr 1944 ernannte Pius XII. keinen Nachfolger, so dass die beiden Substituten allein die Geschäfte zu führen hatten.

Mehrfach wurde Montini von der faschistischen Presse angegriffen, etwa im Juni 1941, als ihm die Zeitung *Il Regime Fascista* eine antiitalienische Haltung und eine Kooperation mit den Alliierten vorwarf.[68] Auch dass er als frankophil galt, machte ihn den Faschisten nicht eben genehmer.[69] Wie es seiner Stellung entsprach und es die Loyalität gegenüber seinem päpstlichen Herrn erforderte, äußerte er sich jedoch selten öffentlich und griff das faschistische System nicht offen an. Proteste etwa gegen die Massaker an Juden in Osteuropa, von denen er bereits im September 1942 wusste, oder gegen ihre Deportation aus Italien wird man bei ihm vergeblich suchen.[70] Ähnlich wie in Deutschland wollte man in Italien der staatlichen Seite keinen Vorwand geben, das Konkordat zu kündigen. Montini verstand sich als Diplomat, und das hieß, in der Öffentlichkeit keine erkennbar eigenen Positionen zu beziehen, sondern loyal der Linie seines „Dienstherrn" zu folgen.

Gleichwohl unterstützte er diskret und über seine persönlichen Verbindungen das Wirken der christdemokratischen Politiker. Mit etlichen von ihnen hatte er zu tun gehabt und war ihnen verbunden.[71] 1929 verhalf er dem Führer der aufgelösten Volkspartei Alcide De Gasperi, der seinen Parlamentssitz verloren hatte und drei Jahre inhaftiert gewesen war, zu einer Anstellung als Sekretär in der Vatikanischen Bibliothek. In den Jahren 1942 bis 1944 war er durch ihn in das Vorgehen der als Nachfolgepartei gegründeten *Democrazia Cristiana* (DC) eingeweiht.[72] Bei den Wahlen am 18. April 1948, die als Entscheidungsschlacht zwischen Kommunisten und bürgerlichen Kräften galt, konnte die Partei einen großen Sieg feiern, nicht zuletzt aufgrund der Unterstützung durch den Vatikan. In der Folge war die Gefahr einer kommunistischen Volksfront zunächst gebannt. Der Trentiner De Gasperi konnte weiter regieren (Ministerpräsident in insgesamt acht Regierungen war er von 1945 bis 1953; die Partei führte er 1946 bis 1954). Er und die Mitbegründer der Partei wussten in dem lombardischen Prälaten stets einen aufmerksamen und ihrer Sache gewogenen Ansprechpartner im Vatikan. Die Einheit der DC mit ihren verschiedenen Flügeln blieb dem Kurialen stets ein Anliegen. Da Montini kein Monarchist war, trat er innerkirchlich für eine neutrale Haltung der Kirche beim Referendum über die Abschaffung der Monarchie am 2./3. Juni 1946 ein und setzte sich gegenüber seinen Freunden in der DC für die republikanische Staatsform ein.[73] Seine Verbindungen zu christdemokratischen Politikern nutzte er in den Folgejahren, um für ein friedliches Miteinander von Staat und Kirche in der neuen Republik einzutreten. In diesem Sinne bemühte er sich, die Lateranverträge von 1929 in die neue Verfassung aufzunehmen, was denn auch gelang.[74] 1949 unterstützte er De Gasperi, als dieser für den Beitritt Italiens zur NATO warb.[75]

Schon früh erkannte Montini im Übrigen die Bedeutung des ökumenischen Gedankens.[76] So förderte er die Vereinigung *Unitas*, die von dem Jesuiten Charles Boyer (1884–1980), der an der Gregoriana lehrte, 1945 gegründet worden war. Im Auftrag Pius' XII. hielt er gewissermaßen die schützende Hand über diese Neugründung, die in dem von der Äbtissin Maria Elisabetta Hesselblad (1870–1957) geleiteten Birgittinnenkloster an der Piazza Farnese ihre Zentrale hatte.[77] Die gleichnamige Zeitschrift der Vereinigung findet sich in seinem persönlichen Buchbestand. Er sorgte auch dafür, dass das von Boyer im Jahr 1950 geschaffene *Foyer Unitas* im Palazzo Salviati einen angemessenen Sitz erhielt. Bereits in der Vorkonzilszeit wurden hier nichtkatholische Kirchenvertreter bei ihren Rombesuchen betreut, so dass schon vor 1962 folgenreiche interkonfessionelle Kontakte entstehen konnten. Damit wurde eine wichtige Grundlage für die Arbeit des 1960 gegründeten vatikanischen Einheitssekretariates geschaffen. Während des Konzils wurde das *Foyer* dann zum Zentrum der Begegnung mit den nichtkatholischen Konzilsbeobachtern, Journalisten und Gästen. Die Förderung Boyers durch Montini ist nicht zuletzt deshalb relevant, weil der Jesuit die Anliegen der Ökumenischen Bewegung in Rom bekannt und „hoffähig" gemacht hatte, lange bevor diese im Konzil zu einem zentralen Thema der ganzen Kirche werden konnten. Montinis Aufmerksamkeit für die ökumenische Frage war unter anderem durch den Jesuiten geweckt worden. Die Gebetswoche um die Einheit der Christen, die er durch Boyer in Rom kennengelernt hatte, förderte er auch als Erzbischof von Mailand.

Schon in den vierziger Jahren traf Montini mit Theologen zusammen, denen die Einigung der Konfessionen ein besonderes Anliegen war: mit dem Dominikaner Yves Congar (1904–1995), der im Konzil der bedeutendste ökumenische Theologe werden sollte, mit Roger Schutz (1915–2005), dem reformierten Gründer der Gemeinschaft von Taizé, sowie mit Max Thurian (1921–1996), dem wichtigsten Theologen von Taizé. Bei Begegnungen mit Vertretern anderer Kirchen erleichterten ihm seine Bescheidenheit und Herzlichkeit den Zugang zu diesen. Gleichwohl rückte er nicht vom Glauben der katholischen Kirche ab, wie er ihn verstand. Die Verurteilung der *Nouvelle Théologie*, einer reformorientierten neuen Theologengeneration, durch die Enzyklika *Humani Generis* im Jahr 1950 musste er als enger Mitarbeiter des Papstes zwar nach außen hin loyal mittragen, scheint aber intern um Vermittlung bemüht gewesen zu sein.[78] Wo seine Sympathien gelegen haben dürften, wird deutlich, wenn man bedenkt, dass er später einigen der Hauptvertreter größte Wertschätzung entgegenbrachte, als sie zu Konzilstheologen geworden waren. Jean Daniélou (1905–1974) ernannte er 1969 zum Kardinal, Henri de Lubac (1896–1991) trug er diese Würde an (dieser lehnte jedoch vorerst ab), die Stimme Yves Congars hatte für ihn großes Gewicht.[79] Das genannte Lehrschreiben des Pacelli-Papstes gilt als letzte bedeutende antimodernistische Positionierung des vatikanischen Lehramtes. Um Montinis Verhältnis zum Modernismus bzw. Antimodernis-

6 Amtseinführung des neuen Erzbischofs Giovanni Battista Montini in Mailand (6. Januar 1955)

mus recht einordnen zu können, wird man zu berücksichtigen haben, dass er 1942 einen erfolglosen Versuch unternommen hatte, Ernesto Buonaiuti (1881–1946), den italienischen Modernisten schlechthin, wieder mit der Kirche zu versöhnen. Das Heilige Uffizium stoppte die Bemühungen um die Aufhebung der Exkommunikation.[80] Man wird auch nicht vergessen dürfen, dass zu jener Zeit mit Maurice Blondel (1861–1949) und Jacques Maritain zwei zeitgenössische französische Denker, die zeitweilig in den Verdacht des Modernismus geraten waren, stärksten Einfluss auf Montini ausübten und insbesondere seine gesellschaftspolitischen Vorstellungen prägten.

Nicht zuletzt als Anerkennung seiner Verdienste während der schwierigen Kriegs- und Nachkriegsjahre wurde er 1952 durch Pius XII. zum Prosekretär im vatikanischen Staatssekretariat ernannt. Faktisch war er dies schon seit 1944 gewesen. Seine weitere Karriere an der Kurie schien damit vorprogrammiert. Doch es kam anders.

Mailand

Im Jahr 1954 geschah im Leben des Giovanni Battista Montini eine ungewöhnliche Wende, die niemand – am wenigsten wohl er selbst – vorausgesehen hatte. Nach drei Jahrzehnten im vatikanischen Staatssekretariat wurde er zum Erzbischof von Mailand ernannt, der mit damals vier Millionen Gläubigen größten Diözese Italiens. Für 958 Pfarreien und 2.350 Priester sollte er als Oberhirte die Verantwortung tragen.[81] Aus kirchenpolitischer Sicht war dies schon insofern ungewöhnlich, als die Leitung der großen Diözesen im Allgemeinen Männern anvertraut wird, die bereits im Bischofsamt stehen, die sich also in kleineren Bistümern oder als Weihbischöfe bewährt haben. Montini aber hatte es noch nicht bis zur Bischofsweihe gebracht. Noch in einer anderen Hinsicht ist seine Ernennung bemerkenswert: Schon von den Zeitgenossen ist darüber spekuliert worden, weshalb der bereits 78-jährige Pius XII. einen seiner engsten Mitarbeiter entließ. Montini hatte an der Kurie große Erfahrung gesammelt, sein pastoraler Einsatz bei den Studenten dagegen war immer nur Nebentätigkeit gewesen und lag als offizielle Beauftragung nun schon zwei Jahrzehnte zurück. Erkennbare Berührungspunkte zum Leben der Pfarrgemeinden – und aus solchen besteht ja ein Bistum in erster Linie – hatte er zeit seines Lebens nicht gehabt, geschweige denn als Pfarrseelsorger gewirkt. Wollte sich Pius XII. eines Mitarbeiters entledigen, zu dem er kein Vertrauen mehr besaß? Handelte er auf Druck konservativer kurialer Kreise, die das Vertrauen in seinen Mitarbeiter erschüttert hatten? Unterschiedliche Auffassungen zwischen Montini und Pacelli scheint es tatsächlich im politischen Bereich gegeben zu haben, und zwar hinsichtlich der Ausrichtung der *Democrazia Cristiana*. Anders als Montini hatte der Papst die Koalitionen Alcide De Gasperis mit Republikanern und Liberalen missbilligt und jedwede Öffnung für eine Zusammenarbeit mit der Linken strikt abgelehnt.[82] Montini hatte stets ein äußerst positives Verhältnis zu den Christdemokraten, nicht zuletzt weil sein Vater und sein Bruder für die Partei im Parlament gesessen hatten bzw. saßen und weil er viele Nachkriegspolitiker von seiner studentischen Arbeit her kannte. Es war überdies ein offenes Geheimnis, dass Montini den Reformbestrebungen im französischen Katholizismus zugetan war. Mit dem Verbot der Arbeiterpriester, der Heiligsprechung Pius' X. und einer zunehmenden Ablehnung Maritains durch die Kurie wurden die Weichen im Jahr 1954 allerdings in eine andere Richtung gestellt und Montinis Stellung damit unterhöhlt.[83] Genährt wurden Spekulationen, dass es sich beim Weggang nach Mailand um eine „ehrenvolle Abschiebung" gehandelt hatte, noch dadurch, dass der neue Erzbischof vier Jahre lang nicht zum Kardinal erhoben wurde, obwohl das Kardinalat gemeinhin mit diesem Stuhl verbunden war.

Sollte durch die Ernennung zum Erzbischof eine Wahl zu Pius' Nachfolger verhindert werden? Dagegen ist einzuwenden, dass das letzte Konsistorium (die Versammlung des Kardinalskollegiums, in dem die neuen Mitglieder kreiert werden) erst 1953 stattgefunden hatte – es sollte das letzte sein, das dieser Papst einberief.[84]

Es ist aber auch die umgekehrte These vertreten worden: Pius XII. habe Montini nicht als Nachfolger verhindern, sondern ihn geradezu durch einen Einsatz in der Seelsorge auf eine mögliche Nachfolge vorbereiten, ihn also „aufbauen" wollen, so etwa Cristina Siccardi unter Berufung auf eine schwer nachprüfbare Äußerung des greisen Papstes. Angeblich habe dieser einem französischen Diplomaten im Gespräch angedeutet, er sehe in dem Jüngeren seinen zukünftigen Nachfolger.[85] Soviel bleibt jenseits aller Spekulation festzuhalten: Sollte Pius XII. wirklich eine Entfernung seines bis dato engsten Mitarbeiters veranlasst haben, so war Mailand alles andere als eine Demütigung, wie dies die Ernennung zum Bischof einer weniger bedeutenden Diözese gewesen wäre. Immerhin wurde er so zum Nachfolger der großen Heiligen Ambrosius von Mailand und Karl Borromäus. Hier war ihm die Ernennung zum Kardinal früher oder später sicher – und damit ebenfalls eine führende Rolle im Kardinalskollegium sowie der Zugang zum Papstamt.

Anhand der bisherigen Quellenlage ist die Frage, ob es sich um *Abschiebung oder Qualifizierung* handelt, nicht zu entscheiden. Immerhin lassen die Äußerungen des neuen Mailänder Erzbischofs und späteren Pontifex über Pius XII. deutlich werden, dass er für diesen bis zu seinem eigenen Lebensende eine große Verehrung bewahrt.[86] Mit anderen Worten: man wird in den öffentlichen Äußerungen Montinis bzw. Pauls VI. nicht den Hauch einer Kritik an Pius XII. finden. Besonders aufschlussreich ist in diesem Zusammenhang die Ansprache, die er am 12. März 1964 bei der Enthüllung des Grabdenkmals für Pacelli in der Peterskirche hält. Sie lässt erkennen, dass der Redner dem Verstorbenen nahe stand und dass er an ihm Maß nimmt, ja dass er sich in gewissem Sinn in ihm spiegelt.[87] Unter seinen Vorzügen rühmt er vor allem seine Produktivität: „Kein Pontifex hat so viel gesprochen und geschrieben."[88] Er hebt den Einsatz für die Stadt Rom hervor, die er während des Krieges vor der Zerstörung bewahrte. Außerdem verweist er auf sein Engagement für den Frieden, ein gerechtes Zusammenleben der Völker und die Menschenrechte. Gerade in diesem Bereich sollte Paul VI. selbst sich als Papst stark profilieren. Sogar im Hinblick auf den „Dialog“ mit der modernen Kultur sieht er in Pacelli ein Vorbild. All das erwächst für Montini aus einer reichen und tiefreligiösen Persönlichkeit. So verteidigt er ihn auch weiterhin gegen „kritische, ja ungerechte Stimmen, die ihn lauthals verleumden und anklagen“[89].

Alberto Melloni zeigt, dass Paul VI. sich während des Konzils immer wieder auf seine beiden Vorgänger beruft und beide gleichermaßen als Autoritäten anführt. Er spricht in diesem Sinn von einer „doppelten Kontinuität“: Montini „verknüpft Pius XII. und Johannes XXIII. mit seinem eigenen Bild und Lehramt wie mit einem einzigen Faden“, um sowohl die reformwillige Mehrheit der Konzilsväter als auch die konservative Minderheit von der Legitimität der Konzilsbeschlüsse zu überzeugen.[90]

7 Kardinal Montini übergibt bei einer Audienz eine Ausgabe des Ambrosianischen Messbuchs an Johannes XXIII. (4. November 1962)

In dem Anliegen, gleichermaßen Pacellis und Roncallis Erbe zu wahren, kündigte Paul VI. am Ende der vorletzten Sitzungsperiode des Konzils den Beginn des Seligsprechungsverfahrens für seine beiden Vorgänger an (18. November 1964). Roncalli kannte er im Übrigen fast ebenso lange wie Pacelli, nämlich seit 1925, und auch diese beiden Männer schätzten sich sehr, verstanden sich wohl auch menschlich gut.[91] Die beiden wechselten insgesamt 90 Briefe; knapp die Hälfte davon stammt von Roncalli. Der Briefwechsel ist zumeist dienstlich bestimmt, hat aber dennoch einen herzlichen und vertrauten Ton. Gratulationen zu Ernennungen, zu Festen und zu Priester- bzw. Bischofsjubiläen kommen immer wieder vor. Bis zu seiner Erhebung zum Erzbischof von Mailand hatte Montini wiederholt Botschaften des Papstes und der Kurie an Roncalli zu übermitteln. Einunddreißigmal wurde ihm von Johannes XXIII. Audienz gewährt. Insgesamt wird man sagen dürfen, dass das Erbe seines direkten Vorgängers für ihn nicht leichter war als das Erbe Pius' XII. Immer wieder musste er Position gegen eine Vereinnahmung Johannes' XXIII. für bestimmte theologische und kirchenpolitische Ziele beziehen. In seiner Ansprache zum zehnten Todestag seines Vorgängers warnt er davor, das Andenken des Verstorbenen zu missbrauchen, um einer falschen „Erneuerung" das Wort zu reden, denn dieser sei sowohl ein Erneuerer als auch ein Mann der Tradition gewesen.[92]

Als Papst bemühte sich Paul VI., es als Teil des göttlichen Willens zu begreifen, die Nachfolge dieser beiden großen Kirchenmänner antreten zu müssen:

> „Die Vorsehung hat mich für viele Jahre in der Nähe des Papstes sehen wollen; und von dieser Warte aus habe ich geschaut, beobachtet, gelernt, abgemessen, verglichen, um die Bedürfnisse der Kirche besser zu kennen und ihnen zu dienen. Und jetzt, auf diese Weise vorbereitet, bin ich gekommen, um das große Bistum Mailand in Augenschein zu nehmen, um mit meinem Urteil und auch mit meinen neuen Augen seine Bedürfnisse zu entdecken."[93]

Seine Bischofsweihe (Hauptkonsekrator war Eugène Kardinal Tisserant) fand am 12. Dezember 1954 in St. Peter statt. Sein bischöfliches Motto lautete *In nomine Domini* – im Namen des Herrn. Bei seiner Ankunft in

Mailand am 4. Januar 1955 erwies er sich erstmals als ein Mann der Inszenierungen, wie man ihn später als Papst immer wieder erleben sollte: An der Bistumsgrenze angekommen, ließ er sein Gefolge anhalten, entstieg dem Wagen, kniete sich trotz des Regens nieder und küsste den Boden. Dieser Gestus, der ohne Worte eine große Wertschätzung für seine neue Diözese und ihre Bewohner ausdrückte, wurde in der Folge zum festen Bestandteil all seiner eigenen Auslandsreisen und derjenigen Johannes Pauls II.

Es trat während der Mailänder Jahre Montinis etwas anderes ein, als viele Beobachter am Anfang erwartet hatten: Der Kurienbeamte mutierte zu einem echten Hirten und fand sich in die Rolle des Ortsbischofs ein. Es scheint, als sei bei ihm etwas freigesetzt worden, das zwar in ihm, aber längere Zeit nicht abgerufen worden war. Sein Mailänder Wirken ist von einem gewissen Enthusiasmus, einer Kreativität und einem Schwung gekennzeichnet, der keinesfalls aufgesetzt wirkt. Man blickte mit Verwunderung und Anerkennung auf die kirchliche Metropole der Lombardei. Wenn Montinis späterer Pontifikat ganz unter dem Primat der Pastoral stand und er sich als oberster Hirte der Kirche verstand, der die Herde durch schwierige Zeiten zu führen habe, dann hängt das wohl nicht zuletzt mit den Mailänder Erfahrungen zusammen.[94]

Mailand war im Nachkriegsjahrzehnt die aufstrebendste Metropole des Landes, die Region Lombardei der vielleicht wichtigste Motor des italienischen Wirtschaftswunders. Zehntausende von Menschen ließen sich jedes Jahr in den Vororten der Stadt nieder.[95] Es fehlten Pfarreien, und die Säkularisierung schritt bereits damals rapide voran. All das lastete auf Montini und machte ihm die Verantwortung schwer, wie er selbst wiederholt bekannte, etwa gegenüber seinem römischen Nachfolger Angelo Dell'Acqua: „Zu sehen, wie unser Volk lebt, besonders in der Stadt, bereitet mir ständig angstvolle Pein."[96] Nach Rom berichtete er im Jahr 1961 hellsichtig, die Stadt befinde sich in einem „Moment der Krise", deren Ausgang entscheidend für ihre zukünftige Entwicklung sein werde und in der es die richtigen Weichen zu stellen gelte.[97] Die Fernstehenden und dem kirchlichen Leben Entfremdeten für die Kirche zurückzugewinnen, benannte er schon bald als eines der Hauptziele seiner Arbeit. Er forderte zum Dialog mit ihnen auf, ohne dass die Christen sich dabei selbst verleugneten und ihre Überzeugungen aufgaben. Man dürfe nicht der Versuchung verfallen,

> „… die Annäherung an die Gleichgültigen, Fernstehenden und Gegner mit der Angleichung an ihre Denkungsart und Handlungsweise zu verwechseln. Dann werden wir nicht mehr Eroberer sondern Eroberte sein. Der Dialog, an sich eine unverzichtbare Methode der Verkündigung, darf nicht darauf hinauslaufen, unsere eigene Wahrheit zu verleugnen oder zu vergessen.“[98]

Es ist aufschlussreich, dass er bereits 40 Jahre zuvor in seinen geistlichen Aufzeichnungen seine Sorge um die Fernstehenden und Ungläubigen geäußert hatte.[99] In seinem Denken ist also eine erstaunliche Kontinuität festzustellen.

Überhaupt fällt an seinem pastoralen Wirken auf, dass er nie der Versuchung erliegt, sich nur für die kleiner gewordene Herde der aktiv am kirchlichen Leben teilnehmenden Gläubigen zu kümmern. Er weiß sich für alle Bewohner seines Mailänder Sprengels zuständig, und insofern kann man bei ihm von einer volkskirchlichen Haltung sprechen.

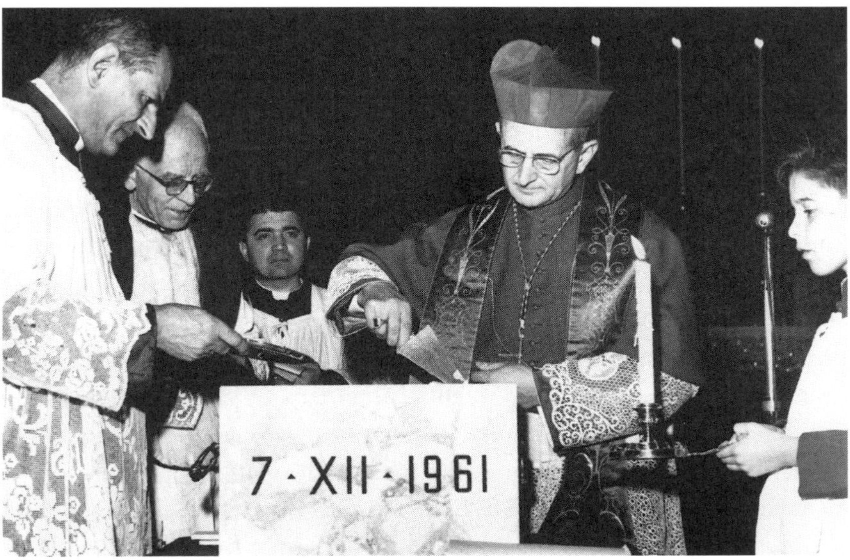

8 Kardinal Montini legt den Grundstein zu einem Jugendzentrum an der Peripherie von Mailand (7. Dezember 1961)

Ein Großteil der Gläubigen wohnte jetzt schon an der scheinbar endlosen Peripherie der Stadt und nur noch ein kleinerer Teil im ländlich gebliebenen Hinterland. Zwar gab es 958 Pfarreien, doch fehlte es insbesondere in der Stadt aufgrund des ungebremsten Zuzugs von Arbeitern und Angestellten an Kirchengebäuden. Der neue Erzbischof nahm sich dieses Problems beherzt an: In seiner achtjährigen Amtszeit wurden 115 Kirchen geweiht, deren Entstehung er selbst beaufsichtigte, acht weitere waren im Bau.

Doch mit neuen Gotteshäusern allein war es nicht getan, wenn es um die Wiedergewinnung der Massen ging. Es bedurfte ebenso einer inneren, geistlichen Erneuerung. Mailand war nach Montinis Auffassung Missionsland geworden! Auf seine Initiative hin wurde daher zwischen dem 5. und 24. November 1957 im ganzen Erzbistum eine breit angelegte Mission durchgeführt, die seinerzeit im In- und Ausland Beachtung fand.[100] Die Missionierung sollte nicht von außen erfolgen, sondern aus den innersten Kräften der Erzdiözese geschehen: „Mailand muss Mailand retten. Das alte Mailand muss das neue retten. Das christliche Mailand soll das heidnische Mailand retten."[101] Bei dieser Mission ging es nicht nur darum, die Menschen wie bei den klassischen Volksmissionen zu den Sakramenten hinzuführen, sondern das Fundament des Glaubens zu stärken. Um alle Bewohner gleichermaßen anzusprechen, wurde als Oberthema „Gott, der Vater" gewählt. Aller verfügbaren Medien (Printmedien, Radio, Werbeflächen) bediente man sich, etwa 1,2 Millionen Programme wurden unter die Leute gebracht. Laien wurden in ihrem christlichen Zeugnis bestärkt, Frauen auf neue Weise einbezogen. Als „Hauptziel" der Mission nennt der Erzbischof zu deren Beginn am 7. November 1957, „den Fernstehenden ein authentisches religiöses Wort zu Gehör zu bringen"[102] – für jene Zeit eine ungewöhnliche Priorität. Unter „Fernstehende" versteht er in einem an sie gerichteten Aufruf all jene, die nicht mehr zur Kirche kommen, jene, die sich nicht am Gemeindeleben beteiligen, jene, die nicht mehr glauben, jene, die nicht nach den Vorschriften der Kirche leben. All diese Menschen bittet er ausdrücklich um Vergebung. Er bleibt nicht beim rein Appellativen und Symbolischen stehen, sondern fragt nach den Ursachen dieser „Entfremdung" von der Kirche. Die Antwort erscheint paternalistisch und aus heutiger Sicht wohl etwas naiv: Man habe sich kirchlicherseits nicht genug um sie gekümmert und nicht überzeugend um sie geworben. Er bittet um eine „zweite Chance" für die christliche Verkündigung und um ein gerechteres Urteil gegenüber der Kirche. Christus selbst führt er als Vorbild für seine Haltung an: Auch dieser habe eine große Liebe zu denen gehabt, die dem Glauben fernstanden. Seinem Beispiel seien die Christen verpflichtet. Bemerkenswert und für die Zeit durchaus neu und wegweisend ist der Tenor seines Aufrufs, der ohne Schuldzuweisungen und moralische Strenge auskommt. Die Verantwortung für die Distanz gegenüber der christlichen Verkündigung wird nicht zuerst bei denen gesucht, die sich ihr verweigern. Der Text gipfelt in der Einladung, sich auf einen Dialog mit den aktiven Christen einzulassen: „Versucht es doch einmal, uns näher kennen zu lernen!"[103].

Eigene Appelle waren an die Kranken und an die Jugendlichen adressiert; man mag hierin Präludien der Standesbotschaften am Ende des Zweiten Vatikanischen Konzils sehen, mit denen sich der Papst an verschiedene Personengruppen wenden sollte. Am letzten Tag der Mission hörten die auf dem Domplatz versammelten Mailänder Gläubigen eine Livebotschaft Pius' XII. an – zugleich eine Demonstration der Papsttreue und der Modernität der Verkündigung. Die Mobilisierung der kirchlichen Massen im Zuge der Mission hinterließ in der norditalienischen Metropole und weit darüber hinaus den Eindruck des Modernen, Zeitgemäßen. Bei alldem wurden keine Abstriche an der Lehre der Kirche gemacht: Insofern trug das ganze Unternehmen stark die Züge des Erzbischofs, in dessen Haltung sich nach den Worten seines damaligen Weihbischofs und späteren Nachfolgers Giovanni Colombo (1902–1992) eine „Flexibilität auf der praktischen Ebene" mit einer „Intransigenz auf der dogmatischen Ebene" verband.[104] Die Mission war einerseits gekennzeichnet durch die Anwendung moderner Methoden, durch die aber andererseits konventionelle Inhalte transportiert wurden. Ziel blieb die Stärkung der Gemeindebindung und die Wiedereingliederung der Abständigen in die Pfarreien. Im Grunde genommen handelt es sich um eine mit modernen Mitteln ins Große gesteigerte Volksmission. Die zeitgenössische Massenmobilisierung verband sich mit Elementen der Standesgliederung im Stile des 19. Jahrhunderts.

Obgleich diese Mission weite Kreise zog, trat doch im Nachhinein eine gewisse Ernüchterung ein, insofern sich die Grundsituation der Kirche nicht verändert hatte, wohl auch nicht so schnell verändern ließ. Davon zeugt eine programmatische Predigt des Erzbischofs vor Priestern und Seminaristen am 26. September 1958 in der Katholischen Universität Mailand.[105] Er hält sich zugute, den Blick auf die Fernstehenden gelenkt zu haben, fordert aber gerade im Kontakt mit ihnen von den Priestern den Geist der Unterscheidung. Der religiösen Unwissenheit sei der Kampf anzusagen, denn es reiche nicht zu sagen, dass doch alle gut katholisch seien und der Herr sie schon irgendwie retten werde. In der modernen Massengesellschaft, wie man sie in Mailand erlebe, sei die Masse der Kirche entfremdet. Aber nicht nur Indifferenz macht er als Problem aus, sondern er diagnostiziert auch einen zunehmenden Antiklerikalismus. Das Denken der „Fernstehenden", der Gleichgültigen wie der feindlich Gesinnten, gelte es zu studieren, wozu er besonders die zeitgenössische Literatur empfiehlt, denn diese spiegle die Geisteshaltung dieser Menschen mit ihren spirituellen und moralischen Problemen. Diese nüchterne Diagnose wird in Bezug zur biblischen Erfahrung gesetzt: Auch Jesus habe das Gefühl gekannt, die Menschen nicht zu erreichen und vergebens zu predigen: „Das könnte auch unser Schicksal sein."[106] Von der neutestamentlichen Botschaft her macht er seinen Zuhörern Mut: Wenn sie zuerst ihren eigenen Glauben erneuern, dann werden sie sicher wieder die Menschen überzeugen. Montini wurde von der Mailänder Mission her der Gedanke vertraut, dass es einer „Neuevangelisierung" bedürfe (um einen von Johannes Paul II. geprägten Terminus zu verwenden), um dem Glaubensverlust in weiten Teilen der christlichen Welt zu begegnen, also eines neuen Aufbruchs, der mit modernen Methoden und technischen Mitteln zu vollziehen ist.[107]

In seinen Briefen an Johannes XXIII. schildert er die pastorale Lage übrigens weniger dramatisch als in seinen Reden, die er vor Ort hält. Am 22. Dezember 1959 etwa berichtet er ihm, dass es so schlimm um sein Bistum nicht stehe, wie einige meinten. Das Seminar wachse, der Klerus sei fähig und eifrig, und bei den Laien sei vieles in Bewegung.[108] Wollte er dem greisen Papst unbequeme Wahrheiten ersparen?

In neun langen Hirtenbriefen wandte sich Montini den drängendsten pastoralen Problemen seiner großen Diözese zu, zu denen die Lage der Arbeiter gehörte, die mit ihren Familien in großer Zahl aus den umliegenden Provinzen und aus dem Süden zugewandert und die nun in der neuen Heimat kirchlich entwurzelt waren. Immer wieder wurde dem Erzbischof eine besondere Nähe zur Arbeiterschaft nachgesagt.[109] Schon drei Tage nach seinem Amtsantritt fand er sich in einer großen Industriezone ein, die als das am stärksten kommunistisch geprägte Arbeiterviertel des Landes, als das „Stalingrad Italiens" galt. Er feierte in den folgenden Jahren wiederholt Gottesdienste in Industrieanlagen und segnete neue Komplexe. Immer wieder ging er in Arbeitersiedlungen und sprach dort ohne erkennbare Berührungsängste zu den Menschen. 1961 besuchte er den Hauptsitz des italienischen Gewerkschaftsbundes in Mailand – ein bis dato unerhörter Vorgang. Davon unbeschadet, schrieb er dem katholischen Arbeiterverband ACLI *(Associazioni cristiane di lavoratori italiani)* eine besondere Rolle innerhalb der Arbeiterbewegung zu.[110] Montinis bewusste Nähe zur Arbeiterschaft war nicht unumstritten: Am 6. Januar 1957 wurde ein Bombenanschlag auf das erzbischöfliche Haus verübt, bei dem allerdings niemand verletzt wurde. Zwar ließen sich die Hintergründe der Tat nicht aufklären, doch wurde vermutet, dass ultrarechte Kräfte auf diese Weise ihr Missfallen am „Arbeiterbischof" zum Ausdruck bringen wollten.

Dabei stellt sich die Frage, ob Montini tatsächlich ein *Arbeiterbischof* war bzw. ein solcher sein wollte. Hatte er eine Affinität zur Welt der Arbeit, die über pastorale Interessen, sprich: eine „Rückgewinnung" der Arbeiterschaft hinausreichte? Wie bereits erwähnt, entstand in Mailand schon bald nach seinem Amtsantritt das Gerücht, er sei ein „Roter", nicht zuletzt weil er mit einer Öffnung der *Democrazia Cristiana* für eine Zusammenarbeit mit der Linken sympathisiere. Die Brisanz dieser Behauptung erklärt sich von der besonderen Situation der italienischen Nachkriegspolitik her, die von einem klaren Lagerdenken geprägt war.[111] Die katholische Seite war lange Zeit bestrebt, Sozialisten und Kommunisten von der Regierung fernzuhalten. 1949 war sogar vom Vatikan die Exkommunikation der Kommunisten und ihrer Wähler ausgesprochen worden. In jüngster Zeit gab es in der italienischen Öffentlichkeit Versuche, Montini in dieser Hinsicht zu rechtfertigen. Anders als gemeinhin angenommen, sei er persönlich strikt dagegen gewesen, die Sozialisten oder gar Kommunisten salonfähig zu machen, so die Mailänder Historikerin Eliana Versace.[112] Stattdessen habe er weiterhin die Haltung des Christdemokraten Alcide De Gasperi vertreten, der die Partei in der Mitte verankert und Koalitionen nur mit gemäßigten Parteien geschlossen habe (Politik des *Centrismo*). Der Erzbischof sei stets gegen eine mögliche Zusammenarbeit von Sozialisten (oder gar Kommunisten) und Christdemokraten eingetreten und habe von daher eine Abkühlung des Verhältnisses zu Aldo Moro, der die Partei seit 1959 anführte und den er seit dessen Studentenzeit kannte und schätzte, und zu dessen Vorgänger Amintore Fanfani in Kauf genommen. 1961 entstand in Mailand das erste Mitte-Links-Bündnis, angeblich sehr zu seinem Missfallen. Ähnliche Experimente habe er auf Landesebene befürchtet. Die Autorin versucht also den „Mythos“ zu widerlegen, Montini sei in politischer Hinsicht progressiv gewesen, gewissermaßen ein „roter“ Oberhirte, der für eine Öffnung der Christdemokraten zur politischen Linken hin eingetreten sei. Erkennbar passt eine solche Auffassung nicht mehr in die politische Landschaft Italiens im Jahr 2007. Man mag einen Zusammenhang zwischen dieser Neuinterpretation der politischen Haltung Montinis und seiner Seligsprechung sehen (die unter anderem von dem christdemokratischen Politiker Giulio Andreotti angestrebt wird). Gegen den Beweisgang Versaces, dass der Erzbischof Bündnisse dieser Art abgelehnt habe, versucht Giselda Adornato zu belegen, dass er hier etwas moderater als andere Amtsbrüder und als die offizielle Linie des Vatikans war. Man wird die politische Haltung des Mailänder Oberhirten wohl auch *a posteriori* deuten müssen. In den siebziger Jahren sollte es regelrecht zu einer Duldung der christdemokratischen Zentralregierung durch die Kommunisten kommen – eine Entwicklung, die Paul VI. niemals gutheißen wollte. Dennoch verbot es ihm auch jetzt noch die Loyalität zur Partei seines Vaters, De Gasperis und vieler Mitstreiter aus seiner Zeit bei der FUCI, Christdemokraten öffentlich in den Rücken zu fallen. Selbst in Zeiten des Dissenses, als diese an Entscheidungen mitwirkten, die nicht der katholischen Lehre entsprachen (Ehescheidung, Abtreibung …) hielt er sich auffallend zurück.

Im Übrigen hat sein pastorales und gesellschaftspolitisches Wirken

9 Erzbischof Montini visitiert die Pfarrei Mazzo Milanese di Rho (8. Juni 1958)

in Mailand durchaus auch konservative, ja bisweilen fast paternalistische Züge. Bedürftige können sich an ein Empfangsbüro im Bischofspalais wenden, wo ihnen die Hilfe reicher frommer Frauen vermittelt wird.[113] Standeskategorien spielen in der Pastoral eine große Rolle: Der Erzbischof kümmert sich besonders um die Standesvereine und Berufsvereinigungen der Jugendlichen, Arbeiter, Männer, Frauen, Ärzte, Künstler.[114]

Besondere Sorge widmete der Erzbischof seinem Klerus.[115] An den Nachmittagen hoher Feste besuchte er kranke Priester.[116] Etwas Neues waren seine Briefe, die er am Gründonnerstag an seine Priester richtete. Ihnen galt seine besondere Aufmerksamkeit, und vor allem denen gegenüber, die in Schwierigkeiten waren, verstand er sich zuerst als Seelsorger, nicht als Vorgesetzter oder Richter. Er sah voraus, dass die Priester in Zukunft stärker entlastet werden müssen und dass sie etwa nicht mehr allein im Stande sein würden, den Religionsunterricht zu erteilen. Daher schuf er im Jahr 1963 ein Institut für die Lehrerausbildung *(Istituto Superiore di Scienze Religiose)*. Viele Amtsbrüder sollten seinem Beispiel folgen, so dass bis zum Jahrhundertende ein dichtes Netz solcher Institute das ganze Land überspannte. Er berief insgesamt sechs Diözesansynoden ein, um die Situation der Pastoral zu reflektieren und den Bedürfnissen der modernen Metropole anzupassen, und begann im April 1955 eine große Visitation, die ihn bis Mitte des Jahres 1963 in 840 Pfarreien führte.[117]

Was die Laien angeht, erlebte Montini in Mailand einen hohen Organisationsgrad. In seiner Zeit als Erzbischof war er dem klassischen Konzept der Katholischen Aktion verpflichtet: Eine aktive Mitgestaltung der Gesellschaft durch katholische Laien war erwünscht – sie hatte aber immer in Zusammenarbeit, ja unter der Leitung der Hierarchie zu erfolgen.[118] Eine Organisation der Laien konnte es nicht um ihrer selbst geben, sie war kein Selbstzweck. Immer wieder wies er vielmehr auf die Notwendigkeit hin, dass sie die Gesellschaft in allen Bereichen mit christlichem Geist durchdringen. In seiner Haltung gegenüber den Laien seiner Diözese galt immer ein „Primat der Spiritualität"[119]. Bei der neuen Indienstnahme der Laien durfte er sich durchaus im Einklang wissen mit Pius XII., der in jener Zeit eine Neubestimmung ihrer Aufgaben vornahm, ohne dabei allerdings die Führungsrolle des Klerus in Frage zu stellen.[120]

Seine engsten Mitarbeiter in jener Zeit bezeugen, dass Montini als Bischof keine Scheu im Umgang mit Menschen zeigte, auch nicht vor der Begegnung mit Menschenmassen, deren Ton er durchaus treffen konnte.[121] Allerdings bleibt doch richtig, dass seine eigentliche Stärke eher im persönlichen Gespräch lag, wo er sich als aufmerksamer Zuhörer und als einfühlsamer Ratgeber erwies. Das änderte sich während seines späteren Pontifikates nicht. Besucher erwähnten immer wieder, wie gründlich Montini/Paul VI. auf ein Gespräch vorbereitet war und wie flexibel er sich auf sein Gegenüber einzustellen wusste.

Eine weitere Priorität zeigte sich schon in Mailand: die Sorge für die kirchlichen Medien. Hier bewegte sich der Sohn des Verlegers und Redakteurs auf vertrautem Gelände. Auch in dieser Hinsicht nahm er ein Anliegen des Pacelli-Papstes auf, bediente sich dieser doch virtuos der neuen Massenkommunikationsmittel im Dienst der Verkündigung.[122]

1960 gründete der Erzbischof die Zeitschrift *Diocesi di Milano*, 1961 folgte *Il Segno*. Um die katholischen Kräfte in diesem Bereich zu bündeln, regte er 1968 die Fusion der katholischen Tageszeitung *L'Italia*, die in Mailand erschien und um die er sich intensiv kümmerte, mit der Bologneser Zeitung *Avvenire d'Italia* an. Es entstand der *Avvenire*, bis heute die bedeutendste und auflagenstärkste katholische Zeitung des Landes. Montini sah richtig voraus, dass der italienische Katholizismus eine starke und geeinte Stimme brauche, um in der pluralistischen Gesellschaft zu bestehen. Die Neuumschreibung der Päpstlichen Kommission für die sozialen Kommunikationsmittel im Jahr 1964, welche die vatikanischen Aktivitäten bündeln und reflektieren helfen sollte, hat also eine Vorgeschichte in seinem bischöflichen Wirken.

Aufmerksam begleitete er auch die Katholische Universität in Mailand. Deren Gründer, dem Franziskaner Agostino Gemelli (1878–1959), stand er nahe. Der Psychologe und Philosoph Gemelli gehörte wie Amintore Fanfani dem linken Flügel der christdemokratischen Partei an.[123]

Gegen Ende hin wies Montinis Wirken immer mehr über seine Bischofsstadt hinaus. In die letzten Jahre fallen längere Reisen, die seinen späteren Pontifikat gewissermaßen vorankündigten. 1960 flog er in die USA, um an der Universität Notre Dame zusammen mit dem amerikanischen Präsidenten Dwight D. Eisenhower (1890–1969) die Ehrendoktorwürde entgegenzunehmen. Er reiste von dort weiter nach Brasilien, wo er sowohl die von Oscar Niemeyer (*1907) konzipierte neue Hauptstadt Brasilia, Symbol des aufsteigenden Staates und dessen modernes Gesicht, als auch die Favelas von Rio de Janeiro kennenlernte. Hier begleitete ihn der damalige Weihbischof Dom Hélder Câmara (1909–1999), den er seit 1950 kannte. Montini hatte ihn bei der Gründung der Brasilianischen Bischofskonferenz (1952) und des Lateinamerikanischen Bischofsrates CELAM (1955) unterstützt. Noch als Papst sollte er seiner Person und seinem Wirken im Konzil große Wertschätzung entgegenbringen.[124] 1962 findet man Montini in Afrika, wo ihn einerseits die Größe und Schönheit des Kontinents beeindruckte, andererseits das Elend der Menschen bedrückte. Besonders stieß ihn die Rassentrennung ab, die er in Südafrika erlebte. Die Erfahrungen, die der Bischof auf seinen Reisen sammeln konnte, sollten später auch seinen Pontifikat prägen. Zum einen wurde sicher die Faszination für die so fortschrittliche „Neue Welt“ zu einer der Wurzeln seiner Bejahung der modernen Zivilisation, ja seines Modernitätspathos. Zum anderen wurde die Sorge für die Armen Südamerikas und Afrikas zu einem wichtigen Akzent seines päpstlichen Wirkens. Wichtige Einsichten der Enzyklika *Populorum Progressio* dürften auf seinen bischöflichen Reisen grundgelegt worden sein.

Am 15. Dezember 1958 wurde er von Johannes XXIII. bei dessen erstem Konsistorium zum Kardinal ernannt. Damit war eine wichtige Weiche für die Zukunft gestellt.

In den letzten beiden Mailänder Jahren belegte ihn zunehmend das Konzil mit Beschlag, das Johannes XXIII. am 25. Januar 1959 angekündigt hatte. Er selbst war begeistert von dem Unternehmen, wie er selbst bereits einen Tag später in seiner ersten Reaktion bekannte.[125] Am 8. Mai 1960 schrieb er an den Leiter der Vorkommission *(Commissio antepraeparatoria)*, Kardinal Domenico Tardini, seinen alten Kollegen im Staatssekretariat, um ihm die Prioritäten und die Vorgehensweise des Konzils aus seiner Sicht zu schildern.[126] Im Blick auf die Vorbereitungszeit betont er die zentrale Bedeutung der Frage, wie mit den getrennten Christen umzugehen sei. Er empfiehlt Diskussionen nach dem Vorbild der Mechelner Gespräche. Im Haus des Mechelner Erzbischofs Désiré Joseph Kardinal Mercier (1851–1926) hatten sich auf Anregung des anglikanischen Laien Charles Viscount Halifax (1839–1934) zwischen 1921 und 1925 Anglikaner und Katholiken zu fünf Gesprächsrunden versammelt. Mit keinem offiziellen Mandat ausgestattet, dienten die Gespräche der theologischen Verständigung und der historischen Standortbestimmung. Dieses Unternehmen hatte also in Montinis Augen Modellcharakter. Den getrennten Christen müsse die Rückkehr zur katholischen Kirche in Würde möglich sein, und zu diesem Zweck müsse in Fragen der Disziplin und des Ritus größtmögliche Nachsicht *(indulgentia)* angewandt werden. Was den Inhalt des Konzils angeht, empfiehlt er, die großen Irrtümer der Zeit zu thematisieren. Im Blick auf die Liturgie wünscht er sich Veränderungen, die es möglich machen, dass alle Gläubigen effektiv an der Liturgie teilhaben.[127] Die Verwendung der Landessprache im Wortgottesdienst, bei der Spendung der Sakramente sowie bei Beerdigungen und Sakramentalien erscheint ihm daher unumgänglich. Bei den Glaubensfragen hält er es für nötig, die Rolle der Laien in der Kirche und ihre Mitwirkung an den kirchlichen Aufgaben, namentlich ihr Verhältnis zur Hierarchie, neu zu klären. Hierbei handelte es sich durchaus nicht um eine revolutionäre Kehrtwende – hatte doch schon Pius XII. (wie oben erwähnt) wichtige Beiträge zu einer neuen Umschreibung der Aufgaben des Laien in der Kirche geliefert.[128] Daneben bringt er zahlreiche andere Vorschläge für die Erneuerung der Pastoral, der Liturgie und des kirchlichen Lebens ins Spiel. Ein besonderes Anliegen ist ihm ferner die Reform des kirchlichen Rechtes. Am 6. November 1961 wurde er zum Mitglied der Zentralen Vorbereitungskommission des Konzils ernannt.[129]

Als Mailänder Erzbischof versuchte er, seine Gläubigen in die Vorbereitung und in den Ablauf des Konzils einzubinden, denn er war überzeugt, dass es sich nicht nur um eine Versammlung von Bischöfen handeln dürfe, sondern dass es die ganze Kirche erfassen müsse. So war er bestrebt, es zu einem geistlichen Ereignis und Erneuerungsimpuls für sein Bistum zu machen. Während der ersten Konzilsperiode schrieb er sieben größere Briefe an seine Gläubigen, meldete sich zudem jede Woche mit einem kurzen Bericht. In einem Hirtenbrief vom 22. Februar 1962 legt er dar, dass man vom Konzil echte Reformen erwarten dürfe.[130] Es werde weniger strafen und ausschließen als ermuntern und inspirieren. Als Hauptgegenstand der Beratungen sieht er die Kirche an, die sich selbst neu begreifen müsse, um den Herausforderungen der modernen Welt gewachsen zu sein. Bereits zu diesem Zeitpunkt ist für ihn klar, dass das Thema Kirche Dreh- und Angelpunkt der Arbeit der Kirchenversammlung sein muss. Zunächst einmal gehe es darum, wieder eine rechte Vorstellung davon zu gewinnen, was ein Ökumenisches Konzil ist. Er greift den Begriff der Erneuerung *(Aggiornamento)* auf, den Johannes XXIII. zum Leitbegriff des Konzils gemacht hatte.[131] Dieser Begriff besage nicht, dass die Kirche veraltet und unbeweglich sei und dass sie ihr Wesen ändern müsse, um sich dem Lauf der Zeiten anzugleichen. Vielmehr handle es sich um eine „Anpassung der Kirche an die Zeitumstände und die Umgebungen, in denen sie leben muss“, um „einige Schönheitsreparaturen, nicht um eine wesentliche Änderung ihrer Ge-

10 Eröffnung des Zweiten Vatikanischen Konzils (11. Oktober 1962)

stalt".[132] Derlei Reformen sind für ihn Teil der Katholizität der Kirche, welche die Menschen aller Zeiten und aller Orte ansprechen müsse. Statt um eine Korrektur der kirchlichen Lehre und der Gestalt der Kirche gehe es um pastorale Reformen und um eine Erneuerung des kirchlichen Lebens (einschließlich der Verkündigung, der Kunst, der Diakonie …). Das Evangelium müsse einen neuen Stellenwert im Leben der Menschen bekommen und von ihm her die Gesellschaft gestaltet werden, damit die Kirche neue Schlagkraft und Glaubwürdigkeit gewinne. Das Urteil des Verfassers über die Einheit der Christen ist erstaunlich nüchtern.[133] Das Konzil werde diese nicht herstellen können, sondern sie allenfalls vorbereiten. Die von ihm angeführte weitgefächerte Fachliteratur in italienischer, deutscher und französischer Sprache zeigt, dass er auf diese Frage durchaus vorbereitet war. Er hatte sich in dieses zentrale Thema also eingelesen oder ließ sich zuarbeiten. Die skizzierten Äußerungen Montinis zeigen bereits deutlich, dass er die Aufgabe des Konzils in einem ähnlichen Licht sah wie der Roncalli-Papst. Er spricht zwar von „Erneuerung", doch denkt er dabei weniger an eine neue Formulierung der kirchlichen Lehre als an pastorale Methoden. Insgesamt scheinen seine Erwartungen an das Konzil zurückhaltender, ja konservativer als diejenigen vieler progressiver Konzilsväter, ja wahrscheinlich sogar des Papstes selbst zu sein.

Man kann aber nicht sagen, dass er als Bischof zu den Wortführern des Konzils gehört hätte. Ganze zwei Interventionen sind überliefert; diese hatten jedoch inhaltliches Gewicht. Am 5. Dezember 1962 griff er in die Debatte über das Kirchenschema ein und mahnte eine konsequente Ausrichtung der Kirche auf Christus an. Die Kirche müsse stärker als Mysterium denn als äußerlich sichtbare hierarchische Gesellschaft aufgefasst werden. Er plädierte für weitere Reflexionen über die Rolle des Bischofskollegiums, um so die Beschlüsse des I. Vaticanums sinnvoll ergänzen zu können.[134] Ganz mit pastoralem Duktus äußerte er sich am 22. Oktober 1962 bei der konziliaren Diskussion des Schemas zur Liturgie und forderte, diese müsse immer zuerst für den Menschen da sein.

Resümee

Will man diese Periode im Leben Giovanni Battista Montinis zusammenfassen, so mag man am ehesten auf ein Bild verweisen. Es zeigt Pius XII., der aufrecht in einem Armstuhl sitzt. Auf dem Schreibtisch vor ihm befindet sich ein Mikrofon. Es ist der unmittelbare Augenblick vor einer der gewichtigen Radioansprachen. Im Hintergrund steht neben anderen Kurialen Montini in Soutane und Prälatenmantel. Er blickt mit leicht gesenktem Kopf schräg zur Kamera hin, der Ausdruck seines Gesichtes scheint dienstfertig und zugleich zurückhaltend. Hatte er selbst den Entwurf der päpstlichen Rede geliefert? Selbst wenn man es nicht wüsste: auf den ersten Blick ist hier zu erkennen, wer der Befehlsgeber und wer der Ausführende ist. Dreißig Jahre lang war der Brescia-

11 Montini bei einer Radioansprache des Papstes Pius XII. (29. Juni 1942)

ner ein treuer, zuverlässiger und diskreter Mitarbeiter der beiden Pius-Päpste, und seine Handlungen lassen keinen eigenen Ehrgeiz oder eine eigene Handschrift erkennen. Die Erziehung in einem von der Mutter her literarisch-kunstsinnigen, vom Vater her gesellschaftspolitisch-engagierten Elternhaus klingt während der Zeit im Staatssekretariat allenfalls noch nach, in der Begleitung von Studenten etwa, in Reisen oder Lektüren.

Der Wechsel nach Mailand kostete ihn zwar seinen beträchtlichen Einfluss in der römischen Kurie, versetzte ihn aber zugleich aus der zweiten Reihe in die erste, oder um im Bild zu bleiben: von der diskreten Stellung hinter dem Stuhl auf diesen selbst. Aus dem Mitarbeiter des Papstes wurde der eigenständige Leiter einer großen Diözese. Die damit verbundene Verantwortung nahm er in einer alle Beobachter überraschenden Weise wahr, indem er die lombardische Metropole zu einem Zentrum moderner Großstadtpastoral machte und die Herausforderungen von Urbanisierung und Säkularisierung beherzt anging. Schon während der Mailänder Jahre zeigte sich die eigentümliche Spannung, die auch seinen Pontifikat kennzeichnen wird: Zum einen weiß er sich

Tradition und Dogma der Kirche verpflichtet, zum anderen begegnet er den Errungenschaften der Moderne mit großer Offenheit und macht sie sich für eine erneuerte Pastoral nutzbar.

Als ein Mann, der bloß jahrzehntelang im Staatssekretariat tätig war, wäre Montini sicher niemals zum Papst gewählt worden. Als „Kirchenbeamter“ und Mann der Kurie hätte er nicht die Autorität gehabt, die er als Konzilspapst nötig hatte, um die Versammlung zu einem guten Ende zu bringen. Insofern stellt die Zeit als Erzbischof eine unverzichtbare Vorbereitung auf das Papstamt dar. *In nuce* ist in Mailand manches zu beobachten, was dann später in der Gesamtkirche umgesetzt wird. Hier wird aus dem Mann der zweiten Reihe ein Verantwortungs- und Entscheidungsträger.

Der Pontifikat

12 Paul VI. in Bogotá (23. August 1968)

2 Der große Aufbruch (1963–1965)

Ein neuer Papst!

Schon beim Konklave des Jahres 1958 wurde Giovanni Battista Montini von der Presse als Nachfolger von Pius XII. gehandelt, obwohl er nicht einmal Kardinal war. 1963 überraschte seine Wahl niemanden ernstlich, galt er doch als der geborene Kandidat, der die verschiedenen Strömungen unter den Bischöfen zusammenführen und das Konzil zu Ende bringen könne. Überdies hielt man ihn für den Favoriten des Roncalli-Papstes. Dennoch wird man ihm Glauben schenken können, wenn er rückblickend sagt, er habe sich das Amt nicht gewünscht, denn sein langjähriger Dienst im Vatikan habe ihn erkennen lassen, was es von seinem Träger erfordert.[1] Er wurde als gemäßigt progressiver Kandidat gewählt, denn der Bologneser Kardinal Giacomo Lercaro (1891–1976) war den meisten zu progressiv, und ein Ausländer kam zu diesem Zeitpunkt noch nicht in Frage.[2]

Zunächst seien ein paar allgemeine Eindrücke über die Amts- und Lebensführung des neuen Papstes zusammengetragen. An Paul VI. überraschte von Anfang an die schlichte und unprätentiöse Art des Auftretens.[3] Er stand um 6.00 Uhr auf. Es folgten Meditation, Brevier und Eucharistiefeier. Beim Mittagessen liebte er die Konversation mit seinen Sekretären Pasquale Macchi und Bruno Bossi, die schon in Mailand für ihn gearbeitet hatten, sowie ab 1975 mit dem jungen irischen Priester John Magee (*1936). Manchmal fand sich bei Tisch sein Bruder Lodovico ein, der als Parlamentarier oft in Rom weilte. Der Nachmittag war für Gespräche mit engen Mitarbeitern bestimmt. Die Schwestern im päpstlichen Haushalt (*Suore di Maria Bambina,* die schon in Mailand seinen Haushalt geführt hatten) erlebten ihn als persönlich frommen Menschen, der viel Zeit in der Kapelle verbrachte, als aufmerksam gegenüber seiner Umwelt, als sehr bescheiden im Umgang und als äußerst fleißig. Als Papst arbeitete er regelmäßig bis tief in die Nacht (etwa bis 1.30/2.00 Uhr). Selten sah man ihn in den Vatikanischen Gärten, anders als Pius XII., der täglich zur festgesetzten Zeit seinen Spaziergang absolvierte. Schaut man sich Montinis gewöhnlichen Tagesablauf an, so fällt auf, wie dicht gefüllt dieser war. Er teilte seine Tage mit straffer Disziplin ein.[4] Sein Bruder Francesco bescheinigte ihm als hervorstechenden Charakterzug die „Selbstkontrolle".[5] Wer wie er schon in Kindheit und Jugend seine physischen Grenzen erlebt hat, dem wird es zeitlebens zum Habitus, mit seinen Kräften hauszuhalten.

Wie der Regisseur Franco Zeffirelli (*1923) bemerkt, trug ihm seine fragile Gestalt nicht gleich das Vertrauen ein, das der väterlich-gemütlich wirkende Roncalli-Papst sofort erweckt hatte. Sein zum Professoral-Lehrhaften tendierendes Auftreten und das stete Ringen um ein differenziertes Urteil, das bisweilen etwas Gequältes hatte, schuf auch nicht das unmittelbare Gefühl der Sicherheit, wie es Pius XII. vermittelt hatte.[6] Johannes XXIII. soll ihn einmal wegen seiner Unentschiedenheit als „italienischen Hamlet" bezeichnet haben.[7] Bei seinen ersten Auftritten zeigte der neue Amtsinhaber eine unverkennbare Scheu, die er allerdings zunehmend ablegte. Dennoch blieb seine Stärke das Zwiegespräch, in dem er auf sein Gegenüber eingehen konnte. Zeffirelli berichtet, dass er gerade diesen Zug des Papstes einfangen wollte, als er die Eröffnung des Heiligen Jahres 1975 für das Fernsehen inszenierte. Daher habe er ihm eine lange Sequenz in Großaufnahme gewidmet, wie er vor dem erleuchteten Petersdom mit alten und kranken Menschen sprach, sie tröstete und stärkte.[8] Montini war sich seiner Wirkung auf andere bewusst; auch dies gehörte zu seiner Persönlichkeit: „Für mich kennzeichnend ist eine gewisse Rationalität, die manchmal die Schnelligkeit der Entscheidungen hemmt."[9] Er war immer konzentriert, wirkte oft angespannt, gönnte sich kaum Ruhe, bildete ein übergroßes Verantwortungsbewusstsein aus.

Besonders gründlich bereitete er sich auf die Privataudienzen und die wöchentlichen Generalaudienzen vor. In letzteren sah er ein bevorzugtes Mittel, sich sowohl grundsätzlich als auch zeitnah zu aktuellen Fragen zu äußern. Die Woche über las er zum anstehenden Thema und

13 Paul VI. besucht die Krippenausstellung in einem römischen Waisenhaus (30. Januar 1966)

machte sich Notizen. Diese Audienzen waren für ihn ein Mittel, als Lehrer des Glaubens zu wirken und mit den Versammelten in einen Dialog zu treten: „Und wieder sind wir im Gespräch mit den Besuchern unserer wöchentlichen Generalaudienz“[10], beginnt er einmal seine Ansprache. Er tut dies nicht selten mit sehr schlichten und allgemeinverständlichen Worten, bemüht sich, sich auf den Horizont der jeweiligen Hörerschaft einzustellen. Seine Reden sind durchdacht und haben immer Gewicht (bisweilen zu viel Gewicht). Wahrscheinlich stand ihm in dieser Hinsicht das Vorbild Pius' XII. vor Augen.[11] Seine Sprache ist gehoben, und sorgfältig wählt er seine Worte, so dass seine Ausdrucksweise bisweilen „gewählt“ wirkt.[12]

Er bemühte sich um einen einfachen Lebensstil. Die schweren Möbel und die dunklen Seidentapeten der päpstlichen Wohnung mussten zugunsten einer hellen und modernen Einrichtung weichen. Aus den Audienzräumen wurden die Baldachine entfernt, in der Kapelle schlichte Paramente und Gerätschaften verwendet.[13] Als Papst ministrierte er wie zuvor in Mailand seinem Sekretär, nachdem dieser ihm ministriert hatte (vor der Liturgiereform durfte der Priester nicht allein zelebrieren). Am ersten Jahrestag seiner Krönung fand er sich zum Tischdienst in einem Altenheim ein, später wiederholt in Kinderheimen und Waisenhäusern.

Seine persönliche Bescheidenheit, die man ihm nicht absprechen kann, war nicht nur private Attitüde, sondern sie sollte Zeugnischarakter haben. Auch die Kirche müsse arm sein und den Menschen bescheiden begegnen, war er überzeugt.[14] Die Betonung der Armut war für ihn ein Gebot moderner Pastoral. Auf seine persönliche Initiative gingen in diesem Zusammenhang ungewöhnliche Akzente zurück: Am 26. September 1965 besuchte er ein Zigeunerlager und hielt eine vielbeachtete Rede.[15] Im Jahr 1966 feierte er die Weihnachtsmesse in der von einem schrecklichen Hochwasser überfluteten Stadt Florenz, 1972 in einem Eisenbahntunnel im Norden Latiums – ein bislang unerhörter Vorgang (man stelle sich Pius XII. in einem Eisenbahntunnel vor!).

Da er vier Päpste erlebt hatte, zwei davon aus nächster Nähe, konnte sich bei ihm schon früh eine charakteristische Amtsauffassung herausbilden, also eine klare Vorstellung davon, was ein Papst zu tun und zu lassen hat. So erinnerte er noch als Erzbischof von Mailand bei einem Besuch in Varese an Pius X. (reg. 1903–1914), Benedikt XV. (1914–1922), Pius XI. (1922–1939), Pius XII. (1939–1958) sowie an Johannes XXIII. (1958–1963).[16] Im Alter von neun Jahren hatte er mit seinen Eltern und seinen beiden Brüdern Pius X. besucht, der für ihn das „Bild der Güte und der Heiligkeit" darstellt.[17] Benedikt XV., den er ebenfalls persönlich erlebt hatte, verkörpert für ihn weniger Hoheit und Majestät als Weisheit und praktischen Sinn. Mit Humor erwähnt er dessen Lieblingsworte: „schnell, schnell, schnell, schnell". Die erste Begegnung mit Achille Ratti, dem späteren Pius XI., der damals noch Präfekt der Vatikanischen Bibliothek war, verknüpft er mit einer reizenden Anekdote: Zusammen mit einem 17-jährigen Altersgenossen bereiste er die Stadt Rom und betrat die Vatikanischen Museen. Die beiden standen wohl ziemlich dumm in den langen Gängen herum, als Ratti auf sie aufmerksam wurde, sie ansprach und ihnen eine Privatführung durch „seine" Sammlungen anbot. An seinem Auftreten sei die Schüchternheit und Zurückhaltung des Gelehrten aufgefallen; er habe im Gespräch stets Mühe gehabt, seine Gedanken zu formulieren. Die Amtsführung dieses erfahrenen und trittsicheren Alpinisten sei aber alles andere als unsicher und schwankend gewesen: „Er besaß die Kunst, die Kraft zu befehlen, und man konnte sich sicher sein, dass ein Wort aus seinem Mund gültig blieb und nicht vergessen wurde; er vermittelte ein Gefühl von Sicherheit.“[18] Mit festem Willen habe er seine Mitarbeiter im Staatssekretariat angewiesen, die Versöhnung mit dem Königreich Italien vorzubereiten, koste es, was es wolle. Er habe mit der Entschiedenheit gehandelt, die nur ein Mann haben könne, der um den göttlichen Beistand wisse. „Wenn der erste Papst [= Pius X.] sich durch Heiligkeit auszeichnete, der zweite [= Benedikt XV.] durch Geschicklichkeit, dann dieser [= Pius XI.] wohl durch Stärke.“[19]

Besonders bewundernde Worte findet er für seinen langjährigen Dienstherrn Pius XII., bei dem er als Hauptcharakteristika Bildung, Weisheit und Kultur ausmacht. Pacelli habe über alles Bescheid gewusst, ja niemals habe er, Montini, einen Menschen mit einem zuverlässigeren Gedächtnis erlebt. Der Papst habe seine Reden zunächst geschrieben, sie erneut gelesen und dann völlig auswendig gehalten. Seine natürlichen Gaben seien durch eine streng asketische Spiritualität noch vervollkommnet worden. Besonders hebt er Pius' Sprachbegabung hervor, die sich mit einer Empfänglichkeit für Musik und Literatur verband. Die 20 Bände seiner päpstlichen Reden und Veröffentlichungen würdigt er als einen großen Schatz für die Kirche. Dass er selbst als Papst nicht sparsam mit Worten war und durchaus nicht weniger veröffentlichen sollte, wird auf dieses Vorbild zurückzuführen sein.

An Johannes XXIII. hebt er vor allem dessen Menschenfreundlichkeit hervor. Ihn beeindruckt der Vorsatz, den dieser gegenüber dem Herrn gefasst hat, nämlich alle Menschen mit Güte zu behandeln: „Was für eine einfache, aber feine und doch auch schwierige Sache.“[20] Und Montini resümiert: „Ihn wollen wir wahrhaft nachzuahmen versuchen“[21] – denn Pius XII. mit seinem exakten Gedächtnis, Pius XI. mit seiner großen moralischen Kraft und Benedikt XV. mit seiner Betroffenheit angesichts des Ersten Weltkriegs könne man schlecht nachahmen. Das war ehrlich gemeint und nicht bloß Attitüde.

Kurz nach seiner Wahl bereits schrieb er einige Gedanken über sein neues Amt nieder. Grundakkord ist dabei das Gefühl des Herausgehobenseins. Seine Stellung erfüllte ihn mit Furcht und Sorge, nicht zuletzt deshalb, weil er dieses Amt seit 40 Jahren aus nächster Nähe kannte. In einer autographen Notiz aus jener Zeit heißt es: „Meine Position ist einzigartig. Das heißt, dass sie extreme Einsamkeit mit sich bringt. Sie war schon vorher groß, nun ist sie total, Furcht und Zittern."[22] Er misst sich selbst eine Mittlerrolle zwischen Christus und der Kirche, zwischen der Kirche und der Menschheit bei. Typisch für ihn ist die Deutung seiner Situation von Christus her: Auch dieser sei am Kreuz allein gewesen. Kann man in seinem Fall von einem übersteigerten Pflichtbewusstsein, einem hypertrophierten Verantwortungsgefühl oder einem zu ernsten Amtsverständnis sprechen? „Ich darf keine Angst haben, darf keine Unterstützung von außen suchen, die mir meine Pflicht abnimmt, (…) und nur leiden."[23] Er weiß sich geradezu vor seinem Gott allein, ihm nur verantwortlich. Man muss solche Äußerungen als spirituelle Aussagen verstehen, nicht als pragmatische Absichtserklärungen oder gar als Regierungsprogramm. Dass Paul VI. kein „Mann der einsamen Entscheidungen" war, sondern sehr auf die Zusammenarbeit mit erfahrenen Mitbrüdern im Bischofsamt setzte, zeigte sich spätestens im Konzil. Allerdings scheint es zur Tragik seines Pontifikates zu gehören, dass gerade seine Alleingänge, die es wohl auch gab, von der Öffentlichkeit am ungünstigsten aufgenommen wurden (man denke an seine Enzykliken zum Zölibat und zur Empfängnisverhütung).

Sein Selbst- und Amtsverständnis wird auch anhand eines sehr persönlichen und daher höchst aufschlussreichen handschriftlichen Fragmentes aus dem Jahr 1965 deutlich, das man in dieser Hinsicht als Schlüsseldokument ansehen kann:[24]

„Wir sind in großer Bedrängnis
Nicht nur wegen der Zeit, die uns bleibt
und wegen der für die großen Aufgaben
zu geringen Kräfte
Sondern besonders wegen der Stürme, die
in der Kirche und in der
Welt sind
So vertrauen wir auf den Herrn, zitternd

um unsertwillen, uns Seiner gewiss
dass Er uns entweder ruft oder
rettet“[25]

Von der äußeren Gestalt her handelt es sich unverkennbar um einen poetischen Text, der seinen Inhalt zwar nicht streng formgebunden, aber doch rhythmisch übermittelt.

In einem Fragment, das in demselben Zusammenhang überliefert ist, heißt es:

> „Für eine Studie über die Psychologie meiner Pflichten: Sich über nichts wundern, sich von nichts unterkriegen lassen, das Anlass für Missfallen oder Schmerz werden könnte. Klares, heiteres, wohlwollendes Urteil.“[26]

Es handelt sich nicht um eine stoische und selbsterworbene Haltung, die hier gemeint ist, sondern um die Gelassenheit des Glaubens. Die hohe persönliche Priorität dieser Haltung erklärt in gewissem Sinn seinen Umgang mit „widerständigen“ Zeitgenossen, seien es altgediente Kurienkardinäle, Traditionalisten oder Bischöfe, die mit seiner Entscheidung zur Empfängnisverhütung nicht einverstanden waren. Hier überrascht nicht selten seine große Geduld, die ohne diese geistliche Hintergrundfolie wie Schwäche erscheinen mag.

Aus diesen persönlichen Aufzeichnungen spricht neben einer großen Einsamkeit sowie einer starken Glaubenszuversicht auch ein Leiden an der herausgehobenen Stellung:

> „Dieses apostolische Amt erfordert eine ständige Spannung des Geistes – wegen der Notwendigkeit zu erkennen (alles: von der Theologie zur Politik, von den Strömungen des Denkens und des Verhaltens zu den kleinen Intrigen der Kurie, von den modernen Innovationen zur Psychologie des Volkes; Bücher, Zeitschriften, Studien, Korrespondenz, et cetera) – wegen der Pflicht, das zu tun, was die apostolische Sendung erfordert; der Sinn für Verantwortung, die keine Ruhe erlaubt – wegen der Schwierigkeiten, wegen der Opposition, wegen der Verschiedenheit der Meinungen, wegen des Mangels an echten und weisen Beratern – wegen der Vielzahl von Sorgen, die einem keinen Atem lassen und die mehr Zeit erfordern als zur Verfügung steht – wegen der Schwäche der Guten, die an sich gut sein

müssten, einer schwer zu erklärenden und traurigen Tatsache – wegen der Pflicht zur höheren und totalen Liebe gegenüber Christus."[27]

Die hohe Anforderung an sich selbst, die in diesem Fragment zum Ausdruck kommt, hat etwas Titanenhaftes und trägt den Kern der Überforderung in sich. Sie erscheint zugleich als Konstante seiner Persönlichkeit, gerade auch im Licht seiner eigenen Aufzeichnungen. Denn ähnliche Äußerungen wie die gerade zitierten finden sich schon beim jungen Montini. Hatte er doch bereits 1931 formuliert, als er seine Spiritualität charakterisierte: „Ich darf mich nicht damit begnügen, ein einfacher Gläubiger zu sein; es soll für mich eine Pflicht sein, Apostel zu werden."[28] Die Aufzählung seiner Berufs- und Standespflichten, die er bei dieser Gelegenheit vornimmt, scheint aber noch nicht denselben Leidensdruck hervorzurufen wie bei dem zum Papst Gewählten.

Ferner heißt in einem weiteren für seine Amtsauffassung aufschlussreichen Fragment aus dem Jahr 1965:

> „Wie leicht ist es für den, der eine verantwortliche Stellung innehat, ein schlechtes Beispiel zu geben, Ärgernis zu erregen. Wer hoch steht, wird gesehen, kritisiert, beurteilt von allen. Alle sehen in ihm die eigenen Ideen gespiegelt und wollen sie gespiegelt sehen. (…) Der Verantwortungsträger muss andererseits in Freiheit handeln, in Übereinstimmung mit dem eigenen Gewissen und mit bestimmten bindenden moralischen Prinzipien; er darf das eigene Verhalten, besonders wenn es sich um höhere Pflichten handelt, nicht dem Geschmack des Publikums angleichen, er darf nicht fürchten, dass seine Amtsführung als unpopulär gilt."[29]

Man sollte den zeitlichen Kontext dieser Überlegungen zur Unabhängigkeit von möglicher Zustimmung oder Ablehnung des eigenen Handelns nicht außer Acht lassen. Paul VI. war im Frühjahr 1965 auf der Höhe des Erfolgs und erfreute sich sowohl allgemeiner Beliebtheit unter den Gläubigen als auch hoher Wertschätzung außerhalb der Kirche, die ihren Höhepunkt bei seinem Auftritt vor den Vereinten Nationen im Herbst des Jahres erreichen sollte. Dennoch scheint er mehr vorauszuahnen als klar vorauszusehen, dass dies nicht der Normalfall sein kann und dass auf Dauer mit Widerspruch zu rechnen ist. Aus seinen Äußerungen spricht eine lange Vertrautheit mit den Schalthebeln der Macht, aber ebenso das Wissen, dass für einen Religionsführer andere Gesetze gelten als für einen Politiker. Er zitiert in diesem Zusammenhang den Apostel Paulus: „Der Herr ist es, der mich zur Rechenschaft zieht" (1 Kor 4,4). Letztlich weiß er sich als Papst allein Gott verantwortlich.

Das Bewusstsein um seine besondere Verantwortung hinderte ihn nicht, noch am Tag seiner Wahl den Kardinalstaatssekretär Amleto Cicognani (1883–1973) in seinem Amt zu bestätigen (dieser sollte es noch sechs weitere Jahre ausüben), ebenso die anderen Kurienkardinäle. Die Zeit für ein umfassendes Revirement war noch nicht gekommen.

Nach heutigen Begriffen würde man den Montini-Papst als einen *workaholic* bezeichnen, als jemanden, der alle Kraft in seine Arbeit investiert, der höchste Ansprüche an sich selbst stellt, der wenig Ausgleich kennt, der nicht abschalten kann, der deshalb aber von Zeit zu Zeit Phasen der Müdigkeit und Schwäche erlebt. Das Idealbild eines Papstes zeichnet er mit den Worten:

> „Er müsste inspiriert von einer törichten Liebe sein, die also höher als jedes Maß der menschlichen Vernunft ist. Lyrisch, prophetisch, heroisch, gespannt bis zum Äußersten, um das Menschenmögliche zu erreichen."[30]

Gleichzeitig durchschaute er, dass Pius XII. eine solche übermenschliche Arbeitskraft und Disziplin gehabt hatte.[31] Kehrseite dieses Angespanntseins war für Paul VI. die Unfähigkeit, Distanz zu Problemen zu halten. Bevilacqua beobachtete: „Seine äußerste Sensibilität bereitet ihm in den kleinsten wie in den großen Fragen Kopfzerbrechen."[32]

Die zitierten Texte zum Selbst- und Amtsverständnis Pauls VI. sind in jedem Fall sehr persönlich und lassen einen Blick in sein Inneres zu, eröffnen seine Motivation, seine Kraftquellen sowie seine Sorgen. Sie lassen das Außergewöhnliche seiner Persönlichkeit erkennen. Nicht zuletzt verraten sie eine große Fähigkeit zur Selbstreflexion.

Paul VI. wollte auch als Beter gesehen werden. Ähnlich wie Pius XII. zeigte er hier wenig Scheu, ja bisweilen grenzen seine Auftritte an religiöse Inszenierungen. Er führte am Karfreitag des Jahres 1964 die Tradition des päpstlichen Kreuzwegs im abendlichen Kolosseum wieder ein, die bereits im 18. Jahrhundert begründet, aber zwischenzeitlich unterbrochen worden war. Beim Tragen des Kreuzes, das vom Fernsehen übertragen wurde, legte er stets einen sichtbaren Ernst an den Tag. Auf seinen Reisen kam es in dieser Hinsicht immer wieder zu Bildern, die um die Welt gingen – man denke etwa an sein Gebet im Abendmahlssaal in Jerusalem, bei dem er auf dem nackten Boden kniete. Nennen könnte man ferner die gebetsartige Traueransprache für Aldo Moro, bei der seine innere Bewegung erkennbar war.

In einer Radiobotschaft, die am Tag nach seiner Wahl gesendet wurde, legte er die Prioritäten seines Pontifikates, gewissermaßen sein „Regierungsprogramm" vor: Fortführung des Konzils, Reform des Kirchenrechts, Förderung der sozialen Gerechtigkeit und des Friedens unter den Völkern, Einsatz für die Einheit der Christen.[33]

Die Wahl seines Papstnamens erklärte er bei seiner Krönung: Der Völkerapostel Paulus sei für ihn deshalb Maßstab und Vorbild, weil dieser von dem Willen erfüllt gewesen sei, das Evangelium Christi zu allen Völkern zu tragen. Aus Liebe zu Christus habe er sein Leben hingegeben. Was er bei dieser Gelegenheit nicht sagte, sollte einige Jahre später sein Freund Jean Guitton, der sein Denken wie kein anderer kannte, ins Wort bringen: Montini sah in Paulus wohl auch deshalb ein Vorbild, weil er sich wie dieser seiner Schwachheit bewusst war und sich seinen Glauben immer wieder denkend erringen musste.[34] Sein Sekretär Macchi überliefert überdies eine handschriftliche Notiz des Papstes, in der dieser die Wahl seines Namens erläutert:

> „ – in Verehrung des Apostels – des ersten Theologen Jesu Christi – der eine große Liebe zu Christus gehabt hat
> – In Bewunderung des Apostel-Missionars, welcher der Welt, seiner Zeit das Evangelium gebracht hat, mit universaler Ausrichtung, der Prototyp der Katholizität."[35]

Paul VI. ist in vielfacher Hinsicht Erbe Pius' XII.; mehr noch als an seinen direkten Vorgänger Johannes XXIII. knüpfte er an den Pacelli-Papst an. Wie dieser vertraute er auf die Macht des Wortes. Auch er hinterließ eine große Anzahl offizieller Schreiben und äußerte sich fast täglich zu den verschiedensten Anlässen. Seine amtlichen Dokumente und seine Ansprachen füllen über 20.000 Druckseiten. Obgleich er in seiner Amtsführung auf Dialog und Verständigung setzte, hatte Paul VI. wie Pius XII. keinen engsten Mitarbeiter, bei dem die Fäden zusammenliefen, keine ständigen Vertrauten oder stets präsente Freunde. Nicht einmal Pasquale Macchi bildet hier eine Ausnahme.[36] Von Pius XII. wird das (nicht näher belegte, aber durchaus nicht unwahrscheinliche) Diktum überliefert, er brauche keine Mitarbeiter, sondern Männer, die seinen Willen ausführen. Jean Guitton war zwar Montinis langjähriger treuer Freund, aber der Papst nahm sich für ihn in gewöhnlichen Jahren nur einen bis zwei Tage Zeit, und zwar immer um den 8. September herum. Sein geistlicher Begleiter seit Jugendtagen, der Brescianer Oratorianer Giulio Bevilacqua, den er 1965 zum Kardinal erhob, war kein theologischer oder kirchenpolitischer Berater; dafür war dieser viel zu zurückhaltend. Anders als Pius XII. war Paul VI. jedoch die Begünstigung von Familienangehörigen und die Übertragung von Ämtern an sie ganz fremd. Dem möglichen Einwand, die Ernennung Bevilacquas zum Kardinal könne in diesem Sinn verstanden werden, begegnete er mit der Bemerkung: „Wenn man hier von Nepotismus sprechen will, dann gilt das doch wohl höchstens umgekehrt: Es ist der Nepote [= Bevilacqua], der eine Ehre für den Onkel [= Paul VI.] ist, nicht umgekehrt."[37] Hier zeigt sich ganz deutlich: Diese Kardinalserhebung eines Vertrauten gestattete sich Paul VI. nur deshalb, weil er sie sich tatsächlich erlauben konnte, weil sie also durch den Charakter und die persönlichen Verdienste des Geehrten unbestreitbar gerechtfertigt war. Es spricht für die persönliche Souveränität des Papstes, dass er gleich beim ersten Konsistorium nicht allein kirchenpolitische Rücksichten gelten ließ. Es blieb übrigens das einzige Mal, dass er eine ihm nahestehende Person begünstigte. Gegenüber der eigenen Familie zeigte er jedoch eine „Strenge [= im Sinn von Korrektheit], die bisweilen geradezu übertrieben schien"[38]. Abgesehen davon war seine Familie durchaus so arriviert, dass ihre Mitglieder die Protektion selbst eines regierenden Papstes nicht nötig hatten.

Nach den markanten Persönlichkeiten Pius XII. und Johannes XXIII. fand er rasch einen eigenen unverwechselbaren Stil. Er trat nicht so steif, ehrfurchtgebietend und zeremoniös wie der Pacelli-Papst auf, hatte aber auch nicht die spontane und herzliche Art Angelo Roncallis. Bei aller Schlichtheit und Natürlichkeit behielt sein Auftreten dennoch immer eine akademische und ein wenig distanzierte Note. Es teilte sich den Menschen mit, dass man es mit einem feinsinnigen und feinner-

14 Ansprache des neuen Papstes auf dem Petersplatz (30. Juni 1963)

vigen Mann zu tun hatte. Von dieser Wirkung seiner Persönlichkeit abgesehen, für die er selbst wohl am wenigsten konnte, zeigte sich schon bald, dass er sein Amt äußerlich mit einem frischen, von den Zeitgenossen geradezu als modern empfundenen Zug versehen wollte. Schon innerhalb der ersten zwei Jahre wurde allen Beobachtern deutlich, dass ein neuer Wind im Vatikan wehte. Paul VI. trat auffallend unprätentiös auf. Er ließ sich zwar von der Hand Alfredo Ottavianis krönen, doch verzichtete er bald auf die Tiara. Nicht der charismatische Johannes, sondern der gelehrte und sensible Paul legte dieses in vielen Teilen der Welt als anachronistisch und provozierend empfundene Herrschaftssymbol ab. Oft sieht man ihn auf Bildern mit ausgebreiteten Armen, eine Geste, die Offenheit und Herzlichkeit anzeigen soll. Seine Aussprache ist stets klar und prononciert, für nicht-italienische Ohren wirkt sie bisweilen etwas affektiert. Gezielt wurden die Medien eingesetzt, wie es von ihm in Mailand vielfach erprobt worden war, etwa im Rahmen der Mission des Jahres 1957. Unverkrampft und vertraut war von Anfang an sein Umgang mit der Presse. Bereits unmittelbar nach seiner Krönung empfing er Journalisten und sprach ihnen seine Wertschätzung aus. Durch seine Herkunft aus einer Journalistenfamilie sei er einer von ihnen.[39] Die Neuerungen, die er auf diesem Gebiet einführte, sind kaum zu zählen: Als erster Papst in der Geschichte gewährte er einem Journalisten ein Interview. Seinen

Freund Jean Guitton machte er zum Interpreten seiner Gedanken und ließ ihn die Aufzeichnungen gemeinsamer Gespräche publizieren. Der publikumswirksame Kreuzweg im Kolosseum wurde bereits erwähnt. Paul VI. war der erste Papst seit 150 Jahren, der Italien verließ, der erste, der ein Flugzeug und einen Helikopter bestieg und überdies der erste, der alle fünf Kontinente bereiste. Bei diesen Reisen wurden die Medien, insbesondere das Fernsehen, gezielt eingebunden. Journalisten konnten mit dem Papst in derselben Maschine zu den Zielen seiner Reisen fliegen und erhielten so von Anfang an „exklusive" Informationen. Unverkrampft beantwortete er ihre Fragen.

In der Ansprache im Anschluss an seine Krönung, die am 30. Juni 1963 vollzogen wurde, wandte er sich zunächst an die katholische Kirche, dann an die getrennten Kirchen, schließlich an alle anderen Zeitgenossen.[40] Er sprach dabei in neun Sprachen – die Mehrsprachigkeit als Ausdruck eines neuen universalen Bewusstseins zog mit diesem Papst erst recht in die päpstlichen Auftritte ein. Bei öffentlichen Anlässen bediente er sich gern der französischen Sprache, die er perfekt und fehlerfrei beherrschte, ja man hat bisweilen geradezu den Eindruck, dass er die Verwendung des Italienischen bei jeder nur möglichen Gelegenheit vermied, um sich in der Sprache der Diplomaten bewegen zu können.

Die Wiederaufnahme des Konzils

Sicher erwartete man besonders an der Kurie nach dem spontanen und nicht immer leicht berechenbaren Johannes XXIII., dass nun eine andere, ruhigere Zeit anbrechen müsse. Der neue Papst würde das Konzil schon in rechte Bahnen lenken und auch den Bedürfnissen des vatikanischen Apparates gerecht werden.[41] Seine relativ zügige und nahezu einmütige Wahl hatte er wohl nicht zuletzt dem Umstand zu verdanken, dass beide Richtungen, die sich im Konzil gezeigt hatten (eine eher fortschrittliche und eine eher traditionsbewusste), gleichermaßen erwarteten, er werde bei einer Fortführung des Konzils ihren jeweiligen Interessen entgegenkommen. Auch der konservativere Teil des Kardinalkollegiums traute ihm zu, die Einheit des Denkens und Handelns der Kirche zu wahren. Einerseits wurde seine Kurienerfahrung geschätzt, andererseits war er von Mailand her als fortschrittlicher Seelsorger bekannt, als Mann des Dialogs und des Ausgleichs. Im Rahmen seiner Mitarbeit in der Zentralen Vorbereitungskommission des Konzils in der ersten Jahreshälfte 1962 war er häufig mit den progressiven Kardinälen Bernard Alfrink (1900–1987; Utrecht), Augustin Bea (1881–1968; Präsident des Einheitssekretariates), Paul-Émile Léger (1904–1991; Montreal) und dem melkitischen Patriarchen Maximos IV. Saigh (1878–1967) eins gewesen, ohne es sich mit der anderen Seite, namentlich mit den als konservativ geltenden Kardinälen Michael Browne (1887–1971; Generalmagister der Dominikaner), Ernesto Ruffini (1888–1967; Palermo), Giuseppe Siri (1906–1989; Genua) und Alfredo Ottaviani (1890–1979) zu verderben.[42] Von 1952 bis 1969 amtierte Ottaviani, der sich als Hüter des *Depositum fidei* (des tradierten Glaubens) sah, als Präfekt des Heiligen Uffiziums. Er war zunächst Präsident der theologischen Vorbereitungskommission, dann der Kommission des Konzils für Glaubens- und Sittenfragen.[43] Die Aktivitäten dieses altgedienten Kirchenmannes sollten einen großen Einfluss auf den Verlauf der Versammlung und der Nachkonzilszeit haben.

Paul VI. selbst war überzeugt, dass er das Konzil als wichtigstes Vermächtnis seines Vorgängers bewahren müsse und dass die Kirche einen Modernisierungsschub benötige.[44] Aber ihm war angesichts des bisherigen Verlaufs ebenso klar geworden, dass man es in der bisherigen Weise nicht zu Ende bringen konnte. Es bedurfte einer ganz neuen Verfahrensweise, um es sinnvoll fortführen zu können. Es mangelte nicht an gutem Willen seitens des Episkopates, doch war die Zahl der von der Zentralen Vorbereitungskommission ins Spiel gebrachten 72 Schemata in der bisherigen Weise nicht zu bewältigen. Im Vergleich zur ersten Konzilsperiode war inhaltliche Konzentration angezeigt. An Gedankenspielen in dieser Richtung hatte er sich schon ein Jahr zuvor beteiligt, als sich im Juli 1962 auf Einladung des belgischen Primas Léon-Joseph Suenens (1904–1996) eine kleine Gruppe von engagierten Kardinälen im belgischen Kolleg in Rom zum Austausch über die Zukunft der Versammlung getroffen hatte (Giuseppe Siri, Julius Döpfner, Achille Liénart, Montini). Der Belgier sollte besonders während der Konzilszeit einen großen Einfluss auf den Papst ausüben, beide schätzten das Urteil des jeweils anderen sehr.[45] Er war als Theologe durch ekklesiologische, liturgiewissenschaftliche und ökumenische Veröffentlichungen hervorgetreten. Sein Schüler Gérard Philips (1898–1972) lieferte später das Schema *De Ecclesia* und damit den entscheidenden Baustein für die Kirchenkonstitution des Konzils. Inwieweit Montini durch die Begegnung im belgischen Kolleg beeinflusst war, ist schwer zu sagen. Bereits am 18. Oktober 1962 hatte er jedenfalls im Sinn des dort Besprochenen dem Kardinalstaatssekretär Amleto Cicognani brieflich seine Sorge über den zu erwartenden Verlauf des Konzils mitgeteilt und dabei das Fehlen eines „organischen, zielgerichteten und logischen Plans"[46] beklagt, welcher der ganzen Kirche vor Augen stehe und welchem Kirche und Welt folgen könnten. Das Vorziehen der Liturgiefrage bestätigte in ihm die Sorge, dass die Versammlung keiner zuvor festgelegten Agenda folge. Wenn dem so sei, dann werde der Ablauf von äußerlichen Gegebenheiten diktiert, die kaum zu steuern oder vorherzusehen seien. Auf diese Weise werde man ebensowenig den Intentionen des Papstes gerecht. Das vorbereitete Material zeige keine harmonische und einheitliche Architektur; das Konzil dürfe der Welt aber keine für sich stehenden und unzusammenhängenden Themenblöcke präsentieren. Ausgehend von diesen Beobachtungen legte er dem Kardinal einen Plan vor, wie die Synode nach seiner Auffassung ablaufen sollte. Diese Vorstellungen sind deshalb so bedeutend, weil Montini sie als Papst beibehielt und sie bei der Wiederaufnahme der Arbeiten umzusetzen versuchte:

1. Es müsse ein einziges thematisches Zentrum geben, um das alles andere Material zu gruppieren sei, und als solches empfiehlt er das Thema Kirche. Denn hier sei das Erste Vatikanische Konzil abgebrochen worden, und nach der Definition des päpstlichen Primates, die damals erfolgt sei, müsse nun bestimmt werden, welche Vollmachten den Bischöfen zukämen. Deutlich weise die Entwicklung der Theologie nach der Enzyklika *Mystici Corporis* (1943) in diese Richtung.[47] In Montinis theologischem Denken spielte die Kirche von jeher eine zentrale Rolle.
2. Das Konzil müsse auf Christus ausgerichtet sein, auch in symbolischer und sichtbarer Weise.
3. Der Primat dürfe nicht in Frage gestellt werden.

4. Alle Lehren (Priestertum, Laien, Bischöfe, Ordensleute) müssten von der Ekklesiologie her entwickelt werden. Vom *Wesen* der Kirche her müsse bestimmt werden, was ihr *Auftrag* sei.
5. Davon ausgehend sei das Verhältnis der Kirche zur Welt zu umreißen: zu den getrennten Christen, zur zivilen Gesellschaft, zu Kultur/Kunst/Wissenschaft, zur Welt der Arbeit und Wirtschaft, zu den anderen Religionen. Ihm schwebt dabei weniger eine Abgrenzung als eine positive, den Dialog eröffnende Stellungnahme vor.
6. Er empfiehlt, die Beratungen mit einer Heiligsprechung und mit Stiftungen zugunsten der Mission oder der Armen zu schließen.

Dieses Dokument des Erzbischofs liest sich fast wie ein Konzilsplan. Es muss offen bleiben, ob er damit seine eigenen Vorstellungen im Hinblick auf die Fortführung der Kirchenversammlung für den Fall vorlegen wollte, dass er selbst zum Papst gewählt würde. Diese Möglichkeit war zu jenem Zeitpunkt nicht ganz von der Hand zu weisen, insofern der Roncalli-Papst gesundheitlich angeschlagen war und Montini als aussichtsreichster Kandidat für seine Nachfolge galt.

Als es tatsächlich so kam, blickte die Weltöffentlichkeit auf den neuen Papst. Nach dem Tod Johannes' XXIII. stellten sich viele Katholiken die Frage: Wird er das Konzil fortführen – und wird er es innerlich bejahen können, wie es der alte Papst getan hatte? Diese Zweifel räumte Montini beherzt aus, indem er bereits am 22. Juni 1963, also am Tag nach seiner Wahl, in einer Rundfunkansprache formulierte:

> „Die wichtigste Aufgabe unseres Pontifikats wird die Fortsetzung des Vatikanischen Konzils sein, auf das die Augen aller Menschen guten Willens gerichtet sind. Das wird das Hauptwerk sein, für das wir alle Kräfte einsetzen wollen, die der Herr uns gegeben hat."[48]

Wie allgemein erwartet, kündigte er am 27. Juni die Fortsetzung des Konzils für den 29. September an. Damit war für die Arbeiten der Versammlung nur so viel Zeit verloren gegangen, wie sich aus dem Tod des alten Papstes und der Wahl eines neuen ergeben hatten. Die Festsetzung dieses Datums war also als Signal zu verstehen: Die Versammlung sollte unbeirrt fortgesetzt werden. Paul VI. traf damit eine autonome Entscheidung. Es gibt genügend historische Präzedenzfälle dafür, dass ein neugewählter Papst ein Konzil nicht wieder aufnahm oder es vertagte.

Der schleppende Verlauf der ersten Periode hätte eine solche Entscheidung im Sinne einer „Denkpause“ und Neuorientierung durchaus gerechtfertigt.

Hätte Paul VI. von sich aus ein Konzil eröffnet? Wahrscheinlich eher nicht, da er ein vorsichtigerer Charakter als sein Vorgänger war. Er ließ sich weniger stark als dieser von Intuitionen leiten und bedachte alle seine Aktionen gründlich, ja fast übergründlich. In diesem Sinn suchte er sich nun einzubringen, indem er sich bemühte, den Diskussionen des Konzils eine Struktur und dem ganzen Unternehmen eine Leitidee zu geben. Diese Leitidee konnte nach seinen bisherigen Vorstellungen eben nur eine sein: die Kirche.

Er ließ auch jetzt nicht von seiner Auffassung ab, dass das Konzil größere Beweglichkeit benötigte. Vom Präsidium allein war eine effektive und zügige Bewältigung der anstehenden Aufgaben nicht zu erwarten, auch wenn diesem Gremium, das er von acht auf zehn Mitglieder erweiterte, einige reformwillige Persönlichkeiten angehörten, etwa die Kardinäle Joseph Frings (1887–1978; Köln) oder Bernard Alfrink.[49] Andere Mitglieder wiederum waren der Reform weniger zugetan, namentlich die Kardinäle Eugène Tisserant (1884–1972; er war der Vorsitzende)[50], der New Yorker Erzbischof Kardinal Francis Joseph Spellman (1889–1967) und der Palermitaner Ernesto Ruffini. In einem Memorandum vom 8. November 1963 wurden Klagen über die Glaubenskommission laut; Ottaviani blockiere die Arbeit seiner eigenen Kommission und arbeite gegen die Konzilsmehrheit.[51] Große Bedeutung für den Fortgang der Versammlung sollte daher die von Paul VI. am 13. September 1963 erlassene neue Geschäftsordnung haben, deren zentraler Punkt die Einrichtung einer Gruppe von vier Moderatoren war und mit der das Präsidium zwar als formelles Leitungsgremium bestehen blieb, aber mindestens flankiert, wenn nicht gar stark relativiert wurde. Die Moderatoren sollten fortan die Generalversammlungen leiten und befugt sein, eine Debatte zu beenden. Sie hatten als Zwischenglied zwischen Papst und Konzilsbischöfen zu dienen. Nun wurde es für die Konzilsväter leichter, ein vorgelegtes Schema zurückzuweisen oder ein neues einzubringen. Der Plan ging auf ein Gutachten Döpfners zurück, das dieser dem Papst noch am Tag seiner Krönung vorlegen konnte.[52] Der

Münchner Kardinal hatte sich zuvor durch den Bonner Kirchenhistoriker Hubert Jedin (1900–1980), einen ausgewiesenen Konzilshistoriker, beraten lassen.[53] Das neue Gremium, dem die Kardinäle Grégoire-Pierre Agagianian (1895–1971; armenisch-katholischer Patriarch), Julius Döpfner (1913–1976; München), Suenens (Mecheln) und Lercaro (Bologna) angehörten, sollte bald eine größere Bedeutung haben als das Präsidium. Der erstgenannte Kardinal stand für die Kurie und die Minderheit der Väter, die anderen drei für große europäische Bistümer und für die Mehrheit der Versammlung. Das Generalsekretariat unter Kardinal Pericle Felici (1911–1982), der Hand in Hand mit dem Kardinalstaatssekretär und Präsidenten der Koordinierungskommission Amleto Cicognani zusammenarbeitete, fürchtete eine Schmälerung des eigenen Einflusses. Paul VI. wollte ursprünglich Suenens zum Legaten für das Konzil ernennen, um die Leitung auf diese Weise in eine einzige Hand zu geben, wie der Kardinal selbst bezeugt.[54] Der Papst jedenfalls hielt engen Kontakt zu den vier Moderatoren und nahm so Einfluss auf das Geschick des Konzils. Sicher ist es zutreffend, dass er sich nicht einfachhin auf die Seite der Mehrheit oder der Minderheit schlagen konnte – auch wenn es Versuche von beiden Seiten gab, ihn zu vereinnahmen. Er selbst wollte dagegen vielmehr bewusst *supra partes* bleiben, wie sich in der Folge zeigen sollte.[55] Doch damit wird vorgegriffen.

Bei seiner Krönung am 30. Juni 1963 verlieh er der Hoffnung Ausdruck, dass das Konzil zu einer Erneuerung der Kirche führen möge und diese dann für die getrennten Christen anziehend wirke. Er nahm das Hauptanliegen seines Vorgängers, das dieser mit der Berufung des Konzils vor Augen gehabt hatte, die Erneuerung der Kirche, in vollem Maße auf – ja selbst den von jenem geprägten Begriff *aggiornamento* findet man häufig in seinen Reden.[56] Nach Montinis Verständnis diente das Konzil jedoch nicht nur der innerkirchlichen und innerchristlichen Verständigung, sondern dem Fortschritt der ganzen Menschheit. Am 9. September 1963 wies er bei einer Audienz darauf hin, dass „die Welt", also die Nichtkatholiken, große Erwartungen an die Kirche hätten. Das Konzil müsse die Sorgen der Menschen wahrnehmen. Um ihnen zu dienen, müsse man sich auf den eigenen geistlichen Reichtum besinnen. Diesen Gedanken hatte er schon in seiner Mailänder Zeit wiederholt formuliert: Die Kirche soll der ungläubigen Welt dienen, ohne sich ihr anzupassen und sich gleichzumachen.[57]Am 29. September 1963 begann also die zweite Periode des Konzils. Mit einer programmatischen Geste eröffnete der Papst die Sitzung: Er ließ sich nicht mit der *Sedia gestatoria*, dem päpstlichen Tragsessel, in die Peterskirche hineintragen, sondern durchschritt das Langhaus zu Fuß, lächelnd und zu beiden Seiten segnend. So demonstrierte er Nähe und Gemeinschaft mit den versammelten Bischöfen. Als verbleibende Aufgaben benannte er bei diesem Anlass in einer Grundsatzrede die Reflexion über die Aufgaben des Bischofskollegiums, die innere Erneuerung der Kirche (bei Wahrung der überkommenen Traditionen), die Bemühungen um die Einheit der Christen sowie den Dialog mit den Zeitgenossen. Die Suche nach der Einheit setze die Bereitschaft voraus, die Mitschuld an der Trennung zu bekennen und Vergebung zu gewähren. Das Konzil solle einen Beitrag zur Intensivierung des Glaubenslebens leisten und zugleich der Kirche ein moderneres Gesicht geben, um so die Ausbreitung der christlichen Botschaft zu fördern.[58] In diesem Sinn wurden auf Wunsch des Pontifex nun weitere Laien und Nicht-Katholiken als Beobachter zum Konzil eingeladen.[59] Er selbst verfolgte die Diskussionen in der Konzilsaula im Allgemeinen per Video, denn er wollte den Bischöfen einerseits volle Freiheit und Unabhängigkeit in ihren Beratungen lassen, andererseits aber selbst bis ins letzte Detail informiert sein, um sich nötigenfalls zügig einschalten zu können.[60] Er wolle nicht im menschlichen Sinn über das Konzil herrschen oder Macht ausüben, erklärte er zu Beginn der zweiten Sitzungsperiode.[61] Er verstand sich selbst nicht nur als Repräsentanten der Kirche, der die Beschlüsse des Konzils am Ende lediglich wie ein Notar zu bestätigen hat, sondern als aktiv Mitwirkenden und obersten Moderator. Er schien sich selbst für sämtliche Fragen zuständig zu fühlen: „Alle Probleme hat Paul VI. in eigener Person durchlebt"[62], wie sein Sekretär bezeugt. Während der Sitzungsperioden empfing er täglich zwischen 17.00 und 20.00 Uhr Konzilsbischöfe, einzeln oder in Gruppen, und versuchte so, auf der Höhe des Geschehens zu sein und Einfluss auf den Verlauf zu nehmen. Dazu bediente er sich besonders der vier Moderatoren, die er häufig empfing.

Die sogenannte „Oktoberkrise" des Jahres 1963 zeigte bereits, wie hilfreich die Einführung der Moderatoren war: Nachdem die Mehrheit der Konzilsväter bei der Diskussion des zentral wichtigen Kirchenschemas ihre Anliegen, die von der zuständigen Kommission eingearbeitet werden sollten, nicht berücksichtigt fand, ließen die Moderatoren am 29./30. Oktober über die Eingliederung des Schemas zur Mariologie und die Vorlage zum Bischofsamt abstimmen. Alberigo spricht von einer „befreienden Wende" für die Konzilsmehrheit.[63] Ab dem 18. November stand die heikle Diskussion der Einheitsfrage an, die von den Moderatoren wiederum geschickt gesteuert wurde.

Paul VI. passte die Approbationsformel an die neuen ekklesiologischen Vorgaben an. Es sollte nun nicht mehr heißen, der Papst approbiere das Beschlossene und veröffentliche es als sein eigenes Gesetz, unter bloßer Beteiligung des Konzils („Sacro approbante Concilio"). Die neue Formel brachte vielmehr den Gedanken der *communio*, der Gemeinschaft zwischen Papst und Bischöfen besser zum Ausdruck. In Montinis Ekklesiologie nimmt die *communio* einen zentralen Stellenwert ein.[64] Er verwendete die Formel am 4. Dezember 1963 zum ersten Mal, als die Liturgiekonstitution *(Sacrosanctum Concilium)* und das Dekret über die sozialen Kommunikationsmittel *(Inter Mirifica)* verabschiedet wurden:

> „Und wir, kraft der uns von Christus übertragenen Apostolischen Vollmacht, billigen, beschließen und verordnen es zusammen mit den Ehrwürdigen Vätern im Heiligen Geiste und gebieten zur Ehre Gottes die Veröffentlichung dessen, was so durch das Konzil verordnet ist."[65]

Paul VI. folgte dem Münchner Kardinal Döpfner zu diesem Zeitpunkt darin, dass die Versammlung mit einer dritten Periode im Jahr 1964 abgeschlossen werden solle.[66] In seiner Rede am Ende dieser zweiten Konzilsperiode resümierte er das in dieser Geleistete, hob aber zugleich die großen noch zu bewältigenden Arbeiten hervor. In der Frage der Liturgie warnte er vor eigenmächtigen Neuerungen. Schließlich kündigte er etwas an, was in der ganzen Welt für Verwunderung sorgte: eine Wallfahrt nach Jerusalem. Diese Absicht war aus dem Geist Montinis geboren und entsprach seinem Willen, war aber zugleich ganz auf die Arbeit des Konzils bezogen und sollte diese inspirieren.

„Ökumenische Wallfahrt" ins Heilige Land

Seit der Zeit Napoleons hatte kein Papst Italien verlassen. Nach dem Einmarsch der Piemontesen in Rom am 20. September 1870, der Zerschlagung des Kirchenstaates und der Proklamation Roms zur italienischen Hauptstadt hatten sich die Päpste als „Gefangene im Vatikan" begriffen. Nicht Pius XII. oder Johannes XXIII. waren es gewesen, welche die durch die Lateranverträge von 1929 gegebene neue Bewegungsfreiheit des *Pontifex Maximus* nutzten, sondern Paul VI. Er war der erste Papst, der reiste, der erste, der alle fünf Kontinente betrat und der erste, der ein Flugzeug bestieg.[67]

Dass er in seiner Funktion als oberster Bischof der ganzen Kirche reisen würde, lag nahe, hatten ihn doch schon als Mailänder Erzbischof seine Besuche in Afrika und Amerika stark beeindruckt.[68] Doch mit der Wahl Palästinas als allererstes Reiseziel überraschte er die Weltöffentlichkeit. Den Beginn einer intensiven Reisetätigkeit setzte er in programmatischer Absicht bewusst dort, wo das Christentum seinen Ausgang genommen hatte. Er wollte der erste Nachfolger Petri sein, der in das Land der Bibel zurückkehrte. Keiner der Nachfolger des Apostelfürsten hatte noch einmal dessen Heimatland betreten.[69]

Nicht von ungefähr stellte er seinen Reiseplan zuerst den Konzilsvätern vor, denn dieser stand zum einen in engem Zusammenhang mit dem laufenden Konzil. Angesichts der nicht immer einmütigen Verhandlungen empfahl er so eine Rückbesinnung auf die Ursprünge der Kirche und die Wurzeln des Glaubens.[70] Die Erneuerung der Kirche, das *aggiornamento,* muss auf Christus ausgerichtet sein und in ihm sein Maß finden. Von diesem Gedanken sollten vor allem die Gebete bestimmt sein, die der illustre Pilger in der Grabeskirche sprach.[71]

Zum anderen hatte die Reise eine weitere Ausrichtung: Sie diente der Förderung der Ökumene, die der neue Papst bei der Eröffnung der zweiten Konzilsperiode als eines der drei Hauptanliegen des Konzils benannt hatte. Erstmals in der Neuzeit sollten die Bischöfe von Rom und Konstantinopel zusammenkommen.[72] Dieses Treffen sollte eine Reihe großer ökumenischer Begegnungen und unvergesslicher Gesten einleiten, durch die das konfessionelle Gesamtklima deutlich verbessert wurde. Hier zeigte sich Montinis Sinn für Inszenierungen, den er als langjähriger Mitarbeiter des Papstes Pius XII. an dessen Vorbild hatte schulen können.[73]

Man darf annehmen, dass es sich bei seinem Reiseplan nicht um einen spontanen Entschluss, sondern um eine lange erwogene Idee handelte. Bereits am 18. August 1963 hatte er sich bei einem Besuch der Abtei Grottaferrata, wo die Liturgie im byzantinischen Ritus gefeiert wird, mit erkennbarem Wohlwollen an die orthodoxe Welt gewandt und diese zum Dialog mit Rom eingeladen. Paul VI. war sich darüber im Klaren, dass seine Worte bei dem Ökumenischen Patriarchen Athenagoras (1886–1972), dem Ehrenoberhaupt der Orthodoxie, auf offene Ohren stoßen würden.[74] Ob er von dessen eigenen Überlegungen, mit dem Papst zusammenzutreffen, wusste, ist schwer zu sagen. Jedenfalls war der Patriarch, der seit 1948 im Phanar in Istanbul residierte, kein Hardliner, sondern galt seit langem als der Ökumene gegenüber offen. Von 1931 bis 1948 war er Erzbischof des griechischen Erzbistums von Nord- und Südamerika gewesen und von daher mit dem Katholizismus vertraut. Die Orthodoxie band er seit 1948 unumkehrbar in die Arbeit des Ökumenischen Rates der Kirchen ein. Der Stärkung des orthodoxen Zusammengehörigkeitsbewusstseins diente ab 1961 – in bewusster Parallele zum II. Vatikanischen Konzil – die Organisation von panorthodoxen Konferenzen, die ein zukünftiges Gesamtkonzil der Orthodoxie vorbereiten sollten.

Am 10. Dezember 1963 sandte der Papst als seinen Emissär Pierre Duprey (1922–2007), Mitglied der Ordensgemeinschaft der Weißen Väter und Mitarbeiter im Einheitssekretariat, nach Istanbul, um dem Patriarchen seinen konkreten Reiseplan zu erläutern.[75] Dieser hatte schon damit begonnen, die orthodoxen Patriarchen und die Leitungen der autokephalen Kirchen zu konsultieren. Zwar kommt dem Ökumenischen Patriarchen innerhalb der Orthodoxie eine Vorrangstellung zu, doch unterstehen die anderen Patriarchen keinesfalls seiner Jurisdiktion. Besonders den bedeutenden Moskauer Patriarchen kann man eigentlich in keiner innerorthodoxen Angelegenheit übergehen.

Der Ort für ein Treffen mit dem Ökumenischen Patriarchen hätte nicht geschickter gewählt sein können: Der Papst entschied sich bewusst

15 Paul VI. im Heiligen Land (4. Januar 1964)

für Jerusalem, die alle Christen verbindende Stadt, und bestand darauf, sie betont als bescheidener Pilger zu besuchen. Durch diese Geste vermied er den Eindruck, er lasse den Patriarchen zu sich kommen oder er selbst müsse umgekehrt demütig bei diesem an die Tür pochen. Jerusalem war gewissermaßen ein neutraler Ort, der im Verhältnis der Kirchen nicht so vorbelastet war wie Rom oder Konstantinopel. Symbolträchtige Gesten prägten dann ihre Begegnung am 5. Januar 1964, das erste Zusammentreffen des abendländischen Patriarchen mit dem des Ostens seit 535 Jahren. In der Residenz des Apostolischen Delegaten kam es zunächst zu einer herzlichen, langen Umarmung der beiden Patriarchen. Das war mehr als eine spontane Geste, sicher nicht nur ein privates *cor ad cor loquitur,* aus dem Moment geboren. In dieser Geste begegneten sich zwei Schwesterkirchen, die 900 Jahre getrennt waren. Auf die Umarmung folgte ein kurzes Gespräch. Dann setzte man sich nebeneinander auf zwei gleich hohe Stühle (Paul VI. hatte den vom Protokoll zunächst für ihn selbst vorgesehenen erhöhten Sitz entfernen lassen). Man endete mit einem gemeinsamen Vaterunser, zu dem sich die beiden nebeneinander hinknieten. Sie verpflichteten sich vor den Augen der Welt darauf, die Einheit zu suchen und die Differenzen in Wahrheit und Liebe zu untersuchen. Dem Ökumenischen Patriarchen schenkte der Papst einen Kelch und brachte damit sowohl ein theologisches Faktum (nämlich die Anerkennung der Gültigkeit der von den Orthodoxen gefeierten Eucharistie) wie eine ökumenische Zielvorstellung (die volle eucharistische Gemeinschaft) zum Ausdruck. Daher konnte das 1967 durch Paul VI. promulgierte erste Ökumenische Direktorium, durch das das Konzilsdekret *Unitatis Re-*

dintegratio über die Ökumene seine Ausführungsbestimmungen erhalten sollte, eine Sakramentengemeinschaft (*Communicatio in Sacris*) mit den getrennten Ostkirchen unter bestimmten Bedingungen für möglich erklären. Damit wurde aus katholischer Sicht ein Rubikon überschritten, insofern erstmals eine derartige Gemeinschaft ohne volle Einheit im Glauben zugestanden wurde.[76]

Doch zurück zur Begegnung im Januar 1964. Nach den protokollarischen Gesten und Grußworten folgte eine persönliche Aussprache der beiden Kirchenmänner. Durch einen Zufall hat sich eine Tonaufnahme erhalten, da das italienische Fernsehen nach der Übertragung des historischen Aktes die Mikrofone nicht abgeschaltet hatte. Bei beiden ist nach dem Zeugnis dieser Aufzeichnung eine große innere Bewegung zu spüren. Der Papst eröffnete den auf Französisch geführten Dialog mit den Worten:

„Ich möchte Ihnen meine ganze Freude zum Ausdruck bringen, all meine Erregung. Wirklich ich denke, dies ist ein Augenblick, den wir in der Gegenwart Gottes leben."

Der Patriarch replizierte: „In der Gegenwart Gottes. Ich wiederhole: in der Gegenwart Gottes."

Der Papst: „Und ich habe keinen anderen Gedanken, während ich mit Ihnen spreche, als den, mit Gott zu sprechen."

Der Patriarch: „Ich bin ganz tief gerührt, Heiligkeit, mir kommen die Tränen in die Augen."[77]

Paul VI. fragte sein Gegenüber nach dessen Wünschen und Anregungen und betonte ausdrücklich, die seinem Amt zustehenden Würdentitel und Vorrechte hintanstellen zu wollen: „Kein Denken an Prestige und Primat – es sei denn der, den Christus ausgestellt hat (…) Schauen wir, was Christus von uns will."[78]

Bei der zweiten Begegnung zwischen Papst und Patriarch, die am folgenden Tag im Sitz des griechisch-orthodoxen Patriarchats stattfand, lasen die beiden abwechselnd Johannes 17 vor, das Gebet Jesu um die Einheit seiner Jünger.[79]

Es kam durch diese gemeinsame Pilgerfahrt zu den Wurzeln des Christentums zu einer deutlichen Verbesserung der Atmosphäre zwischen Ost- und Westkirche, die einen von Athenagoras zum Programm

16 Begegnung Pauls VI. mit dem Ökumenischen Patriarchen Athenagoras in Jerusalem (5. Januar 1964)

erklärten „Dialog der Liebe“ einleitete. Noch im selben Jahr wurde das Haupt des Apostels Andreas, der in der Ostkirche besonders verehrt wird, nach über 500 Jahren an das Ökumenische Patriarchat zurückgegeben – eine wichtige symbolische Geste.[80] Ein weiterer Akt von historischem Gewicht konnte dann in der letzten Sitzung des Konzils am 7. Dezember 1965 zelebriert werden: die Aufhebung des wechselseitigen Bannes, den die Vertreter Roms und Konstantinopels im Jahr 1054 ausgesprochen hatten und der seitdem das Verhältnis von Ost- und Westkirche belastet hatte (auf die tatsächliche Tragweite des Apostolischen Schreiben *Ambulate in Dilectione* wird noch einzugehen sein[81]).

Der Papst traf am 4. Januar 1964 in Jerusalem ferner den griechisch-orthodoxen Patriarchen Benediktos und den Patriarchen der armenisch-apostolischen Kirche Derderian und betete mit ihnen um die Einheit der Kirche. Diese zwei Begegnungen gehen angesichts des an Bedeutung alles überragenden Treffens mit Athenagoras meistens unter.

Die päpstliche Reise nach Palästina fand nicht nur in der internationalen Presse, sondern auch bei der einheimischen Bevölkerung großen Anklang. Stets säumten unzählige Menschen die Wege des römischen Pilgers. Man spürt deutlich, dass Erfahrungswerte für die Organisation fehlten. Ansonsten hätte man sich wohl nicht darauf eingelassen, den

Papst die Via Dolorosa gehen und dort den Kreuzweg beten zu lassen. Er war umringt von Menschen, wurde hin und hergeschoben, sein Tross verlor sich, und man hatte Sorgen um seine Unversehrtheit. Die Planungen sahen insgesamt wohl ein zu gedrängtes Programm mit vielen offiziellen Terminen, Besuchen an zahlreichen Heiligen Stätten und ökumenischen Begegnungen vor. Auch die folgenden Reisen blieben jedoch von dem Bestreben gekennzeichnet, die zur Verfügung stehende Zeit optimal auszunutzen. Dass sich der Papst immer wieder auf diese Strapazen einließ, mag durchaus verwundern.

Bei der Rückkehr nach Rom am 6. Januar 1964 waren die Straßen von Tausenden jubelnder Menschen gesäumt, sehr zur Überraschung Montinis. In einer Rede im Konsistorium schilderte er den Kardinälen voll Enthusiasmus seine Reiseeindrücke, wobei er das Erleben der Person Christi, die Bedeutung der ökumenischen Begegnungen und den Ertrag für das laufende Konzil hervorhob. In dem Apostolischen Schreiben *E Peregrinatione* suchte er seine Erfahrungen einem breiteren Personenkreis mitzuteilen, denn die päpstliche Pilgerreise sollte kein persönliches Unternehmen bleiben, sondern die ganze Kirche bereichern.[82]

Das Verhältnis zum Judentum

Politische Implikationen einer Reise

Die Reise nach Israel lässt sich aber nicht nur aus ökumenischem, sondern noch aus einem zweiten Blickwinkel betrachten. Wie sie zum Katalysator der orthodox-katholischen Beziehungen, ja der Ökumene überhaupt wurde, so setzte sie auch eine neue Entwicklung im Verhältnis der Kirche zum Judentum in Gang. Wie Paul VI. als Papst zum Wegbereiter der Ökumene wurde, so kann man in ihm auch einen Pionier des jüdisch-christlichen Dialoges sehen.[83]

Bereits in seiner unter dem Leitwort „Dialog“ stehenden Antrittsenzyklika *Ecclesiam Suam* vom 6. August 1964 legt er dar, dass der Dialog der Kirche mit den getrennten Christen, mit den Juden und mit den Nichtchristen nach seiner Auffassung zusammenhängen. Nach seinen programmatischen Vorstellungen handelt es sich gewissermaßen um konzentrische Kreise, in denen sich dieser dreifache Dialog verwirklicht.[84] Paul VI. hatte eine große Sensibilität dafür, dass die christlich-jüdischen Beziehungen historisch sehr belastet waren.[85] Durch seine Reise ins Heilige Land wollte er daher auch die erforderlichen Stellungnahmen des Konzils, welche das Judentum betrafen, vorbereiten und den Dialog mit den Juden intensivieren.

Die erste Auslandsreise eines Papstes seit 1814 war eine heikle Angelegenheit. Sie verlangte dem ehemaligen Substituten und Prosekretär des vatikanischen Staatssekretariates viel diplomatisches Geschick ab. Einige Orte, die er besuchen wollte, lagen in Israel, während die Heiligen Stätten in Jerusalem und Betlehem vor dem Sechstagekrieg im Jahr 1967 noch unter jordanischer Hoheit standen. Der Vatikan hatte den neuen Staat Israel bei dessen Gründung im Jahr 1948 nicht anerkannt. Das hängt damit zusammen, dass für Rom das Hemd näher war als der Rock, denn mit der Staatsgründung waren zahlreiche Palästinenser aus ihrer angestammten Heimat vertrieben worden oder mussten unfreiwillig in einem jüdischen Staat leben. Unter diesen waren nicht nur Moslems, sondern auch viele arabische Christen, von denen nicht wenige als Unierte mit Rom in Gemeinschaft standen. Pius XII. hatte daher grundsätzliche politische Unparteilichkeit im Palästinakonflikt signalisiert und überdies in der Enzyklika *Redemptoris Nostri* vom 15. April 1949 den Zugang zu den Heiligen Stätten, das Rückkehrrecht der Palästinenser und eine Internationalisierung Jerusalems gefordert.[86] Da die Position des Staatssekretärs seit 1944 vakant war, zeichnete Montini als ranghöchster außenpolitischer Beamter im Vatikan für diese Linie mit verantwortlich, die er auch jetzt nicht aufgeben wollte.

Angesichts dieser Vorgeschichte durfte sich der päpstliche Reisende von keiner Seite vereinnahmen lassen, weder von der jüdischen, die eine Anerkennung des israelischen Staates im Blick hatte, noch von der jordanisch-palästinensischen, die eine klare Positionierung zur Frage der nach 1948 vertriebenen Palästinenser erwartete. Paul VI. suchte während seines ganzen Aufenthalts im Nahen Osten erkennbar jegliche politische Stellungnahme zu vermeiden, die eine bestimmte politische Lösung des Nahostkonflikts präjudiziert hätte oder die gar von einer der beiden Seiten zu ihren Gunsten hätte gedeutet werden können. Dies ist das eigentlich Auffällige an seinen Äußerungen. Von daher erscheint

17 Ankunft am Flughafen von Amman/Jordanien – Empfang durch König Hussein (4. Januar 1964)

es eher aufschlussreich, was der päpstliche „Pilger“ nicht sagte, als was er tatsächlich sagte. Bereits bei der Verabschiedung auf dem römischen Flughafen Fiumicino, zu der eigens der italienische Präsident Antonio Segni (1891–1972) erschienen war, enthielt er sich jeder Anspielung auf die politische Situation seines Ziellandes.[87] Ein solcher Hinweis hätte bei der Ankunft in Jordanien noch näher gelegen.

Beim aufwendigen Empfang durch König Hussein von Jordanien (1935–1999) am Flughafen in Amman wurden ihm die religiösen und politischen Führer des Volkes vorgestellt. Der Blick auf das Protokoll zeigt eindeutig, dass die Inszenierung nicht nur dem Religionsführer, sondern auch dem Staatsoberhaupt galt. Ein sehr allgemein gehaltener Friedenswunsch für alle Menschen guten Willens seitens des Papstes erscheint jedoch eher wie eine politische Pflichtübung. Ähnlich äußerte er sich bei seinem Eintritt in Jerusalem am selben Tag, als er Teddy Kollek

(1911–2007) als Verantwortlichem für die herzliche Aufnahme dankte.[88] Die Begegnung mit dem israelischen Präsidenten Zalman Shazar (1889–1974) und der israelischen Regierung am Folgetag (5. Januar) war auf Wunsch des Vatikans wegen des politisch umstrittenen Status der Heiligen Stadt in das galiläische Meggido verlegt worden, weil man die arabische Seite nicht durch einen Empfang in Jerusalem vor den Kopf stoßen wollte. Dieses Treffen war besonders für Israel eine protokollarische Unmöglichkeit, denn wie empfängt man ein Staatsoberhaupt, zu dessen Staat man keine diplomatischen Beziehungen unterhält? Der israelische Präsident wich dieser Schwierigkeit aus, indem er Paul VI. dezidiert als religiösen Führer ansprach, während der Besucher die Anrede „Excellency" (nicht „Mr. President") wählte und die Verwendung des Wortes „Israel" vermied. In seiner Rede stellte der hohe Gast nachdrücklich den religiösen Charakter seiner Reise heraus, wobei er sogar Gott als Zeugen anrief.[89] Ostentativ verwendete er in dieser und in allen folgenden Reden den klar religiös konnotierten Begriff Pilger/Pilgerreise (bzw. pelegrinaggio/pilgrimage/pèlerinage), um das Unternehmen zu charakterisieren. Thomas Brechenmacher spricht treffend von einem „programmatischen Konstrukt".[90] Beide Seiten hatten sich zuvor auf diese „Sprachregelung" verständigt: Der israelische Premier Levi Eschkol (1885–1969) hatte vor dem Eintreffen Pauls VI. vor der Knesset erklärt, dass man den Wunsch des Gastes respektiere, eine Reise mit religiösem Charakter zu unternehmen. Es sollten dem Papst also keine politischen Forderungen gestellt werden.[91]

Dennoch war gerade diese Begegnung mit der israelischen Staatsspitze für diese diplomatisch nicht ohne Ertrag, insofern der Papst in seiner Ansprache eine zukunftweisende Formulierung wählte. Er redete die Juden nämlich als „Söhne des Bundesvolkes"[92] an. Der Kontext impliziert, dass die heutigen Juden immer noch zu diesem Volk gehören und dass der Bund Gottes weiter besteht. Diese Formulierung geht sogar über die Konzilserklärung in *Nostra Aetate* 4 hinaus, die ein Jahr nach der Israelreise verabschiedet werden sollte. Außerdem erinnerte der Pontifex an die den Juden und den Christen gemeinsamen biblischen Stammväter Abraham, Isaak und Jakob und bekannte sich damit zu den gemeinsamen Wurzeln des Glaubens. Nicht nur in theologischer, sondern auch in

18 Paul VI. trifft in Meggido mit der israelischen Staatsführung zusammen – Begrüßung durch den Staatspräsidenten Zalman Shazar (5. Januar 1964)

politischer Hinsicht brisant sind diese Formulierungen deshalb, weil der israelische Präsident damit implizit als Repräsentant des Weltjudentums angesprochen wurde. Es handelte sich um ein Desiderat der israelischen Politik, dass Israel als „Heimstatt der Juden" anerkannt werde. Paul VI. richtete sich an den Präsidenten bewusst als Erben und Vertreter der „role dans l'histoire religieuse de l'humanité", welche das Judentum gehabt habe und noch habe.[93] Vielleicht bestand hierin aus israelischer Sicht der Hauptgewinn der Reise: Israel war als „institutioneller Kopf des Judentums insgesamt" erschienen.[94] Der Vatikan hatte das Spiel mitgespielt, und das war ein entscheidender Schritt zur vatikanischen Anerkennung Israels als Staat, auch wenn diese noch lange auf sich warten lassen sollte. Ein Journalist stellte kurz nach der Reise fest, in Meggido seien sich nicht nur ein Religionsführer und ein Staatsoberhaupt, sondern in ihnen Kirche und Judentum begegnet, und das von gleich zu gleich.[95]

In dieselbe Richtung weist die Rede des Papstes bei der Verabschiedung durch den israelischen Präsidenten. Das Drama „Der Stellvertreter" des deutschen Stückeschreibers Rolf Hochhuth (*1931) hatte im

Vorjahr bei seiner Uraufführung in Berlin einen Skandal erzeugt. Es wurde mittlerweile auf vielen Bühnen der Welt gespielt und erlangte durch Presseberichte international immer größere Bekanntheit.[96] Am Tag der Ankunft des Papstes in Jerusalem berichteten die italienischen Zeitungen ausführlich über das Theaterstück. Nachdem er die mitreisenden Kardinäle konsultiert hatte, änderte der Papst daher bewusst sein Redemanuskript und fügte am Abend des 5. Januar in seine Ansprache an die israelische Staatsführung, die zu seiner Verabschiedung erschienen war, eine Passage ein, in der er Pius XII. gegen den Vorwurf des Schweigens angesichts des Holocaust zu rechtfertigen suchte.[97] Alle Welt wisse, „was er [= Pius XII.] zur Verteidigung und zur Errettung all derer getan hat, die in Not waren, ohne jeden Unterschied der Person".[98] Bei diesem beherzten Vorstoß ging es nicht nur um eine Ehrenrettung Pacellis, also letztlich um historische Gerechtigkeit, sondern auch um die Gegenwart: Der Montini-Papst war sich durchaus bewusst, dass die verweigerte Anerkennung der Staates Israel, dessen Entstehung ja eng mit dem Holocaust zusammenhängt, in außenpolitischer Hinsicht heikel war und der Reputation des Vatikans zu schaden drohte, da diese Haltung als ein Fortleben des historischen Antisemitismus bzw. Antijudaismus gedeutet werden konnte. Bei dieser Gelegenheit sprach er die Anwesenden wiederum implizit als Vertreter aller Juden in der Welt an. Noch im selben Jahr nahm er die Vorwürfe Hochhuths zum Anlass, eine Kommission aus vier Jesuiten (Pierre Blet, Robert Graham, Burkhart Schneider und Angelo Martini) zu bilden, welche die vatikanischen Akten zur Kriegszeit edieren sollte. Diese erschienen zwischen 1965 und 1981 in elf Bänden als *Actes et Documents du Saint Siège relatifs à la Seconde Guerre Mondiale*.[99] Dass Paul VI. sowohl auffällig rasch als auch nachhaltig auf die Vorwürfe gegen Pius XII. reagierte, hängt nicht zuletzt mit Folgendem zusammen: Der Papst hatte seinerzeit nicht den Weg des prophetischen Protestes gegen die Vernichtung der Juden, sondern denjenigen pragmatischer und diskreter humanitärer Hilfe gewählt – und Montini war dabei als Leiter des *Informationsdienstes* sowie der diesem zugeordneten Hilfskommission für die Koordinierung der humanitären Aktionen des Vatikans verantwortlich gewesen. Die nun erhobenen Angriffe auf den Pacelli-Papst musste er *auch* als indirekten

Angriff auf seine eigene Person und die damals gemeinsam vertretene Linie verstehen!

Kurzfristig wurde ein Punkt ins Besuchsprogramm eingefügt: Kardinal Eugène Tisserant entzündete im Namen des Papstes in der zentralen Holocaustgedenkstätte sechs Kerzen für die sechs Millionen Opfer des Holocaust. Wiederum erschienen durch diese Geste die Israelis als Sachwalter der jüdischen Sache an sich.[100] Nicht nur bei den politischen, sondern auch bei den eigentlich religiösen Begegnungen und Besuchen hielt sich Paul VI. an die eigene programmatische Vorgabe einer unpolitischen „Pilgerfahrt". Nur so ist sein beredtes Schweigen zum jüdisch-christlichen Verhältnis und zum Status Israels recht zu deuten. In den langen litaneiartigen Fürbitten in der Jerusalemer Grabeskirche, in denen die historische Schuld und das Versagen der Christen ausgesprochen werden, wird das Verhältnis zu den Juden nicht thematisiert, obwohl es gerade in diesem Zusammenhang nahegelegen hätte. Ebenso in seinen Ansprachen in Nazaret, auf dem Berg der Seligpreisungen und in Betlehem geht er nicht näher auf das christlich-jüdische Verhältnis ein. In Betlehem, wo er sich an alle Menschen guten Willens wendet, richtet er nur einen allgemein gehaltenen Appell zum Frieden an die Regierenden der Welt, ohne Ross und Reiter zu nennen.[101] Auch die letzte politische Klippe, die Verabschiedung durch König Hussein am 6. Januar, umschiffte der Papst mit einigen unstrittigen religiösen Wendungen und allgemein gehaltenen Friedenswünschen sicher, indem er nicht von seinem „programmatischen Konstrukt" abwich.[102] Sein bleibendes Interesse am Heiligen Land demonstrierte Paul VI. durch drei Stiftungen, für die er unmittelbar nach der Reise die Initiative gab: In Jerusalem entstand das Ökumenische Institut Tantur, in Betlehem wurden das Haus Effata, eine Schule und ein Heim für Taubstumme ins Leben gerufen. 1973 konnte nach längeren Vorbereitungen die Betlehemuniversität eröffnet werden, wo junge Palästinenser eine gute Ausbildung erhalten sollen, damit sie nicht gezwungen sind auszuwandern. Diese Einrichtung stand von Anfang an auch Moslems offen.[103]

Trotz aller diplomatischen Zurückhaltung, die der Papst walten ließ, hatte sein Besuch doch bleibende Folgen für das Verhältnis Vatikan – Israel. Brechenmacher zieht zu Recht eine Linie bis zur Gegenwart:

> „Der Israelbesuch des Papstes war ein Meilenstein auf dem Weg zu einem veränderten Verhältnis zwischen katholischer Kirche und Juden. Spätestens seit diesem Besuch hat der Heilige Stuhl den Staat Israel zumindest de facto anerkannt. Von der Pilgerreise des Jahres 1964 verläuft eine Entwicklung über die Konzilserklärung *Nostra Aetate* im Oktober 1965 und über die formelle Aufnahme voller diplomatischer Beziehungen zwischen dem Heiligen Stuhl und Israel durch den Grundlagenvertrag am 30. Dezember 1993 bis zur Israelreise Johannes Pauls II. im März 2000.“[104]

Die politischen Implikationen der Reise waren also unübersehbar. Eine Weichenstellung war die Reise aber auch für das Verhältnis zwischen Kirche und Judentum. Dadurch dass der päpstliche Pilger keine Missionsabsichten gezeigt hatte und seinen jüdischen wie seinen arabischen Gastgebern mit Respekt begegnet war, war die Basis für weitere Entwicklungen gelegt. Er führte zwar keine direkten interreligiösen Dialoge, setzte aber in für ihn charakteristischer Weise Gesten, die das Klima zwischen den beiden Weltreligionen positiv veränderten. So konnte ein israelischer Journalist am Ende der Reise feststellen, man habe „einen großen Schritt vorwärts auf Israel, auf das jüdische Volk und die jüdische Religion von Seiten der höchsten Autorität der katholischen Kirche“ beobachten können.[105] Welche Faszination diese Reise noch immer ausübt, konnte man am 25. Mai 2014 erleben, als Papst Franziskus und der ökumenische Patriarch Bartholomäus in Jerusalem zusammentrafen, um der Ereignisse vor 50 Jahren zu gedenken. Paul VI. und Athenagoras waren bei dieser Gelegenheit allgegenwärtig, ihre Worte und Gesten bestimmten diejenigen ihrer beiden heutigen Nachfolger.

Theologische Neuausrichtung

Es war folgerichtig, das bei dieser Gelegenheit bloß Angedeutete in eine grundsätzliche theologische Neuausrichtung des Verhältnisses zum Judentum münden zu lassen. Diese war längst überfällig und seit 1945 in katholischen Ortskirchen und Bischofskonferenzen, aber ebenso in nicht-katholischen Kirchen, in den konfessionellen Weltbünden und im Ökumenischen Rat der Kirchen (ÖRK) in vollem Gange.[106] In diesem Sinn zeigte sich ein Jahr später ein erstes Ergebnis der Reise: Am

7. März 1965 wurde durch ein Dekret der Ritenkongregation die Karfreitagsfürbitte für die Juden weiter entschärft, nachdem bereits unter Johannes XXIII. eine neue Formel eingeführt worden war. Im *Missale Romanum* von 1570 hatte es noch geheißen „Oremus pro perfidis Judaeis" („Lasst uns beten für die treulosen Juden"). Die Juden könnten Christus nicht erkennen, da auf ihren Herzen ein Schleier liege, so die alte Gebetsformel. Die Aufforderung zur Kniebeuge unterblieb an dieser Stelle im Unterschied zu den anderen Fürbitten.[107] Nun sollte es heißen: „Lasset uns auch beten für die Juden. Unser Gott und Herr lasse über sie leuchten sein Angesicht, damit auch sie erkennen den Erlöser aller Menschen, unsern Herrn Jesus Christus."[108] Damit wurde die Formulierung des neuen *Missale* vorgezeichnet, die am 26. März 1970 veröffentlicht wurde. Diese verzichtete nun sogar taktvoll darauf, um eine „Bekehrung" der Juden zu Christus (und damit zur Kirche) zu beten:

> „Lasst uns auch beten für die Juden, zu denen Gott, unser Herr, zuerst gesprochen hat: Er bewahre sie in der Treue zu seinem Bund und in der Liebe zu seinem Namen, damit sie das Ziel erreichen, zu dem sein Ratschluss sie führen will."

Damit ist impliziert, dass die Offenbarung an das alte Gottesvolk ihren Wert behält und der Bund fortbesteht. Im Kern nicht anders hatte sich Paul VI. in Israel geäußert. Durch die Revision der Juden-Fürbitte wurde aus jüdischer Sicht ein großes Ärgernis aus der Welt geschafft und ein Hindernis für den jüdisch-christlichen Dialog beseitigt.

Die Papstreise wurde auch zum Katalysator für die Behandlung der Frage des Judentums auf dem Zweiten Vatikanischen Konzil. Die Erklärung, über die in der zweiten und dritten Sitzungsperiode bislang keine Einigkeit erzielt werden konnte, erhielt nun in der vierten Periode bei der Abstimmung am 28. Oktober 1965 eine große Mehrheit.[109] Die arabischen Bischöfe, die unierten Patriarchen (namentlich der Maroniten und Melkiten) und der lateinische Patriarch von Jerusalem hatten in den Diskussionen am 28./29. September starke Bedenken gegen eine judenfreundliche Verlautbarung durch das Konzil angemeldet, da sie Repressalien von Seiten der arabischen Staaten befürchteten. Ihre Kirchen haben zumeist ihren Hauptsitz im Libanon oder in Syrien; der lateinische Patriarch residiert in Ost-Jerusalem.[110] Diese Sorge war nicht unbegründet: Der ägyptische Präsident Nasser (1918–1970) warnte den Papst unmittelbar vor der Verabschiedung des Dokuments vor möglichen Folgen für die Christen in Ägypten und in anderen arabischen Ländern.[111] Immerhin erreichten die arabischen Bischöfe, dass in der Erklärung nicht explizit vom Staat „Israel" die Rede ist. Sie bildet das 4. Kapitel der Erklärung *Nostra Aetate* zu den nichtchristlichen Religionen, in deren ersten Kapiteln es zunächst um die Einheit der Menschheit, die nichtchristlichen Religionen und den Islam geht. Auf das Kapitel über das Judentum folgt eine ausdrückliche Verurteilung jeder religiös motivierten Gewalt und Diskriminierung. Theologisch wird ein ganz neuer Ton angeschlagen: Die Kirche hat die Offenbarung auf dem Weg über das alte Bundesvolk empfangen; der alte Bund bleibt gültig, weshalb von einer „Verwerfung" der Juden keine Rede sein kann; Jesus war ein Jude – der Papst selbst machte sich dafür stark, dass seine Tötung nicht allen Juden seiner Zeit zur Last gelegt werden kann, und schon gar nicht den heutigen Juden. Weiterhin sprach er sich erfolgreich dafür aus, dass nicht explizit von der Bekehrung der Juden die Rede sein solle.[112] Der Text enthält allerdings kein ausdrückliches Schuldbekenntnis für die Verfolgung von Juden durch Christen in der Geschichte.

In weiteren Texten des Konzils wurde ein in offiziellen kirchlichen Dokumenten bisher unbekannter Ton angeschlagen. Die Kirchenkonstitution *Lumen Gentium* (Nr. 9 und 16) stellt die bleibende Erwählung des alten Gottesvolkes und den Hervorgang des neuen Gottesvolkes aus diesem heraus. Dieser Gedanke wird noch einmal offenbarungstheologisch gewendet in *Dei Verbum* 14–16.

Die Entwicklung blieb nach dem Konzil nicht stehen. 1971 wurde ein Internationales Verbindungskomitee gegründet, um dem jüdisch-christlichen Dialog eine dauerhafte Plattform zu geben.[113] Auf jüdischer Seite wurde es von Gerhart M. Riegner (1911–2001) moderiert, dem Generalsekretär des jüdischen Weltkongresses, auf katholischer Seite von Kardinal Johannes Willebrands (1909–2006), dem Präsidenten des Einheitssekretariates, der damit an das Engagement seines Vorgängers Augustin Kardinal Bea anknüpfte.[114] Der Vatikan ließ sich dabei von der Einsicht leiten, dass man den Dialog mit dem Judentum nicht zu sehr auf die jüdischen Vertreter, die aus Israel kommen, fokussieren darf, da das Judentum eine universale Größe ist und eine Mehrheit der Juden in der „Diaspora" lebt. Am 22. Oktober 1974 wurde eine wichtige Konsequenz aus der Arbeit des genannten Verbindungskomitees gezogen und dieses damit katholischerseits institutionalisiert: Der Papst veranlasste die Gründung einer eigenständigen Kommission für die religiösen Beziehungen zum Judentum, die dem Einheitssekretariat zugeordnet sein und dessen Präsidenten unterstehen sollte, ganz seinem eingangs skizzierten Programm entsprechend, wonach der ökumenische und der jüdisch-christliche Dialog nicht voneinander zu trennen sind. In der Verantwortung der neuen Institution wurden nun Durchführungsbestimmungen für *Nostra Aetate* 4 erarbeitet und am 1. Dezember 1974 mit Zustimmung Pauls VI. erlassen.[115] Das Dokument stellt ein Programm der jüdisch-christlichen Annäherung vor: Antijüdische Passagen sollten aus der Liturgie getilgt werden, gemeinsame Gebete werden ermöglicht, ein gemeinsamer Einsatz für Frieden und Gerechtigkeit sowie ein theologischer Austausch empfohlen. Deutlicher als das bisher von offiziellen kirchlichen Stellen erfolgt war, wurde nun der Antisemitismus verurteilt. Von Beobachtern vermisst wurden explizite Hinweise auf den Staat Israel, auf die religiöse Verwurzelung der Juden in Palästina und die Beziehung Judentum – Israel. Diesen Aspekt hatte ein vorbereitendes Arbeitspapier des Einheitssekretariates im Jahr 1969 noch enthalten.[116] Die Gedanken der Durchführungsbestimmungen legte der Papst den Mitgliedern des genannten Verbindungskomitees bei einer Audienz am 10. Januar 1975 ans Herz.[117] Erneut verteidigte er bei dieser Gelegenheit Pius XII., der das ihm Mögliche für die Rettung von Juden getan habe.

Einen weiteren Schritt markiert das Apostolische Schreiben *Nobis In Animo* (1974) über die schwierige Situation der Kirchen im Heiligen Land. Jerusalem wird hier als „Hauptstadt des Monotheismus"[118] gewürdigt. Die Begegnung der Religionen dort und andernorts könne den Frieden fördern.

Ferner ist festzustellen, dass Paul VI. neben diesen offiziellen Positionierungen dem Gespräch mit Vertretern des Judentums einen hohen Stellenwert einräumte. Immer wieder fällt der herzliche Ton auf. Bei einer Begegnung mit Vertretern der jüdischen Gemeinde in Bogotá am 23. August 1968 sprach er von den „Reichtümern eines großen gemeinsamen Erbes".[119] In den Folgejahren häuften sich Begegnungen mit Vertretern des Judentums: Am 4. April 1970 begrüßte er amerikanische Juden in Rom. Bei seiner Asienreise traf er in Manila und Sydney mit jüdischen Delegationen zusammen.[120] Am 31. März 1971 empfing er Vertreter des *American Jewish Committee* und empfahl bei dieser Gelegenheit nachdrücklich, die Zusammenarbeit zwischen den beiden Religionen zu fördern. Zweimal begrüßte er die Antidiffamierungsliga *B'nai B'rith*, so am 2. Juni 1971 und am 5. Mai 1978.[121] Beide Male rief er dazu auf, die Beziehungen zwischen katholischer Kirche und Judentum zu vertiefen. Jede Form von Antisemitismus sei zu verurteilen. All diese beispielhaft genannten Begegnungen lassen ein großes Interesse und eine hohe Wertschätzung seitens des Papstes erkennen.

Revision der vatikanischen Nahostpolitik

An diesem Punkt ist noch einmal zur politischen Entwicklung zurückzukehren, da diese im Jahr 1964 nicht stehenblieb. Kurz nach der Reise Pauls VI. hatte die israelische Regierung sondiert, ob der Vatikan diplomatische Beziehungen zu Israel aufnehmen wolle.[122] Das Auftreten des Papstes scheint die Regierung also durchaus ermutigt zu haben, dieses zu versuchen. Brechenmacher spricht zu Recht von einer „de-facto-Anerkennung"[123]. Die beschriebene theologische Neuausrichtung führte dann allmählich auch zu einem Wandel der vatikanischen Nahostpolitik. Hier kam es aber nicht nur zu einer stärkeren Berücksichtigung der Staatlichkeit Israels, sondern auch zu einem offeneren Eintreten für die Rechte der Palästinenser. Einen Wendepunkt bildete in dieser Hinsicht der Sechstagekrieg im Juni 1967, der die israelische Überlegenheit allzu deutlich demonstrierte und für Hundertausende von Palästinensern im Gaza-Streifen, im Westjordanland und in Ost-Jerusalem zur Folge hatte, nun in israelisch besetzten Gebieten leben zu müssen. In Fortentwicklung der von Pius XII. erhobenen Forderung einer Internationalisierung Jerusalems rief der Montini-Papst am 7. Juni 1967, also noch während der Kampfhandlungen, dazu auf, die Stadt zur offenen Stadt zu machen und sie von Kriegshandlungen zu verschonen. Einen Tag später wandte er sich in diesem Sinn brieflich an die kriegführenden Staaten.[124] Die Basis seiner Intervention wurde zugleich verbreitert, indem er ausdrücklich „für alle, die geistig von Abraham abstammen, für Juden, Moslems, Christen“[125] sprach und deren Rechte über die Heiligen Stätten einforderte. Aber auch innerchristlich hielt er es für sinnvoll, mit vereinter Stimme zu reden. So kündigte er am 15. Juli an, bei seinem bevorstehenden Besuch in der Türkei mit dem Ökumenischen Patriarchen über das weitere Vorgehen hinsichtlich der Heiligen Stätten beraten zu wollen. Paul VI. zog also in dieser praktischen Frage die Konsequenzen aus der neuen Bedeutung, welche das Konzil dem interreligiösen und interkonfessionellen Dialog beigemessen hatte. Die Heiligen Stätten sollten die Religionen und die Kirchen einen statt sie zu trennen, so seine Überzeugung.[126] Eine förmliche Anerkennung Israels ließ jedoch noch auf sich warten. Wiederum handelte Paul VI., der mit der Wirkung von Gesten so vertraut war, auf indirekte Weise. Am 31. Oktober 1970 mahnte er in getrennten Schreiben die Präsidenten Israels und Ägyptens sowie den König von Jordanien zum Frieden.[127] Dieses Vorgehen impliziert, dass die drei Adressaten diplomatisch auf einer Ebene stehen. Einer der Briefe ist an „Mr Zalman Shazar, President of the State of Israel – Jerusalem“ gerichtet. Erstmals wird damit in einem päpstlichen Dokument der Staat Israel genannt. Parallel zu dieser Aufwertung Israels verwendet er in seiner Rede vor dem Kardinalskollegium am 22. Dezember 1972 erstmals öffentlich den Begriff „palästinensisches Volk“ und spricht von den „Söhnen des palästinensischen Volkes, die seit vielen Jahren eine gerechte Anerkennung ihrer Rechte anmahnen, nicht im Kontrast, sondern in Harmonie mit den Rechten anderer Völker“.[128] Die diplomatische Aufwertung der Palästinenser schien die israelischen Gesprächspartner zu irritieren. Davon zeugt etwa der in politischer Hinsicht desaströse Vatikanbesuch der israelischen Premierministerin Golda Meir am 15. Januar 1973, der erste derartige Besuch überhaupt. An sich hatte sich die Visite hoffnungsvoll angelassen, da der Papst die Besucherin ostentativ nicht in Privataudienz, sondern offiziell als Premierministerin ihres Landes empfing. Doch sein Eintreten für die von Israel unterdrückten Palästinenser brachte sie gleich zu Beginn in Harnisch. In einem Interview mit der Zeitung Ma'ariv am 19. Januar 1973 berichtete sie entgegen allen diplomatischen Gepflogenheiten vom Verlauf des

Gespräches: „Mir gefiel schon der Auftakt überhaupt nicht. Der Papst sagte mir gleich zu Beginn, dass er es schwer verstehen könne, wie sich das jüdische Volk, das doch auf die Barmherzigkeit verpflichtet sei, im eigenen Land so grausam verhalten könne.“[129] Im Anschluss an das Gespräch kam es zu einer Verstimmung der israelischen Seite, als der Vatikan eine Presseerklärung veröffentlichte, in welcher der offizielle Charakter der Audienz heruntergespielt und die Frage der palästinensischen Flüchtlinge erwähnt wurde. Von israelischer Seite wurde der Vorwurf der Parteilichkeit zugunsten der Palästinenser erhoben. Vielleicht mag noch die Verwunderung nachgewirkt haben angesichts der Tatsache, dass Paul VI. zwei Tage nach der Ermordung der israelischen Olympia-Athleten in München am 6. September 1972 nicht nur der israelischen Seite sein Beileid aussprach und den Terrorismus scharf verurteilte, sondern auch nach der Ursache der immer neuen Gewaltausbrüche gegen Israel fragte und ein „großes Leiden“ ausmachte (womit nur das Leid der Palästinenser gemeint sein kann).[130]

Das Bemühen, beiden Seiten gerecht zu werden und das Eintreten für die Sicherheit Israels mit dem Engagement für die den Palästinensern geschuldete Gerechtigkeit zu verbinden, bestimmte in den folgenden Jahren immer mehr das vatikanische Vorgehen. In der Weihnachtsansprache des Jahres 1975 formulierte Paul VI.:

> „Und obwohl wir uns der noch nicht sehr lange vergangenen Tragödien, die das jüdische Volk den sicheren Schutz eines eigenen souveränen und unabhängigen Staates suchen ließ, bewusst sind, ja gerade weil wir uns ihrer bewusst sind, wollen wir die Söhne dieses Volkes daran erinnern, die Rechte und legitimen Wünsche eines anderes Volkes anzuerkennen, des palästinensischen Volkes, das auch schon lange gelitten hat.“[131]

Noch wird nicht zu Ende gedacht, ob am Ende eine Zweistaatenlösung oder eine weitreichende Autonomie für die Palästinenser erreicht werden muss.

Diese ausgewogene Haltung *supra partes* ermöglichte es dem Vatikan dann auch, den Nahost-Friedensprozess vorbehaltlos zu unterstützen.[132] Anfang 1978 empfing Paul VI. nacheinander den israelischen Außenminister Moshe Dayan (1915–1981), den ägyptischen Präsidenten Anwar el Sadat (1918–1981) und den jordanischen König Hussein, um sich nach der historischen Rede des Ägypters vor der Knesset von den Friedensabsichten der Staatsmänner ein Bild zu machen. In seinen Ansprachen wies er erneut auf den besonderen Status Jerusalems hin und begründete diesen wiederum mit den Ansprüchen aller drei dort vertretenen monotheistischen Religionen. Gegenüber Sadat stellte er fest:

> „In Jerusalem müssen juridische und reale Verhältnisse hergestellt werden, damit die Stadt nicht mehr Zankapfel zwischen den Parteien ist; damit sie ihrer Berufung entsprechend religiöses Friedenszentrum wird, wo die lokalen Gemeinschaften der drei großen monotheistischen Religionen mit gleichen Rechten zusammenleben können und wo sich Juden, Christen und Moslems aus der Region und der ganzen Welt begegnen und brüderlich austauschen können."[133]

Solange es zu keinem Interessenausgleich und erst recht nicht zu einer Zweistaatenlösung kam, wollte der Vatikan Israel nicht einseitig anerkennen. Erst nach dem Oslo-Vertrag von 1993, der die Grundlage einer neuen palästinensischen Staatlichkeit in den Grenzen der seit 1967 besetzten Gebiete bildete, nahm der Vatikan volle diplomatische Beziehungen zu Israel auf. Im Jahr 2000 kam es schließlich zu einer formellen Übereinkunft mit der PLO, die damit als legitime Vertretung des palästinensischen Volkes anerkannt wurde.

Paul VI., Israel und das Judentum – was lässt sich zusammenfassend festhalten? In einem jüdischen Nachruf auf den Papst heißt es: „Das jüdische Volk auf der ganzen Welt wird sich der Regierungsjahre Papst Pauls VI. immer erinnern als des Anfangs von einem neuen Zeitalter für die katholisch-jüdischen Beziehungen."[134] Als enger Mitarbeiter Pius' XII. kannte Montini dessen Bemühungen um die Rettung von Juden während der Kriegszeit. Von daher nahm er die Diskussionen um die Einstellung dieses Papstes gegenüber dem Holocaust sehr aufmerksam wahr. Da er sich der Brisanz der jüdischen Frage bewusst war, trieb er selbst als Pontifex von Anfang an eine sowohl aktive wie sensible Politik gegenüber dem Judentum. Dass ihn seine allererste Reise nach Israel führte, ist insofern kein Zufall. Diplomatie und theologische Annäherung sind dabei für ihn nicht voneinander zu trennen: Die Reise des Jahres 1964 hat sowohl theologische wie politische Implikationen;

die theologische Neubestimmung des jüdisch-christlichen Verhältnisses im Gefolge des Konzils zeitigt auch politische Folgen. Die Einschätzung Ulrike Koltermanns, das Verhältnis des Heiligen Stuhls zum Staat Israel sei für Paul VI. immer eine rein politische Frage gewesen[135], trifft nicht zu: Für den Papst gehören Theologie und Politik zusammen, und zwar in der Weise, dass sich aus einer neuen Israeltheologie eine neue Israelpolitik ergibt.

Ab 1967 ist eine signifikante Weiterentwicklung der vatikanischen Nahostpolitik zu beobachten: Die Palästinenser, deren Rechte in der Welt immer mehr Beachtung finden, rücken verstärkt ins Blickfeld, wobei es immer weniger um die „Flüchtlingsfrage" als um die „Selbstbestimmung" dieses Volkes geht. Paul VI. weist wiederholt darauf hin, dass das Existenzrecht Israels eine gerechte Lösung für das palästinensische Volk nicht ausschließe. Dass er bei seinem Einsatz für die Palästinenser auch an die große christliche Minderheit dieses Volkes denkt, bleibt davon unbenommen.

Gleichzeitig wandelt sich die vatikanische Position in der Jerusalem-Frage: Hatte die päpstliche Diplomatie seit Pius XII. vor allem auf die Rechte der katholischen Gläubigen hinsichtlich der christlichen Heiligtümer gepocht, wird nun die Vision Jerusalems als Heilige Stadt dreier Religionen entworfen. Paul VI. macht sich zum Sprecher nicht nur aller Christen, sondern auch aller Angehörigen der drei monotheistischen Religionen, die in Jerusalem ein geistiges Heimatrecht besitzen.

Die erste Enzyklika

Der ersten Enzyklika eines neuen Pontifex wird immer eine besondere Bedeutung beigemessen. Man erwartet programmatische Aussagen, welche seine Absichten erkennen lassen. Das war bei Paul VI. nicht anders. Bei der Eröffnung der zweiten Konzilsperiode am 29. September 1963 kündigte er an, er wolle seine Grundanliegen im Rahmen seines ersten Lehrschreibens entfalten, da eine einzige Ansprache in der Konzilsaula dazu nicht hinreiche.[136] Er ließ sich mit der Veröffentlichung seiner „Antrittsenzyklika" weitere zehn Monate Zeit, so dass am Ende vierzehn Monate seit seinem Amtsantritt vergangen waren – eine noch längere Zeit als bei seinen Vorgängern Pius XII. und Johannes XXIII., die ein halbes Jahr bzw. acht Monate benötigt hatten.[137]

Der Montini-Papst war ein Mann, der bewusst an diese beiden Vorgänger anknüpfen wollte, wie schon im Blick auf sein Auftreten im Konzil festgestellt wurde. Durchaus aufschlussreich ist insofern der Vergleich seiner eigenen ersten Enzyklika mit Pacellis *Summi Pontificatus* und Roncallis *Ad Petri Cathedram*. *Ecclesiam Suam* ist ähnlich breit angelegt wie die in den ersten Wochen des Zweiten Weltkriegs veröffentlichte, sehr ernste Enzyklika Pius' XII., liegt aber von ihrem optimistischen Ton her eher auf einer Linie mit der ersten Enzyklika Johannes' XXIII. Den beiden jüngeren Dokumenten gemeinsamen Zeithintergrund, die noch weitgehend ungebrochen fortschrittsgläubigen und modernitätsbejahenden sechziger Jahre, wird man mitbedenken müssen, wenn man Montinis zuversichtliche Einschätzung der Möglichkeiten des Dialogs recht einordnen will.[138] Er nahm damit die Gesprächsbereitschaft und positive Grundeinstellung gegenüber der modernen Zivilisation auf, welche die Enzykliken *Mater et Magistra* und *Pacem in Terris* seines unmittelbaren Amtsvorgängers kennzeichnen.

Dass sich Paul VI. mit seiner „Antrittsenzyklika" bewusst Zeit ließ, zeigt auch ein Konvolut mit autographischen Notizen, anhand derer sich nachvollziehen lässt, dass er lange an den verschiedenen Versionen des entstehenden Dokumentes, ja sogar an einzelnen Formulierungen gefeilt hat.[139] Der am Fest der Verklärung Christi, dem 6. August 1964, vorgestellte Text hat dementsprechend etwas Durchdachtes, sorgfältig Durchkomponiertes, ja geradezu Meditatives. Er wolle den Lesern seine Gedanken mitteilen, schreibt er mit einer durchaus persönlichen Note.[140] Die Enzyklika ist „ganz Paul VI.", wie das *Time Magazine* nach der Veröffentlichung feststellte, was man namentlich daran erkenne, dass sie sehr ausgewogen und intellektuell geprägt sei.[141] Man hat es also mit einem diskret vorgetragenen persönlichen Programm zu tun, weniger dagegen mit verbindlichen doktrinären Klärungen.

Da die Enzyklika aus seiner Feder stammt, trägt sie wirklich seine Handschrift. Bei späteren Dokumenten (namentlich bei den Enzykliken *Populorum Progressio* und *Humanae Vitae* sowie bei dem Apostolischen Schreiben *Evangelii Nuntiandi*) vertraute er stärker auf die Hilfe von Mitarbeitern und spannte diese bei der Ausarbeitung der Texte bewusst ein. Gegenstand der Enzyklika ist die Kirche, die Montini schon als Konzilsbischof als Schlüssel für die Behandlung aller anderen Themen bezeichnet hatte. Ekklesiologie ist für ihn immer eng mit der Christologie verknüpft. Nicht von ungefähr weisen schon die programmatischen Eingangsworte, also das *Incipit* seiner Enzyklika, auf diese Verbindung hin: Die Kirche ist für ihn prinzipiell die Ecclesia *Sua*, die Kirche Jesu Christi. Christus und Kirche werden identifiziert. In diesem Sinne zitiert er die Enzyklika *Mystici Corporis* von 1943: „Wir müssen uns gewöhnen, in der Kirche Christus selbst zu sehen. Christus ist es nämlich, der in seiner Kirche lebt, der durch sie lehrt, leitet und heiligt.“[142] Paul VI. ist also in dieser Frage noch nicht auf dem differenzierteren Stand der Kirchenkonstitution, die im Folgejahr von den Konzilsvätern verabschiedet werden sollte.[143]

Anders als es viele Beobachter vermutet hatten, äußert sich der Papst in *Ecclesiam Suam* nicht zu konkreten politischen, ethischen oder kirchenpolitischen Fragen, sondern er entwickelt vielmehr allgemeine Richtlinien, welche das Handeln der Kirche in der Moderne bestimmen müssen. Er hat auch nicht die Absicht, den Entscheidungen des Konzils vorzugreifen. Vielmehr will er den Bischöfen volle Freiheit zur Beratung der anstehenden Themen lassen und ihnen lediglich Anregungen für ihre Arbeit bieten: „Dieser hohen und berufenen Versammlung wollen wir jetzt die Freiheit der Forschung und der Meinungsäußerung lassen.“[144] Gleichwohl haben seine Ausführungen den Anspruch, die Arbeiten der Versammlung zu befruchten: „Wir haben aber nicht die Absicht, neue und letzte Dinge zu sagen. Damit befasst sich das Ökumenische Konzil. Weit davon entfernt, durch unser einfaches briefliches Gespräch seine Arbeiten zu stören, möchten wir diese vielmehr loben und anregen.“[145] Dass es sich bei dem Dokument nicht um eine Handlungsanweisung für Kurie und Konzil handelte, betonte er auch bei seiner Ansprache in Castelgandolfo am Vortag der Veröffentlichung, als er den Inhalt seines Lehrschreibens kurz vorstellte:[146] „Aber was sagen wir schließlich in dieser Enzyklika? Wir sagen das, was die Kirche nach unserer Auffassung tun muss, um ihrer Berufung treu zu sein und ihre Mission zu erfüllen.“[147] Drei Wege müsse die Kirche in der heutigen Zeit gehen:

Selbstbesinnung, Erneuerung, Dialog. Letzterer ist „die Art, die Kunst, der Stil“[148] des pastoralen Wirkens der Kirche, nicht aber bloß Selbstzweck oder unverbindliche Haltung.[149] Dialog ist der Schlüsselbegriff dieser Enzyklika, die damit zum ersten päpstlichen Lehrschreiben wird, das diesen Gegenstand explizit thematisiert.[150] Der Dialog wird geradezu zur Grundausrichtung der kirchlichen Präsenz in der Gesellschaft: „Die Kirche muss zu einem Dialog mit der Welt kommen, in der sie nun einmal lebt. Die Kirche macht sich selbst zum Wort, zur Botschaft, zum Dialog.“[151] Die Kirche muss einen „Dialog mit allen Menschen guten Willens innerhalb und außerhalb ihrer eigenen Grenzen führen.“[152] Insofern ist der Dialog Ausdruck ihrer Katholizität und Zeichen des universalen Heilswillens Gottes. Er wird also nicht nur praktisch-pastoral, sondern auch *religiös* begründet. In diesem Zusammenhang stellt Montini das theologische Konzept des „Heilsdialogs“ vor (*„colloquium salutis“*): Religion ist immer Dialog zwischen Gott und den Menschen. Gott eröffnet durch die Offenbarung ein Gespräch mit dem Menschen, der seinerseits in Freiheit auf dieses Gesprächsangebot antwortet.[153]

Charakteristisch für Montinis innere Haltung ist stets die Spannung zwischen dem Mut zur Öffnung für die Anliegen der Zeit und einer (über-)vorsichtigen Zurückhaltung diesen gegenüber. Das lassen auch seine Äußerungen über den Dialog erkennen. Es gelte, auf die Zeitgenossen zuzugehen, dabei aber zugleich die eigene Identität zu wahren. Der Papst fragt sich: „Bis zu welchem Grade muss die Kirche sich den historischen und örtlichen Umständen anpassen, in denen sie ihre Sendung ausübt? Wie kann sie sich gegen die Gefahr eines Relativismus schützen, der ihre dogmatische und moralische Treue antastet?“[154] Prägnant bringt er diese grundlegende Schwierigkeit ins Wort: „Unser Dialog kann uns nicht von der Verpflichtung gegenüber unserem Glauben entbinden.“[155] Auch macht er unmissverständlich deutlich, dass das von Respekt getragene Gespräch mit den anderen Religionen und Weltanschauungen von dieser Vorsicht geprägt sein muss: „Unser Dialog darf nicht aus Schwäche gegenüber der Verbindlichkeit unseres eigenen Glaubens geführt werden.“[156] Dogmatischer und moralischer Relativismus erweisen sich nicht als günstige Bedingungen für einen fruchtbaren Dialog.[157] Wenn der Glaube bekämpft oder verneint wird, stößt die

Dialogbereitschaft für den Pontifex ohnehin an ihre Grenzen. So verurteilt er in Kontinuität mit seinen Vorgängern alle Systeme, welche die Existenz Gottes bestreiten und die Kirche behindern, besonders den atheistischen Kommunismus.[158]
Ausgehend von der Kirche als Zentrum, werden in *Ecclesiam Suam* die möglichen Dialogpartner in konzentrischen Kreisen vorgestellt, die zunächst weit ansetzen und dann zunehmend enger werden: Alle Menschen (97–106); alle, die an Gott glauben (107f.); die getrennten Christen (109–112); die Glieder der katholischen Kirche (113–119).

Dass die Ausführungen der Enzyklika in besonderer Weise auf den ökumenischen Dialog zu beziehen sind, zeigen die handschriftlichen Notizen des Papstes. In der Ökumene seien Zugeständnisse auf beiden Seiten nötig – aber nicht in Glaubensfragen oder im Hinblick auf die Verfassung und Leitung der Kirche. Kompromisse seien lediglich möglich „in praktischen und historisch bedingten Formen, das Christentum zu leben und auszudrücken."[159] In diesem Punkt fließen auch die Erfahrungen aus der ersten Begegnung mit dem Ökumenischen Patriarchen in die Enzyklika ein. Paul VI. erinnert an die Notwendigkeit, Inhalte der Liturgie, des Kirchenrechtes und der Frömmigkeit um der ökumenischen Annäherung willen auf ihre Gültigkeit hin zu überprüfen:

> „Gerne folgen wir dem Grundsatz, nach dem zunächst das beleuchtet werden soll, was allen gemeinsam ist, als zuerst das aufzuzeigen, was uns trennt. In dieser Hinsicht erweist sich unser Dialog als besonders nützlich, und wir sind sehr geneigt, ihn fortzuführen. Wir wagen aber noch eine weitergehende Behauptung: Wir sind selbstverständlich bereit, viele Meinungsverschiedenheiten, die Tradition, Frömmigkeitsformen, Kirchenrecht, Liturgie betreffen, einem eingehenden Studium zu unterwerfen, um den legitimen Wünschen der noch immer von uns getrennten Brüder entgegenzukommen."[160]

Die Zeit war noch nicht reif, auch die Art der Ausübung des Primats zu thematisieren, wie dies Johannes Paul II. in seiner Ökumene-Enzyklika *Ut Unum Sint* im Jahr 1995 tun sollte. Zu dieser Frage heißt es in *Ecclesiam Suam* nur, der Primat solle die Kirchen nicht trennen, sondern im Dienst der Einheit stehen und „Primat des Dienens, des Helfens, der Liebe" sein.[161]

Es war Johannes XXIII. gewesen, der dem Anliegen der Ökumene in der katholischen Kirche ein Heimatrecht verschafft und es durch die Gründung des Einheitssekretariates institutionalisiert hatte. Er hatte im Verhältnis zu den anderen Konfessionen eine neue Atmosphäre geschaffen und die Einheitsfrage auf die Agenda des Konzils gesetzt. Doch derartig weitgehende, ja grundsätzliche und theologisch reflektierte Aussagen wie bei seinem Nachfolger sucht man bei ihm noch vergebens. Hierin liegt neben den bewusst inszenierten großen Gesten der neue Beitrag Montinis zur Ökumene.

So stark der Teil über die Ökumene ist, so argumentativ schwach erscheint dagegen derjenige über den Dialog innerhalb der katholischen Kirche, ja fast klingt es wie ein Bruch gegenüber der vorher demonstrierten Gesprächsbereitschaft und Offenheit, wenn in diesem Zusammenhang unter Verweis auf die hierarchische Natur der Kirche von den Katholiken gefordert wird, „Unterordnung" und „Gehorsam" zu üben. So erwartet die Enzyklika „die immer bereitwillige und frohe Befolgung der kanonischen Vorschriften und die Unterordnung unter die Führung der rechtmäßigen Vorgesetzten, wie es sich für freie und liebende Kinder geziemt".[162] Gewarnt wird vor Auflehnung und Uneinigkeit. Solche Äußerungen erscheinen aus heutiger Sicht anachronistisch, da man allgemein davon ausgeht, dass Dialog nur auf Augenhöhe gelingen kann und grundsätzlich bis zu einem bestimmten Grad ergebnisoffen sein muss. Im Unterschied zur Pastoralkonstitution *Gaudium et Spes* sei der Dialog in der Enzyklika einseitig konzipiert, stellten Karl Rahner und Yves Congar schon kurz nach dem Konzil fest.[163] Dialog sei hier gleichsam das Wort eines Arztes an den Kranken, eines Lehrers an den Schüler; er werde also zu einseitig von der Kirche aus betrachtet. Dass diese auch etwas von den Dialogpartnern empfange, werde zu wenig bedacht.

Im Vergleich zu den Enzykliken *Mater et Magistra* und *Pacem in* Terris, die weltweit ein großes Echo gefunden hatten und auch im Konzil eine wichtige Rolle spielten, wurde *Ecclesiam Suam* kaum rezipiert. Congar erklärt dies mit dem meditativen Ton und dem persönlich-bekenntnishaften Charakter dieses Lehrschreibens.[164] Darin ist wohl der Hauptgrund zu sehen, dass es auch später nicht zu einer nachhaltigen Rezeption kam. Trotz dieser Einschränkungen kann man sagen, dass der Dialog für

Paul VI. keine theoretische Größe war. Der Papst blieb während der folgenden Jahre dem Dialogprinzip verpflichtet, so dass man dieses geradezu als einen Schlüssel zu seinem Pontifikat bezeichnen kann. Den Willen zum Dialog nicht nur innerhalb der Kirche, sondern auch mit Nicht-Christen zu pflegen, hatte er schon im Vorfeld dieser ersten Enzyklika durch die Gründung eines entsprechenden vatikanischen Sekretariates zum Ausdruck gebracht (17. Mai 1964; seit 1988 *Päpstlicher Rat für den interreligiösen Dialog*). Weitere Organe und Instrumente des Dialogs sollten folgen, etwa das Sekretariat für die Nicht-Glaubenden (9. April 1965) oder die Kommission *Iustitia et Pax* (6. Januar 1967), welche das gesellschaftliche Gespräch über die christliche Soziallehre, über Frieden und Gerechtigkeit fördern soll. Man mag auch an weitere Maßnahmen erinnern, durch die im Rahmen der Kurienreform autoritäre Bestimmungen gelockert oder aufgehoben wurden: Man denke etwa an die Abschaffung des Index der verbotenen Bücher oder des Antimodernisteneides. Stattdessen sollte nun verstärkt auf die Kompetenz der Ortskirchen und die Diskursfähigkeit der einzelnen Gläubigen vertraut werden. Nicht unerwähnt bleiben darf schließlich die Begegnung zwischen Kirche und moderner Kunst, die durch Paul VI. maßgeblich gefördert wurde. Auf all diese Aspekte wird noch näher einzugehen sein.

Die dritte Konzilsperiode

Am 14. September 1964 wurde die dritte Konzilsperiode eröffnet. Das Zusammentreffen Pauls VI. mit Athenagoras in Jerusalem hatte das Eis gebrochen: Jetzt endlich konnten auch Legaten des Ökumenischen Patriarchen und orthodoxer Teilkirchen teilnehmen. Erstmals konzelebrierte der Papst zusammen mit 24 Konzilsvätern die heilige Messe, um auf diese Weise sowohl die Vorzüge der liturgischen Erneuerung als auch die bischöfliche *communio* sichtbar darzustellen. In seiner Ansprache wies er darauf hin, dass das Erste Vatikanische Konzil, das sich auf den Primat konzentriert habe, nun durch die Behandlung der Kollegialität des Episkopats fortgeschrieben werden müsse.[165]

Das Konzil stellte den Papst vor hohe Anforderungen, insbesondere weil er eine Vielzahl von Textentwürfen, Änderungsvorschlägen und

Denkschriften persönlich zu bearbeiten und zahlreiche Gespräche zu führen hatte:

> „Wir stehen am Vorabend der dritten Wiederaufnahme des Konzils, und ich sehe für mich selbst eine ungeheuer große Arbeitsbelastung, eine ungeheuer große Verantwortung voraus. (…) Ich bin sehr müde; aber die Liebe ist nie müde."[166]

Es wurde also mit der Diskussion des Kirchenschemas begonnen, worauf noch im September die Fragen des Bischofsamtes, des Verhältnisses zu den Juden, der Religionsfreiheit und der Offenbarung folgten. Die Verhandlungen in der Aula erwiesen sich bei diesen Themen bisweilen als sehr stark polarisiert, wobei die konservative Minderheit, die sich als *Coetus Internationalis Patrum* immer wieder zusammenfand, relativ geschlossen auftrat. Im Oktober standen der Ökumenismus, der Dienst der Laien, das Priestertum, die (unierten) Ostkirchen, das Verhältnis von Kirche und moderner Gesellschaft auf der Tagesordnung, im November die Mission, das Ordensleben, die Priesterausbildung. Am 14. November ließ Paul VI. eine *Nota explicativa praevia* zum dritten Kapitel des Schemas über die Kirche, das die Hierarchie zum Gegenstand hatte, unter den Vätern verteilen.[167] Es handelte sich gewissermaßen um eine Interpretationshilfe, mit der er Einmütigkeit unter den Vätern erreichen und die Zustimmung der Minderheit gewährleisten wollte. In einem ersten Punkt wird klargestellt, dass die Rede von der Kollegialität keine fundamentale, auch rechtlich zu verstehende Gleichheit zwischen Papst und Bischöfen impliziere. In einem zweiten Punkt wird darauf hingewiesen, dass dem Papst die konkrete rechtliche Ausgestaltung der bischöflichen Vollmacht zukomme. Punkt 3 erinnert daran, dass der Papst seine höchste Amtsgewalt in kollegialer oder persönlicher Form ausüben kann. In Punkt 4 schließlich wird festgestellt, dass das Kollegium ohne den Papst keine gültigen Akte setzen kann. Der Text, der von der Kommission für die Glaubenslehre unter maßgeblicher Beteiligung des Mailänder Theologen Carlo Colombo (1909–1991) erarbeitet und von Kardinal Felici unterschrieben worden war, sorgte für Unverständnis unter den Vertretern der Konzilsmehrheit.[168] Bevilacqua nahm in diesem Zusammenhang bei seinem päpstlichen Schüler und Freund eine bestimmte Tendenz wahr: „Weil er vor seinen Gegenspielern Respekt hat, kommt er ihnen mehr entgegen als seinen Freunden."[169] Damit schildert der Oratorianer treffend einen Charakterzug, der das Verhalten des Papstes im Konzil ins rechte Licht rückt.

Ähnlich umstritten war das Vorgehen des Papstes in der Frage des Ökumenismus. Wie bei anderen Themen verbindet sich bei ihm auch hier grundsätzliche Offenheit mit einer unverkennbaren Vorsicht und Zurückhaltung in konkreten Fragen.[170] Paul VI. hatte die teils hitzigen Diskussionen über die Schemen des Ökumenismusdekrets zwar aufmerksam verfolgt, sich aber zunächst nicht eingeschaltet. Als jedoch bei den Probeabstimmungen über die einzelnen Paragraphen am 5. Oktober 1964 bis zu 57 Väter mit Nein stimmten und überdies zahlreiche Änderungsvorschläge (Modi) eingingen, schien ihm die fehlende Einmütigkeit in einer solch heiklen Frage wie der Einheit der Kirche untragbar. In den Tagen vor der für den 19. November vorgesehenen Abstimmung des gesamten Textes fanden daher Vertreter der konservativen Minderheit, die durch sein Verhalten in der Angelegenheit des Kirchenschemas ermutigt worden waren, bei ihm ein offenes Ohr. Auch jetzt wollte er ihre Bedenken berücksichtigt wissen, um am Ende den Konsens zu verbreitern.[171] Daher schickte er am Abend des 18. November an Kardinal Bea, den Präsidenten des Einheitssekretariates, vierzig „wohlmeinende Ratschläge" (*„suggestiones benevolae"*), von denen dieser diejenigen auswählen und in den Text einfügen sollte, die der Substanz des Textes nicht widersprachen. Paul VI. hatte also nicht die Absicht, in letzter Minute noch einschneidend in das fertige Schema einzugreifen und damit die vorherige Arbeit der Konzilsväter gewissermaßen zu entwerten. Wohl aber wollte er einige aus seiner Sicht notwendige Nuancierungen anbringen. Bea musste in einer Nachtschicht eigenständig handeln und die gewünschten Korrekturen anbringen, ohne seine Mitarbeiter konsultieren zu können.[172] Das Ergebnis war für die progressiven Konzilsväter ernüchternd: So hatte es in der vorherigen Textversion über die Protestanten geheißen: „Angetrieben vom Heiligen Geist, finden sie Gott in den heiligen Schriften, der zu ihnen spricht in Christus" (*„Spiritu Sancto movente in ipsis Sacris Scripturis Deum inveniunt sibi loquentem in Christo"*). Nach der Überarbeitung wurde daraus: „Indem sie den Heiligen Geist anrufen, suchen sie Gott in den heiligen Schriften, der gleichsam durch Christus zu ihnen spricht" („*Spiritum Sanctum invocantes in ipsis Scris Scripturis Deum inquirunt quasi sibi loquentem in Christo*").[173] Den Heiligen Geist anzurufen ist weniger, als sichtbar von ihm angetrieben zu sein. Gott zu suchen ist weniger als ihn sicher gefunden zu haben. Ob Gott also tatsächlich an den Protestanten wirkt und ob er es ist, dem sie begegnen, lässt sich nach der zweiten Textvariante nicht mit Sicherheit sagen. Obgleich überdies das Wort „quasi" nicht unbedingt eine weitere Relativierung der Aussage bedeuten muss, konnte es doch missverständlich in diesem Sinne gedeutet werden. Es wird also in dem zitierten Passus eher die subjektive Seite des menschlichen Tuns als das objektive Wirken Gottes betont. Die protestantischen Beobachter konnten derlei Veränderungen durchaus als herabsetzend empfinden. Für die von Paul VI. verfügten Eingriffe in den Text ist charakteristisch, dass der Gehalt der Aussage bestehen bleibt, diese aber deutlich vorsichtiger formuliert wird. Die Änderungen greifen nicht in den Gesamtduktus des Textes ein, nehmen ihm aber seine Pointiertheit. Sie haben den Charakter von Abmilderungen, mit denen die Minderheit ins Boot geholt und ein möglichst breiter Konsens gewährleistet werden sollte.

Am folgenden Tag, der als „schwarzer Donnerstag" in die Annalen des Konzils einging, wurde seitens der Mehrheit der Väter deutliche Kritik geäußert, ohne dass freilich eine Rücknahme der von höchster Stelle verfügten Änderungen erreicht wurde. Ähnlich wie beim Ökumeneschema ging Paul VI. übrigens auch in der Frage der Religionsfreiheit vor, als er um einer breiteren Zustimmung willen am 19. November 1964 die Schlussabstimmung verschob.

Am 21. November 1964 wurden dann aber endlich doch mit großer Mehrheit die Konstitution über die Kirche und die Dekrete über den Ökumenismus sowie über die katholischen Ostkirchen verabschiedet. Dass bei der Schlussabstimmung bei 2.137 Ja-Stimmen nur 10 Gegenstimmen gegen das Ökumenismusdekret zu verzeichnen waren, stellte für den Papst eine besondere Genugtuung dar. Auf ähnliche große Einmütigkeit stießen die anderen beiden Dokumente. Die umstrittenen Interventionen des Papstes waren also nicht ergebnislos geblieben.[174]

In seiner Schlussansprache am 21. November 1964 verlieh der Pontifex der Gottesmutter den Titel *Mater ecclesiae*, „Mutter der Kirche". Er findet sich in der Lauretanischen Litanei, ist dort aber als spirituelle, nicht als streng dogmatische Aussage zu verstehen. Die Entscheidung des Papstes hatte schon im Vorfeld für Irritationen gesorgt. Die Bischöfe der gemischtkonfessionellen Länder hatten ihre Sorge über eine ungünstige Wirkung auf die getrennten Christen zum Ausdruck gebracht. Für Befremden sorgte auch die Tatsache, dass der Papst ausgerechnet im Verlauf eines Ökumenischen Konzils in eigener Person einen solchen lehramtlichen Akt setzte.[175] Nicht von der Hand zu weisen ist der Eindruck, dass er auch auf diese Weise den konservativen Konzilsvätern entgegenkommen wollte, denen gerade in dieser letzten Konzilsperiode einiges an Überwindung abverlangt worden war. Montini nahm die Formel *Mater Ecclesiae* im Jahr 1968 in sein *Credo des Gottesvolkes* auf. Daran lässt sich ablesen, dass die Verleihung dieses Titels nicht nur als ein zeremonieller Akt oder als eine rein kirchenpolitisch motivierte Entscheidung zu verstehen ist. Er betrachtete diesen Titel vielmehr als integralen Teil des Glaubens der Kirche. Die Formulierung des Glaubensbekenntnisses über die Rolle Mariens in der Ewigkeit erscheint dabei durchaus spekulativ, ja gewagt:

> „Wir glauben, dass die heilige Gottesmutter, die Neue Eva, die Mutter der Kirche, im Himmel ihr mütterliches Amt fortsetzt im Hinblick auf die Glieder Christi, indem sie mitwirkt bei der Erweckung und Entfaltung des göttlichen Lebens in den erlösten Seelen."

Es scheint, als wolle er mit seinen mariologischen Aussagen konservativeren Kreisen, die schon im Vorfeld des Konzils eine Dogmatisierung der universalen Gnadenmittlerschaft bzw. Miterlöserschaft Mariens im Sinn gehabt hatten, entgegenkommen.[176]

Indien

Mit seiner ersten Reise ins Heilige Land hatte Paul VI. dem laufenden Konzil einen inhaltlichen Impuls gegeben. Schon der Enthusiasmus, mit welchem er über seine Pilgerfahrt nach Palästina sprach, ließ erahnen, dass es nicht seine letzte Auslandsreise gewesen war. Die Frage war allein, wohin ihn die nächste führen sollte. Der Anlass für ein neues Unternehmen fand sich schnell: Vom 2. bis 5. Dezember 1964 reiste der Papst nach Bom-

19 Paul VI. in Indien (Bombay, 3. Dezember 1964)

bay (heute: Mumbai) in Indien, um am 38. Internationalen Eucharistischen Kongress teilzunehmen, der unter dem Motto „Die Eucharistie und der neue Mensch“ stand. Während die Reise ins Heilige Land noch in gewissem Sinn einen Ausnahmecharakter gehabt hatte, wurde die zweite Reise nun zum Maßstab für die folgenden Reisen. Ab jetzt standen immer große öffentliche, zumeist sogar im Freien gefeierte Liturgien im Mittelpunkt, immer kam es zu Begegnungen mit der Staatsführung und den Politikern des Landes, jedes Mal waren Besuche caritativer Einrichtungen und sozialer Brennpunkte vorgesehen, stets traf er mit den nationalen oder regionalen Bischofskonferenzen zusammen, und es wurden jeweils ökumenische bzw. interreligiöse Treffen eingeplant. Erstmals wurden Zwischenaufenthalte in das Besuchsprogramm eingebaut (wie auf dem Hinflug nach Indien im Libanon). Seit der Indienreise wurde erst recht deutlich, dass die päpstlichen Reisen eine universale Dimension haben, insofern einerseits der Papst durch sie die Weltkirche kennenlernt und andererseits die Weltkirche ihr Oberhaupt vor Ort erlebt. Kirche wird durch diese Reisen weniger zentralistisch, weniger auf Rom fixiert, sie wird internationaler, und die Ortskirchen kommen stärker in den Blick. Zugleich verändert sich die Ausübung des Primates, der als Dienst an den Ortskirchen erscheint. Der Papst erlebt und realisiert auf seinen Reisen Weltkirche, wie sie sich in der modernen Zeit darstellt.[177]

Warum er als Ziel seiner zweiten Auslandsreise nicht ein mehrheitlich katholisches Land auswählte, sondern ein Land, in dem das Christentum im Allgemeinen und die katholische Kirche im Besonderen nur eine kleine Minderheit bilden, darüber lässt sich nur spekulieren. Den interreligiösen Dialog zu fördern, mag sicher eine entscheidende Erwägung gewesen sein, hatte er doch mit der Gründung des vatikanischen Sekretariates für die Nicht-Christen zu Pfingsten desselben Jahres einen starken Akzent in dieser Frage gesetzt. In all seinen Ansprachen und Predigten vor Ort äußert er seine Wertschätzung für die alte und ehrwürdige indische Kultur und die asiatischen Hochreligionen, ebenso bei der Begegnung mit dem indischen Präsidenten Sarvepalli Radhakrishnan (1888–1975), einem renommierten hinduistischen Religionsphilosophen.[178] Seine Reise ist nicht von den heftig geführten konziliaren Debatten über die Frage der Religionsfreiheit zu trennen. Deutlich zeichnet sich bereits in seinen indischen Ansprachen der Weg ab, der mit der Erklärung *Dignitatis Humanae* eingeschlagen werden sollte. Demnach ist die Religionsfreiheit ein Grundrecht, das die Kirche nicht nur für ihre eigenen Anhänger, sondern für alle Menschen einfordert. Dementsprechend präsentiert er sich in seinen Reden nicht bloß als Vertreter einer einzigen Religionsgemeinschaft, sondern als Sprecher der Menschheit. Die Kirche ist „expert en humanité", wie er ein Jahr später vor der UNO sagen wird, sie tritt überall auf der Welt für Frieden und Gerechtigkeit ein. In diesem Sinn versteht er die Reise als „Reise des Friedens und der Liebe, welche alle Völker in noch engeren Banden gegenseitigen Verständnisses und gegenseitiger Liebe vereint."[179] Dass sein Kalkül bei der Wahl des Reiseziels aufging, zeigte sich an dem schier unvorstellbaren Interesse, das sein Besuch weckte. Allein bei seiner Ankunft säumten vier Millionen Menschen die Straßen.

Für die Tatsache, dass er durch seine Anwesenheit in Indien den Dialog der Religionen fördern wollte, spricht auch, dass das Besuchsprogramm mit der *Nächstenliebe* ein christliches Proprium stark mach-

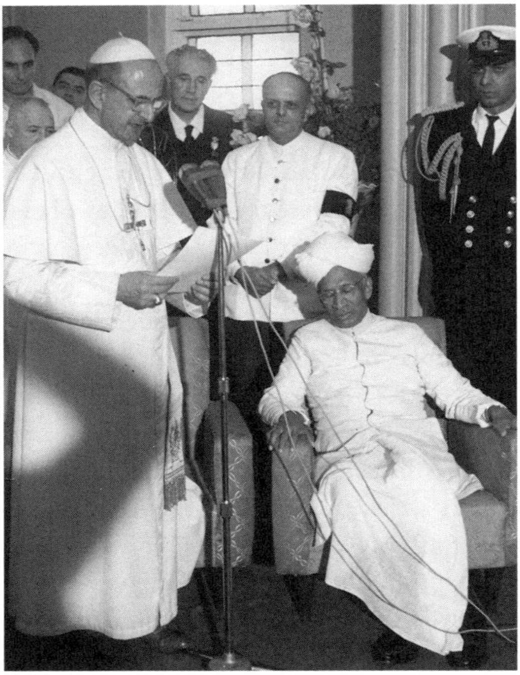

20 Paul VI. trifft den indischen Präsidenten Sarvepalli Radhakrishnan (3. Dezember 1964)

te. Dies ist umso bedeutsamer, als diese Tugend im Hinduismus, der indischen Mehrheitsreligion, nicht einen solchen Stellenwert wie im Christentum besitzt. *Karuna* (Mitgefühl) ist kein Gebot Gottes, und schon gar nicht das höchste. Dabei lehrte er diese christliche Haupttugend nicht nur, sondern er lebte sie vor. Dass die Papstreise gerade einen solchen Charakter annehmen würde, damit scheinen die wenigsten Beobachter gerechnet zu haben. Im Vorfeld hatte man aus den Straßen, durch die der päpstliche Konvoi fahren musste, die Bettler entfernt. Gerade in dieser Hinsicht wusste der Papst wiederum durch geschickt inszenierte Gesten zu beeindrucken: Er frühstückte mit Waisenkindern und zeigte sich ehrlich betroffen. Er liebkoste ohne Berührungsängste in einem Krankenhaus in Bombay schwerkranke Kinder.[180] Er verlangte dabei, anders als im Protokoll vorgesehen, die Schwerstkranken und unheilbaren Patienten zu sehen. Vor einem von ihnen kniete er sich nieder. Als eine mehr symbolisch zu verstehende Geste verschenkte er das bei der Reise benutzte Auto am Ende an Mutter Teresa, damit sie den Erlös für ihre Armen in den Slums von Kalkutta verwende.[181] In einer Pressekonferenz am 4. Dezember machte er sich explizit zum Sprecher der Armen des Landes, ja der ganzen Welt, indem er die Anregung äußerte, einen Teil der weltweiten Rüstungsausgaben in einen Fonds zu zahlen, um damit den Ärmsten der Armen beizustehen.

In den indischen Reden kommt der Gedanke der Inkulturation zum Tragen. Christliche Verkündigung kann nur im Respekt vor den religiösen Anschauungen der Andersgläubigen geschehen und muss in einer anderen Kultur Gestalt annehmen, ist der Papst überzeugt. Die christlichen Prediger „verkünden die Botschaft Jesu mit dem höchsten Respekt vor den Überzeugungen anderer, in der Sprache und Kultur des Volkes, und sie ermutigen die Christen, ihren Glauben und ihre Frömmigkeit in Harmonie mit der indischen Zivilisation und in echt indischen Formen auszudrücken."[182] Im Sinn eines solchen Verständnisses von Inkulturation kann die Kirche in Indien zur Brücke zwischen Ost und West werden. Die anderen Religionen sind Verbündete im Kampf für ein gerechtes Zusammenleben der Menschen, wie er in einer Rede vor den Vertretern der nicht-christlichen Religionen am 3. Dezember betont.[183] Es gilt, das Gute bei den anderen zu sehen und zu würdigen und so an ihre Überzeugungen anzuknüpfen. In diesem Sinn erinnert er an den großen Mahatma Gandhi als Mann des Friedens und an dessen Verehrung für Jesus Christus.[184]

Nach seiner Rückkehr ließ er seine Reiseeindrücke in einer weihnachtlichen Radioansprache Revue passieren und deutete Indien als Tor zu den mehrheitlich nicht-christlichen Völkern Asiens. Die Menschenmassen, die er erlebt hatte, „schienen stellvertretend für die ungeheuer große Bevölkerung Indiens zu stehen, und diese wiederum stellvertretend für die Bevölkerung ganz Asiens. Diese ist bekanntermaßen nicht katholisch, aber höflich, offen, begierig, einen Blick und ein Wort von jenem exotischen Besucher aus Rom zu vernehmen, als der wir gekommen waren."[185] Er habe in Indien ein Volk mit jahrtausendealten Traditionen angetroffen, die „nicht christlich, aber zutiefst geistlich"[186] seien, stellt er ein wenig schwärmerisch und verklärend fest. Die Pflege des interreligiösen Dialogs behielt bis zum Ende des Montinischen Pontifikates einen hohen Stellenwert.

New York: Der Vatikan und die Staatengemeinschaft

Paul VI. hatte vom Anfang seines Pontifikates an gezielt darauf hingearbeitet, den Vatikan in der Staatengemeinschaft zu etablieren und ihm im Konzert der Völker eine Stimme zu geben, und zwar nicht bloß als Staat unter anderen Staaten, sondern als eine humanitäre Größe jenseits nationaler Kategorien.[187] Er, der erfahrene Diplomat war es damit recht eigentlich, der den in den Lateranverträgen von 1929 erreichten Status der international anerkannten Souveränität des Vatikans virtuos im Sinn der Kirche nutzte. Im Grunde genommen vollendete er damit die Politik der beiden Pius-Päpste, die er selbst mitgestaltet hatte. Gegenüber den Staatsführern in New York spricht er mit einem gewissen Understatement von einer „kleinen und quasi symbolischen weltlichen Souveränität, die dem Papst ausreicht, seine geistliche Sendung in Freiheit auszuüben."[188]

Erhellend ist in diesem Zusammenhang ein Artikel Montinis aus dem Jahr 1957 über Pius XII. und die internationale Ordnung, der darauf schließen lässt, dass die Grundlinien seiner Außenpolitik bei seinem großen Vorgänger angelegt sind.[189] Von großer Bedeutung erscheint dem Erzbischof die Weihnachtsansprache des Jahres 1941, in

21 Paul VI. auf dem Flug nach New York (4. Oktober 1965)

22 Der Dalai Lama beim Papst (30. September 1973)

welcher der Papst Sicherheit für die einzelnen Nationen, Schutz der nationalen Minderheiten, eine gerechtere Verteilung der wirtschaftlichen Güter, Abrüstung und die Wahrung der Religionsfreiheit gefordert hatte. Für Pius XII. sei der Einsatz für den Frieden ein zentrales Anliegen gewesen. Unerwähnt bleibt in diesem Zusammenhang, dass er als engster außenpolitischer Mitarbeiter Pacellis für die Grundlinien einer zukünftigen Friedensordnung, die dieser in seinen Ansprachen entwarf, mitverantwortlich war.

Das seit dem frühen 19. Jahrhundert geltende Ziel, stabile rechtliche Beziehungen mit möglichst vielen Staaten herzustellen, wurde von Paul VI. nicht nur weitergeführt – 30 neue Konkordate, die während seiner Regierungszeit geschlossen wurden, belegen das eindrücklich –, sondern auch durch das vatikanische Engagement in den internationalen Organisationen wesentlich ergänzt. Einen Höhepunkt dieser Bemühungen stellt sein Auftritt am Hudson River dar, der in dieser Perspektive keine isolierte Entscheidung, sondern Teil eines größeren Projektes ist.[190] Er war von langer Hand geplant: Der Vatikan war nicht Mitglied der Vereinten Nationen und erhielt erst am 21. März 1964 den Status eines ständigen Beobachters, was als Voraussetzung eines offiziellen Besuchs gelten kann.[191]

Angekündigt wurde das Unternehmen bei der Eröffnung der letzten Sitzungsperiode des Konzils am 14. September 1965. Am Tag vor seiner Abreise nach New York gab Montini der großen italienischen Tageszeitung *Corriere della Sera* ein langes Exklusivinterview – ein gleich in zweifacher Hinsicht ungewöhnlicher Schritt, insofern es sich um kein konfessionelles Blatt handelt und noch nie zuvor einer der Nachfolger Petri einer gewöhnlichen Zeitung ein Interview gegeben hatte. Dass die Wahl auf eine normale Tageszeitung fiel, war ein geschickter Schachzug, wurde so doch signalisiert, dass der Besuch des Oberhauptes der katholischen Kirche bei der UNO keine rein innerkirchliche Angelegenheit war, sondern alle Menschen anging. Das Interview, das von dem Journalisten Alberto Cavallari geführt wurde, hat etwas eigentümlich Ungefiltertes und entspricht im Ton so gar nicht dem vatikanischen Hofstil. Immer wieder redet der Interviewte sogar im Singular statt im *Pluralis Majestatis*. Der Journalist, der am Abend vor der Abreise des Papstes in dessen Privatbibliothek empfangen wurde, schildert die Begegnung als ein echtes Gespräch, nicht als einen päpstlichen Monolog. Ihn überrascht das spontane, herzliche und natürliche Auftreten seines Gesprächspartners, das so gar nichts Zeremoniöses habe. Dieser betont, die Kirche müsse die Netze neu auswerfen und unbekannte Gebiete erobern; sie müsse sich auf die zeitgenössische Welt einlassen. „Das wahre Problem besteht darin, dass die Kirche sich für die Welt öffnet und dabei feststellt, dass ein großer Teil der Welt ihren Glauben nicht teilt.“[192] Der heilige Karl Borromäus habe im 16. Jahrhundert in seiner Diözese ganz andere Schwierigkeiten vorgefunden als er selbst in heutiger Zeit, wie er beim Studium alter Dokumente festgestellt habe. Die Probleme in den Mailänder Pfarreien seien damals der nötige Ankauf eines Beichtstuhls, die Restaurierung einer Kirche, die Anwesenheit von drei Trinkern oder einer vermeintlichen Hexe gewesen. Heute dagegen habe man es mit Millionen Menschen zu tun, die keinen religiösen Glauben haben. Genau daraus erwachse die Notwendigkeit, dass sich die Kirche öffne und einen ernsthaften Dialog mit den Nichtglaubenden beginne. Viel erwartet er in dieser Hinsicht vom Konzil, durch das die Kirche ihre Vitalität und Schlagkraft beweise. Nach der Deutung des Papstes ist die Reise nach New York also vor dem Hin-

23 Paul VI. spricht vor der Vollversammlung der UNO in New York (4. Oktober 1965)

tergrund des Dialogs der Kirche mit der Welt und mit den Nichtglaubenden zu sehen.

Begrüßt wurde er in der New Yorker Vollversammlung von deren Präsidenten Amintore Fanfani, den er schon von seiner Tätigkeit bei der katholischen Studentenschaft her kannte. Der Gast weist in seiner auf Französisch gehaltenen Rede darauf hin, dass er keine weltliche Macht und keinen Ehrgeiz habe, sich mit den versammelten Staatsführern zu messen. Er sei vielmehr als Sprecher der katholischen Christenheit, als religiöser Führer und überdies als eine universale moralische Autorität gekommen: „Wir sind Träger einer Botschaft für die ganze Menschheit, und wir sind es nicht nur in Unserem eigenen Namen oder in dem der katholischen Kirche.“[193] Zu allen Menschen wolle er sprechen, unabhängig von ihrer nationalen oder religiösen Zugehörigkeit.

Liest man heute die Reden Pauls VI. zu Fragen der internationalen Politik, so überraschen das optimistische Pathos und die Bejahung des Fortschritts, die aus ihnen sprechen. In seinen eigenen Aufzeichnungen erscheint er als ein Kirchenführer, den keine Zweifel über die grundsätzliche Vereinbarkeit von Kirche und Moderne plagen. Das gilt insbesondere für die Zeit vor 1968. Die Menschheit ist zur Entwicklung fähig, und die Kirche ist eine wichtige Verbündete aller fortschrittlichen Kräfte. Sie ist, wie er es in seiner Rede vor der Vollversammlung der UNO am 4. Oktober 1965 formuliert, „Expertin für alles Menschliche".[194] Er ist überzeugt, dass die Kirche dem Fortschritt der Menschheit dient, indem sie diesem eine Seele und eine Richtung gibt. Paul VI. zeigt in seiner Rede auf, dass die Kirche wie die UNO gleichermaßen dem Wohl und der Einheit der Menschheit verpflichtet seien. In Fragen des Lebensschutzes, des Weltfriedens und der Gerechtigkeit zwischen den Völkern präsentiert er die Kirche als Verbündete der in New York versammelten Völkerfamilie. Die Rede gipfelt in den berühmt gewordenen Worten: „Nie mehr Krieg! Nie mehr Krieg! Es ist der Friede, der Friede, der das Geschick der Völker und der ganzen Menschheit leiten muss!"[195] Ton und Duktus erinnern stark an den großen Friedensaufruf Pius' XII. vom 24. August 1939, dessen Entwurf Montini ja selbst verfasst hatte. Weiters drückt er dasselbe mit den Worten John F. Kennedys aus (1917–1963; ungewöhnlich genug, dass ein Papst einen amerikanischen Präsidenten bemüht!): „Die Menschheit muss dem Krieg ein Ende setzen, oder der Krieg wird der Menschheit ein Ende setzen."[196] In diesem Sinn lädt er die Mächtigen der Welt zu einer umfassenden Abrüstungspolitik ein. Der Friede könne nur durch eine neue universale Solidarität gewährleistet werden. Er erinnert in diesem Zusammenhang an die „Sakralität" allen Lebens, mit der sich keine „künstliche Geburtenkontrolle" zur vermeintlichen Lösung der Welternährungsprobleme vertrage und die sich fundamental davon herleite, dass Gott der Vater aller Menschen ist.

Rhetorisch handelt es sich bei dieser Rede um eine Glanzleistung, denn eine schlichte und fundamentale Botschaft wird mit Verbindlichkeit und Bescheidenheit vorgetragen. Beseelt ist sie von der Hoffnung auf eine bessere, gerechtere, friedlichere Weltordnung, auf eine „neue Ära der Menschheit"[197]. Sie lässt ein großes Vertrauen auf die Möglichkeiten von moderner Wissenschaft und Kultur erkennen. Auftreten, Stil und Inhalt zeigen den Papst auf der Höhe seiner Möglichkeiten. Der ganzen Welt präsentierte er sich offen und dialogbereit.

Auch diese Reise begleiteten wieder ungewöhnlich sprechende Gesten: Dem Generalsekretär Sithu U Thant (1909–1975), der aus Birma stammte und Buddhist war, schenkte er ein mit Edelsteinen besetztes Kreuz und einen Bischofsring, damit er beides verkaufe und den Erlös für die humanitären Aktionen der UNO verwende. Der Organisation selbst hatte er ein Kreuz des von ihm geschätzten französischen Malers Georges Rouault (1871–1958) mitgebracht – eine geschickte Wahl, handelte es sich doch zugleich um ein religiöses Symbol wie um ein modernes Kunstwerk.

Mit dem Auftritt bei der UNO war das amerikanische Besuchsprogramm noch nicht beendet.[198] Obgleich die Einladung, vor den Vereinten Nationen zu sprechen, der erste Anlass der Reise war, bemühte sich der Vatikan doch auch, ein weiteres Debut nicht untergehen zu lassen, nämlich dass zum ersten Mal überhaupt ein Papst den Fuß auf den amerikanischen Kontinent setzte. Wegen der laufenden Konzilsarbeiten war der Aufenthalt in den USA allerdings äußerst knapp bemessen. Er verbrachte insgesamt nur 14 Stunden in dem Land, ja er verließ New York nicht, und absolvierte in dieser Zeit ein dicht gedrängtes Programm, zu dem ein Treffen mit dem amerikanischen Präsidenten Lyndon B. Johnson (1908–1973) gehörte. Es folgte ein Besuch der St. Patrick's-Kathedrale und am Abend eine heilige Messe im Yankee Stadion, wo er seinen Sinn für den historischen Moment bewies, als er in der Predigt formulierte: „Heute ist ein Tag, den wir seit Jahrhunderten ersehnt haben. Der Tag, der zum ersten Mal den Papst seine Schritte in diesen jungen und ruhmreichen Kontinent setzen sieht."[199]

Geschickt präsentierte er sich als Erben einer langen Tradition und verband diese mit der Geschichte des amerikanischen Volkes, dessen Zivilisation nach seiner Deutung für Fortschritt und Modernität steht. Hier nahm er das Thema des Friedens wieder auf, dem die Christen zu dienen haben. Die jubelnden Menschenmassen an den Straßenrändern und im Stadion konnten vergessen lassen, dass sich der hohe Besucher in einem mehrheitlich nicht-katholischen Land befand.

24 Paul VI. im New Yorker Yankee-Stadion (4. Oktober 1965)

Bereits sechs Tage vor seiner Reise hatte der Papst eine für die Atmosphäre nicht unbedeutende Entscheidung bekanntgegeben: die Ernennung des ersten schwarzen Bischofs in den Vereinigten Staaten.[200] Mit dem Steyler Missionar Harold R. Perry (1916–1991), der als Weihbischof von New Orleans designiert war, traf er während der Reise zusammen. Auf diese Weise konnte wirkungsvoll demonstriert werden, dass die Rassentrennung für die katholische Kirche kein Thema ist. Das war umso bedeutender, als sich andere Konfessionen in den USA in dieser Frage sehr schwer taten. Um Toleranz und Bereitschaft zum Dialog mit andersgläubigen Menschen anschaulich zu demonstrieren, kam der Papst in der Kirche der Heiligen Familie mit Vertretern der anderen christlichen Kirchen und des Judentums zusammen. Solche Begegnungen sollten gleichfalls bei den folgenden Reisen zum Standardprogramm gehören.[201]

Die Amerika-Reise ist von einem großen Fortschrittsglauben geprägt – doch ist es sicher kein naives Modernitätspathos, das den Papst leitet. Er weiß vielmehr, dass der Fortschritt bedroht und ein stets gefährdetes Gut ist. Das wird deutlich, wenn man seine amerikanischen Reden mit seinen Äußerungen nach der Ermordung des amerikanischen Präsidenten John F. Kennedy zwei Jahre zuvor vergleicht. Mit der Person des ersten katholischen US-Präsidenten hatten sich weltweit große Hoffnungen verbunden. Ihm bescheinigt der Papst, er habe „mit großer Weisheit und Entschlossenheit für das Wohl der Menschheit gewirkt“[202]. In der Angelusansprache zwei Tage nach der Tat formuliert er, diese mache deutlich,

> „welche Fähigkeit zum Bösen es immer noch in der Welt gibt, in welchem Maße die öffentliche Ordnung und der Frieden bedroht sind; sie deckt auf, wie nötig die Gnade Gottes, seine Barmherzigkeit und seine Vergebung sind.“[203]

Er bete, „dass nicht Hass, sondern christliche Liebe in der ganzen Menschheit die Oberhand behält.“[204]

Der Glaube an die Notwendigkeit der Zivilisation ist bei Montini aber auch nach der Ermordung Kennedys, trotz aller Bedrohungen durch Terrorismus, Gewalt und Unfrieden ungebrochen. Selbst wenn in seinen Reden bisweilen Unverständnis und Enttäuschungen zu spüren sind, bewahrt er sich seinen grundsätzlichen Optimismus doch bis zum Schluss.

Der Abschluss des Konzils

Am 29. April 1965 veröffentlichte Paul VI. seine zweite Enzyklika, die den Titel *Mense Maio* trägt. Die Hilfe der Gottesmutter wird um einen guten Abschluss des Konzils angerufen.[205] Dies schien nötig, denn ursprünglich hatten wohl die wenigsten Konzilsteilnehmer damit gerechnet, dass die Versammlung mit der dritten Sitzungsperiode nicht beendet sein würde. Eine vierte Periode war nötig geworden, weil in der dritten noch kein Konsens über die Religionsfreiheit, über das Verhältnis zum Judentum und zu den Nicht-Christen, über das Laienapostolat und das Priestertum gefunden worden war.

In seiner Rede zur Eröffnung der vierten Sitzungsperiode am 14. September 1965 kündigte er die Einrichtung der Bischofssynode und seine Reise zu den Vereinten Nationen nach New York an. Am 4. Oktober wurde in der Aula das Anliegen geäußert, das Konzil solle die Seligsprechung Johannes' XXIII. vornehmen. Dazu ließen es die Moderatoren jedoch nicht kommen, da Paul VI. diesen Gedanken nicht sehr schätzte.[206] Nach seiner Rückkehr aus New York standen sofort die

25 Abschluss des Zweiten Vatikanischen Konzils (7. Dezember 1965)

nächsten Sitzungen des Konzils mit den Beratungen über das fünfte Kapitel der Pastoralkonstitution an. Ein Paradigmenwechsel war nicht nur in der Ekklesiologie zu verzeichnen, sondern auch beim Verhältnis von Kirche und Staat. Dieselbe positive Sicht der modernen Kultur und Gesellschaft und der grundsätzliche Optimismus gegenüber den Möglichkeiten des Fortschritts, welche die Haltung des Montini-Papstes prägten, schlug sich in der Pastoralkonstitution *Gaudium et Spes* nieder.

Verabschiedet wurden im Verlauf des Konzils: vier Konstitutionen (über die Liturgie, die Kirche, die Offenbarung, die Pastoral); neun Dekrete (über die Bischöfe, den Ökumenismus, über die katholischen Ostkirchen, über Dienst und Leben der Priester, über die Priesterausbildung, über das Ordensleben, über die Mission, über das Laienapostolat, über die Medien); drei Erklärungen (zur Religionsfreiheit, zu den nichtchristlichen Religionen, zur christlichen Erziehung).

Zwei ökumenische Gesten standen am Ende der Synode. Am 4. Dezember des Jahres 1965 fand in der römischen Patriarchalbasilika St. Paul vor den Mauern ein ökumenischer Gottesdienst statt – eine doppelte Neuerung, insofern es so etwas zum einen an diesem Ort noch nicht gegeben hatte und zum anderen noch kein Papst eine solche Feier besucht hatte. Sehr viel weitreichender und bedeutsamer war eine Geste in Richtung Orthodoxie. Während der vorletzten Plenarsitzung des Konzils, am 7. Dezember 1965, verlas Kardinal Augustin Bea, der Präsident des Einheitssekretariates, das Apostolische Schreiben *Ambulate in Dilectione,* durch das die im Jahr 1054 gegen führende Vertreter der byzantinischen Kirche ausgesprochene Verurteilung für hinfällig erklärt wurde. In jenem Jahr hatte eine Gesandtschaft Leos IX. unter dem Kardinal Humbert von Silva Candida den konstantinopolitanischen Patriarchen Kerullarios exkommuniziert. Der Gesandte des Ökumenischen Patriarchen Athenagoras, der Erzbischof Meliton von Heliopolis, nahm nun das Schreiben Pauls VI. aus dessen Händen entgegen – eine wichtige und in aller Welt beachtete symbolische Geste.[207] Dass es sich dabei keinesfalls um einen spontanen Einfall des Papstes, sondern wiederum um ein sorgsam inszeniertes Ereignis handelte, zeigt die Tatsache, dass zeitgleich am Sitz des Patriarchen der gleiche Akt in umgekehrter Richtung vollzogen wurde. Paul VI. traf damit jedenfalls die Stimmung der Konzilsväter, welche bei der Umarmung von Papst und Metropolit stehend applaudierten.

Das gewählte Vorgehen ist in gewissem Sinne für Paul VI. charakteristisch. Für nichtig erklärt wurde zwar die gegenseitige Exkommunikation der Protagonisten des Jahres 1054, nicht aber die formelle Trennung der beiden Kirchen, die sich daraus im Laufe der Geschichte entwickelt hatte. Das wäre wohl auch nicht in seiner Macht gewesen, ebenso wenig wie dies der Ökumenische Patriarch vermocht hätte – ist dieser doch lediglich „Ehrenprimas“ der Orthodoxie. Diese aber besteht aus vielen autokephalen, also rechtlich selbständigen Kirchen, die alle einer solchen Einigung hätten zustimmen müssen. Mit anderen Worten, es handelte sich am 7. Dezember 1965 um einen symbolischen Akt, der bei genauem Besehen keine größere rechtliche Tragweite hatte (was bedeutet die Neubewertung einer Exkommunikation gegen Personen, die vor 900 Jahren gestorben sind?). Ein viel weitreichenderer Schritt, nämlich die Kirchengemeinschaft offiziell wieder aufzunehmen, wurde durch den zeitgleichen feierlichen Akt im Petersdom und im Phanar, dem Sitz des Patriarchen, nicht vollzogen. Die gemeinsame Erklärung der beiden Kirchenführer betont dies ausdrücklich.[208] Die entsprechende Entscheidung konnte sich Paul VI. nicht ohne theologischen Dialog vorstellen, in dessen Rahmen die strittigen Sachfragen zu klären waren.

Es ist wohl auch kennzeichnend für den Pontifex, dass er um der Wirkung einer großen Geste willen theologische Unklarheiten in Kauf nahm. Aus kanonischer Sicht kann man eine Kirchenstrafe wie die Exkommunikation nur bei Personen aufheben, die noch am Leben sind. Dementsprechend heißt es in dem genannten Apostolischen Schreiben auch nur: „Mehr noch, wir wollen die damals ausgesprochene Exkommunikation aus dem Gedächtnis der Kirche löschen; sie soll begraben, vergessen und getilgt sein." Dabei handelt es sich um eine bildliche, nicht aber um eine rechtlich-präzise Ausdrucksweise.

Schwerer wiegt eine andere Unklarheit. In den Vorverhandlungen zwischen Vatikan und Phanar war eine durchaus unterschiedliche Deutung der Ereignisse des Jahres 1054 zutage getreten. Gingen die westlichen Vertreter von einem Rechtsakt aus, welcher sich auf die damaligen Protagonisten bezog, bestanden die östlichen Verhandlungspartner darauf, dass von der Exkommunikation die gesamte Orthodoxie betroffen war.[209] Historisch ist jedenfalls schwer zu klären, seit wann die beiden Kirchen definitiv die jeweils andere als im Schisma befindlich betrachteten.[210] Seit dem Altertum bedeutet für den Osten im Rahmen einer „eucharistischen Ekklesiologie" der Bruch der eucharistischen Gemeinschaft zwischen zwei Bischöfen auch den Bruch ihrer Kirchen.[211] Der Zeitpunkt des Bruchs bleibt schwer zu bestimmen: Zwar war das eucharistische Band zwischen Ost und West schon im 12. Jahrhundert zerrissen, doch wurde es im Zuge der Unionsverhandlungen von 1274 und 1439 zeitweise neu geknüpft.

Auch ekklesiologisch überdeckte der feierliche Akt vom 7. Dezember 1965 eine grundsätzliche Schwierigkeit: Im Sinne des II. Vaticanums kommt den orthodoxen Kirchen zwar Kirchlichkeit im Vollsinne zu, zumal in ihnen das Amt und die Sakramente (besonders die Eucharistie) gewahrt sind, sie sind aber letztlich auch nur Teilkirchen der einen, von Christus gestifteten Kirche. Das Ökumenismusdekret des Konzils geht in diesem Sinne von einer teilweise fortbestehenden Gemeinschaft zwischen Ost- und Westkirche aus, und auch in *Ambulate in Dilectione* ist vom Weg zur „*vollkommenen* Einheit" die Rede.[212] Dennoch könnte man das Dokument auch in dem Sinne verstehen, dass sich hier zwei Kirchen, eben die orthodoxe und die abendländische, gegenübertreten.

Ein Weiteres ist zu bedenken: Implizit kommt in dem gemeinsamen und gewissermaßen „auf Augenhöhe" vollzogenen Akt ein neues Primatsverständnis zum Tragen. Nicht der Papst gesteht gnadenhalber etwas zu, sondern zwei Patriarchen verständigen sich auf eine gemeinsame Sichtweise. Athenagoras wird nicht von ungefähr als „unser ehrenwerter Bruder" angeredet. Damit nähert sich Paul VI. einem Verständnis des Primates an, wie es vor der Trennung der beiden Kirchen bestanden hatte. Bis dahin war Rom ein Ehrenvorrang unter Gleichrangigen zuerkannt worden.

Paul VI. und Athenagoras ging es wie schon bei ihrer Jerusalemer Begegnung im Vorjahr darum, ein Zeichen des guten Willens zu setzen und vertrauensbildende Maßnahmen zu vollziehen, die den Beziehungen der Kirchen einen positiven Anstoß geben sollten. Ganz den Geist der beiden Kirchenmänner atmet der Text auch von daher, als zwar dogmatische, kanonistische oder historische Implikationen des alten „Bannfluchs" offen gelassen werden, dafür aber umso bestimmter gegenseitige Schuld bekannt wird. Paul VI. hatte bereits in seiner Eröffnungsrede zur zweiten Konzilsperiode am 29. September 1963 eigene Mitschuld der katholischen Kirche an den Spaltungen eingestanden.

Im Bereich des Atmosphärischen und der freundlichen Gesten bewegte sich auch seine Ansprache bei der Verabschiedung der nichtkatholischen Konzilsbeobachter am 4. Dezember 1965. Durch seine freundlichen Worte konnte er einiges wiedergutmachen, was seine Intervention vor der Abstimmung des Ökumenismusdekretes im Vorjahr an Unzufriedenheit hervorgerufen hatte. Betont herzlich rief er ihnen zu: „Eure Abreise ruft in uns eine Einsamkeit hervor, die wir vor dem Konzil nicht kannten und die uns jetzt traurig macht. Wir hätten Euch gerne immer bei uns."[213]

Sehr skeptisch betrachtete übrigens der große Konzilstheologe Yves Congar die Gesten Pauls VI. Die Reise ins Heilige Land habe bei diesem, so befürchtet er, das Bewusstsein seiner Sendung gestärkt, Stellvertreter Christi zu sein.[214] Nach seiner Rückkehr habe sich der Papst kaum anders als Pius XII. zur Frage der bischöflichen Kollegialität geäußert und seine primatiale Stellung auf Kosten des Bischofskollegiums herausgestrichen. Mit Begeisterung kommentiert der Dominikaner den Plan des Patriarchen Athenagoras, während des Konzils zusammen mit anderen Patriarchen nach Rom zu kommen. So wäre die Versöhnung zwischen Ost und West nicht mehr so sehr den „Gipfeltreffen" der beiden Kirchenführer vorbehalten, sondern würde zu einer kollegialen Angelegenheit des Bischofskollegiums. Den feierlichen Abschluss des Konzils konnte Congar nur im italienischen Fernsehen verfolgen. Obwohl er es begrüßte, dass der Papst Marc Boegner (1881–1970), ehemals Präsident des ÖRK, und den Brüdern von Taizé die Hände schüttelte, konnte er aus ekklesiologischer und ökumenischer Sicht ein gewisses Unbehagen gegenüber der ganzen Inszenierung nicht verhehlen: „Da war ja nur der Papst. Er thronte wie ein Herrscher. Alles war auf ihn bezogen. Er schien nicht so sehr *in* der Kirche als *über* ihr."[215] Der Vorwurf liegt für ihn auf der Hand: Eine unklare und unausgereifte Ekklesiologie drückt sich bei Paul VI. in unklugen Zeichen aus. Die Gesten sind gewissermaßen voreilig und greifen einer theologischen Reflexion vor. Allerdings wird man in solchen Äußerungen durchaus auch den Dünkel des Theologen erblicken können. Montini war kein großer Theologe (muss ein Papst das sein?), aber er ließ sich von der Intuition leiten, dass das Zeichen den theologischen Gedanken begleiten, ja ihm bisweilen aufhelfen sollte.[216] Auch wenn die Rolle der Theologie im ökumenischen Prozess unverzichtbar ist, so gibt es doch noch andere Dimensionen, die diesen voranbringen. Neben den sichtbaren Gesten zählen dazu sicher die praktische und die geistliche Ökumene, war er überzeugt.

Das Konzil endete am 8. Dezember 1965 mit sieben Botschaften an verschiedene Personengruppen, die jeweils von einem Kardinal verlesen wurden und die vom Papst und seinen Mitarbeitern verfasst worden waren: an die Regierenden, die Wissenschaftler, die Künstler, die Frauen, die Arbeiter, die Armen und Kranken, die Jugendlichen. Dann wurden diese Botschaften verschiedenen Personen übergeben, darunter dem Architekten Pier Luigi Nervi (1891–1979), den Philosophen Jacques Maritain und Jean Guitton sowie dem Dichter Giuseppe Ungaretti (1888–1970) – Persönlichkeiten, die Paul VI. selbst ausgewählt hatte und die ihm auf unterschiedliche Weise nahestanden.[217] Mit dem Apostolischen

Schreiben *In Spiritu Sancto* erklärte der Papst das Konzil für beendet und rief zu einer klugen und weitsichtigen Umsetzung des Beschlossenen im Leben der Kirche auf.[218]

Johannes XXIII. hatte die unerwartete große Idee gehabt, ein Konzil einzuberufen, konnte es aber nicht zu einem Erfolg führen. Das war seinem Nachfolger vorbehalten, welcher der Versammlung entscheidend zu einer effektiveren und zielführenden Verfahrensweise verhalf. Als hilfreich erwies sich, dass er schon vorher mit den wichtigsten Fragestellungen befasst war und dass er die bedeutendsten Protagonisten kannte. „Papst Paul hat das Konzil loyal akzeptiert", resümiert der Konzilshistoriker Giuseppe Alberigo (1926–2007). „Er bemühte sich, ihm [= dem Konzil] Einmütigkeit zu sichern, er nahm zu wiederholten Malen Eingriffe vor, welche gegenüber den Überzeugungen der Mehrheit seiner Brüder im Bischofsamt mäßigend und bremsend wirkten, und er gewann die Festigkeit, das Konzil zu Ende zu bringen."[219] Dass es im Gefolge des Konzils nicht zu einem nennenswerten Schisma kam, ist sicherlich auch ihm zuzuschreiben. Papst Benedikt XVI. formulierte anlässlich des 30. Todestages Montinis: „Je größer der zeitliche Abstand ist und je klarer das Urteil wird, desto größer, ja fast übermenschlich erscheint uns das Verdienst Pauls VI., das Konzil zu leiten, es zu einem glücklichen Ende zu führen und während der bewegten Phase der Nachkonzilszeit Papst zu sein."[220]

In der durch Alberigo geprägten Bologneser Schule wird Paul VI. als Konzilspapst insgesamt nicht sehr positiv beurteilt – jedenfalls deutlich schlechter als Johannes XXIII.[221] Bewusst wird hier ein bestimmtes Geschichtsbild geformt und tradiert. Das ließe sich vielfach belegen. Der Montini-Papst wird als zögerlicher und skrupulöser, ja bisweilen ängstlicher Charakter beschrieben. Aus übersteigertem Harmoniebedürfnis sei er der konservativen Konzilsminderheit wiederholt entgegengekommen, was jeweils fatale Folgen gehabt habe. Roncalli habe dem Konzil den „Geist" eingestiftet, der es bestimmt habe, das heißt den Geist der Erneuerung, der Öffnung und der Reform. Während dieser charismatische Papst das Konzil als ein „neues Pfingsten" für die Kirche einberufen habe, sei es seinem vorsichtigeren Nachfolger Paul VI. ab 1963 vor allem um Einmütigkeit und um einen breiten Konsens bei der Erstellung der

Texte gegangen. Wohl wird von Alberigo anerkannt, dass die Versammlung ohne seine Moderation nicht hätte zu Ende geführt werden können, doch sollte sie stets das Werk des Roncalli-Papstes bleiben. Der Autor vertritt die These, das II. Vaticanum bedeute für die Kirchengeschichte eine Zäsur, ja einen *Bruch* mit der Vergangenheit. Er spricht von einer *Transizione epocale,* also einem Epochensprung von einer tridentinisch-vormodernen in eine neue Zeit.[222] Das Konzil von Trient (1545–1563) stellt sich in dieser Perspektive als „drastische qualitative und quantitative Verengung des katholischen Horizontes“[223] dar, die erst durch das II. Vaticanum beendet worden sei. Damit sei die tridentinische Epoche mit ihren Aporien endgültig durch eine neue Zeit abgelöst worden. Für die Vorstellung, dass jenes Konzil in seiner Zeit universal gültige Standards in Liturgie, Pastoral und Recht gesetzt und so erst die missionarische Entwicklung von einer „Westkirche“ zu einer „Weltkirche“ ermöglicht hat, ist hier kein Platz. Auch wenn man es kaum bestreiten kann, dass sich das Gesicht der römischen Kirche durch das letzte Konzil entscheidend gewandelt hat, wird neben der Hermeneutik des Bruches in Zukunft komplementär eine Hermeneutik der Kontinuität an Bedeutung gewinnen. Gerade die Erforschung des Wirkens Pauls VI. zeigt immer deutlicher, dass dieser in allen anstehenden Fragen Brüche zu vermeiden sucht und stets auf eine Verwurzelung der Reformen in der Tradition bedacht ist, um möglichst viele Konzilsväter zu gewinnen – nicht selten um den Preis der Abschwächung konziliarer Erneuerungsimpulse.

Eine interessante Frage im Blick auf den Montini-Papst ist, inwieweit er dem Konzil Freiheit eingeräumt hat, zu eigenen Entscheidungen zu gelangen, oder wie stark er die Diskussionen beeinflusst hat. Yves Congar gelangt zu der Einschätzung: „Paul VI. hielt sich wirklich daran, die Freiheit des Konzils zu respektieren.“[224] Mit Jan Grootaers kann man allerdings darauf verweisen, dass bei seinen Verbesserungsvorschlägen immer wieder Unsicherheit in den Kommissionen herrschte, inwieweit diese fakultativ oder verbindlich waren.[225] Das Konzil bewies allerdings wiederholt seine Freiheit, etwa im November 1964, als die Generalkongregation das von Paul VI. favorisierte Schema über die Mission zurückwies. Umgekehrt zeigte der Papst immer wieder eine gewisse Unabhängigkeit gegenüber dem Konzil, etwa durch seine drei Reisen, die den Verlauf der Versammlung unterstützen sollten, deren Initiative aber nicht aus den Reihen der Väter selbst kam. Manche Entscheidungen wurden von deren Mehrheit durchaus als eigenmächtig erlebt, wie etwa die Verleihung des Titels *Mater ecclesiae* an die Gottesmutter. Grootaers beobachtet wohl richtig, dass der Papst während der zweiten und dritten Sitzungsperiode insgesamt zurückhaltender als während der letzten agiert habe. Während der vierten Periode, als Themen auf der Tagesordnung standen, die das Verhältnis der Kirche *ad extra* betrafen (Kommunismus, Religionsfreiheit, Atomrüstung und Frieden), habe er zeitweise progressivere Positionen als die Konzilsmehrheit vertreten.

Jedenfalls verstand er sich selbst eher als Moderator und Vermittler zwischen den Lagern und war bestrebt, deren Einheit zu wahren. Die Bildung zweier Parteien im Laufe des Konzils, einer progressiven und einer konservativen, berührt für ihn nicht die grundlegende Einheit der Kirche und der Treue zur Lehre.[226] Es entbehrt nicht einer gewissen Tragik, dass sich nach dem Konzil in Form der „Traditionalisten“ gerade Widerstand am rechten Rand formierte, um dessen Integration er sich bemüht hatte. Aber auch bei liberalen Katholiken büßte Paul VI. an Wertschätzung ein. Nicht wenige Zeitgenossen sahen ihn jetzt spätestens mehr zu Pius XII. als zu Johannes XXIII. tendieren, erkannten in ihm den eigentlichen Erben des Ersteren. Das Nachrichtenmagazin *Der Spiegel*, das sich eher die Positionen eines kritischen Katholizismus zu eigen machte, zeigte in einem Leitartikel am 22. Dezember 1965 Parallelen zwischen Montini und Pacelli auf und resümierte: „Der Karriere, dem Temperament, dem Charakter und der Auffassung von seinem Amt nach hat er weit mehr mit Pacelli als mit Roncalli gemein.“[227] Das Nachrichtenmagazin *Time* argumentierte ähnlich: In einer Titelstory, die kurz nach seiner Wahl veröffentlicht worden war, hatte es noch zuversichtlich geheißen: „Wenn ein Mann, der Pius' Redegabe mit Johannes' Offenheit verbindet, das ist, was die katholische Kirche jetzt braucht, dann haben die Kardinäle letzte Woche eine optimale Wahl getroffen.“[228] Gegen Ende des Konzils widmete ihm dieselbe Zeitschrift mit der Schlagzeile „Der zögernde Revolutionär“ („The reluctant Revolutionary“) abermals eine Titelstory, die Paul VI. ernüchtert als einen Mann schildert, der zwar um die Notwendigkeit einer Reform im Sinn Roncallis wisse, dem aber die

Entschlusskraft mangle, diese auch gegen Widerstände durchzusetzen. Das Pendel neige sich nun eindeutig dem pianischen Erbe zu.[229]

Dabei wird gern übersehen, dass Paul VI. die Umsetzung der Konzilsbeschlüsse zielstrebig in Angriff nahm, etwa durch die Erarbeitung eines neuen Kodex des kanonischen Rechtes. Schon sein Vorgänger hatte eine entsprechende Kommission eingesetzt, die er selbst 1972 durch eine Kommission für die Revision des Rechtes der Ostkirchen erweiterte. Er war überzeugt, der neue *Codex Iuris Canonici* müsse „Normen und Geist" des Konzils spiegeln und seine Autorität aus Schrift, Tradition und pastoraler Notwendigkeit schöpfen.[230] Er ließ sich von der Überzeugung leiten: „In der Kirche kann ein Kodex nichts anderes als eine Umsetzung des Glaubens sein."[231]

Bereits unmittelbar nach dem Abschluss des Konzils setzte die Debatte um die Deutung dieses kirchlichen Großereignisses ein, die bis heute nicht abgeschlossen ist. Dabei geht es nicht zuletzt um die Bewertung des Wirkens der beiden Konzilspäpste und damit um ihr „Erbe". Stellt die Synode aus historischer Sicht eher einen Neuaufbruch dar, und das impliziert: einen *Bruch* mit der „tridentinischen Epoche", wie Giuseppe Alberigo meint (dem Alberto Melloni, John O'Malley, Yves Chiron und Gilles Routhier gefolgt sind)?[232] Der charismatische Papst Johannes XXIII. habe dem Konzil seinen Geist eingehaucht und dieses zu einem „neuen Pfingsten" gemacht. Der von seinem Temperament her vorsichtigere Paul VI. habe dagegen den Willen der Väter zur Öffnung und ihre Reformbereitschaft gebremst und deutlicher auf die Wahrung der Tradition der Kirche und die Kontinuität ihrer Lehre gepocht, um Spaltungen zu vermeiden und alle Gruppierungen „mitzunehmen".[233] Es wurde aber auch eine Gegenposition vertreten, etwa von Avery Dulles oder Walter Brandmüller: Das Konzil habe nicht mit der Vergangenheit brechen, sondern an die Tradition anknüpfen wollen. Es sei den Konzilsvätern also um eine behutsame Reform, nicht um eine abrupte Revolution gegangen. In diesem Zusammenhang wird auf die Persönlichkeit Roncallis verwiesen, der von seiner Ausbildung und Prägung her sicher keinen Bruch mit der Vergangenheit habe vollziehen wollen.

Wenn man auf diese Weise einer „Hermeneutik des Bruchs" eine „Hermeneutik der Kontinuität" gegenüberstellt und das Erbe Roncallis gegen dasjenige Montinis ausspielt, erscheint das zu schematisch. Beide Männer korrespondierten fast vierzig Jahre lang miteinander und schätzten einander sehr. Es wurde bereits gezeigt, dass Johannes XXIII. in dem Jüngeren seinen „Wunschnachfolger“ gesehen zu haben scheint, da dieser imstande war, das von ihm einberufene Konzil weiterzuführen.[234] Zum Papst gewählt, hielt Montini stets das Andenken seines Vorgängers hoch und erinnerte immer wieder an dessen Anliegen. Am ersten Jahrestag der Beendigung des Konzils griff er selbst in die damals schon begonnene Debatte um die Deutung des Konzils ein:

> „Und im Blick auf die Treue zu dem, was uns das Konzil lehrt und vorschreibt, scheint es uns notwendig, zwei mögliche Irrtümer zu vermeiden: einmal die Annahme, das Zweite Vatikanische Konzil vollziehe in Lehre und Disziplin einen Bruch mit der vorhergehenden Tradition. Es stelle eine derartige Neuerung dar, dass diese sich nur vergleichen lasse mit einer umwälzenden Erkenntnis, einer subjektiven Emanzipation, welche zur Distanzierung ermächtige, gleichsam eine Pseudo-Befreiung von dem, was die Kirche gestern mit Autorität gelehrt und bekannt habe. Von daher seien auch neue und willkürliche Interpretationen des katholischen Dogmas erlaubt, die oft alles andere als rechtgläubig sind, sowie neue, ungezügelte, dem Zeitgeist verpflichtete Formen der katholischen Sitte.“[235]

Schon jetzt ist dem Papst klar, dass sein Vorgänger für eine solche Deutung vereinnahmt wird:

> „Eine solche Annahme entspräche nicht der Geschichte und dem authentischen Geist des Konzils, wie er Papst Johannes XXIII. vorschwebte. Das Konzil hat darin seinen Wert, dass es in Kontinuität zum bisherigen Leben der Kirche steht. Es unterbricht dieses nicht, es deformiert es nicht, es erfindet es nicht neu – sondern es bestätigt dieses Leben, es schreibt es fort, es vervollkommnet es, es unterzieht dieses einem ‚aggiornamento‘.“[236]

In seinen Worten ist bereits deutlich das Wissen um die nachkonzilare Krise spürbar, die für seine Begriffe nicht zuletzt in willkürlichen und überzogenen Auslegungen der Konzilstexte ihre Wurzel hatte.

Die Debatte um die Deutung des Konzils und seiner beiden päpstlichen „Protagonisten“ flammt immer wieder auf, da es bei der Frage nach

„Bruch" oder „Kontinuität" auch um Konsequenzen für die Gegenwart geht. Paradoxerweise behaupten sowohl eher progressive Theologen, das Konzil habe einen „Bruch" vollzogen, und fordern weitere mutige Reformen der Kirche, als auch traditionalistische Kreise, für die freilich der vermeintliche „Bruch" mit der Tradition den Sündenfall der Kirche darstellt.[237]

Benedikt XVI. hat 2005 versucht, in dieser Debatte ein Schlusswort zu sprechen. Statt einer „Hermeneutik der Diskontinuität und des Bruches" fordert er eine „‚Hermeneutik der Reform', der Erneuerung des einen Subjekts Kirche, die der Herr uns geschenkt hat, unter Wahrung der Kontinuität (…). Die Hermeneutik der Diskontinuität birgt das Risiko eines Bruches zwischen vorkonziliarer und nachkonziliarer Kirche in sich."[238] Anknüpfend an Paul VI. richtet er sich gegen eine Vereinnahmung Johannes' XXIII. und erinnert daran, dass es diesem um die *Reform* der Kirche, nicht aber um eine Verleugnung der Vergangenheit gegangen sei: „Es ist notwendig, die unumstößliche und unveränderliche Lehre, die treu geachtet werden muss, zu vertiefen und sie so zu formulieren, dass sie den Erfordernissen unserer Zeit entspricht", zitiert er den Roncalli-Papst.[239]

Die Diskussionen um die Anliegen der beiden Konzilspäpste und damit um die rechte Interpretation des Konzils gehen seither unvermindert weiter.[240]

Die Religionsfreiheit

In die letzte Sitzungsperiode des Konzils fällt die Abstimmung über die Religionsfreiheit. Diese Thematik soll ausführlicher in den Blick genommen werden, da sich hier ähnlich wie bei der Ökumene Montinis Vorgehen im Konzil recht gut verdeutlichen lässt. Der Erklärung *Dignitatis Humanae,* die am vorletzten Tag des Konzils verabschiedet wurde, geht ein langer Klärungs- und Diskussionsprozess voraus. Kein anderes Konzilsdokument war in seiner Entstehungsphase, die sich über drei Jahre erstreckt, so sehr umstritten, ja teilweise umkämpft. Paul VI. hatte einen nicht geringen Anteil an dessen Entstehung, und er hat nach dem Konzil immer wieder auf *Dignitatis Humanae* Bezug genommen.[241]

Um die Wende ermessen zu können, welche die Kirchenversammlung in dieser Frage vollzogen hat, muss man ein wenig ausholen. Es gehört zu den fatalen Missverständnissen der Geschichte, dass die Menschenrechte im Zuge der Aufklärung außerhalb, ja gegen die Kirche proklamiert wurden. Sie stellen in gewissem Sinne ein Erbe der amerikanischen und französischen Revolution dar und sind in die Verfassungen der Vereinigten Staaten von Amerika und Frankreichs eingegangen. Mit den Menschenrechten wurde damit auch die Religionsfreiheit zum Grundrecht, das jedem Bürger als solchem zukommt und nicht fallweise als Gnadenakt von der Obrigkeit gewährt wird. Das Recht auf Entscheidungsfreiheit im religiösen Bereich stellt seitdem das wohl vornehmste Menschenrecht dar, den Musterfall der Gewissensfreiheit. Dass einer bestimmten Religionsgemeinschaft eine besondere Stellung im Staatswesen zukommt, ist in dieser Freiheitstradition nicht vorgesehen.

Mit diesem Erbe der Aufklärung tat sich die katholische Kirche zunächst schwer. Die persönliche Religionsfreiheit als Freiheit des individuellen Bekenntnisses mochte noch angehen. Sie einzufordern, konnte in einer Situation, wo man in der Minderheit war, durchaus Vorteile bringen. Aber mit der aus der Gewissensfreiheit auf gesellschaftlicher Ebene abgeleiteten Neutralität des Staates in Fragen der Religion und daraus folgend mit der Parität der Kulte konnte die Kirche sich nicht anfreunden. Gregor XVI. (*Mirari vos, 1832*) und Pius IX. (*Syllabus, 1864*) verurteilten solche aufklärerischen Vorstellungen. Leo XIII. betonte, andere Religionen könne der Staat nur dann dulden, wenn dadurch größere Übel abgewendet würden, etwa wenn ansonsten das Gemeinwohl und der öffentliche Frieden gefährdet seien (*Immortale Dei, 1885*). Derselbe Pontifex verurteilte den so genannten „Amerikanismus“, also eine positive Sicht der amerikanischen Verfassung und der in ihr garantierten Religionsfreiheit (*Longinqua, 1895*). Abgelehnt wurde damit auch eine Ausweitung des amerikanischen Staat-Kirche-Verhältnisses auf andere Staaten. Die Päpste betonten immer wieder, dass der Irrtum kein Existenzrecht hat, die Wahrheit dagegen – vom Einzelnen wie von der Gemeinschaft – durchzusetzen ist. Diese traditionelle Position schlägt sich noch in der „Toleranzrede“ Pius' XII. vom 6. Dezember 1953 nieder. Erst im Zuge des Konzils sollte es zu einer Trendwende kommen.

Es waren besonders die Bischöfe der USA, beraten durch den Vordenker John Courtney Murray SJ (1904–1967; er war Konzilsberater des New Yorker Kardinals Spellman), die sich dafür einsetzten, dass sich das Konzil positiv zur Religionsfreiheit äußerte[242] – hatte man doch in den Vereinigten Staaten mit der Trennung von Staat und Kirche überwiegend positive Erfahrungen gemacht. Die amerikanische Kirche hatte in einem multi-konfessionellen und multireligiösen Land durchaus keinen schlechten Stand. Europäische Vorstellungen einer Privilegierung der Kirche schienen dagegen in den USA anachronistisch. Es waren im Konzil vor allem die italienischen und spanischen Bischöfe, in deren Ländern die Kirche noch den Status der privilegierten Konfession bzw. einer Staatskirche hatte, die eine Änderung der traditionellen Lehre ablehnten.

Von dieser war noch die Vorbereitungsphase des Konzils geprägt. Die Theologische Kommission unter Kardinal Alfred Ottaviani wollte die Religionsfreiheit im Zusammenhang mit dem Verhältnis von Staat und Kirche und dieses im Rahmen des Kirchenschemas behandelt sehen. Der 1962 zu dieser Frage vorgelegte Textentwurf sah vor, dass ein Staat im Fall einer katholischen Mehrheit andere Bekenntnisse um des Gemeinwohls willen tolerieren könne, bei einer katholischen Minderheit dagegen gewährleisten müsse, dass sich diese frei betätigen könne. Die Begründung war naturrechtlicher Art; der Wahrheit gebühre der Vorrang vor der Freiheit.[243] Dieser Zugang war im April 1963 bereits überholt, als Johannes XXIII. mit seiner Enzyklika *Pacem in Terris* eine wichtige Akzentverschiebung vornahm: „Zu den Menschenrechten gehört auch das Recht, Gott der rechten Norm des Gewissens entsprechend zu verehren und seine Religion privat und öffentlich zu bekennen."[244] Erstmals wurden damit in einem päpstlichen Dokument die Menschenrechte – und insbesondere die Religionsfreiheit – positiv gewürdigt. Paul VI. war überzeugt, dass das Konzil dahinter nicht zurückfallen dürfe.

An diese neue Position, nicht aber an die durch das Schema Ottavianis vertretene ältere Linie, knüpften dann die Ausführungen über die Religionsfreiheit an, welche das Einheitssekretariat unter dessen Präsidenten Kardinal Bea in ein eigenes Schema zum Ökumenismus einbaute. Aber auch hier handelte es sich noch nicht um ein eigenständiges Dokument zu dieser Thematik. Beas Entwurf wurde in der zweiten Sitzungsperiode des Konzils vom 19.–21. Dezember 1963 in der Konzilsaula diskutiert. Welche Begründung wählt er, um die Religionsfreiheit ausgerechnet im Zusammenhang mit dem Ökumenismus zu thematisieren und damit an sich zu ziehen, auf Kosten der Theologischen Kommission, die von der alten Garde des Heiligen Uffiziums dominiert war? Der Text gibt als Grund an, in katholisch geprägten Staaten tendiere die Kirche entsprechend der bisher gültigen Doktrin und Praxis dazu, den Andersgläubigen die freie Ausübung ihrer Religion zu beschneiden, während sie diese Freiheit für ihre eigenen Gläubigen einfordere, wenn diese in der Minderheit seien. Daraus resultiere ein Mangel an Glaubwürdigkeit, welcher den Dialog mit den anderen Konfessionen erschwere. Es kam nicht zu einer Abstimmung über dieses Textschema, sondern zu einer Verschiebung in die nächste Periode.

Dass die Frage zu wichtig sei, um sie in einem anderen Kontext (sei es die Kirche oder die Ökumene) zu behandeln, war Paul VI. erst bei den Diskussionen in der Konzilsaula deutlich geworden. In der Zeit zwischen den Sitzungsperioden („Intersessio“) wurden daher die Weichen gestellt, dass die Religionsfreiheit in der dritten Konzilsperiode in einem eigenen Konzilsdokument behandelt werden konnte. Die Thematik war weiter, als man zunächst geglaubt hatte, ging es hier ja nicht nur um das Verhältnis von Staat und Kirche oder um den ökumenischen Dialog, sondern auch um eine Standortbestimmung gegenüber den anderen Religionen sowie gegenüber den Nichtgläubigen. Paul VI. trug dem Rechnung, indem er die Religionsfreiheit auch in seiner ersten Enzyklika *Ecclesiam Suam* vom 6. August 1964 ansprach. Hier rief er zum Dialog mit denjenigen Menschen auf, die an Gott glauben, ohne Christen zu sein. Ihren Glaubensüberzeugungen sei Respekt entgegenzubringen, ohne einem Indifferentismus zu verfallen, der alle Religionen für gleich wahr halte. Die christliche Religion ist für den Papst die einzig wahre. Mit den nichtchristlichen Religionen könne und solle sich die Kirche allerdings verbünden, um gemeinsam für die Religionsfreiheit und für den Frieden einzutreten.[245]

Dem neuen Diskussionsstand, der durch diese päpstliche Stellungnahme gegeben war, trug das zweite Textschema Rechnung, welches im

Namen des Einheitssekretariates vorgelegt und das während der dritten Periode diskutiert, aber noch nicht abgestimmt wurde (23.–28. September 1964). Der Leitgedanke, der sich bis zur Endfassung durchhalten sollte, war die Begründung der Religionsfreiheit von der Würde der menschlichen Person her, die ihr von Gott zukommt. Für das Sekretariat arbeiteten nun in einer Kommission Murray, Pietro Pavan, der schon zu den Verfassern von *Pacem in Terris* gehört hatte, Johannes Willebrands und als Vorsitzender Émile-Joseph De Smedt – Theologen, die Paul VI. durchwegs schätzte. Das zweite Schema wurde von der Theologischen Kommission gebilligt und das Ergebnis als drittes Schema den Vätern am 17. November 1964 vorgelegt. Die Personenwürde wird hier noch stärker betont und als Dominante der neuzeitlichen Geistesgeschichte positiv gewürdigt. Die Religionsfreiheit zu respektieren, stellt in der Gegenwart eine wichtige Bedingung des friedlichen Zusammenlebens dar. Als individuelles Recht hat sie der Rechtsstaat zu garantieren, und zwar in zweifacher Form: Niemand darf gezwungen werden, gegen sein Gewissen zu handeln; niemand darf gehindert werden, seinem Gewissen zu folgen. Es handelt sich dieser Version zufolge nicht nur um ein individuelles, sondern auch um ein kollektives Recht. Damit waren weitere wichtige Klärungen im Hinblick auf die spätere Konzilserklärung erfolgt.

Während der Diskussionen wurden freilich von konservativen Vätern erneut erhebliche Vorbehalte geäußert: Die religiösen Bekenntnisse würden auf eine Stufe gestellt („Indifferentismus"), und die Konzeption eines weltanschaulich neutralen Staates widerspreche der Lehrtradition. Auf Druck der konservativen Minderheit, die mehr Zeit für das Studium des Textes verlangte (also Zeit gewinnen wollte), kam Paul VI. mit dem Konzilspräsidium überein, eine für den 19. November anberaumte Probeabstimmung abzusagen. Bei der Bekanntgabe dieser Entscheidung wurden in der Konzilsaula heftige Unmutsäußerungen laut. Daraufhin suchte der Papst die Geister zu beruhigen, indem er durch den Konzilspräsidenten Kardinal Tisserant zusagen ließ, dass das Schema auf der nächsten Periode als erstes und prioritär behandelt werde. Man darf seine Intervention, die zur Verschiebung der Verabschiedung des Schemas führte, also nicht als Ablehnung der Religionsfreiheit an sich deuten, denn diese war nach der Einschätzung von John T. Ford „eine wesentliche Dimension im Denken und Handeln Pauls VI."[246] Dies war schon in seiner Ansprache beim Besuch John F. Kennedys im Vatikan am 2. Juli 1963 deutlich geworden, als der Papst formuliert hatte: „Wir gedenken in unseren Gebeten stets der Bemühungen, all Ihren Landsleuten die gleichen bürgerlichen Rechte zu gewähren. Denn das Fundament für die Gleichheit aller Menschen ist ihre Würde als Personen und Kinder Gottes."[247] Wenn Paul VI. nun dafür eintrat, die Abstimmung später durchzuführen, lag das vielmehr darin begründet, dass er die Konservativen „mitnehmen" und ihnen Zeit geben wollte, sich an die neuen Aspekte der vorgetragenen Lehre zu gewöhnen. Dies findet in einer autographen Notiz des Papstes Bestätigung, die vom 6. Mai 1965 datiert. Sie ist mit den Worten *Annotationes Manu Scriptae De libertate religiosa* überschrieben und diente ihm offenkundig als persönliche Promemoria. Gerade der Aspekt, dass die zur Diskussion stehende Lehre in der Tradition der Kirche verwurzelt ist, ist ihm besonders wichtig:

> Die Religionsfreiheit „lässt sich anhand ihrer historischen Erscheinungsformen studieren, sei es im Alten Testament oder bei den verschiedenen Völkern oder im Leben und in den Dokumenten der Kirche; man muss sie studieren anhand der Gedanken Christi, im Evangelium und im [Neuen] Testament im Allgemeinen, sei es unter dem Aspekt des ‚nemo cogatur' [= niemand soll gezwungen werden] (…) als auch unter dem des ‚nemo impediatur' [= niemand soll gehindert werden], bezogen auf die Freiheit zu predigen und die religiöse Wahrheit zu bezeugen (vergleiche die Märtyrer)."[248]

In der folgenden Intersessio wurde das dritte Schema wiederum vom Einheitssekretariat überarbeitet. Das so entstandene vierte Schema wirkt im Gedankengang klarer, und es zeichnet sich schon deutlich die zweifache Begründung der Religionsfreiheit im Licht der Vernunft und im Licht der Offenbarung ab. Im Licht der Vernunft heißt, sie als Menschenrecht zu definieren und damit das Erbe der Aufklärung positiv aufzunehmen. Diese Begründung ist jedem Menschen zugänglich, auch dem ungläubigen. Aber die Religionsfreiheit fußt für die Kirche ebenso auf der gottgeschenkten Würde des Menschen, und diese wiederum ist Teil der *Offenbarung.* Die Kirche nostrifiziert also von der Heilsgeschichte her einen Zentralgedanken der Aufklärung. Besonders Paul VI. war es ein Anliegen, die Religionsfreiheit theologisch zu begründen und nicht nur als eine pragmatisch-politische oder juridische Angelegenheit erscheinen zu lassen. Murray und die Amerikaner tendierten eher in letztere Richtung. Für den Papst war die Religionsfreiheit Teil dagegen seiner theologischen Anthropologie: Die höchste Würde der menschlichen Person besteht darin, auf Gott bezogen zu sein und auf seine Offenbarung antworten zu können.[249] Er folgte darin Karol Wojtyla, der sich in der Frage ebenfalls stark engagierte. Der Erzbischof von Krakau ging als Philosoph von einem personalistischen Ansatz aus, nach dem die menschliche Person auf die Erkenntnis der Wahrheit und damit letztlich auf Gott ausgerichtet ist.[250]

Bei der Diskussion des überarbeiteten Schemas am 15.–20. September 1965 zeigten sich wiederum scharfe Divergenzen unter den Vätern. Es wurde so erbittert wie um keine andere Frage des Konzils gerungen. Daher entschieden Präsidium und Sekretariat, eine Abstimmung über den Text zu verschieben. Die Kurie wollte Zeit gewinnen. Paul VI. lag jedoch daran, die mittlerweile erzielte Übereinstimmung nicht zu gefährden. Zugleich wollte er den konservativen Vätern signalisieren, dass sie tatsächlich in der Minderheit waren. Deshalb verfügte er dieses Mal, dass die Konzilsväter abstimmen sollten, ob der Text als Grundlage für die weitere Arbeit dienen könne. Seine Intuition gab ihm recht: Fast 90% der Anwesenden approbierten den diskutierten Text am 21. September 1965 grundsätzlich. Die Eile, zu der Montini drängte, hatte wohl auch praktische Gründe, denn zwei Wochen später wollte er in die USA reisen. Hier konnte er mit der erzielten Übereinkunft im Rücken vor der UNO-Vollversammlung formulieren:

> „Denn Sie proklamieren hier die fundamentalen Rechte und Pflichten des Menschen, seine Würde, seine Freiheit, besonders die Religionsfreiheit. Wiederum scheint uns, dass damit das Höchste des menschlichen Lebens angesprochen ist, wir möchten sagen: seine Heiligkeit. Denn es geht vor allem um das menschliche Leben; und dieses ist heilig."[251]

Durch dieses klare, vor der Weltöffentlichkeit ausgesprochene ‚Ja' zur Religionsfreiheit war die weitere Diskussion im Konzil vorgezeichnet. Die New Yorker Rede hatte sowohl den Menschen als Einzelnen wie auch die menschliche Gesellschaft in den Blick genommen. So war es ganz in Montinis Sinn, dass nun ab der fünften Fassung des Schemas zur Religionsfreiheit die Begriffe „socialis" und „civilis" in den Titel eingefügt wurden, um so zu akzentuieren, dass es nicht nur um die Freiheit des Individuums gegenüber Gott, sondern auch um eine gesellschaftliche Frage gehe. Der Titel sollte nun lauten: „Das Recht der Person und der Gemeinschaft auf gesellschaftliche und bürgerliche Freiheit in religiösen Belangen". In dieser Version wird die mit Würde ausgestattete menschliche Person als Träger eines fundamentalen Rechtes, der Gewissensfreiheit, in den Blick genommen. Davon ausgehend wird herausgestellt, dass auch Gemeinschaften Träger dieses Rechtes sein können. Der Staat hat grundsätzlich all seinen Bürgern sowie allen religiösen Gemeinschaften die freie Ausübung einer Religion zu gewährleisten und ist selbst zu strikter Neutralität in religiösen Belangen verpflichtet.

Von den Konservativen wurde der Vorwurf erhoben, die Betonung der Religionsfreiheit fördere Indifferentismus und Relativismus. Es würde also der Eindruck erweckt, alle Bekenntnisse stünden auf der gleichen Stufe und seien gleich wahr oder unwahr. Kardinal Ottaviani etwa bezog in der Konzilsaula am 17. September 1965 gegen das Schema zur Religionsfreiheit Position, da es der falschen und der wahren Religion die gleichen Rechte einräume und damit die Basis der kirchlichen Konkordatspolitik zerstöre.[252] Gegen derlei Einwände betonte das neue Schema, ganz im Sinne des Pontifex, dass es eine Wahrheit gibt und dass jeder Mensch ihr gegenüber im Gewissen verpflichtet ist, sie zu suchen und anzunehmen. Die Wahrheit, insbesondere die religiöse, kann jedoch nur ohne Zwang angenommen werden, denn auf Gottes Ruf kann man nur in Freiheit antworten. Von Relativismus in dem Sinne, dass alle Religionen gleich wahr seien, kann also nicht die Rede sein. Es geht nicht um sterile Toleranz, die „jeden nach seiner Facon selig werden lässt". Der Wahrheitsanspruch der katholischen Lehre kann nicht zur Disposition gestellt werden. Dies entsprach seit jeher Montinis Auffassung, die er schon als Bischof formuliert hatte.[253] In dem bereits erwähnten Autograph vom 6. Mai 1965 hält er fest:

„Man darf sie [= die Religionsfreiheit] nicht mit Indifferenz, Agnostizismus, Unschärfe etc., also mit negativer Freiheit verwechseln. Sie ist vielmehr bestimmt durch

– die Pflicht, die Wahrheit zu suchen;
– die Pflicht, der Wahrheit treu zu bleiben;
– die Pflicht, die Wahrheit zu lehren;
– die Pflicht, die religiöse Wahrheit zu bekennen und zu verteidigen. Es gibt objektiv nur *eine* religiöse Wahrheit, und diese ist in ihrer Fülle diejenige der christlichen Offenbarung. Sie wird bewahrt und gelehrt von der heiligen katholischen Kirche."[254]

Für ihn stand außer Zweifel, dass die neuen Formulierungen in Kontinuität zur bisherigen kirchlichen Lehre über die menschliche Person, ihre Würde und ihre Rechte stehen.[255] Dementsprechend wird in der Letztfassung von *Dignitatis Humanae* gleich zu Beginn gegen Einwände von konservativer Seite betont, dass die Erklärung des Konzils über die Religionsfreiheit auf dem Boden der Tradition steht. Die Erklärung geht von einer echten Lehrentwicklung aus, ohne einen Bruch mit dem bisher Gelehrten anzunehmen. Im Hintergrund steht die Überzeugung, dass lehramtliche Aussagen immer in Korrespondenz zu den jeweiligen Zeitumständen stehen und bestimmte Lehren der Kirche im Lichte neuer Herausforderungen deutlicher werden können. Montini hatte diesen Aspekt schon 1963 herausgestellt.[256] In Bezug auf das Konzil betonte er immer wieder, dieses bringe Erneuerung und Reform, ohne mit der Tradition zu brechen.[257]

Bis in die Gegenwart sollten sich zwei Deutungen von *Dignitatis Humanae* gegenüberstehen: Während der Mainstream der katholischen Theologie von einer „homogenen Weiterentwicklung der katholischen Tradition"[258] (Avery Dulles) ausgeht, machen die Anhänger Lefebvres einen klaren Traditionsbruch aus.

Bei der Abstimmung des endgültigen Textes am 7. Dezember 1965 kam es zu einer großen Mehrheit von über 95 % (2.308 Ja-Stimmen, 70 Nein-Stimmen, 8 Stimmen ungültig). Die Bemühungen des Papstes, möglichst breite Zustimmung zu dem Dokument zu gewährleisten, hatten sich ausgezahlt. Insgesamt zeigt Paul VI. bei dieser gesellschaftspolitisch äußerst brisanten Thematik ein fortschrittlicheres Profil als bei dogmatischen Fragen. Die Religionsfreiheit ist ihm ein zentrales Anliegen.

Mit *Dignitatis Humanae* wird auch das Verhältnis der Kirche zur freiheitlichen Demokratie neu justiert. Staatliche Privilegien oder Zwang in Glaubensfragen werden konsequent abgelehnt. Dem trugen später die neuen Konkordate in Spanien (1979) und Italien (1984) Rechnung, in denen der Status der Staatsreligion oder der privilegierten Religion aufgegeben wurde. Paul VI. lehnte es im Geist von *Dignitatis Humanae* strikt ab, dass der spanische Staat weiterhin die Bischöfe nominierte.

Nach 1965 bildete die Erklärung des Konzils über die Religionsfreiheit die Basis sowohl des ökumenischen als auch des interreligiösen Dialogs. Nur wenn man anerkennt, dass der Gesprächspartner im Moment subjektiv nicht in der Lage ist, die eigene Wahrheit anzunehmen, kann es zu einer ernsthaften Verständigung kommen.

Dass er ganz und gar hinter der Erklärung des Konzils stand, daraus machte der Papst keinen Hehl. So betonte er in seiner Botschaft an die Regierenden am Ende des Konzils, mit der für ihn charakteristischen Diktion:

> „Und was erbittet von Euch diese Kirche, nach 2000-jähriger ereignisreicher Geschichte, Mächtige der Welt, was erbittet sie heute? Sie hat es Euch in einem der zentralen Texte dieses Konzils gesagt. Die Freiheit zu glauben und ihren Glauben zu predigen; die Freiheit, Gott zu lieben und ihm zu dienen; die Freiheit zu leben und den Menschen die Botschaft des Lebens zu bringen. Habt keine Angst vor ihr: Sie ist ganz wie ihr Meister, dessen geheimnisvolles Wirken Eure Ansprüche nicht berührt. Es heilt vielmehr alles Menschliche von seiner schicksalhaften Vergänglichkeit, es verklärt es, erfüllt es mit Hoffnung, Wahrheit und Schönheit.“[259]

Am 4. Dezember 1968 stellte er in seiner Botschaft an den Vorsitzenden der 23. Generalversammlung der Vereinten Nationen, Emilio Arenales Catalan (1922–1969), eine bemerkenswerte Übereinstimmung zwischen dieser Lehre der Kirche, der amerikanischen Verfassung und der Allgemeinen Erklärung der Menschenrechte von 1948 fest.[260]

Paul VI. hat die Erklärung des Konzils auch geschickt in die diplomatischen Verhandlungen der folgenden Jahre eingebracht. Es sollte nicht unwesentlich zur Glaubwürdigkeit der katholischen Kirche beitragen, dass sie die Religionsfreiheit nun gleichermaßen für Andersgläubige einfordert. So machte sich der Vatikan im Rahmen des KSZE-Prozesses dafür stark, dass die Religionsfreiheit im Jahr 1975 in der Schlussakte von Helsinki festgeschrieben wurde. Dissidenten in den Ostblockstaaten haben sich bis 1989 immer wieder auf das hier verbriefte Grundrecht berufen. In dem Apostolischen Schreiben *Evangelii Nuntiandi* konnte Paul VI. seine einschlägigen Bemühungen zusammenfassen und zugleich seiner Sorge über fortdauernde Verletzungen dieses Grundrechts Ausdruck verleihen:

> „In dieser echten Befreiung, die mit der Evangelisierung verbunden ist und sich um die Verwirklichung von Strukturen bemüht, die die menschliche Freiheit schützen, muß die Gewährleistung aller Grundrechte des Menschen mit eingeschlossen sein, unter denen der Religionsfreiheit eine erstrangige Bedeutung zukommt. Wir haben erst kürzlich von der Aktualität dieser Frage gesprochen, als wir darauf hingewiesen haben, wie viele Christen noch heute, nur weil sie Christen, weil sie Katholiken sind, mit Gewalt systematisch unterdrückt werden! Das Drama der Treue zu Christus und der Freiheit der Religion setzt sich noch weiter fort, wenn es auch oft durch allgemeine Erklärungen zugunsten der menschlichen Person und Gesellschaft verschleiert wird.“[261]

Resümee

Will man für diese ersten zweieinhalb Jahre des Montinischen Pontifikates wiederum ein zeitgenössisches Bild sprechen lassen, so mag man weniger an die Bilder der Krönung oder der feierlichen ersten Ansprachen denken, die ihn umgeben von Kardinaldiakonen, Thronassistenten und Pfauenwedeln zeigen, als vielmehr an ein Foto vom 4. Januar 1964. Aufgenommen vom Eingang eines Flugzeugs aus, zeigt es den Papst, oben auf der Gangway stehend, die auf dem Rollfeld zurückbleibenden Personen freundlich grüßend. Bekleidet ist er mit einem schlichten weißen Soutanenmantel und dem roten Hut mit Quaste (dem *Saturno*) – eine passende Ausstattung für einen Reisenden. Der Papst bricht zu seiner ersten Reise auf, dem ersten Auslandsaufenthalt eines Papstes

26 Paul VI. beim Abflug ins Heilige Land (4. Januar 1964)

seit 160 Jahren, zugleich der ersten Flugreise eines Pontifex. Dieser Reise sollten weitere folgen, die ihn als ersten Nachfolger Petri in alle fünf Kontinente führten. Die gewählte Fotografie mag sinnbildlich für die Aufbruchsstimmung stehen, welche die ersten Jahre dieses Pontifikates kennzeichnet. Mit Überzeugung wurde das Konzil weitergeführt und entschieden zu einem glücklichen Ende gebracht. Durch beherzte Gesten wurden Anstöße für das Verhältnis zu den anderen Kirchen, zum Judentum und zu den anderen Religionen gegeben. Auch in weltpolitischer Hinsicht geschah Innovatives: Im Sinn einer neuen Weltethik rief der Papst die in New York versammelten Staatsführer zum Frieden auf. Diesen Anfangselan konnte er wohl nur deshalb zeigen, weil er im doppelten Sinn vorbereitet war: Er kannte sowohl von seiner Kurientätigkeit her die Erfordernisse der Weltkirche als auch aus seiner Zeit als Bischof die Anforderungen der modernen Pastoral.

3 Die nachkonziliare Krise (1966–1970)

Paul VI. war nach dem Konzil erschöpft. Während der großen Kirchenversammlung mit mehr als 2.000 Abstimmungsberechtigten die Arbeitsvorlagen zu allen möglichen Themen in Dokumente zu gießen, die einen möglichst breiten Konsens fanden, war eine fast übermenschliche Aufgabe gewesen, nicht zu reden von den großen Zeremonien und unzähligen Begegnungen, mit denen die Konzilszeit für ihn angefüllt war. Auch die Reisen stellten neue, kräftezehrende Herausforderungen dar. In persönlichen Aufzeichnungen, die er einen Tag nach Abschluss des Konzils verfasst, meditiert er darüber, ob nun seine Aufgabe beendet sei und er sich auf den Tod einstellen müsse: „Gestern: Gott sei Dank. Nun entlässt du, Herr? Jetzt: neue Phase, nach dem Konzil. Hat unser Dienst jetzt nicht ein Ende?"[1] Er verspüre die Versuchung des Alters: auszuruhen. Aus seinen Worten spricht weniger Resignation als Müdigkeit und das Wissen, mit dem Konzil eine große Aufgabe, ja vielleicht die größte denkbare Aufgabe zu Ende gebracht zu haben. Es dränge sich die Frage auf, was nun noch kommen könne:

> „Vielleicht hat der Herr mich berufen und hält mich in diesem Dienst – nicht so sehr, weil ich die nötige Haltung mitbringe oder damit ich die Kirche leite oder sie aus ihren gegenwärtigen Schwierigkeiten führe, sondern damit ich leide für die Kirche und damit auf diese Weise deutlich werde, dass Er und nicht etwa andere sie führen und erretten."[2]

Er suchte also am Ende des Konzils nach einer neuen Rolle, im Wissen darum, dass die eigenen Kräfte durch das große Werk verbraucht waren.

Zu behaupten, Paul VI. sei eine gespaltene Persönlichkeit, offen für den Fortschritt und doch der Tradition verpflichtet, die Moderne bejahend und doch im Innersten konservativ, bereit zu pastoraler Erneuerung und doch die überkommene Disziplin bewahrend, ist nicht ganz falsch. Von dieser Spannung war auch das Konzil gekennzeichnet gewesen, und es galt, so war er überzeugt, sie auszuhalten statt sie in Richtung einer der beiden Pole aufzulösen. So betonte er immer wieder, das Konzil bringe Erneuerung und Reform, ohne mit der Tradition zu brechen.[3] Am 100. Jahrestag der Eröffnung des Ersten Vatikanischen Konzils stellte er betont die Kontinuität zwischen den beiden Vatikanischen Konzilien heraus. „Die göttliche Wahrheit selbst ändert sich nicht"[4] – wohl aber die historischen und kulturellen Bedingungen, unter denen sie verkündet werden muss. Modernisierungen in der zeitgemäßen Formulierung des Glaubensgutes und in der Pastoral berühren nicht die Substanz des Glaubens selbst, der unveränderlich ist.

In der Schlussphase des Konzils und unmittelbar danach überblickte er dessen Arbeiten. Es hatte mit großen Hoffnungen begonnen, aber während seines Verlaufs hatten sich nach und nach viele inhaltliche und methodische Schwierigkeiten gezeigt. Nun erwartete er eine Phase des tieferen Verständnisses der Beschlüsse und ihrer ruhigen Umsetzung: „Die Diskussion hört nun auf; es beginnt das Verständnis. Auf das Pflügen und Umgraben des Feldes folgt die geordnete und positive Kultivierung."[5]

Er hielt die Kirche für wirklich reformfähig. Das Konzil habe gezeigt, dass es um ihre Gesundheit viel besser als zu manchen Zeiten ihrer Geschichte bestellt sei und dass viele Defekte nicht so dramatisch seien, wie es bisweilen scheine. In der Vergangenheit sei die Kirche von Kaisern beherrscht worden, jetzt dagegen sei sie frei, und der Papst könne tun und sagen, was für sie das Beste ist.[6] Angesichts dessen teilte Paul VI. manche Hoffnung, es werde geradezu zu einer Blüte der Kirche kommen:

> „Das Konzil hat nicht eine Periode dogmatischer oder moralischer Unsicherheit eingeleitet, nicht Gleichgültigkeit in der Disziplin, nicht oberflächlichen religiösen Irenismus, nicht organisatorische Schwäche; es markiert im Gegenteil den Anfang einer Periode größeren Eifers, größeren Zusammenhalts als Gemeinschaft, einer kulturellen Vertiefung, einer größeren Treue zum Evangelium, einer größeren Liebe in der Seelsorge, einer tieferen kirchlichen Spiritualität."[7]

In der Zeit nach dem Konzil nützte er die Generalaudienz am Mittwoch, um seinen Zuhörern in diesem Sinn die Intentionen des Konzils zu erklären.

Großartige und in vielfacher Hinsicht wegweisende Dokumente waren von den Vertretern der Weltkirche mit breiter Mehrheit beschlossen worden, nun mussten sie nur noch durch ruhige und geduldige Arbeit in allen Bereichen des kirchlichen Lebens ankommen. In diesem Sinn wurden in den folgenden Jahren Ausführungsbestimmungen erlassen. Doch schon bald zeigte sich, dass auf die bewegten Zeiten des Konzils eine noch bewegtere Nachkonzilszeit, ja eine Krise folgen sollte, wie sie die Kirche lange nicht erlebt hatte. Verschärft wurde diese innerkirchliche Krise, die nun an den verschiedensten Stellen aufbrach, durch die Entwicklungen des Jahres 1968. Diese erreichten die Kirche gerade in einem Moment, als neue Formen in Liturgie, Pastoral, Mitarbeit der Laien und auf vielen anderen Feldern gefunden werden mussten. Der Autoritätsverlust der traditionellen Institutionen (in den Bereichen von Staat und Politik, Universität und Schule …) verstärkte die Unsicherheit in kirchlichen Kreisen und führte in vielen Ländern zu Erosionserscheinungen, die man von Rom aus nur mit Verwunderung wahrnehmen konnte. Paul VI. registrierte diese Entwicklungen wie ein Seismograph, er suchte sie zu verstehen und ihren Gang zu beeinflussen – mit unterschiedlichem Erfolg.[8]

Die Liturgiereform

Verschärft wurde die nachkonziliare Krise durch die Liturgiereform und ihre Folgen.

Schon als Student hatte sich Giovanni Battista Montini, dessen liturgisches Bewusstsein nicht zuletzt in Benediktinerklöstern gebildet worden war, sehr für die Gestalt des Gottesdienstes der Kirche interessiert. Für den Begleiter der Studenten und dann für den Bischof war die Frage der liturgischen Erziehung von zentraler Bedeutung.[9] Seit seiner Jugendzeit kannte und schätzte er die Ideale der Liturgischen Bewegung, die er durchwegs teilte: Die Liturgie muss das Ostergeheimnis, muss Christus vergegenwärtigen. Eine aktive Teilnahme an der Feier der Heiligen Geheimnisse soll an die Stelle der bloß physischen Anwesenheit und einer weitgehend passiven Haltung treten. Die gemeinschaftliche Dimension der Liturgie soll stärker hervorgehoben werden, und gewisse individualistische Engführungen bei der Feier der heiligen Messe müssen überwunden werden. Liturgie muss für Montini die Schönheit Gottes widerspiegeln. Die Gläubigen sind eingeladen, die Liturgie innerlich mitzuvollziehen – was voraussetzt, dass sie verstehen, was vor ihren Augen geschieht. Zentrale Bedeutung kommt daher der Predigt zu. Als Papst bewegte er sich hier auch deshalb auf einem vertrauten Terrain, da er die Entstehung der Enzyklika *Mediator Dei*, die Pius XII. 1947 zur liturgischen Frage veröffentlicht hatte, und die liturgischen Reformen dieses Papstes (unter anderem die Erneuerung des österlichen Triduums) aus der Nähe miterlebt hatte. Nicht von ungefähr nahm er später auf diese Reformen Bezug, als er beim Besuch einer römischen Vorstadtpfarrei zum ersten Mal die heilige Messe im erneuerten Ritus feierte.[10]

Aus der ersten Sitzungsperiode des Konzils „erbte" Paul VI. die Konstitution *Sacrosanctum Concilium*, die bis dahin als einziges Dokument am 4. Dezember 1963 von den Bischöfen verabschiedet worden war. Die Anliegen der Liturgischen Bewegung wurden nun durch das Konzil endgültig „ratifiziert" und in einen für die ganze Kirche verbindlichen Rang erhoben, gleichzeitig das Wirken Pius' XII. aufgenommen und weitergeführt. Es handelte sich bei dem Konzilsdokument um eine Art Rahmengesetzgebung, deren Umsetzung er nicht auf die Zeit nach dem Abschluss der Kirchenversammlung verschieben wollte, zumal die Konstitution selbst eine baldige Überarbeitung der liturgischen Bücher ins Auge gefasst hatte.[11] Am 25. Januar 1964 bereits schuf er durch das Motu Proprio *Sacram Liturgiam* ein Instrument zur Durchsetzung der vom Konzil gemachten Vorgaben, das *Consilium ad exsequendam Constitutionem de Sacra Liturgia*, den *Rat zur Durchführung der Liturgiekonstitution*, und unterstellte ihn dem Kardinal von Bologna Giacomo Lercaro, dem als Sekretär Annibale Bugnini (1912–1982) assistieren sollte.[12] Bemerkenswert an diesem Vorgehen ist weniger, dass mit dem Kardinal ein als ausgesprochen fortschrittlich geltender Kirchenmann für diese Aufgabe bestimmt wurde, als die faktische Ausschaltung der für liturgische Fragen zuständigen vatikanischen Kongregation, der Ritenkongregation, welche zuvor die Ausarbeitung der Liturgiekonstitution nicht eben beschleunigt hatte. Im Zuge der Kurienreform sollte dieses Dikasterium mit dem genannten *Consilium* zur neuen Gottesdienstkongregation vereinigt werden. Diese war ab dem 8. Mai 1969 für alle Fragen der Liturgiereform zuständig. Die Schaffung des *Consilium* war ohne Zweifel eine mutige Entscheidung und ein klares Signal, dass die Beschlüsse des Konzils nicht durch die Kurie obstruiert werden dürften. Übrigens wurde im Hinblick auf die anderen Konzilsdokumente kein ähnliches Instrument geschaffen, was aber im einen oder anderen Fall durchaus nahegelegen hätte.

In traditionalistischen Kreisen ist darüber spekuliert worden, ob sich Bugnini als Sekretär dieses Gremium zu Nutze gemacht hat, um seine eigenen Vorstellungen von Liturgie zu verwirklichen. Wahr ist, dass er ein hervorragender Kenner der römischen Liturgie war und sich bereits des Vertrauens von Pius XII. erfreut hatte, der ihn seit 1948 als Sekretär der entsprechenden Kommission mit der Realisierung seiner liturgischen Reformen betraut hatte. Auch war er an der Entstehung der Liturgiekonstitution als Sekretär der Vorbereitungskommission beteiligt gewesen. Seit Jahrzehnten hatte sich Bugnini wissenschaftlich mit der Liturgie der Kirche befasst. So lehrte er seit 1948 als Liturgiewissenschaftler an der Lateranuniversität und gab die angesehene Zeitschrift *Ephemerides Liturgicae* heraus. Paul VI. wählte also keinen experimentierfreudigen und primär kirchenpolitisch ambitionierten Geist für die Umsetzung der Vorstellungen des Konzils aus, sondern er entschied sich für einen vielfach bewährten Fachmann. Seine Ernennung ist durchaus erst einmal als konservative Entscheidung zu deuten. Im Übrigen waren Alleingänge in einer Kommission, für die 200 Experten arbeiteten, kaum denkbar. Paul VI. seinerseits verfolgte die Arbeiten des *Consilium* intensiv und schaltete sich immer wieder persönlich ein. Daher sind Spekulationen schwer zu belegen, er habe sich von Bugninis Arbeit distanzieren wollen, indem er ihn 1976 zum Pro-Nuntius im Iran im Rang eines Erzbischofs ernannte. Dieser jedenfalls äußerte sich nicht negativ über seinen höchsten Dienstherrn, sondern verfasste vielmehr eine Schrift zur Rechtfertigung seiner eigenen liturgischen Bemühungen und derjenigen des Papstes. Er hob durchgehend dessen Engagement und Treue zum Konzil hervor.[13]

Der Leiter des *Consilium*, Kardinal Lercaro, war ebenfalls zahlreichen Attacken ausgesetzt, die nicht nur in seiner liturgischen Arbeit, sondern auch in seiner scharfen Ablehnung des Vietnamkriegs sowie in seiner Gesprächsbereitschaft gegenüber den in Bologna regierenden Kommunisten begründet lagen.[14]

Durch das Motu Proprio *Sacram Liturgiam* waren 1964 nur die Lesung der Bibeltexte während der Messfeier und die Feier der Eheschließung in der Volkssprache vorgesehen gewesen. Aber bereits am 27. Januar 1965 veröffentlichten Ritenkongregation und *Consilium* einen neuen Messritus, der die Verwendung der Volkssprache in weiten Teilen der Feier gestattete und eine Ausrichtung des Priesters zum mitfeiernden Volk hin ermöglichte.[15] Wenige Wochen später, am 7. März, feierte der Papst in der römischen Vorstadtpfarrei Ognissanti („Allerheiligen") erstmals öffentlich die Heilige Messe in italienischer Sprache. Euphorisch bemerkte er in seiner Predigt: „Es ist ein großes Ereignis, an das man einst als Anfang einer neuen Blüte des geistlichen Lebens erinnern wird, als Neuanfang im großen Dialog zwischen Gott und Mensch."[16] Dass er die Zäsur deutlich empfand, die damit gesetzt wurde, machen seine eigenen Worte beim Angelusgebet desselben Tages deutlich, als er geradezu von einem „Opfer" sprach, das die Kirche um der vom Konzil empfohlenen „aktiven Teilnahme" der Gläubigen an der Liturgie willen bringen müsse:

> „Die Kirche hat im Hinblick auf ihre eigene Liturgie etwas geopfert, nämlich das Lateinische – die sakrale, würdige, schöne, äußerst ausdrucksstarke und elegante Sprache. Sie hat jahrhundertealte Traditionen geopfert, und sie opfert vor allem die Einheit der Sprache bei den verschiedenen Völkern, um einer höheren Universalität willen, um alle Menschen zu erreichen."[17]

Dass eine solche Umstellung ohne Probleme vor sich gehen würde, erwartete Paul VI. sicher nicht. Schon bei der Abschlussitzung der zweiten Konzilsperiode hatte er geäußert:

> „Es ist unser Wunsch, dass sich jeder hinsichtlich der öffentlichen Gebete der Kirche an die geltenden Regeln hält und nicht private Änderungen oder persönliche Riten einführt; wir wollen, dass sich niemand die Vollmacht anmaßt, die Liturgiekonstitution nach eigenem Gutdünken anzuwenden, die wir heute in Kraft setzen. Erst sollen geeignete Normen festgelegt werden und die Veränderungen, welche die nach dem Konzil einzusetzenden Kommissionen legitimer

Weise vorsehen, approbiert werden. Das ehrenwerte Gebet der Kirche halle in der ganzen Welt mit einer Stimme wieder. Niemand störe es. Niemand verletze es."[18]

Es scheint, als habe er die weitere Entwicklung vorhergesehen, denn spätestens seit 1965 kam es bei der Feier der Liturgie in weiten Teilen der Kirche zu einem gewissen Wildwuchs und zu Eigenmächtigkeiten von Seiten vieler Geistlicher, so dass der Ruf nach verbindlichen Formeln immer lauter wurde. Es war die Zeit der Experimente – ältere Geistliche sprechen manchmal rückblickend von der Phase der „Ringmappen-Liturgie". Es verbreitete sich das Bewusstsein, dass der Gottesdienst nicht zuerst etwas Vorgegebenes, sondern zu Gestaltendes sei. Paul VI. nahm diese Gefahr deutlich wahr. Wiederholt äußerte er seine Besorgnis.[19] Rom musste zügig handeln: Mit der Apostolischen Konstitution *Missale Romanum* vom 3. April 1969 wurde durch einen zweiten großen Reformschritt eine revidierte Fassung des Messbuches in Kraft gesetzt.[20] Dieses neue *Missale Romanum* führt neben dem römischen Kanon drei weitere Hochgebete ein, von denen das zweite der *Traditio Apostolica* Hippolyts von Rom († 235) entlehnt ist, das dritte die Ekklesiologie und Christologie des Konzils spiegelt und das vierte ostkirchlicher Spiritualität verpflichtet ist.[21] Bei den jetzt erfolgten Neuerungen war es Paul VI. also um einen klaren Bezug zur Tradition, um eine Wahrung des altkirchlichen, mittelalterlichen und tridentinischen liturgischen Erbes sowie um eine konsequente Umsetzung des Konzils zu tun.

Wohl keine andere Neuerung in dem an solchen nicht eben armem Pontifikat Pauls VI. war innerkirchlich so umstritten wie die Liturgiereform. Auch wenn es das Konzil gewesen war, das die Grundlinien vorgegeben hatte, und obgleich die Durchführung durchaus nicht handstreichartig erfolgte, wurde sie doch vor allem ihm persönlich zugerechnet. Besonders bei konservativen Kräften regte sich früh schon Widerstand. Die Kardinäle Alfredo Ottaviani und Antonio Bacci (1885–1971) verfassten ein Begleitschreiben zu einem von Erzbischof Lefebvre angeregten Text, der den Titel „Kurze kritische Untersuchung des neuen Ordo Missae" trug und vom 5. Juni 1969 datierte. Er wurde um der größeren Verbreitung willen sogleich in alle wichtigen europäischen Sprachen übersetzt.[22] Hier wurden vermeintliche theologische Ungereimtheiten des neuen, zur Veröffentlichung anstehenden und bereits approbierten Messbuches aufgezeigt, zu denen die angebliche Überbetonung des Mahlcharakters der heiligen Messe sowie die Vernachlässigung des Opfercharakters gehörten. Überdies werde die Realpräsenz Christi in der Einführung des Missale nicht der Tradition entsprechend beschrieben. Ebenso werde verschwiegen, dass der Priester *in persona Christi* handle, und seine Rolle insofern unterbewertet. Am 21. August 1969 äußerten sich die beiden Kardinäle sogar in diesem Sinn im Fernsehen und benannten angebliche Unzulänglichkeiten der bisherigen Reformschritte. Beeindruckt durch diese Vorwürfe und in der Absicht, den Konsens möglichst breit zu gestalten, ordnete Paul VI. daraufhin eine Prüfung der neuen Vorschriften durch das *Consilium* und die Glaubenskongregation an und versah das zum ersten Advent des Jahres 1969 (30. November) vorgestellte *Missale Romanum* mit einer überarbeiteten Einführung, welche die angemahnten Defizite auszugleichen versucht und in der betont wird, dass das neue Messbuch keinen Bruch mit dem tridentinischen Messbuch aus dem Jahr 1570 darstellt, sondern die liturgische Tradition getreu wahrt. Es handle sich bei den offenkundigen Veränderungen nicht um Neuerungen, sondern um eine Reinigung im Sinn einer Freilegung der ursprünglichen Gestalt. Am 17. Mai 1970 trat das neue Messbuch endgültig in Kraft.

Aber auch im Kirchenvolk bemühte der Papst sich um Akzeptanz. So ergriff er besonders bei den wöchentlichen Generalaudienzen die Gelegenheit, seinen Hörern das erneuerte Liturgieverständnis zu erklären. Namentlich dass die Liturgie durch die Reform auf ganz neue Weise zur Feier der Gemeinschaft werde, ja dass die aktive Teilnahme der Gläubigen so erst ermöglicht werde, hob er immer wieder hervor. Der moderne Mensch werde an die Heiligen Schriften herangeführt und lerne so, sich seinem Schöpfer im Gebet zuzuwenden. Gerade dieses Anliegen wird man als die eigentliche Triebfeder im Handeln Pauls VI. ansehen müssen: Weil der Glaube unter den Bedingungen der Gegenwart nicht verlorengehen darf, ist die Liturgie in der Weise zu gestalten, dass keine unnötigen Barrieren zwischen Gott und Mensch geschaffen werden.

Von dieser Einstellung her war es ihm auch möglich, manche Neuerung hinzunehmen, die an sich nicht in seinem Sinn war. Er machte gegen alle Vorbehalte immer wieder deutlich, dass gerade die Landessprache den Gläubigen nicht nur ein besseres Verständnis der biblischen Texte sowie der gottesdienstlichen Gebete ermögliche, sondern dass sie auch aus pastoralen und missionarischen Gründen unabdingbar sei, wolle man den modernen Menschen erreichen. Dabei dürfte er persönlich zumindest gespalten gewesen sein, insofern er das Lateinische mit seinen würdigen Gesängen als Schatz ansah. Er erblickte in der Erhaltung der überkommenen Kultsprache im Leben der Kirche einen hohen Wert, da ein Großteil ihrer Kultur und Geschichte durch sie bestimmt sei. Er konnte es daher durchaus nicht verstehen, dass Ordensleute den altehrwürdigen Gregorianischen Choral gegen moderne Gesänge eintauschen wollten.[23] Schon 1962 hatte er als Erzbischof von Mailand während der Arbeiten der Zentralen Vorbereitungskommission des Konzils darauf bestanden, dieses solle festschreiben, dass die wesentlichen Teile der heiligen Messe in Latein zu zelebrieren seien.[24] Im Verlauf der Reform ging er davon aus, dass Vaterunser und Credo von allen Mitfeiernden in der alten Kirchensprache rezitiert werden müssten. Alle neuen liturgischen Texte wurden durch das von ihm nicht zuletzt zu diesem Zweck im Jahr 1964 gegründete *Pontificium Institutum Altioris Latinitatis* auf sprachliche Korrektheit, Zweckmäßigkeit und Ästhetik geprüft.[25] Am 26. September 1964, am 4. Mai 1967 und am 5. September 1970 wurden durch Ritenkongregation und *Consilium* Instruktionen veröffentlicht, die eine geregelte Umsetzung der Konstitution über die heilige Liturgie gewährleisten sollten – nicht zuletzt, was das Lateinische anging. Ein „Dammbruch" sollte wohl mit der ersten Instruktion *Inter Oecumenici* vermieden werden, welche die Landessprache noch auf einige wesentliche Teile der Messe wie die Lesungen beschränkte. Eine Genehmigung durch den Heiligen Stuhl war möglich für Übersetzungen der biblischen Lesungen, der Fürbitten, von Kyrie, Gloria, Credo, Sanctus, Agnus Dei, Offertorium, Zwischengesängen und der Dialoge zwischen Priester und Gläubigen.[26]

Aber dieser Dammbruch kam am Ende doch. Am 14. Juni 1971 gestattete die Gottesdienstkongregation den einzelnen Bischofskonferenzen, für die komplette Feier der heiligen Messe landessprachliche Formulare herauszugeben. Einen gewissen Schritt zurück vollzog der Papst im Jahr 1973, indem er sich die Approbation dieser Formulare vorbehielt. Die zentralen Texte der heiligen Messe (Gloria, Glaubensbekenntnis, Sanctus, Agnus) sollten in Latein gesungen oder gebetet werden.[27] Auch schwebte ihm vor, dass die Missalia stets zweisprachig waren. Aber die Entwicklung, dass komplett landessprachliche Gottesdienste zur Regel wurden, konnte er damit nicht aufhalten.

Nach und nach wurden auch die liturgischen Bücher für die Feier der anderen Sakramente (Taufe und Firmung 1971, Krankensalbung 1972, Beichte 1973) und für das Stundengebet der Kirche (1971) erneuert und auf die Verwendung der Landessprache umgestellt, ohne dass sich hier stärkerer Protest geregt hätte. Die Kasualien konnten ja schon seit dem Pontifikat Pius' XII. unter bestimmten Umständen in der Landessprache gefeiert werden.

Wenig Probleme bereitete hingegen die Einführung des ständigen Diakonates durch das Motu Proprio *Sacrum Diaconatus Ordinem* vom 18. Juni 1967, auf das noch einzugehen sein wird.[28]

War der Montini-Papst in der Frage der Liturgiereform treibende Kraft oder Getriebener? Sicher war er niemand, der die Entwicklungen einfach laufen ließ. Alle entscheidenden Reformschritte begleitete er. Gerade die Betonung einer neuen Verbindlichkeit nach 1965, die schließlich im Missale von 1969/1970 festgeschrieben wurde, geht entscheidend auf seine Interventionen zurück, ebenso wie manche konkrete Anregung. Bei der Beurteilung seiner Rolle in diesem Prozess bleibt allerdings ein zwiespältiger Eindruck zurück. Aufschlussreich ist in diesem Zusammenhang ein Brief, den er am 22. Mai 1971 an Bugnini richtete, um sich über die Abschaffung der Pfingstoktav zu beklagen.[29] Warum hatte er diesen Schritt nicht vorher verhindert? War er zu machtlos und hatte sich gegen sein eigenes *Consilium* nicht durchsetzen können? Oder war ihm die Angelegenheit entgangen?

Die Ablehnung durch konservative Kuriale und Kreise um Lefebvre setzte ihm zu, nicht weniger aber die Kritik katholischer Intellektueller, angeführt von Jacques Maritain, den er seit vier Jahrzehnten schätzte und verehrte. Einerseits konnte er die Reform durchaus innerlich bejahen, da sie trotz aller Unzulänglichkeiten das Ideal der Liturgischen Bewegung realisierte, den Gläubigen eine aktive und gemeinschaftliche Teilnahme am Gottesdienst zu ermöglichen. Aus pastoralen Gründen schien ihm die Erneuerung unabdingbar, wollte man den Glauben halbwegs erfolgversprechend an die kommenden Generationen weitergeben. Andererseits teilte er doch auch gewisse Vorbehalte der Kritiker, etwa wenn sie darauf hinwiesen, dass die lateinische Messe de facto abgeschafft werde und die Schönheit und Würde einer vorgegebenen Form zweifelhaften Experimenten weichen müsse. Bis zu seinem Lebensende wehrte er sich jedoch gegen die Vorstellung, die Liturgiereform stelle einen Bruch mit der Überlieferung dar:

> „Wir haben nicht nur die ganze Vergangenheit bewahrt, sondern auch die Quelle wiedergefunden, nämlich die älteste Tradition, die in ihrer Schlichtheit den Ursprüngen ganz eng verbunden ist. Nun, diese Tradition war im Laufe der Jahrhunderte verdunkelt, besonders im Konzil von Trient."[30]

Hier mag man sich allerdings fragen, ob den Papst nicht doch ein gewisses Maß an liturgischem Archäologismus leitet, wie er auch manchem Vertreter der zeitgenössischen Liturgiewissenschaft nicht fremd ist. Warum soll die ältere Traditionsschicht die würdigere sein, und nicht die in Jahrhunderten gewachsene? Die Ablehnung der Liturgiereform des Trienter Konzils erscheint jedenfalls zu pauschal und deshalb ungerecht – hatte dieses Konzil doch angesichts des Zusammenbruchs der kirchlichen Infrastruktur in weiten Teilen Europas Standards aufgerichtet, die in Zukunft eingehalten werden sollten. Man kann also von einer „Qualitätssicherung" in der Liturgie sprechen. Nur so wurde eine Konsolidierung des katholischen Bekenntnisses in Europa wie eine effektive Mission in der Neuen Welt erst möglich. Trient ist für Paul VI. dagegen weniger ein Modernisierungsschritt als ein im Kern konservatives Unternehmen, ein Inbegriff des „Feststehens in der Lehre der katholischen Kirche", wie es in seiner Predigt zum 400. Jahrestag des Konzils heißt.[31] Dieser Hinweis zeigt, dass seine kirchen- und geistesgeschichtlichen Vorentscheidungen sowie die ihn in der Liturgiefrage leitenden Zielvorstellungen jedenfalls noch weiterer Klärung bedürfen.

Die Bischofssynode

Wie bereits dargelegt wurde, erwartete Paul VI. für die Zeit nach dem Konzil eine Phase der ruhigen Umsetzung der Beschlüsse und ein allmähliches tieferes Verständnis der von der Kirchenversammlung promulgierten Texte. Mit größeren Schwierigkeiten scheint er zunächst nicht gerechnet zu haben. In seinen Reden gegen Ende der letzten Konzilsperiode hatte er zwar auf Probleme hingewiesen, welche das Konzil beeinträchtigt hatten, nachdem die anfängliche Euphorie verflogen war. Diese schienen ihm aber mit der schließlich erfolgten glücklichen Verabschiedung aller Dokumente überwunden zu sein.

Die Anwendung der Beschlüsse hatte er von vornherein nicht auf eine Zeit nach Beendigung des Konzils verschoben, sondern bereits parallel dazu damit begonnen. Das zeigt die Liturgiereform, die unmittelbar nach der Verabschiedung der entsprechenden Konstitution ins Werk gesetzt wurde. Auch in der Frage einer stärker kollegialen Ausübung der

27 Eröffnung der ersten Bischofssynode in Rom (29. September 1967)

höchsten Amtsgewalt in der Kirche, welche die Konzilsväter immer wieder avisiert hatten, zögerte der Papst nicht lange.[32] Wie bereits bemerkt wurde, hatte er zwar einen ausgeprägten Sinn für seine primatiale Stellung, doch konnte er von den starken demokratischen Wurzeln in seiner Familie her auch die Bedeutung der Kollegialität ermessen.[33] Für die meisten Beobachter völlig unerwartet, kündigte er bereits am 14. September 1965, also am Beginn der vierten und letzten Sitzungsperiode des Konzils, die Errichtung der Bischofssynode an. Zwar fällte er diese Entscheidung *sua sponte*, doch ist sie nicht vom Kontext des Konzils zu trennen. Vielleicht geht die Initiative aber auch hier auf Suenens zurück, der zu diesem Zeitpunkt noch sehr großen Einfluss auf den Papst hatte. Der Kardinal charakterisiert im Rückblick seine eigene Überzeugung zu jener Zeit wie folgt: „Die wahre Verwirklichung der Kollegialität muss in der Bischofssynode gesehen werden".[34] Am 15. September 1965 veröffentlichte der Papst das entsprechende Motu Proprio *Apostolica Sollicitudo*, durch das er seinen Willen in die Tat umzusetzen gedachte.[35]

Die Bischofssynode ist eine Versammlung ausgewählter Bischöfe, die vom Papst einberufen wird, um spezielle Themen zu diskutieren und so seine Entscheidung in der Sache vorzubereiten. Es handelt sich um ein rein beratendes Organ, das selbst keine bindenden Beschlüsse formulieren kann. Die Vorschläge für die Besetzung kommen mehrheitlich aus den Bischofskonferenzen. Die Bischofssynode ist nach einer treffenden Formulierung Luitpold Dorns ein „Instrument der kollegialen Mitverantwortung des Weltepiskopats in der Leitung der Gesamtkirche".[36]

Den Papst dürften zu der Schaffung dieser neuen Institution mehrere Gründe bewogen haben: Die Mehrheit der Bischöfe, das hatte das Konzil gezeigt, stammte nunmehr aus außereuropäischen Ländern. Eine Synode konnte die internationalere Zusammensetzung des Bischofskollegiums deutlicher zum Ausdruck bringen und umgekehrt das Wirken des Papstes stärker von der Arbeit der Kurie entkoppeln. Die Kurie hatte etwas Beharrendes und war tendenziell eher geneigt, Neuerungen, die vom Papst ausgingen, zu beschneiden. „Les papes passent, la Curie reste"[37], war die verbreitete Devise im Vatikan. Johannes XXIII. hatte humorvoll gesagt: „J'ai au moins 9 personnes au-dessus de moi!"[38]

Die Beharrungskräfte der Kurie waren besonders in der Vorbereitungsphase und in der ersten Sitzungsperiode des Konzils deutlich geworden. Paul VI. beließ viele hohe Kuriale zunächst im Amt, wahrscheinlich weil er sich davon eine Einbindung der konservativen Kreise versprach. Dass sich dies in Form von stiller Obstruktion und bisweilen in Akten offener Illoyalität rächte – man denke an die Stellungnahmen des greisen Kardinals Ottaviani zur Liturgiereform –, darf insofern nicht verwundern.

In dem Motu Proprio *Apostolica Sollicitudo* heißt es, die Synode verwirkliche die Anregung des Konzils, Bischöfe und Papst sollten enger zusammenarbeiten.[39] Allerdings findet sich kein expliziter Hinweis auf das Prinzip der Kollegialität; vielmehr wird die Synode auf den Primat hingeordnet, dessen Ausübung sie erleichtern soll. In der Öffentlichkeit wurde immer wieder kolportiert, Paul VI. sei nicht weit genug gegangen, insofern er nur ein Organ der Konsultation, nicht aber ein verbindlich entscheidendes und lehrendes Gremium eingeführt habe.[40] Vielleicht wollte er mit der Schaffung der Synode wirklich nicht so radikal in die Struktur der Kirche eingreifen, dass er neben Papsttum und Konzil eine weitere Ebene einschaltete, deren Stellung zwischen den beiden anderen Institutionen nur schwer zu bestimmen war, hatte doch die Klärung des Verhältnisses der Kompetenzen von Papst und Bischofskollegium die Theologie lange genug beschäftigt. Hier war gerade durch das Konzil eine gesunde Ausgewogenheit erreicht worden, die er sicher nicht erneut aufs Spiel setzen wollte. Es ist richtig: Es handelt sich „nur" um ein beratendes Organ – aber für einen Mann, der den „Dialog" zu seinem Programm erklärt hatte, kann es ein solches „nur" nicht geben. Paul VI. hat sich die Beratungsergebnisse der Synoden immer zu eigen gemacht und sie als nachsynodale Dokumente veröffentlicht. Überdies ließ er nach der als Alleingang empfundenen Enzyklika *Humanae Vitae,* die ihm weltweit viel Kritik eingetragen hat, nahezu alle wichtigen Fragen, zu denen er sich äußerte, zuvor von der Bischofssynode beraten.

In der Geschichte der Kirche hatte es immer wieder zentrifugale oder gar separatistische Tendenzen gegeben: Bischöfe bestimmter Regionen oder Länder hatten sich mehr oder weniger stark von Rom losgelöst und eine eigenständige Entwicklung betrieben, man denke etwa an den Gallikanismus, der im 17./18. Jahrhundert in Frankreich stark ausgeprägt war, oder an den deutschen Febronianismus im 18. Jahrhundert. Historisch gesehen mag die Einbindung der Bischöfe in die Leitung der Gesamtkirche nationalkirchlichen Bestrebungen vorbeugen. Dass auch weiterhin Vorsicht in dieser Richtung geboten war, sollten die Jahre nach dem Konzil deutlich zeigen. Die Kirchen in Holland, Belgien, Frankreich, in den USA und in vielen anderen Ländern gingen in dieser Zeit durchaus eigene und bisweilen eigenwillige Wege. Vielleicht mag es bei der Schaffung der Bischofssynode auch schon eine Rolle gespielt haben, dass der Papst den zunehmenden Einfluss der nationalen Bischofskonferenzen mit gemischten Gefühlen verfolgte. Die südamerikanische Bischofskonferenz CELAM sollte sich immer mehr als schwieriges Gegenüber erweisen. Paul VI. setzte auf eine für ihn charakteristische Lösung, die er schon mit seiner ersten Enzyklika zu seinem persönlichen Programm erhoben hatte, nämlich auf den ehrlichen Dialog.[41]

Die erste Synode, die am 29. September 1967 eröffnet wurde, hatte ein breites Arbeitsprogramm, zu dem liturgische Fragen, die Krise der Weitergabe des Glaubens, die Seminarausbildung, die Mischehenfrage und die Reform des Kirchenrechtes gehörten. Eine außerordentliche Synode fand 1969 statt und befasste sich mit Fragen des bischöflichen Amtes, der Kollegialität und des Primates. 1971 standen die Themen Priestertum und weltweite Gerechtigkeit im Mittelpunkt. Die Möglichkeit der Zulassung verheirateter Männer wurde verworfen. Die dritte Synode hatte im Jahr 1974 die Evangelisierung zum Gegenstand. Zunächst hatte man im Vatikan daran gedacht, über die Familie zu beraten, ging dann aber wohl auch deshalb davon ab, weil man die wegen der Enzyklika *Humanae Vitae* entstandenen Polarisierungen nicht weiter verschärfen wollte. Diese Entscheidung war klug, denn die Wahl eines anderen Themas sollte sich geradezu als Befreiungsschlag erweisen. Die Ergebnisse der Synode verarbeitete Paul VI. in dem Apostolischen Schreiben *Evangelii Nuntiandi* vom 8. Dezember 1975, einem vielbeachteten Dokument, das wahrscheinlich gerade wegen seiner Verwurzelung in den Arbeiten der Synode zu seinen theologisch tiefsten Texten gerechnet wird.[42] Die Ergebnisse der letzten Synode im Jahr 1977, welche die Katechese zum Gegenstand hatte, wurden durch das entsprechende nachsynodale Schreiben erst von seinem Nachfolger veröffentlicht.

In diesem Zusammenhang ist ein weiteres Gremium zu nennen, das der innerkirchlichen Konsultation und der theologischen Vergewisserung in Fragen sowohl aktueller wie grundsätzlicher Natur dient: Am 1. April 1969 rief Paul VI. die Internationale Theologenkommission ins Leben und griff damit eine Anregung der Synode des Jahres 1967 auf. Diese Kommission ist wie die Bischofssynode Ausdruck einer Geisteshaltung, nämlich des Willens, Kompetenz zu bündeln, sich von Fachleuten beraten zu lassen und ihr Urteil nötigenfalls auch über das eigene zu stellen. Dreißig von den Bischofskonferenzen vorgeschlagene Theologen kamen erstmals im Herbst 1969 unter dem Vorsitz des Präfekten der Glaubenskongregation zusammen. In seiner Zusammensetzung sollte dieses Gremium die kulturelle Vielfalt der Kirche und der Theologie widerspiegeln.[43] Paul VI. versicherte den Mitgliedern in seiner Ansprache am 6. Oktober 1969, er wolle die Freiheit der theologischen Forschung und einen legitimen Pluralismus nicht beschneiden.[44] Dass ihm dies ein echtes Anliegen war, zeigt sein Bekenntnis zur „zurecht bestehende[n] Verschiedenheit im theologischen und geistlichem Erbe“ im Credo des Gottesvolkes (1968). Er schätzte in seiner Zeit als Papst einige Theologen ganz besonders. Zu diesen gehörte Joseph Ratzinger (*1927), den er 1969 in die Internationale Theologenkommission aufnahm. Seine loyale und kirchlich gesinnte Theologie würdigt er einmal ausdrücklich.[45] Er zitiert immer wieder Yves Congar im Hinblick auf die Ekklesiologe und Henri de Lubac, mit dem er die Wertschätzung für die Kirchenväter teilt. Vertraut war er auch mit den Werken Pierre Teilhard de Chardins (1881–1955). Dessen Hinordnung aller Wirklichkeit auf Christus und seine Versuche, Evolutionstheorie, Schöpfungslehre und Christologie zu verbinden, bewunderte er.[46]

Die Reform der Kurie

Die neuzeitliche Kurie war 1587 im Gefolge des Konzils von Trient entstanden und 1908 durch Pius X. den veränderten Gegebenheiten angepasst worden.[47] Die innere vatikanische Ordnung war eine schwerfällige und gegenüber Veränderungen weitgehend resistente Wirklichkeit und hatte im Laufe der Jahrhunderte ein gewisses Eigenleben entwickelt. Die Leiter der Oberbehörden, der Dikasterien, „überlebten" einen Papst und kannten keine Emeritierung oder festgesetzte Amtszeiten. Im Konzil hatte sich die Kirche internationaler und vielfältiger als jemals zuvor in ihrer Geschichte präsentiert, die Kurie dagegen war zu dieser Zeit noch immer ein italienisch dominiertes und monolithisch wirkendes Unternehmen. In den Kontroversen mit der Kurie war das Bischofskollegium als bestimmende Kraft und (in Verbindung mit dem Papst) als die eigentliche Leitung der Kirche erschienen. Die Überzeugung begann sich durchzusetzen, dass die vatikanische Kurie ein Werkzeug der Päpste und des Bischofskollegiums in der Leitung der Gesamtkirche ist – nicht mehr und nicht weniger. So war es nur folgerichtig, dass im Verlauf des Konzils immer wieder eine Reform der Kurie nach dessen Vorgaben gefordert wurde. Eine Reform hatte dabei zwei unterschiedliche Tendenzen zu berücksichtigen: zum einen die Tendenz zur Zentralisierung bei Pius XII., der den Nuntien die Rolle zugewiesen hatte, Bindeglied zwischen Rom und den Ortsbischöfen zu sein; und zum anderen die seit Johannes XXIII. bestehende Tendenz, die Kollegialität stärker zu betonen und den Bischöfen größere Eigenständigkeit einzuräumen.[48]

Paul VI. war der richtige Mann für diese Aufgabe, kannte er die Kurie, ihre Mechanismen und die handelnden Personen doch seit vier Jahrzehnten, und davon drei Jahrzehnte von innen her. Da er aus einer Juristen- und Politikerfamilie stammte, war ihm überdies ein institutioneller Gestaltungswille nicht fremd.

Auffallend ist, dass die große Reform zwar von ihrem Ende her wie aus einem Guss erscheint, der Papst aber sehr wohl schrittweise vorging, weil er die Widerstände besser als andere voraussehen konnte. Eine Kommission unter Kardinal Francesco Roberti (1889–1977), Präfekt der Apostolischen Signatur, beriet ihn dabei. Es ging ihm zum einen um einen zweckmäßigeren Geschäftsgang der Kurie, um eine Optimierung der innerkurialen Prozesse. Zum anderen hatte er auch ein theologisches, von den Vorgaben des Konzils geleitetes Interesse. Diese Reform war für ihn entscheidend der Ernstfall und Praxistest einer neuen Form kirchlicher *communio*. Nach seinem Willen sollte die Kurie komplett neu aufgestellt und im Geist des Konzils, nicht bloß in einigen einzelnen Punkten, reformiert werden. Die Konzilsväter hatten im Dekret

Christus Dominus (Nr. 9) eine Neuordnung nahegelegt, „die den Erfordernissen der Zeit, der Gegenden und der Riten stärker angepasst ist, besonders was ihre Zahl, Bezeichnung, Zuständigkeit, Verfahrensweise und die Koordinierung ihrer Arbeit angeht."[49] Schließlich war es ihm um eine Akzentverschiebung zu tun, welche die durch die große Kirchenversammlung erneuerte Ekklesiologie widerspiegelte. Für Montini hatte das stärkere Gewicht der Ortskirchen (insbesondere der außereuropäischen Kirchen), wie es sich im Konzil gezeigt hatte, nichts Bedrohliches, sondern musste auch in der römischen Zentrale sichtbar zur Geltung kommen.[50]

Eine erste Ankündigung einer Reform machte er in einer Rede vor Vertretern der Kurie am 23. September 1963, also eine Woche vor Beginn der zweiten Konzilsperiode.[51] Danach bereitete er die Kurie, die Bischöfe und die Gläubigen immer wieder auf geplante Einschnitte vor. Warum er sich also selbst die Durchführung einer Kurienreform vorbehielt und diese nicht dem Konzil überließ, ist schwer zu sagen – möglicherweise, um den Widerstand der Kurie gegen das Konzil abzumildern.[52] 1965 erläuterte er, die Kirche müsse sich von äußeren Formen trennen, die für die Erfüllung ihres Auftrags nicht wesentlich und hilfreich seien, eine Aussage, die man auf vatikanischen Korridoren und in römischen Palazzi sicher mit Unbehagen gehört haben wird.[53] Paul VI. war zu vorsichtig und wohl auch zu weitblickend um zu wissen, dass eine Reform, die jahrhundertealte Usancen veränderte, erklärt und begründet werden müsse. In diesem Zusammenhang ist eine Entscheidung von großer Symbolkraft zu sehen, durch welche er zunächst das äußere Erscheinungsbild des Papsttums veränderte, also gewissermaßen vom Kopf her begann. Man mag von einem Präludium der eigentlichen Reformschritte sprechen, gewissermaßen von einer symbolischen Absichtserklärung, im Vatikan andere Zeiten anbrechen zu lassen: Am 13. November 1964 stand er einer Eucharistiefeier in St. Peter vor, zusammen mit dem melkitischen Patriarchen Maximos IV. von Antiochien. Pericle Felici, der Generalsekretär des Konzils, erklärte am Ende der Feier, dass der Papst die Tiara den Armen zu schenken gedenke. Dieser legte das Triregnum noch während der Feier ab und stellte sie auf den Papstaltar.[54] Seit dem hohen Mittelalter waren alle Päpste mit dieser

Krone gekrönt worden, die seit dem 14. Jahrhundert aus drei übereinander liegenden Reifen bestand, welche die über allen irdischen Königen stehende Würde des Trägers bezeichnen sollten. Die Tiara Pauls VI., die ihm vom Erzbistum Mailand geschenkt worden war, wurde nun dem Erzbischof von New York, Francis Joseph Spellman, überlassen, der dafür einen hohen, von amerikanischen Katholiken gespendeten Betrag an katholische Missionsstationen in Afrika überwies und sie öffentlich ausstellen ließ.[55] Das quasi-imperiale Auftreten des Papstes schien nicht mehr in eine Zeit zu passen, in der längst die Demokratie als beste aller möglichen Regierungsformen angesehen wurde.

Kennzeichnend für das Vorgehen Pauls VI. im Hinblick auf die Erneuerung der Kurie ist die Tatsache, dass seine strukturellen Reformen stets von Personalentscheidungen flankiert wurden. Diese betrafen zuerst die Kardinäle.[56] So stand bereits das erste Konsistorium, das er für den 22. Februar 1965 einberief, im Dienst seiner Vorstellungen. Im Konklave des Jahre 1963 hatten die Italiener noch eine „Sperrminorität". Hätten sie geschlossen abgestimmt, wäre ohne sie die erforderliche Zweidrittelmehrheit nicht erreichbar gewesen. Die Internationalisierung des Kollegiums wurde nun weiter vorangetrieben, denn unter den 27 neuen Kardinälen waren nur noch sechs Italiener. Diese Tendenz blieb auch in den folgenden Konsistorien bestimmend, so dass 1978 alle Erdteile im Kardinalskollegium vertreten waren, wenngleich noch nicht proportional zur Zahl der Katholiken in den jeweiligen Kontinenten. Im Todesjahr Montinis entstammten die Kardinäle immerhin 53 Ländern. Daneben setzte schon mit seinem ersten Konsistorium eine allmähliche Verjüngung des Kollegiums ein: Das Durchschnittsalter der „Senatoren" der Kirche sank bereits jetzt von 67 auf 63 Jahre.[57] Schließlich ist eine dezentrale Tendenz nicht zu übersehen: So waren im Jahr 1965 die meisten der 27 gerade ernannten Kardinäle nicht im Vatikan beschäftigt, sondern wirkten als Ortsbischöfe. Johannes XXIII. hatte bereits angeordnet, dass alle Kardinäle zu Bischöfen zu weihen seien. Eine Neuheit von vor allem symbolischer Tragweite bestand nun darin, dass zum ersten Mal in der Kirchengeschichte auch die Patriarchen der unierten Kirchen am Konsistorium teilnahmen. Das Motu Proprio vom 11. Februar 1965 *Ad Purpuratorum Patrum Collegium* regelte die Zugehörigkeit zum Kardinalskollegium entsprechend neu.[58] Die Patriarchen sollten den Rang von Kardinalbischöfen erhalten, ohne dass ihnen ein suburbikarisches (also im Umkreis von Rom gelegenes) Bistum zugewiesen wurde. Dadurch kamen diese Teil- und Ortskirchen stärker ins Blickfeld und wurden an gesamtkirchlichen Entscheidungen beteiligt. Das entsprach der Ausrichtung des Konzilsdekretes *Orientalium Ecclesiarum*, das ihre reiche liturgische und theologische Tradition würdigt und sie in ihrer Brückenfunktion zu den byzantinischen und orientalisch-orthodoxen Kirchen wahrnimmt. Schon zu Beginn der zweiten Sitzungsperiode des Konzils hatte er den Patriarchen der kleinen armenisch-katholischen Kirche, Pierre Agagianian, als einen der vier Konzilsmoderatoren ausgewählt. Die bereits in den Blick genommene Bischofssynode wurde im Übrigen ein weiteres Instrument bei dem Großprojekt der Neujustierung des Verhältnisses zwischen dem Papst mit der ihm beigeordneten Kurie und den Bischöfen in der Welt „draußen" (wie man an der Kurie sagt).

Nach dieser Vorbereitung wurden die strukturellen Reformen zügig in Angriff genommen. Die einzelnen Dikasterien erhielten eine veränderte Umschreibung und zum großen Teil auch neue Namen, beginnend mit dem Heiligen Uffizium. Unter Pius X. war die 1542 als Inquisition gegründete Behörde zum letzten Mal grundlegend umstrukturiert und zu einer Art kurialem Zentralorgan geworden. Die Eingangsworte des entsprechenden Motu Proprio vom 7. Dezember 1965, dem letzten Tag des Konzils, lauten *Integrae Servandae* – „unversehrt zu bewahren".[59] Das entspricht genau dem Geist des päpstlichen Verfassers: Reformen werden konsequent in Angriff genommen, aber mit allem schuldigen Respekt gegenüber der Tradition. Aus der Kongregation des Heiligen Uffiziums ging die Kongregation für die Glaubenslehre hervor, wobei der Grundauftrag neu umschrieben wurde: Aus der strafenden Behörde sollte gewissermaßen eine lehrende werden. Nicht mehr Irrlehren sollen aufgespürt, sondern Glaube und Sitte aktiv geschützt werden. Klare Verfahrensregeln ermöglichen es nun dem Autor, dessen Schriften angezeigt wurden, sich zu rechtfertigen und missverständliche Stellen zu korrigieren bzw. zurückzuziehen.[60] Der Ordinarius der betreffenden Person ist in jedem Fall einzubeziehen. Das Amt des Kommissars, der selbst bei angenommenen Abweichungen von der rechten Lehre Prozesse anstrengen konnte, wurde abgeschafft. An seine Stelle trat vom Rang her wie in den anderen päpstlichen Oberbehörden ein Untersekretär (*Sottosegretario*). Dass der an dieser Stelle von Paul VI. platzierte belgische Dogmatiker Charles Moeller (1912–1986), ein großer Kenner der modernen Literatur, sich nicht recht durchsetzen konnte, liegt am ehesten daran, dass mit Alfredo Ottaviani der alte Leiter des Uffiziums zunächst bis 1968 im Amt blieb und ihn nicht recht zum Zuge kommen ließ.[61]

Zwei Entscheidungen im Vorfeld der Neuumschreibung der Glaubensbehörde stehen in direktem Zusammenhang mit dieser Maßnahme: In seiner Antrittsenzyklika *Ecclesiam Suam* vom 6. August 1964 erscheint *Dialog* als Schlüsselbegriff. In Kontinuität mit seinem Vorgänger, der 1960 für den Dialog mit den Nicht-Katholiken das Einheitssekretariat geschaffen hatte, rief auch Paul VI. zwei Sekretariate ins Leben, die dem Dialog verschrieben sind: am 17. Mai 1964 eines für den Dialog mit den Nicht-Christen (also mit den anderen Religionen), und am 9. April 1965 eines für die Nicht-Glaubenden. Am 6. Januar 1967 schließlich errichtete er die Kommission *Justitia et Pax*, welche der Verbreitung der kirchlichen Soziallehre, der Arbeit für Frieden und Gerechtigkeit sowie der Vernetzung und dem Gespräch mit ähnlichen Gruppen in aller Welt dienen soll. Damit löste er Sachgebiete aus der Kompetenz der Glaubensbehörde heraus. Nicht die abwehrende Verurteilung abweichender Glaubensrichtungen und Weltanschauungen war nun das Paradigma der Zeit, sondern der um Verständnis bemühte Austausch mit ihnen. Auch die Gründung der Internationalen Theologenkommission hat mit dieser Neuausrichtung des ehemals ranghöchsten Dikasteriums zu tun. Es deutet manches darauf hin, dass Paul VI. es als ungenügend empfand, sich in theologischen Fragen lediglich von der Glaubenskongregation beraten zu lassen. Sicher wurde die Kommission nicht „gegen" diese ins Leben gerufen – blieb sie doch eng an die Glaubenskongregation angebunden, deren Präfekt die Arbeiten koordiniert und moderiert. Doch wird de facto theologischer Sachverstand von außen her in die Arbeit der Kirchenleitung integriert. Das war ein neuer Aspekt.

Ein weiterer wichtiger Schritt erfolgte am 6. August 1967, als durch das Motu Proprio *Pro Comperto Sane* festgelegt wurde, dass die römischen Kongregationen künftig auch mit Ortsbischöfen als vollberechtigten Mitgliedern zu besetzen seien.[62] Diese Bischöfe sollten an den Vollversammlungen teilnehmen, in denen wichtigere Angelegenheiten und solche von grundsätzlicher Bedeutung zur Behandlung anstehen. Die Kollegialität der Bischöfe war vom Konzil betont worden, und so schien es dem Pontifex folgerichtig, Ortsbischöfe stärker an der Arbeit der römischen Behörden zu beteiligen. Bisher hatten neben den Kurienkardinälen auch schon vereinzelt nicht in Rom residierende Kardinäle an deren Sitzungen teilgenommen. Die neue Regelung dagegen ermöglichte erst eine wirkliche Internationalisierung des Kurienbetriebs. Auch Laien konnten nun als Konsultoren benannt werden. Die Kurie wurde so sichtbar zum Organ der Weltkirche, und ihre Dikasterien erscheinen nicht mehr bloß als „Ministerien" des Papstes.

Nach diesen Neuerungen konnte nun der Hauptschritt getan werden. Das Reformdokument, durch das am 15. August 1967 umgreifende Neuerungen angekündigt wurden, trägt nach seinen Eingangsworten den programmatischen Titel *Regimini Ecclesiae Universae,* denn um nichts weniger sollte es gehen als um die „Leitung der Gesamtkirche".[63] Der Papst macht schon mit der Wahl dieses *Incipit* (also der Eingangsworte) deutlich, dass die vatikanischen Dikasterien primär als universalkirchliche Einrichtungen gesehen werden müssen. In den zum 1. Januar 1968 in Kraft tretenden Bestimmungen wird herausgestellt, dass die Reform sowohl die Vorgaben des letzten Konzils aufnehme als auch der jahrhundertelangen Tradition der Kirche verpflichtet sei. Nach zwei Seiten hin musste sich der päpstliche Gesetzgeber absichern: gegenüber den konservativen Kräften, die es vor allem im Vatikan gab, und gegenüber denen, die noch weiterreichende Schritte erwartet hatten, etwa im Sinn einer Perpetuierung und Institutionalisierung des Konzils. Eine Vielzahl von Einzelbestimmungen sollte das Miteinander der vatikanischen Behörden effektiver regeln und zu einer Vereinfachung des Geschäftsablaufs führen. Gemäß *Regimini Ecclesiae Universae* waren vier Klassen vatikanischer Zentralbehörden vorgesehen: Kongregationen, Tribunale (Gerichtshöfe), Räte und Ämter. Die Leiter der einzelnen Dikasterien werden nurmehr für fünf Jahre ernannt und verlieren (von wenigen Ausnahmen abgesehen) mit dem Tod des Papstes ihr Amt. Ihre Amtszeit kann allerdings erneuert werden. Das Staatssekretariat sollte als

Lenkungsorgan für weltkirchliche Angelegenheiten und als Koordinierungsstelle für die einzelnen Dikasterien weitgehend an die Stelle des alten Heiligen Uffiziums treten. Besonders dem Amt des Substituten, das Montini selbst innegehabt hatte und das unter Pius XII. eine wichtige Schaltstelle zwischen Papst und Kurie gewesen war, dachte er eine zentrale Aufgabe zu. Dass das Heilige Uffizium nun nicht mehr den Rang der „Suprema“, also des höchsten Kurienorgans haben sollte und diesen an das Staatssekretariat abtreten musste, wurde besonders von dessen Präfekt Alfredo Ottaviani scharf kritisiert. In Fragen der Leitung der Kirche seien nun diplomatische Erwägungen statt doktrinärer bestimmend.[64] Die Heilige Kongregation für die außerordentlichen kirchlichen Angelegenheiten, zuvor dem Staatssekretariat zugeordnet, wurde als Rat für die öffentlichen Angelegenheiten der Kirche eine eigene, aber mit dem Staatssekretariat eng verbundene Behörde. Die Konsistorialkongregation wandelte der päpstliche Gesetzgeber in die Kongregation für die Bischöfe um. Neu in ihren Aufgaben umschrieben und anders benannt wurden auch die Kongregationen für den Klerus (zuvor Konzilskongregation), für die orientalischen Kirchen, für das Ordenswesen und die Säkularinstitute, für das katholische Bildungswesen und für die Evangelisierung der Völker. Die Kongregationen für die Selig- und Heiligsprechungen, für die Sakramente und für den Gottesdienst (zuvor Ritenkongregation) erhielten erst in weiteren Reformschritten ihre heutige Gestalt (31. Mai 1969/31. Juli 1975). Zu den neun Kongregationen kamen die drei Sekretariate für den Dialog mit den nicht-katholischen Christen, mit den Nicht-Christen und den Ungläubigen hinzu. Im Kontext des Konzils entstanden, konnten diese sich unter Paul VI. als dauerhafte Behörden etablieren. Bereits am 6. Januar 1967 waren der Laienrat und die päpstliche Kommission *Justitia et Pax* ins Leben gerufen worden. Drei Gerichtshöfe überlebten die Reform mit veränderten Kompetenzen. Die Kompetenzen der Kommission für die sozialen Kommunikationsmittel weitete Paul VI. erheblich aus, so dass diese nun auch für die Kontrolle der gesamten vatikanischen Pressearbeit zuständig war.[65]

Bei den vatikanischen Ämtern kam es ebenfalls zu einer Neuordnung: Durch die Reform von 1967 wurde die Apostolische Datarie abgeschafft, welcher die Gewährung bestimmter Benefizien und Dispensen oblag. Die Kanzlei, in der seit jeher wichtige Dokumente ausgefertigt wurden, und die Kammer, die für die Güter des Heiligen Stuhles zuständig war, blieben bestehen, aber daneben wurde eine Präfektur für die wirtschaftlichen Angelegenheiten des Heiligen Stuhles (gewissermaßen als Zentral- und Kontrollorgan), eine Behörde für die Administration der Pfründe des Heiligen Stuhles und die Präfektur des Apostolischen Palastes neu geschaffen.[66] Die Gründung des Päpstlichen Rates für Migrantenseelsorge am 19. März 1970 und des päpstlichen Rates *Cor Unum* zur Koordination der kirchlichen Aktivitäten im Bereich der Entwicklungshilfe und Caritas am 15. Juli 1971 bildete einen vorläufigen Abschluss.[67]

Eine Maßnahme, die nicht direkt mit der Kurienreform zusammenhängt, wurde dennoch zu einem wichtigen Faktor, der die Veränderung begleitete: Am 6. August 1966 führte Paul VI. mit dem Motu Proprio *Ecclesiae Sanctae* eine Altersgrenze für Bischöfe ein, die seitdem dem Papst mit der Vollendung des 75. Lebensjahres ihren Rücktritt anbieten müssen.[68] Für Unmut unter manchen älteren Kardinälen sorgte das Motu Proprio *Ingravescentem Aetatem* vom 21. November 1970, mit dem er die Altersgrenze für die Zugehörigkeit zum Konklave und damit das aktive Wahlrecht bei der Papstwahl auf 80 Jahre festsetzte.[69] Beispielsweise warf Kardinal Tisserant dem Papst am 27. November im französischen Fernsehen vor, er sei vor allem auf den Applaus der ganzen Welt aus, denn die Welt verlange, dass die Alten verschwinden. Kardinal Ottaviani, den der Papst gerade entpflichtet hatte, hielt diesem einen Bruch mit der Tradition der Kirche vor.[70] Giselda Adornato führt das Nachdenken über eine Altersgrenze für hohe kirchliche Würdenträger auf Anregungen seines Lehrers Bevilacqua zurück, während Kardinal Suenens die entsprechende Initiative nach dem Tod Montinis für sich in Anspruch nahm.[71] Dieser besuchte am 1. September 1966 das Grab Coelestins V. in den Abruzzen, des berühmtesten Papstes, der zurückgetreten war. Der als Pietro di Murrone (1212–1296) geborene Einsiedler war in völlige Abhängigkeit von Karl II. von Anjou, dem Beherrscher Süditaliens, geraten und trat nach nur fünfmonatiger Regierung zurück, da er seine Ohnmacht einsah. Sein Nachfolger Bonifaz VIII. hielt ihn bis an sein Lebensende gefangen, um ein Papstschisma zu vermeiden. Bei seinem Besuch in Fumone strich Paul VI. die Richtigkeit der Entscheidung heraus, die jener mit seinem Amt überforderte und zum Spielball der Mächtigen gewordene Papst getroffen hatte.[72] Nicht zuletzt dieser Besuch lässt darauf schließen, dass er für sich selbst einen möglichen Rücktritt ernsthaft in Erwägung zog, nach einigem Überlegen aber bewusst davon Abstand nahm. Spätestens im Jahr 1970 hatte er sich dazu durchgerungen, „bis zum Ende" im Amt zu bleiben.[73] Immerhin schrieb er neben dem Testament auch einen Brief, in dem er seinen Amtsverzicht für den Fall erklärte, dass er sein Amt nicht mehr ausüben könne.[74] Übrigens ist es sicher kein Zufall, dass Benedikt XVI. im Jahr 2009 ebenfalls Coelestin V. seine Reverenz erwies. Freilich kam er in der Frage des Rücktritts für sich persönlich zu einem anderen Entschluss.

Im Zuge der Reform wurde die umstrukturierte Kurie mit neuen Personen besetzt. In der Leitung der römischen Zentralbehörden kam es nun zu einer deutlichen und gewollten Internationalisierung. Dem Österreicher Franz König (1905–2004) wurde die Leitung des neuen Sekretariats für die Nicht-Glaubenden anvertraut. Die Kommission *Justitia et Pax* und der Laienrat unterstanden seit 1967 Maurice Roy (1905–1985), dem langjährigen Erzbischof von Québec. Interessant scheint, dass sowohl König als auch Roy ihre Aufgaben als Diözesanbischöfe beibehielten und es so zu einer weiteren Verzahnung von Ortskirche und Kurie kam. Die wohl einschneidendste Personalie war die Ersetzung des langjährigen Leiters der Glaubenskongregation und ihrer Vorgängerbehörde, des Kardinals Alfredo Ottaviani, durch den Kroaten Franjo Šeper (1905–1981), der zuvor Erzbischof von Zagreb gewesen war, am 8. Januar 1968. Als Kardinalstaatssekretär war zunächst Amleto Cicognani, Nachfolger Tardinis in diesem Amt, bestätigt worden. Ihm folgte nach dem Überschreiten der Altersgrenze im Jahr 1969 der Franzose Jean-Marie Villot (1905–1979), der zuvor ein Jahr lang die Kleruskongregation angeführt hatte. Auch er war als ehemaliger Diözesanbischof (von Lyon) an der Kurie ein *homo novus*.[75] Wichtiger Knotenpunkt des kurialen Geschäftsgangs blieb das Amt des Substituten, das seit 1967 von Giovanni Benelli (1921–1982) besetzt wurde, der einst dem Substituten Montini als Sekretär gedient und an diesem also erlebt hatte, wie dieses Amt auszuüben war. Ab 1969 nutzte Benelli gezielt die neugeschaffenen

Spielräume, um die Kurienreform im Sinn des Papstes umzusetzen. Obgleich dieser die großen Linien vorgab, gingen doch die Dossiers mit den nötigen Informationen über den Schreibtisch des Substituten. Er organisierte, wer Zugang zum Papst erhielt. Der Prälat blieb Montinis Schaltstelle zur Kurie, bis er 1977 zum Erzbischof von Florenz ernannt und zum Kardinal erhoben wurde. Sein Nachfolger Giuseppe Caprio (1914–2005) wurde ein willfähriger Diener des Papstes. Ebenfalls eine starke Stellung hatte der zum ersten Sekretär des Rates für die öffentlichen Angelegenheiten der Kirche ernannte Agostino Casaroli (1914–1998) inne, der die delikate Aufgabe hatte, die Ostpolitik des Vatikans zu koordinieren.[76] Mit Gabriel-Marie Garrone (1901–1994), der den neunzigjährigen Giuseppe Pizzardo ablöste, einen Förderer des jungen Montini, stand nun ein anderer Franzose an der Spitze der Bildungskongregation, auch er in der Leitung eines großen Bistums bewährt (Toulouse). Deutlich ist eine Präferenz für französischsprachige Prälaten zu erkennen, was nicht weiter verwundert, da sich der Papst des Französischen wie einer zweiten Muttersprache bediente. Heute erscheint es als Selbstverständlichkeit, dass die zentralen vatikanischen Dikasterien von Nicht-Italienern geleitet werden. In den sechziger Jahren war das eine echte Palastrevolution, gewissermaßen eine Revolution von oben.

Paul VI. betrieb von Anfang an auch eine gezielte Personalpolitik auf der mittleren Ebene, wo er zahlreiche Personen einsetzte, die er von seiner römischen Zeit her kannte und schätzte. Der Umbau der Kurie wäre nicht möglich gewesen ohne dieses neue Personal in der Leitung und in der Administration der neuen oder reformierten Behörden. Dadurch dass die Amtszeiten nun nach fünf Jahren endeten, sollten Erstarrungen vermieden und ein effektiveres Arbeiten erreicht werden.

Auch die Nuntien müssen – wie das Motu Proprio *Sollicitudo Omnium Ecclesiarum* vom 24. Juni 1969 betont – zuerst im Dienst der Weltkirche stehen, indem sie als Bindeglieder zwischen Papst und Ortskirchen fungieren.[77] Sie sind zu den Bischofskonferenzen eingeladen sowie bei Bischofsernennungen einzubinden und fungieren als Berichterstatter dem Heiligen Stuhl gegenüber. Einer Verselbständigung ihres Auftretens, wie es zuvor nicht selten beobachtet werden konnte, war somit ein Riegel vorgeschoben.

Wie eingangs bemerkt, ging es dem Montini-Papst nicht nur um Strukturveränderungen und Personalentscheidungen, sondern auch um ein erneuertes Erscheinungsbild des Vatikans. Bereits erwähnt wurde der Verzicht auf die Tiara. Im Rahmen der Kurienreform wurde der Index der verbotenen Bücher faktisch abgeschafft, mit dem seit 1559 Katholiken bei Kirchenstrafen die Lektüre „indizierter" Schriften untersagt worden war. Der Index hatte zuvor schon jede praktische Relevanz verloren und war zum Relikt geworden, das viele Zeitgenossen an Zeiten der Inquisition oder des Syllabus erinnerte, mit dem 1864 moderne weltanschauliche Strömungen verurteilt worden waren. 1948 waren gut 5.000 Titel indiziert worden – eine verschwindend geringe Zahl angesichts der weltweiten Buchproduktion. Seitdem waren nur noch 35 Titel hinzugekommen (u.a. die Werke Jean-Paul Sartres).[78] Es entsprach nicht mehr dem Geist des Zweiten Vatikanischen Konzils, zentral für alle Ortskirchen und für jeden Christen Verbotslisten zu erstellen. Mit der Haltung der Dialogbereitschaft galt es, abweichende Positionen nicht mehr pauschal zu verurteilen, sondern mit ihnen ins Gespräch zu kommen. Das Motu Proprio *Integrae servandae* vom 7. Dezember 1965, mit dem das Heilige Uffizium in die Glaubenskongregation umgewandelt wurde, hatte den Index schon gar nicht mehr erwähnt. Die neue Behörde setzte ihn dann mit der Erklärung *Post Litteras Apostolicas* zum 14. Juni 1966 faktisch außer Kraft, indem sie die bisher bestehenden Sanktionen aufhob.[79] Die jeweiligen Ortsbischöfe sollten nun ihre Verantwortung für die ihnen anvertrauten Gläubigen wahrnehmen, und nicht zuletzt waren diese selbst als mündige Christen aufgerufen, dem Glauben abträgliches Schrifttum zu erkennen und zu meiden.

Auch der Antimodernisteneid, der 1910 von Pius X. zur Bekämpfung „modernistischer" Lehren eingeführt worden war, wurde nun abgeschafft. Bislang hatten verschiedene Personengruppen (etwa Pfarrer bei der Übernahme einer Pfarrei, Professoren und Ordensobere) diesen Eid ablegen müssen. Paul VI. ersetzte ihn durch das Glaubensbekenntnis und eine Erklärung zu den kirchlichen Glaubenslehren, die sowohl Dogmen als auch Erklärungen des ordentlichen Lehramtes umfasst. Explizit genannt werden die Ekklesiologie, die Sakramentenlehre und der Primat.[80] Wiederum siegte damit der Geist des Dialogs: Es war schlechthin nicht mehr zeitgemäß, abweichende Lehren pauschal zu verurteilen, statt sich kritisch mit ihnen auseinanderzusetzen. Durch obrigkeitlich angeordnete Gehorsamsakte ließ sich keine Glaubenstreue erzeugen, war Montini überzeugt. Zudem konnten einige der früheren antimodernistischen Verurteilungen spätestens seit dem Konzil als theologisch überholt gelten.

Zum moderneren, schlichteren Erscheinungsbild des Vatikans gehörte auch eine umfassende Vereinfachung des Zeremoniells. Schon an den jetzt eingeführten Bezeichnungen sollte der Wandel deutlich werden. Durch das Motu Proprio *Pontificalis Domus,* das nicht mehr vom Päpstlichen „Hof", sondern vom Päpstlichen „Haus" spricht, wurde am 28. März 1968 der alte Hofstaat de facto abgeschafft.[81] Zum Päpstlichen Haus, das einem Präfekten untersteht, zählen nur noch Personen, die auch wirklich für den Heiligen Vater arbeiten. In diesem Zusammenhang schuf Paul VI. die Kategorie der „Ehrenmänner seiner Heiligkeit", der „Gentiluomini di Sua Santità". Ihr Amt wird persönlich verliehen und nicht mehr erblich weitergegeben. Die zumeist bürgerlichen Laien tragen im Dienst schwarzen Frack und Dienstkette. Fast alle Ehrenämter und Honorarposten, die seit Menschengedenken von Angehörigen der Adelsgeschlechter Roms und Latiums in traditionellen Uniformen versehen worden waren und die zuletzt weitgehend zeremoniellen, ja dekorativen Charakter hatten, wurden durch das päpstliche Dokument ersatzlos gestrichen. Adlige Laien, die als „Geheimkämmerer" in spanischer Hoftracht, mit Degen und Mantel ausgestattet, ihren Dienst taten, sollten in der Gegenwart nicht das Bild des Heiligen Stuhls bestimmen. Fortan wurde der Papst nicht mehr von Straußenwedeln, Laternen, schwarzkostümierten Ehrengardisten und Baldachinen begleitet. Etliche weitere Kuriositäten wie etwa das Amt des Oberstallmeisters oder des Geheimen Speisenvorkosters wurden durch das genannte Motu proprio abgeschafft. Einem Kirchenführer, dem es darum ging, die Kirche als modernitätstauglich erscheinen zu lassen, mussten diese alten Zöpfe besonders lästig sein. Dass er sich damit keine Sympathien beim Adel schuf, steht auf einem anderen Blatt. Auch für die Kardinäle, Bischöfe und Priester erließ Paul VI. neue Bestimmungen, durch welche deren Dienst, Kleidung und Zeremoniell erheblich vereinfacht wurden.

Die lange Schleppe der Kardinäle etwa war längst zum Anachronismus geworden.[82]

28 Vatikanisches Hofzeremoniell: Der Papst am Tag seiner Krönung (30. Juni 1963)

Ferner setzte er im Blick auf das Zeremoniell einen weiteren kleinen, doch signifikanten Akzent. Er reihte sich sichtbar in die Schar der Bischöfe ein, indem er ein von ihm erdachtes Werkzeug einführte: Der Papst verwendete traditionell keinen Bischofsstab, was auch nicht nötig war, denn er wurde beim Einzug in die Kirche getragen und saß ansonsten die meiste Zeit. Nun ließ der Montini-Papst einen Stab anfertigen, an dessen oberem Ende ein von dem neapolitanischen Künstler Lello (Raffaele) Scorzelli (1921–1997) gestaltetes Kruzifix zu sehen ist.[83] Diesen Kreuzstab hielt er bei liturgischen Anlässen in seiner Linken. Er sollte bald schon zu einem festen Attribut, ja zu einem Markenzeichen werden.

Letzter Mosaikstein des großangelegten Reformprojektes wurde die Apostolische Konstitution *Romano Pontifici Eligendo* vom 1. Oktober 1975, durch die die Wahl des Papstes in einigen Elementen neu geregelt wird.[84] Anders als von vielen erhofft, hielt er an der Zuständigkeit der Kardinäle fest und übertrug die Wahl nicht der Bischofssynode, dem Konzil oder einem gemischten Gremium aus Synode und Kardinälen.[85] Paul VI. blieb dabei: Die Wahl ist Obliegenheit der römischen Kirche, welche durch die Kardinäle repräsentiert wird. Konzil und Bischofssynode enden bei Sedisvakanz automatisch. Die Zahl der Wähler begrenzte er auf 120 Kar-

29 Papstkreuz („Croce pastorale"): Entwurf Lello Scorzellis, 1963 (Collezione Paolo VI im Museum der Associazione Arte e Spiritualità, Concesio bei Brescia)

dinäle, die maximal 80 Jahre alt sein dürfen. Durch die jeweiligen Kardinalserhebungen sollte dieses Quorum eingehalten werden. Eine über diese Zahl hinausgehende Höchstgrenze legte er bewusst nicht fest, um freie Hand zu haben, verdiente Männer durch den Kardinalspurpur auszuzeichnen. So hatte er bereits bei seinem ersten Konsistorium seinen alten geistlichen Begleiter, den Oratorianer Giulio Bevilacqua, in das Kollegium aufgenommen. Dieser akzeptierte die Erwählung nur unter der Bedingung, einfacher Pfarrer in Brescia bleiben zu dürfen. Daneben werden in dem genannten Dokument Details geregelt. Von einer Krönung ist explizit noch die Rede.[86] In dieser Hinsicht wollte Paul VI. also wohl seinen Nachfolgern nicht vorgreifen.

Parallel zur Kurie wurde auch die Diözese Rom reorganisiert. Diese sollte in der Umsetzung des Konzils zur Musterdiözese werden, die römischen Verhältnisse Vorbildcharakter für alle anderen Bistümer haben.[87] Als erster Papst seit Menschengedenken besuchte Paul VI. daher die römischen Pfarrgemeinden, welche er als wichtigstes Instrument zur Rechristianisierung der *urbs* betrachtete. Die Weihnachtsmesse feierte er wiederholt in den Vororten der Stadt, wie er es bereits als Bischof in Mailand praktiziert hatte. Er selbst formulierte am 5. Februar 1967 Normen für die Erneuerung seines Bistums, begann auf den Tag einen Monat später eine umfassende Visitation und richtete den Diözesanpastoralrat ein.[88] Er bediente sich für das Amt des Generalvikars bewährter und ihm vertrauter Männer. Nachdem er noch eine Zeitlang Clemente Mircara (1879–1965), der schon Pius XII. gedient hatte, im Amt belassen hatte, setzte er 1965 zunächst Luigi Traglia (1895–1977) ein. Da dieser vom Geist der konziliaren Reformen einigermaßen unberührt geblieben war, war seine Berufung ein Rätsel. Wollte der Papst eine allzu stürmische Umsetzung des Konzils in seiner eigenen Diözese vermeiden? Musste er zunächst Rücksicht auf die konservativen Kreise nehmen? Auf Traglia folgte drei Jahre später Angelo Dell'Acqua (1903–1972), der sein Nachfolger als Substitut im Staatssekretariat und zuletzt Leiter der Präfektur für die wirtschaftlichen Angelegenheiten des Heiligen Stuhles gewesen war. Mit ihm begann die neue Tradition, dass die Kardinalvikare von Rom fast schon wie eigenständige Bischöfe wirkten und entsprechend stark in der italienischen Öffentlichkeit präsent waren.[89] Nach seinem Tod im Jahr 1972 folgte ihm Ugo Poletti (1914–1997), der für zwei Jahrzehnte zu einer der bestimmenden Figuren des italienischen Katholizismus wurde. Durch die Apostolische Konstitution *Vicariae Potestatis in Urbe* vom 9. Januar 1977 sollte Paul VI. schließlich eine rechtliche Neuordnung der Diözese Rom vornehmen, die im Wesentlichen bis heute Bestand hat.[90]

Die Kurienreform Pauls VI., für die dieser durch seine langjährige Kenntnis des Vatikans geradezu prädestiniert war, zog sich über zwölf Jahre hin. Durch sie sollte die Kurie nicht nur effektiver arbeiten, sondern es sollten vor allem die ekklesiologischen Vorgaben des Konzils in praktische Bestimmungen des Rechtes und der Verwaltung umgesetzt werden. Ortsbischöfe wurden in den Geschäftsgang der Kurie eingebunden, die damit ein stärker internationales Gepräge erhielt. Es kam zu einer Neuumschreibung der römischen Dikasterien, die von einem breiten personellen Revirement flankiert war, zu dem auch die Einführung einer Altersgrenze für höhere Kirchenämter gehörte. Die reformierte Kurie, die nun stärker als ein Organ der Weltkirche wahrgenommen wurde, hatte nach Auffassung des päpstlichen Gesetzgebers Modellcharakter für die ganze Kirche. Auf jeder Ebene und damit auch in den einzelnen Bistümern sollten kollegiale Strukturen geschaffen werden, namentlich ein Priesterrat und ein Pastoralrat, in dem auch Laien vertreten sind.[91]

Von der Weltöffentlichkeit wurde zunächst die radikale Vereinfachung des vatikanischen Zeremoniells wahrgenommen, welche die Reform der Kurie begleitete. Als ein Mann, der um die Kraft der Gesten und Inszenierungen wusste, hat er seine Maßnahmen auf diese Weise publik zu machen verstanden. Bei der Reform der Kurie erwies sich Paul VI. als so tatkräftig, zielstrebig, sicher und kundig wie in kaum einem anderen Bereich. In den 400 Jahren zuvor hatte keiner seiner Vorgänger derart einschneidende Maßnahmen durchgeführt, so dass man ihn schwerlich als „Gefangenen des römischen Systems" bezeichnen kann.[92] Vielleicht ist diese Reform gerade das, was von seinem Pontifikat am ehesten bleiben wird.

Kernperiode der Reformbemühungen des Papstes waren die Jahre 1965 bis 1970. Die Reform erscheint in einem umso deutlicheren Licht, wenn man sich vergegenwärtigt, dass sie in einer Krisenzeit, wie sie die Kirche lange nicht erlebt hatte, konzipiert wird. Die Krise ist die Hintergrundfolie der Kurienreform, diese in gewissem Sinn die spezifische Reaktion Pauls VI. auf die neuen Phänomene. Angesichts schwer kontrollierbarer, ja aus seiner Sicht bisweilen anarchischer Entwicklungen in Teilen der Kirche reagiert der Montini-Papst, wie es seiner Prägung und seinem Werdegang als Kanonist und Mann der Kurie entspricht, nämlich durch Eingriffe in die institutionelle Gestalt der Kirche.

Ökumenische Entwicklungen

Der Pontifikat Pauls VI. ist von Anfang an ökumenisch ausgerichtet.[93] Da die Ökumene in seiner Mailänder Zeit eine untergeordnete Rolle spielt, darf man wohl davon ausgehen, dass er hier vor allem ein Erbe seines Vorgängers und einen Auftrag des Konzils erkennt. Dass sein Verhältnis zu den getrennten Kirchen durch Gesten von starker Symbolkraft geprägt sein würde, war spätestens seit den Begegnungen mit dem Ökumenischen Patriarchen Athenagoras im Januar 1964 in Jerusalem nicht zu übersehen.

Paul VI. war eine vielschichtige Persönlichkeit; das zeigt sich auch an seinem Verhältnis zur Ökumene: Einerseits erwies er sich als weitblickend und seiner Umgebung im Denken voraus, von seiner Prägung her ein weltoffener lombardischer Intellektueller – andererseits wirkte er jedoch zurückhaltend, ja fast skrupulös. Durch eine beherzte Intervention räumte er einerseits während des Konzils die Vorbehalte der Konzilsväter gegen das Ökumenismusdekret aus, suchte aber andererseits ökumenischen Wildwuchs durch die nachkonziliaren Ökumenischen Direktorien zu beschneiden. Einerseits vertraute er auf die Kraft der Bilder und medienwirksamen Inszenierungen, andererseits war er von der Bedeutung der bilateralen Dialoge, die er zum großen Teil nach 1965 selber anstieß und die sich schon bald als langwierig und schwierig erwiesen, persönlich überzeugt. Fachtheologen sollten die Kontroversfragen in geduldiger Sacharbeit hinter verschlossenen Türen untersuchen. Schon gegen Ende des Konzils hatte er in diesem Sinne die nicht-katholischen Konzilsbeobachter wissen lassen, das Problem der kirchlichen Einheit lasse sich nur „langsam, Schritt für Schritt, loyal und großherzig“ lösen.[94] Diese Ambiguität sollte die weitere Entwicklung in diesem Bereich prägen. In seinem 1965 verfassten Testament charakterisiert er seine eigene ökumenische Vorgehensweise: „Mit viel Verständnis, mit viel Geduld, mit viel Liebe; aber ohne von der wahren katholischen Lehre abzugehen.“[95]

Nach der Begegnung mit Athenagoras in Jerusalem und der Neubewertung des Banns von 1054 stellte sich die Frage, wie es im Verhältnis zum Ökumenischen Patriarchen weitergehen sollte. Ein Besuch in Rom war für diesen mit nicht geringen Schwierigkeiten verbunden. Würde er im Konsens mit den anderen orthodoxen Kirchenführern reisen können? Würde ihm die Türkei die Wiedereinreise gestatten? Paul VI. scheint ihm mit einem Erstbesuch in Istanbul bewusst entgegengekommen zu sein, so dass der Patriarch ohne Probleme den Gegenbesuch in Rom antreten konnte. Ja der Papst ergriff selbst die Initiative, indem er ihm am 13. Juli 1967, also 12 Tage vor der Reise, sein Kommen anbot.[96] Empfangen wurde er am 25. Juli auf dem Flughafen von Istanbul vom türkischen Präsidenten, vom Ministerpräsidenten, von Athenagoras und vom armenischen Patriarchen. Auf dieser Reise erwies Paul VI. der durch die Türkei unterdrückten christlichen Minderheit auf ungewöhnliche Weise seine

30 Paul VI. betet in der Hagia Sophia in Istanbul (26. Juli 1967)

Unterstützung: Vorgesehen war eine Besichtigung der *Hagia Sophia*, der alten Hauptkirche Konstantinopels, die 1453 entweiht und als Moschee, später als Museum genutzt worden war. Hier ließ er es sich – anders als im Protokoll vorgesehen – nicht nehmen, ein Gebet zu sprechen. Ohne die Antwort seines Begleiters, des Außenministers Ihsan Sabri Caglayangil auf eine entsprechende Bitte abzuwarten, kniete er nieder und betete still. Diese Geste löste zwar Irritationen in der türkischen Politik aus, von den orthodoxen Christen wurde sie jedoch mit Genugtuung registriert.[97]

Die Gespräche mit Athenagoras fanden in dessen Residenz, dem Phanar statt. In die orthodoxe Kathedrale traten beide ein, indem sie sich bei der Hand hielten. Sprechend waren die Geschenke, die bei dieser Gelegenheit ausgetauscht wurden: Paul VI. erhielt als Zeichen des gemeinsamen Priestertums eine alte Stola, die er sich auch sogleich umlegte. Er selbst hatte dem Patriarchen eine Ikone mitgebracht, welche die Apostelfürsten Petrus und Paulus in Eintracht mit ihrem im Osten besonders verehrten Mitapostel Andreas zeigte. Eine Gabe besonderer Art war das

Breve *Anno Ineunte*, das er dem Patriarchen bei dieser Gelegenheit überreichte.[98] Erstmals in der jüngeren Geschichte der Kirche wird hier vorsichtig der Gebrauch des Wortes „Schwesterkirchen" eingeführt.[99] Der Papst traf auch mit dem armenischen Patriarchen und mit Vertretern des Islam sowie des Judentums zusammen. Am Folgetag war ein Besuch an der Stätte des antiken Ephesus vorgesehen, wo im Jahr 431 das dritte Ökumenische Konzil stattgefunden hatte und der Legende nach die Mutter des Herrn zusammen mit dessen Lieblingsjünger Johannes ihre letzten Jahre verbracht hatte. In den Ruinen der Konzilskirche stimmte der Papst das Credo und das Salve Regina an.

Der Gegenbesuch des Ökumenischen Patriarchen im Vatikan ließ nicht lange auf sich warten: Er fand vom 26. bis 28. Oktober desselben Jahres statt, zeitgleich mit der ersten Bischofssynode, die bewusst in den Besuch eingebunden wurde. Die Regie führte auch hier Montini: Unter Festgeläut wurde der hohe Gast in die Peterskirche hineingeleitet, wo die Synodenbischöfe die beiden Patriarchen empfingen. Es folgte wie schon in Jerusalem die dreifache Umarmung. Als Geschenk hatte der Papst einen Leuchter vorgesehen, mit dem Athenagoras das Licht vom Petrusgrab empfangen sollte. Auf diese Weise wurde symbolisch die Verbindung mit dem Apostelfürsten und dessen Nachfolger gestärkt. Dieses Zusammentreffen war ihm so wichtig, dass er eine dringend anstehende Prostataoperation auf die Zeit danach verschob (sie wurde am 4. November 1967 im Vatikan durchgeführt).

Übrigens wäre das Tauwetter zwischen Orthodoxie und katholischer Kirche sowie der Beginn des sogenannten „Dialogs der Liebe" nicht möglich gewesen, wenn Athenagoras nicht alle Schritte des von Paul VI. eingeschlagenen Wegs der symbolischen Annäherung mitgegangen wäre. Der Ökumenische Patriarch, ein gebildeter und sensibler Mann, brachte 1967 eine Ikone mit einer bezeichnenden Ikonographie als Geschenk nach Rom: Bekrönt vom segnenden Christus, umarmen sich die beiden Apostel Andreas und Petrus. Sie stehen auf einer Höhe, ohne dass ein Rangunterschied erkennbar wäre. Die Aussage ist klar: Die beiden Kirchen stehen gleichrangig nebeneinander, und von Über- oder Unterordnung kann nicht die Rede sein.

Auch menschlich schätzten sich die beiden Kirchenmänner sehr, was die sachliche Verständigung erheblich erleichtert haben dürfte. Athenagoras schrieb 1967 an Pasquale Macchi:

> „Ihr wirkt in der Nähe der größten Persönlichkeit, nicht nur unserer christlichen Kirche, sondern der ganzen Menschheit. Eine Persönlichkeit, die den großen Reichtum der Welt verkörpert, der neue Prophet, der das, was in der Zukunft geschehen muss, voraussieht, predigt und vorbereitet, um so das große Gut des Friedens, der Einheit und des Reiches Gottes auf Erden zu verwirklichen."[100]

Er habe den Mann „bewundert und geliebt", sagte seinerseits Paul VI. nach dem Tod des Patriarchen.[101] „Er hat uns Vertrauen und Freundschaft erwiesen, die uns immer zutiefst berührt haben."[102]

Gegenüber den Begegnungen mit der alles beherrschenden Gestalt des Ökumenischen Patriarchen gingen andere ökumenische „Gipfeltreffen" ein wenig unter. Neben den orthodoxen Kirchen byzantinischer Tradition gibt es noch eine Reihe kleinerer orthodoxer Kirchen, die lange Zeit nicht in Gemeinschaft mit diesen und mit Rom standen. Ein Teil der Christen im Osten hatte sich bereits geweigert, die Beschlüsse des Konzils von Ephesus (431) bzw. von Chalcedon (451) anzuerkennen. Die so entstandenen Kirchen nannte man früher Nestorianer und Monophysiten; später sprach man von nicht-chalcedonensischen oder vor-chalcedonensischen Kirchen, heute eher von orientalisch-orthodoxen oder altorientalischen Kirchen. Erste vorsichtige bilaterale Gespräche zwischen diesen und der katholischen Kirche wurden bereits 1964 aufgenommen. Mit den Kirchenführern („Katholikoi") der armenisch-apostolischen Kirche Khoren I. (1914–1983) und Vasgen I. (1908–1994) traf Paul VI. am 3. Mai 1967 bzw. am 9. Mai 1970 zusammen. Den syrisch-orthodoxen Patriarchen von Antiochia Ignatius Jakoub III. (1912–1980) empfing er am 27. Oktober 1971, den koptischen Patriarchen („Papst") Amba Shenouda III. (1923–2012) am 5. Mai 1973. In Gesprächen unter dem Dach der von Kardinal Franz König ins Leben gerufenen Stiftung *Pro Oriente* wurde parallel zu diesen Gipfeltreffen von katholischen und altorientalischen Theologen die „Wiener Christologische Formel" erarbeitet (1972), in der ein weitgehender Konsens im Bereich der Inkarnation festgestellt und eine Studienkommission zur Klärung der bleibenden Differenzen ins Leben gerufen wurde. Diese bilateralen

31 Verabschiedung des koptischen Papstes Shenouda III. im Vatikan (10. Mai 1973)

Gespräche, die Begegnungen der Kirchenführer und die Wiener Formel führten dazu, dass 1984 bzw. 1990 weitgehende Konvergenzen in den strittigen christologischen Fragen erzielt werden konnten.[103]

Mit dem Vorsitzenden des Außenamtes der russisch-orthodoxen Kirche, dem Metropoliten Nikodim (1929–1978) von Leningrad (St. Petersburg) und Novgorod, der ab 1975 auch einer der Präsidenten des ÖRK war, verstand sich Paul VI. gut.[104] Insgesamt geht man nicht fehl, wenn man feststellt, dass die Beziehungen zu Moskau in jenen Jahren besser waren als sie es in den folgenden Jahrzehnten sein sollten. Dennoch kam eine Begegnung mit demjenigen orthodoxen Patriarchen, dem die meisten Gläubigen zugehören, nämlich dem Moskauer als dem Oberhirten der russisch-orthodoxen Kirche, nicht zustande. Als die Großfürsten als „Zaren" nach dem Untergang des byzantinischen Reiches die oströmischen Kaiser beerbt hatten, war parallel dazu auch die Stellung des Moskauer Metropoliten gewachsen. 1589 hatte dieser einen eigenen Patriarchentitel erhalten. Die Stadt versteht sich seither als „drittes Rom", da das erste Rom in Irrglauben gefallen und das zweite von den Ungläubi-

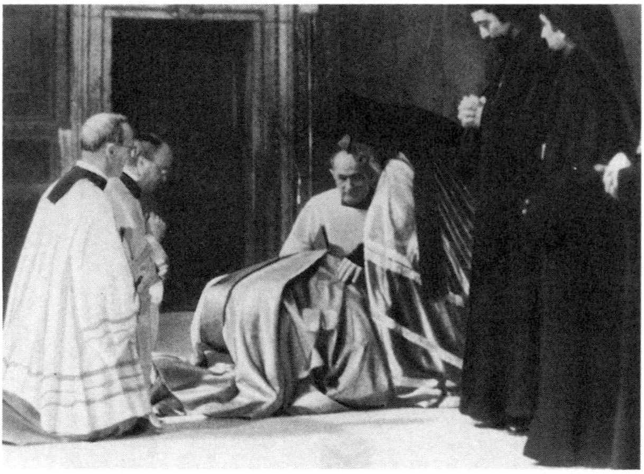

32 Paul VI. küsst Erzbischof Meliton in der Sixtina die Füße (14. Dezember 1975)

gen zerstört worden sei. Symptomatisch für das katholisch-orthodoxe Verhältnis ist folgender Vorgang: Als Paul VI. und Athenagoras in den frühen siebziger Jahren sondieren ließen, ob eine gemeinsame liturgische Feier der beiden Kirchenmänner möglich sei, scheiterte dieses Vorhaben nicht zuletzt an den Vorbehalten Moskaus.[105] Vielleicht liegt hier die eigentliche Schwachstelle der Politik Pauls VI. gegenüber der Orthodoxie, dass er nämlich den Ökumenischen Patriarchen durch die Gipfeltreffen mit ihm stark aufwertete, ohne dass sich das Oberhaupt der russisch-orthodoxen Kirche wirklich einbeziehen ließ. Dieses Manko ist bis heute nicht behoben: Die Beziehungen zu Istanbul sind ungetrübt, während der Moskauer und der abendländische Patriarch immer noch nicht zusammengekommen sind.

Eine letzte ökumenische Geste in Richtung der Orthodoxie ist noch zu erwähnen. Bei der Gedenkfeier, die zehn Jahre nach der Neubewertung des Banns von 1054 am 14. Dezember 1975 in der Sixtinischen Kapelle stattfand, küsste der Papst dem Metropoliten Meliton, der als Delegat des Ökumenischen Patriarchen Dimitrios (1914–1991) erschienen war, die Füße. Dabei handelte es sich nicht nur um einen schlichten Demutsgestus, sondern auch um eine historische Reminiszenz, denn beim Konzil von Florenz hatten sich die orthodoxen Patriarchen geweigert, dem Papst die Füße zu küssen. Dass Paul VI. eine solche „Reinigung des Gedächtnisses" im Sinn hatte, davon war im Vorfeld nur sein Sekretär

Pasquale Macchi informiert, während die Öffentlichkeit überrascht, wenn nicht schockiert war, als bekannt wurde, dass der greise Papst sich schwerfällig zu den Füßen des Erzbischofs herabgelassen hatte. Leider existiert kein gutes Foto dieses denkwürdigen Ereignisses.[106]

Die Annäherung an die Orthodoxie während Montinis Pontifikat kann als echte Erfolgsgeschichte gelten. So konnte Paul VI. am 24. Januar 1973 in einer Ansprache resümieren:

> „Insbesondere im Verhältnis zu den ehrwürdigen Kirchen des Ostens haben wir eine fast vollständige Einheit wiedergefunden, die uns drängt, alles Menschenmögliche zu tun, damit sie vollkommen wird."[107]

Ähnlich wirkmächtig wie die Begegnungen mit Athenagoras waren die Bilder einer weiteren ökumenischen Begegnung: In Michael Ramsey (1904–1988), als Erzbischof von Canterbury Primas der Kirche von England und Ehrenoberhaupt der weltweiten anglikanischen Familie, fand Paul VI. ein kongeniales Gegenüber. Zwar war schon dessen Vorgänger Geoffrey Fisher (1887–1972) am 2. Dezember 1960 im Vatikan gewesen, doch hatte jener Besuch eher nicht-öffentlichen Charakter gehabt; so waren damals etwa keine offiziellen Fotos veröffentlicht worden. Mit Ramsey, der als Vertreter der anglokatholischen Richtung großen Wert darauf legte, in der Apostolischen Sukzession zu stehen, ließ sich eine Begegnung nun ganz anders inszenieren. Das erste Zusammentreffen fand am 23. März 1966 in der Sixtina statt. Die Anglikaner hätten ein Heimatrecht in Rom, die Tür stehe ihnen immer offen, so der Papst in seiner Ansprache, in der er an die römischen Ursprünge der Missionierung Englands unter seinem Vorgänger Gregor dem Großen erinnerte. Das Fernsehen verbreitete am folgenden Tag die Bilder vom Friedenskuss „Roms" und „Canterburys", den die beiden Kirchenführer während des Gottesdienstes in der römischen Kirche Sankt Paul vor den Mauern austauschten, in aller Welt. Beide waren nebeneinander in die Basilika eingezogen, saßen auf gleich hohen Stühlen. Ramsey schenkte dem Papst sein eigenes Brustkreuz, das der so Beschenkte auch gleich umlegte. Von großer Tiefe war ein weiterer Gestus: Paul VI. nahm den Ring, das Symbol seiner bischöflichen Amtsgewalt, vom Finger und steckte ihn dem Erzbischof an. Diese Gesten nährten die Hoffnung auf eine Re-

33 Paul VI. steckt Michael Ramsey, dem Erzbischof von Canterbury, einen Bischofsring an (24. März 1966)

vision der Entscheidung Leos XIII., der die anglikanischen Weihen für ungültig erklärt und verneint hatte, dass die anglikanischen Bischöfe in der Nachfolge der Apostel stehen. Immerhin fand sich Paul VI. im Gespräch mit Ramsey bereit, die Frage der Weihen vor einem größeren ekklesiologischen und sakramententheologischen Horizont prüfen zu lassen, um einer Anerkennung näher zu kommen.[108] Dazu führten aber die bilateralen Dialoge nicht, auf die sich die beiden Kirchenführer bei ihrem Treffen verpflichteten und die mittlerweile in verschiedenen Gesprächsrunden seit über vier Jahrzehnten anhalten („ARCIC"). Aber immerhin war durch den Empfang Ramseys in Rom ein Gesprächsfaden auf höchster Ebene geknüpft, und beide Kirchenführer waren beeindruckt voneinander. Beim Besuch von Ramseys Nachfolger Frederick Donald Coggan (1909–2000), der am 28./29. April 1977 in den Vatikan kam, herrschte schon so etwas wie eine herzliche Normalität.[109]

Die Bilder aus Sankt Paul vor den Mauern faszinierten die Zeitgenossen nicht weniger als die Bilder der Begegnung mit Athenagoras und machten Ökumene nun selbst im katholischen Italien zu einem Gegenstand öffentlichen Interesses. Die RAI, das Staatsfernsehen, lud Paul VI. ein, am 13. April 1966 über die Ökumene zu sprechen. Auch Ramsey, Athenagoras und Willem Visser 't Hooft (1900–1985), damals Generalsekretär des ÖRK, wurden eingeblendet und kamen zu Wort. Die durchaus moderne Inszenierung eines solchen medialen „Gipfeltreffens" der Kirchenführer war ganz nach dem Geschmack Montinis.[110]

Ein wichtiges ökumenisches Zeichen stellte schließlich der Besuch Pauls VI. beim Ökumenischen Rat der Kirchen (ÖRK) in Genf am 10. Juni 1969 dar.[111] Diese Vereinigung, die sich eher als Dachverband selbständig bleibender Kirchen denn als „Über-Kirche" versteht, war 21 Jahre zuvor in Amsterdam gegründet worden. Zur entfernteren Vorgeschichte des päpstlichen Besuchs zählt, dass der Vatikan den Katholiken bei Androhung von Kirchenstrafen die Teilnahme sowohl an den Weltkonferenzen der Vorgängerorganisationen *Life and Work* und *Faith and Order* (1925, 1927 und 1937) als auch an der konstituierenden Versammlung des Jahres 1948 untersagt hatte. Das war noch nicht so lange her! Erst seit acht Jahren nahm der Vatikan offiziell Notiz von dieser weltweit wichtigsten ökumenischen Organisation, in der ein Großteil aller nicht-katholischen Kirchen vertreten war, indem er offizielle Beobachter entsandte. Man kann sich das Revolutionäre, das die Initiative Pauls VI. vor diesem historischen Hintergrund hatte, heute kaum noch vorstellen. Der Besucher selbst war sich dessen sehr wohl bewusst: Die Bilder, die um die Welt gingen, zeigen ihn, wie er die Eingangshalle durchschreitet, umgeben von einem großen Gefolge – *mit weit ausgebreiteten Armen*. Diese Geste prägte sich den Zeitgenossen mehr als alles bei dieser Gelegenheit in Worten Gesagte ein. Der Nachfolger Petri trat auf die getrennten Kirchen mit offenen Armen und dialogbereit zu. Nach der Begrüßung folgten biblische Lesungen, Ansprachen und das gemeinsame Gebet, namentlich des Vaterunsers. Es war noch nicht einmal fünf Jahre her, dass ein Nachfolger Petri erstmals zusammen mit Protestanten (und diese bildeten die Mehrheit unter seinen Genfer Gesprächspartnern) gebetet hatte. In seiner Ansprache strich er die Bedeutung der Taufe heraus, in der die Mitgliedskirchen des ÖRK und die katholische Kirche geeint seien. Er bekannte sich zur Zusammenarbeit mit den anderen Kirchen und zur Suche nach der Einheit, die für die katholische Kirche eine grundlegende Verpflichtung bleibe. Auch wies er auf die Wahl seines Namens hin, in der seine ökumenische Berufung zum Ausdruck komme. Das Petrusamt stellte er, eingeleitet durch die markanten Worte „ich bin Petrus", betont als Dienst an der Einheit vor.[112] Er selbst war überzeugt, dass der ÖRK noch nicht die

34 Paul VI. besucht den Ökumenischen Rat der Kirchen in Genf (10. September 1969)

Einheit darstellte, die Christus gewollt hatte, und dass eine Vielzahl von Kirchen nicht in dessen Sinn sei. In Genf wiederholte er seine Auffassung, in einer zukünftig geeinten Kirche könne jedoch jede (Teil-)Kirche ihre spezifischen Traditionen bewahren.[113] Einheit war für ihn niemals gleichbedeutend mit Uniformität.

Durch den beschriebenen unverkrampft herzlichen Auftritt in der Eingangshalle und die Betonung der eigenen Autorität als Nachfolger des Apostels Petrus überspielte er ekklesiologische Schwierigkeiten, die durch das Protokoll nur allzu deutlich wurden: Auf dem Podium saß er im Halbkreis auf einem gleich hohen Stuhl wie die Vertreter anderer Konfessionen, der Anglikaner, Lutheraner, Orthodoxen, Freikirchen. Eine Kirchenvertreterin in der Runde war zwar nach der Mode der Zeit mit einem kurzen Rock und unverschleiert, aber damit eben durchaus nicht dem vatikanischen Zeremoniell entsprechend gekleidet (im Bild verdeckt). Nun ist der Papst nach katholischem Verständnis aber nicht Kirchenführer unter anderen und die katholische Kirche nicht eine Kirche unter anderen. In ihr „subsistiert" vielmehr – um es mit der Terminologie des Konzils zu sagen – die wahre, von Christus gestiftete Kirche.[114] Allein den orthodoxen Kirchen wird vom Konzil der Ehrentitel „Kirche" zugestanden. Die Kirchen der Reformation werden im Unterschied dazu als „kirchliche Gemeinschaften" bezeichnet.[115] In der Taufe und durch den Glauben an Christus mit der katholischen Kirche verbunden, stehen sie doch nicht in voller Gemeinschaft mit ihr. Da man bei ihnen nach katholischem Verständnis gravierende Abstriche im Blick auf das Amt bzw. Weihesakrament machen muss, ist auch die „ursprüngliche und vollständige Wirklichkeit des eucharistischen Mysteriums" nicht gewahrt.[116] Paul VI. war sich im Vorfeld seines Besuches in Genf dieser Problemlage bewusst, und man kann ihm daher nicht unterstellen, die Einladung des ÖRK aus Naivität angenommen zu haben. Durch sein Auftreten wurde allen Beobachtern deutlich, dass er eine herausgehobene, theologisch legitimierte Stellung beanspruchte. Der Eindruck einer gewissen Ambiguität zwischen einer äußerlichen Konzilianz bei einem Beharren auf doktrinären Positionen blieb allerdings bei den Beobachtern zurück.

Wie bereits erwähnt, entsandte der Vatikan seit 1961 offizielle Beobachter zu den Vollversammlungen des ÖRK, und dieser hatte Beobachter für das Konzil ausgewählt. Paul VI. resümierte in seiner Genfer Rede die Zusammenarbeit der letzten Jahre, von der her sich die Frage der Mitgliedschaft der römisch-katholischen Kirche in dieser Organisation stelle. Zum jetzigen Zeitpunkt sei noch keine Antwort möglich. Die durch den Besuch in Genf geweckten Hoffnungen, die katholische Kirche werde dem ÖRK bald als Mitglied beitreten, wurden also durch den Papst selbst gedämpft, der zunächst die Ergebnisse der bestehenden einschlägigen Studienkommission des ÖRK und der katholischen Kirche abwarten wollte. Gestützt auf deren Beratungen, entschied sich der Vatikan 1972 gegen eine Vollmitgliedschaft.[117] Paul VI. befürchtete, die nachkonziliare Krise des Glaubens und der kirchlichen Disziplin (namentlich aufgrund der vielen Laisierungen von Priestern und Ordensaustritte) werde durch einen Beitritt zum ÖRK eher noch verschärft. Darüber hinaus waren folgende Überlegungen entscheidend:

1. Die katholische Kirche kann Einheitsmodelle nicht billigen, welche die Verschiedenheiten bestehen lassen wollen. Die Einheit ist vor-

gebildet in der katholischen Kirche, die alle Wesenselemente der wahren, von Christus gegründeten Kirche aufweist. Diese Elemente können sich auch bei den anderen Kirchen finden, sind dort allerdings nicht in Vollgestalt verwirklicht.

2. Eine Mitgliedschaft der katholischen Kirche würde die im ÖRK bislang übliche proportionale Vertretung der Kirchen nach ihrer Größe unmöglich machen, da Rom immer automatisch die Mehrheit hätte.
3. Der ÖRK arbeitet demokratisch, die katholische Kirche dagegen ist hierarchisch verfasst. Eine Abstimmung über Glaubensinhalte erscheint aus katholischer Sicht nicht vorstellbar.
4. Bei den Beschlüssen des ÖRK handelt es sich lediglich um Empfehlungen, welche die Mitgliedskirchen nicht binden; die Vertreter in den Kommissionen sind an Weisungen ihrer Kirchenleitungen nicht gebunden. Eine solche Arbeitsweise wäre kaum mit römischen Vorstellungen vereinbar gewesen.
5. Überdies tat sich der Vatikan schwer mit der konkreten sozialen und politischen Ausrichtung des ÖRK, die aus römischer Sicht wohl insgesamt zu progressiv erschien.

Trotz dieser Entscheidung entsandte der Vatikan weiterhin Beobachter zu den Vollversammlungen des ÖRK. Auf verschiedenen Ebenen kam es zum wechselseitigen Austausch, nicht zuletzt im entwicklungspolitischen Bereich. So gründeten die Päpstliche Kommission *Justitia et Pax* und der ÖRK 1968 einen gemeinsamen Ausschuss für Gesellschaft, Entwicklung und Frieden (SODEPAX – *Society for Development and Peace*), der bis 1980 über sozialethische Fragen beriet und entsprechende Erklärungen abgab. Nicht zuletzt ist die katholische Kirche seit 1968 Vollmitglied in der Kommission *Faith and Order* und trägt so zu den theologischen Weichenstellungen des ÖRK bei.

Anzufügen ist noch, dass Paul VI. nicht nur die zahlreichen Begegnungen mit Vertretern anderer Kirchen sehr ernst nahm, sondern auch die Weltgebetsoktav um die Einheit der Christen, die jedes Jahr in zeitlicher Nähe zum Fest der Bekehrung des Apostels Paulus begangen wird, gründlich vorbereitete. Die Ansprachen zum Angelus und in den Generalaudienzen widmete er in jener Zeit für gewöhnlich diesem Thema.[118]

Auch die praktische Umsetzung der konziliaren Vorgaben wurde konsequent vorangetrieben. Das konfessionelle Miteinander wurde nach dem Konzil für die katholische Kirche durch drei *Ökumenische Direktorien* geregelt (1967, 1970, 1993), die man als eine Art Rahmengesetzgebung verstehen muss, die durch die Vorschriften der einzelnen Bischofskonferenzen und Bistümer ergänzt werden soll.[119] Das Gebet um die Einheit, die gezielte soziale Zusammenarbeit und der Dialog zur Vertiefung der wechselseitigen Kenntnis werden in den Direktorien empfohlen. Schon in der ersten Ausgabe wurde angeregt, dass die Bischofskonferenzen und die Bistümer Ökumene-Kommissionen einrichten. Die Gesetzbücher der Kirche, der Kodex des kanonischen Rechtes von 1983 sowie der Kodex für die unierten Ostkirchen von 1990, nehmen im Wesentlichen die Bestimmungen der älteren Direktorien auf.

Eine schwierige interkonfessionelle Frage wurde am 31. März 1970 mit dem Motu Proprio *Matrimonia mixta* (deutsch: „Mischehen“) angegangen, in dem neue Richtlinien veröffentlicht wurden, die in der Mischehenfrage geradezu eine Kulturrevolution darstellen.[120] Das praktische Zusammenleben der Konfessionen wurde durch die neuen Vorgaben nachhaltig verändert. Der nicht-katholische Partner hat nun nichts mehr zu versprechen (die Kinder katholisch taufen zu lassen, nicht die Konversion des Partners zu betreiben …), der katholische lediglich zu versichern, er werde sich bemühen, die Kinder katholisch taufen zu lassen und zu erziehen. In den einzelnen Bischofskonferenzen wurden daraufhin Ausführungsbestimmungen erlassen. Vorreiter waren die deutschen Bischöfe, die nun drei liturgische Möglichkeiten vorsahen: 1. Die Ehe kann entweder in einer landläufig so bezeichneten „ökumenischen Trauung“, sprich: in einem Wortgottesdienst mit evangelischer Beteiligung geschlossen werden; 2. es darf eine (katholische) Brautmesse gefeiert werden; 3. der jeweilige Ortsbischof kann den katholischen Partner von der Formpflicht dispensieren, so dass eine Trauung in einer nicht-katholischen Kirche möglich wird. Nach den im Kern bis heute geltenden Richtlinien, die in zahlreichen anderen gemischtkonfessionellen Ländern in ähnlicher Weise formuliert wurden, darf der bei der Trauung assistierende Pfarrer die für den katholischen Partner nötige Dispens vom Ehehindernis der Konfessionsverschiedenheit erteilen. Mit dem päpstlichen Dokument war eine jahrhundertealte Reibungsfläche zwischen den Konfessionen beseitigt. Eine entscheidende Wende stellt dar, dass die Ehe zweier konfessionsverschiedener Partner nun in ökumenischem Geist nicht mehr als ein Missstand angesehen wird, vor dem es zu warnen und den es rechtlich zu erschweren gilt, sondern als eine Chance für ein ökumenisches Miteinander.

Fortschritt, Frieden und Gerechtigkeit

In diesem Kapitel wird das Wirken des Pontifex für Frieden, Entwicklung und Gerechtigkeit zusammenfassend dargestellt, obgleich es den ganzen Pontifikat durchzieht.[121] Zeitlicher Bezugspunkt ist die Enzyklika *Populorum Progressio* von 1967, in der die entsprechenden Anliegen gebündelt sind. Paul VI. charakterisierte im Jahr 1968 mit für ihn bezeichnenden Worten seine Einstellung zum Fortschritt, der für ihn im Dienst des Menschen und der gesellschaftlichen Entwicklung steht:

> „Heute wandelt sich das Leben in so radikaler Weise, dass es nicht möglich erscheint, sich an den Formen festzuhalten, in denen es sich gestern präsentiert hat. Es ist richtig: Wir können, ja wir dürfen nicht gefesselt an die Vergangenheit sein; es ist vielmehr unsere Pflicht, alles Gute aufzunehmen, das uns die neuen Zeiten bieten; wir würden sogar sagen, wir selbst müssen den Fortschritt fördern, auf jeder Ebene, und die Entwicklungen noch beschleunigen, welche die wunderbare moderne Zivilisation dem Menschen bietet – damit er mehr Mensch werde und damit alle sich an den Gütern einer besseren Welt freuen können."[122]

Man geht sicher nicht fehl, wenn man dem Montini-Papst eine ausgeprägtere sozialpolitische Ausrichtung bescheinigt, als sie seine Vorgänger seit Leo XIII. († 1903) gehabt hatten. Aufschlussreich ist eine Selbsteinschätzung, die er einmal beim Besuch einer römischen Arbeitersiedlung äußert:

> „Viele denken sich den Papst als einen glücklichen Menschen. Nun, ihr sollt wissen, dass sich alle Leiden der Welt in gewisser Hinsicht in seiner Seele niederschlagen, wenn er denn der Vertreter Christi sein will."[123]

Der Einsatz für eine gerechte Ordnung des Zusammenlebens der einzelnen Menschen wie der Völker im Großen ist dabei für ihn nicht reine „Politik", sondern auf das Engste mit dem Auftrag der Kirche verknüpft, deren höchstes Gebot in der Liebe zu Gott und zum Nächsten besteht. Gottes- und Nächstenliebe sind nach seiner Überzeugung Fundament jeder menschlichen Gemeinschaft. Allein das Christentum kann sowohl die Würde des einzelnen Menschen als auch eine gelingende Gemeinschaft gewährleisten, ist er von Jugend an überzeugt. Bereits 1920 notiert er: „Niemand kann leugnen, dass allein das Christentum den Menschen erkennen lässt, was seine höchste Würde ist."[124] In dieser Hinsicht bildet sich schon früh seine Grundüberzeugung, der er ein Leben lang treu bleibt: „Wir stellen fest und können das belegen, dass erst die Kirche der menschlichen Gesellschaft eine lebendige Seele verliehen hat."[125]

Aus dieser Haltung erwächst bei ihm die Sorge um den Weltfrieden. Dass es sich dabei um die ureigenste Aufgabe des Papsttums handelt, hatte Montini bereits als Mitarbeiter Pius' XII. erfahren. Vor dem Ausbruch des Zweiten Weltkriegs hatte er den Entwurf des vielbeachteten päpstlichen Friedensappells vom 24. August 1939 geliefert. Im Rahmen des *Informationsdienstes* hatte er im Krieg die Hilfsmaßnahmen des Vatikans koordiniert. Allerdings leitet ihn als Papst kein steriler Pazifismus, insofern Friede mehr bedeutet als das Schweigen der Waffen. Friede und Gerechtigkeit hängen nach seiner Auffassung untrennbar zusammen, und ohne internationale Gerechtigkeit kann es keinen Frieden geben. Hier bewegt er sich in Kontinuität zur Lehre Pius' XII., dessen bischöflicher Leitspruch nach Jesaja 32,17 *Opus Justitiae Pax* gewesen war.[126] Gerechtigkeit können die unterentwickelten Völker aber nur durch Teilhabe an Entwicklung und Fortschritt erlangen, ist Montini überzeugt. Entwicklung ist deshalb die moderne Spielart der Gerechtigkeit. Mit anderen Worten: Friede, Gerechtigkeit und Entwicklung sind nur drei Aspekte ein und derselben Sache.

Die Aufgabe, die sich daraus für die Kirche ergibt, erläutert er bei unterschiedlichen Gelegenheiten und in immer neuen Variationen: Die Kirche kann und muss ihren Beitrag zu einer wahrhaft humanen Zivilisation, zu einer Zivilisation der Liebe leisten. Sie soll sich, ohne ihre eigene Tradition zu verraten, mit den Kräften der Moderne verbinden und so zum Fortschritt der Menschheit beitragen.

Kirche und Arbeiterschaft

In der Industriemetropole Mailand hatte es nahegelegen, dass sich das Anliegen der Gerechtigkeit bei Montini in einer besonderen Sorge um die Arbeiterschaft äußerte. Immer wieder besuchte er die roten Hochburgen der Stadt. Auffällig scheint dabei, dass er den zwischen Kirche und Arbeiterschaft seit dem 19. Jahrhundert bestehenden Graben, ja den Verlust der Arbeiter aus Sicht der Kirche, nicht wirklich problematisierte. Er schien ihn durch sein Tun überspielen zu wollen. Später haben die Begegnungen des Papstes mit der Arbeiterschaft immer etwas Programmatisches, Durchdachtes. So machte er sich am 9. Februar 1966 in das römische Vorstadtviertel Pietralata auf, wo gerade neue Arbeitersiedlungen entstanden. In einer Ansprache stellte er seinen Besuch in eine Linie mit seinen bisherigen Auslandsreisen, durch die er sich bei den Menschen habe einfinden wollen, und betonte das Neue und bisher Unerhörte, dass ein Papst die Arbeiter bei ihren Wohn- und Arbeitsstätten besuche:

> „Es hat sich so ergeben, dass die Welt der Arbeit nicht mehr zur Religion findet, zum Glauben, zur Kirche. Ihr werdet das selbst auch so empfunden haben, in euren Kreisen, bei euren Versammlungen, da herrscht quasi der Eindruck der Spaltung, des Misstrauens: Der moderne Arbeiter fühlt sich außenvor, fremd, wenn nicht geradezu feindselig."[127]

Ferner erinnerte er sie in seiner Ansprache an ihre Menschenwürde, die in ihrem Geschaffensein durch Gott gründet. Dabei überrascht der paternalistische Ton: Er komme als Vertreter der Kirche, um den Arbeitern, die er als seine „Söhne" anredete, deren Unterstützung zuzusagen. Den Gegensatz zwischen Kirche und Arbeiterschaft, den es schon seit über einem Jahrhundert gegeben hatte, personalisierte er dabei: „Warum kommt ihr nicht zu *mir?*"

> „Warum dieser Bruch? Warum kommt ihr nicht mehr zu mir? (…) Ich komme, um Euch zu suchen und euch zu sagen, dass die Kirche euch nahe ist, dass wir euch verstehen, dass wir euch lieben, dass wir eure Freunde sind. Warum solltet ihr daran zweifeln?"[128]

40 Jahre später gelesen, wirkt dieser Ton noch anachronistischer, sein Anliegen allzu optimistisch, sollte sich doch der Graben zwischen Kirche und organisierter Arbeiterschaft nicht entscheidend überbrücken lassen. Dies war eben nicht bloß, wie die päpstlichen Reden den Eindruck erwecken, vom guten Willen der Beteiligten abhängig. Eine lange Entfremdungsgeschichte ließ sich nicht mit ein paar freundlichen Gesten und wohlmeinenden Worten aus der Welt schaffen.

Der Zugang des Papstes zu Arbeitern, wo immer er ihnen begegnete, war direkt und offen. Das zeigte sich etwa, als er die Christmette 1968 im Stahlwerk von Tarent, dem größten Italiens, feierte – ein Novum in der Kirchengeschichte. Wiederum thematisierte er die Kluft zwischen Kirche und Arbeiterschaft:

> „Es scheint so, als gäbe es zwischen euch und uns keine gemeinsame Sprache. Ihr gehört zu einer Welt, die der Welt fremd ist, in der wir, die Menschen der Kirche, leben. Ihr denkt und arbeitet in einer Weise, die sich von derjenigen der Kirche sehr unterscheidet. Wir haben euch bei der Begrüßung gesagt, dass wir Brüder und Freunde sind: Aber stimmt das auch in Wirklichkeit? Wir alle sind uns bewusst: Die Arbeit und die Religion sind in unserer modernen Welt zwei völlig getrennte, oft auch entgegengesetzte Dinge. Früher war das nicht so.“[129]

Die Folgerung aus diesem Befund ist für ihn evident: „Diese Trennung, dieses wechselseitige Unverständnis hat jedoch keine Existenzberechtigung.“[130]

Die Arbeitswelt ist für den Papst ein besonderer Teil der Moderne, die es mit christlichem Geist zu durchdringen gilt. Die christliche Botschaft darf hier nicht ungehört bleiben:

> „Je mehr sich die menschliche Arbeit als wissenschaftlicher Fortschritt, von ihrer kraftvollen Seite, als Organisationstalent, als Nützlichkeitsstreben, als etwas Staunen Erregendes – kurz: als Modernität – zeigt, desto mehr verdient und erfordert sie, dass Jesus, der Arbeiterprophet, der Meister und Freund der Menschheit (…) hier und von hier aus der Welt seine Botschaft der Erneuerung und der Hoffnung verkündigt.“[131]

35 Paul VI. feiert die Christmette auf der Baustelle eines Eisenbahntunnels im Norden von Latium (24. Dezember 1972)

Voraussetzung seiner Argumentation ist dabei wiederum (wie schon zwei Jahre zuvor bei seinem Besuch in Pietralata) der Gedanke, dass die Kirche für die Arbeiter eintritt, ja dass sie ihre eigentliche Anwältin sein kann, weil sie ihre Menschenwürde im Blick hat.

Weitere Begegnungen mit Arbeitern und Arbeitervertretern schlossen sich an. 1972 feierte er die Christmette bei Eisenbahnarbeitern am Monte Soratte im Norden Latiums, wo gerade eine neue Eisenbahntrasse gebaut wurde. Er war überzeugt, dass man auch das geistliche, nicht nur das materielle Wohl der Arbeiterfamilien im Blick behalten müsse. Von daher war ihm der Bau neuer Kirchen in den krebsartig wachsenden römischen Vorstadtvierteln ein ständiges Anliegen, wie es das schon gewesen war, als er noch in Mailand wirkte.[132] Um es nicht bei Reden zu belassen, sondern ein Zeichen echter Hilfe zu setzen, gab er selbst den Bau von 99 Arbeiterwohnungen im Osten Roms in Auftrag, in die wohnungslose Familien einziehen sollten. Am 31. Oktober 1973 machte er sich in den neuen Stadtteil Acilia auf, um die Neubauten zu segnen.[133]

Dass er nicht nur durch Einzelmaßnahmen und gezielte Begegnungen, sondern auch auf grundsätzlicher Ebene bemüht war, die Interessen der Arbeiterschaft in der Kirche stärker zur Geltung bringen, zeigt sein Besuch bei der Internationalen Arbeitsorganisation (IAO) in Genf am 10. Juni 1969.[134] Anlässlich des fünfzigjährigen Bestehens dieser Sonderorganisation der Vereinten Nationen (ursprünglich des Völkerbundes), die auf die Durchsetzung von Arbeits- und Sozialnormen verpflichtet ist, brachte er die Wertschätzung der Kirche für deren Arbeit zum Ausdruck. Er nahm seine Rede im Völkerbundpalast zum Anlass, an einige Prinzipien der katholischen Soziallehre und namentlich seiner eigenen Sozialenzyklika *Populorum Progressio* zu erinnern. Dem Menschen komme im Arbeitsprozess der höchste Wert zu, so der hohe Gast, nicht irgendwelchen übergeordneten ökonomischen Interessen. Die Arbeitenden müssten teilhaben an dem, was sie erwirtschaften. Das Ziel der IAO, Frieden durch Gerechtigkeit zu schaffen, sei mit seinem eigenen sozialpolitischen Programm deckungsgleich. Damit bewies er als Redner wieder einmal seine Fähigkeit, auf seine Gesprächspartner einzugehen und gemeinsame Werte herauszustellen.

Mit dem Apostolischen Schreiben *Octogesima Adveniens*, das er zum 80. Jahrestag der ersten Sozialenzyklika *Rerum Novarum* (1891) veröffentlichte, stellte er schließlich am 14. Mai 1971 seine eigenen Bemühungen bewusst in eine Kontinuitätslinie zur Soziallehre seit Leo XIII., indem er einen Mittelweg zwischen Liberalismus und Marxismus anstrebte.[135] Dabei wird eine differenzierte und damit gerechtere Bewertung des Sozialismus versucht. Neu war, dass der Papst ausdrücklich darauf verzichtete, allgemein gültige gesellschaftliche Lösungen für die ganze Welt zu entwerfen.[136] Die unterschiedlichen sozialen Situationen in der Welt verlangten differenzierte Antworten, so der päpstliche Autor.

„Entwicklung ist der neue Name für Frieden"

Daneben bekommt die Frage der Gerechtigkeit während seines Pontifikates zunehmend eine internationale Note. Es geht dem Papst nicht nur um gerechte Lebens- und Arbeitsbedingungen für die Arbeiter und damit für den einzelnen Menschen, sondern auch um die Gerechtigkeit im Zusammenleben der Völker, und dabei besonders um Entwicklungschancen für die unterentwickelten Völker.

Die Soziallehre Montinis, vor allem die am 26. März 1967 veröffentlichte Enzyklika *Populorum Progressio* als deren Zuspitzung und Zusammenfassung, stellt eine Weiterentwicklung der klassischen katholischen Soziallehre dar. Wie schon bei seiner Rede in New York deutlich wird, begreift er sich als Sprecher der ganzen Menschheit und eben nicht nur der Katholiken. Die Kirche ist „expert en humanité", wie er vor der UNO sagt, sie hilft der Menschheit, eine gerechtere, friedlichere Ordnung zu bauen; oder wie es in *Populorum Progressio* heißt: „Die Kirche Christi [ist] in menschlichen Dingen äußerst erfahren"[137], und daher kann sie begründet für die Benachteiligten eintreten. Diese Auffassung des Papstes wird in einer Aussage deutlich, die Paul Poupard überliefert:

> „Die Welt verändert sich schnell, die Kirche auch. Sie darf dieses Mal nicht wieder verspätet sein. Sie hat sich seit Leo XIII. viel geändert, und sie ändert sich noch. Die Klassen: es gibt sie nicht mehr wie früher, das ist vorbei. Jetzt sind es die Völker, alle Völker und ihr Verhältnis zueinander. Man muss für die ganze Welt sprechen. Das Leben zwingt uns dazu."[138]

In diesen Worten liegt wohl der Schlüssel zum Verständnis seines Wirkens für den Weltfrieden, für Entwicklung und weltweite Gerechtigkeit. Paul VI. fordert angesichts der wirtschaftlichen und sozialen Veränderungen in der Moderne dazu auf, eine „Zivilisation der Liebe" zu errichten, in der diese drei Aspekte verwirklicht sind.[139]

Bereits im Dezember 1964 hatte er in Indien, einem überwiegend nicht-christlichen Land, eine Botschaft *für die Welt* formuliert und in Gegenwart der in Bombay versammelten Presse einen recht konkreten Vorschlag präsentiert:

> „Wir vertrauen euch unsere besondere Botschaft für die Welt an. Die Nationen sind aufgerufen, das Wettrüsten zu beenden und ihre Ressourcen stattdessen für die brüderliche Unterstützung der Entwicklungsländer einzusetzen! Möge jede Nation ‚Gedanken des Friedens, nicht der Bedrängnis' und des Krieges denken und einen Teil der eigenen Rüstungsausgaben in eine große internationale Stif-

tung einzahlen, um so Nahrung, Kleidung, Schutz und medizinische Versorgung für die vielen unterentwickelten Völker zu gewährleisten!“[140]

„Entwicklung“ wird nun zum Zentralbegriff der Soziallehre und überdies zu einer Dominante seines Pontifikates. Wie kein Papst zuvor nimmt er sich des Nord-Süd-Konflikts an und lenkt die Aufmerksamkeit der Katholiken, ja der Weltöffentlichkeit auf ihn. Dabei mag durchaus eine biographische Komponente im Spiel gewesen sein, hatte er doch schon als Bischof Südamerika (1960) und Afrika (1962) besucht. Als erster Papst der Geschichte bereiste er erneut diese beiden Kontinente und fügte schließlich eine ausgedehnte Asienreise hinzu. Nicht von ungefähr erinnert er 1967 in seiner fünften Enzyklika *Populorum Progressio* an die in seine Mailänder Zeit fallenden Reisen, die sein Problembewusstsein geweckt hätten.[141] Montini investierte viel in die Ausarbeitung der Enzyklika, für die er bereits seit seiner Indienreise Material sammelte. Erhalten sind verschiedene Entwürfe, an denen namentlich auch Soziologen mitgearbeitet haben. Es werden moderne Ökonomen, Sozialethiker und Philosophen zitiert (zum Beispiel Jacques Maritain, Oswald von Nell-Breuning). Dabei wird nicht naturrechtlich, sondern biblisch und pastoral argumentiert. Die theologische Vorgehensweise besteht darin, dass die Pastoralkonstitution des Konzils, die in dieser Enzyklika 16mal zitiert wird, auf die Ebene des Zusammenlebens der Völker angewandt wird.[142] *Populorum Progressio* richtet sich im Unterschied zu den älteren Sozialenzykliken nicht mehr nur an die Bischöfe und Gläubigen, sondern an alle Menschen guten Willens.[143]

Die Frage nach den Entwicklungschancen der Länder in der „Dritten Welt“ stellte sich verstärkt mit dem Prozess der Entkolonialisierung, der um das Jahr 1960 eine neue, nie gekannte Dynamik annahm. Viele der neuen Staaten waren von den Kolonialmächten sich selbst überlassen worden und von Anfang an kaum lebensfähig.[144] „Die hungrigen Nationen in der Welt erheben die Stimme gegen die, die mit Überfluss gesegnet sind“[145], stellt der Papst in seinem Lehrbrief fest. Die reichen Nationen werden reicher, die armen ärmer. Er macht klar, dass die Kirche zu diesen Entwicklungen nicht schweigen kann. Angesichts der gravierenden Probleme ist es nicht mit caritativen Maßnahmen oder Hilfsprogrammen getan, welche die Not bloß äußerlich und oberflächlich bekämpfen.[146] Es braucht vielmehr strukturelle Veränderungen, und diese erscheinen in der Gegenwart möglich. Das Dokument ist nicht resignativ, sondern von einem großen Optimismus gegenüber den Möglichkeiten des Fortschritts und der menschlichen Entwicklung gekennzeichnet. Gleich zu Eingang fordert der Papst im Namen der Kirche und unter Berufung auf das letzte Konzil zu einem entschiedenen Handeln auf.

Das Wohl der Völker wird in engem Zusammenhang mit dem Wohl des einzelnen Menschen gesehen; beides ist nicht zu trennen – wer ein Gemeinwesen fördern will, muss den einzelnen Menschen in ihm volle Lebenschancen gewähren. Dort wo Hunger und Mangel herrschen, fehlt es gemeinhin ebenfalls an Demokratie und politischer Partizipation, an innerem und äußerem Frieden. „Entwicklung ist der neue Name für Frieden“[147], ist in diesem Sinn ein viel zitiertes Wort der Enzyklika, ebenso wie „Friede besteht nicht einfach im Schweigen der Waffen.“[148] Der Papst spricht sich sowohl gegen totalitäre und undemokratische Regime als auch gegen einen ungebremsten Kapitalismus aus. Wachstum allein kann angesichts der Not in der Welt keine Lösung sein. Wachstum darf vor allem nicht grenzenlos und kein Selbstzweck sein.[149] Im Übrigen werden die traditionellen Prinzipien der katholischen Soziallehre wiederholt. Das Recht auf einen gewaltsamen Umsturz ungerechter Systeme wird verneint: Reform statt Revolution bringt die Lösung.[150] Wohl zeigt er Verständnis für die Anwendung von Gewalt um der Schaffung gerechterer Lebensbedingungen willen:

> „Es gibt ganz sicher Situationen, deren Ungerechtigkeit zum Himmel schreit. Wenn ganze Völker, die am Mangel des Notwendigsten leiden, unter fremder Herrschaft gehindert werden, irgend etwas aus eigener Initiative zu unternehmen, zu höherer Bildung aufzusteigen, am sozialen und politischen Leben teilzunehmen, dann ist die Versuchung groß, solches gegen die menschliche Würde verstoßende Unrecht mit Gewalt zu beseitigen.“[151]

Letztlich erteilt er der Gewaltanwendung aber eine klare Absage:

> „Jede Revolution – ausgenommen im Fall der eindeutigen und lange dauernden Gewaltherrschaft, die die Grundrechte der Person schwer verletzt und dem Gemeinwohl des Landes ernsten Schaden

> zufügt – zeugt neues Unrecht, bringt neue Störungen des Gleichgewichts mit sich, ruft neue Zerrüttung hervor. Man kann das Übel, das existiert, nicht mit einem noch größeren Übel vertreiben."[152]

Ein Vorgriff auf seine im Folgejahr veröffentlichte Enzyklika zur Empfängnisverhütung ist der Hinweis, dass keinem Menschen das Recht auf ein eheliches Zusammenleben und auf die Zeugung von Kindern verwehrt werden kann, da dieses Recht zur Würde der Person gehört.[153] Über die Zahl der Kinder entscheiden allein die Eltern, indem sie der Stimme ihres Gewissens folgen. Der katholische Kirchenführer verurteilt die Propaganda für die Empfängnisverhütung und die Abtreibung, die doch nur die unterentwickelten Staaten treffen. Hier macht er eine neue Ungleichheit der Völker aus, da der Westen (insbesondere die USA) ein massives Interesse an der Begrenzung der Geburten zeigte. Gleichzeitig übersieht er nicht die Probleme, die aus einem ungebremsten Bevölkerungswachstum entstehen, besonders wo die natürlichen Ressourcen für die Ernährung der Menschen nicht ausreichen. Wie bereits bei seinem Aufenthalt in Bombay fordert er die Einrichtung einer universalen Stiftung, in die Teile der Rüstungsausgaben fließen sollten, um den armen Ländern aufzuhelfen.[154] Dass *Humanae Vitae* in den weniger entwickelten Ländern positiver aufgenommen wurde als in den Industrieländern, erklärt sich von dieser Stellungnahme her.[155]

Auch wenn manche gesellschaftspolitischen Umstände, von denen das Dokument ausgeht, ein knappes halbes Jahrhundert später weitgehend überholt sind (der Kolonialismus und seine Folgen, der Ost-West-Konflikt, mangelnde Akzeptanz für die Arbeit internationaler Organisationen), wirken viele der ausgesprochenen Forderungen (wie etwa Freihandel, internationale Gerichtsbarkeit, Ablehnung von Rassismus und Nationalismus) doch noch immer aktuell, der Stil frisch, der Gestus der Betroffenheit authentisch. *Populorum Progressio* war bei ihrer Veröffentlichung mutig und weitblickend, und das hat sich im historischen Rückblick ausgezahlt. Obwohl es den Terminus damals noch nicht gab, zeigt Paul VI. der Sache nach die Gefahren und Risiken der „Globalisierung" auf. Die meisten gesellschaftlichen Probleme sind nicht auf ein Land beschränkt, sondern haben eine universale Dimension und sowohl wirtschaftliche als auch soziale und kulturelle Facetten, so dass ihre Lösung konzertierte internationale Aktionen erfordern. *Populorum Progressio* gilt als das fortschrittlichste Dokument dieses Papstes. Die Enzyklika, die sowohl innerhalb als auch außerhalb der katholischen Welt starke Beachtung fand und noch heute findet (namentlich im Jubiläumsjahr 1997 war eine Vielzahl einschlägiger Veröffentlichungen zu verzeichnen), muss an Problembewusstsein keinen zeitgenössischen Text scheuen.[156] Das internationale Prestige des Papsttums nahm aufgrund dieses Textes nicht unerheblich zu. Paul VI. fand besonders in progressiven Kreisen Zustimmung – eine Reaktion, die nach der Veröffentlichung von *Humanae Vitae* schnell in ihr Gegenteil umschlagen sollte. Die *New York Times* charakterisierte *Populorum Progressio* bei der Veröffentlichung als „stark links, ja sogar im Ton marxistisch“[157]. Das war bis dato noch keinem Papst vorgeworfen worden!

Um die in dem Dokument angesprochenen Anliegen stark zu machen, besuchte Paul VI. als erster Papst am 16. November 1967 die alle zwei Jahre stattfindende Generalversammlung der FAO (Food and Agriculture Organization), also der Organisation für Ernährung und Landwirtschaft der Vereinten Nationen, deren Sitz sich in Rom befindet (ein weiterer Auftritt sollte am 12. November 1971 folgen). Die FAO geht gegen Armut und Ernährungsprobleme in den Entwicklungsländern vor. In seiner Rede erinnerte er erneut an die in seiner jüngst veröffentlichten Sozialenzyklika ausgesprochenen Forderungen und Prinzipien.[158]

Paul VI. war klar, dass es seitens der Kirche nicht bei Worten bleiben kann, und daher gründete er am 26. März 1969 den Fonds *Populorum Progressio* zur Bekämpfung des Hungers in der Welt. Dass diese Initiative keinen entscheidenden Beitrag zur Lösung der Weltprobleme würde leisten können, war ihm von vornherein klar – das sollte sie auch gar nicht. Es ging darum, ein Zeichen zu setzen, dass die Kirche diese Probleme wahr- und ernstnimmt.

Was seine Beschäftigung mit dem Nord-Süd-Konflikt angeht, lassen sich durchaus Parallelen zum ÖRK ausmachen. Seit den frühen sechziger Jahren gewann die Entwicklungsthematik auch dort an Bedeutung, bis sie schließlich auf der politisch ambitionierten vierten Vollversammlung 1968 in Uppsala, die vor dem Hintergrund der Studentenunruhen und des Vietnamkriegs stattfand, zur Dominante wurde.[159] Die theologische Begründung für neue gesellschaftspolitische Ansätze wurde in der Eschatologie gesucht, indem die Ankündigung des zum Jüngsten Gericht wiederkehrenden Christus „Siehe, ich mache alles neu“ (Offb 21, 5) als Leitwort gewählt wurde. Diese Verheißung für die Zukunft der Welt wurde als Verpflichtung in der Gegenwart gedeutet. Auch wenn es unter den Teilnehmern dieser Vollversammlung unbestritten war, dass die ungerechte Verteilung der Güter der Erde nicht länger hinnehmbar sei und dass allen Völkern Teilhabe an den Entwicklungschancen gewährt werden müsse, zeigten sich doch Spannungen zwischen den Vertretern der Entwicklungsländer und denen der reichen Industriestaaten. In vielen Teilen der Erde wurde die Entwicklung durch die dort herrschende Rassendiskriminierung gehemmt, so dass sich der ÖRK veranlasst sah, dieses Problem noch einmal besonders ins Visier zu nehmen und ein „Programm zur Bekämpfung des Rassismus“ zu entwerfen. Auch Paul VI. verurteilt die Rassendiskriminierung in seiner großen Sozialenzyklika scharf, nennt jedoch nicht Ross und Reiter. Seine Äußerungen riefen daher nicht jene Verwerfungen hervor, wie sie innerhalb des ÖRK zu beobachten waren.[160] Politisch zugute kam ihm dabei, dass sich das Problem am drängendsten in einigen nicht-katholischen Ländern stellte (Südafrika, Süden der USA). Wie der ÖRK argumentiert der Papst hier schöpfungstheologisch, das heißt unter Berufung auf die allen Menschen vom Schöpfer mitgegebene und unverlierbare Würde.[161] Auf lange Sicht kann man den Beitrag der Kirchen zur Beseitigung von Apartheid und Rassendiskriminierung nicht hoch genug einschätzen, ganz gleich ob es sich wie bei den Nicht-Katholiken um eine eher an konkreten Missständen orientierte oder um eine grundsätzlichere Sichtweise handelt.

Eine weitere Parallele ist auffällig: Wie der Papst setzte sich auch Uppsala mit der Frage der Erlaubtheit von Gewalt auseinander. Die Vertreter der „Theologie der Revolution“, die sich auf die Reich-Gottes-Botschaft Jesu stützten und zum Sturz von Unrechtssystemen aufriefen, standen einer in der Sache vorsichtigeren Mehrheit gegenüber. Ein Vergleich mit den parallelen Vorgängen in den nicht-katholischen Kirchen vermag also durchaus die Zeitgebundenheit der in jener Epoche behandelten Anliegen, aber auch die Eigenart des päpstlichen Zugangs zu erhellen.

36 Empfang des US-amerikanischen Präsidenten John F. Kennedy im Vatikan (2. Juli 1963)

Bejahung des technischen Fortschritts

Wie keiner seiner Vorgänger ist der Montini-Papst von einem großen Optimismus gegenüber dem Fortschritt erfüllt. Doch dieser Fortschritt darf kein Selbstzweck sein. Er muss vielmehr das Zusammenleben der Menschen erleichtern und die Lebenschancen der Bedrängten fördern – und damit in letzter Konsequenz zur größeren Ehre Gottes, des Schöpfers, beitragen.

Emblematisch ist in diesem Zusammenhang das Zusammentreffen des „ersten modernen Papstes" (Hebblethwaite) mit John F. Kennedy, dem jungen und dynamischen Vertreter eines neuen Amerika. Jener empfing den ersten katholischen US-Präsidenten, den er seit 1939 kannte, am 2. Juli 1963 in Privataudienz. Er nahm in seiner Ansprache zunächst Bezug auf die Errungenschaften in der Raumfahrt:

„Die letzten Jahre haben beeindruckende Entwicklungen bei der Erforschung des Weltraums mit sich gebracht, zu denen die USA be-

> achtliche Beiträge geleistet haben. Mögen diese Unternehmungen zur Ehre Gottes beitragen, des Schöpfers und höchsten Lenkers der Welt. Weil sie so vielversprechend für das Wohl der Menschheit sind, mögen sie auch einen wahren und friedlichen Fortschritt einleiten, der die Menschen zu einer universalen brüderlichen Gemeinschaft zusammenschließt."[162]

Diese Errungenschaften seien, so ist der Redner überzeugt, Verpflichtung und Auftrag für den Präsidenten, der sich daher im Einklang mit der Kirche wissen dürfe:

> „Genau das ist es, was wir oft aus den Reden Eurer Exzellenz heraushören, dass Eure Worte mit Wärme an die höheren Prinzipien von Wahrheit, Gerechtigkeit und Freiheit erinnern. Wir erkennen eine Übereinstimmung mit dem, was unser verehrter Vorgänger Papst Johannes XXIII. in seiner letzten Enzyklika *Pacem in Terris* lehrt."[163]

Wohl kein amerikanischer Präsident vor und nach ihm dürfte ein ähnliches Lob aus dem Mund eines Papstes gehört haben! Die Rede endet mit einem Friedensappell:

> „Ein Weltfriede in Liebe und Gerechtigkeit kann erreicht werden, und wir spüren, dass die Anstrengungen der Vereinigten Staaten Frucht tragen werden und gewährleisten, dass alle Völker dieser bedrängten Welt sich des göttlichen Segens erfreuen können. Diesem Anliegen widmen wir nach dem Beispiel unserer Vorgänger unsere Gebete, all unsere Kraft und unser Leben."[164]

Als Kennedy dem Papst nach seiner Rückkehr in die Vereinigten Staaten in einem Dankschreiben bescheinigte, er sei von dessen Ansprache „stark beeindruckt" gewesen, war das sicher nicht nur als rhetorische Floskel gemeint.[165]

Besondere Faszination übte auf Montini die erste Mondlandung am 21. Juli 1969 aus. An diesem Ereignis nahm er nicht nur als Privatmann Anteil, sondern er schuf eine subtile Inszenierung, um der Öffentlichkeit zu demonstrieren, dass Papst und Kirche den technischen Fortschritt bejahen. Diese Inszenierung geht ganz auf seine persönliche Initiative zurück.[166] Er begab sich nachts zur päpstlichen Sternwarte nach Castelgandolfo, wo eine bessere Sicht als in der Sternwarte der hellerleuchteten Metropole Rom gegeben war. Er ließ sich filmen und

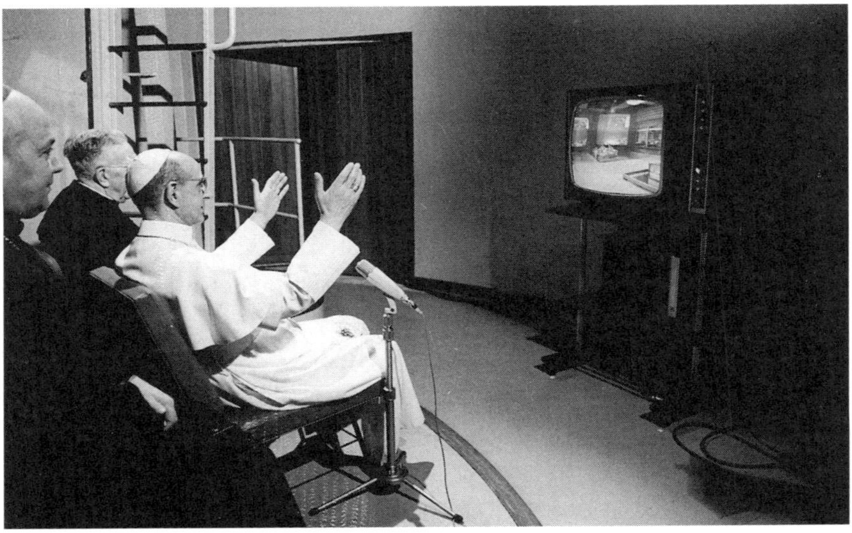

37 Paul VI. verfolgt im Fernsehen die erste Mondlandung (21. Juli 1969)

fotografieren, wie er zunächst durch das große Teleskop den Mond in den Blick nahm.[167] In der folgenden Szene wurde der Papst gezeigt, wie er gestikulierend und offenkundig mit großer Anteilnahme das Geschehen vor dem Fernseher verfolgte. Schließlich richtete er an die Mondfahrer in englischer Sprache eine Botschaft, die ihnen live übermittelt wurde und die von einer echten Begeisterung für die neuen technischen Möglichkeiten zeugt. Es handelt sich um einen poetischen Text, der dem Geschehen sittliche und religiöse Weihe verleiht. Nach einer italienischen Einleitung fährt er auf Englisch fort:

> „Hier aus der Sternwarte von Castelgandolfo bei Rom spricht Paul VI. zu euch Astronauten. Ehre, Gruß und Segen gilt euch, ihr Eroberer des Mondes, des bleichen Lichtes unserer Nächte und unserer Träume! Tragt zu ihm mit Eurer lebendigen Gegenwart die Stimme des Geistes, das Loblied auf Gott unseren Schöpfer und Vater. Wir sind euch nahe mit unseren Wünschen und Gebeten. Euch grüßt mit der ganzen katholischen Kirche der Papst Paul VI.“[168]

Die Wahrnehmung eines Ereignisses, der Mondlandung, wird hier selbst zum Ereignis, der Anschauende zum Angeschauten – eine raffinierte Inszenierung mit einer klaren Botschaft: Ein Auseinandertreten von Glaube und Wissenschaft, gar eine Feindschaft der beiden Sphären ist undenkbar. Der Triumph der Technik verweist sowohl auf die Fähigkeiten des Menschen als auch auf die Größe Gottes. Es scheint, als wolle Paul VI. das alte galileische Missverständnis, die Feindschaft zwischen Naturwissenschaft und Theologie, aus der Welt räumen.

Dieselbe Haltung der Fortschrittsbejahung kommt in einer weiteren wohlüberlegten Geste zum Ausdruck: Die Astronauten hinterließen im Auftrag des Papstes eine von ihm handgeschriebene Botschaft auf dem Mond. Das sollte heißen: Der Fortschritt macht der Kirche keine Angst, die Kirche muss seinen Lauf nicht hemmen. Die ganze Schöpfung ist des Herrn, alles ist ihm unterworfen.

Am 16. Oktober 1969 gewährte der Papst den drei Mondfahrern, die ihm ein Stück Gestein vom Mond mitbrachten, eine Privataudienz. Er nimmt das Wort Neil Alden Armstrongs (1930–2012), der als erster den Mond betreten hatte, von dem kleinen Schritt für den Menschen, der zugleich ein großer Sprung für die Menschheit ist, in seiner Ansprache auf: Der Mensch habe durch ihre Tat einen weiteren Schritt zur größeren Kenntnis des Universums getan. Aber es sei keine Welt ohne Gott, die sich für die Menschheit nun auftue: Gottes Größe zeige sich jetzt erst recht. Er schließt mit dem Wunsch, durch diese Erkenntnis Gottes mögen die Menschen immer mehr zur Einheit und zum Frieden finden.[169] Bei dieser Gelegenheit schenkte der Papst den Astronauten eine Statue, welche die Heiligen Drei Könige darstellte. Der Bezug liegt auf der Hand: Auch die biblischen Gestalten waren in ein fernes unbekanntes Land aufgebrochen, um eine größere Wahrheit zu finden. Dass der Fortschritt allerdings kein Selbstzweck sein darf, sondern der Zivilisation, dem Zusammenleben der Menschen und dem Frieden unter den Völkern dienen muss, macht er in seiner Gratulationsadresse an den amerikanischen Präsidenten Richard Nixon (1913–1994) anlässlich des denkwürdigen Ereignisses deutlich.[170]

Dabei ist sich Paul VI. bewusst, dass Kriege, Unterentwicklung und Hungerkatastrophen die hässliche Kehrseite der Fortschritte in Wissenschaft und Technik sind, wie sie in der Mondlandung ihren sichtbarsten Triumph gefeiert hatten.[171]

Der Ost-West-Konflikt und der Weltfrieden

Bei wenigen Päpsten der Geschichte hat die Friedensthematik einen solchen Stellenwert wie bei Paul VI. In der Sorge um den Weltfrieden und die Etablierung des Heiligen Stuhls als einer Friedensmacht agiert er in einer Traditionslinie mit Pius XII. Auch dieser hatte sich gewissermaßen als eine Art „Weltgewissen“ verstanden und immer wieder zum Frieden gemahnt, unermüdlich versucht, die kriegführenden Parteien des Zweiten Weltkriegs an den Verhandlungstisch zu bringen. Nicht anders als Pacelli legte sich Montini bei seinen Friedensbemühungen im konkreten Fall strikte Neutralität auf und klagte niemals die Schuldigen des Krieges an (auch wenn das leicht gewesen wäre). Nicht anders als während des Zweiten Weltkriegs blieb es in den Konflikten seines Pontifikates nicht bei Friedensbemühungen, sondern der Vatikan ließ den Opfern des Krieges auf dem Weg über die internationale Caritas Hilfe zukommen.

Die sechziger und siebziger Jahre wurden vom Ost-West-Konflikt, dem „Kalten Krieg“, bestimmt. Dieser Krieg drohte wiederholt zum offenen Krieg zu werden (wie etwa in der Kubakrise im Herbst 1962) und wurde in verschiedenen Teilen der Welt als „Stellvertreterkrieg“ ausgetragen. Als einen solchen muss man den Vietnamkrieg bezeichnen, der in den fünfziger Jahren als Bürgerkrieg begann, sich durch die Unterstützung des kommunistischen Nordens durch die Volksrepublik China sowie die Sowjetunion und des Südens durch die USA aber bald ausweitete. Letztlich ging es darum, ob Vietnam und Indochina dem kommunistischen oder dem westlichen Block zugeschlagen würden. Als nordvietnamesische Guerillas (die sogenannten „Vietkong“) zunehmend im Süden tätig wurden, schickten die USA zunächst Militärberater (1961), schließlich auch reguläre Truppen ins Land (1964), die in den folgenden Jahren auf eine halbe Million Soldaten aufgestockt wurden. Die USA, deren Luftangriffe großen Schaden anrichteten, erklärten Nordvietnam nicht direkt den Krieg, weil China und die UdSSR dann wahrscheinlich auch offen in den Krieg eingetreten wären. Da der Konflikt militärisch nicht zu entscheiden war, wurden am 13. Mai 1968 in Paris amerikanisch-nordvietnamesische Friedensverhandlungen eingeleitet, die am 27. Januar 1973 zur Unterzeichnung eines Waffenstillstandsabkommens führten. Nachdem die USA ihre Kampftruppen abgezogen hatten, wurde der Krieg noch bis zur Kapitulation des Südens im April 1975 weitergeführt. Es handelte sich nicht nur um eine der schlimmsten Niederlagen der amerikanischen Geschichte, sondern auch um einen Tiefpunkt des amerikanischen Ansehens in der Welt.

Dieser historische Exkurs ist notwendig, um den langjährigen und engagierten Einsatz Pauls VI. zur Beendigung des Konflikts recht würdigen zu können.[172] Der Papst litt unter dem Krieg, der über zwei Millionen Menschen das Leben kostete, und er sah in ihm einen Angriff auf die menschliche Zivilisation. Ihm war bewusst, dass die USA insbesondere durch die desaströsen Luftangriffe ihre moralische Glaubwürdigkeit aufs Spiel setzten.

Zu Beginn der Zuspitzung und Internationalisierung des Krieges versuchte er durch direkte Interventionen, diesen zu begrenzen oder gar zu beenden, stets auf die Wahrung der Neutralität gegenüber den Kriegsparteien und den hinter ihnen stehenden Großmächten bedacht. Wohl war er sich der Einschränkung der Religionsfreiheit durch das autoritäre System des Nordens bewusst. Die Anliegen der starken katholischen Minderheit im Vietnam verlor er nie aus dem Blick. Mit dem amerikanischen Präsidenten Lyndon B. Johnson traf er sich während seines New York-Besuchs am 4. Oktober 1965 zu einem kurzen Gespräch im Waldorf Astoria Hotel und schnitt das Thema an. Paul VI. hatte schon im Vorjahr angeboten, im Vietnamkrieg zu vermitteln. Am 19. Dezember 1965 bat er die kriegführenden Parteien, die Kampfhandlungen während der Weihnachtstage einzustellen. Zwölf Tage später wandte er sich an die Präsidenten der USA, Vietnams, Chinas und der Sowjetunion und forderte sie auf, sofortige Friedensverhandlungen aufzunehmen, um dem vietnamesischen Volk weitere Leiden zu ersparen. Eindringlich warnte er dabei vor einer Gefährdung des Weltfriedens.[173] Er wusste wohl, dass er am ehesten auf die Amerikaner würde Einfluss nehmen können und blieb daher für sie ein kritischer Mahner. Am 3. Mai 1966 empfing er den amerikanischen Botschafter Henry C. Lodge und forderte die Einstellung der Bombardierungen. Da er bei dieser Gelegenheit ernsthafte Zweifel äußerte, ob die USA schon alle nötigen Friedensanstrengungen unternommen haben, suchte ihn Washington in den folgenden Monaten durch Emissäre zu beruhigen, was nicht recht gelingen wollte. Zu diesem Zeitpunkt war er sogar bereit, zu einer direkten Vermittlungsmission in das Land zu reisen. Im August 1966 waren daher Paul C. Marcinkus (1922–2006) und Pasquale Macchi zu Sondierungen in Washington, um dazu die Unterstützung Präsident Johnsons zu erbitten.[174] Von der zeitgenössischen Presse wurde registriert, dass er sich persönlich einbrachte, um den Konflikt zu lösen. Man muss nicht so weit gehen wie das Nachrichtenmagazin *Die Zeit*, die Montinis Bereitschaft, im Krieg zu vermitteln und sich zu diesem Zweck sogar persönlich in den Vietnam zu begeben, damit erklärt, dass dieser nicht die Fehler des allzu zögerlichen Pius' XII. habe wiederholen wollen, der im Zweiten Weltkrieg zu sehr auf die Wahrung der vatikanischen Neutralität bedacht gewesen sei. Er habe 1966 zur Eile gedrängt, „als fürchte er die gleiche Anklage, die nachträglich gegen Pius XII. erhoben worden ist."[175] Den nordvietnamesischen Präsidenten Ho Chi Minh kontaktierte er über eine Delegation der italienischen Kommunisten, die am 29. November 1966 in Hanoi eintraf. Er hatte zuvor den Führer der italienischen Kommunisten Enrico Berlinguer (1922–1984) eingespannt. Nun bat er den Präsidenten in einem Brief, humanitäre Hilfe ins Land zu lassen, und bot an, dass im Vatikan Friedensverhandlungen stattfinden könnten. Ho schien erst durchaus geneigt, nach erneuten Bombardierungen seiner Hauptstadt durch die Amerikaner kam dieser Vorschlag für ihn aber nicht mehr in Frage. Die Begegnung mit Nikolaj W. Podgornyj (1903–1983), als Vorsitzender des Präsidiums des obersten Sowjets Staatsoberhaupt der Sowjetunion, am 30. Januar 1967 ließ das Kirchenoberhaupt einsehen, dass auch die Russen nicht an ein Aufgeben dachten. Wollten die Amerikaner zum jetzigen Zeitpunkt den Frieden?

Wenig angenehm verlief angesichts dieser Zweifel die Begegnung mit Vizepräsident Hubert Humphrey (1911–1978) am 2. April 1967. Deutlich verlieh der Papst seiner Sorge um die moralische Integrität der USA Ausdruck, die wegen der Bombenangriffe auf Vietnam gefährdet sei. Er warnte, dass sich die öffentliche Meinung immer mehr gegen die Amerikaner wende. Auch Präsident Johnson selbst forderte er am 23. Dezember 1967 während einer Privataudienz auf, als Zeichen des guten Willens unverzüglich die Bombardierungen einzustellen.[176] Nach dem Zeugnis der Mitschrift des Gesprächs verurteilte Paul VI. mit deutlichen Worten den Krieg, obgleich er anerkannte, dass die Amerikaner Freiheit und Demokratie verteidigten. Er ließ sich daher auch nicht dazu bewegen, die südvietnamesischen Katholiken zur Bildung einer antikommunistischen Front aufzurufen, wie es sein Gegenüber forderte. Eine mögliche Vermittlung durch den Papst scheint in diesem Gespräch nur am Rande berührt worden zu sein. Wenig später scheiterte das Vorhaben ohnehin endgültig am Widerstand Nordvietnams, und damit indirekt Chinas und der UdSSR. Immerhin scheint Paul VI. hinter den Kulissen einen wichtigen Beitrag zum Zustandekommen der am 13. Mai 1968 in Paris eröffneten amerikanisch-nordvietnamesischen Friedensverhandlungen geleistet zu haben.[177] Im Vorfeld hatte er den Vatikan als Tagungsort angeboten. Am 2. März 1969 schließlich warb Richard Nixon, der eigens nach Rom gekommen war, um den Papst zu treffen, um das Wohlwollen des Vatikans, nicht anders als Andrej Gromyko (1909–1989) am 2. November 1970 im Sinn der UdSSR. Zu diesem Zeitpunkt war das für die USA wenig rühmliche Ende des Krieges jedoch schon abzusehen.

Am 28. November 1970 ermahnte der Papst noch einmal in Gegenwart einer südvietnamesischen Delegation, die während seiner Asienreise nach Manila gekommen war, alle Beteiligten zum Frieden.[178] Mehr könne er nicht tun, musste er resigniert feststellen. In den folgenden Jahren beschäftigten ihn immer wieder die Folgen dieses Krieges. Am 28. März 1978 etwa appellierte er dringend an den US-Präsidenten Gerald Ford (1913–2006), umgehend alle Flüchtlinge aus der vietnamesischen Da Nang zu evakuieren, da ihr Leben durch die bevorstehende kommunistische Eroberung der Stadt gefährdet sei. Nach deren Einnahme konnte der Präsident dem Papst bestätigen, dass 60.000 Menschen evakuiert worden seien.[179]

Paul VI. beschränkte sich im Übrigen nicht darauf, anlassbezogen zum Frieden zu mahnen und die Folgen eines Krieges zu bewältigen. Vielmehr bemühte er sich grundsätzlich um eine Erziehung zum Frieden und eine Änderung des Bewusstseins der Menschen. Am 17. Dezember 1967 kündigte er in diesem Sinn eine Initiative an, um das Anliegen des Friedens zu einem geistlichen Anliegen der ganzen Kirche zu machen, den Weltfriedenstag, der seitdem jedes Jahr am 1. Januar in einer Kirche Roms eröffnet und in der ganzen Kirche begangen wird.[180]

Er steht jeweils unter einem anderen Thema, das 1968 „Erziehung zum Frieden als Aufgabe der Kirche“ lautete.[181] Am 22. Dezember 1970 kündigte er im Konsistorium an, dass der erstmals verliehene Friedenspreis, der nach seinem Vorgänger benannt ist, der aus Albanien stammenden Ordensschwester Mutter Teresa von Kalkutta verliehen werde.[182] Große Friedensstifter sollten durch diesen Preis der Welt als Beispiel vorgestellt werden. Zahlreiche handschriftliche Notizen zur Friedensthematik (als Vorbereitung für Reden, zum Weltfriedenstag etc.) lassen seine intensive Auseinandersetzung mit der Friedensthematik erahnen.[183]

Eher symbolische Bedeutung hatte der Beitritt des Vatikans zum Atomwaffensperrvertrag am 25. Februar 1971.[184] Es war eine Geste, wie sie der Papst schätzte. Bedeutender, da für die Weltöffentlichkeit sichtbarer, war ein anderer Schritt: Auf Montinis persönliche Initiative hin nahm der Vatikan an der „Konferenz für Sicherheit und Zusammenarbeit in Europa“ (KSZE) teil, die in Helsinki stattfand. Dies war durchaus nicht selbstverständlich und im Vatikan auch nicht unumstritten, zumal die Initiative zu diesem Unternehmen 1969 vom Warschauer Pakt ausgegangen und es der sowjetische Außenminister Andrej Gromyko gewesen war, der eine Teilnahme des Vatikans angeregt hatte.[185] An der am 3. Juli 1973 zunächst auf Kommissionsebene eröffneten Konferenz nahmen bis auf Albanien alle europäischen Staaten sowie die USA und Kanada teil. Dabei ging es um die drei Bereiche Sicherheit, wirtschaftliche und kulturelle Zusammenarbeit. Die Schlussakte wurde am 1. August 1975 in Helsinki unterzeichnet. Die vatikanische Delegation unter Agostino Casaroli plädierte in der finnischen Hauptstadt für eine klare Umschreibung der Glaubens- und Gewissensfreiheit. Dass diese in das Schlussdokument aufgenommen wurde, bedeutete einen großen Erfolg für Rom: „Die Teilnehmerstaaten werden die Menschenrechte und Grundfreiheiten, einschließlich der Gedanken-, Gewissens-, Religions- oder Überzeugungsfreiheit für alle ohne Unterschied der Rasse, des Geschlechts, der Sprache oder der Religion achten.“[186] Die Berufung auf die Akte von Helsinki sollte bis zur friedlichen Revolution von 1989/1990 zu einer Stärkung der Dissidenten und christlichen Oppositionsgruppen beitragen – auch wenn die völkerrechtliche Verbindlichkeit der Erklärungen zwischen Ostblock und westlichen Nationen umstritten blieb.[187] Die Teilnahme an der Konferenz fügt sich gut in das Gesamtbild der Außenpolitik dieses Papstes, der von Anfang an bestrebt war, den Heiligen Stuhl in die Arbeit der großen internationalen Organisationen einzubinden – hatte er doch als enger Mitarbeiter Pius' XII. dessen Bestreben erlebt, die mit den Lateranverträgen erreichten neuen außenpolitischen Spielräume zu nutzen.

Durch das Wirken für Frieden, Gerechtigkeit, Entwicklung und insbesondere durch den Einsatz für die unterentwickelten Völker stieg das Ansehen des Papsttums in der ganzen Welt, und zwar sowohl innerhalb als auch außerhalb der katholischen Kirche.

Ein Papst in allen Kontinenten

Die Reisen Pauls VI. nach Palästina, Indien und in die USA hatten zwar das Eis gebrochen und eine internationale Reisetätigkeit des Führers der katholischen Kirche möglich erscheinen lassen, doch waren sie trotz ihrer revolutionären Wirkung punktuelle Ereignisse mit einem konkreten Anlass und einer klar umschriebenen Zielsetzung geblieben. Hatte die erste Reise der Ökumene und der Hinordnung der Kirche im Konzil auf ihre Wurzeln gedient, so verstand Montini die zweite als Stimulus für den interreligiösen Dialog, die dritte schließlich als Friedensmission und Würdigung der Vereinten Nationen. Die großen Reisen nach Südamerika, Afrika und Asien, die nun folgen sollten, waren breiter und systematischer angelegt und hatten stärker den Charakter von Pastoralbesuchen. Auch wird nun deutlich das Bestreben erkennbar, „bis an die Grenzen der Erde"[188] zu gehen und alle Kontinente anzusteuern. Paul VI. selbst reflektierte über den Sinn und den Charakter seiner Reisetätigkeit, die er als besondere Form der Ausübung des Petrusamtes deutete.[189] Im Lauf der Geschichte waren die päpstlichen Reisen zumeist unfreiwilliger Natur gewesen und ergaben sich aus politischen Notwendigkeiten (wie die Reise Leos III. zu Karl dem Großen nach Paderborn oder die von Napoleon erzwungenen Reisen Pius' VI. und Pius' VII. nach Frankreich). Paul VI. war sich bewusst, dass er ein ganz neues Reisekonzept entwickelte, das der „apostolischen Reisen". In seiner Rede in Bogotá am 21. August 1968 deutet er seine Reisen als Ausdruck der Mobilität des modernen Menschen. Der Papst ist selbst ein moderner Mensch, der nicht an einen Ort gebunden ist. Die heutigen Verkehrsmittel ermöglichen es, dass er sich zu den Menschen begibt. Die Reisen demonstrieren der Welt somit zwei Wesenseigenschaften der Kirche, nämlich ihre Einheit und Katholizität.

Vor diesem Hintergrund wurde ein geographisch breites, ausgewogenes Tableau erarbeitet. Der Montini-Papst besuchte alle fünf Kontinente, er steuerte Länder der Ersten und der Dritten Welt, Entwicklungsländer und Industriestaaten an, er machte sich ebenso auf in Weltgegenden, wo das Christentum in der Minderheit ist, wie in christliche Länder.[190] Allein eine Reise in die sogenannte Zweite Welt, in den Ostblock, blieb ihm versagt; der Besuch in Polen scheiterte am Veto der kommunistischen Machthaber.[191] Bernard Sesboüé unterscheidet bei den Reisen Pauls VI. Pilgerreisen, caritativ bestimmte Reisen, Kurzreisen, symbolische/prophetische Reisen und solche mit historischen Anlässen, Missionsreisen, Reisen um des Dialogs willen (mit der Weltgemeinschaft, mit den anderen Religionen, mit den anderen Kirchen, mit Vertretern der eigenen Kirche). Die Reisen seines Vorgängers erscheinen im Vergleich zu den seinen konventionell: Dieser verließ Italien nicht, sondern unternahm nur kurze Pilgerreisen nach Assisi und Loreto. All die Dimensionen, welche die Reisen Pauls VI. prägen sollten, scheinen hier noch nicht auf.

William Henn zeigt auf, dass die Reisen des Papstes in engem Zusammenhang mit der Lehre des Zweiten Vatikanischen Konzils über die Kirche stehen. Alle wesentlichen Elemente der Kirche werden aufgegriffen und zeitgemäß zur Darstellung gebracht: die Apostolizität, die Einheit, die Heiligkeit, die Katholizität, Christus als Quelle und Fundament allen kirchlichen Lebens, die Universalität der Kirche, die in der weltweiten Versammlung des Konzils neu zum Ausdruck gekommen war. Die Ansprachen des Papstes während seiner im Ausland gehaltenen Reden beziehen sich konsequent auf das Konzil und zitieren in reichem Maße dessen Texte. Paul VI. versteht sich gewissermaßen als Bote des Konzils, der dessen Lehren zu den Ortskirchen bringt.[192]

Eleuterio Fortino weist darauf hin, dass auf allen Auslandsreisen des Papstes Begegnungen mit Vertretern anderer christlicher Kirchen vorgesehen waren.[193] Das war an sich schon etwas Neues. Neu war zudem, dass es sich nicht nur um Gesprächskontakte handelte, sondern immer auch gemeinsam gebetet wurde. Damit stellten diese Treffen eine konkrete Umsetzung des Konzilsdokumentes *Unitatis Redintegratio* dar: „Bei besonderen Anlässen, zum Beispiel bei Gebeten, die ‚für die Einheit' verrichtet werden, und bei ökumenischen Versammlungen, ist es erlaubt und auch erwünscht, daß sich die Katholiken mit den getrennten Brüdern im Gebet zusammenfinden."[194]

38 Paul VI. in Fátima – neben ihm Schwester Lúcia dos Santos, die „Seherin" von Fátima (13. Mai 1967)

Nach diesen allgemeinen Bemerkungen sollen die einzelnen Reisen in den Blick genommen werden. Die Reise nach Fátima aus Anlass des 50. Jahrestags der Erscheinungen am 13. Mai 1967 fällt von ihrem Charakter her deutlich in die Kategorie der Pilgerreisen. Paul VI. war seit jeher durch eine starke Marienverehrung geprägt. Auch diese Fahrt war wie diejenige nach Palästina in diplomatischer Hinsicht heikel, insofern in Portugal seit 1932 eine Diktatur herrschte. So war der Papst bemüht, alles zu vermeiden, was als eine Billigung des Regimes von António de Oliveira Salazar (1889–1970) hätte gedeutet werden können, der in der Kirche eine Säule seines autoritären Ständestaates sah. Dementsprechend strich der Besucher in seinen Reden den religiösen Charakter der Reise heraus. In dieselbe Richtung weist die Tatsache, dass er am selben Tag das Apostolische Schreiben *Signum Magnum* veröffentlichte, das für die ganze Kirche die Bedeutung der Marienverehrung aufzeigt.[195] Eine kurze Begegnung mit dem im portugiesischen

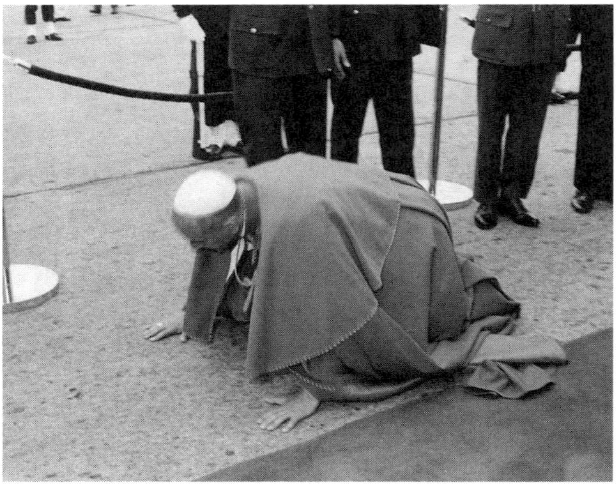

39 Ankunft in Bogotá, Kolumbien (22. August 1968)

Exil lebenden letzten italienischen König Umberto II. (1904–1983), der im Mai/Juni 1946 regiert hatte und der sich als treuen Sohn der Kirche verstand, bereitete hingegen keine diplomatischen Komplikationen.

In Fátima traf Paul VI. ebenfalls mit Schwester Lúcia dos Santos (1907–2005) zusammen, die 1917 als kleines Mädchen Visionen der Gottesmutter gehabt hatte, in denen es um Hölle, Christenverfolgung und das Schicksal des Papstes ging. Zwei der Voraussagen wurden mit dem Zweiten Weltkrieg als erfüllt angesehen. Die dritte Voraussage war in der von der Schwester aufgezeichneten Form Johannes XXIII. vorgelegt worden, der ihr keine weitere Beachtung geschenkt hatte. Paul VI. ließ sich den Text vor seiner Reise erneut zeigen.[196] Ansonsten war er in Worten und Gesten sichtlich bemüht, den Eindruck des Mirakulösen und Esoterischen zu vermeiden. Von daher ist es wohl auch zu verstehen, dass er ein Zusammentreffen mit Schwester Lúcia unter vier Augen ablehnte. Selbst als diese während des Gottesdienstes Anstalten machte, dem Papst etwas persönlich mitzuteilen, wies er sie freundlich aber bestimmt zurück.

Paul VI. gab seinem Besuch eine ausgesprochen pastorale Note. Vor mehr als einer Million Gläubigen zelebrierte er die Messe und schien dabei aufzublühen. In seiner Predigt erbat er die Fürsprache der Gottesmutter für eine geordnete Umsetzung des Konzils, das in der Kirche so viele neue Energien geweckt habe.[197] Auf dem Höhepunkt des Vietnamkriegs deutete er seine Reise aber vor allem als Mission für den Frieden in der Welt. „Gerade um für den Frieden der Welt zu beten, haben wir unsere Reise nach Fátima unternommen", ließ er zehn Tage nach seiner Rückkehr eine Gruppe vietnamesischer Pilger wissen.[198]

Vom 22. bis 24. August 1968 hielt er sich im kolumbischen Bogotá auf. Äußerer Anlass war der Eucharistische Weltkongress, daneben die zweite Generalversammlung des lateinamerikanischen Episkopats, welche sich mit der Anwendung des Konzils auf die Verhältnisse dieses Kontinents befassen sollte. Das Klima der Reise nach Südamerika war noch von Optimismus gekennzeichnet, sowohl in politischer wie in kirchlicher und kultureller Hinsicht. Am Tag seiner Abfahrt, dem 22. August 1968, wurde der Prager Frühling niedergeschlagen, ein Ereignis, das in mancher Hinsicht eine Wende in der europäischen Stimmungslage einleitete. Noch am Flughafen sprach er sein Bedauern darüber aus, dass wieder einmal die Gewalt der Waffen über das Schicksal eines Volkes entscheiden solle.[199]

40 Campesinos auf dem Weg zur Hl. Messe mit Paul VI. in Bogotá, Kolumbien (23. August 1968)

41 Abb. 41: Campesinos begegnen Paul VI. in Bogotá, Kolumbien (23. August 1968)

Die Versammlung der lateinamerikanischen Bischöfe war von Paul VI. im Zuge seiner Audienz für die südamerikanischen Konzilsbischöfe am 23. November 1965 einberufen worden. Hier empfahl er seinen Gästen, bei der Umsetzung der Pastoralkonstitution *Gaudium et Spes* mit dem Dreischritt Sehen – Urteilen – Handeln vorzugehen, um so die nötigen Änderungen der sozialen Verhältnisse zu realisieren.

Kein Papst vor ihm hatte je den südamerikanischen Kontinent betreten, den man damals wegen seiner entsprechenden Bevölkerungsmehrheit noch als den „katholischen Kontinent" bezeichnen konnte. Paul VI. war sich dieser Bedeutung seiner Reise sehr wohl bewusst:

> „Die erste Reise eines Papstes in jene fernen Länder (...) hat eine universale Bedeutung: Deshalb wollten wir mit dem ersten Schritt die Erde küssen, noch bevor wir mit ihren Repräsentanten und Bewohnern zusammentrafen, um so unsere Ausrichtung auf den ausgedehnten Kontinent in seiner Gesamtheit zum Ausdruck zu bringen."[200]

Seine Reise galt also nicht nur *einem* Land oder gar *einer* Stadt, sondern stellvertretend ganz Südamerika, als „Besuch eines ganzen Kontinentes, als Besuch Lateinamerikas. Wir mussten ihn auf Kolumbien beschränken, ja sogar nur auf die Hauptstadt Bogotá; aber unsere Absicht war es, alle einzelnen Nationen Lateinamerikas zu begrüßen."[201]

Diese Interpretation – der Besuch eines Landes als *pars pro toto* – sollte im Übrigen auch die folgende Reise nach Afrika bestimmen.[202] Durch eine besondere Geste ließ er diese Interpretation nun in Bogotá anschaulich werden, indem er am 22. August 200 Männer aus ganz Südamerika zu Priestern und Diakonen weihte.[203]

Starke Symbolkraft hatte auch die heilige Messe, die der Papst am 23. August mit 300.000 Campesinos feierte. Der Verfasser von *Populorum Progressio* belässt es nicht bei mahnenden Worten zugunsten der sozial Benachteiligten – er sucht sie vielmehr in eigener Person auf, sollte das besagen. In seiner Predigt stellte er erneut seine Fähigkeit unter Beweis, mit Menschenmassen zu kommunizieren und ihre Sprache zu sprechen. Noch wichtiger erscheint es im Rückblick, dass er die Kirche daran erinnerte, dass sie von der neutestamentlichen Botschaft her auf den Schutz der Armen verpflichtet ist. In diesem Sinn gipfelte seine Predigt in den berühmt gewordenen Worten an die Campesinos: „Ihr seid Christus für uns."[204] Er beklagte, dem Duktus von *Populorum Progressio* folgend, ihre ungerechten Verhältnisse und begründete vom Prinzip der Menschenwürde her den Einsatz für eine Besserung. In ihnen leidet Christus von Neuem.[205] Der Besuch einer Pfarrei in den Slums von Bogotá stieß in dieselbe Kerbe. Eine schlichte Nähe zu den Menschen sollte dadurch zum Ausdruck kommen, dass er dort mit den Gläubigen die Erstkommunion feierte. Vielleicht mag man in dieser Geste auch ein pastorales Gegengewicht zu der eher politisch gefärbten Predigt vor den Campesinos sehen. Eine Feier zur Segnung von jungen Brautpaaren stand durchaus in Zusammenhang mit der im Vormonat veröffentlichten Enzyklika *Humanae Vitae*, in der der Papst nicht nur ein Verbot formuliert, sondern auch das Hohelied der ehelichen Liebe vorträgt.

42 Erstkommunionfeier in der Pfarrei S. Cecilia in Bogotá, Kolumbien (24. August 1968)

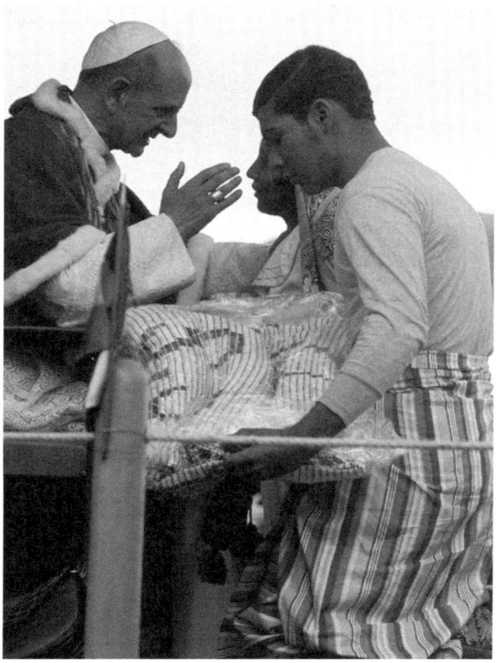

43 Paul VI. segnet in Bogotá ein kolumbianisches Paar (24. August 1968)

All das waren starke Vorgaben für seine Teilnahme an der zweiten lateinamerikanischen Bischofskonferenz (*Consejo Episcopal Latinoamericano* – CELAM). Diese eröffnete er selbst am 24. August in der Kathedrale von Bogotá. Die Stadt ist Sitz des Generalsekretariates der 1955 gegründeten und stark sozialpolitisch ausgerichteten Organisation.[206] Am 6. September sollte nach zweiwöchigen Beratungen im kolumbianischen Medellín das für die Entwicklung der Kirche Südamerikas äußerst wichtige Schlussdokument verabschiedet werden. Der Papst kam zum Beginn der Versammlung, um so deutlich zu machen, dass er den Bischöfen alle nötige Freiheit für ihre Beratungen lasse. Besonders die heilige Messe bei den Campesinos wurde für die Versammlung zum Katalysator, denn hier hatte er in geschickter Weise aufgegriffen, was in weiten Kreisen der südamerikanischen Kirche in jener Zeit virulent war, und zwar das Bewusstsein, dass die Kirche auf der Seite der Armen stehen muss.[207] In Medellín verpflichteten sich die 247 Bischöfe in diesem Sinn zur Option für die Armen, für die Basisgemeinden und für eine Befreiung, die nicht nur die religiöse Dimension des Menschen umfasst. Der Papst hatte in Bogotá eindeutig die Richtung gewiesen, indem er einerseits die Nähe der Kirche zu den Armen einforderte, andererseits aber all jene zurechtwies, die sich auf *Populorum Progressio* beriefen, um eine gewaltsame und revolutionäre Veränderung ungerechter Zustände zu fordern. Dass die Gewaltlosigkeit in den folgenden Jahren in der südamerikanischen Kirche nicht immer unumstritten blieb, wird man nicht Paul VI. ankreiden können. Er hatte seinerseits *theologische* Konzepte wie die Eucharistie in Zusammenhang mit sozialen Fragen gebracht (Frieden, Gerechtigkeit, Schutz des Lebens), nicht zuletzt um den Debatten über diese eine solide Basis zu geben. Seine Ansprachen sollten jedenfalls einen großen Einfluss auf den Fortgang der lateinamerikanischen Theologie haben, auch wenn ihr Inhalt vielen Theologen nicht weit genug ging.[208]

Den Abschluss der Südamerika-Reise bildete ein Zwischenlandung auf den Bermudainseln, wo der Papst die versammelten Gläubigen begrüßte, indem er seine Mission als „Fortsetzung der Wanderschaft des Apostels [= Petrus] bis in dieses unser Jahrhundert" deutete.[209]

Nach Rom zurückgekehrt, resümierte er bei der Generalaudienz am 28. August seine Reise:

> „Wir hatten auch die Ehre und das Glück, mit den nach Bogotá gekommenen Bischöfen (...) zu sprechen. Was für eine Erbauung, was für eine Hoffnung, was für ein Gefühl von bischöflicher Brüderlichkeit ist in jener Stunde in uns aufgestiegen! Wir schienen die Zukunft des Kontinents zu schauen, eine treue und apostolische Zukunft, voll Eifer und Großzügigkeit."[210]

44 Abb. 44: Paul VI. in Entebbe, Uganda (31. Juli 1969)

45 Paul VI. in Namugongo, Uganda (1. August 1969)

Der hohe Besucher konnte nicht ahnen, welche Konflikte um die Theologie der Befreiung sein zweiter Nachfolger austragen sollte, welche Spannungen es mit dem CELAM geben sollte – und erst recht konnte er die Wandlungen für den „katholischen Kontinent“ nicht absehen, die dadurch entstehen, dass die jungen „Pfingstkirchen“ der angestammten katholischen Kirche den Rang ablaufen.[211]

Am 29. Oktober 1967 bereits hatte sich Montini mit dem Motu Proprio *Africae Terrarum* dem schwarzen Kontinent zugewandt.[212] Seine Analyse geht von dessen großer christlicher Vergangenheit im Altertum aus, widmet sich den traditionellen Werten, thematisiert Risiken und Chancen der politischen Entwicklung im Zeitalter der Entkolonialisierung und schließt mit Mahnungen und Ermutigungen an Priester und Ordensleute. Im Anschluss an die gleichsam noch druckfrische Enzyklika *Populorum Progressio* fordert der Papst erneut für die Afrikaner eine Teilhabe an Entwicklungsmöglichkeiten und ruft zur Gewaltlosigkeit auf.[213] Damit war eine Afrikareise inhaltlich vorbereitet. Paul VI. wählte als Reiseziel Uganda aus, und dies aus mehreren Gründen: Das Land war immerhin zu einem Drittel katholisch. Am 18. Oktober 1964 hatte er den frühen ugandischen Glaubensboten und Märtyrer Karl Lwanga (1865–1886) und seine 22 Gefährten als erste afrikanische Märtyrer in der Neuzeit heilig gesprochen und von daher eine besondere Beziehung zu dem Land sowie der Geschichte seiner Christianisierung. In Uganda waren die ersten Afrikaner zu Bischöfen geweiht worden, so dass er sich guten Grundes schwerpunktmäßig dem Thema Mission zuwenden konnte.[214] Auch hier fand eine kontinentale Bischofsversammlung statt, die er durch seine Anwesenheit aufwerten wollte. Überdies war es wiederum sein besonderes Anliegen, für den Frieden zu wirken, wie er schon im Vorfeld der Reise erklärte.[215] Dies war in Afrika besonders angezeigt, da dieser Erdteil nach dem weitgehenden Rückzug der alten Kolonialmächte von Kriegen und Bürgerkriegen heimgesucht wurde. *Frieden* und *Gerechtigkeit* sollten denn auch in Anknüpfung an *Populorum Progressio* Schlüsselworte seiner Reden werden.

In Uganda, wo er sich vom 31. Juli bis zum 2. August 1969 aufhielt, weihte er am 1. August in Anspielung auf die Zahl der Apostel die symbolische Zahl von zwölf Afrikanern aus verschiedenen Ländern, die den ganzen Kontinent repräsentieren sollten, zu Bischöfen. So machte er zugleich deutlich, dass „das Werk der Evangelisierung (…) noch ganz am Anfang steht"[216]. Überdies bekräftigte er auf diese Weise, dass Rom die Etablierung einer einheimischen Hierarchie begrüßt und vorantreibt. Die afrikanische Kirche, so der Papst, solle nun auf eigenen Füßen stehen und nicht mehr von der „Ersten Welt" abhängige Missionskirche sein. Er erneuerte den Respekt vor den afrikanischen Traditionen, den er in *Africae Terrarum* zum Ausdruck gebracht hatte.[217] Am 2. August konsekrierte er die neue Kirche der 22 Glaubenszeugen in Namugongo und taufte in einem symbolisch tiefen Gestus 22 Ugander aus dem ganzen Land, um so den Bezug zwischen der Frühzeit der Christianisierung und der christlichen Gegenwart herzustellen.[218] Seine Predigt zum Abschluss der Versammlung der afrikanischen Bischöfe am 31. Juli gipfelt in den Worten: „Und jetzt seid ihr Afrikaner eure eigenen Missionare."[219] Den „panafrikanischen" Anspruch seiner Reise machte er schließlich auch in seiner Rede vor dem ugandischen Parlament deutlich, bei der neben dem Präsidenten des Gastlandes die Staatschefs von Sambia, Tansania, Burundi und Ruanda zugegen waren.

Dass die Christianisierung dieses Erdteils nicht wie in der Frühzeit der Afrikamission in Konkurrenz der Kirchen geschehen kann, sondern den wechselseitigen Respekt voraussetzt, brachte er durch eine weitere klug inszenierte Geste zum Ausdruck: Am 2. August feierte er einen ökumenischen Gottesdienst mit den anglikanischen Bischöfen des Landes, um auf diese Weise auch die 18 anglikanischen Männer und Frauen zu ehren, die mit den 22 Katholiken zu Tode gekommen waren.[220]

Auch wenn sie dem Grundmuster insbesondere der Afrikareise folgte, hatte die Reise des Papstes vom 26. November bis 5. Dezember 1970 nach Asien doch einen etwas anderen Charakter als die vorangegangenen.[221] Sie war deutlich länger, und es wurde eine größere Zahl von Ländern besucht. Daneben macht sie noch mehr als die vorigen den Eindruck des Wohlabgewogenen, Überlegten. Es sollten möglichst viele Aspekte berücksichtigt werden. Damit wurden aber die Grenzen des Menschenmöglichen erreicht und die physischen Kräfte des Oberhirten schlichtweg überschätzt. Papst Johannes Paul II. sah sich daher genötigt, sich bei seinen Reisen wieder stärker auf einzelne Staaten zu konzentrieren. Es sollte zugleich die letzte Auslandsreise Pauls VI. sein. Das mag auch mit Sicherheitsbedenken zu tun haben, vor allem aber mit dem Alter des Papstes und seinem gesundheitlichen Zustand, der solche Unternehmungen nicht mehr zuließ. Schaut man sich das randvolle Programm dieser Tage an, dann überrascht schon, wie ein 73-jähriger Mann so etwas bewältigen konnte, Zeitumstellung und Interkontinentalflüge eingeschlossen. Daher verwundert es nicht, dass der Papst zeitweise kollabierte.

Auf dem Hinflug traf er bei einer Zwischenlandung in der iranischen Hauptstadt Teheran mit dem Schah Mohammad Resa Pahlewi (1919–1980) und Delegationen der iranischen Katholiken zusammen (26. November). Am 27. November wurde kurzfristig eine weitere Station eingefügt: In Dhaka, das damals zu Pakistan gehörte und heute Hauptstadt von Bangladesch ist, erklärte er den Bewohnern des von einem Wirbelsturm und einer Flutkatastrophe heimgesuchten Landes sein Mitgefühl. In seiner Begrüßung wandte er sich als Sprecher der katholischen Kirche und als Mensch unter Menschen an die mehrheitlich muslimische Bevölkerung: „Denn ich glaube fest, dass wir Kinder einer einzigen Menschheitsfamilie sind."[222]

Von dort aus reiste der Papst nach Manila auf den Philippinen weiter, in das seit der Christianisierung durch die Spanier einzige mehrheitlich katholische Land Asiens. Hier wurde am 27. November auf dem Flughafen der Hauptstadt ein Attentat auf ihn verübt. Ein 35-jähriger Kunstmaler bolivianischer Abstammung, der sich als Priester getarnt hatte, drang durch die Menschenmenge unbemerkt zu ihm vor und versuchte ihn zu erdolchen. Er traf ihn tatsächlich mit einem gekrümmten Messer an Hals und Brust und rief zwei blutende, aber oberflächliche Wunden hervor. Durch ein Zeichen bedeutete der Papst seinem Sekretär Pasquale Macchi, der sich auf den Aggressor warf, um ihn abzuschirmen, kein Aufheben von diesem Angriff zu machen.[223] Er bestand darauf, das Besuchsprogramm ohne Abstriche fortzusetzen. Das Blut an seiner weißen Soutane blieb bei der anschließenden Eucharistiefeier in der Kathedrale von Manila den meisten Anwesenden verborgen. Nach der Feier ließ er seine Wunde von dem mitgereisten Leibarzt behandeln, er erhielt zur Sicherheit eine Tetanusspritze und bat erneut darum, den Vorfall nicht an die Öffentlichkeit dringen zu lassen. Immerhin gelangte die Kunde bis nach Italien, wo das Parlament kurzzeitig seine Sitzung unterbrach.[224]

Am selben Tag traf er auch mit dem Präsidenten Ferdinand Marcos (1917–1989) zusammen, der ihm angeboten hatte, in seinem Palast zu wohnen. Entschuldigend wies der Papst in seiner Grußadresse darauf hin, dass er bei seinen Reisen in der Nuntiatur zu nächtigen pflege.[225] Auch wenn Marcos damals noch im Rahmen der Verfassung regierte und noch nicht das Kriegsrecht verhängt hatte, wollte Montini sich durch eine allzu große Nähe zu dem katholischen Präsidenten doch nicht desavouieren. Bei aller gebotenen diplomatischen Zurückhaltung sprach er die krasse Ungleichheit an, die in dem Land herrschte, und forderte eine gerechtere Verteilung des Reichtums.

Diplomatisch heikel war auch der Besuch einer Delegation aus Taiwan am 27. November in Manila. Als einziger europäischer Staat unterhielt der Vatikan volle diplomatische Beziehungen zu diesem Land, ja seit vier Jahren bestand sogar eine Nuntiatur in Taipeh. Dies war Peking ein Dorn im Auge. Um die Lage der katholischen Kirche im kommunistischen Festlandchina nicht weiter zu verschlechtern, musste sich Paul VI. all dessen enthalten, was als weitere Aufwertung Nationalchinas aufgefasst werden konnte. Der Empfang von neun Repräsentanten katholischer Vereinigungen, nicht aber des politischen Lebens, fand unter Ausschluss der Öffentlichkeit in der Nuntiatur statt. Außer freundlichen Worten konnten die Chinesen nichts Handfestes mit nach Hause nehmen. „Es war euer Wunsch, dass eure Gruppe die Bevölkerung von Formosa getreu widerspiegeln solle“[226], ist nur eine bescheidene Konzession in Richtung des offiziellen Charakters der Delegation.

Am Folgetag traf der Papst auf dem Gelände der St.-Thomas-Universität mit 150.000 Studenten zusammen, die er aufforderte, nicht nur Kritik an den bestehenden gesellschaftlichen Zuständen zu üben, sondern verantwortlich an deren Verbesserung mitzuwirken. Anschließend sprach er zu den Bischöfen Asiens, die sich zu ihrer ersten Vollversammlung versammelt hatten. Er erinnerte sie daran, dass die Hälfte der Menschheit auf diesem Kontinent wohne, dass dieser aber den ihm zukommenden Platz in der Weltgemeinschaft noch nicht gefunden habe. In Anlehnung an *Populorum Progressio* forderte er die Oberhirten zum Einsatz für Demokratie und Entwicklung sowie zum Kampf gegen Hunger, Krankheit und fehlende soziale Absicherung auf. Was die kirchliche Präsenz in Asien anging, so ermutigte er zu einer beschleunigten Bildung einer einheimischen Hierarchie: „Keiner kann besser zu einem Asiaten sprechen als ein Asiat.“[227] Die Bischöfe müssten die Hindernisse beseitigen, die in der Vergangenheit die Ausbreitung des Glaubens behindert hätten und die Kirche als eine fremde Größe erscheinen ließen. Er erinnert in diesem Sinn an einen legitimen Pluralismus im Ausdruck des Glaubens. Hilfreich sei die nun erfolgte Einführung der Landessprache in der Liturgie, doch reiche dies noch nicht aus. Es müsse vielmehr der ganze Stil der Verkündigung den asiatischen Gegebenheiten angepasst werden.[228]

Der „panasiatische“ Charakter der Reise wurde durch die Weihe von Priestern aus dem ganzen Kontinent unterstrichen, die der Papst am 28. November in einem unprätentiösen Rahmen, unter freiem Himmel auf dem Gelände eines Vergnügungsparks vornahm. In schlichten Worten wandte er sich am Ende seiner Homilie an die anwesenden Kinder, die in der Feier zum ersten Mal die heilige Kommunion empfingen. Die sonntägliche Messfeier am Folgetag mit zwei Millionen Gläubigen dürfte die bis dato wohl größte Versammlung von Christen in der Geschichte gewesen sein. In besonderen Botschaften wandte er sich an Studenten, Arbeiter, Reiche und Arme. Bereits in den Eingangsworten seiner Predigt spielte er seine ganze rhetorische Stärke aus:

> „Ich, Paul, Nachfolger des heiligen Petrus, beauftragt, die ganze Kirche als Hirte zu leiten, wäre niemals aus Rom in dieses weitentfernte Land gezogen, wenn ich nicht von zwei fundamentalen Dingen fest überzeugt wäre: erstens von Christus; und zweitens von Eurer Erlösung.“[229]

Anschließend wandte er sich mit einer Radiobotschaft an alle Völker Asiens – an alle Menschen, nicht nur an die Christen. Die christliche Verkündigung präsentierte er dabei als Bereicherung und nicht als Ni-

46 Paul VI. in Sydney (3. Dezember 1970)

vellierung der gewachsenen Kulturen. Mit einem erneuten Friedensappell mahnte er, den Krieg im Vietnam zu beenden.[230]

Neben Treffen mit Vertretern katholischer Laienorganisationen, denen er die Beherzigung der einschlägigen Lehren des Konzils empfahl, und mit Repräsentanten anderer Glaubensgemeinschaften folgte wie schon in Indien ein Besuch eines Elendsquartiers, wo er an die Menschenwürde der Armen erinnerte. Hier suchte er das Haus einer Familie mit zehn Kindern auf.

Am 30. November landete er im US-amerikanischen Teil der im Südwestpazifik gelegenen Samoainseln. Der Zweck dieses Abstechers konnte kaum darin bestehen, der Asienreise eine weitere wichtige Station hinzuzufügen, waren doch bei den dortigen Auftritten des Papstes jeweils nur wenige tausend Menschen anwesend; lediglich 20% der Bevölkerung sind Katholiken. Vielmehr sollte so bewusst das Thema Mission gesetzt und der ganze Besuch in Asien als Missionsreise charakterisiert werden. Hier konnte man wirklich sagen, dass er „am Ende der Erde" angekommen sei, mehr noch als im westlich geprägten Australien oder auf den schon früh missionierten Philippinen. In seiner Predigt auf Opulo, einer der Inseln im Westen jener Inselgruppe, stellte er vor ein paar hundert Inselbewohnern unter Beweis, dass er sich an den Horizont einfacher Menschen anpassen konnte. Hier klingt auch die Anrede in der zweiten Person Plural, die im Italienischen sonst eher etwas Distanzierendes hat, Vertrauen erweckend und väterlich. Wirken seine römischen Ansprachen oft sprachlich gewählt und gedanklich hochstehend, ja bisweilen kompliziert, so scheint sich seine Zunge vor den wenigen einfachen Menschen zu lösen. Man vergleiche nur das knappe Glaubensbekenntnis, das er vor ihnen ablegt, mit dem kirchenpolitisch korrekten und theologisch ausgewogenen „Credo des Gottesvolkes" (das vielleicht wegen gerade dieser Eigenschaften keinen durchschlagenden Erfolg gehabt hat):

> „Ich will euch um einen Gefallen bitten: Lasst uns zusammen eine Botschaft aussenden, das heißt einen Brief, eine Einladung an alle Katholiken in der Welt, um ihnen zu sagen, dass es Menschen gibt, viele Völker, die noch keine Missionare empfangen haben oder aber zu wenige. Man muss neue Missionare und Missionarinnen aussen-

den: um das Evangelium zu predigen, um diejenigen zu taufen, die Christen werden wollen, um die Leute zu unterrichten, um den Kindern Schulunterricht zu geben, um der Jugend gute und schöne Dinge beizubringen (…), um alle den Respekt vor jedem Menschenwesen zu lehren, um allen den Weg zu einem guten Leben zu zeigen, in Gerechtigkeit und Frieden, und alle daran zu erinnern, wer Jesus der Auferstandene ist, und wie wir Gott und alle Menschen lieben müssen. Gefällt euch dieser Vorschlag? Ich präsentiere euch dieses Blatt: Hier ist die Missionsbotschaft niedergeschrieben. Lasst es uns alle unterschreiben. Es wird die katholische Botschaft der Missionen von Samoa für die Missionen in der ganzen Welt sein. Die ganze Welt wird euch zuhören."[231]

Und wie Macchi berichtet, kamen in der Tat die Anwesenden nach vorn und lieferten ihre Unterschrift unter den Missionsaufruf an die weltweite katholische Kirche ab.[232]

Am selben Tag flog Paul VI. in das australische Sydney weiter, wo er in der dortigen Kathedrale über den Sinn seiner Reise meditierte: „Ihr sollt wissen, dass das der Zweck unserer Reise ist: die Einheit der Kirche in Christus zu erfahren, zu bekräftigen, zu feiern."[233] Das theologische Konzept hinter dieser und allen anderen päpstlichen Reisen besteht darin, die Universalität und die Katholizität der Kirche darzustellen. Am folgenden Tag zelebrierte er in der Pferderennbahn der Stadt eine heilige Messe aus Anlass des 200. Jahrestages der Entdeckung Australiens. Die Bischöfe der Region warnte er vor den Gefahren eines ausufernden Pluralismus in der Kirche. Nach weiteren Begegnungen mit Jugendlichen, kranken Kindern, alten Priestern, Ureinwohnern, Journalisten, Vertretern der Stadt und der nicht-katholischen Glaubensgemeinschaften sowie der Weihe des ersten in Neuguinea geborenen Bischofs erfolgte am 3. Dezember die Abreise.

Nächste Station der Reise war die indonesische Hauptstadt Djakarta, wo er der Regierung ein besonderes Geschenk machte, nämlich Rettungswagen für das katholische, das protestantische und das muslimische Krankenhaus. Durch diese kleine, aber sprechende Geste brachte er zum Ausdruck, dass sich das christliche Humanitätsideal nicht auf die Katholiken, ja nicht einmal auf die Getauften beschränkt. Indonesien ist ein zu 85 % muslimisches Land, und bei den Christen sind die Katholiken in der Minderheit, da das Land 350 Jahre lang niederländisch gewesen und von den holländischen Calvinisten missioniert worden war.

Am 4. Dezember machte er Station in der chinesischen Stadt Hongkong, die damals noch britische Kronkolonie war. Sein Besuch gelte dem ganzen China, so der Papst bei einer Messfeier im Stadion, und zu diesem großen Land sei Hongkong das Tor.

> „Da kommt in dieses fernöstliche Land zum ersten Mal in der Geschichte der demütige Apostel Christi, der Wir sind. Und was sagt er? Warum kommt er? Um es mit einem einzigen Wort zu sagen: Liebe. Christus ist ein Lehrer, ein Hirte und ein liebender Erlöser auch für China."[234]

Nach einem letzten Aufenthalt in Colombo auf Sri Lanka (damals noch Ceylon) kam er am 6. Dezember wieder in Rom an.

In der Kathedrale von Djakarta hatte der Papst einen Schwächeanfall erlitten, wohl wegen des häufigen Klimawechsels und der Erschöpfung. Wiederum hatte er angeordnet, dass das Programm wie vorgesehen durchgeführt würde. Doch gab sein Gesundheitszustand auf den letzten Etappen der Reise weiterhin zu Sorgen Anlass.[235] Wohl vor dem Hintergrund dieser Erfahrung unternahm der Papst in den folgenden Jahren keine Auslandsreisen mehr. Auch hatte er ja mit der großen Australien- und Ozeanientour alle fünf Kontinente besucht. Die zunehmende Arthrose erlaubte es allenfalls, in Italien unterwegs zu sein. Von dieser Möglichkeit machte er noch wiederholt Gebrauch und fuhr vor allem zu den nationalen Eucharistischen Kongressen.[236]

Die Asienreise lässt erkennen, wie sorgfältig bei den päpstlichen Reisen die Ziele ausgesucht wurden und wie ausgereift bereits 1970 das vatikanische Reisekonzept war: Bewusst ausgewählt wurde der Iran als ein Land mit einer traditionsreichen Minderheit unierter Christen, die Philippinen als ein katholisches Land, Samoa als eine kleine Missionskirche, Australien als ein westlich geprägtes Industrieland, Indonesien als ein muslimisches Land, Hongkong als das Tor zum großen China. Durch diese Auswahl wird deutlich, wie vielfältig der große asiatische Kontinent ist und dass die katholische Kirche überall in unterschiedlichem Maß auf ihm gegenwärtig ist. Da es sich um stellvertretende Ziele handelt, er sich aber an ganz Asien, ja an die ganze Welt und alle Völker wenden will, kann er auch eine Botschaft an die Weltkirche von einer kleinen Insel im Pazifik aussenden: eine tiefe und ausgesuchte Symbolik, um die Einheit der Kirche und der Menschheit darzustellen!

Die Frage des Zölibates

Bereits als Erzbischof von Mailand hatte sich Montini in der Zentralen Vorbereitungskommission des Konzils für ein Festhalten am Zölibat ausgesprochen. Auch in den ersten beiden Jahren seiner päpstlichen Regierung verlieh er wiederholt seiner Wertschätzung für diese Lebensform Ausdruck. In der öffentlichen Meinung verknüpfte sich jedoch mit dem Konzil die Erwartung, es werde über die priesterliche Ehelosigkeit diskutiert, ja diese werde sogar zur Disposition gestellt.

Unmittelbar bevor am 11. Oktober 1965 das Schema über das Priestertum erneut und dieses Mal abschließend zur Diskussion anstand, ließ der Papst dem Präsidium in der Person Kardinal Tisserants ein Schreiben zukommen, das dieser den Vätern zu verlesen hatte. Dort hieß es: „Es ist nicht opportun, dieses Thema in der Öffentlichkeit zu behandeln, da es große Klugheit verlangt und von sehr großer Bedeutung ist.“[237] Paul VI. kündigte an, sich zu einem späteren Zeitpunkt zu dieser Frage zu äußern. Der unmittelbare Anlass dieser Intervention bestand darin, dass er kurz zuvor erfahren hatte, einige Väter wollten den Zölibat in der lateinischen Kirche diskutieren (bei den mit Rom unierten katholischen Ostkirchen ist der Pfarrklerus normalerweise verheiratet). Er war der Auffassung, dass eine Aussprache über dieses Thema in der Konzilsaula – und damit vor den Augen und Ohren der ohnehin für dieses Thema sensibilisierten Öffentlichkeit – verhindert werden müsse, da ihm der Ausgang zu unberechenbar schien. Das Konzil war schon für einige Überraschungen gut gewesen! Von daher kann es nicht verwundern, dass der Zölibat in keinem der Konzilsdokumente eingehender thematisiert oder gar begründet wird.[238]

Paul VI. entschied die Frage vielmehr in eigener Person, kraft päpstlicher Autorität. Dass sich die Diskussion auch durch diesen Schritt keinesfalls beenden ließ, wie er wohl gedacht haben mochte, gehört zur Tragik seines Vorgehens. Am 24. Juni 1967 veröffentlichte er seine sechste Enzyklika, die den Titel *Sacerdotalis Coelibatus* (Der Zölibat des Priesters) trägt.[239] Hier entwickelt er eine breite ekklesiologische, christologische und eschatologische Begründung des Zölibates, und schon an diesem argumentativen Aufwand zeigt sich, wie nötig ein vertieftes Nachdenken über diese Lebensform ihm schien. Das Dokument listet in den Artikeln 5 bis 14 zunächst die altbekannten Einwände gegen die zölibatäre Lebensform auf, um vor dieser Hintergrundfolie das Zölibatsgesetz in Artikel 14 ausdrücklich zu bekräftigen. Die Wahl der Ehelosigkeit bleibt untrennbar mit dem Zugang zum Priestertum verknüpft – und dabei handelt es sich um den springenden Punkt, denn ein freiwillig gewähltes Zölibatsversprechen wäre in der Kirche kaum auf Widerstände gestoßen:

> „Daher glauben wir fest, dass das geltende Zölibatsgesetz auch heute noch zum kirchlichen Amt gehören muss. Dieses Gesetz muss für den Diener der Kirche Ausdruck seiner eindeutigen, dauerhaften und vollständigen Lebenswahl sein, allein und in höchstem Maße Christus zu lieben und sich der Verehrung Gottes am Altar sowie dem Dienst der Kirche zu widmen. Dieses Gesetz muss seinen Lebensstand bestimmen, sowohl in der Kirche wie in der Welt."[240]

Ausdrücklich weist der Text einen Zusammenhang zwischen Priestermangel und Zölibatsgesetz zurück.[241] Der Mangel sei vielmehr auf einen Rückgang des Glaubenslebens zurückzuführen. Paul VI. war überzeugt, dass man an der Wurzel anzusetzen habe, also dass man Bewusstseinsarbeit leisten, Berufungen wecken und Berufene begleiten müsse. Aus diesem Grund hatte er schon 1964 den Weltgebetstag um geistliche Berufungen ins Leben gerufen. In den folgenden Jahren maß er diesem Anlass stets eine große Bedeutung bei.[242]

Wenn Priester das Zölibatsgesetz nicht halten können, so seine Enzyklika von 1967, dann liege das nicht am Zölibat selbst, sondern an den Auswahlkriterien für den Zugang zum priesterlichen Amt.[243] Die Entscheidung für ein eheloses Leben um Christi willen erfordere nämlich eine gründliche geistliche Ausbildung, damit die Kandidaten eine reife Entscheidung für Christus fällen könnten. Ausdrücklich wird den Priestern, die ihr Amt nicht mehr ausüben können, die Rückkehr in den Laienstand in Aussicht gestellt, allerdings nur unter strengen Auflagen.[244] Mit der sogenannten Laisierung ist die Aussetzung der Rechte und Pflichten eines Klerikers verbunden. Auf Antrag des betreffenden Priesters wird das Gesuch vom Ortsordinarius oder vom Ordensoberen dem Heiligen Stuhl vorgelegt, der die entsprechende Dispens gewähren kann. Dass nach der Veröffentlichung der Enzyklika eine Welle von Laisierungsanträgen einsetzte, wird ihr Verfasser in diesem Ausmaß nicht erwartet haben.[245] Waren 1962/1963 noch 91 Dispensen beantragt worden, stieg deren Zahl auf 2.263 im Jahr 1968. Im Jahr 1972 gab es in Frankreich beim Klerus mehr Abgänge durch Laisierungen als Zugänge durch Priesterweihen.[246] Diese Entwicklung setzte Paul VI. auch persönlich schwer zu. Der Papst habe die Laisierungen als „sein schwerstes Kreuz" bezeichnet, so sein Sekretär.[247] Wenn die Kirche die Rückversetzung eines Priesters in den Laienstand zugestehe, heißt es in der Enzyklika, „tut sie dies stets mit Bitterkeit im Herzen."[248]

Die Infragestellung des Zölibates nahm mit dem Machtwort des Papstes kein Ende, im Gegenteil. Das holländische Pastoralkonzil (1966–1970) etwa sprach sich in den Jahren nach dem Konzil zwar nicht direkt für ein Ende der priesterlichen Ehelosigkeit, wohl aber dafür aus, sie den Kandidaten für das Priestertum freizustellen.[249] Dass dies zu einer baldigen Abschaffung dieser Lebensform geführt hätte, dazu hätte ein Blick in die Geschichte gereicht: Luthers Empfehlung, das Gelübde der Ehelosigkeit nur solange als bindend anzusehen, als es der Ordenschrist oder Priester auch erfüllen könne, war im lutherischen Bereich der Todesstoß für diese Lebensform.[250] Paul VI. widersprach den holländischen Vorschlägen in einem an Kardinal Alfrink adressierten Brief an die Bischöfe des Landes vom 24. Dezember 1969.[251] Am 1. Februar 1970 bat er die zum Angelus versammelten Gläubigen im Hinblick auf den Zölibat um ihr Gebet und bezeichnete ihn als „Grundgesetz unserer lateinischen Kirche".[252] Man spürt an seinen Worten förmlich das Drängende und Belastende, das die ganze Sache angenommen hatte. Die andere Seite ruhte indes nicht: Kardinal Suenens setzte zum Generalangriff an und bediente sich dabei geschickt der Presse. Am 12. Mai 1970 gab er der französischen Tageszeitung *Le Monde* ein Interview, in welchem er sich für ein Ende des verpflichtenden Zölibates aussprach, nicht ohne „Retourkutsche" im

Blick auf die Tatsache, dass Paul VI. die Entscheidung zur Empfängnisverhütung und zum Zölibat dem Konzil entzogen habe. Eine ehrliche Diskussion sei durch päpstliche Autorität unterbunden und der Gedanke der Kollegialität damit untergraben worden. Drei Tage später erneuerte er seine Vorschläge im französischen Fernsehen und predigte schließlich am 17. Mai in seiner Mechelner Kathedrale zum Thema. Das Manuskript wurde *Le Monde* zugespielt und dort am 23. Mai abgedruckt.[253]

Es war nicht Montinis Art, sich auf eine Pressekampagne einzulassen, abgesehen davon, dass er überzeugt war, ein solches Vorgehen sei nicht mit der Würde seines Amtes vereinbar. Er reagierte in einer für ihn charakteristischen Weise, indem er bei der von ihm jüngst ins Leben gerufenen Internationalen Theologenkommission ein Dokument zur Frage in Auftrag gab.[254] Theologische Reflexion und geistliche Vertiefung waren für ihn das Gebot der Stunde, nicht die aufgeregte öffentliche Diskussion. In der Subkommission, die das Dokument „The Priestly Ministry“ verfasste, saßen Männer seines Vertrauens wie sein „Hoftheologe“ Carlo Colombo, der Schweizer Hans Urs von Balthasar, der im Blick auf die hitzigen Debatten an den deutschen Universitäten außenvor war, der Konzilstheologe Marie-Joseph Le Guillou OP (1920–1990) und Olegario González de Cardedal (*1934) aus Salamanca. Hinzu kam der Chilene und spätere Kardinal Jorge Arturo Medina Estévez (*1926), der als ausgesprochen konservativ galt. Von einer ergebnisoffenen Arbeit der Kommission wird man freilich kaum ausgehen können. Nüchtern wird die gegenwärtige Krise beschrieben (Laisierungen, Rückgang der Berufungen, Konflikte zwischen Priestern und ihren Oberen), und es werden ihre theologischen und kulturellen Ursachen benannt. Das Corpus des Textes bildet eine breit angelegte biblische Begründung des Priestertums und der priesterlichen Lebensform, zu der die Ehelosigkeit nach Auffassung der beteiligten Theologen untrennbar hinzugehört. Der Text war zwar theologisch seriös und fundiert, konnte aber keinesfalls die Wirkung erzielen wie die Stellungnahmen der anderen Seite in der Presse.

Die Zölibatsfrage ließ die Kirche in den folgenden Jahren nicht zur Ruhe kommen, so dass sich 1971 die Bischofssynode des Themas annahm.

Paul VI. blieb in der Frage ein Idealist, der sich seinen Glauben an die Lebbarkeit wie an den Sinn dieser Lebensform nicht nehmen ließ: „Es handelt sich sicher um eine sehr hohe und fordernde Norm, deren Beachtung einen unwiderruflichen Vorsatz, ein besonderes Charisma, das heißt eine höhere und innerliche Gnade erfordert.“[255] Den Zölibat aufzugeben hieße, die eigene Tradition zu verraten. Doch aus Sicht des Papstes ist er nicht nur ein Stück Geschichte, sondern die Zukunft der Kirche: „Ja, er ist schwer; aber es ist gerade diese Eigenart, die ihn für junge und engagierte Menschen anziehend macht; und mehr denn je bleibt er für die Nöte unserer Zeit gültig.“[256]

Weniger umstritten als das straffe Festhalten am priesterlichen Zölibat war eine andere den Klerus betreffende Entscheidung. Das frühkirchliche Amt des Diakons war im Laufe des Mittelalters zu einer bloßen Durchgangsstufe zum Priestertum verkommen. Das Konzil hatte die Etablierung eines ständigen Diakonates angeregt.[257] Paul VI. hatte daraufhin am 24. Februar 1967 eine Kommission mit der theologischen Prüfung und Umsetzung dieses Anliegens betraut. Vier Monate später, genau eine Woche vor der Veröffentlichung seiner Enzyklika zur Zölibatsfrage, setzte er die Anregung der Kirchenversammlung um und führte den ständigen Diakonat als eigene Weihestufe wieder ein.[258] Nun sollten bewährte verheiratete Männer zu ständigen Diakonen geweiht werden, um in der Kirche caritative Aufgaben zu übernehmen oder die Priester in der Pastoral und in der Liturgie zu unterstützen. Der Diakon muss mindestens 35 Jahre alt sein und seine Frau der Weihe zustimmen. Nach der Weihe ist im Fall des Todes der Ehefrau keine zweite Eheschließung möglich, es sei denn, der Diakon verzichtet auf die Ausübung seines Amtes.

In der Frage der Weihe beinhaltet ein weiteres Dokument gewisse Nuancierungen mit dem Ziel der Umsetzung des Konzils. Durch das Motu Proprio *Ministeria Quaedam* vom 15. August 1972 umschrieb der Papst den Klerikerstand neu. Die Tonsur wurde abgeschafft, und der Eintritt in den Klerikerstand erfolgt seitdem mit der Diakonatsweihe. An die Stelle der niederen Weihen traten die Dienste *(ministeria)*, also die liturgischen Beauftragungen des Akolythen (Diener in Bezug auf die Eucharistiefeier) und des Lektoren (in Bezug auf die Wortverkündigung).[259]

Paul VI. lehnte die Weihe von Frauen entschieden ab und wusste sich damit im Einklang mit der Tradition der Kirche. Er sah voraus, dass die Zulassung von Frauen zum Priesteramt, wie sie in der anglikanischen Kirche diskutiert wurde, zu einem entscheidenden Hindernis des 1966 begonnenen anglikanisch-(römisch-)katholischen Dialogs werden müsse. In diesem Sinn schrieb er am 30. November 1975 an Frederick Donald Coggan, den amtierenden Erzbischof von Canterbury:

> „Euer Gnaden ist sich natürlich sehr wohl der Haltung der katholischen Kirche in dieser Frage bewusst. Sie hält daran fest, dass es nicht zulässig ist, Frauen zu Priestern zu weihen, und das aus tiefgreifenden Gründen, nämlich: wegen des Beispiels Christi, der nach dem Zeugnis der Heiligen Schrift nur Männer zu Aposteln erwählt hat; wegen der durchgängigen Praxis der Kirche, die in der Nachfolge Christi nur Männer ausgewählt hat; und weil das Lehramt stets daran festgehalten hat, dass der Ausschluss von Frauen vom Priesteramt Gottes Willen für seine Kirche entspricht."[260]

Mehrfach noch äußerte er sich zu dieser Frage, ohne die Tür auch nur einen Spaltbreit aufzustoßen.[261] Am 15. Oktober 1976 schließlich approbierte er die Erklärung der Glaubenskongregation *Inter Insigniores*, welche durch einen breiten Rekurs auf die Heilige Schrift und die Tradition der Kirche alle Spekulationen über eine mögliche Weihe von Frauen beenden sollte.[262] Johannes Paul II. konnte in dieser Hinsicht an die damit erfolgten Klarstellungen anknüpfen. Mit dem Apostolischen Schreiben *Ordinatio Sacerdotalis* vom 22. Mai 1994 erklärte er in Anknüpfung an die Äußerungen Pauls VI., die Weihe zum Priester sei der Tradition der katholischen Kirche entsprechend Männern vorbehalten.[263]

Die Erneuerung des Glaubens

Auf das II. Vaticanum waren nicht, wie erhofft, Jahre einer ruhigen und planvollen Umsetzung seiner Beschlüsse und seines Geistes gefolgt, sondern unruhige, hektische und von übereilten Reformen gekennzeichnete Zeiten. Das Konzil hatte manche Erwartungen geweckt, die später nicht erfüllt werden konnten. Die Verbreitung des Glaubens erhielt nicht den erhofften neuen Schwung, und die Glaubenspraxis nahm insbesondere in den Jahren nach 1968 rapide ab. Dies zeigt etwa ein Blick auf die Entwicklung der Gottesdienstbesucherzahlen in jenen Jahren, bei denen man geradezu von einem Einbruch sprechen kann.[264] Paul VI. verstand es in dieser Situation als seine Aufgabe, entsprechend dem Auftrag Christi an Petrus, „seine Brüder zu stärken".[265] Diesen Auftrag bezog er in besonderem Maße auf seine Person. Bevorzugtes Mittel, den Gläubigen Gewissheit und Widerstandskraft gegen die Versuchungen der modernen Zeit zu vermitteln, waren für ihn seine Katechesen in der Generalaudienz am Mittwoch, die er selbst akribisch vorbereitete.

Als sich die nachkonziliare Krise des Glaubens und kirchlichen Lebens bereits deutlich zu zeigen begann, suchte er ihr mit einer bisher unbekannten Initiative zu begegnen: Am Fest Cathedra Petri, dem 22. Februar 1967, kündigte er mit dem Apostolischen Schreiben *Petrum et Paulum Apostolos* aus Anlass des 1900. Todestages der Apostelfürsten Petrus und Paulus ein „Jahr des Glaubens" an, das am 29. Juni 1967 feierlich eröffnet wurde.[266] Dieses Jahr sollte der Erneuerung des Glaubens von seinen Wurzeln her sowie der Besinnung auf die Beschlüsse des Zweiten Vatikanischen Konzils dienen und sowohl die einzelnen Christen wie die ganze Kirche erfassen. Auch seine Reise zum Ökumenischen Patriarchen im Folgemonat (25./26. Juli) stand dann im Dienst dieses Anliegens. In seinen Ansprachen und Predigten vor Ort betonte er immer wieder, dass er nicht zuletzt die Stätten der großen altkirchlichen Konzilien aufsuche. In Konstantinopel, dem modernen Istanbul, war im Jahr 381 das Nicäno-Konstantinopolitanische Glaubensbekenntnis beschlossen worden, während Maria ein halbes Jahrhundert später in Ephesus mit dem Titel der „Gottesgebärerin" ausgezeichnet und so die Gottheit Christi bekräftigt worden war. Auf die apostolischen Wurzeln des Glaubens sollte auch eine andere Entscheidung verweisen. Zwischen 1939 und 1949 war unter dem Petersdom eine antike Nekropole mit dem Grab des Apostels Petrus ausgegraben worden. Weitere archäologische und epigraphische Untersuchungen in den Folgejahren deuteten darauf hin, dass man auch die Reliquien des ersten Papstes gefunden hatte. Am 29. Juni 1968 rang sich Paul VI. nach längerem Zögern und trotz bestehender wissenschaftlicher Zweifel dazu durch zu verkünden, dass die Gebeine des Apostels Petrus aufgrund der Grabungen unter der

Peterskirche identifiziert seien.[267] Wieder einmal knüpfte er damit bewusst an sein großes Vorbild Pius XII. an, der am Ende des Heiligen Jahres 1950 die Authentizität des Petrusgrabes verkündet hatte.[268]

Zum Abschluss des Jahres des Glaubens tat der Papst einen ungewöhnlichen Schritt, indem er am 30. Juni 1968 im Petersdom das „Credo des Gottesvolkes“ verkündete, einen eigens zu diesem Anlass von ihm zusammengestellten Text.[269] Er ließ sich bei der Redaktion von Jacques Maritain (1882–1973) beraten, dessen Urteil er schätzte. Maritain hatte nach dem Konzil in einem weitverbreiteten Buch vor einem falschen Verständnis von dessen Beschlüssen und vor dogmatischem und disziplinärem Wildwuchs in der katholischen Kirche gewarnt. Ob die Anregung, ein solches Credo zu veröffentlichen, von ihm kam, ist schwer zu sagen. Jedenfalls war der französische Philosoph persönlich überzeugt, dass es eines dogmatischen Aktes bedürfe, um der Kirche die alte Sicherheit zurückzugeben.[270] Er lieferte einen Entwurf, der zum Teil in den Text einging. Daneben gab der Schweizer Kardinal Charles Journet (1891–1975) Anregungen. Konsultiert wurden ferner die bedeutenderen Bischofskonferenzen. Konkreter Anlass für das Credo waren sicher auch Versuche, den Glauben zeitgemäßer zu formulieren, wie es etwa beim „Neuen Katechismus“ in Holland der Fall gewesen war.

In seiner Predigt bei der Präsentation des Textes legte er seine eigene Motivation dar. Er ließ sich von der Überzeugung leiten, dass man der nachkonziliaren Krise durch eine dogmatische Vergewisserung und durch eine Bekräftigung dessen, was die Kirche glaubt, Herr werden könne. Er sah es als seine Aufgabe an, angesichts der verbreiteten Verunsicherung einen primatialen Akt zu setzen:

> „In gleicher Weise will es uns scheinen, dass wir den Auftrag erfüllen müssen, den Christus Petrus anvertraute, dessen geringster Nachfolger wir sind, in der Lage zu sein, unsere Brüder im Glauben zu bestärken. Im Bewusstsein unserer menschlichen Schwäche freilich, aber mit der ganzen Kraft, die ein solcher Auftrag unserer Person auferlegt, sind wir jetzt im Begriff, ein Glaubensbekenntnis abzulegen.“[271]

Ungewöhnlich ist weniger der Inhalt dieses Glaubensbekenntnisses als die Art der Verkündigung. In eigener Person stellte hier ein Papst ein Credo vor, dessen Verbindlichkeit für die gesamte Kirche im Letzten nicht geklärt war. Wozu bedurfte es eines solchen Textes, nachdem drei Jahre zuvor das Konzil den Glauben in nahezu allen seinen Facetten dargelegt hatte? Suchte sich der Papst auf diese Weise neben das Konzil zu stellen und den Gedanken der Kollegialität zu untergraben? Immerhin waren die altkirchlichen Bekenntnisse fast alle von Konzilien beschlossen worden. Wenn man in dieser Weise an die Sache herangeht, wird man der Absicht des Verfassers allerdings kaum gerecht, denn diesen leiteten weniger doktrinäre als pastorale Motive. Das Credo zielte in erster Linie auf eine Beruhigung der Geister in der bewegten Zeit nach dem II. Vaticanum. Auf die Verunsicherung weiter Kreise der Kirche antwortete er mit einem Sicherheit suggerierenden Bekenntnis. Er selbst war bei der Vorstellung des Credos ersichtlich um Klarstellung bemüht, was mit dem Text beabsichtigt war:

> „Wir wollen ein Credo sprechen, das – ohne eine dogmatische Definition im eigentlichen Sinne des Wortes sein zu wollen – in der Substanz mit einigen Erweiterungen, die durch die geistige Situation unserer Zeit geboten sind, das Credo von Nicäa wiederholt, das Credo der unsterblichen Überlieferung der heiligen Kirche Gottes. Wenn wir dies tun, sind wir uns dabei der Unruhe bewusst, die gewisse moderne Kreise im Hinblick auf den Glauben ergriffen hat. Sie können sich nicht dem Einfluss einer Umwelt entziehen, die sich in einer tiefgehenden Wandlung befindet, und in der so viele Dinge, die als sicher galten, bestritten oder zur Diskussion gestellt werden. Wir sehen sogar Katholiken, die sich von einer Art Veränderungs- und Erneuerungssucht erfassen lassen.“[272]

Das Credo argumentiert heilsgeschichtlich. Es steht ganz auf dem Boden des letzten Konzils, dessen Ekklesiologie voll rezipiert wird. Es berücksichtigt daneben die Lehre der älteren Kirchenversammlungen, besonders das erste Konzil von Nicäa (325). In theologischer Hinsicht finden sich also keine Experimente, auch die Sprache wirkt eher konventionell. So wird etwa, ungeachtet aller zeitgenössischen Versuche, die Gegenwart Christi in der Eucharistie neu zu deuten, das herkömmliche Konzept der Transsubstantiation hervorgehoben. Die holländischen Bischöfe hatten sich in einem Hirtenschreiben vom 27. April 1965 vorsichtig von der traditionellen Position abgesetzt und eine gewisse Offenheit für neue Deutungen erkennen lassen. Am 3. September 1965 hatte Paul VI. daraufhin seine dritte Enzyklika *Mysterium Fidei* veröffentlicht, welche dem Thema der Eucharistie gewidmet war.[273] Im Credo heißt es:

> „Christus kann in diesem Sakrament nicht anders gegenwärtig sein als durch die Verwandlung der Substanz des Brotes in seinen Leib und der Verwandlung der Substanz des Weines in sein Blut. Dabei bleiben die Gestalten von Brot und Wein, wie sie unsere Sinne wahrnehmen, unverändert erhalten. Diese geheimnisvolle Verwandlung nennt die Kirche auf sehr treffende Weise *Transsubstantiation.* Jede theologische Erklärung, die sich um das Verständnis dieses Geheimnisses bemüht, muss, um mit dem katholischen Glauben übereinstimmen zu können, daran festhalten, dass in der von unserem Geist unabhängigen Ordnung der Wirklichkeit Brot und Wein nach der Konsekration zu bestehen aufgehört haben, so dass nunmehr der anbetungswürdige Leib und das anbetungswürdige Blut unseres Herrn vor uns gegenwärtig sind unter den sakramentalen Gestalten von Brot und Wein; so hat es der Herr gewollt."

So hätte man es auch im 19. Jahrhundert formulieren können. Bei den Ausführungen über die Eucharistie handelt es sich um einen im Gesamtgefüge des Glaubensbekenntnisses verhältnismäßig langen Passus, der betont um Erklärung und Argumentation bemüht ist, aber auch eine klare Grenze zu neueren theologischen Deutungen zieht. Anachronistisch und eigentümlich spekulativ erscheint die abschließende Wendung:

> „Die alleinige und unteilbare Daseinsweise des verklärten Herrn im Himmel wird damit keineswegs vervielfältigt; sie ist durch das Sakrament vergegenwärtigt an den vielen Orten der Erde, wo das Messopfer dargebracht wird."

Die Diskussionen verstummten indes nicht: Der niederländische Theologe Edward Schillebeeckx (1914–2009) etwa brachte 1967 das Konzept der Transsignifikation, einer Verwandlung der *Bedeutung* der eucharistischen Gaben, ins Spiel, um die Realpräsenz unabhängig vom Konzept der Transsubstantiation und damit von der thomistischen Metaphysik auszusagen.[274]

In der nachkonziliaren Theologie verlor auch der Opferbegriff, der den Protestanten seit jeher ein Dorn im Auge war, an Bedeutung. Paul VI. suchte ihn in seinem Credo neu stark zu machen. Nicht zuletzt die Eschatologie des Textes wirkt konservativ:

> „Wir glauben, dass die Seelen derer, die in der Gnade Christi sterben – sei es, dass sie noch im Fegefeuer gereinigt werden müssen, sei es, dass sie in dem Moment, indem sie ihren eigenen Körper verlassen, von Jesus im Paradies empfangen werden (wie er es mit dem guten Schächer getan hat) – das Volk Gottes jenseits des Todes bilden, der definitiv am Tag der Auferstehung besiegt sein wird. Dann werden diese Seelen wieder mit ihren eigenen Körpern vereinigt.“[275]

Längst waren solche platonisch geprägten Deutungen in der Theologie in Frage gestellt worden. Im selben Jahr etwa wandte sich Joseph Ratzinger gegen endzeitliche Vorstellungen, die zu stark der griechischen Metaphysik verpflichtet seien, und wies gegen die Annahme einer Trennung von Seele und Körper auf die biblische Sicht der „Unteilbarkeit des Menschen“ hin. Die Bibel erwarte die „Auferstehung des Fleisches“, eine Auferweckung des ganzen Menschen durch Gott, nicht aber eine selbstmächtige Unsterblichkeit der Seele.[276]

Man mag sich fragen, was der Papst damit bezweckte, wenn er traditionelle Konzepte in Erinnerung rief. Glaubte er allen Ernstes, dass sich theologische Diskussionen auf diese Weise aufhalten ließen?

Das Credo kommt wie die Dokumente des II. Vaticanums ohne Lehrverurteilungen aus. Diese werden nicht einmal indirekt ausgesprochen. Doch wird auf die Glaubenskrise gewissermaßen hochschwellig geantwortet. Durch einen lehramtlichen Schritt, also durch die Ausübung seiner päpstlichen Prärogative, suchte Paul VI. der Krise zu begegnen. Dies gelang nicht. Zwar verhallte der Text nicht ohne Echo, doch blieb eine nachhaltige Rezeption aus. Dass das Credo besonders im deutschen Sprachraum kaum rezipiert wurde, zeigt sich unter anderem daran, dass es keine verbreitete Übersetzung gibt. Lediglich ein einziger älterer Kommentar ist diesem Dokument gewidmet.[277] Bezeichnenderweise wurde es auch nicht in die aktuelle Version des Denzinger-Hünermann, die ansonsten breit angelegte Sammlung kirchenamtlicher Dokumente, übernommen.

In seiner letzten großen Predigt am 29. Juni 1978, am Fest der Apostelfürsten und am 15. Jahrestag seiner Krönung, blickte er noch einmal auf sein Wirken zurück. Dabei hob er das von ihm verkündete Glaubensbekenntnis hervor und stellte es in den Kontext jener Zeit:

> „Aber vor allem wollen wir unser ‚Glaubensbekenntnis' nicht vergessen, das wir vor genau zehn Jahren, am 30. Juni 1968, feierlich im Namen der Kirche und verbindlich für die ganze Kirche als ‚Credo des Gottesvolkes' verkündet haben. Auf diese Weise wollten wir an die Hauptpunkte des Glaubens der Kirche, wie er von den wichtigsten Ökumenischen Konzilien verkündet worden ist, erinnern, ihn bestätigen und bekräftigen – zu einem Zeitpunkt, als allzu einfache doktrinäre Experimente die (Glaubens-)Gewissheit von vielen Priestern und Gläubigen zu erschüttern schienen und geradezu nach einer Rückkehr zu den Quellen riefen."[278]

Eine weitere Antwort des Papstes auf diese Krise des Glaubens und der gläubigen Praxis bestand darin, dass er den Katholiken bewusst das Beispiel der Heiligen vor Augen stellte. Die Heiligkeit ist die „Vollendung des Menschen", als „Einwohnung des einen und dreifaltigen Gottes in der Seele".[279] Diese Gegenwart und Wirksamkeit Gottes macht den Menschen erst wahrhaft zum Menschen, war er überzeugt. Heilige leben in ihren verschiedenen Lebensbereichen in Vollkommenheit das Evangelium und verwirklichen so das Bild des Christen im Vollsinne. Um der Welt dieses Zeichen zu geben, sprach er deshalb 83 Männer und Frauen heilig und eine noch größere Zahl selig. In dieser Weise knüpfte er betont an seine beiden Vorgänger an. In seinen Ansprachen zu den Heilig- und Seligsprechungen stellte er die zur Ehre der Altäre Erhobenen als Vorbilder des Glaubens für die heutige Zeit dar, so könnte man seinen Grundgedanken zusammenfassen. Seine Kanonisationen und Beatifikationen haben dabei oftmals programmatischen Charakter, insofern eine bestimmte Personengruppe, ein Stand oder ein Anliegen besonders hervorgehoben werden. Erwähnt wurden bereits die 22 Märtyrer von Uganda, die am Anfang der Christianisierung des afrikanischen Landes standen (1964). In ihnen ehrte er bewusst Laien, und das während des Konzils, das in seiner Pastoralkonstitution die Rolle der Laien neu bestimmte.[280] 1970 erhob er mit Teresa von Ávila (1515–1582) und Katharina von Siena (1347–1380) erstmals zwei Frauen zu Kirchenlehrerinnen. Das Konzil hatte festgehalten, dass Mann und Frau die gleiche Würde besitzen und die Frauen nicht um ihres Geschlechtes willen benachteiligt werden dürfen.[281] Besonderes Aufsehen erregte 1971 die Seligsprechung des polnischen Franziskaners Maximilian Kolbe (1894–1941), der im Konzentrationslager durch das Opfer des eigenen Lebens einem Familienvater das Leben gerettet hatte. Dieser durfte nun bei der Eucharistiefeier dem Papst den Kelch reichen. Die bleibende missionarische Ausrichtung der Kirche betonte Paul VI. durch die Seligsprechung der Ordensgründer Eugène de Mazenod (1782–1861; Oblaten) und Arnold Janssen (1837–1909; Steyler Missionare) sowie des Chinamissionars und Steylerpaters Josef Freinadametz (1852–1908) im Jahr 1975. Das erschien ihm umso dringlicher, als diese Ausrichtung in einem falschen Verständnis von Religionsfreiheit immer mehr in Frage gestellt wurde. Im selben Jahr, das von den Vereinten Nationen zum Jahr der Frau proklamiert worden war, sprach er mit Elizabeth Anne Seton (1774–1821) die erste Amerikanerin heilig. Anders als Johannes XXIII. schätzte er den süditalienischen Kapuziner Padre Pio da Pietrelcina (1887–1968). Überliefert ist ein sehr wohlwollender Brief vom 20. Juni 1960, den er ihm aus Anlass seines Goldenen Priesterjubiläums schrieb.[282] Gegenüber den versammelten Oberen des Kapuzinerordens würdigte er ihn am 20. Februar 1971:

> „Seht, welchen Ruhm er erlangt hat, welch weltweite Gefolgschaft er um sich gesammelt hat! Und warum? Weil er vielleicht ein Philosoph war? Weil er ein weiser Mann war? Weil er bemittelt war? Weil er demütig die Messe feierte, vom Morgen bis zum Abend Beichte hörte, und weil er, schwer zu sagen, ein mit den Wundmalen unseres Herrn gezeichneter Stellvertreter war, ein Mann des Gebets und des Leidens."[283]

Damit beseitigte er Zweifel an der Echtheit seiner Stigmata und seiner Wundertaten und räumte die Hindernisse auf dem Weg zu einer Selig- und Heiligsprechung aus. Erstere erfolgte im Jahr 1999, letztere 2002. Warum er sich auf diese Weise für den Kapuziner stark machte, der später zum populärsten Heiligen Italiens werden sollte, darüber lässt sich nur spekulieren. Knickte er einfach vor der wachsenden Massenverehrung dieses Mannes ein? Oder muss man den Einsatz für den vermeintlichen Thaumaturgen, dessen Frömmigkeit man bestenfalls als äußerst konventionell bezeichnen kann, als Hinweis auf eine antirationale Kehre deuten, die Montini in spiritueller Hinsicht in den siebziger Jahren vollzog?

Eine besondere Bedeutung hatte für ihn die Verehrung der Gottesmutter, wie man aus unzähligen Ansprachen, Predigten und schriftlichen Äußerungen schließen kann.[284] Ihr widmete er die Enzyklika *Christi Matri* (15. September 1966).[285]

Besondere Sorge bereitete dem Papst die Entwicklung in den Ordensgemeinschaften. Ein neues Phänomen waren die zahlreichen Austritte, die nach dem Konzil rapide zunahmen, ein Phänomen, das es in diesem Maße seit der Reformation nicht mehr gegeben hatte. Auch gingen die Eintritte stark zurück. Montini hatte stets eine hohe Wertschätzung für das Ordensleben.[286] Er selbst war als junger Mann von Ordensleuten geprägt worden (von Oratorianern, Benediktinern und Jesuiten); sie begleiteten ihn ein Leben lang. Er sah sie als das pulsierende Herz der Kirche an, als Speerspitze ihres missionarischen und pastoralen Wirkens. Auf dem Höhepunkt der Krise veröffentlichte er am 29. Juni 1971 das Apostolische Schreiben *Evangelica Testificatio,* mit dem er die Ordensleute zur Treue gegenüber Christus und der Kirche ermutigt. Er erinnert sie daran, dass sie die Liebe Gottes in der Welt bezeugen. Sie wirken für den Frieden und sind die geborenen Helfer aller Bedürftigen.[287]

Im Übrigen war es ihm ein Anliegen, die Säkularinstitute, die schon durch Pius XII. 1947 zur Rechtsform erhoben worden waren, zu fördern. Deren Mitglieder leben in Gemeinschaft zusammen, üben aber gemeinhin weltliche Berufe aus. Er bezeichnet diese Institute einmal als „das Experimentierlabor, durch das die Kirche die konkrete Art und Weise ihrer Beziehungen zur Welt ausprobiert“[288]. Das entsprach seiner Auffassung, dass die Kirche die „Welt“ mit ihrem Denken durchdringen muss. Schon früh erkannte er ferner das Erneuerungspotential, das in den sogenannten neuen geistlichen Bewegungen und Gemeinschaften wie den Focolarini und dem Neokatechumenat steckt.[289] Gegenüber dem Opus Dei bewahrte er jedoch wegen dessen Nähe zum Diktator Franco, dessen System er ablehnte, eine gewisse Skepsis. Zeitweilig gehörte die Mehrheit der spanischen Minister dieser Organisation an. Gleichwohl vertraute er das Ausbildungszentrum für junge Menschen im römischen Stadtteil Tiburtina („ELIS“) bei einem Besuch am 21. November 1965 Josemaría Escrivá an, dem Gründer des Opus Dei.[290] Er selbst zögerte, den Wünschen der Leitung zu entsprechen, das Säkularinstitut in die Rechtsform einer Personalprälatur umzuwandeln. Dazu sollte es erst 1982 kommen. Seitdem kann das Opus Dei Priester inkardinieren.

Die Empfängnisverhütung

Die christliche Familie angesichts der gesellschaftlichen Herausforderungen der Moderne zu stärken, war bereits den drei Vorgängern Pauls VI., und unter diesen noch einmal besonders Pius XII., ein zentrales Anliegen gewesen. Wie dieser hatte er ein klassisches Familienbild, nahm aber deutlicher die Fragen und Probleme wahr, die sich in heutiger Zeit stellen.[291] Was die Einflüsse der modernen Gesellschaft auf Familie und Ehe anging, war seine Einschätzung pessimistisch eingefärbt, insofern er die christliche Familie als gefährdet ansah.[292] Nur vor diesem weiteren Hintergrund ist seine Haltung zur konkreten Frage der Empfängnisverhütung zu verstehen.

Empfängnisverhütung und Geburtenregelung gab es in der Geschichte schon immer. Jedoch erst im 20. Jahrhundert sah sich das Lehramt genötigt, Stellung zur Frage der *künstlichen* Empfängnisverhütung zu nehmen.[293] Pius XI. hatte in der Enzyklika *Casti Connubii* vom 31. Dezember 1930 jede Form von künstlicher Empfängnisverhütung klar verurteilt, aber immerhin eine leichte Akzentverschiebung in der Frage der Ehezwecke vorgenommen und neben der Zeugung von Nachkommen das Wohl der Ehegatten stark gemacht. Diese Auffassung war von seinem Nachfolger mehrfach bestätigt worden, insbesondere in der berühmten Ansprache vor katholischen Hebammen am 29. Oktober 1951.[294] Eine neue Situation war durch die Zulassung der sogenannten Antibabypille gegeben. Indem dem weiblichen Körper synthetisch hergestellte Hormone (heute zumeist: Östrogen plus Gestagene) zugeführt werden, wird diesem eine Schein-Schwangerschaft suggeriert, so dass die Frau in der Zeit der Einnahme kein Kind empfangen kann. Diese Hormone bildet der Körper ansonsten auf natürliche Weise, wenn die Befruchtung einer Eizelle erfolgt ist und eine Schwangerschaft vorliegt. 1960 zuerst in den USA auf den Markt gekommen, stand die Antibabypille bis 1965 in allen westlichen Ländern zur Verfügung, wenig später auch im Ostblock. Eine Stellungnahme des Lehramtes war erforderlich, da sich durch die neue Generation von Kontrazeptiva die Bewertungsgrundlage entscheidend verändert hatte: Die Entscheidung über die Verhütung konnte anders als bei herkömmlichen Methoden auch ohne Wissen des Mannes erfolgen; durch die neuen Präparate wurde massiv in den Zyklus der Frau eingegriffen; mit der „Pille“ war es erstmals möglich, bei korrekter Verwendung eine Empfängnis mit hoher Wahrscheinlichkeit auszuschließen; schließlich war keine Selbstdisziplinierung oder Enthaltsamkeit mehr verlangt. Die Antibabypille verbreitete sich mit einer Geschwindigkeit wie kein anderes Medikament seit Menschengedenken. Andere große Kirchen hatten bereits Position bezogen.[295] Die Lambeth-Konferenz etwa als oberstes Beratungsgremium der Anglikaner hatte die künstliche Empfängnisverhütung im Blick auf sittlich begründete Fälle schon 1930 befürwortet und diese Erlaubnis 1958 erneuert. Sie wurde ohne größere Diskussionen auf das neue Pharmakon übertragen. Zwar hatte es vor der Zulassung Studien zur Wirksamkeit und zu möglichen Nebenwirkungen gegeben, Erfahrungen über Langzeitfolgen lagen aber noch nicht vor. Jedem Beobachter musste sofort klar sein, dass die Antibabypille das Sexualverhalten und damit die ganze Gesellschaft radikal verändern würde.[296] Insofern war es zu begrüßen, dass das römische Lehramt die Frage sehr rasch untersuchen ließ, ohne jedoch vorschnelle Entscheidungen zu treffen. Bereits im Jahr 1963 berief Johannes XXIII. eine aus drei Klerikern und drei Laien bestehende Studienkommission ein, um eine kirchliche Stellungnahme vorzubereiten.[297] Paul VI. erweiterte dieses Gremium auf vierzig Mitglieder und suchte neben Theologen und Experten aus verschiedenen humanwissenschaftlichen Disziplinen auch katholische Eheleute einzubeziehen. 1964 wurde ein Fragenkatalog an die nationalen Bischofskonferenzen verschickt, um ein noch differenzierteres Urteil zu ermöglichen, was nicht zuletzt von daher geboten war, als in der westlichen Welt und in den Ostblockstaaten eine andere Bewertung nötig schien als in der „Dritten Welt“. Während in den Industrieländern eine Abnahme der Bevölkerung zu erwarten war, drohte in den Entwicklungsländern eine Bevölkerungsexplosion. Die Weltbevölkerung wuchs zwischen 1960 und 1965 jährlich um 4,91% und damit etwa doppelt so stark wie heute, in Asien um 5,59% und in Afrika gar um 6,71%. Nie zuvor in der Geschichte waren solche Größenordnungen möglich gewesen. Allen politischen Beobachtern war klar, dass etwas zu geschehen habe.[298] Dies machte eine sachliche Bewertung der neuen Kontrazeptiva nicht einfacher.

Während des Konzils befürworteten viele Bischöfe, dass sich die Kirchenversammlung zu diesem Problem äußerte. Zu ihrem Sprecher machte sich der belgische Kardinal und Konzilsmoderator Léon-Joseph Suenens, der auch der genannten päpstlichen Kommission zur Prüfung der Frage angehörte.[299] Am 30. Oktober 1964 warnte er die Konzilsväter bei der Diskussion des Entwurfs zur christlichen Ehe, der im Rahmen des Dokuments über das Verhältnis der Kirche zur Welt beraten wurde: „Lasst uns einen zweiten Fall Galilei vermeiden (…). Einer ist wahrlich genug für die Kirche!“[300] Er mahnte, kein vorschnelles Urteil in irgendeiner Richtung zu fällen, sondern zunächst den Rat von Experten und christlichen Eheleuten abzuwarten. Die zuständige Unterkommission des Konzils müsse mit der päpstlichen Studienkommission zusammenarbeiten, um so einen beschlussfähigen Text für das Konzilsdokument vorzubereiten. Ihm sekundierte der melkitische Patriarch Maximos IV. Saigh, der eine schwere Gewissenskrise für christliche Eheleute und Seelsorger sowie eine faktische Entfremdung von der offiziellen Lehre der Kirche voraussah.[301] Nach der Veröffentlichung von *Humanae Vitae* sollte es in der Tat zu einer Vertrauenskrise zwischen Lehramt und Gläubigen kommen, die in den Industrieländern vielfach zu einem Rückzug vom kirchlichen Leben führte. Ähnlich wie der Melkit äußerte sich der holländische Kardinal Alfrink.[302]

Andere, konservativere Redner wie die Kardinäle Ruffini und Ottaviani vertraten die Auffassung, eine Diskussion in der Konzilsaula verbiete sich aufgrund der Kompliziertheit der Frage. Die Versammlung dürfe nicht zu sehr ins Detail gehen und solle vielmehr lediglich die Lehre der vorherigen Päpste bekräftigen. Paul VI. machte sich diese Position zu Eigen und bestand seinerseits darauf, dass die Enzyklika *Casti Connubii* und die Hebammenansprache zitiert würden, wie er die Kon-

47 Paul VI. bei einer Audienz des polnischen Episkopates – links neben ihm Karol Wojtila, der spätere Papst Johannes Paul II. (12. November 1977)

zilsväter am 24. November 1965 wissen ließ. Auch stellte er klar, dass er sich selbst die letzte Entscheidung in der Sache vorbehielt. Von daher musste sich die Pastoralkommission *Gaudium et Spes* darauf beschränken festzustellen:

> „Bestimmte Fragen, die noch anderer sorgfältiger Untersuchungen bedürfen, sind auf Anordnung des Heiligen Vaters der Kommission für das Studium des Bevölkerungswachstums, der Familie und der Geburtenhäufigkeit übergeben worden, damit, nachdem diese Kommission ihre Aufgabe erfüllt hat, der Papst eine Entscheidung treffe. Bei diesem Stand der Doktrin des Lehramtes beabsichtigt das Konzil nicht, konkrete Lösungen unmittelbar vorzulegen."[303]

Die päpstliche Studienkommission formulierte Ende Juni 1966 die mehrheitlich ausgesprochene Empfehlung, künstliche Kontrazeptiva unter bestimmten Bedingungen zuzulassen. Die „Pille" sollte im Rahmen einer verantwortlichen Elternschaft eingesetzt werden dürfen. Dabei müsse die Empfängnis zwar grundsätzlich bejaht werden, nicht aber in jedem einzelnen Eheakt. Auch neun der sechzehn vom Papst zusätzlich mit der Prüfung der Frage beauftragten Bischöfe sprachen sich mit Vorbehalten dafür aus, Kontrazeptiva nicht absolut zu verurteilen. Zur Minderheit gehörte Kardinal Ottaviani (der Vorsitzende), zur Mehrheit der Münchner Kardinal Döpfner (einer der beiden stellvertretenden Vorsitzenden). Der Krakauer Erzbischof Kardinal Karol Wojtyla (1920–2005), selbst ein klarer Gegner der künstlichen Empfängnisverhütung, hatte zu der entscheidenden Sitzung keine Ausreisegenehmigung erhalten. Er ließ nun an seiner Hochschule eine Denkschrift im Sinn der Minderheit verfassen, vorsorglich auf Französisch, der Lieblingssprache Montinis, und leitete sie diesem zu.[304] Suenens seinerseits suchte das Vertrauen des Papstes zu nutzen und in persönlichen Begegnungen eine Entscheidung im Sinn der Kommissionsmehrheit zu erwirken.

Um Zeit zu gewinnen, beauftragte Paul VI. nun zehn Theologen, die Angelegenheit einer weiteren Prüfung zu unterziehen. Diese Kommission wurde vom Theologen seines Vertrauens, gewissermaßen seinem „Hoftheologen“, dem Mailänder Carlo Colombo geleitet.[305] Unter Erzbischof Montini war er Dogmatikprofessor in Mailand gewesen und 1964 zum Weihbischof der lombardischen Metropole ernannt worden. Nun hatte er direkten Zugang zum Papst und wurde von diesem abends oft empfangen. Man geht nicht fehl, wenn man den beiden eine gewisse Geistesverwandtschaft bescheinigt. Colombo galt als liberal und der Moderne gegenüber aufgeschlossen (unter Pius XII. waren seine Schriften sogar Gegenstand von Untersuchungen des Heiligen Uffiziums gewesen). Doch war er ebenso vorsichtig-abwägend und traditionsverbunden wie Montini. Vom Konzil erwartete er wie dieser eine moderate Erneuerung des kirchlichen Lebens und des Glaubens. In der Ehemoral dagegen war er konservativ.[306] Geht die Entscheidung in der Frage der Empfängnisverhütung letztlich auf ihn zurück? Auch wenn das Endergebnis eher in seinem Sinn als in dem von Suenens ausfiel, kann man darüber nur spekulieren.

Inwieweit ließ Montini die verschiedenen Strömungen an sich heran? Trotz all dieser Bemühungen von berufener und unberufener Seite, auf ihn Einfluss zu nehmen, scheint er sich persönlich schon sehr früh ein Urteil gebildet und die Entscheidung im Stillen für sich getroffen zu haben. Darauf deutet ein Interview hin, das er am 3. Oktober 1965, dem Tag vor seiner Reise nach New York, dem *Corriere della Sera* gab. Deutlich wird, dass er sich der Tragweite der anstehenden Entscheidung sehr bewusst ist: „Wir wollen uns der Welt öffnen und müssen Tag für Tag Dinge entscheiden, die Konsequenzen für Jahrhunderte haben."[307] Die Welt frage nach der Haltung der Kirche, die daher nicht schweigen dürfe, so der Interviewte: „Schweigen können wir nicht. Reden ist problematisch. Solche Fragen hat die Kirche seit Jahrhunderten nicht lösen müssen."[308] Für die Männer [sic!] der Kirche seien diese Probleme in menschlicher Hinsicht ein wenig verwirrend („imbarazzante"). Am Ende könne ihm allerdings niemand die Verantwortung abnehmen:

> „Und so kommen die Kommissionen zusammen, es stapeln sich die Gutachten und Studien. Oh, man studiert viel, wissen Sie. Aber dann liegt es doch an uns, eine Entscheidung zu fällen. Und bei Entscheidungen sind wir ganz allein. Entscheidungen zu treffen ist nicht so leicht wie Studieren. Aber wir müssen ja etwas sagen. Was? … Gott muss uns erleuchten."[309]

Gerade diese letzte Äußerung zeigt nicht nur, dass er bereits zu diesem frühen Zeitpunkt das Votum der von seinem Vorgänger eingesetzten Studienkommission voraussah, sondern auch, dass er gewillt war, über dieses Votum hinwegzugehen und im Alleingang zu entscheiden. Überdies lässt die gewählte (und anscheinend ungefilterte) Äußerung „es stapeln sich die Gutachten und Studien. Oh, man studiert viel" auf eine gewisse Geringschätzung der Kommissionsarbeit schließen. Man mag sich fragen, ob ein Hauptproblem bei der am Ende gefällten Entscheidung und eine Hauptursache des Widerstands gegen sie nicht darin besteht, dass er die Frage ein für allemal klären wollte. Stand er sich im Letzten selbst im Weg und wurde Opfer seines hypertrophierten Verantwortungsbewusstseins, wenn er glaubte, allein und verbindlich eine Entscheidung treffen zu müssen, die „Konsequenzen für Jahrhunderte", mindestens aber für die kommenden Generationen haben sollte?[310] Schon kurz nach seiner Wahl hatte er sich selbst eingeschärft: „Ich darf keine Angst haben, darf keine Unterstützung von außen suchen, die mir meine Pflicht abnimmt", hatte den „Mangel an echten und weisen Beratern" beklagt.[311] Beim Umgang mit der Kommission zur Empfängnisverhütung sollte gerade diese Haltung konkrete Gestalt annehmen.

Der Papst zögerte dennoch, obwohl sein Urteil wohl längst feststand. Wahrscheinlich um Druck auf ihn auszuüben, wurde das Votum der Mehrheit der Studienkommission im April 1967 durch eine gezielte Indiskretion der Presse zugeleitet und erschien in einigen internationalen Zeitungen.[312] Den Anfang machte am 16. April der liberale *National Catholic Reporter* in den USA, der Londoner *Tablet* sollte fünf Tage später folgen.[313] Um noch einmal Zeit für seine Entscheidung zu gewinnen, waren auch die vom 29. September bis zum 29. Oktober in Rom zur Synode versammelten Bischöfe dazu aufgerufen, schriftlich ihre Meinung zu äußern.

Paul VI. beabsichtigte, die Arbeitsergebnisse der Kommissionen, die Vorgaben des Konzils und seine eigenen Überlegungen zu bündeln und seine Entscheidung in Form einer Enzyklika vorzulegen. Die Erstellung eines Textes zog sich hin. Der Papst bat den französischen Jesuiten Gustave Martelet (1916–2014), der auf dem Konzil den frankophonen Bischöfen Afrikas als Berater gedient hatte, um einen Entwurf.[314] Am 25. Juli 1968 schließlich veröffentlichte er die Enzyklika *Humanae Vitae* „über die rechte Ordnung der Weitergabe menschlichen Lebens"[315]. Dieses Dokument stellt nicht eine Partikularmoral vor, die nur für Katholiken Gültigkeit hat, sondern eine solche, die im Rahmen des Natürlichen Sittengesetzes für die ganze Menschheit Geltung beansprucht.[316] Die Darlegungen haben zunächst defensiven Charakter: Der Papst fühlt sich genötigt, seine Abweichung vom Votum der Studienkommission zu begründen:

> „Daher wollen Wir nun nach genauer Prüfung der uns zugesandten Akten, nach reiflicher Überlegung, nach inständigem Gebet zu Gott, in Kraft des von Christus uns übertragenen Auftrags auf diese schwerwiegenden Fragen Unsere Antwort geben."[317]

Er bedient sich der Argumentationsfigur des vorweggenommenen Einwands: „Einige" verweisen darauf, dass man die Kräfte der Natur steuern müsse:

> „Die Kirche ist die erste, die den Einsatz der menschlichen Vernunft anerkennt und empfiehlt, wenn es um ein Werk geht, das den ver-

> nunftbegabten Menschen so eng mit seinem Schöpfer verbindet; aber ebenso betont sie, daß man sich dabei an die von Gott gesetzte Ordnung halten muß."[318]

Er, der „erste moderne Papst" (Hebblethwaite), scheint sich des „Sündenfalls" bewusst zu sein, durch seine Entscheidung mit dem modernen Denken zu brechen. Er sieht voraus, dass die Öffentlichkeit und die Medien sich gegen dieses Dokument aussprechen werden. Die voraussehbare Kritik versteht er als Nachfolge Christi, dem auch widersprochen worden ist.[319]

Anders als zumeist öffentlich kolportiert wird, geht es in dem Dokument nicht allein um Kontrazeptiva. *Humanae Vitae* will nicht nur einseitig ein Verbot formulieren, sondern eine positive Lehre entwickeln. Der Text hebt auf den Wert des Lebens und die Würde seiner Weitergabe ab und zeigt die Analogie von Elternschaft und schöpferischer Tätigkeit Gottes auf. Der Eheakt wird hier, den Vorgaben der kirchlichen Tradition und des II. Vaticanums folgend, vor den weiteren Horizont der Liebe des Schöpfers zum Geschöpf gestellt. Der Mensch kann diese Liebe Gottes weitergeben, indem er selbst in der Zeugung und Empfängnis das Leben weiterschenkt. In diesem Sinn werden die Ehegatten als „Mitarbeiter des Schöpfergottes" angesprochen.[320] Der Eheakt wird also in eine Gesamtschau des menschlichen Lebens einbezogen. Die Eheleute wirken mit Gott zusammen, wenn sie Kindern das Leben schenken und sie erziehen, sie verwirklichen seinen „Liebesplan" in der Welt. Die Zeugung und Erziehung ist mithin wirklich eine christliche Berufung.[321] Leitbild für die Eltern ist dabei die „verantwortliche Elternschaft".[322]

Man kann nicht verkennen, dass hier auf eine neue Weise von der geschlechtlichen Liebe geredet wird. Paul VI. war sich bewusst, dass damit zum ersten Mal in einem päpstlichen Dokument konsequent eine personalistische Sprache verwendet wird.[323]

Die Auffassung der Mehrheit der Studienkommission, die Ehe als ganze müsse für die Weitergabe des Lebens offen sein, nicht aber jeder einzelne Geschlechtsakt, wird angesprochen:

> „Kann man nicht die Meinung vertreten, daß das Ziel des Dienstes an der Fortpflanzung mehr dem Eheleben als Ganzem aufgegeben sei als jedem einzelnen Akt? Man stellt auch die Frage, ob bei dem

> gesteigerten Verantwortungsbewußtsein des heutigen Menschen nicht die Zeit gekommen sei, wo die Weitergabe des Lebens mehr von Vernunft und freier Entscheidung bestimmt werden sollte als von gewissen biologischen Regelmäßigkeiten.“[324]

Die Antwort des Papstes ist eindeutig: Es muss „*jeder eheliche Akt* von sich aus auf die Erzeugung menschlichen Lebens hingeordnet bleiben“[325]; die beiden Ehezwecke (Gattenliebe und Fortpflanzung) dürfen nicht getrennt werden. Deren willkürliche Trennung widerspricht dem Schöpfungsplan Gottes. Eine Trennung erfolgt immer dann, wenn die Zeugung bewusst ausgeschlossen wird. Es geht dabei nicht um ein abstraktes Prinzip, sondern um die Sakralität des menschlichen Lebens, wie Paul VI. unter Berufung auf seinen Vorgänger betont.[326] Deshalb werden Abtreibung und Sterilisation ebenso wie die künstliche Vermeidung der Empfängnis klar verurteilt:

> „Ebenso ist jede Handlung verwerflich, die entweder in Voraussicht oder während des Vollzugs des ehelichen Aktes oder im Anschluß an ihn beim Ablauf seiner natürlichen Auswirkungen darauf abstellt, die Fortpflanzung zu verhindern, sei es als Ziel, sei es als Mittel zum Ziel. (…) Völlig irrig ist deshalb die Meinung, ein absichtlich unfruchtbar gemachter und damit in sich unsittlicher ehelicher Akt könne durch die fruchtbaren ehelichen Akte des gesamtehelichen Lebens seine Rechtfertigung erhalten.“[327]

Hier überrascht die Schärfe der Abgrenzung in der Formulierung („völlig irrig ist deshalb die Meinung“ – *erret omnino, qui arbitretur*). War doch die These, die der päpstliche Verfasser verwirft, zuvor ernsthaft diskutiert und von der Mehrheit der Untersuchungskommission in Vorschlag gebracht worden. Auf diese Weise scheint er sich vorwegnehmend gegen den eventuellen Versuch zu stellen, beide Positionen als mögliche Hypothesen gelten zu lassen.

Die Enzyklika lehnt nicht unterschiedslos jede Form von Empfängnisverhütung und damit von Familienplanung ab. Als ausdrücklich erlaubt wird es eingestuft, unfruchtbare Perioden gezielt zu nutzen, denn auf diese Weise werde nicht in den „natürlichen Ablauf“ des Körpergeschehens eingegriffen, sondern dieser vielmehr respektiert.[328] Damit knüpft der Text an die zitierte Ansprache Pius’ XII. an die katholische

Hebammenvereinigung Italiens an, in der dieser es unter bestimmten Bedingungen für legitim erklärt hatte, die unfruchtbaren Tage der Frau im Sinn der Geburtenregelung zu berücksichtigen.[329] Zu denken ist dabei an das sogenannte Ogino-Knaus-Verfahren, das erstmals im Jahr 1928 von dem Österreicher Hermann Hubert Knaus (1892–1970) vorgestellt worden war. Es beruht auf dem Prinzip, dass sich die fruchtbaren Perioden der Frau physiologisch voraussehen lassen. Konkret wird deren Menstruationszyklus aufgezeichnet, um den wahrscheinlichen Zeitpunkt ihres Eisprungs zu ermitteln. In den Tagen zuvor und einen Tag danach ist sexuelle Enthaltsamkeit nötig. Diese Methode, die in katholischen Kreisen als „Natürliche Familienplanung“ bezeichnet wird, ist mittlerweile so verfeinert worden (besonders durch exakte Temperaturmessungen und Ovulationsrechner bzw. Zykluscomputer), dass eine Empfängnis auch auf diese Weise einigermaßen wahrscheinlich ausgeschlossen werden kann. Aber sie verlangt eben Enthaltsamkeit, und das gerade in Phasen, in denen die Frau besondere Bereitschaft zum Eheakt zeigt. Überdies ist sie schwer anzuwenden, wenn die Frau einen irregulären Zyklus hat.

Düster und pessimistisch zeichnet die Enzyklika die Folgen der künstlichen Empfängnisverhütung: Das Risiko der Untreue steige an; die Ehrfurcht vor der Frau nehme ab, insofern sie zu einem Objekt der Begierde des Mannes degradiert werde; Regierungen könnten versucht sein, durch künstliche Empfängnisverhütung gezielte Bevölkerungspolitik zu betreiben und die Zahl der Kinder zu steuern.[330] Diese Befürchtung wurde im Blick auf China bestätigt, wo seit 1979/1980 die Empfängnisverhütung den Grundpfeiler der sogenannten „Ein-Kind-Politik“ bildete. Zur Zeit der Veröffentlichung des Textes stand eher zu erwarten, dass die Bevölkerungsentwicklung in Südamerika auf diese Weise bewusst gesteuert werden würde. Dies war dann aber nicht der Fall, denn die Regierungen des Kontinents überließen die Geburtenentwicklung weitgehend sich selbst. Was die Würde der Frau angeht, verkennt der Text allerdings, dass es sexuelle Ausbeutung schon immer gegeben hat und dass auch in älteren Gesellschaftssystemen die Möglichkeit, die Ehe zu schließen und Kinder zu zeugen, reglementiert wurde. Auch nach *Humanae Vitae* erreicht die Quote der Menschen, die heiraten und Kinder zur Welt bringen, eine Höhe wie kaum einmal zuvor in der europäischen Geschichte, von anderen Kulturen nicht zu reden.

In einem dritten Teil des Dokumentes werden Wege aufgezeigt, wie die hier vorgelegte Lehre verwirklicht werden kann. Der Verfasser ist sich dabei der Anstrengungen bewusst, die dies erfordert. Er erinnert an Selbstbeherrschung, Keuschheit sowie eine Familien- und Bildungspolitik, welche die Würde des Menschen achtet.[331] Um die Dringlichkeit der ergangenen Weisung zu unterstreichen, richtet er sich eigens an die Eheleute und ruft sie zur treuen Befolgung seiner Weisungen auf. Als würde er vorausahnen, was nach der Veröffentlichung des Dokumentes an Widerspruch und Verweigerung zu erwarten sei, fordert er die Priester zum Gehorsam auf und nennt dabei insbesondere die Lehrer der Moraltheologie. Als sehe er die Zerwürfnisse und Wirren voraus, die wegen dieses Dokumentes über die Kirche kommen sollten, formuliert er:

> „Ihr wißt auch, daß es zur Wahrung des inneren Friedens der Einzelnen und der Einheit des christlichen Volkes von größter Bedeutung ist, daß in Sitten- wie in Glaubensfragen alle dem kirchlichen Lehramt gehorchen und die gleiche Sprache sprechen."[332]

Das Urteil der Öffentlichkeit war denn auch vernichtend, besonders im deutschsprachigen Raum, wo das Ansehen des Papstes bleibenden Schaden nahm.[333] Das Magazin *Der Spiegel* etwa schrieb, es handle sich um das bislang fatalste katholische Fehlurteil des 20. Jahrhunderts. Der Inhalt der Enzyklika sei der Niederschlag von 2000 Jahren christlicher Leibfeindlichkeit.[334] John T. Elson, der Herausgeber der amerikanischen Illustrierten *Life*, sprach von einem „tragischen Irrtum Pauls VI."[335] Es muss den Papst beeindruckt haben, dass sich 75 Nobelpreisträger an ihn wandten und an ihn appellierten, keine falschen und irreversiblen Entscheidungen zu treffen.[336]

Auch der von Paul VI. erwartete innerkirchliche Widerspruch blieb in der Tat nicht lange aus.[337] Den Anfang machten die Amerikaner: Gegen *Humanae Vitae* wurde schon in den Tagen der Veröffentlichung seitens katholischer Kreise eine Kampagne gestartet. Das sogenannte *Washington Statement*, das bereits am 30. Juli 1968 veröffentlicht wurde, war von 600 katholischen Gelehrten unterzeichnet worden. Ausdrücklich wird in dem Text darauf hingewiesen, dass bei nicht-unfehlbaren

Erklärungen des Lehramtes ein Dissens denkbar sei. Neben zum Teil harscher Kritik an der römischen Verlautbarung gab es in Amerika auch vereinzelt Zustimmung.[338]

Unter den europäischen Bischofskonferenzen äußerte sich zuerst mit kaum verhohlener Ablehnung die belgische unter ihrem Vorsitzenden Suenens.[339] Ausgerechnet Gérard Philips, einer der Väter von *Lumen Gentium*, lieferte den Entwurf zu einem dogmatisch durchdachten Dokument, das für andere Bischofskonferenzen zum Modell wurde (etwa für die Holländer und ihr Pastoralkonzil). In einem Interview, das Suenens am 12. Mai 1970 der französischen Tageszeitung *Le Monde* gab, kritisierte er den Papst offen, weil er die Frage dem Konzil entzogen und sich selbst die Entscheidung vorbehalten habe. Nun, da er sich über alle Warnungen hinweggesetzt habe, dürfe er sich nicht wundern, dass er in der ganzen Welt kritisiert werde. Diese Äußerungen des ehemaligen Vertrauten erbitterten nicht nur Montini selbst, sondern sie wurden auch in Rom als Skandal empfunden.

Besonders hart traf den Pontifex die wohlbegründete und differenzierte Stellungnahme der Deutschen Bischofskonferenz – stand sie doch unter der Ägide zweier weiterer wichtigen Protagonisten des Konzils: Den Vorsitz hatte der Kölner Erzbischof Kardinal Frings erst kurz zuvor nach zwei Jahrzehnten an den Münchner Erzbischof Kardinal Döpfner übergeben, der auch einer der vier Moderatoren des Konzils gewesen war. Sicher handelte es sich nicht um Männer, die zu Alleingängen und unbedachten Entschlüssen neigten. Das Wort der deutschen Bischöfe zur seelsorglichen Lage nach dem Erscheinen der Enzyklika, die sogenannte *Königsteiner Erklärung* vom 30. August 1968, ist denn auch darum bemüht, den Dissens in der Sache nicht als grundsätzliche Ablehnung der päpstlichen Autorität erscheinen zu lassen.[340] Der auf der eigens einberufenen außerordentlichen Vollversammlung der Deutschen Bischofskonferenz verabschiedete Text gibt sich nüchtern und um ein ausgewogenes Urteil bemüht, ist in der Sache jedoch ganz unzweideutig. Es wird in einem ersten Punkt dargelegt, welche Verbindlichkeit eine Enzyklika beanspruchen kann und welche nicht. Mehrfach wird betont, dass die Diskussion mit der Entscheidung des Papstes nicht beendet, sondern erst recht aufgeflammt sei – ihre Endgültigkeit und Letztverbindlichkeit wird also kaum verhohlen in Frage gestellt. Die Bischöfe machen sich weitgehend die Position der Mehrheit der von Johannes XXIII. eingesetzten und von Paul VI. bestätigten und erweiterten Kommission zu eigen. Einerseits gilt: Mit dem Zweiten Vatikanischen Konzil ist daran festzuhalten, dass die Frage, ob und unter welchen Umständen eine Geburtenregelung zulässig ist, nicht allein der Willkür der Ehepartner überlassen werden kann.[341] Andererseits muss die Antwort darauf von ihnen selbst in gewissenhafter Prüfung nach objektiven Normen und Kriterien gesucht und gefunden werden: „Der konkrete Weg einer verantwortlichen Elternschaft darf weder die Würde der menschlichen Person verletzen noch die Ehe als Gemeinschaft fruchtbarer Liebe gefährden."[342] Dabei wird das Konzept der „verantwortlichen Elternschaft" aufgenommen, in deren Rahmen allein nach Auffassung der genannten Kommission eine Anwendung von künstlichen Kontrazeptiva denkbar erscheint. Die deutschen Bischöfe ziehen die pastorale Konsequenz: „Deshalb werden auch die Seelsorger in ihrem Dienst, insbesondere in der Verwaltung der heiligen Sakramente, die verantwortungsbewußte Gewissensentscheidung der Gläubigen achten."[343] Dieser Satz wurde vielfach als Freibrief verstanden, sich nicht an die Weisung der Enzyklika zu halten.

In der *Mariatroster Erklärung* vom 22. September 1968 äußerten sich wenige Wochen nach ihren deutschen Amtsbrüdern auch die österreichischen Bischöfe: „Da in der Enzyklika kein unfehlbares Glaubensurteil vorliegt, ist der Fall denkbar, daß jemand meint, das lehramtliche Urteil der Kirche nicht annehmen zu können."[344] Eine Abweichung von der Lehre der Enzyklika (sprich: der Einsatz von künstlichen Empfängnisverhütungsmitteln) sei nicht automatisch eine schwere Sünde und führe nicht zur Exkommunikation:

> „Nicht zuletzt wollen wir darauf hinweisen, daß der Heilige Vater in seinem Rundschreiben nicht von schwerer Sünde spricht. Wenn sich also jemand gegen die Lehre der Enzyklika verfehlt, muß er sich nicht in jedem Fall von der Liebe Gottes getrennt fühlen und darf dann auch ohne Beichte zur heiligen Kommunion hinzutreten."[345]

Mit dieser pastoralen Konsequenz folgten die Österreicher der Vorgabe ihrer deutschen Amtsbrüder. Gerade dass dieses Bischofswort unter der

Ägide von Kardinal Franz König, des Vorsitzenden der österreichischen Bischofskonferenz, zustande gekommen war, war für Montini eine schmerzliche Erfahrung. Er selbst hatte dem Wiener Erzbischof das von ihm geschaffene Sekretariat für die Nicht-Glaubenden unterstellt. Dennoch beließ er ihn bis zum Ende in diesem Amt. Auch zu Döpfner, der ihm im persönlichen Gespräch die *Königsteiner Erklärung* erläuterte, bewahrte er ein vertrauensvolles Verhältnis.[346] Beides spricht für die Größe des Papstes, für die Fähigkeit, einen begründeten Dissens in der Sache nicht zu personalisieren.

Auch in Italien waren nicht alle Katholiken mit der Enzyklika zufrieden, ja nicht einmal alle Bischöfe. Albino Luciani (1912–1978), damals Bischof von Vittorio Veneto, verbarg seinen Dissens nicht, trug aber die päpstliche Entscheidung letztlich loyal mit.[347]

In Südamerika dagegen war die Aufnahme der römischen Verlautbarung freundlicher. Vor diesem Hintergrund konnte Montini bei seiner Rede vor der Vollversammlung der CELAM am 24. August 1968 (also einen Monat nach der Veröffentlichung der Enzyklika) noch sagen:

> „Die große Mehrheit der Kirche hat sie wohlwollend und mit vertrauensvollem Gehorsam aufgenommen. Ihr Inhalt bedeutet keinen Blindflug hin zur Überbevölkerung; er mindert weder die Freiheit noch die Verantwortung der Ehegatten und verbietet nicht eine ehrliche und vernünftige Begrenzung der Geburten."[348]

Bei der auf die Veröffentlichung der Enzyklika folgenden Generalaudienz sprach der Papst ungewohnt freimütig über die Motive, die ihn bei seiner Entscheidung geleitet hatten. Er habe schwer unter der Last der Verantwortung zu tragen gehabt:

> „Wir vertrauen euch an, dass wir daher auch geistlich zu leiden hatten. Wie in keiner anderen Angelegenheit haben wir die Last unseres Amtes gespürt. Wir haben studiert, gelesen, diskutiert, soviel wir konnten. Und wir haben auch viel gebetet."[349]

Er sei nicht nur der Kirche, sondern der ganzen Menschheit eine Antwort schuldig gewesen. Den verschiedenen Interessen gerecht zu werden (der Lehre seiner Vorgänger, dem Befund der Kommission, dem Konzil, der öffentlichen Meinung), habe ihn an die Grenzen seiner Kraft geführt:

> „Wir wussten von den Diskussionen, die mit soviel Leidenschaft und

> auch Autorität über dieses extrem wichtige Thema geführt wurden. Wir haben die lauten Stimmen der öffentlichen Meinung gehört, aber auch jene leisen in unserem Herzen als Vater und Hirte, die Stimmen vieler Personen, auch von Frauen, die Gehör verdienen, die von diesem schwierigen Problem und von ihrer noch schwierigeren Erfahrung bedrängt werden. Wir haben die wissenschaftlichen Untersuchungen über die alarmierenden demographischen Probleme in der Welt gelesen, die oftmals von Fachleuten und Regierungsprogrammen in Auftrag gegeben wurden."[350]

Er habe sich die Entscheidung nicht leicht gemacht:

> „Wie oft sind wir erzittert vor dem Dilemma, der öffentlichen Meinung einfach nachzugeben oder ein Urteil zu fällen, das von der heutigen Gesellschaft schlecht aufgenommen wird oder das sich als zu schweres Joch für das eheliche Leben erweisen sollte."[351]

Dabei ist er sich bewusst, dass sein Beschluss weder nur die gegenwärtige Generation noch bloß die Mitglieder der katholischen Kirche betrifft.[352] Als Oberhaupt der Kirche habe er die Entscheidung nicht auf eine Expertenkommission abwälzen dürfen, sondern eine Gewissensentscheidung fällen müssen.

Der Papst erinnert in den Jahren nach 1968 immer wieder bei verschiedenen Gelegenheiten an die in seiner Enzyklika ausgesprochenen Weisungen. Er scheint dahin zu tendieren, das dogmatische Gewicht und den lehramtlich verbindlichen Grad zu betonen und den definitiven Charakter der hier ausgesprochenen Lehren herauszustellen. Ein unverkennbarer Idealismus prägt *Humanae Vitae* und alle seine folgenden Äußerungen zur Ehemoral. Von den Eheleuten verlangt er „größtmögliche und heroische Tugend".[353] Er verweist in diesem Zusammenhang auf die schwangere Mailänder Ärztin Gianna Beretta Molla (1922–1962), die es ablehnte, ein Geschwür an ihrer Gebärmutter entfernen zu lassen, da dies eine Abtreibung erfordert hätte: „Wir denken an eine Mutter im Bistum Mailand, die ihr eigenes Leben in einem bewussten Opfer hingibt, um ihrem Kind das Leben zu schenken."[354]

Trotz aller Kritik war er mit sich im Reinen, wie er im Herbst des Jahres 1968 gegenüber seinem Vertrauten Jean Guitton bekannte. Ihn erfülle „Leiden, ja sicher, aber auch Gleichmut. Ich bedaure oder bereue nichts. Ich bin ganz sicher, das getan zu haben, was ich tun musste."[355] Überhaupt kam Paul VI. später immer wieder auf die Ablehnung zurück, die seine Enzyklika erfahren hatte. Am 11. Januar 1971 gründete er das Päpstliche Komitee für die Familie, um *Humanae Vitae* auch in Zukunft Gehör zu verschaffen. Noch in seiner letzten großen öffentlichen Predigt am 29. Juni 1978 mahnte er zu einer „authentischen Treue"[356] gegenüber der in der Enzyklika vorgelegten Lehre.

Nicht nur innerkirchlich blieb das Thema auf der Agenda. Bestätigt sehen durfte er sich in gewissem Maße bei der großen UN-Konferenz in Bukarest im Jahr 1974 (19.–30. August), als die unterentwickelten Staaten in der Frage der Geburtenkontrolle mit den entwickelten zusammenstießen und erstere den Vatikan auf ihrer Seite wussten.[357] Lateinamerikanische und afrikanische Delegierte, sekundiert von den Vertretern der kommunistischen Staaten, verdächtigten die westlichen Nationen, die Forderung nach einer Reduzierung der Weltbevölkerung im Sinn einer Zementierung ihrer Vormachtstellung einzusetzen. Der Verfasser von *Populorum Progressio* und *Humanae Vitae* beobachtete die Vorbereitungsphase der Konferenz und diese selbst sehr aufmerksam, denn ihm wurde im Laufe der Jahre immer deutlicher, dass es sich bei der Geburtenkontrolle nicht um die individuelle Entscheidung eines Paares für oder gegen ein Kind handelte, sondern um eine global-politische Angelegenheit, ja eine Überlebensfrage der Menschheit. Er teilte die Sorge der unterentwickelten Staaten, dass die Weltbank und der Weltwährungsfonds die Gewährung von Hilfen von einer gezielten „Bevölkerungspolitik" abhängig machen und dass Machthaber auf diesem Gebiet willkürliche Maßnahmen ergreifen würden. In seiner Ansprache vom 18. August 1974 äußerte er sich in diesem Sinn mit großem Ernst über die anstehende Konferenz: „Es steht (…) das Leben der Menschheit auf dem Spiel!"[358]

Nicht zu unterschätzen sind die Langzeitfolgen dieser Enzyklika. Man muss es nicht so dramatisch formulieren wie eine große deutsche Tageszeitung anlässlich des 40. Jahrestages der Veröffentlichung: „Am 25. Juli verkündet Papst Paul VI. seine Enzyklika *Humanae Vitae*, er stürzt die katholische Kirche in eine Krise, von der sie sich auch nach 40 Jahren nicht erholt hat."[359] Gemeinhin wird angenommen, dass die zunehmende Entfremdung weiter Teile des Kirchenvolkes von der Kirche durch die Enzyklika einen kräftigen Schub erhalten habe. Richtig ist sicher, dass der kirchlichen Lehre in Fragen der Sexualmoral in der Folgezeit selbst unter treuen Katholiken kaum noch Gehör geschenkt wurde. Es ist nicht zu leugnen, dass nicht nur gesamtgesellschaftlich, sondern auch in den Pfarreien Kleinfamilien das Bild bestimmen und die Verwendung der Pille – ganz gleich ob innerhalb oder außerhalb der Ehe – zu einer Selbstverständlichkeit geworden zu sein scheint.[360] Das gilt nicht nur für Europa: In den USA hatten viele katholische Paare vor 1968 im Vorgriff auf eine Legalisierung der Pille begonnen, sie zu verwenden, wobei sie von ihren Priestern stillschweigend die Absolution erhalten hatten. Diese Paare wollten nach 1968 nicht mehr zu ihrer früheren Praxis zurück, auf die Absolution und den Kommunionempfang oder auf Kontrazeptiva zu verzichten.[361] Hugh McLeod trägt Stimmen zusammen, die in der Enzyklika den Anfang der Entfremdung von der katholischen Kirche sehen. Das gelte besonders für ihre wichtigste Zielgruppe, die Familien. Papst und Bischöfe hätten ihre Autorität eingebüßt, insofern die betreffenden Weisungen einfach stillschweigend ignoriert worden seien.[362]

Man sollte jedoch vorsichtig sein, vorschnell eindeutige Kausalitäten zu sehen. Es wäre sicher übertrieben, im Verbot der künstlichen Empfängnisverhütung eine Hauptursache für den Niedergang des kirchlichen Lebens und für die Entfremdung weiter Teile der Gesellschaft von der Kirche zu sehen. Diese Entwicklung begann schon früher, und sie ist in anderen christlichen Kirchen ebenso zu beobachten. Ein konfessionskundlicher Vergleich zeigt deutlich, dass andere Konfessionen, die in der westlichen Welt stark vertreten sind, die aber eine liberalere Haltung in dieser Frage einnahmen, mit ganz ähnlichen Problemen konfrontiert waren. Das gilt zum Beispiel für die Anglikaner (bzw. in den USA: Episkopalisten) und Methodisten. Auch dort kam es nach 1968 zu einer – teilweise noch drastischeren – Abkehr von der kirchlichen Sexualmoral und in der Folge zu einer Entkirchlichung, ohne dass es eine „Pillenenzyklika“ oder insgesamt eine rigide Sexualmoral gegeben hätte. Diese Entwicklung hatte dort allerdings schon ein gutes Jahrzehnt früher eingesetzt.[363]

Eine andere Konsequenz von *Humanae Vitae* für das innerkirchliche Leben ist bisher noch kaum bedacht worden. Paul VI. trägt in seiner Enzyklika das Hohelied der ehelichen Liebe vor. Die Ehegatten werden als Mitarbeiter des Schöpfers apostrophiert. Damit liegt er auf einer Linie mit seinen Vorgängern seit Pius XI. Für die Vorstellung einer „höheren" Berufung des zölibatär lebenden Menschen ist dabei kein Platz mehr. Man mag sich fragen, ob der Rückgang der Berufungen zum Priestertum und Ordensleben nicht zum Teil auch in dieser starken Betonung der Ehe begründet sein könnte.

Der Montini-Papst veröffentlichte nach *Humanae Vitae* keine weitere Enzyklika mehr, sondern bediente sich niederschwelligerer Veröffentlichungsformen, da er es wahrscheinlich als untragbaren Zustand ansah, dass selbst Bischöfe die Inhalte eines päpstlichen Lehrschreibens kritisierten und dessen Verbindlichkeit in Frage stellten. Anscheinend wollte er dieses Genus nicht weiter diskreditieren lassen. Oder hatte ihn die Kritik so mürbe gemacht, dass er fortan darauf verzichtete, seinen Worten derartiges Gewicht und eine solche Verbindlichkeit zu verleihen?

Schwierige Ortskirchen

Die Ablehnung von *Humanae Vitae* ist nur eine Facette eines größeren Ganzen. In vielen Ländern besonders der westlichen Welt kam es nach dem Zweiten Vatikanischen Konzil zu einem Aufbegehren gegen das römische Lehramt und die oberste Leitung der Kirche. Im Zuge der 68er-Revolution wurden diese Entwicklungen noch verstärkt.

Paul VI. brachte den Bestrebungen der „68er" zunächst durchaus ein gewisses Verständnis entgegen, auch den Neuerern innerhalb der Kirche. Die Suche nach einer armen, demütigen, authentischen, den Menschen zugewandten Kirche war ihm gleichfalls ein Anliegen. Er reflektierte, was er in jenen Jahren wahrnahm, und er war hellsichtig genug, hinter vielen einzelnen Zügen ein gemeinsames Grundphänomen zu erblicken, das er mit dem Wort „contestazione", etwa zu umschreiben als „Geist des Widerspruchs", bezeichnete. In einem aufschlussreichen autographen Fragment, das wahrscheinlich aus dem Jahr 1968 stammt, meditiert er über die Ursachen dieses Phänomens.[364] Das Aufbegehren der Jugend trage gleichzeitig Zeichen des Hungers und des Sattseins. Als Ursachen der innerkirchlichen Probleme diagnostiziert er die gesellschaftlichen Vorgänge und hat dabei vor allem das tonangebende Frankreich im Blick, wo sich stärker als anderswo Studentenunruhen, Krise der Moral, sexueller Libertinismus und Autoritätskritik auswirkten. Hier sei auch die Kritik an der Kirche als Institution am stärksten ausgebildet. In diesem Kontext situiert er die „aufbegehrenden Katholiken"[365], die gemeinsame Sache mit den Gegnern der Kirche machen und die Kirche selbstgerecht kritisieren. Bei alledem ringt er um Verständnis: Es gehe den Protestierenden in Kirche und Gesellschaft letztlich um höhere Güter, um den Fortschritt, um den Menschen, ja sogar um das Gottesbild.[366] Letztlich bleibt er jedoch ratlos, wie es zu einer innerkirchlichen Krise solchen Ausmaßes kommen konnte. Im Januar 1969 hält er seinem Freund Guitton entgegen, der ihn überzeugen will, es habe in der Kirche immer Krisen gegeben:

> „Ja, aber es gab nie zuvor eine solche Verwirrung im Inneren der Kirche selbst, und ohne dass man wüsste warum. Im Jahr 1906 gab es einen ähnlichen Wirrwarr, aber das war damals allen klar. Sicher, im Jahr 1969 findet der Papst bei den Menschen leichter Gehör. Aber auf der anderen Seite wird er auch weniger *gehört*."[367]

Bei dieser Gelegenheit äußerte er seine Sorge, zentrifugale Kräfte könnten die Kirche von innen her sprengen. Demgegenüber sah er seine Aufgabe als Papst darin, diesen Kräften entgegenzuwirken und alles Erdenkliche für die Wahrung der Einheit zu tun.[368]

Als aus römischer Sicht besonders schwierige Ortskirche sollte sich die holländische erweisen. In den calvinistisch geprägten Niederlanden war die katholische Kirche eine kleine, aber sehr aktive Minderheit, die sich bis zum Konzil durch eine hochstehende Theologie und viele Berufungen hervorgetan hatte. Die Nachwuchszahlen in Orden und Diözesen brachen nun förmlich ein.[369] Der Zölibat wurde offen in Frage gestellt, und es wurde über neue Formen, die eucharistische Gegenwart auszusagen, nachgedacht. Experimentierfreude kennzeichnete das kirchliche Leben auf allen Ebenen. Zu einem schweren Dissens mit Rom kam es aufgrund der Veröffentlichung des sogenannten „Holländischen Katechismus", der schon durch seinen Titel „Neuer Katechismus" den Anspruch zu erkennen gab, die nach dem Konzil von Trient und in dessen Geist entstandenen traditionellen Katechismen abzulösen. Dieses am 5. Oktober 1966 der Öffentlichkeit vorgestellte Werk, das von Priestern und Laien erarbeitet worden war, wurde sogleich in hoher Auflage gedruckt.[370] Der Papst wurde durch konservative Niederländer auf inhaltliche Ungenauigkeiten und Auslassungen hingewiesen. Am 30. März 1967 schrieb er in der Angelegenheit an Kardinal Bernard Alfrink, den Vorsitzenden der Bischofskonferenz, und setzte in der Folge eine Kommission aus drei vom Vatikan und drei von der holländischen Bischofskonferenz benannten Theologen ein. Alfrink, der im Konzil sein besonderes Vertrauen genossen hatte, musste nun zwischen römischen und holländischen Kräften auszugleichen versuchen.[371] Die Kommission untersuchte vor allem die Einwände gegen die Darstellung der Jungfrauengeburt, die von den Kritikern als zu „symbolisch" gefärbt und als zu wenig „real" empfunden wurde, und der Eucharistiefeier, bei der nach Auffassung der Kritiker zu stark der Mahlcharakter herausgestellt werde, und das auf Kosten des Opferbegriffs. Als sich die Mitglieder nicht auf eine gemeinsame Wertung einigen konnten, beauftragte Paul VI. eine neue Kommission, die aus sechs Kardinälen bestand: Joseph Frings, Joseph Lefebvre, Lorenz Jaeger, Ermenegildo Florit, Michael Browne und Charles Journet. Sie konnte ein Jahr später Korrekturen des Katechismus vorlegen. Mittlerweile war dieser allerdings in mehrere Sprachen übersetzt worden. Neue, im Auftrag der holländischen Bischöfe veröffentlichte Ausgaben druckten die Korrekturen lediglich im Anhang des Textes, ohne die strittigen Passagen zu ersetzen und ohne den Dissens wegen der vom Papst getroffenen Entscheidung zu verbergen. Paul VI. entschloss sich daher, auf die entstandene Verunsicherung mit der Vorlage des bereits erwähnten „Credo" zu antworten. Persönlich tief getroffen, entsandte er seinen Freund Jean Guitton nach Holland, um die dortigen Katholiken wissen zu lassen: „Auch wenn sie dem Papst nicht gehorchen und mich nicht lieben, trifft doch das Gegenteil nicht zu: der Papst liebt sie."[372]

Es sollte nicht bei dieser einen Irritation bleiben. Von 1966 bis 1970 wurde das sogenannte „Pastoralkonzil der holländischen Kirchenprovinz" durchgeführt.[373] In Noordwijkerhout wurde eine Abschaffung des

„Pflichtzölibates", ein Zugang für Frauen zum kirchlichen Amt und eine (Wieder-)Zulassung verheirateter Männer zum Priestertum gefordert. Der Papst beobachtete die Beratungen dieser Einrichtung mit wachsender Sorge, zumal die Bischöfe diesen Forderungen nach seiner Auffassung nicht offen genug widersprachen. Die Entschließungen zum Eucharistieverständnis, zum Zölibat und zu Fragen der Moral, darüber hinaus eine Betonung der Ortskirche auf Kosten der universalen Kirche schienen ihm nicht im Einklang mit dem Konzil zu stehen, auf das man sich in den Niederlanden gerne berief. Am 24. Dezember 1969 wandte er sich schließlich an die holländischen Bischöfe und forderte ein Ende der Diskussion über den Zölibat, dessen Verknüpfung mit dem Priestertum vom Pastoralkonzil in Frage gestellt worden war. Er bot den Bischöfen seine Hilfe bei der Lösung der Probleme an, erinnerte aber auch unmissverständlich an seine eigene Enzyklika zu diesem Problem.[374] In einem Schreiben an Kardinalstaatssekretär Villot, zu dem dieser selbst den Entwurf geliefert hatte, äußerte er sich am 2. Februar 1970 sehr besorgt über die Entwicklung in den Niederlanden, die zur Verunsicherung der ganzen Kirche beitrage. Diese Form wählte er, um so deutlich zu machen, dass der Inhalt des Briefes nicht nur die holländische Kirche betreffe. Er stellte die (mehr als nur rhetorisch zu verstehende) Frage, welchen Anteil er selbst an diesen Entwicklungen habe.[375] An der Verbindung von Priestertum und Ehelosigkeit sei festzuhalten, da diese die totale Verfügbarkeit für Christus und die Kirche zum Ausdruck bringe. Seine Milde in Einzelfällen dürfe nicht missbraucht werden, indem man die Wiederzulassung verheirateter Priester zum priesterlichen Dienst fordere. Dabei scheint der Papst die Tür einen Spaltbreit zu öffnen, indem er die vorsichtige Frage stellt, ob nicht bei extremem Priestermangel in bestimmten Regionen der Welt an die Weihe älterer und im Berufs- und Familienleben bewährter Männer zu denken sei. Die Bischofssynode sollte diesen Gedanken im Folgejahr zunächst einmal verwerfen. Der Brief an den Kardinalstaatssekretär legt nahe, dass Paul VI. auch eine eventuelle Entscheidung der Synodenbischöfe, *viri probati* zur Weihe zuzulassen, akzeptiert hätte.

Villot wurde am 7. März nach Holland gesandt, um den Bischöfen die päpstliche Haltung zu erläutern. Bei aller Unbeugsamkeit in der Sache blieb Montini doch zum Dialog bereit und enthielt sich zunächst rechtlicher Sanktionen. Bei einem Treffen mit Alfrink am 10./11. Juli 1970 vertrat er deutlich die Position, dass die holländische Kirche nicht für sich in der Welt steht und sich Alleingänge von daher verbieten. Es ging um die Autorität in der Kirche: Wird diese von einer Art Kirchenparlament oder von den Bischöfen in Gemeinschaft mit dem Papst ausgeübt?

In den folgenden Jahren suchte er die Situation durch die Einsetzung loyaler Bischöfe zu entschärfen, brachte damit aber erst recht die holländische Öffentlichkeit gegen sich auf. Den Anfang machte die Ernennung von Hadrian Johannes Simonis (*1931) zum Bischof von Rotterdam Ende 1970, ohne dass das Domkapitel einbezogen worden war. Dieser erwarb sich immerhin mit der Zeit die nötige Achtung. Zwei Jahre später wurde wiederum nicht das Domkapitel konsultiert, als Johannes B. Gijsen (1932–2013) zum neuen Bischof von Roermond ernannt wurde. Zu seiner Weihe, die Paul VI. trotz aller Proteste wegen der Person des Gewählten selbst vornahm, wurde Alfrink einbestellt, der dem neuen Amtsbruder die Hände auflegen musste. Gijsens ultrakonservative Politik führte nicht nur in seinem eigenen Bistum zu einer Spaltung, sondern auch zu Zerwürfnissen im holländischen Episkopat.[376] Die Ernennung Kardinal Willebrands' (1909–2006) zum Erzbischof von Utrecht im Jahr 1975 stieß allerdings auf fast ungeteilte Zustimmung im Land. Er empfahl sich schon von daher, weil er seit 1969 das vatikanische Sekretariat für die Einheit der Christen leitete.

In doktrinärer Hinsicht blieb es dagegen in Spanien relativ ruhig, doch auf andere Weise hatte Paul VI. zu kämpfen.[377] Bereits als Erzbischof von Mailand war er dem Diktator Franco (1892–1975) unangenehm aufgefallen, als er diesen in einem Telegramm am 7. Oktober 1962 um die Begnadigung eines angeblich zum Tode verurteilten Studenten bat. Dabei schien er schlecht informiert zu sein, denn in Wirklichkeit hatte jener nur eine Gefängnisstrafe zu verbüßen. Erst recht die Veröffentlichung des Telegramms durch die Mailänder Seite noch vor Eintreffen einer Antwort wurde in Madrid als Affront gedeutet.[378] So war Franco wenig begeistert, als Montini zum Papst gewählt wurde. Einen Hauptstreitpunkt zwischen den beiden Männern bildete dann das Recht, die Bischöfe zu nominieren, welches der Heilige Stuhl dem Diktator im

Konkordat von 1953 noch zugestanden hatte und das im Kern auf die Zeit Kaiser Karls V. zurückging. Paul VI. hielt die Ausübung dieses Rechtes nicht nur für einen Anachronismus, sondern für äußerst schädlich für die spanische Kirche. Franco nominierte ihm treu ergebene Bischöfe und behinderte in seinem Land die Umsetzung der Konzilsbeschlüsse. Insbesondere das Dekret *Dignitatis Humanae* lehnte er wegen der dort umschriebenen Religionsfreiheit ab, denn in Spanien waren nicht-katholische Kulte nicht erlaubt. Ein Dorn im Auge waren ihm, der in der Kirche eine Säule seiner autoritären Herrschaft sah, auch die Äußerungen der Pastoralkonstitution zur Demokratie. Am 29. April 1968 bat der Papst den Diktator, auf das Nominationsrecht zu verzichten, wobei er im Sinn des Konzilsdekretes über die Bischöfe auf deren pastorale Aufgabe verwies. Franco verweigerte dieses Zugeständnis, und erst die demokratische Regierung sollte sich nach seinem Tod dazu entschließen.

Paul VI. ließ sich durch die Unbeweglichkeit Francos nicht beeindrucken und trieb die nachkonziliare Erneuerung der spanischen Kirche voran. Am 29. Dezember 1972 beschwerte sich der spanische Machthaber ihm gegenüber in einem handgeschriebenen Brief, den er durch seinen Außenminister übergeben ließ, über „staatsfeindliche" Aktivitäten von Teilen des Klerus und über eine Einmischung der Hierarchie in politische Fragen.[379] In seiner Antwort, mit der er sich sieben Monate Zeit ließ, wies Paul VI. die Vorwürfe freundlich, aber entschieden zurück.[380] Er erinnerte an die große christliche Geschichte Spaniens, verwies aber auch auf die Herausforderungen der modernen Zeit, die eine vorbehaltlose Umsetzung der Beschlüsse des Zweiten Vatikanischen Konzils erforderten. Erneut stellte er eine Revision des Konkordates in den Raum. Zusagen konnte er dem Diktator die Einhaltung des Prinzips der Nichteinmischung in staatliche Angelegenheiten, forderte aber zugleich eine unverzügliche Besetzung der vakanten Bistümer, und zwar mit Kandidaten, die allein nach pastoralen (sprich: und nicht nach politischen) Kriterien auszuwählen seien. Dieser Briefwechsel stellt den Tiefpunkt der Beziehungen zwischen den beiden dar. Durch seine entschiedene und kompromisslose Haltung gegenüber Franco, durch die Vorbereitung der Hierarchie auf die Demokratie und die Unterstützung der neuen Staatsform nach 1975 hat der Name Pauls VI., den Franco insgeheim für einen Kommunisten und Feind seines Landes hielt, in Spanien bis heute einen guten Klang.

Die französische Kirche geriet nach dem Konzil in die schwerste Krise seit der Revolution von 1789.[381] Französische Bischöfe und Theologen wie de Lubac, Daniélou und Congar hatten zu den prägenden Gestalten des Konzils gehört. Die Entwicklung in Frankreich musste den Papst umso stärker treffen, als er selbst von der Kultur des Landes stark beeinflusst war. Die Wahl des frankophilen Mailänder Kardinals zum Papst war in Frankreich mit Begeisterung begrüßt worden. Nach dem Konzil gingen die Berufungen zum Priestertum und Ordensstand auch hier rapide zurück, der Gottesdienstbesuch brach ein. Die Enzyklika zur Empfängnisverhütung fand in und außerhalb der Kirche ein vernichtendes Echo. Auf einer französischen Synode des Jahres 1971 wurde die Zulassung verheirateter Männer zum Priesteramt gefordert, eine Forderung, die von einigen Bischöfen geteilt wurde. Auf der einen Seite erschien Paul VI. vielen französischen Katholiken als zu konservativ, während er nach dem Geschmack der Traditionalisten um Erzbischof Marcel Lefebvre zu liberal war. Mit einer gewissen Verbitterung beklagte er sich am Ende seines Lebens gegenüber seinem Vertrauten Jean Guitton, dass von Frankreich keine Ausstrahlung mehr ausgehe. Die Zeit der großen Theologen, katholischen Dichter und Philosophen sei endgültig vorbei.[382]

Südamerika erwies sich ebenfalls zunehmend als schwieriges Terrain. Die Befreiungstheologie gewann seit Mitte der sechziger Jahre immer mehr an Boden, und in ihrem Gefolge revolutionäre Vorstellungen.[383] Diese theologische Richtung fordert, den Menschen als ganzen in den Blick zu nehmen, nicht nur seine religiösen Bezüge. Solange Menschen massenhaft in Armut leben und ausgebeutet werden, muss die Kirche Protest gegen diese Verletzung der Menschenwürde einlegen. Sie muss sich aktiv für Demokratie, Entwicklung und Gerechtigkeit einsetzen, um so das Reich Gottes schon anfanghaft auf Erden zu verwirklichen. Besondere Bedeutung gewannen in diesem Zusammenhang die sogenannten Basisgemeinden, in denen Laien aufgrund des gravierenden Priestermangels weitgehend die Verantwortung übernahmen. Diese zumeist überschaubaren Gemeinschaften wurden seit den frühen sechziger Jahren zum Anziehungspunkt besonders der einfachen Leute. Gemeinsam wurde in diesen Gruppen die Bibel gelesen und diese auf das eigene Leben bezogen. Teil des Gemeindelebens waren dabei von Anfang an soziale Projekte und wechselseitige Hilfe. Von daher entwickelten sich oftmals gesellschaftliches Engagement und Protest gegen die bestehenden Verhältnisse. Idol dieser Gemeinden und Symbolfigur des Ringens um eine neue, gerechtere Gesellschaftsordnung wurde der kolumbianische Priester Camillo Torres Restrepo (1929–1966), der als Professor für Soziologie 1965 mit der kirchlichen Hierarchie brach und sich den Guerillas anschloss, die gegen die Regierungstruppen kämpften. Er setzte sich für einen radikalen Wandel der gesellschaftlichen Verhältnisse ein und lehnte auch den Einsatz von Gewalt nicht ab. Torres starb im Kampf für seine Ideale.[384]

Es spricht für den Mut des Papstes, dass er sich den Anfragen der Südamerikaner stellte und vom 22. bis 24. August 1968 nach Kolumbien reiste. In Santiago de Chile wurde aus Protest gegen seinen Besuch die Bischofskirche besetzt. Paul VI. meisterte die schwierigen Bedingungen und bewies in seinen Reden und bei seinen Auftritten Sensibilität gegenüber den sozialen Anliegen der südamerikanischen Kirche.

Montini konnte es selbst noch miterleben, wie das in Südamerika verfochtene Ideal einer armen Kirche, die auf der Seite der Armen stand, auch auf Europa übergriff. Mit Missfallen betrachtete er Ende 1968 die Besetzung des Mailänder Domes durch junge Leute, die damit gegen den Reichtum der Kirche protestieren wollten. In der Generalaudienz am 18. September 1968 wandte er sich in überraschend scharfer Form gegen solche Entwicklungen und stellte sie vor den weiteren Horizont einer immer stärker spürbaren innerkirchlichen Kritikbereitschaft:

> „Wo sind die Konsequenz und die Würde geblieben, die zu einem Christen gehören sollten? Wo ist das Verantwortungsgefühl gegenüber dem eigenen Bekenntnis und gegenüber dem der anderen geblieben? Wo ist die Liebe zur Kirche geblieben?“[385]

Man kann die nachkonziliare Krise nicht nur geographisch, sondern auch an innerkirchlichen Gruppierungen und Institutionen festmachen. So mussten sich etwa die meisten Orden im Zuge des Konzils neu orientieren.[386] Besondere Aufmerksamkeit erforderten aus der Sicht des

Papstes die Jesuiten, die wie andere Orden in eine tiefe Krise gerieten und durch überdurchschnittlich viele Austritte sowie einen drastischen Rückgang der Eintritte geschwächt wurden.[387] 1964 ordnete Paul VI. daher eine Visitation an. Die Krise hielt an, und als die 32. Generalkongregation im Jahr 1974/75 Änderungen an der Struktur des Ordens vornehmen wollte, sah er sich genötigt, die versammelten Oberen an ihr ignatianisches Charisma zu erinnern, zu dem wohl auch die Einheit mit dem Papst gehöre. Dabei ließ er es nicht an Verständnis für die schwierige Situation der Gesellschaft Jesu fehlen:

> „Wir begreifen die Zweifel und die echten, ernsten Schwierigkeiten, durch die einige von euch geprüft werden. Ihr seid auf dem Vorposten jener Erneuerung, die die Kirche, besonders nach dem Zweiten Vatikanischen Konzil, in dieser säkularisierten Welt in Angriff nimmt. Wir möchten sagen, eure Gesellschaft ist der Test für die Lebenskraft der Kirche durch die Jahrhunderte."[388]

Als Konkretisierung des von den Jesuiten geforderten besonderen Gehorsams gegenüber dem Papst, das sich in einem vierten Gelübde konkretisiert, legte er ihnen in diesem Zusammenhang die Auseinandersetzung mit dem modernen Atheismus ans Herz.[389]

Paul VI. reagierte auf all diese Entwicklungen auf die ihm eigene Weise, nämlich mit der Macht des Wortes. Seine Mittwochskatechesen thematisieren in den Jahren 1969 bis 1973 immer wieder die Rolle des päpstlichen Primats in der universalen Kirche, die Aufgaben des Nachfolgers Petri und die Bedeutung des päpstlichen Lehramtes. Eine Reaktion konnte daher nicht ausbleiben, als dieses Lehramt durch den in Tübingen lehrenden Schweizer Theologen Hans Küng (*1928) in seinem Werk „Unfehlbar? Eine Anfrage" (1970) in Frage gestellt wurde. Dabei erscheint es für Montini charakteristisch, dass er vor einer förmlichen Verurteilung des prominenten und vielgelesenen Theologen zurückscheute, den er 1965 in Privataudienz empfangen hatte und von dessen Einfluss auf die öffentliche Meinung in Deutschland er wusste.[390] 1971 wurde zwar ein Lehrverfahren eingeleitet, aber der Theologe blieb auch dann noch unbehelligt, als er den Aufforderungen der Glaubenskongregation, seine Positionen im Gespräch zu klären, nicht nachkam.[391] Ungewöhnlich genug, zog der Pontifex einer Verurteilung eine positive

48 Paul VI. verfolgt in der päpstlichen Sternwarte in Castelgandolfo die erste Mondlandung (21. Juli 1969)

49 Paul VI. in seinem Studierzimmer (1. Januar 1970)

Darlegung der umstrittenen Lehre vor. Diese erfolgte am 24. Juni 1973 mit der Erklärung *Mysterium Ecclesiae*.[392] Als sich Küng in den beiden Folgejahren immer noch einem Gespräch verschloss, kam es auf Weisung des Papstes zu einem weiteren ungewöhnlichen Schritt der Glaubenskongregation. Diese ermahnte den deutschen Professor lediglich, in der Zukunft nicht mehr solche Lehrmeinungen zu vertreten, und stellte in den Hauptpunkten das Verfahren ein, ohne einen Widerruf zu verlangen.[393] Eine solche Milde seitens des Vatikan dürfte in der jüngeren Kirchengeschichte wohl keinem anderen doktrinären Abweichler widerfahren sein. Zu einer Verurteilung Küngs sollte es erst 1979 unter Johannes Paul II. kommen.

Küng gehörte im Übrigen mit Karl Rahner, Edward Schillebeeckx und Yves Congar zu den Herausgebern der 1965 gegründeten reformorientierten Zeitschrift *Concilium*. Theologen, die in der zweiten Phase von Montinis Pontifikat sein besonderes Vertrauen genossen (Hans Urs von Balthasar, Henri de Lubac, Joseph Ratzinger) gründeten 1972 als „Gegenmodell" die gleichfalls internationale Zeitschrift *Communio*.

Resümee

Welches Foto mag stellvertretend für diese Phase des Montinischen Pontifikates, die Nachkonzilszeit stehen? Vielleicht lässt sich diese Zeit am ehesten durch *zwei* Bilder charakterisieren. Eines zeigt ihn, wie er 1969 mit einem Teleskop die Mondlandung verfolgt, bevor er sich an die Astronauten wendet. Das zweite hält einen für ihn typischen Moment fest, die Vorbereitung einer Ansprache oder Predigt an seinem Schreibtisch in den vatikanischen Privatgemächern. Während das erste Foto für den Fortschrittsoptimismus steht und gleichzeitig für die immer noch weltweit anerkannte Stellung des Papstes, verdichtet sich in dem zweiten die für ihn charakteristische Antwort auf die innerkirchliche Krise jener Zeit, der er mit der Waffe des Wortes zu begegnen suchte.

In dieser Epoche veränderte sich die Gesamtlage für die Kirche und für den Papst, ja man mag geradezu von einem Bruch sprechen. Viele Faktoren kamen dabei zusammen: das nachkonziliare Phänomen des Widerspruchs („contestazione") in verschiedenen Ländern, die 68er Revolution und die breite Ablehnung der Enzyklika *Humanae Vitae,* die Laisierungen, der Einbruch der Berufungen, der Vietnamkrieg und die letztlich erfolglosen vatikanischen Vermittlungsbemühungen. Paul VI. nahm diese Entwicklungen hellsichtig wahr, konnte sie aber in dieser Phase letztlich nicht in den Griff bekommen.

4 Hoffnung wider alle Hoffnung (1971–1978)

Neuausrichtung

Bereits die immense Arbeitsbelastung, die erforderlich war, um das Zweite Vatikanische Konzil zu einem guten Abschluss zu bringen und dabei eine möglichst große Einmütigkeit unter den Konzilsvätern zu gewährleisten, hatte bei Paul VI. seinen Tribut gefordert. Am Ende des Konzils war er ausgebrannt, und es befielen ihn Gedanken an den Tod, wie sein Sekretär Pasquale Macchi bezeugt.[1] Solche Gedanken hatten ihn, der seit seiner Kindheit einen labilen Gesundheitszustand hatte, immer wieder in seinem Leben beschäftigt. Macchi überliefert ein *Bonum infirmitatis* überschriebenes Manuskript aus der römischen Zeit Montinis, in dem sich dieser, damals schon ein reifer Mann, mit Gebrechlichkeit, Krankheit und Tod auseinandersetzt und diesen Erscheinungen einen religiösen Sinn zu geben versucht.[2] Unter den persönlichen Aufzeichnungen des Papstes findet sich eine Notiz vom 28. Mai 1965: „Erbarme dich meiner, Herr. Ich bin müde und alt, aber ‚die Liebe hört niemals auf'".[3] Im gleichen Jahr knüpft er an diese Überlegungen an, indem er den geistlichen Rechenschaftsbericht *Pensiero alla morte* („Gedanken über den Tod") und sein Testament verfasst.[4] Wie ein Testament im klassischen Sinn enthält dieses zum einen konkrete Anweisungen, was nach seinem Tod mit seinem Besitz zu geschehen habe und wie sein Begräbnis zu gestalten sei. Daneben ist es ein religiöses Bekenntnis und trägt gewissermaßen den Charakter eines „geistlichen Testamentes"[5]. Der Verfasser, der bewusst auf die Wir-Form, den päpstlichen altehrwürdigen *pluralis majestatis* verzichtet, stimmt einen geradezu hymnischen Dank an für die Gabe des Lebens, für das Christsein, für das Priestertum, für die Menschen, die ihn begleitet haben, für die Erlösung. Er geht all seine Lebensstationen durch und weiß sich durch dieses Leben geführt. In seinem *Pensiero alla Morte* wendet er sich noch einmal an die gesamte Menschheit, als deren moralisches Sprachrohr er sich versteht. Im Rückblick auf sein Leben erweist sich die Liebe zur Kirche als Dominante. Trotz aller schweren Erfahrungen überwiegt das Gefühl der Dankbarkeit.[6] Von daher kann er die Größe und die Schönheit der Schöpfung sowie das Wunder des Lebens preisen.

Doch ihm sollte kein ruhiger Abschied, im Bewusstsein, das Seine gegeben zu haben, beschieden sein. Paul VI. kam nach 1965 nicht zur Ruhe, und bis in die siebziger Jahre war von einer innerkirchlichen Konsolidierung wenig zu spüren. Die kaum zu steuernden Entwicklungen in verschiedenen Ortskirchen mit zermürbenden Diskussionen um den Zölibat und Tendenzen zu einer neuen, dezentraleren Form von Kirchenleitung, das negative Echo auf *Humanae Vitae*, die zunehmende innerkirchliche Polarisierung: all das setzte ihm mit der Zeit merklich zu. Seiner Sorge, ja bisweilen seiner Enttäuschung verlieh er immer wieder Ausdruck.[7] Die nach 1970 entstandenen Bilder zeigen einen sichtlich gealterten Mann.

Vor dem Hintergrund solcher Erfahrungen schien die zweite, längere Phase seines Pontifikates nur noch selten den Schwung und die Aufbruchsstimmung der ersten Jahre zu haben. Wann genau der Umbruch einsetzte, ist schwer festzumachen. Wahrscheinlich handelt es sich hier eher weniger um eine klare Zäsur als um eine allmähliche Entwicklung (die sich jedoch ziemlich rasch vollzog). In gewissem Sinn kann man die Veröffentlichung der Enzyklika *Humanae Vitae* als Wendepunkt für ihn persönlich ansehen. Die Zustimmung zu seiner Person, die zuvor groß gewesen war, schlug fast abrupt in Ablehnung um, und er war sich dessen sehr wohl bewusst. Auf seinen Reisen wurde er nicht mehr so überschwänglich begrüßt wie zuvor. Weggefährten wandten sich von ihm ab. Schien er sich bis dahin mit den Kräften des gesellschaftlichen Fortschritts verbündet zu haben, so dass man sein Wirken als ungewohnt „modern" empfand, verband sich nun mit seinem Namen für viele das Stigma des Reaktionären und Gestrigen. Nicht nur die Schnelligkeit dieses Prozesses ist überraschend, sondern mehr noch die Tatsache, dass das Bild Pauls VI. in Ländern wie Deutschland, den Niederlanden, Frankreich seit den späten sechziger Jahren bleibend verdunkelt wurde. Wurde er zunächst als der „Pillen-Papst" verspottet, fiel er bald schon einem Vergessen anheim. Das Erneuerungspotential, das besonders die ersten Jahre des Pontifikates kennzeichnet, war kaum noch im Bewusstsein.

Auch wenn ihn die Unzufriedenheit mit seiner Amtsführung hart traf, war er sich doch bewusst, dass es nicht allein um seine Person ging. Nach 1968 verstärkte sich bei ihm die Gewissheit, es nicht nur mit Kritik am Papst und mit problematischen Einzelphänomenen, sondern mit einer gesamtkirchlichen Krise zu tun zu haben. 1968 beschrieb er in einer Ansprache die geistige Situation der Kirche nach dem Konzil. Nicht ohne Verwunderung vermerkte er, dass es nach der großen Kirchenversammlung nicht zu der allgemein erhofften Blüte des kirchlichen Lebens und einer neuen Aufbruchsstimmung gekommen sei. Vielmehr sei die Kirche in unruhiges Fahrwasser geraten: „Die Kirche erlebt heute eine Zeit der Unruhe. Einige üben sich in der Selbstkritik, ja man kann sagen bis zur Selbstzerstörung."[8] Die Probleme erwachsen der Kirche aus ihren eigenen Reihen, nicht von Seiten ihrer Gegner – das scheint nach 1968 eine neue Entwicklung zu sein, die der Papst sogleich hellsichtig wahrnimmt. Die Kirche werde geschlagen von denen, die ihr angehören. So stellt er 1969 fest:

> „Denn wie sollte der Papst und diejenigen, die mit ihm Verantwortung für die seelsorgliche Leitung der Kirche tragen, nicht leiden, wenn sie sehen: Ihre Hauptschwierigkeiten erwachsen ihr heute aus ihr selbst; ihre schlimmsten Ärgernisse werden ihr durch die Unbelehrbarkeit und Untreue von gewissen Priestern und Ordensleuten bereitet; die enttäuschendsten Überraschungen kommen von jenen Kräften, die am meisten unterstützt, begünstigt, bevorzugt wurden? Wie sollte man etwa keinen Schmerz empfinden angesichts der Verschwendung so großer Energien, da es ja nicht um Wachstum geht, sondern um den überflüssigen und sophistischen Versuch, Probleme erst zu schaffen, um sie dann kompliziert und verwirrend zu machen?"[9]

Das sind schonungslos offene Worte, die zugleich eine gewisse Verletzlichkeit und Ratlosigkeit erkennen lassen. Aber charakteristisch für die Denkweise Montinis ist es, dass die negativen Gefühle und Sichtweisen nicht die Oberhand behalten. Er schließt seine Schilderung der nachkonziliaren innerkirchlichen Krise mit den Worten:

> „Aber eine Sache ist der Kummer, eine andere das Misstrauen. Die Verbitterung, die wir angesichts bestimmter gegenwärtiger Prüfungen der Kirche empfinden können und müssen, machen nicht das Vertrauen geringer, das wir zu ihr haben."[10]

Paul VI. suchte zu verstehen, was in der Kirche vor sich ging, und bemühte sich um Erhellung der neuen Phänomene. Nach dem Konzil stiegen die Ansuchen von Priestern, in den Laienstand zurückversetzt zu werden, und von Ordensleuten, von ihren ewigen Gelübden dispensiert zu werden, sprunghaft an. Diese Entwicklung deutete der Papst religiös: Die Laisierungen seien „das schwerste Kreuz", das er zu tragen habe, vertraute er seinem Sekretär an.[11] Er war besorgt über das Ärgernis und die Unruhe, die unter den Gläubigen durch dieses Phänomen entstanden, wie er den versammelten Kardinälen am 15. Dezember 1969 bekannte. Gleichwohl wolle er sich davor hüten, die Gewissen der betreffenden Priester zu beurteilen.[12] Sein Biograph Carlo Cremona bezeugt eine Begebenheit, welche die Ratlosigkeit des Papstes angesichts dieses Problems demonstriert: Bei einer Rede vor römischen Priestern in der Sixtina habe er das Manuskript sinken lassen und mit tränenerstickter Stimme gefragt: „Was soll ich denn tun?"[13]

Immer wieder griff er bei seinen Standortbestimmungen auf die Bibel zurück: „Aber gibt es nicht bei uns selbst jene Trennungen, jene Spaltungen, welche der erste Korintherbrief des Apostels Paulus sorgenvoll beklagt?"[14]

Er suchte also nach einer spezifisch religiösen, eben nicht nur kirchenpolitischen oder rein profanen Deutung der bedrückenden Krisenphänomene, die gegen Ende der sechziger Jahre nicht mehr zu leugnen waren. Nur vor diesem Hintergrund sind seine Äußerungen zu verstehen, die eine dämonische Macht im Spiel sehen. Oftmals werden sie isoliert zitiert und wecken daher Unverständnis, wenn nicht gar Zweifel an der Geisteskraft des vermeintlich überforderten Kirchenführers. Zu einer solchen Interpretation rang er sich durch, als sich etwas ereignete, das er als Menetekel auffasste, als ein warnendes Zeichen an der Wand, das in seinen Augen den unaufhaltsamen Niedergang der Kirche versinnbildlichte. Was für die Industriegesellschaften die Ölkrise war, nämlich Signal für das Ende eines Zeitalters ungebremsten Wachstums und immer neuer technischer Möglichkeiten, wurde für ihn der Angriff auf das kostbarste Bildwerk im Vatikan, auf die wichtigste Skulptur, die sich im Besitz der Kirche befindet. Am 21. Mai 1972 schlug ein psychisch Kranker mit einem Hammer auf die Pietà Michelangelos ein und fügte dem bislang unversehrten Stein erhebliche Schäden zu. Das Gesicht der Gottesmutter war entstellt, die Nase abgeschlagen. Der kunstsinnige Papst begab sich noch am selben Tag zu dem getroffenen Kunstwerk. Die ganze Welt konnte über die Medien mit ansehen, wie er mit versteinerter und fassungsloser Miene vor der Pietà stand. War dies das Bild seines eigenen Scheiterns? Sieben Jahre zuvor war die Marienklage auf der Weltausstellung in New York gezeigt worden, und Paul VI. hatte ihr auf der Fahrt zum Flughafen am Ende seines USA-Besuches eine „Stippvisite“ erstattet. Einst bewunderter Höhepunkt jener Schau, welche den menschlichen Fortschritt gefeiert hatte, war sie nun ein Bild des Elends und menschlichen Versagens.[15] Zwar wurden sogleich Restaurierungsarbeiten in Gang gesetzt, die die Öffentlichkeit mit breiter Aufmerksamkeit verfolgte. Millimeterkleine Fragmente wurden wiederverwertet und so die Schäden für das bloße Auge weitgehend unsichtbar gemacht. Dennoch war einer der großen Schätze der Menschheit unwiederbringlich zerstört. In Zukunft war das Kunstwerk nicht mehr frei zugänglich, sondern dem Zugriff der Menschen durch eine Panzerglasscheibe entzogen. Die Stimmung Pauls VI. jedenfalls verdüsterte sich. Nun fiel seinerseits eine Äußerung, die in der katholischen Welt mit Verwunderung aufgenommen wurde: Am 29. Juni 1972 erklärte er, es sei „durch einen Spalt der Rauch Satans in die Kirche eingedrungen. Es herrschen der Zweifel, die Unsicherheit, die Unruhe, die Unzufriedenheit, die Konflikte. Man vertraut der Kirche nicht mehr.“[16] Es handelt sich sicher um einen bewusst gesetzten Akzent, denn der Festtag der Apostelfürsten ist in Rom ein protokollarisch wichtiges Datum, und der Papst nutzte die entsprechenden Predigten immer wieder für programmatische oder grundsätzliche Aussagen (man denke an seine vielzitierten Predigten am 29. Juni 1963 und am gleichen Datum des Jahres 1978). Viele Beobachter rieben sich die Augen: Wie konnte der Mann, der sich noch kurz zuvor mit den Kräften des Fortschritts verbündet hatte, der einen euphorischen Gruß an die Mondfahrer gerichtet hatte, nun ins Mittelalter zurückfallen? Mit großem Optimismus und Vertrauen in die Fähigkeit des Menschen, den Fortschritt zu steuern, hatte er begonnen – nun zeigten sich allenthalben Kräfte, die den Fortschritt lähmten. So kann es nicht verwundern, dass er an jenem 29. Juni 1972 seine Predigt mit scharfer Kritik an der modernen Wissenschaft beendete. Immer mehr setzte sich bei ihm die Sorge um die Gesellschaft als solche durch: „Das Chaos nähert sich mit großen Schritten. Die Zivilisation wird die Zivilisation vernichten.“[17]

Solche Äußerungen lassen sich durchaus in den zeitgenössischen Kontext einordnen. Während der sechziger Jahre schien der Fortschrittsglaube zunächst ungebrochen, doch bereits 1968 setzte ein Umdenken ein, bis während der Öl- und Wirtschaftskrise die Grenzen des Wachstums und die Risiken des Fortschritts ins allgemeine Bewusstsein rückten. Bewusstseinsbildend waren hier auf längere Sicht die Voraussagen des *Club of Rome*, einer 1968 in Rom gegründeten internationalen Vereinigung von Politikern, Wissenschaftlern und Kulturschaffenden, welche die materielle Situation der Menschheit in den Blick nahm (Wettrüsten, Nord-Süd-Gefälle, Rohstoffe und Ökologie, Bevölkerungsentwicklung). Mit einem Wort: wie der Optimismus in der zivilen Gesellschaft um 1970 in Pessimismus und Krisenstimmung, ja Resignation umschlug, so geschah dies auch im kirchlichen Bereich. Hatte der Papst in den sechziger Jahren der allgemein zuversichtlichen Stimmung seine Stimme verliehen, so tat er das unter veränderten Vorzeichen auch jetzt.

Paul VI. rang also um 1970 um eine religiöse Deutung des spürbaren Wandels und bemühte sich um eine gesellschafts- und kirchenpolitische Neuorientierung. Er reagierte auf Anfeindungen und Zweifel mit Vertrauen auf Gott und speziell auf Christus. Damit verbunden ist bei ihm in den siebziger Jahren ein verstärktes Bewusstsein der eigenen Verantwortung als oberster Lehrer und Lenker der Kirche zu erkennen. In der Krise braucht es ein klares Urteil und einen festen Willen, so seine Überzeugung. Im Grunde genommen ist damit ein zentraler Akkord für die zweite Hälfte seines Pontifikates vorgegeben.

50 Graffito an einer Straßenecke der Via della Conciliazione in Rom, in Sichtweite des Petersdoms: „Viva Pio XII – abbasso Montini“ (Es lebe Pius XII. – nieder mit Montini) (28. April 1974)

Selten nur schien er die Versuchung zu spüren, sich in den Infragestellungen seiner Autorität zum Märtyrer zu stilisieren.[18] Gesellschaftlich in der Minderheit zu sein mit der eigenen Wahrheit, konnte er akzeptieren – nicht aber das Verschweigen der Wahrheit aus Furcht, den Menschen zu missfallen. Durch vereinzelt laut werdende Stimmen, die ihn zum Rücktritt aufforderten, ließ er sich nicht beeindrucken, zumal es sich nicht um prominente Äußerungen handelte. Die Kritik kam besonders aus Kreisen, die mit der Liturgiereform unzufrieden waren. So forderte ihn der ultrarechte französische Priester Georges de Nantes (1924–2010), Gründer der *Ligue de la Contre-Réforme Catholique,* am 16. November 1972 offen zur Demission auf und beschuldigte ihn der Häresie. Auf dem Petersplatz wurde eine unter einem Pseudonym verfasste Anklageschrift verteilt.[19] Er selbst dachte über einen Rücktritt nach, hätte diesen aber als Flucht vor der Verantwortung empfunden, und das in Zeiten der Verunsicherung.[20] Ein Artikel auf der ersten Seite des *Osservatore Romano* machte solchen Spekulationen ein Ende.[21] Auch wenn in diesen Jahren die Beschwerden wegen seiner Arthrose zunahmen, fiel er doch nur selten aus und nahm mit eisernem Willen seine Verpflichtungen wahr. Ein spätes Bild zeigt ihn, wie er sich gekrümmt vor Schmerzen zu einer Generalaudienz begibt.[22]

Es schien ihm nun auch wenig anzuhaben, dass man in der Öffentlichkeit nicht nur sein Amt, sondern auch seine Person zu schädigen suchte. So wurde Anfang 1976 von italienischen und französischen Presseorganen das Gerücht gestreut, er sei homosexuell und habe als Erzbischof ein entsprechendes Verhältnis gehabt.[23] Anlass scheint die Erklärung *Persona Humana* zu Fragen der Sexualethik gewesen zu sein, mit der die Glaubenskongregation im Vorjahr erneut die Ausübung homosexueller Praktiken verurteilt hatte.[24] Auf die entsprechenden Zeitungsberichte reagierte er diskret, aber bestimmt. In der Angelusansprache vom 4. April 1976 heißt es:

> „Wir wissen, dass unser Kardinalvikar und danach auch die italienische Bischofskonferenz Euch eingeladen haben, für unsere bescheidene Person zu beten, die zur Zielscheibe für Spott und schändlich-verleumderische Unterstellungen gewisser Zeitungen geworden ist, die Anstand und Wahrhaftigkeit vermissen lassen. Wir danken Euch allen für diese Beweise kindlicher Anhänglichkeit und moralischer Sensibilität. Wir sehen mit Anerkennung, dass der Aufforderung zu geistlicher Solidarität entsprochen wurde. Danke, von Herzen Danke."[25]

Montini selbst sah einen Zusammenhang zwischen diesen haltlosen Verleumdungen und der vorherigen Erklärung der Glaubenskongregation und zeigte sich daher in der ganzen Sache äußerlich unbeirrt.[26]

Das erwähnte Ringen um eine religiöse Deutung bislang ungekannter innerkirchlicher und gesellschaftlicher Phänomene durchzieht die ganzen späten Jahre. Gegen Mitte der siebziger Jahre ist dabei in seinen Äußerungen und in seinem Auftreten eine größere Gelassenheit zu spüren. Das gilt besonders für das Heilige Jahr. In diesem Jahr ist er ganz von dem Anliegen bestimmt, das schlingernde Schiff der Kirche endgültig wieder in ruhigere Fahrwasser zu steuern, ja es scheint fast, als habe er darin seine letzte Aufgabe und sein Vermächtnis gesehen. An die Stelle von Zweifeln, zermürbenden Diskussionen und innerkirchlichem Streit will er endgültig wieder die Glaubensfreude setzen.

Der letzte italienische Papst

Paul VI. kam aus einer Politikerfamilie, in der bürgerschaftliches Engagement Tradition hatte. Von Kindheit an verfolgte er die italienische Innenpolitik. Vielen der christdemokratischen Politiker, die nach dem Krieg die neue demokratische Ordnung aufbauten, war er von der studentischen Arbeit her verbunden. Der Politiker Giovanni Spadolini (1925–1994) weist darauf hin, dass Montini der einzige höhere Geistliche der Kurie war, der von seiner familiären Herkunft her die Führer der alten Volkspartei, die sich 1942/1943 in Rom zur Gründung der christdemokratischen Partei, der *Democrazia Cristiana*, zusammenfanden, persönlich näher kannte.[27] Dass er während des Faschismus seine schützende Hand über Alcide De Gasperi, den letzten Vorsitzenden der Vorgängerpartei *Partito Popolare*, gehalten habe, sei im Vatikan nicht unumstritten gewesen. Montini habe sich nicht beirren lassen und nach 1943 konsequent Brücken zwischen dessen neuer Partei und dem Heiligen Stuhl zu schlagen versucht. Beide seien sich einig darin gewesen, dass das Konkordat des Jahres 1929 Teil der neuen italienischen Verfassung werden müsse.

Als Papst zeigte er sich unvermindert für die italienische Innenpolitik interessiert, wahrscheinlich mehr als seine beiden Vorgänger. Anders als Johannes XXIII., von dem es hieß, er habe seitens der Kurie Italien mit der gleichen Aufmerksamkeit behandelt sehen wollen wie die Philippinen, ging er die italienischen Angelegenheiten sogar mit einer gewissen Priorität an. Sieht man von dem Italiener Johannes Paul I. ab, der in seiner kurzen Regierungszeit kaum eigene Akzente setzen konnte, wird man Montini von daher mit einem gewissen Recht als „den letzten italienischen Papst" bezeichnen können. Freilich intervenierte er selbst nur selten direkt, da er überzeugt war, dass die Politik eine Autonomie beanspruchen kann. In seinen Reden weist er immer wieder darauf hin, dass es die Aufgabe der Kirche ist, die Politik an die moralischen und gesellschaftlichen Grundwerte zu erinnern sowie zur Formung der Gewissen beizutragen.[28]

Hatte er nach dem Krieg vollstes Vertrauen in die Person Alcide De Gasperis gehabt, der zwischen 1945 und 1953 fast ununterbrochen das

Amt des Ministerpräsidenten innehatte, und auch die Politik seiner Nachfolger insgesamt positiv beurteilt, so begleitete er den Gang der italienischen Politik seit den sechziger Jahren zunehmend mit kritischer Aufmerksamkeit. Die Christdemokraten stellten zwar noch immer in den meisten italienischen Regierungen den Ministerpräsidenten und waren die stärkste politische Kraft im Land (mit 48% Wähleranteil im Jahr 1948, der sich nach und nach bei etwa 40% einpendelte), 1963 wurden jedoch erstmals die Sozialisten an der Regierung beteiligt. Die politische Situation in Europa und in Italien hatte sich seit der unmittelbaren Nachkriegszeit gewandelt. Der straffe Antikommunismus Pius' XII. erschien nicht mehr zeitgemäß, da die Zeichen im Verhältnis zum Ostblock auf Entspannung standen. Paul VI. nahm diese Entwicklung aufmerksam wahr, zumal sie ihm die unter seinem Vorgänger begonnene Ostpolitik zu begünstigen schien. Als am 21. August 1964 Palmiro Togliatti (1893–1964), der Generalsekretär der Kommunistischen Partei Italiens, verstarb, sandte er ein Beileidsschreiben, was in der damaligen Zeit eine unerhörte Geste darstellte.[29] Am 30. Januar 1967 empfing er Nikolaj W. Podgornyj (1903–1983), der als Vorsitzender des Präsidiums des obersten Sowjets als Staatsoberhaupt der Sowjetunion fungierte – ein Vorgang, der unter Pius XII. undenkbar gewesen wäre. Angesichts der globalen Entwicklung war nach seiner Auffassung die starre Frontbildung der italienischen Nachkriegsjahre anachronistisch und ein Dialog mit der Linken angesagt. Längst beherrschte auch in Italien der sogenannte Eurokommunismus das Feld, der weniger auf revolutionären Umsturz der Gesellschaft als auf deren demokratische Umgestaltung setzte. Paul VI. konnte sich mit seiner vorsichtigen Öffnung für den Dialog mit der Linken mit dem Konzil eins wissen, das den Marxismus als Ideologie bzw. den Kommunismus als Gesellschaftsform nicht noch einmal explizit verurteilt, sondern sich darauf beschränkt hatte, in einer Fußnote an die älteren Verurteilungen zu erinnern, um so wenigstens nach außen hin eine gewisse Kontinuität zu wahren.[30] Er selbst hielt in seinem Apostolischen Schreiben *Octogesima Adveniens* (1971) an der Linie der älteren Soziallehre fest, indem er einen Mittelweg zwischen Liberalismus und Marxismus aufzeigte. Bei beiden Ideologien gebe es unterschiedliche Ausprägungen, die eine differenzierte Bewertung notwendig machten.[31]

In dieses Klima einer politischen Öffnung nach links fällt die Einführung der Ehescheidung im Jahr 1970. Von der entscheidenden Abstimmung im Parlament erfuhr er während seiner Asienreise. In den meisten anderen westlichen Ländern gehörte die Scheidung schon längst zum Rechtssystem. Montini sah in dem entsprechenden Beschluss einen Bruch des Konkordates aus dem Jahr 1929. Eine scharfe Stellungnahme erfolgte unmittelbar nach seiner Rückkehr nach Rom in der Angelusansprache vom 6. Dezember 1970.[32] Am 22. Dezember setzte er sich in seiner Weihnachtsansprache vor dem Kardinalskollegium ausführlich mit dieser Frage und ihren Implikationen für die Kirche auseinander und redete, nachdem er die erfolglosen Verhandlungen mit der italienischen Regierung hatte Revue passieren lassen, offen von einem „Konkordatsbruch“.[33] Ein Referendum über die Abschaffung des Gesetzes blieb am 12. Mai 1974 ohne Erfolg, was er mit einer gewissen Sorge betrachtete. Nur 40,9% der Italiener stimmten für eine Abrogation. Besonders erbitterte ihn, dass Mitglieder der katholischen Kirche öffentlich gegen das Referendum Stellung bezogen hatten.[34] Ob er gleichwohl Zweifel hatte, dass die Verhärtung der Fronten durch diese Volksabstimmung sinnvoll war, ist schwer zu sagen. Das Referendum war von der DC eingebracht und von den italienischen Bischöfen unterstützt worden; der Vatikan war also nicht Akteur in vorderster Front. Vier Tage zuvor hatte er das Büro der Bischofskonferenz besucht und erklärt, die Entscheidung der Oberhirten zu respektieren.[35] Jedenfalls wurde die gespaltene Haltung des italienischen Katholizismus für ihn zum Menetekel, das ihm die weitgehende Entchristlichung seines Heimatlandes vor Augen führte. Es war deutlich geworden, dass die Mehrheit der Italiener sich von den Moralvorstellungen der Kirche entfernt hatte. Gleichwohl stellte er auch jetzt, da es nicht in seinem Sinn lief, die Autonomie der italienischen Innenpolitik nicht in Frage. Öffentliche Stellungnahmen des Vatikans erfolgten selten, und Interventionen zu gesellschaftlichen Angelegenheiten Italiens blieben überwiegend der Bischofskonferenz vorbehalten.

Klare Stellungnahmen des Papstes selbst konnten im Jahr 1978 ein relativ liberales Abtreibungsrecht nicht verhindern, nachdem er in seinen Reden sechs Jahre lang immer wieder gerade davor gewarnt hatte. Selbst ein letzter dringender Appell der Bischofskonferenz richtete nichts aus.[36] Am 22. Mai beschloss das Parlament eine weitgehende Straffreiheit für abtreibende Frauen, und das ausgerechnet unter einem christdemokratischen Ministerpräsidenten und Präsidenten. In seiner Botschaft zum Weltfriedenstag jenes Jahres am 1. Januar hatte er die Verantwortlichen in der Politik noch eindringlich beschworen: „Wir können nur alle verantwortlichen Politiker dringend bitten dafür einzutreten, dass die Abtreibung verboten wird."[37] Der Schutz des ungeborenen Lebens sei eine wichtige Komponente des Friedens in der Welt.

In den siebziger Jahren geriet die DC weiter unter Druck. Zwar konnte sie bei Wahlen fast immer auf ein Drittel der Stimmen hoffen, die meist von den treuen Katholiken kamen, die Bedeutung der linken Parteien nahm aber weiter ständig zu. In den großen Städten hatten sie bereits zumeist die Macht erobert, und auf nationaler Ebene konnten kaum Regierungen gegen sie gebildet werden. Mit besonderem Unbehagen beobachtete der Montini-Papst die Mitarbeit von Katholiken in der Kommunistischen Partei, die nach seiner Auffassung nicht gerade zur gesellschaftspolitischen Einheit der Katholiken beitrug. Von der DC erwartete er, dass sie ihr Profil schärfe und sich wie ihre europäischen Schwesterparteien zu den christlichen Werten bekenne; dann werde der Erfolg auf Dauer nicht ausbleiben.[38] Bei den Wahlen des Jahres 1976 erzielten die Kommunisten große Stimmengewinne und erreichten 34% der Wählerstimmen. Die Frage ihrer Einbindung in die politischen Entscheidungsprozesse wurde zu einem entscheidenden Thema. Der von den Kommunisten angestrebte „historische Kompromiss" in Form einer regelrechten Koalition mit der DC ließ sich aber nicht realisieren. Seit dem 11. März 1978 regierte Giulio Andreotti mit einer Minderheitsregierung und ließ diese von Kommunisten und Sozialisten dulden. Federführend ausgehandelt hatte diese Lösung, die sowohl von der extremen Linken als auch von der Rechten abgelehnt wurde, auf christdemokratischer Seite der Parteichef der DC, Aldo Moro. Diese Entwicklung vollzog sich vor dem Hintergrund einer zunehmenden terroristischen Bedrohung, besonders durch die linksextremen „Roten Brigaden" (Brigate Rosse). Durch Anschläge, Entführungen und Attentate versuchten diese, die bestehende Gesellschaftsordnung zu destabilisieren. 1978 waren sie auf dem Höhepunkt ihres zerstörerischen Einflusses (erst 1983 konnten sie von den Justizbehörden weitgehend unschädlich gemacht werden). Die Entführung und Ermordung Moros sollte den „historischen Kompromiss“ und die Einbindung der Kommunisten torpedieren. Nur diese Frontstellung erklärt die heikle Lage, in der sich Paul VI. mit seinen innenpolitischen Interventionen befand: Obgleich er die politische Neuausrichtung der Christdemokraten und die ihr geschuldeten Kompromisse in Einzelfragen wie Ehescheidung und Abtreibung missbilligte, konnte er die Partei dennoch nicht fallenlassen, da das eine Stärkung der politischen Extreme bedeutet hätte.

51 Ministerpräsident Aldo Moro während einer Audienz bei Paul VI. (20. Januar 1964)

Vor diesem historischen Hintergrund sind die grausamen Ereignisse des Frühjahrs 1978 zu sehen. Am 16. März 1978 gelang es den Roten Brigaden, Aldo Moro zu entführen, obwohl er zu den am besten geschützten Personen der Republik gehörte. Fünf Leibwächter und Mitarbeiter kamen dabei zu Tode. Der Terror demonstrierte auf diese Weise sowohl die eigene Macht als auch die Ohnmacht des Staates.[39] Moro, der aus dem apulischen Lecce stammte und als Juraprofessor gewirkt hatte, stand 1945/46 dem auf Initiative von Montini gegründeten katholischen Akademikerverband vor, war seit 1955 mehrfach Minister, 1963 bis 1968 und 1974 bis 1976 Ministerpräsident und seit 1976 Parteivorsitzender der DC. Seit Jahrzehnten kannte Montini den Entführten, der von 1939 bis 1942 als Jurastudent den katholischen Studentenverband FUCI geleitet hatte, dem der Prälat auch nach seiner Entpflichtung im Jahr 1933 immer noch nahegestanden hatte.[40] Er war entsetzt, als er von der Entführung hörte. Schon in seiner ersten öffentlichen Stellungnahme drei Tage später, in der Predigt zum Palmsonntag, verurteilte er den Akt auf das Schärfste: „Wir sind in der Tat alle betroffen, verstört und erschrocken, weil wieder einmal die Kräfte, welche die Gesellschaft spalten, mit Kälte und Zynismus zugeschlagen haben", ließ er die Tausenden von Jugendlichen wissen, die auf dem Petersplatz versammelt waren.[41] Nach seiner Auffassung handelte es sich nicht nur um ein einzelnes, besonders schweres Verbrechen, sondern um einen Akt, der sich gegen die Zivilisation als solche richtete. Nur der christliche Glaube, die vom Christen geforderte Nächstenliebe und die evangelische Gewaltlosigkeit können die Gesellschaft heilen, zeigte er sich überzeugt. Der Text musste verlesen werden, denn die Nachricht von der Entführung hatte bei ihm einen schweren Schub seiner Krankheit hervorgerufen.

Am 2. April wandte er sich direkt an die Entführer und appellierte an sie, ihr Opfer freizulassen – ein unerhörter Vorgang, hatte doch seit Menschengedenken kein Papst den Kontakt zu Verbrechern gesucht.[42] Mit einem Erfolg seiner Intervention, vielleicht gar aus Respekt vor seiner Stellung als Oberhaupt der katholischen Kirche, konnte er bei den linken Extremisten nicht rechnen. Untergrub er also die päpstliche Autorität durch eine sinnlose Einmischung? Wollte er das Ansehen der Kirche wahren? Handelt es sich letztlich um einen Akt der Ohnmacht? Wohl eher wird man daran zu denken haben, dass der Papst ein Zeichen setzen und an die Kraft der Zivilisation erinnern wollte. Auch lag ihm das Schicksal des von ihm geschätzten Mannes und seiner Familie aufrichtig am Herzen. Wie konnte er da schweigen?

Die Politik befand sich in einem Dilemma: Man konnte einen hochrangigen Politiker nicht aufgeben. Den Forderungen der Terroristen nachzugeben, hieße jedoch, die Autorität des Staates zu beschädigen und jene vermutlich zu weiteren Taten zu ermutigen. Paul VI. wusste um diese Lage, zumal da er durch seinen Sekretär Pasquale Macchi einen direkten Draht zum Ministerpräsidenten Giulio Andreotti unterhielt. Er legte den Vertretern des Staates daher zu keinem Zeitpunkt nahe, weder öffentlich noch hinter verschlossenen Türen, gegenüber den Entführern nachzugeben. Stattdessen bot er der Regierung an, dass der Vatikan ein eventuell gefordertes Lösegeld bezahle und eine Übergabe Moros im Vatikan stattfinden könne. In diesem Sinn wurde Macchi mehrfach bei Andreotti vorstellig. Der Papst ließ über Gefängniskapläne bei Gefangenen mit Kontakten zum linksextremen Milieu sondieren, ob ein Loskauf möglich sei. Er sah diesen Versuch als nicht ganz aussichtslos an, da der von den Roten Brigaden erpresste italienische Staat auf diese Weise nicht nachgeben und ihre Forderungen erfüllen müsse. So könne die Regierung das Gesicht wahren.[43]

Am 20. April erreichte den Papst ein handgeschriebener Brief Moros, in dem dieser ihn bat, sich für seine Freilassung einzusetzen und die Regierung zum Nachgeben zu bewegen.[44] Wie die anderen an politische Weggefährten und Verantwortliche des Staates sowie an die Familie gerichteten Schreiben des Entführten lässt auch dieses die Verzweiflung und zugleich die große innere Stärke Moros erkennen. Montini musste nun handeln. Dies tat er, indem er am 21. April einen handgeschriebenen Brief an die Entführer verfasste. Macchi schildert, dass der Papst den Brief abends schrieb, sich in die Kapelle zurückzog und ihn Casaroli überbringen ließ. Dessen Korrekturvorschläge übernahm er in die Reinschrift und ließ sich den Text vorlesen. Als ihm ein Wort nicht passte, schrieb er den Brief erneut ab, bis dieser um 2:45 Uhr endgültig fertig war.[45] Er wollte, dass sein Autograph veröffentlicht werde, damit niemand an der Authentizität des Inhalts und an der Echtheit seiner Sorge zweifeln könne, am wenigsten die Entführer selbst.[46] In dem Schreiben, mit dem er sich formlos an die „Männer der Roten Brigaden“ wendet, bittet er darum, Moro „schlicht und einfach, ohne Bedingungen“ („semplicemente, senza condizioni“) freizulassen.[47] Die Terroristen verlören auch durch ihre Taten, die er wiederholt verurteilt habe, ihre Menschenwürde nicht. Er drückt seine Wertschätzung für den Entführten aus und bezeichnet ihn als „guten und ehrlichen Menschen, dem niemand ein Vergehen vorwerfen kann, den niemand wegen fehlenden Gemeinsinns oder mangelnden Einsatzes für die Gerechtigkeit und das friedliche gesellschaftliche Zusammenleben anklagen kann.“[48] Er setze sich für ihn ein, insofern dieser ein Mensch, ein „Studienfreund“ (womit er sich wohl auf Moros Zeit bei der FUCI bezieht) und ein Mitglied der katholischen Kirche sei. Der Papst vermeidet erkennbar jede Schärfe (die sein Anliegen wohl kaum befördert hätte). Feierlich und zugleich eindringlich ist sein Appell an die Unbekannten:

> „Und in diesem höchsten Namen wende ich mich an Euch, im Namen Christi, den ihr sicher kennt; an Euch, Ihr unbekannten und unversöhnlichen Feinde dieses würdigen und unschuldigen Menschen. Und ich bitte Euch auf Knien: Lasst den Abgeordneten Aldo Moro schlicht und einfach frei, ohne Bedingungen, nicht so sehr wegen meiner demütigen und herzlichen Fürsprache, sondern wegen seiner Würde als Menschenbruder und im Blick auf den gesellschaftlichen Fortschritt, der hoffentlich auch für euer Gewissen etwas zählt – den Fortschritt, der nicht durch unschuldiges Blut befleckt noch durch überflüssiges Leid behindert werden darf."[49]

Der Punkt äußerster Demut ist mit diesem Schreiben erreicht. Es ist wahrscheinlich das erste Mal in der Geschichte der Kirche, dass ihr Oberhaupt Verbrecher „auf Knien" um etwas bittet. Der Rekurs auf den Fortschritt, mit dem er diese Männer zu überzeugen versucht und den er ihnen implizit als gemeinsames Anliegen präsentiert, ist höchst aufschlussreich. Wie keiner seiner Vorgänger hatte der Montini-Papst den Fortschritt bejaht und ihm eine zivilisatorische Kraft zugeschrieben. „Mit Verstand und freiem Willen begabt, ist der Mensch für seinen Fortschritt ebenso verantwortlich wie für sein Heil", so hatte er in der Enzyklika *Populorum Progressio* selbst formuliert.[50] Klar benannte er in diesem Dokument aus dem Jahr 1967 die Gefährdungen des Fortschritts, ohne die Überzeugung zu verleugnen, dass dieser sich letztlich gegen alle Widrigkeiten durchsetzen wird – geht es doch um nichts Geringeres als um die „Schaffung einer menschlicheren Gesellschaft für alle, wo alle geben und empfangen können, ohne dass der Fortschritt der einen ein Hindernis für die Entwicklung der anderen ist."[51] In der Enzyklika hatte der Papst zwar Verständnis für die Anwendung von Gewalt um der Schaffung gerechterer Lebensbedingungen willen gezeigt, ihr aber letztlich eine klare Absage erteilt, denn Gewalt erzeuge nur neue Gewalt.[52] Es spricht manches dafür, dass Paul VI. die Inhumanität der Roten Brigaden als Infragestellung seiner eigenen Bemühungen um eine größere Gerechtigkeit, Frieden und Gewaltfreiheit ansah; das legen alle seine Äußerungen in der Causa nahe.[53] Wenn er seinen Brief mit dem

Wunsch schließt, auch in ihren Herzen möge noch die Humanität wohnen, klingen darin seine eigenen Ideale an, die er aufs Höchste gefährdet sah.

War nun seine lebenslange Mission, die Politik mit christlichem Geist zu „zivilisieren", das Gemeinwesen dem Gottesstaat anzunähern, gescheitert? Schon der Vater hatte Gesellschaft aus christlichem Geist gestalten wollen. Begegnete dem Sohn im Terrorismus eine höhere Macht, die dieses Vorhaben durchkreuzte? Die Macht Satans, die antichristliche Welt, die er seit einigen Jahren in Kirche und Welt am Werke sah? In den ihm verbleibenden Monaten seines Lebens jedenfalls machte er immer wieder deutlich, dass er die italienische Gesellschaft am Scheideweg sah. „Ein Zeichen dieser unserer Zeit, in welcher der Konflikt zwischen Gut und Böse eine dramatische Zuspitzung erfährt"[54], war ihm etwa der Fall des elfjährigen sardischen Kindes Mauro Carassale, dessen kranker Bruder entführt worden war und der sich für diesen den Entführern anbot. Der Papst sprach beim Angelus am 25. Juni 1978 voll innerer Bewegung von dieser Episode und maß ihr eine tiefergehende Bedeutung bei.

Moro „ohne Bedingungen" freizulassen, wie der Papst in seinem Brief an die Roten Brigaden forderte, entsprach der harten Linie des Staates, dessen Verantwortliche sich nicht auf Verhandlungen mit den Verbrechern einlassen wollten. Nichts deutet jedoch darauf hin, dass er sich seine Linie vom Staat diktieren ließ. Sein Brief ist ein humanitärer Appell, den man zusammenblenden muss mit den konkreten Vermittlungsbemühungen des Vatikans. Ungerecht, da er die Bemühungen „jenseits des Tiber" nicht im Einzelnen kannte, und bitter wie viele seiner Briefe ist sicher Moros Bemerkung in seinem vorletzten Schreiben an seine Frau Eleonora (1916–2010): „Der Papst hat wenig unternommen: vielleicht hatte er Skrupel."[55] Der Politiker wird wahrgenommen haben, dass die Entführer nicht auf Montinis Brief zu reagieren gedachten, ebensowenig wie auf das Vermittlungsangebot der Caritas Internationalis, das der italienischen Regierung ermöglichen sollte, Forderungen der Terroristen zu erfüllen, ohne mit ihnen direkt in Kontakt zu treten.[56]

Am 9. Mai kam die Todesnachricht, nachdem weitere zweieinhalb Wochen quälenden Wartens vergangen waren, die auch dem Papst sichtbar zusetzten. Er war im Innersten erschüttert, zog sich allein in seine Privatkapelle zurück und ließ sich trotz quälender Arthroseschmerzen kniend auf dem nackten Steinboden nieder, um lange still zu beten.[57] Moros Tod wurde nach den Worten seines Sekretärs Macchi der entscheidende Schlag für seine Gesundheit, gewissermaßen sein Todesstoß.[58] Nach dem 9. Mai sollte er sich nicht mehr erholen.

Dennoch hatte nicht die Verzweiflung das letzte Wort. Die Konsequenz angesichts dieser Barbarei könne für die Christen nur heißen, mehr zu beten, mehr zu leiden und mehr zu lieben, ließ er am Tag nach der Auffindung des Leichnams verlauten.[59]

Trotz seines Gesundheitszustandes ließ er es sich nicht nehmen, selbst bei der Trauerfeier zu erscheinen, die vier Tage nach dem tragischen Datum in der Lateranbasilika in Gegenwart der Staatsspitze, aber auf deren eigenen Wunsch ohne die Witwe und die Kinder stattfand. Es handelte sich um ein Novum in der Geschichte des Landes, dass ein Papst bei der Beerdigung eines Politikers mitwirkte. Ungewöhnlich genug war es schon, dass die Bischofskirche des Papstes zur Verfügung gestellt wurde, während große staatliche Zeremonien ansonsten eher in der römischen Kirche S. Maria degli Angeli stattfinden. Die Zelebration überließ er Kardinal Poletti, da er selbst schon zu angegriffen und von Arthrose gezeichnet war. Auf der ihm verhassten *Sedia gestatoria*, deren Gebrauch er seit jeher nach Möglichkeit vermied, wurde er in die Basilika hineingetragen. Ein langes Gebet für den Verstorbenen verrichtete er sichtbar bewegt. Er sprach mit bebender Stimme, wie mit letzter Kraft, eindringlich wie ein alttestamentlicher Prophet. Der von ihm selbst mit Bedacht verfasste Text ist gewissermaßen eine Zwiesprache Hiobs mit seinem Gott. Wie jener ringt er sich aus Verzweiflung zu Hoffnung und Glaubenszuversicht durch. Es scheint sich ein innerer Kampf zwischen Licht und Dunkel zu vollziehen, in dem das Licht am Ende siegt:

> „Und wer könnte unsere Klage erhören, wenn nicht Du, Gott des Lebens und des Todes? Du hast unsere Bitte um die Unversehrtheit Aldo Moros nicht erhört, dieses guten, sanftmütigen, weisen, unschuldigen und freundlichen Menschen."[60]

Bei diesen Worten musste seine Stimme die Tränen ersticken.

> „Aber Du, oh Herr, hast seine unsterbliche Seele nicht verlassen – seine Seele, die das Siegel des Glaubens an Christus trägt, der die Auferstehung und das Leben ist. Durch ihn, durch ihn. Erhöre uns, oh Herr!“[61]

Mit diesem Gebet, und vielleicht noch mehr durch seine spürbare innere Bewegtheit, traf er noch einmal den Sensus der Menschen. Seine Worte bei der Moro-Trauerfeier zählen zu seinen wichtigsten öffentlichen Äußerungen.

Paul VI. nahm es mit Verbitterung wahr, dass die christdemokratische Regierung wenige Tage später das erwähnte Abtreibungsgesetz erließ. Das Leben war aus seiner Sicht nicht nur durch den Terror, sondern auch durch lebensverachtende Gesetze bedroht. Bereits als die Entführung noch andauerte, hatte er sich weit exponiert und das Attentat auf Moro mit den „Attentaten auf das Leben“[62] in Form der Abtreibung in Verbindung gebracht. Die Heiligkeit allen Lebens, „dieses christliche Grundgesetz“[63] schien ihm auf die eine wie die andere Weise bedroht.

Die Ostpolitik

Die Ostpolitik unter Paul VI. wird an dieser Stelle behandelt, obwohl sie bereits in den sechziger Jahren begann. Dies hängt damit zusammen, dass sie ihre Hoch-Zeit in den siebziger Jahren erlebte, als die Weltpolitik im Zeichen der Entspannung stand.[64] Der Höhepunkt des Kalten Krieges war mit der Kuba-Krise im Oktober 1962 überschritten. Im folgenden Jahrzehnt bestimmten die Abrüstungsbemühungen der Großmächte und der Helsinki-Prozess das Bild. Die Beobachtung Jonathan Luxmoores und Jolanta Babiuchs ist sicher zutreffend, dass sich in dieser Periode parallel zu diesen geopolitischen Entwicklungen das Interesse des Papstes vom Nord-Süd- auf den Ost-West-Konflikt verlagerte.[65]

Das Verhältnis zwischen der Sowjetunion und dem Vatikan war seit der Oktoberrevolution im Jahr 1917, als Moskau die diplomatischen Beziehungen abgebrochen hatte, äußerst gespannt gewesen. 1937 hatte Pius XI. die Konsequenzen gezogen und mit der Enzyklika *Divini Redemptoris* den atheistischen Kommunismus verurteilt.[66] Als 1944 die frühere polnische Westukraine, in der vier Millionen Katholiken lebten, der

Sowjetunion gewaltsam einverleibt worden war, verfolgten die Kommunisten diese mit Rom unierten orthodoxen Christen ohne Gnade. Ein Großteil der Hierarchie wurde interniert, viele Priester und Bischöfe wurden hingerichtet. Erst nach dem Tod Stalins im Jahre 1953 wurde der Druck abgemildert. Pius XII. persönlich war vor dem Hintergrund dieser Erfahrungen überzeugt, dass der Kirche von Seiten des Kommunismus noch größere Gefahren drohten als von Seiten des Nationalsozialismus. Er war von daher wenig geneigt, gegenüber dem Kommunismus Konzessionen zu machen, ganz gleich um welches Land es sich handelte. Seine besondere Sorge galt Italien, wo er ein Erstarken dieser Ideologie um jeden Preis vermeiden wollte. 1949 verbot er unter Strafe der Exkommunikation die Mitgliedschaft in der Kommunistischen Partei. Sein entschiedener Antikommunismus erwies sich jedoch in den fünfziger Jahren zunehmend als anachronistisch und wurde zur Belastung für die Kirche. Auch schien der Pacelli-Papst nicht zu Differenzierungen bereit zu sein; der militant atheistische Sowjetkommunismus war aber etwas anderes als der zur demokratischen Partizipation drängende Eurokommunismus. Für den Papst führten alle Wege des Kommunismus nach Moskau (wie man in Anlehnung an ein Wort Adenauers sagen könnte). Erst sein Nachfolger Johannes XXIII. brach diese starre Positionierung vorsichtig auf und suchte das Gespräch mit den kommunistischen Regimen.

Hieran knüpfte Paul VI. an. Dass ihm dieser Dialog tatsächlich am Herzen lag, hatte schon seine Krönungsansprache gezeigt, die er auf Russisch beendet hatte.[67] Zwar stellte er sich auch in eine Traditionslinie mit den beiden Pius-Päpsten, indem er den „atheistischen Kommunismus“[68] und andere Regime verurteilte, welche die Kirche verfolgen. Gleichwohl ist sein Ton wie bei Johannes XXIII. nicht ohne Konzilianz: „Wir beklagen das [= die Kirchenverfolgungen] in der Tat eher als Opfer denn als Richter.“[69] Insbesondere die Unterscheidung von Irrtum und irrenden Personen sowie zwischen abweichenden Lehren in ihrer heutigen Ausprägung und ihrer historischen Entwicklung, die von Johannes XXIII. in *Pacem in Terris* 82–85 entfaltet worden war, wird von Paul VI. in *Ecclesiam Suam* 105 aufgegriffen. Roncalli, der nicht explizit über den *Begriff* Dialog reflektiert hatte, hatte in diesem Zusammenhang eine

Zusammenarbeit von Katholiken und Nicht-Katholiken auf wirtschaftlich-politisch-sozialem Gebiet empfohlen. Daran anknüpfend wird in dem Apostolischen Schreiben *Octogesima Adveniens* aus dem Jahr 1971 zwar weiterhin vor der marxistischen Doktrin gewarnt, dabei werden aber verschiedene Formen bzw. Stufen des Marxismus unterschieden.[70] Seit den sechziger Jahren war in intellektuellen Kreisen Europas und Südamerikas, namentlich auch bei Christen, eine Annäherung an sozialistische Vorstellungen zu beobachten. Vor solchen Tendenzen schien der Papst warnen zu wollen, da sie die nach wie vor christentumsfeindliche Ausrichtung des Marxismus verkannten.

Bemerkenswert für das Vorgehen Montinis, der die unter seinem Vorgänger eingeleitete vatikanische Ostpolitik konsequent weiterführen sollte, ist die realistische Sicht auf die Grenzen dieses Vorgehens: Die „Kirche des Schweigens“, also die sprach- und rechtlos gemachten Christen im Osten, könne letztlich nur durch ihre Leiden sprechen.[71]

Zum Einsatz Pauls VI. gehörte von Anfang an die Betonung der Gewissens- und Religionsfreiheit, die er bereits bei seinem UN-Besuch in New York pointiert eingefordert hatte. Er bemühte sich, dieses Prinzip nicht theoretisch bleiben zu lassen, sondern es durch Verhandlungen in konkrete Freiheiten für die Ortskirchen umzumünzen. Sein wichtigster Helfer war dabei Agostino Casaroli (1914–1998), seit 1968 Sekretär des Rats für die öffentlichen Angelegenheiten der Kirche, der diskret mit allen kommunistischen Regimes verhandelte. Die beiden verfolgten das Ziel, durch eine Entspannung im Verhältnis zu den kommunistischen Staaten spürbare Erleichterungen für die Kirchen vor Ort zu erreichen. Dazu gehörte die Zustimmung zur Ernennung von Bischöfen, die nur in den drei baltischen Staaten, der DDR, Rumänien, Polen und Bulgarien weitgehend störungsfrei erfolgen konnte. Außerdem war es kein Zustand, dass der Verkehr zwischen den Ortskirchen und dem Vatikan behindert wurde. So musste man beim Konzil auf die Mitarbeit der meisten Bischöfe des Ostblocks verzichten. Die Ostpolitik erforderte es, eigene Rechtspositionen zu räumen und bisweilen auch Personen zu opfern. Die meisten Aktivitäten des Vatikans spielten sich hinter verschlossenen Türen ab und sind von daher nicht im *Osservatore Romano* dokumentiert. Auch die Weihnachtsansprachen des Papstes vor dem Kardinalskonsistorium, ansonsten Rechenschaftsberichte über die Außenpolitik des Vatikans, enthalten nur relativ wenige Hinweise auf die Ostpolitik.

In der Tschechoslowakei, besonders in Tschechien, wurde die Kirche besonders hart verfolgt. Nur zwei Seminare durften unter strenger Aufsicht weiterbestehen, während die Orden verboten waren. Feuerprobe für den neugewählten Papst wurde der Fall des Prager Erzbischofs und tschechischen Primas Josef Beran (1888–1969), der unter zwei totalitären Regimes zu leiden hatte.[72] Von 1942 bis 1945 im KZ Dachau von den Nationalsozialisten interniert, wurde er 1949, drei Jahre nach seiner Ernennung zum Erzbischof von Prag, ohne Prozess inhaftiert und schließlich unter Hausarrest gestellt. Seit Mai 1963 verhandelte Casaroli in Prag mit Vertretern des Regimes über seine Freilassung. Beran verließ 1965 das Land, weil man ihm zugesichert hatte, er werde wieder einreisen dürfen. Auch wenn dem nicht so war, war Rom einen Mann losgeworden, der als entschiedener Antikommunist den neuen vatikanisch-tschechischen Kontakten im Wege stand. Die Erhebung in den Kardinalsstand zwei Jahre später entsprach der üblichen Vorgehensweise Montinis, den Fakten durch freundliche Gesten eine günstigere Färbung zu geben. Nun entspannte sich die Lage, und es konnten sogar drei Bischöfe ernannt werden. Doch die Entspannung war nicht von Dauer. Dass Paul VI. zwischen dem 21. August und dem 1. September 1968 insgesamt fünfmal öffentlich seine Sorge über die Niederschlagung des Prager Frühlings äußerte, trug dazu bei, dass die Ostpolitik in diesem Land die wenigsten Erfolge verzeichnen konnte.[73] Die Lage für die Kirche verschlechterte sich immer mehr, und 1972 gab es nur noch einen Diözesanbischof im Land, während die Bistümer durch regimenahe Priester unterwandert wurden. František Tomášek (1899–1992) war zum Administrator von Prag ernannt worden, als Beran nicht wieder ins Land einreisen durfte. Schließlich konnte Casaroli 1977 nach mühsamen Verhandlungen die Zustimmung des Systems zur Ernennung Tomášeks, der mittlerweile *in pectore* zum Kardinal erhoben worden war, zum regulären Erzbischof von Prag erreichen.

Ähnlich wie der Fall Beran wurde die Personalie József Mindszenty (1892–1975) gelöst.[74] Erzbischof von Esztergom und damit Primas von

Ungarn seit 1946, wurde er 1949 zu lebenslanger Haft verurteilt. 1956 im Zuge des Ungarnaufstands befreit, floh er nach dessen Niederschlagung in die amerikanische Botschaft. Dort hielt er sich auf, bis er nach Verhandlungen Casarolis mit Vertretern des Systems am 28. September 1971 Ungarn verlassen konnte. Ihm war versprochen worden, es werde für seine Diözese nur ein Administrator eingesetzt, während er selbst formell im Amt bleibe. Wiederum versuchte Paul VI. das von ihm erwartete Opfer des vollen Amtsverzichtes menschlich abzufedern: Protokollarisch ungewöhnlich empfing er den Gast bereits am Bronzetor des Vatikans und quartierte ihn in der Torre S. Giovanni in den Vatikanischen Gärten ein. Bei der zu dieser Zeit stattfindenden Synode wurde der Primas gefeiert, der Papst schenkte ihm sein Kreuz und sein Pektorale, bei der Abreise nach Wien auch seinen Mailänder Bischofsmantel. Dennoch blieb der Primas unzufrieden und empfand es in seinem Wiener Exil als demütigend, dass er alle öffentlichen Äußerungen im Vatikan vorlegen musste, auch seine Memoiren. Gleichwohl scheint er ein gewisses Verständnis für die Politik des Montini-Papstes gehabt zu haben: Dieser sei Diplomat und versuche zu retten, was zu retten sei.[75] Es war der ungarischen Regierung ein Dorn im Auge, dass Mindszenty den Anspruch auf sein Amt aufrechterhielt, und daher konnten die vakanten Bischofssitze nicht besetzt werden. Er blieb weiterhin der wichtigste Vertreter eines freien Ungarn und eine lebende Mahnung, sich nicht dem Kommunismus zu beugen. So drängte ihn Paul VI. schließlich zum Rücktritt, der offiziell am 1. November 1973 erfolgte. Der Stuhl wurde für vakant erklärt. Der Primas sträubte sich und betonte öffentlich, dass er nicht zurückgetreten sei. Am 5. Februar 1974 wurde er vom Papst förmlich von seinem Amt entbunden. Dieses Mal musste er sich fügen. Wiederum wurde ein Einzelner geopfert, um das größere Projekt einer Versöhnung und einer Verbesserung der Arbeitsbedingungen der Kirche nicht zu gefährden. Bereits am 15. September 1964 war ohne Zutun Mindszentys ein Abkommen mit der ungarischen Regierung unterzeichnet worden, das die Einsetzung von Bischöfen ermöglichen sollte, wobei dem ungarischen Staat das Recht der Bestätigung der von der Kirche Nominierten zugestanden worden war.[76] Diese Übereinkunft konnte nun in die Tat umgesetzt werden. Nachdem der lästige Primas einmal

52 Der jugoslawische Staatschef Tito bei Paul VI. (2. April 1971)

aus dem Weg geräumt war, besuchte zunächst der ungarische Außenminister den Papst, dann am 13. November 1975 der Premierminister György Lázár (1924–2014). 1976 hatten alle Bistümer wieder Bischöfe; auch die unierte Diözese Hajdúdorog wurde offiziell anerkannt. Krönung der vatikanischen Ungarnpolitik war der 9. Juni 1977, als János Kádár (1912–1989), der Vorsitzende des Zentralkomitees der ungarischen Kommunisten, in Rom weilte. Paul VI. skizzierte bei dieser Gelegenheit in seiner Ansprache das Grundanliegen der vatikanischen Ostpolitik:

> „Wir glauben, dass die Erfahrung die Richtigkeit des eingeschlagenen Weges bestätigt: Es ist ein Weg des Dialogs über Sachfragen, unter Wahrung der Rechte und legitimen Interessen der Kirche und der Gläubigen. Aber zugleich ist er gekennzeichnet durch ein Verständnis für die Anliegen und die Sorgen des Staates auf den ihm eigenen Feldern. Dieser Weg ist auf ein Klima religiösen Friedens sowie auf Eintracht und loyale Zusammenarbeit aller sozialen Kräfte ausgerichtet, zum größeren Vorteil der Nation.“[77]

Erfolgreicher als in der Tschechoslowakei und in Ungarn gestaltete sich die Lage in Jugoslawien, das am 25. Juni 1966 ein Konkordat mit dem Vatikan schloss, in dessen Folge es 1971 zur Aufnahme voller diplomatischer Beziehungen kam und das die freie Ernennung von Bischöfen sowie deren ungehinderte Kontakte mit Rom vorsah. Der jugoslawische Staats- und Parteichef Tito (1892–1980), dessen Land sich schon früh von Moskau emanzipiert hatte und als blockfreier Staat einen Sonderweg gegangen war, stattete dem Papst auch als erster kommunistischer Staatschef einen offiziellen Staatsbesuch ab (29. März 1971). Im Laufe der kommenden Jahre sollten die Staats- und Parteichefs von Polen, Ungarn, Bulgarien und Rumänien folgen. Die Ansprache des Papstes würdigt die Bemühungen um Frieden und Dialog der Völker, die Jugoslawien im Rahmen der blockfreien Staaten entfaltete. In diesem Zusammenhang findet sich auch eine Formulierung, die als Kurzformel der vatikanischen Ostpolitik gelten kann:

> „Für sich selbst erbittet die Kirche nichts anderes als die legitime Freiheit, die ihr eigene geistliche Aufgabe auszuüben und dem Menschen – einzeln oder als Gemeinschaft – loyal zu dienen, ohne jedes andere Interesse jenseits ihrer religiösen und moralischen Sendung."[78]

Weniger erfolgreich verlief die Audienz des rumänischen Staatschefs Nicolae Ceauşescu (1918–1989) am 26. Mai 1973. Der Vatikan veröffentlichte im Nachhinein keine Ansprachen und kein Kommuniqué. Aus einem als halboffiziell einzustufenden Artikel des *Osservatore Romano*

53 Abb. 53: Paul VI. empfängt den rumänischen Präsidenten Nicolae Ceauşescu im Vatikan (26. Mai 1973)

vom folgenden Tag geht hervor, dass weltpolitische Themen den Inhalt des Gesprächs bildeten, der Papst hingegen wenig Gelegenheit hatte, ja erst gegen Ende des Treffens dazu kam, den Besucher auf die heikle Lage der Kirche in Rumänien anzusprechen.[79] Das erklärt sich vielleicht von daher, dass die römisch-katholische Kirche in dem Land in der Minderheit und kein so großer „Machtfaktor" wie in anderen Ländern war, so dass sich der Parteichef nicht zu Kompromissen genötigt sah. Größere katholische Bevölkerungsgruppen gibt es allein in Siebenbürgen (ungarische Minderheit) und in der Moldauregion.

Wenig glücklich stellen sich die päpstlichen Interventionen hinsichtlich der DDR dar.[80] Dass jede Form von Öffnung gegenüber dem Ost-Berliner Regime zu Friktionen mit den politisch Verantwortlichen in Bonn führen musste, zeigte bereits der Besuch Konrad Adenauers am 17. September 1963. Nach den erhaltenen Gesprächsnotizen der deutschen Seite bat der Kanzler den Papst, „alles zu tun, damit der sowjeti-

54 Empfang des deutschen Bundeskanzlers Dr. Konrad Adenauer im Vatikan (7. September 1963)

schen Diplomatie in Zukunft in Europa nicht weitere Erfolge zufallen, die den gesamten Westen schwächen".[81] Das war ein kräftiger Seitenhieb gegen die vatikanische Ostpolitik. Adenauer forderte vom Heiligen Stuhl „klare Stellungnahmen gegen den Kommunismus"[82] wie in der Vergangenheit und riet entschieden von „leichtfertigen Zusicherungen vor Friedensvertrag"[83] ab. Paul VI. dagegen verteidigte die vatikanische Ostpolitik: „Es wird zugesichert, daß sich in der Haltung gegen den atheistischen Marxismus nichts geändert hat. Von der anderen Seite her sind seit einiger Zeit Schritte zu registrieren, die nicht abgewiesen werden dürfen, weil sie die Möglichkeit in sich schließen, den Christen in den von Russen besetzten Ländern ihre Lage zu erleichtern."[84]

Der Besuch bildete den Auftakt für Spannungen zwischen bundesdeutscher Politik und deutschen Katholiken auf der einen Seite und dem Vatikan auf der anderen. Als heikelste Frage für das deutsch-vatikanische Verhältnis erwiesen sich dabei die Bistumsgrenzen und damit die kirchenrechtliche Zugehörigkeit von Katholiken in der DDR zu bundesdeutschen Bistümern. Auf dem Gebiet der DDR hatten die Katholiken vor 1945 weniger als 10% der Bevölkerung ausgemacht, geschlossen katholische Gebiete gab es nur einige wenige, und der Säkularisierungsdruck durch den Staat war verhältnismäßig groß. Weite Teile des Landes gehörten nominell zu Bistümern in Westdeutschland (Paderborn, Fulda, Hildesheim, Würzburg, Osnabrück). Auch war die ostdeutsche Kirche materiell auf den Westen angewiesen. Paul VI. hätte es vorgezogen, im Zusammenhang mit der Gründung regelrechter polnischer Bistümer in den ehemals deutschen Gebieten östlich der Oder-Neisse-Grenze am 29. Juni 1972 auch gleich in der DDR Bistümer zu errichten und damit die entsprechenden Gebiete von ihren westdeutschen Teilen abzutrennen, was indirekt eine Anerkennung der DDR und ihrer Grenzen bedeutet hätte. 1963 hatte er Kanzler Adenauer noch versichert: „Was Oder-Neiße angeht, so kann Deutschland sicher sein, daß hier nichts geschieht und man auf der bisherigen Linie verbleibt."[85] So beschritt er vorerst einen Mittelweg, indem er Apostolische Administratoren für das ostdeutsche Territorium zu ernennen suchte. Bei Apostolischen Administraturen handelt es sich um Vorstufen zu regelrechten Bistümern. Dadurch rief er Proteste der deutschen Bischöfe hervor, die am 23. Februar 1973 in einem geheimen, doch offenkundig gezielt der Presse zugespielten Memorandum beklagten, dass „die Kurie sich nun ihrerseits an der Spaltung Deutschlands beteiligt, und dies über die Köpfe des deutschen Klerus und der Gläubigen hinweg."[86] Weitere Konzessionen, die eine diplomatische Anerkennung der DDR präjudizierten, seien zu vermeiden.

Nachdem schließlich doch in der Sache eine Einigung zwischen Vatikan und deutschen Bischöfen erzielt worden war, wurden zunächst Schwerin und Magdeburg zu ständigen Apostolischen Administraturen erhoben (23. Juli 1973).[87] Der kommunistischen Staatsführung war allerdings nicht nur an Administraturen, sondern an regelrechten Bistümern und an einer nationalen Bischofskonferenz für das Gebiet der DDR gelegen, denn dies hätte den Anspruch auf eine vollgültige Staatlichkeit unterstrichen. In diesem Sinn wurde am 10. Juli 1974 der Botschafter der DDR im vatikanischen Staatssekretariat vorstellig und schlug Konsultationen auf Außenministerebene vor. Zwei Jahre später wurde die Ordinarienkonferenz von Berlin zur Quasi-Bischofskonferenz erhoben. Die neue „Berliner Bischofskonferenz" war nur noch lose mit der Deutschen Bischofskonferenz verbunden. Auch wenn der Papst 1977 gegenüber den betroffenen ostdeutschen Bischöfen betonte, dass mit einer Gründung von Bistümern die Frage der deutschen Teilung nicht berührt sei und dem Vatikan mit der völkerrechtlichen Gleichstellung der DDR und der Bundesrepublik auf der Basis des Grundlagenvertrags (1973) auf Dauer keine andere Wahl bleibe, konnte er damit ihre Vorbehalte nicht ausräumen. Besonders den Berliner Kardinal Alfred Bengsch (1921–1979) erbitterte es, dass er bei den Verhandlungen des Vatikans mit Ost-Berlin regelrecht übergangen wurde.[88] Auch die Bonner Politik ließ nicht von ihrer kritischen Haltung gegenüber dem päpstlichen Vorhaben ab.[89] Im Sommer des Jahres 1978, als die kanonische Errichtung von Administraturen (als letzte Vorstufe zur Gründung von Bistümern) auf dem Gebiet der DDR bereits unterschriftsreif war, kam der Tod des Papstes einer solchen Lösung zuvor. Johannes Paul II. nahm die Frage ohne Zögern von der Agenda.

Einen besonderen Fall stellte Polen dar.[90] Zwar war auch in anderen Ostblockländern die Bevölkerungsmehrheit katholisch, doch war nirgendwo sonst eine ähnlich starke Verbundenheit mit der Kirche anzutreffen wie hier. Die Kirche hatte im Kampf um die nationale Selbstbehauptung in dem zwischen Russland, Österreich und Preußen-Deutschland zerriebenen Land eine zentrale Rolle gespielt. Die polnischen Bischöfe wandten sich am 18. November 1965 an ihre deutschen Amtsbrüder und erinnerten an das Leid, das durch Krieg und Vertreibung auf beiden Seiten verursacht worden war.[91] Der Brief gipfelt in der Formulierung: „Wir vergeben und bitten um Vergebung". Als Versöhnungsgeste werden die Deutschen zur Tausendjahrfeier Polens eingeladen. Nicht weniger deutlich ist die Antwort der deutschen Oberhirten vom 5. Dezember: „So bitten auch wir zu vergessen, ja wir bitten zu verzeihen. (...) Furchtbares ist von Deutschen und im Namen des deutschen Volkes dem polnischen Volke angetan worden." Die Perspektive ist beiderseits eine nationale: Die Bischöfe begreifen sich als Sprecher ihres jeweiligen Volkes und wollen durch ihren Schritt die deutsch-polnische Versöhnung vorantreiben. Nicht zuletzt deshalb rief der Briefwechsel den Unmut der kommunistischen Staatsführung Polens hervor. Diese erlaubte daher nicht, dass der Papst eine Einladung der Bischöfe zur Feier des 1000-jährigen Bestehens des Landes annahm. Herzog Mieszko I. aus dem Geschlecht der Piasten war im Jahr 966 Christ geworden und hatte so eine vom Deutschen Reich unabhängige Entwicklung Polens eingeleitet. Bei den Jubiläumsfeierlichkeiten im Vatikan am 15. Mai 1966 erklärte Paul VI. mit sichtlichem Bedauern, er habe nicht nach Polen reisen dürfen, obwohl er versichert habe, dass die Reise rein religiösen Charakter haben solle.[92] Das gleiche „programmatische Konstrukt" wie bei der Israel- und Portugalreise noch einmal anzuwenden, ließen die polnischen Machthaber also nicht zu. Erst Johannes Paul II. legte im Juni 1979 bei seinem Besuch in Tschenstochau die goldene Rose, die Paul VI. hatte opfern wollen, vor der Schwarzen Madonna nieder.

Der Pontifex ließ sich nicht entmutigen. Mit der Anerkennung der territorialen Integrität Polens durch den deutsch-polnischen Vertrag vom 28. Juni 1972 konnten Bistümer in den ehemals deutschen Gebieten errichtet werden. Damit entsprach der Vatikan einem Anliegen der kommunistischen Staatsführung, denn die kirchlichen Grenzen wurden auf diese Weise den nationalen angeglichen, die nach 1945 geschaffene territoriale Situation wurde anerkannt. Der Besuch des Staats- und Parteichefs Edvard Gierek (1913–2001) in Rom am 1. Dezember 1977 hatte dann einen durchaus entspannt zu nennenden Charakter. Paul VI. betonte bei dieser Gelegenheit:

> „Für sich selbst verlangt die katholische Kirche keine Privilegien, sondern nur das Recht, sie selbst zu sein und ohne Behinderungen den ihr eigenen Auftrag auszuführen, der durch ihre Verfassung und ihre Sendung vorgegeben ist."[93]

Auch mit Bulgarien wurden geheime Verhandlungen geführt. Rom musste den 1959 heimlich geweihten griechisch-katholischen Bischof Bogdan Dobranov (1914–1983) fallen lassen. Am 27. Juni 1975 kam es zum Besuch des Ministerpräsidenten Todor Schiwkow (1911–1998) im Vatikan, in dessen Folge das kommunistische Regime die Besetzung der seit 1944 verwaisten römisch-katholischen Bischofssitze gestattete. So konnte Dobranov 1975 zum Apostolischen Vikar von Sofia ernannt werden.

In Kuba wurde 1974 die Einsetzung eines vatikanischen Nuntius möglich. Aussichtslos war die Lage allein in Albanien, dem „ersten atheistischen Staat der Welt", wo jegliche religiöse Betätigung laut Verfassung untersagt war.

All diese Kontakte mit den Regierungen von Ostblockstaaten wären nicht möglich gewesen (sieht man vielleicht vom weitgehend eigenständigen Jugoslawien ab), wenn Moskau nicht zugestimmt hätte. Bei seinem Besuch in New York am 4. Oktober 1965 traf Paul VI. kurz mit dem sowjetischen Außenminister Andrej Gromyko (1909–1989) zusammen. Als er ihn am 27. April 1966 zum ersten Mal im Vatikan empfing, war das noch eine aufsehenerregende Nachricht, während sich bei seinem zweiten Besuch am 2. November 1970 die Weltlage schon verändert hatte. Gromyko war noch zwei weitere Male im Vatikan. Die Audienz für Nikolaj Podgornyj am 31. Januar 1967 wurde eingangs bereits erwähnt. Substanziell veränderte sich allerdings für die katholischen Christen durch die Kontakte sowjetischer Politiker zum Vatikan wenig; die Lage blieb besonders für die griechisch-katholischen Christen äußerst gespannt. Auch eine Intervention des Vatikans zu ihren Gunsten auf der KSZE-Folgekonferenz im Jahr 1977 in Belgrad blieb folgenlos. Doch bilden die Kontakte mit Moskau den Rahmen für die Verhandlungen Roms mit den sowjetischen Satellitenstaaten. Darin liegt ihre eigentliche Bedeutung.

Einen Sonderfall stellt die Volksrepublik China dar, wo sich die kirchlichen Verhältnisse weitgehend unabhängig von sowjetischen Einflüssen entwickelten und wo die Kirche stark verfolgt wurde. Auf die Errichtung einer eigenen Hierarchie im Jahr 1946 durch Pius XII. reagierte das Regime mit der Gründung der „Patriotischen Vereinigung der Katholiken“. Als diese Bischofsweihen vornahm, die nicht von Rom genehmigt waren, und sich damit faktisch im Zustand des Schismas befand, wandte sich der Papst am 29. Juni 1958 mit der Enzyklika *Ad Apostolorum Principis* gegen diese Vorgänge.[94] Der romtreue Teil der Kirche musste im Untergrund wirken, ihre Amtsträger wurden verfolgt, diskriminiert und inhaftiert. Paul VI. versuchte vom Anfang seiner Regentschaft an, Beziehungen zum kommunistischen China anzuknüpfen, um der Untergrundkirche ein Überleben zu sichern. Schon bei seinem Besuch in der *Propaganda fide* am 20. Oktober 1963 sprach er voll Wohlwollen über die Geschichte und Kultur Chinas, über das chinesische Volk und über das moderne China.[95] Bei dieser Gelegenheit lud er die Mächtigen Festlandchinas zu einem Dialog ein. Diese als legitime Vertreter des ganzen chinesischen Volkes zu apostrophieren, vermied er tunlichst, unterhielt doch der Vatikan als einziger europäischer Staat diplomatische Beziehungen zu Taiwan. Der Papst beschwor überdies die chinesischen Politiker, den Katholiken in ihrem Land Religionsfreiheit zu gewähren und die Weihe von Bischöfen zuzulassen. Dabei betonte er, dass die Zugehörigkeit zur katholischen Kirche die staatsbürgerlichen Pflichten der Menschen nicht schmälere, ja dass katholische Chinesen bereit seien, einen Beitrag zum Frieden und zur Wohlfahrt des Landes zu leisten. Gleichwohl bedauerte er, dass keine chinesischen Bischöfe zum Konzil ausreisen durften. Noch weiter vor wagte er sich am 6. Januar 1967, als er in einer Predigt im Petersdom die Gravamina aus Sicht des Vatikans klar beim Namen nannte.[96] Die Religionsfreiheit werde vom System nicht gewährt, die Verbindungen der Ortskirche zum Vatikan seien abgerissen, die Bischöfe hätten nicht am Konzil teilnehmen können, die Katholiken würden staatsfeindlicher Umtriebe beschuldigt. Dennoch bleibt der Ton konziliant und werbend. Der Papst verlieh seinem Wunsch Ausdruck, dass der Gesprächsfaden mit China neu geknüpft werde, damit der Vatikan sich wieder um die chinesischen Katholiken kümmern könne:

> „Wir wollen nun dennoch die Kontakte zu den Festlandschinesen wieder aufnehmen (Kontakte, die nicht von unserer Seite unterbrochen wurden), um all jenen chinesischen Katholiken, die der katholischen Kirche treu geblieben sind, zu sagen, dass wir sie nie vergessen haben und dass wir die Hoffnung auf eine Wiedergeburt, ja auf eine Entwicklung der katholischen Religion in diesem Volk niemals aufgeben."[97]

Der Papst erwies bei dieser Gelegenheit seine Fähigkeit, das Gute in den gesellschaftspolitischen Bestrebungen der anderen Seite zu sehen, um diese so zu einem Dialog einzuladen. Es gehe ihm darum,

> „den Kontakt wiederauf(zu)nehmen, um die chinesische Jugend wissen zu lassen, mit welcher Sorge und mit welcher Anteilnahme wir ihre Begeisterung für das Ideal eines besseren, arbeitsamen Lebens in Wohlstand und Eintracht begleiten. Und wir wollen auch mit den heutigen chinesischen Führern auf dem Festland über den Frieden sprechen, im Wissen, dass dieses höchste menschliche und zivile Ideal dem Geist des chinesischen Volkes innerlich verwandt ist."[98]

Diese Worte sind umso bemerkenswerter, als China seit einem Jahr von der Kulturrevolution erschüttert wurde und mit brutalem Eifer traditionelle Werte angegriffen wurden. Noch bevor die internationale Isolation Chinas aufgebrochen war, tat Paul VI. bewusst einen Schritt auf das Land zu, um so für sein Anliegen eine günstige Atmosphäre zu schaffen. Dies gelang bis zu einem gewissen Grade: Nicht von ungefähr konnte der Besuch in der britischen Kronkolonie Hongkong Ende 1970 mit stillschweigender Billigung Pekings stattfinden.[99] Die offenen Kontakte der kommunistischen Bruderstaaten zum Vatikan und die Staatsbesuche ranghoher Politiker wurden von den chinesischen Machthabern allerdings weiterhin mit Unverständnis wahrgenommen.[100]

Ein Streitpunkt im Verhältnis zu Peking blieb allerdings die vatikanische Haltung zu Taiwan, das als Staat 1949 entstanden war, als die vor den Kommunisten geflüchtete chinesische Regierung und 1,5 Millionen

Festlandschinesen, darunter viele Christen, sich hierher zurückgezogen hatten. In Taiwan herrschte Religionsfreiheit. Die kommunistischen Regimes in der Welt hatten das Land niemals diplomatisch anerkannt. Als 1971 die Vereinten Nationen der Volksrepublik China das Recht zusprachen, die chinesische Nation zu vertreten, kündigten die meisten Staaten ihre diplomatischen Beziehungen zu der Inselrepublik auf, so auch 1979 die USA. Der Vatikan ging den umgekehrten Weg, indem er die Vertretung in Taipeh 1966 zur Nuntiatur aufwertete und den taiwanesischen Geschäftsträger auch nach 1971 als legitimen Vertreter „Chinas" behandelte. An den diplomatischen Beziehungen ist bis heute nicht gerüttelt worden.[101]

Die Beurteilung der vatikanischen Ostpolitik unter Paul VI. ist schwierig – und bis heute umstritten. Als positive Stimme mag hier der Nachruf des *Time Magazine* angeführt werden: „Unter den zahlreichen diplomatischen Initiativen dieses Papstes, einschließlich des langen und ergebnislosen Vermittlungsversuchs in Vietnam und ähnlich frustrierender Bemühungen in Biafra, Nordirland und im Mittleren Osten, war die Ostpolitik noch die erfolgreichste."[102] Kritischer fällt das Urteil Luxmoores und Babiuchs aus, die im Blick auf die von der Ostpolitik betroffenen Staaten feststellen: „Den Preis für die Kontakte auf offizieller Ebene musste die Untergrundkirche bezahlen."[103] Insgesamt wird man sagen können, dass als Folge der vatikanischen Politik des Dialogs mit den kommunistischen Regimen der Druck auf die Kirche in den meisten Ländern gemindert wurde. Bischöfe und Priester wurden zwar weiterhin eingeschüchtert und behindert, kamen jedoch nur noch vereinzelt in Haft, neue Bischöfe durften ernannt werden, die Gemeinden konnten sich in einem eng umgrenzten und rein religiösen Bereich einigermaßen frei betätigen. Doch diese Konzessionen waren teuer erkauft. In Ungarn, Bulgarien und der Tschechoslowakei musste Rom Kirchenführer opfern, die sich als Gegner der regierenden Systeme, ja als lebende Symbole der nationalen Selbstbehauptung erwiesen hatten. Die beiden amerikanischen Autoren vergleichen die Politik Montinis mit derjenigen Pacellis: „Während Pius XII. zu sehr auf Konfrontationskurs ging und selbst bedachtsame, vorsichtige Versuche [der Annäherung] verwarf, neigte Paul VI. zum anderen Extrem."[104] Auch dieser habe den

Kommunismus grundsätzlich verurteilt, habe aber den Dialog mit den kommunistischen Machthabern zu weit getrieben. Haben diese am Ende dem Vatikan Konzessionen gewährt und die Schraube der Unterdrückung nur deshalb gelockert, weil es nicht mehr nötig war sie anzuziehen, insofern die Kirche ohnehin geschwächt war? Der Vatikan habe einseitige Zugeständnisse gemacht, während die Gegenseite jederzeit den Druck habe wieder erhöhen können. Letztlich habe die Kirche nur Formelkompromisse errungen, welche die Kommunisten nichts gekostet hätten.[105] Das fällt schon bei der ersten einschlägigen Übereinkunft mit Ungarn im Jahr 1964 auf. Für die Zusage, nur solche Bischöfe zu ernennen, die das Placet des Staates bekommen hatten, erhielt die Kirche nur eine vage Zusicherung, dass ihre Arbeit nicht behindert würde. Eine geheimpolizeiliche Unterwanderung des Klerus bis in die Spitze hinein konnte sie so nicht verhindern.[106] Insofern beruhte die Ostpolitik auf einem Fehlurteil, denn ähnlich wie Pius XII. habe auch Montini die totalitären Regimes nicht richtig eingeschätzt, wenn er geglaubt habe, der Vatikan besitze genügend Autorität und Einfluss, um ihnen dauerhafte Konzessionen abzuringen: „Seine Methoden waren subtiler. Aber wahr bleibt, dass die Kommunisten genauso wie zuvor nur auf Druck reagierten – auf den Druck inneren Widerstandes und internationaler Isolation."[107] Gabriel Adriányi spricht in diesem Zusammenhang sogar vorn einer gewissen „Naivität" des Papstes.[108] Man mag sogar umgekehrt fragen, ob nicht die vatikanische Ostpolitik den inneren Widerstand der Christen im Osten letztlich geschwächt und damit zu einer Verlängerung ihrer Leiden beigetragen hat. Dass sie bleibend positive Folgen gehabt hat, scheint jedenfalls schwer beweisbar zu sein.

Die moderne Kunst

Das Thema „Paul VI. und die Kunst" soll in seiner letzten Lebensphase behandelt werden, da die Anlage einer Sammlung zeitgenössischer Kunst im Vatikan im Jahr 1973 den Höhepunkt seiner Beschäftigung mit der Kunst markiert.

Giovanni Battista Montini wuchs in einem kunstsinnigen Haus auf und zeigte selbst schon früh eine große Liebe zur Kunst, sei es zur bildenden Kunst, zur Malerei oder zur Literatur.[109] Durch die Mutter wurde er mit der französischen Literatur vertraut. Hier schätzte er neben den Klassikern der Spiritualität (Pascal, Bossuet, Fénelon …) vor allem die Autoren der katholischen Erneuerung im 20. Jahrhundert (Claudel, Bloy, Bernanos, Mauriac, Péguy), mit denen er später zum Teil auch korrespondierte. Er kannte von Jugend an die wichtigeren Werke der antiken Griechen und Römer und die großen Autoren der neuzeitlichen Weltliteratur (Cervantes, Shakespeare, Goethe, Dostojewskij, Thomas Mann). Angelsächsische und deutsche Bücher las er in Übersetzungen, französische grundsätzlich in der Originalsprache. Überdies war ihm die moderne italienische Literatur nicht fremd. Leider ist derjenige Teil seiner privaten Bibliothek, der die nicht-theologische Literatur umfasste, nicht als Bestand erhalten geblieben, wodurch die Rekonstruktion seiner literarischen Vorlieben erschwert wird.[110]

Montini rezipierte jedoch nicht nur, sondern reflektierte auch schon früh über Kunst und ihren Sinn. 1919 notierte er: „Die Kunst ist eine indirekte Schau Gottes, höchste Schönheit, doch bleibt sie eine menschliche Sache; sie übersteigt nicht den Bereich der Leidenschaft und Intelligenz des Menschen.“[111] Programmatisch heißt es dort weiter: „Und deshalb ist es notwendig, das Schöne in seinem Wesen zu erfassen – was sehr langes Nachdenken sowie gründliches, weitgefächertes, umfassendes Studium erfordert, um so die menschlichen Werke von den Hauptwerken der Kunst her zu begreifen.“[112]

Er war jedoch nicht nur ein Mann des Wortes – auch die Malerei, die Architektur und die bildenden Künste hatten zeitlebens eine große Bedeutung für ihn. Immer wieder machte er sich Notizen, wenn er etwas sah, das ihn beeindruckte, als junger Mann und noch als Papst.[113] In einer undatierten frühen Notiz heißt es: „Die Schönheit ist eine Offenbarung … Deshalb muss die christliche Lehre ein schönes Gewand haben.“[114] Nur so könnten die Menschen für die christliche Verkündigung gewonnen werden, ist er überzeugt. Eine Erneuerung der christlichen Tradition erhofft er sich einerseits vom Dialog mit der modernen Kultur, andererseits von der Neubesinnung auf die christliche Kunst mit ihrer großen Geschichte.[115]

Seine eigenen Einsichten suchte er schon in der studentischen Arbeit mit anderen Menschen zu teilen. So zählte er 1931 zu den Gründern der Zeitschrift *Arte Sacra* und veröffentlichte dort auch einige Artikel. Sie erschien als *Rivista trimestrale dell'arte sacra di oggi e di domani* bis 1934 in zehn Nummern, konnte sich dann aber unter den Bedingungen des Faschismus nicht halten.

Wann sich seine große Vorliebe insbesondere für die zeitgenössische Kunst und für Gegenwartskünstler entwickelte, ist schwer zu sagen, jedenfalls zeigte sie sich schon in seiner Mailänder Zeit. Bereits in einer Messfeier am 20. Oktober 1957 wandte er sich an die Künstler seiner Diözese:

> „Sagt also nicht, dass Euch die Kirche nicht versteht, Euch nicht ruft und Euch nicht einlädt. Hört die Einladung, welche die Kirche an Euch richtet. Sie sagt Euch: ‚Kommt, um mir zu helfen, denn ich habe den Menschen einen Schatz zu übergeben. Verleiht den geistigen Begriffen der Religion eine Form. Ich kann Eure Kunst in Priesterdienst verwandeln, so dass Ihr Mittler zwischen Gott und den Menschen werdet.'"[116]

Und er schließt mit anspielungsreichen Worten, durch welche den Künstlern geradezu eine religiöse Aufgabe zugeschrieben wird: „Die Kirche hat das Lehramt und den Dienst der Künstler nötig".[117] In diesem Zusammenhang vergleicht er die Künstler mit Glasfenstern, die transparent für das Geheimnis Gottes werden sollen: „Wenn der Künstler von Gott erleuchtet wird, wird er fähig, Gott auszudrücken."[118] Die Künstler müssen sich dazu, so ist der Erzbischof überzeugt, zunächst von der Kirche belehren lassen. An seinen Ausführungen wird deutlich, dass das Vertrauen in die moderne Kunst und in die Versöhnbarkeit von Kunst und Kirche bei ihm vor einem weiteren Hintergrund zu sehen ist, insofern es eine Facette seines allgemeinen Fortschrittsglaubens ist.

Das Interesse an der Kunst bleibt auch für den zum Papst Gewählten keine private Marotte, Unterhaltung oder Zeitvertreib, also *l'art pour l'art*, sondern dient als ein alternativer Weg der Gottsuche und des Transzendenzbezuges. „Wahre" Kunst hat in seiner Sicht die Schönheit der Schöpfung sichtbar zu machen und die Wahrheit über den Menschen zu enthüllen. Kunst, die diese Verbindung zum Transzendenten gekappt hat und nicht einem solchen höheren Zweck verpflichtet ist, die also nur den Menschen in seiner Endlichkeit zu zeigen vermag, kann er nicht gelten lassen. Daneben geht es ihm auch um aktuelle theologische Anliegen, wie Ralf van Bühren hervorhebt: „Wenn er in Lehrschreiben oder bei persönlichen Begegnungen über Kunst spricht, dann meist in Bezug zu pastoralen oder liturgischen Anliegen der nachkonziliaren Kirche."[119] Die Künstler sind nach seiner Auffassung Sprachrohr des modernen Menschen, und wer den Zeitgenossen erreichen will, muss sich über dessen Sprache und Denken belehren lassen. Die Kunstschaffenden müssen daher erneut Verbündete der Priester werden, wie er gegenüber den am 7. Mai 1964, dem Himmelfahrtstag, erstmals zu einer Künstlermesse in der Capella Sistina versammelten Kunstschaffenden betont. „Wir haben Euch nötig"[120], ruft er seinen prominenten Gästen zu. Der zeitgenössische Künstler ist für ihn „Prophet und Poet des heutigen Menschen, seiner Mentalität, der modernen Gesellschaft"[121] und muss als solcher nach seiner Auffassung dem Ewigen, Unsichtbaren, Geistigen Gestalt geben, das Transzendente im Immanenten zur Erscheinung bringen. Er hat überdies zu vermitteln zwischen der Welt des Glaubens und der konkreten Lebenswelt der Menschen. In dieser Vorstellung schwingt eine Gegenüberstellung von „Welt" und Kirche mit, wie sie für Montinis Denken typisch ist und wie sie auch in einigen Texten des Konzils zu finden ist (namentlich in der Pastoralkonstitution *Gaudium et Spes*).

Die Verbindung zwischen Kirche und moderner Kunst sei abgerissen, ist Montini überzeugt, so dass das Band auf dem Weg des Dialogs neu zu knüpfen sei. Diesen Dialog voranzutreiben (wenn nicht geradezu neu zu beginnen), erkennt er als seine Mission. Eine Autonomie der Kunst ist in diesem Kunstkonzept nicht vorgesehen, ja es ist zu fragen, ob Paul VI. überhaupt die zeitgenössische Ästhetik mit ihren Gesetzen rezipiert hat. Nicht-christliche oder gar atheistische Kunst kommt allenfalls unter der Optik der „Verweigerung" in den Blick.

In der direkten Begegnung mit Künstlern ist sein Ton vertraut, als hätte es niemals eine Emanzipation der Kunst von der Kirche, ja eine grundsätzliche Skepsis weiter Teile der zeitgenössischen Kunstschaffenden gegenüber der Kirche gegeben. In der genannten Predigt des Jahres

1964 formuliert er: „Ihr habt uns ein wenig verlassen, habt euch entfernt (…). Wollen wir wieder Frieden schließen? Heute und hier? Wollen wir wieder Freunde sein? Der Papst wird wieder Freund der Künstler?“[122]

Seine Worte darf man nicht als private Positionierung fehldeuten. Zwar lassen sie seinen persönlichen Stil erkennen, fußen ansonsten aber ganz auf dem Boden des Konzils, das formuliert:

> „Auf ihre Weise sind auch Literatur und Kunst für das Leben der Kirche von großer Bedeutung. Denn sie bemühen sich um das Verständnis des eigentümlichen Wesens des Menschen, seiner Probleme und seiner Erfahrungen bei dem Versuch, sich selbst und die Welt zu erkennen und zu vollenden; sie gehen darauf aus, die Situation des Menschen in Geschichte und Universum zu erhellen, sein Elend und seine Freude, seine Not und seine Kraft zu schildern.“[123]

Die Folgerung des Papstes, dass sich moderne Kunst und Kirche wechselseitig anerkennen und um des Menschen willen einen gemeinsamen Auftrag wahrnehmen sollen, findet sich ebenfalls in dem genannten Konzilsdokument, desgleichen die Anerkennung der Autonomie der Kunst (zumindest im Bereich der Formensprache):

> „Durch angestrengtes Bemühen soll erreicht werden, daß die Künstler das Bewußtsein haben können, in ihrem Schaffen von der Kirche anerkannt zu sein, und daß sie im Besitz der ihnen zustehenden Freiheit leichter zum Kontakt mit der christlichen Gemeinde kommen. Auch die neuen Formen der Kunst, die gemäß der Eigenart der verschiedenen Völker und Länder den Menschen unserer Zeit entsprechen, sollen von der Kirche anerkannt werden.“[124]

Ihm selbst lag vor diesem Hintergrund daran, die Nähe zur Kunst öffentlich zu zelebrieren und die ganze Kirche auf sie zu verpflichten. Diesem Zweck dienten die Feiern anlässlich der Geburts- oder Todestage großer Künstler (Dante, Beethoven, Michelangelo, Manzoni, Tizian), die er in eigens verfassten Reden und Schreiben fast wie christliche Heilige feierte.

Es blieb seitens des Papstes nicht bei theoretischen Diskursen und Absichtserklärungen. Als am 23. Juni 1973 die Sammlung moderner religiöser Kunst *(Collezione Vaticana d'arte religiosa moderna e contemporanea)* der Öffentlichkeit vorgestellt wurde, erfüllte sich für ihn ein lang gehegter Wunsch. Als fester Bestandteil der Vatikanischen Museen sollte sie in den Borgia-Gemächern untergebracht werden.[125] Sein Sekretär Pasquale Macchi, der seine Begeisterung für die moderne Kunst teilte, trug entscheidend zur Anlage der Sammlung bei.[126] Er hatte dabei nicht nur die „großen Namen" zu berücksichtigen, sondern auch weniger bekannte Künstler, deren Schaffen Paul VI. besonders schätzte. Zu den Favoriten des Papstes zählten dabei wie in der Literatur zunächst Italiener, daneben in beträchtlicher Zahl auch Franzosen, während deutsche und angelsächsische Künstler schwächer vertreten waren. Selbst abstrakte Werke oder solche in einer fremden Formensprache erhielten nun von höchster Stelle ein Indult – ein unter den beiden päpstlichen Amtsvorgängern, die wenig Sinn für künstlerische Experimente hatten, unvorstellbarer Vorgang. Werke bedeutender Meister wurden angekauft oder eigens in Auftrag gegeben. Man schrieb bestimmte Künstler an und bat sie um einen Beitrag. Dadurch konnte Macchi mit vielen von ihnen Verbindungen knüpfen, so dass es ihm nach 1978 möglich war, Montinis Anliegen weiterzuführen, die Kluft zwischen zeitgenössischer Kunst und der Kirche zu überbrücken. Er begründete eine eigene Sammlung, die heute im Istituto Paolo VI in Concesio bei Brescia ausgestellt wird und in der sich vielfach dieselben Namen wie in den *Appartamenti Borgia* finden.[127]

Der Papst will mit der Stiftung jener Galerie bewusst an die große Zeit der kirchlichen Kunstförderung und des päpstlichen Mäzenatentums anknüpfen, wie er bei der Eröffnung andeutet. Er ist sich bewusst, dass die Kirche in dieser Hinsicht zwar eine große Vergangenheit hat, in der Gegenwart jedoch eine Lücke zu füllen ist. Der Vatikan etwa habe bedeutende Kunstwerke wie die Sixtina angeregt und in Auftrag gegeben, nun aber sei eine Tradition abgebrochen und anscheinend kein Platz für die Moderne vorhanden:

> „Ist die religiöse Kunst bloß die Frucht einer anderen, nun vergangenen Epoche des Geisteslebens, oder kann sie auch Frucht dieser unserer modernen Zeit sein, in der die religiösen Wurzeln ihre geheimnisvoll inspirierende Kraft verloren zu haben scheinen?"[128]

Die Galerie soll kein Einzelfall bleiben, sondern sie steht nach den Worten des Stifters für ein ambitioniertes Projekt, für eine *grundsätzliche* Öffnung der katholischen Kirche für die moderne Kunst:

> „Aus dieser ersten Sammlung moderner religiöser Kunst möge (...) eine neue künstlerische Tradition entstehen, und in den Herzen der Künstler wachse die Überzeugung, dass die katholische Kirche sie jetzt und immer bewundert, sie fördert und ihre schützende Hand über sie hält."[129]

So erwartet er, ausgehend von dieser Stiftung, geradezu eine „neue Blüte" der modernen religiösen Kunst in der Nachkonzilszeit.[130] Diese äußerst optimistische Erwartung wurde zum Teil bestätigt. Die von Paul VI. propagierte Öffnung verband sich mit dem Geist der Liturgiereform, und es entstanden in der ganzen Welt ambitionierte Kirchenräume und sakrale Kunstwerke, ja man könnte geradezu von einem neuen „paulinischen" Stil sprechen.[131] Nach den im Blick auf die kirchlichen Kunstaufträge eher restaurativen Pontifikaten der beiden Pius-Päpste lenkte er die Aufmerksamkeit der katholischen Öffentlichkeit auf zeitgenössische Kunstschaffende und gab der sakralen Kunst kräftige Impulse. Bis in die fünfziger Jahre hinein waren neo-romanische und neogotische Kirchen erbaut worden. Dass nun das Mittelalter als Leitbild abgelöst und Le Corbusier, Mario Botta, Gottfried Böhm und andere Architekten zu Leitfiguren des neuen Kirchbaus wurden, hängt in letzter Konsequenz auch mit der klaren Weichenstellung durch Paul VI. zusammen. Ebenso die Kirchenausstattung erhielt eine neue Ausrichtung, bis hin zur Paramentik. Auch er persönlich pflegte in dieser Hinsicht einen neuen Stil. Seine Privatgemächer im Vatikan wurden mit Werken moderner Kunst ausgestattet. Seine Handschrift trägt in besonderem Maße die nach seinen Anweisungen eingerichtete päpstliche Privatkapelle, ein Schatzhaus moderner italienischer Kunst. Die Paramente, die er bei Eucharistiefeiern verwendete, waren im Allgemeinen schlicht. Er bevorzugte die gotische Kasel, die aber ohne übertriebenen Faltenwurf auskam. So wirkte er auch in dieser Hinsicht stilbildend. Mitbrüdern im Bischofsamt wie etwa den Konzils- und Synodenteilnehmern, offiziellen Besuchern im Vatikan und Gastgebern auf Reisen überreichte er gerne kleinformatige Werke, um so die Aufmerksamkeit auf jene Künstler zu lenken, die er persönlich schätzte. Immer wieder empfing er Kunstschaffende in Audienz, wobei das Verhältnis zu ihnen nicht anders als herzlich und vertraut bezeichnet werden kann.[132]

Neben Bleibendem wurde aber auch viel Mittelmäßiges und Vergängliches geschaffen, nicht zuletzt in Rom. Unter den vier von Paul VI. in Auftrag gegebenen Bronzetoren der Peterskirche, denen er nicht ohne Grund eine gewisse Signalwirkung zuschrieb, überzeugt wohl dasjenige Giacomo Manzùs (1908–1991), nicht aber die anderen drei italienischen Schöpfungen. Nicht unbedingt auf der Höhe der Zeit sind die Denkmäler für Pius XII. und Johannes XXIII. Für die weitgespannte Audienzhalle konnte man auf Wunsch Pauls VI. den weltberühmten Architekten Pier Luigi Nervi gewinnen, den er persönlich kannte und schätzte; 1965 hatte er veranlasst, dass ihm in der Abschlusssitzung des Konzils die Botschaft an die Künstler übergeben wurde. Der Architekt war seit den vierziger Jahren für seine oft parabolartig geformten, große Flächen überwölbenden Dächer bekannt – man denke an die Ausstellungshalle in Turin (1949) oder den Bahnhof Termini in Rom (1950). Die Einweihung der Audienzhalle, die als „bedeutendster Neubau des Apostolischen Stuhles in Rom seit dessen spätbarocker Bautätigkeit im 18. Jahrhundert“[133] gelten kann, fand am 30. Juni 1971 statt. Mit dem

55 Abb. 55: Eröffnung der neuen Audienzhalle im Vatikan (30. Juni 1971)

Gestus des Mäzens stellt der Montini-Papst, durchaus nicht ohne Selbstbewusstsein, das Baukonzept in seiner Eröffnungsansprache vor und reklamiert die Inspiration für sich:

> „Wir müssen gegenüber dem Architekten Pier Luigi Nervi, der diesen Bau entworfen hat, unsere Zufriedenheit zum Ausdruck bringen. Nachdem wir selbst die Dimensionen, die diesem Zweck angemessen sind, bestimmt haben, haben wir ihn am Anfang ermutigt, es zu versuchen. Dabei waren wir uns bewusst, dass er zu diesem Unternehmen das nötige Talent und die Fertigkeit mitbringt. Denn in der Nähe der Peterskirche erschien keine billige Kopie denkbar. Er musste versuchen, nicht ein kümmerliches und banales Werk zu schaffen, sondern ein solches, das sich seines besonderen Ortes und seiner hervorgehobenen Stellung bewusst ist.“[134]

Nicht Prunksucht oder ein Hang zur Monumentalität kennzeichneten das neue Gebäude, so Montini, sondern eine schlichte Noblesse. Daher traf es vollauf Montinis Stilempfinden. Es handelt sich bei Nervis Audienzhalle in der Tat um einen äußerst eleganten Bau von zugleich höchster Funktionalität. Insofern 7.000 Besucher hier einen Sitzplatz finden und nirgendwo Pfeiler die Sicht behindern, es also keine besseren und schlechteren Plätze gibt, kann man von einem transparenten und gewissermaßen demokratischen Raum sprechen. Die Zwischenräume der geschwungenen 42 Betonrippen schenken dem Inneren ein gleichmäßiges Licht.

Über dem Eingang wurde Platz für einen (etwas eng geratenen) Tagungsraum belassen, in dem seit 1971 die Bischofssynoden stattfinden. Zugleich respektiert das Gebäude die sensible Umgebung zwischen Peterskirche, Glaubenskongregation, Vatikanischen Gärten und Camposanto Teutonico und kommt mit überraschend wenig Grundfläche aus. Vom Petersplatz aus ist es kaum zu sehen. Leider wurde im Innenraum der Bereich des Podiums 1977 durch eine Skulptur des vom Pontifex geschätzten Bildhauers Pericle Fazzini (1913–1987) verunstaltet. Der fast 18 Meter lange Albtraum aus Bronze soll den Auferstandenen darstellen (man hat jedoch den Eindruck, er müsse sich zunächst aus Unmengen von Morast freikämpfen).

Ein kleines, wenn auch weltbekanntes Kunstwerk, das von Paul VI.

in Auftrag gegeben wurde, wurde bereits im Zusammenhang mit der Kurienreform und der Erneuerung des vatikanischen Zeremoniells erwähnt, nämlich der von dem neapolitanischen Künstler Lello Scorzelli gestaltete Kreuzstab. Diesen führte der Papst zum ersten Mal bei der Eröffnung der zweiten Sitzungsperiode des Konzils am 29. September 1963 bei sich, als er gewissermaßen als Bischof unter Bischöfen zu Fuß in die Peterskirche einzog. Die ältere Tradition kannte keinen päpstlichen Bischofsstab, einzig die so genannte Ferula, den Kreuzstab, der bei festlichen Prozessionen (wie etwa der Inbesitznahme des Lateran) verwendet, im Allgemeinen aber nicht vom Papst selbst getragen wurde. Seit jenem Auftritt im Konzil war auf fast allen Fernsehbildern neben Montinis Kopf ein unverkennbar modernes Kunstwerk zu sehen – besser hätte man die Bejahung zeitgenössischer Formensprache kaum zum Ausdruck bringen können. Er war sich bewusst, dass das Kunstwerk ambitioniert war: „Es ist gewaltig und sehr ausdrucksstark! Es ist eine Schleuder, die in Richtung Himmel gespannt ist“, ließ er den Künstler bei der Präsentation wissen.[135] Alle Päpste haben Scorzellis Kreuzstab weiter verwendet. Bezeichnenderweise gab Benedikt XVI. einer neugotischen Ferula aus der Zeit Pius' IX. (reg. 1846–1878) den Vorzug, verbunden mit einer auffälligen Wiedereinführung barocker und neugotischer Paramente und liturgischer Geräte. Vor dem Hintergrund der Signalwirkung, die Montinis kleines, aber bedeutendes modernes Kunstwerk hatte, kann man diese neue Präferenz nur als Absage an den modernen Kunstwillen verstehen. Papst Franziskus verwendet wieder den bekannten Kreuzstab.

Es überrascht ein wenig, dass Paul VI. kein Freund des zeitgenössischen Theaters und der Filmkunst war. Er stufte Kinofilme als Unterhaltung ein, die er für sich selbst ablehnte (übrigens hörte er auch kaum Musik).[136] Eine seltene Ausnahme bildete die Verfilmung des Matthäus-Evangeliums durch Pier Paolo Pasolini (1922–1975) aus dem Jahr 1964, die ihn sehr beeindruckte und über die er sich lobend äußerte. Der Regisseur hatte in archaisch wirkenden Landschaften und Städten Süditaliens gedreht, zum großen Teil mit Laiendarstellern, und die Handlung mit Kompositionen Johann Sebastian Bachs sowie kreolischer Musik unterlegt. Montini fand aber im persönlichen Gespräch in den sozialkritischen Vorstellungen des Regisseurs keinen Anknüpfungspunkt für die christliche Botschaft, so dass die Begegnung für ihn enttäuschend endete.[137] Immerhin spricht es für die Weite seines Geistes, dass er sich mit dem eigenwilligen Künstler, einem homosexuellen Kommunisten, auseinandersetzte. Leichter hatte er es mit dem geschmeidigeren italienischen Opern-, Theater- und Filmregisseur Franco Zeffirelli (*1923), der zwar als Persönlichkeit nicht weniger eigenwillig, aber damals im Unterschied zu Pasolini immerhin noch ohne politische Ambitionen war. Paul VI. übertrug ihm die Inszenierung der Eröffnungsfeier des Heiligen Jahres 1975 und ermutigte ihn, einen Spielfilm über das Leben Jesu zu drehen.[138] Dass er das so entstandene Werk, das nicht eben als Höhepunkt der Filmgeschichte gilt, anlässlich seiner Übertragung als Mehrteiler im italienischen Fernsehen überschwänglich lobte, spricht nicht gerade für sein Urteil in cineastischen Fragen.

Das Heilige Jahr 1975

In dieser Biographie wird versucht, im Pontifikat Pauls VI. Phasen auszumachen. Einer optimistischen, durch das Konzil und die ersten großen Reisen geprägten Aufbruchphase folgte die lange Nachkonzilszeit, die für ihn persönlich mit immer neuen bösen Überraschungen, Enttäuschungen und resignativen Momenten, zugleich aber auch mit einem Ringen um eine religiöse Deutung verbunden war. Diese Phase schien mit dem Heiligen Jahr 1975 weitgehend überwunden. Er selbst sah den Zeitpunkt für eine Zäsur gekommen:

> „Uns scheint, dass das Heilige Jahr zehn Jahre nach dem Konzil eine Phase der Reformen und des Nachdenkens beenden kann; es kann der Beginn einer neuen Phase des theologischen, spirituellen und pastoralen Aufbruchs sein, und zwar auf dem Fundament, das in den vergangenen Jahren mit so viel Mühen gelegt wurde."[139]

Ihm war mittlerweile klar geworden, dass sich ein großer Teil der „Welt" dem christlichen Glauben entfremdet hatte und dass sich nicht mehr so leicht eine Allianz zwischen Kirche und ziviler Gesellschaft werde herstellen lassen.[140]

Der Papst fand mit dem Heiligen Jahr definitiv zu altem Schwung zurück und trotzte seinem alten und durch Krankheit gezeichneten

Körper eine schier unvorstellbare Arbeitsleistung ab, die sich vielleicht am ehesten daran ablesen lässt, dass der entsprechende Jahresband seiner Reden noch einmal 1690 Seiten umfasst und damit alle bisherigen vom Volumen her weit übersteigt. Man kann ohne Zweifel vom wichtigsten Ereignis in der zweiten Hälfte des Pontifikates sprechen, und es ist gut bezeugt, dass er es auch selbst so sah.[141] Als Leitthema hatte er „Erneuerung und Versöhnung" vorgesehen, wobei an eine Versöhnung mit den anderen Kirchen, eine Versöhnung zwischen den gesellschaftlichen Kräften und eine Versöhnung innerhalb der Kirche gedacht war, wie er bei der offiziellen Ankündigung des Heiligen Jahres am 9. Mai 1973 darlegte.[142] Damit bewies er noch einmal eine große Sensibilität für das, was in einem bestimmten historischen Moment angezeigt war. Die Ökumene hatte durch ihn entscheidende Impulse erhalten, hatte nun aber im Zuge der mühsamen bilateralen Dialoge ein langsameres Tempo angenommen, und nach den großen Gesten der sechziger Jahre wartete man vergebens auf einen Durchbruch. Politisch-soziale Versöhnung war aus der Sicht des Papstes vor allem in Italien selbst angezeigt, wo linker Terror die Zivilgesellschaft bedrohte und wo die Diskussionen um Ehescheidung und Abtreibung zu inneren Spannungen geführt hatten. Innerkirchliche Versöhnung war nötig, um die Verwerfungen der Nachkonzilszeit endgültig zu überwinden. Nicht weniger geschickt war der andere Leitbegriff *Erneuerung* gewählt. Nachdem die Kirche wieder Tritt gefasst hatte und die kirchenpolitischen und theologischen Spannungen überwunden waren, waren eine religiöse Neuausrichtung und ein geistlicher Neuaufbruch angezeigt. Paul VI. machte selbst im Vorfeld des Jahres außerordentliche Exerzitien, um die geistliche Erneuerung bei sich selbst beginnen zu lassen.

Im Blick auf das kommende Jubeljahr veröffentlichte er am 2. Februar 1974 das Apostolische Schreiben *Marialis Cultus* über „die rechte Pflege und Entfaltung der Marienverehrung".[143] Das Dokument behandelt die Aspekte der liturgischen Verehrung Mariens, neuere Ansätze und einzelne Praktiken wie den Angelus und den Rosenkranz, die als zu bewahrende Schätze vorgestellt werden. Damit griff er ein Thema auf, das ihm stets sehr am Herzen gelegen hatte. Offiziell angesagt wurde das Heilige Jahr mit der Bulle *Apostolorum Limina* vom 23. Mai 1974.[144] Die

56 Paul VI. eröffnet das Heilige Jahr mit der symbolischen Öffnung der Heiligen Pforte der Peterskirche (25. Dezember 1974)

verbleibende Zeit sollte in den Ortskirchen der Welt zur religiösen Vorbereitung auf das Großereignis genutzt werden. Am 8. Dezember 1974 meditierte er in dem Apostolischen Schreiben *Paterna cum Benevolentia* über die Versöhnung in der Kirche.[145] Geschätzte acht Millionen Menschen kamen im 1975. Jahr der Inkarnation Christi nach Rom – mehr, als je zuvor aus diesem Anlass in der Ewigen Stadt gewesen waren. Das Heilige Jahr wurde daneben zu einem bedeutenden medialen Ereignis, das in der ganzen Welt verfolgt wurde. Niemals vorher war schon die Eröffnung so publikumswirksam zelebriert worden. Dem renommierten Regisseur Franco Zeffirelli wurde auf Wunsch Pauls VI. die Inszenierung übertragen. Bei der Eröffnungsfeier am Abend des 25. Dezember 1974, die von 45 Fernsehsendern live übertragen wurde, saßen über eine Milliarde Menschen an den Bildschirmen (das erste Mal in der Geschichte, dass diese Grenze überschritten wurde). Der Pontifex hatte trotz seiner Arthrose und der Strapazen des Tages den Bußgürtel umgelegt, wie er es bei außergewöhnlichen Ereignissen gewöhnt war, um sich nicht „zu überheben" (paulinisch gesprochen) und demütig zu bleiben. Eine kleine Panne ereignete sich in dem Moment, als er durch den Hammerschlag die Heilige Pforte symbolisch öffnen sollte. Dabei fielen Teile des Putzes der vermauerten Tür auf seinen Kopf.

Obgleich er die folgenden zwölf Monate sehr eingespannt war, merkte man ihm die immense Arbeitsbelastung nicht an. Im Laufe des Jahres wirkte er zunehmend entspannt und heiter. Alle Film- und Fotoaufnahmen lassen eine große Vertrautheit mit den Pilgern erkennen, ja in der Begegnung mit ihnen schien er geradezu in seinem Element zu sein. In für ihn auffallend einfachen und schlichten Worten wandte er sich immer wieder an sie. Und so war es nicht verwunderlich, dass er sich am 9. Mai des Jahres mit dem Apostolischen Schreiben *Gaudete in Domino* über die christliche Freude verbreitete – das erste Mal, dass ein Papst diesen Gegenstand für ein Lehrschreiben wählte.[146] Ein anderes Dokument fand allerdings stärkere Beachtung, das Apostolische Schreiben *Evangelii Nuntiandi* vom 8. Dezember 1975, das die Anregungen der Synode des Vorjahres aufgreift und die missionarische Dimension der Kirche wiederzuerwecken sucht.[147] Ausgehend von Christus, dem Ursprung und Inhalt aller Mission, trägt die Kirche das Evangelium zu allen Völkern, so der Verfasser. Der Text thematisiert auch Methoden der Verkündigung sowie deren Adressaten und Schwierigkeiten, zu denen der Bruch zwischen Evangelium und Kultur gehört.[148] Die Evangelisierung ist Aufgabe der ganzen Kirche, deshalb wird dem Lebenszeugnis der Getauften besondere Bedeutung beigemessen. In Abschnitt 36 bis 39 wendet sich der Papst gegen ein allzu konkretes Verständnis von „Befreiung" und damit implizit gegen die Theologie der Befreiung, da die Kirche zunächst eine geistliche und dann erst eine politische Sendung habe. Gleichwohl hängen Evangelisierung und Entwicklung zusammen, sollte es erstere ohne einen Einsatz für letztere nicht geben. Anders als in den Enzykliken spricht er hier für das Kollegium der Bischöfe, nicht allein für seine eigene Person – auch das wohl ein Grund für den Erfolg des Dokumentes. Damit erwies sich, wie segensreich die Einbindung der Synode in die Lehrverkündigung der Kirche ist. Außerdem zeigte sich, dass der fast 80-jährige Montini immer noch in der Lage war, neue Themen aufzugreifen und einen anderen Ton anzuschlagen (was auch für den Text über die Freude gilt). Das Apostolische Schreiben *Evangelii Gaudium* (2013) von Papst Franziskus fußt auf *Evangelii Nuntiandi* und schreibt dieses Dokument in gewissem Sinn fort.

Eine wichtige, damals wohl kaum in ihrer Tragweite absehbare Initiative war der Palmsonntag des Heiligen Jahres, der auf dem Petersplatz erstmals als Jugendtreffen gestaltet wurde. Was unter Johannes Paul II. zur regelmäßigen Einrichtung werden sollte, kann man als Vorgeschichte der Weltjugendtage ansehen. Auch an den folgenden Palmsonntagen wandte sich Paul VI. explizit an die Jugend. Im Übrigen belegt eine bemerkenswerte Äußerung aus dem Jahr 1972, dass er eine solche Initiative zum einen schon lange geplant hatte; zum anderen, dass die Idee dazu sich aus seinem Grundvertrauen zur Jugend speiste, die er für einen Seismographen der Gesellschaft hielt:

> „Erlaubt ein offenes Wort: Warum sollten wir nicht an jene jugendlichen ‚Hippies' erinnern, die wir auf Fotos gesehen haben? Auf ihren T-Shirts stand in großen Buchstaben ‚I love Jesus', ich liebe Jesus. Überheblichkeit? Unbeholfenheit? Wer kann das sagen! Wir wollen es nicht hoffen: das würde wenigstens andeuten, dass eine religiöse Ausrichtung auf die letzten Fragen sich heute auf unvorhersehbaren, ungeplanten, seltsamen und verborgenen Wegen vollziehen kann – und eben auch bei den Jugendlichen. Ob es die Jugendlichen sind, die heute Christus erkennen? Wie am Palmsonntag? Wir hoffen es."[149]

Das Resümee fiel am Ende des Heiligen Jahres 1975 durchweg positiv aus. Für ihn war der unerwartet große Zulauf ein Zeichen für die Vitalität der Kirche, welche die Jahre der Krise überstanden hatte:

> „Die Kirche ist lebendiger denn je, denn wir haben sie so erlebt! In diesem Jahr wurde sie in all ihren Gliedern durchdrungen von einer Kraft der Erneuerung, der Heiligkeit, der Gnade, sprechendes Zeichen der Bereitschaft, mit der unsere Einladung zur Erneuerung und Versöhnung aufgenommen worden ist."[150]

Bei der Abschlussfeier des Heiligen Jahres am 24. Dezember 1975, die trotz winterlicher Kälte auf dem Petersplatz stattfand, da der Petersdom für die vielen Mitfeiernden zu klein war, entfaltete er in seiner Predigt einen großen Hymnus auf Gott, den Herrn des Universums und Erlöser der ganzen Welt, und entwickelte von daher den Gedanken einer „Zivilisation der Liebe".[151] Damit war ein Grundakkord für den Pontifikat des polnischen Papstes vorgegeben.

Der Schatten der Traditionalisten

Hugh McLeod zeigt auf, dass in den sechziger Jahren zwar einerseits die Differenzen *zwischen* den Kirchen auf Grund des ökumenischen Dialogs abnahmen, andererseits aber die *innerkirchlichen* Differenzen mit Flügelkämpfen zwischen rechten und linken Kreisen, zwischen Konservativen und Progressiven zunahmen. Das gilt nicht nur für die katholische Kirche, sondern auch für die protestantischen Kirchen und den Anglikanismus.[152] Paul VI. sah seine Aufgabe darin, die Flügel zusammenzuhalten und für den nötigen Ausgleich zu sorgen.

Die Ultra-Konservativen bissen sich vor allem an der Liturgiereform fest. Der Widerstand gegen das neue Messbuch verstummte auch nach dessen verbindlicher Einführung nicht. Selbst ranghohe Kirchenfunktionäre erklärten öffentlich ihr Unbehagen, ja bisweilen ihren offenen Dissens. Kardinal Ottaviani empfahl am 9. Juni 1971 im französischen Fernsehen den Bischöfen, bei der alten Liturgie zu bleiben – ein Akt von Illoyalität gegenüber dem Papst, wenn nicht gar von offenem Ungehorsam.[153] Nicht weniger bereitete dem Papst die Ablehnung der neuen Messe durch Kulturschaffende Kopfzerbrechen. Der Romancier Julien Green (1900–1998) stellte den Sinn seiner Konversion in Frage, da die katholische Messe sich nun der calvinistischen angenähert habe. Montini schrieb zurück, er teile den Befund nicht, leide aber mit den Kritikern.[154] Am 6. Juli 1971 wurde in der britischen *Times* ein *Appeal to preserve Mass* veröffentlicht. Der Papst war tief betroffen, da weltberühmte Künstler und Gelehrte diesen Aufruf unterschrieben hatten (wie der Schriftsteller Harold Acton, der Pianist Vladimir Ashkenazy, die Romanautorin Agatha Christie, der Historiker Robert Ranke Graves, der Romancier Graham Greene, der Dirigent Yehudi Menuhin und die Sopranistin Joan Sutherland). Er reagierte daher ohne langes Zögern, indem er für Großbritannien die Feier der alten Liturgie durch ein Indult ermöglichte.[155]

Die Ablehnung der „neuen Messe“ spielte namentlich bei der Auflehnung der Piusbruderschaft eine zentrale, wenn auch nicht die alleinige Rolle. Ein Kreis konservativer Konzilsväter hatte sich schon während des Konzils als *Coetus Internationalis Patrum* formiert, dem u.a. die

Kardinäle Siri, Ottaviani und Ruffini angehörten. Auch der französische Missionserzbischof Marcel Lefebvre (1905–1991), der als Mitglied der Ordensgemeinschaft der Spiritaner in Ghana gewirkt hatte und 1955 erster Erzbischof im senegalesischen Dakar geworden war, war ein aktives Mitglied dieser Gruppe. Von Johannes XXIII. in die Zentrale Vorbereitungskommission berufen, wo er Montini persönlich näher kennenlernte, wurde er im Konzil selbst zum Gegner der Liturgiekonstitution, einer Neuumschreibung der bischöflichen Kollegialität und der Erklärung zur Religionsfreiheit. Auch die Beibehaltung der scharf antikommunistischen Haltung der Kirche war ihm ein Anliegen. 1970 gründete Lefebvre deshalb die „Priesterbruderschaft St. Pius X.", welche die Approbation durch den Bischof von Fribourg erhielt und die bald ein Priesterseminar im schweizerischen Ecône eröffnete, das sich großer Resonanz erfreute.[156] Nach fortgesetzter scharfer öffentlicher Kritik an der Liturgiereform musste er sich 1975 vor einer Kardinalskommission rechtfertigen. Anfang 1976 goss er weiteres Öl ins Feuer, indem er das Konzil in der Schrift *„J'accuse le Concile"* (Martigny 1976) als Kapitulation vor dem Zeitgeist und späten Sieg der Französischen Revolution darstellte. In der Folge wurde der Bruderschaft – und damit auch dem Seminar – die zunächst provisorisch verliehene Genehmigung entzogen. Am 22. Juli 1976 wurde der Erzbischof von Paul VI. suspendiert, nachdem er am Fest der Apostelfürsten erneut ohne Weihentlassschreiben des zuständigen Ortsbischofs und damit unerlaubterweise Priester geweiht hatte. So wandte sich der Pontifex am 15. August in einem vom Ton her noch recht bemühten, aber in der Sache doch unmissverständlich klaren Schreiben auf Französisch direkt an ihn:

> „Er nimmt sich heraus zu erklären, dass sich unser apostolisches Amt vom Glauben der Kirche entfernt habe und dass die Lehre eines feierlichen und rechtmäßigen Ökumenischen Konzils unannehmbar sei: Das sind äußerst schwerwiegende Anklagen. Eure Auffassung entspricht weder dem Evangelium noch dem Glauben."[157]

Lefebvre möge die Feindschaft zu der Kirche aufgeben, der er doch eigentlich dienen wolle. Nachdem Paul VI. ihn in Castelgandolfo am 11. September überraschend empfangen und dabei seine Unbeugsamkeit und Impertinenz erlebt hatte, wandte er sich am 11. Oktober 1976 mit einem lateinischen, an Deutlichkeit nicht zu überbietenden Schreiben erneut an ihn.[158] Der lateinischen Ausgabe ist (ungewöhnlich genug für vatikanische Gepflogenheiten) eine Erklärung beigegeben, wie es zu jenem Schritt gekommen war.[159] Der Brief sei zunächst geheim gehalten worden, solle nun aber nach bewussten Provokationen von Seiten Lefebvres bekannt gemacht werden. Dieser hatte trotz Suspension in Friedrichshafen eine öffentliche heilige Messe gefeiert und die Statuten der Piusbruderschaft trotz deren kanonischer Aufhebung verändert. Die Veröffentlichung des Briefes sei angezeigt, da es nicht nur darum gehe, Mitbrüder in die volle Gemeinschaft der Kirche zurückzuholen, sondern auch den Gläubigen kein Ärgernis zu geben. In diesem Brief wird erneut der Vorwurf erhoben, Lefebvre handle gegen die Autorität des Konzils und des Papstes, obwohl er für sich Treue zur Kirche beanspruche. Paul VI. fordert die unmissverständliche Zusicherung, dass der Erzbischof das Konzil und alle seine Dokumente anerkenne. Für ihn lag hier der springende Punkt: Es sei den Abweichlern im Kern nicht um die „Messe Pius' V." zu tun, denn diese sei mit dem ersten Kanon im Rahmen der erneuerten Liturgie voll gewahrt. Gegenüber seinem Vertrauten Jean Guitton stellte er fest: „Aber diese Messe (…) wird zum Symbol der Ablehnung des Konzils. Ich werde freilich niemals und unter gar keinen Umständen akzeptieren, dass man durch ein Symbol das Konzil verurteilt."[160]

Insofern könne man auch keine Ausnahmen machen und die Feier der „alten Messe" unter bestimmten Umständen gestatten. Da er sah, dass es um Grundsätzliches, letztlich um einen tiefgreifenden Autoritätskonflikt, um die Tradition und um ein anderes Kirchenbild ging, agierte er in der ganzen Causa erstaunlich unbeugsam. Guitton dagegen wollte ihn zu einer flexibleren Haltung und zu einer Verständigung mit dem Erzbischof bewegen. Der Papst sah sich jedoch in Lefebvre getäuscht und war überzeugt, dass dieser nicht wirklich eine Einigung wolle, sondern nur darauf aus sei, ihn zu brüskieren und bloßzustellen. Da ihn aber die Sorge trieb, dass dessen Anhänger sich abspalteten und es so zu einem Schisma kommen müsse, willigte er ein, dass Guitton eine letzte Brücke zu schlagen versuche und mit Lefebvre spreche. Er konnte jedoch in der Sache nichts erreichen.[161] Nach unerlaubten Bischofsweihen sollte der renitente Kirchenmann schließlich im Jahr 1988 von Johannes Paul II. exkommuniziert werden. Das Schisma, das Paul VI. verhindern wollte, war damit vollendet.

„… den Glauben bewahrt“

Die letzten Lebensjahre des Papstes brachten noch manche für ihn herausfordernde und persönlich enttäuschende Erfahrung mit sich. Um diese zu bestehen, setzte er bis zuletzt einen Akzent auf eine vertiefte persönliche Spiritualität. Trotz aller Gebrechlichkeit, die in den siebziger Jahren vor allem durch die zunehmend schmerzhafte Arthrose hervorgerufen wurde, machte er keine Abstriche bei Gebet, Exerzitien und geistlicher Begleitung.[162]

Bis zum Ende bewahrte er sich trotz seiner körperlichen Hinfälligkeit ein hohes Bewusstsein seiner päpstlichen Rolle, ein Bewusstsein, das ihn von Anfang an erfüllt hatte: „Ich bin nun alt, ich bin schwach, aber ich bin *Petrus.*“[163] Bei seinem letzten großen öffentlichen Auftritt blickte er auf die Wirren der vorangegangenen Jahre zurück:

> „Und wir wollen auch einen betrübten aber festen Appell an jene richten, denen es darum geht, die anderen in Wort, Schrift und Verhalten auf die Pfade der persönlichen Meinungen, ja auch der Häresie und des Schismas zu führen, indem sie das Gewissen der Einzelnen und die ganze kirchliche Gemeinschaft irreführen. Diese muss vor allem *koinonia* [= Gemeinschaft] in der Treue zum Wort Gottes sein, damit die *koinonia* des einen Brotes und des einen Kelches gewahrt bleibt.“[164]

Er sieht sich in seiner Rolle als Papst besonders gefordert. Auch wenn sich die Wogen mittlerweile etwas geglättet hätten, bleibe für ihn eine doppelte Aufgabe: die Abweichler in die Schranken zu weisen und die glaubenstreuen, aber verunsicherten Gläubigen zu stärken:

> „Wir ermahnen sie [= die doktrinären Abweichler] väterlich: Sie sollen sich hüten, der Kirche noch weiter zu schaden; es ist die Stunde der Wahrheit gekommen. Jeder erkenne die eigene Verantwortung, wenn es darum geht, den Glauben zu wahren – jenen gemeinsamen Schatz, den Christus, der *Petra,* Fels ist, Petrus anvertraut hat, dem

Vicarius Petrae, dem Stellvertreter des Felsens, wie ihn der heilige Bonaventura nennt."[165]

Seine Worte treffen sowohl rechte wie linke Kräfte (man mag noch eher an die Traditionalisten denken, die ihn in dieser Phase stärker beschäftigten). Was im Allgemeinen dem polnischen Papst zugeschrieben wird, kündigt sich also bereits unter dem späten Paul VI. an: Hatte dieser in der heißen Phase der nachkonziliaren Auseinandersetzungen noch auf die Macht des Dialoges vertraut und auf Lehrverurteilungen verzichtet, so zog das Lehramt unter Johannes Paul II. die Zügel an, und es kam zu klaren Abgrenzungen; man denke an die Maßnahmen gegen Hans Küng, die Theologie der Befreiung und den Kreis um Lefebvre in den achtziger Jahren.

Den Christen angesichts der uneindeutigen, ja oftmals verwirrenden Zeiterscheinungen Orientierung zu bieten, sah Paul VI. in dieser letzten Lebensphase als seine vordringliche Pflicht an.[166] Als bleibende Aufgabe seines Pontifikates nannte er in der zitierten bilanzartigen An-

57 Paul VI. auf dem Petersplatz im Gebet (im Heiligen Jahr 1975)

sprache am 29. Juni 1978 den Lebensschutz, dem vor allem die Enzykliken *Populorum Progressio* und *Humanae Vitae* verpflichtet seien.[167]

Auslandsreisen kamen nun nicht mehr in Frage. Diese waren ihm aber so wichtig, dass er im kleinen Kreis mehrfach seinen Rücktritt in Erwägung zog. 1976 rieten seine Ärzte ab, als der 79-Jährige zum eucharistischen Weltkongress ins amerikanische Philadelphia reisen wollte. Schließlich ließ er sich auf den Vorschlag Macchis ein, von Bolsena aus (dem Ort des eucharistischen Wunders, das zu einem Hauptanlass für die Einführung des Fronleichnamsfestes für die ganze Kirche wurde) eine Fernsehbotschaft in die USA zu senden.[168]

Paul VI. ist vielleicht am Ende nicht mehr so ungetrübt optimistisch wie in den sechziger Jahren, doch findet man keine Zeichen von Resignation. In der Generalaudienz vom 31. Dezember 1975 zählt er nüchtern die aktuellen Gefährdungen der Zivilisation auf – organisiertes Verbrechen, Terrorismus, Abtreibung, Wettrüsten, Hunger, Unterentwicklung – und fragt sich:

> „Träumen wir vielleicht, wenn wir von einer ‚Zivilisation der Liebe' sprechen? Nein, wir träumen nicht. Ideale, wenn sie authentisch, wenn sie human sind, sind keine Träume, sondern Verpflichtungen. Besonders für uns Christen."[169]

Immer wieder ermahnt er in seinen letzten Lebensjahren, die christlichen Werte nicht aufzugeben und die Gesellschaft nicht sich selbst zu überlassen. Deren fortschreitende Säkularisierung wird nüchtern in den Blick genommen, und es werden die Folgen für das Leben der Christen bedacht. Vor diesem Hintergrund ist die Erklärung der Glaubenskongregation *Persona Humana* zu Fragen der Sexualethik vom 29. Dezember 1975 zu sehen.[170] Gegen Tendenzen in der modernen Gesellschaft, bestimmte Praktiken wie etwa den homosexuellen oder vorehelichen Verkehr zu rechtfertigen, bekräftigt das Dokument die hergebrachte Lehre der Kirche. Leitvorstellung ist die Würde des Menschen, die es zu schützen und zu verteidigen gelte. Auch Homosexuellen, deren Neigung erstmals in einem vatikanischen Dokument als irreversibel anerkannt wird, ist mit pastoraler Klugheit zu begegnen. Offenkundig war diese Erklärung nicht dafür bestimmt, in der Schublade zu verschwinden. Obwohl sie in den auf die Veröffentlichung folgenden Wochen im *Osservatore Ro-*

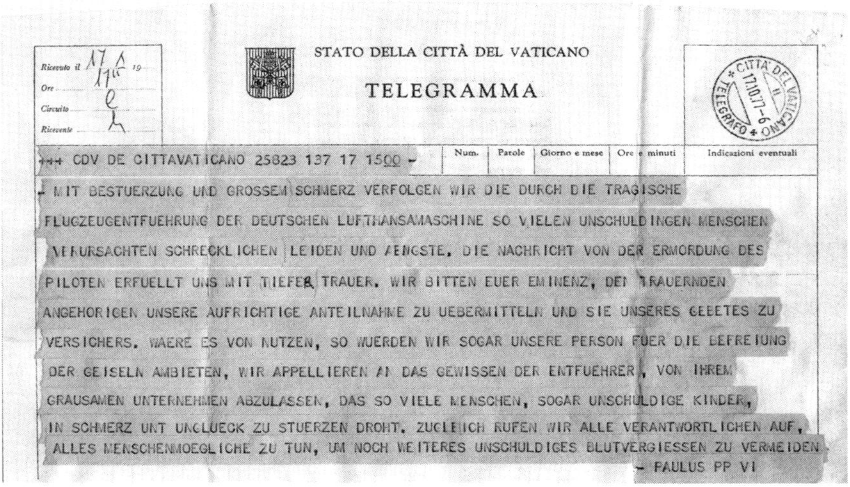

STATO DELLA CITTÀ DEL VATICANO

TELEGRAMMA

Ricevuto il ... 19 ...
Ore ...
Circuito ...
Ricevente ...

CITTA' DEL VATICANO · 17.10.77-6 · TELEGRAFO

+++ CDV DE CITTAVATICANO 25823 137 17 1500 –

Num.	Parole	Giorno e mese	Ore e minuti	Indicazioni eventuali

– MIT BESTUERZUNG UND GROSSEM SCHMERZ VERFOLGEN WIR DIE DURCH DIE TRAGISCHE FLUGZEUGENTFUEHRUNG DER DEUTSCHEN LUFTHANSAMASCHINE SO VIELEN UNSCHULDINGEN MENSCHEN VERURSACHTEN SCHRECKLICHEN LEIDEN UND AENGSTE. DIE NACHRICHT VON DER ERMORDUNG DES PILOTEN ERFUELLT UNS MIT TIEFER TRAUER. WIR BITTEN EUER EMINENZ, DEN TRAUERNDEN ANGEHORIGEN UNSERE AUFRICHTIGE ANTEILNAHME ZU UEBERMITTELN UND SIE UNSERES GEBETES ZU VERSICHERS. WAERE ES VON NUTZEN, SO WUERDEN WIR SOGAR UNSERE PERSON FUER DIE BEFREIUNG DER GEISELN AMBIETEN, WIR APPELLIEREN AN DAS GEWISSEN DER ENTFUEHRER, VON IHREM GRAUSAMEN UNTERNEHMEN ABZULASSEN, DAS SO VIELE MENSCHEN, SOGAR UNSCHULDIGE KINDER, IN SCHMERZ UNT UNGLUECK ZU STUERZEN DROHT. ZUGLEICH RUFEN WIR ALLE VERANTWORTLICHEN AUF, ALLES MENSCHENMOEGLICHE ZU TUN, UM NOCH WEITERES UNSCHULDIGES BLUTVERGIESSEN ZU VERMEIDEN.

– PAULUS PP VI

58 Telegramm an Joseph Kardinal Höffner vom 17. Oktober 1977

mano fast täglich thematisiert und Zustimmung von verschiedenen Seiten dokumentiert wurde, wurde sie jedoch auf gesamtkirchlicher Ebene kaum beachtet. Insofern konnte sie auch nicht dazu beitragen, die Entfremdung von der kirchlichen Sexualmoral aufzuhalten.

Wie groß der Glaube und die innere Spannkraft des Papstes bis zuletzt waren, zeigt die Tatsache, dass er bereit war, sein Leben zu opfern. Er schrieb am 17. Oktober 1977 in deutscher Sprache an den Kölner Erzbischof Joseph Kardinal Höffner (1906–1987) und bot sich selbst als Geisel zur Befreiung der Passagiere eines von der linken Terrororganisation RAF (Rote Armee Fraktion) nach Somalia entführten Lufthansaflugzeugs an.[171] Auf diese Weise wollte er ein Zeichen gegen die immer mehr Schrecken verbreitende terroristische Bedrohung setzen. Er glaubte an die menschliche Zivilisation und er war überzeugt, dass sich diese nur auf dem Weg der Gewaltfreiheit garantieren ließ. Es ist nicht auszuschließen, dass er durch seine entschiedenen Stellungnahmen insbesondere gegen den italienischen Terrorismus selbst zur Zielscheibe der Terroristen wurde. Der deutsche Terrorist Hans-Joachim Klein (*1947) etwa berichtete in einem Interview des Nachrichtenmagazins *Der Spiegel* vom 7. August 1978, die terroristische „Bewegung 2. Juni“ habe im April 1976 geplant, den Papst zu entführen, um auf diese Weise deutsche Terroristen freizupressen.[172] Nach Angaben Kleins habe jedoch Wadi Haddad (1927–1978), führender Terrorist der „Volksfront zur Befreiung Palästinas" dringend davon abgeraten: „Kein arabisches Land kann das offiziell dulden, daß ihr danach wieder frei rumlauft."[173] Paul VI. wurde also wegen seines Eintretens für die legitimen Rechte der Palästinenser bei den arabischen Terroristen als Freund der palästinensischen Sache wahrgenommen.

Montini hatte in den letzten zwei Jahren seines Lebens immer wieder Vorahnungen seines baldigen Todes. Seit 1976 häufen sich in seinen öffentlichen Äußerungen die Anspielungen auf sein bevorstehendes Ableben. In der Fastenzeit des Jahres 1976 bekam er eine schwere Bronchopneumonie, so dass er den Kar- und Osterliturgien nicht selbst vorstehen konnte. 1977 verzichtete er auf seinen wichtigen Mitarbeiter in der Kurie, den Substituten Giovanni Benelli, dessen Einfluss vielen ein Dorn im Auge war, und ernannte ihn zum Erzbischof von Florenz. Ob er ihn auf diese Weise als Nachfolger aufbauen und ihm sein eigenes Schicksal ersparen wollte, bei einem Konklave nicht zum Zuge gekommen zu sein, lässt sich aufgrund der großen Diskretion, mit der er diese Angelegenheit behandelte, nicht entscheiden. Deutlich im Vorbewusstsein seines nahen Endes hielt er die erwähnte letzte große Predigt am Fest der Apostel Petrus und Paulus, dem 29. Juni 1978, der zugleich der 15. Jahrestag seines Amtsantritts war. Dort heißt es in Anlehnung an die Worte des scheidenden Apostels Paulus: „Ich habe den guten Kampf gekämpft, die Treue gehalten, den Glauben bewahrt".[174] So blickte er auf seine lange Amtszeit zurück: „‚Ich habe den Glauben bewahrt'!, können wir heute sagen, mit dem demütigen und zugleich festen Bewusstsein, niemals ‚den wahren Heiligen' verraten zu haben."[175] Es handelt sich um ein Wortspiel, insofern man „il santo vero" sowohl als „den wahren Heiligen", also Christus, als auch als „das wahre Heilige" übersetzen kann. Am Ende seines Lebens wurde ihm immer klarer, dass die kirchlichen Krisen seiner Zeit Ausdruck dafür sind, dass der Glaube („das Heilige") selbst in Gefahr ist. Umso nötiger sei es, die Treue zu Christus zu bewahren. Er ahnte, dass dies letztlich nur einer „kleinen Herde", die ihrem Hirten folgt, gelingen werde.[176]

In seinen letzten Monaten bat er dann noch verschiedene Personen,

59 Paul VI. in einer römischen Vorstadt, direkt links hinter ihm sein Sekretär Pasquale Macchi (1978)

mit denen er in den vergangenen Jahrzehnten zu tun gehabt hatte, um Vergebung, um möglichst in Frieden mit allen sterben zu können. Er rief sie an, schrieb ihnen, besuchte sie persönlich.[177] Selbst Kardinal Ottaviani, der es ihm nicht immer leicht gemacht hatte, suchte er in dessen Wohnung auf. In seiner letzten Lebensphase hatte er auch wieder ein vertrauensvolles Verhältnis zu Kardinal Suenens, mit dem er sich etwa 1972 versöhnt zu haben scheint. In jenen Jahren hatte der Belgier sein Interesse schon der Charismatischen Bewegung zugewandt. Paul VI. sah sein Engagement sehr positiv, da so gewährleistet war, dass diese Bewegung durch die Hierarchie begleitet wurde und nicht ins Sektiererische abglitt.[178]

Er hoffte, dass seine Person nicht durch eine lange Zeit der Krankheit für die Kirche zur Last werde.[179] Dieser Wunsch wurde ihm erfüllt, insofern seinem Tod keine lange Agonie vorausging, ja er bis zu seinem

Ende arbeiten konnte. Noch drei Tage vor seinem Tod am 6. August 1978 empfing er in Castelgandolfo Sandro Pertini (1896–1990), den ersten sozialistischen Präsidenten Italiens, zu einem herzlichen Gespräch. Er schätzte den Politiker, der im Widerstand gegen das Mussolini-Regime gestanden hatte und immer wieder angesichts des Terrors im Land eine Zusammenarbeit aller demokratischen Parteien forderte. Am Abend des 5. August schrieb der Papst den Entwurf für die Angelusansprache am kommenden Tag. Doch die kurze Sterbephase war schwer und qualvoll.[180] Er betete bis zum Ende, bekam auch mit, wie an seinem Bett die Eucharistie gefeiert wurde, empfing mit Anteilnahme die Krankensalbung (Letzte Ölung) und starb schließlich mit den Worten des Vaterunsers auf den Lippen: „Padre nostro che sei nei cieli … grazie." Der Tod trat am 6. August, dem Fest der Verklärung des Herrn, um 21.41 Uhr ein.[181] Als Todesursache wurde Herzversagen angegeben.

In seinem Testament hatte er Anordnungen für sein Begräbnis und sein Grab getroffen. Die Beerdigung solle fromm und einfach sein; die bei Papstbeerdigungen übliche morbide Prachtentfaltung (einschließlich Katafalk) verbat er sich ausdrücklich.[182] Ungewöhnlich erschien auch der Wunsch, in der Erde statt im Fußboden oder in der Wand einer Kirche begraben zu werden. In dieser Hinsicht wollte er sich nicht von gewöhnlichen Sterblichen unterscheiden. Ferner solle kein großes Monument an ihn erinnern, wie es bei seinen Vorgängern üblich gewesen war. Sein Sarg brachte dann in der Tat zum letzten Mal seine lebenslange Hochschätzung von Demut und Einfachheit zum Ausdruck: Vor dem Hauptportal der Peterskirche (erstmals fand das Requiem für einen Papst auf dem Petersplatz statt, um der großen Menschenmenge die Teilnahme zu ermöglichen) stand die schmucklose Kiste aus Zypressenholz ohne Baldachin auf dem nackten Boden. Sie wurde flankiert allein von der Osterkerze, dem Symbol des Sieges Christi über dem Tod. Die Seiten eines aufgeschlagenen Evangeliars, das auf dem Sarg lag, wurden vom Wind hin und her geweht und gaben der Szene so etwas Lebendiges, ja fast Gelöstes. In dieser Form war noch kein Nachfolger Petri zu Grabe getragen worden. Über dem Erdgrab wurde später eine schlichte, mit dem Christusmonogramm und seinem Namen versehene Travertinplatte angebracht.

Resümee

Will man diese letzte Phase seines Pontifikates wiederum mit einem Bild zusammenfassen, so mag man an ein Foto aus dem Heiligen Jahr 1975 denken. Es zeigt ihn auf der Benediktionsloggia der Peterskirche, stark gealtert, auf den Kreuzstab gestützt, doch wie seit jeher mit ausladender Geste segnend. Unter ihm auf dem Platz sieht man eine unzählbare Menschenmenge.

Die siebziger Jahre waren noch von den Wirren geprägt, durch welche die Kirche seit dem Konzil erschüttert worden war. Schwierigkeiten mit einzelnen Ortskirchen hielten an, die Enzyklika *Humanae Vitae* wurde nach wie vor offen abgelehnt oder stillschweigend ignoriert, die Laisierungen und Ordensaustritte nahmen nicht ab, die Nachwuchszahlen in Seminaren und Noviziaten gaben zu Sorgen Anlass, die allgemeine Teilnahme am kirchlichen Leben ging zurück, die Gesetzgebung in vielen Ländern entfernte sich von kirchlichen Normen. Paul VI. sah es angesichts all dessen als seine Aufgabe an, „die Brüder zu stärken", also als

60 Paul VI. segnet im Heiligen Jahr 1975 die Pilger auf dem Petersplatz

Nachfolger Petri Orientierung und Sicherheit zu bieten: „Wir haben dieselbe Aufgabe wie Petrus, dem Christus den Befehl gegeben hat, die Brüder zu stärken."[183] Er betonte, dass die Treue zur Lehre Christi und der Kirche mehr denn je das Gebot der Stunde sei. Dazu gehörte auch, sich gegenüber Abweichlern nach links und nach rechts nicht nachgiebig zu zeigen. Besonders Marcel Lefebvre bekam seine Unbeugsamkeit zu spüren, da er die Entscheidungen des Konzils in Frage gestellt und somit die grundlegende Autorität in der Kirche in Zweifel gezogen hatte. Man kann durchaus sagen, dass sich die Konsolidierung der Disziplin und der Glaubenslehre unter Johannes Paul II. in den letzten Jahren Pauls VI. ankündigte.

Gegen Mitte des Jahrzehnts ließ der Problemdruck ein wenig nach, und es kehrte auch bei Montini persönlich größere Gelassenheit ein. Nicht von ungefähr entdeckte er die Freude als Thema christlicher Verkündigung. Im Heiligen Jahr 1975 nahm der greise Pontifex noch einmal alle seine Kräfte zusammen, da er die Gelegenheit für eine spirituelle Erneuerung der Kirche gekommen sah. Das Jubeljahr wurde nicht nur zu einem Massen- und Medienereignis, sondern auch zum Signal für einen Aufbruch in ruhigere Zeiten. Mit *Evangelii Nuntiandi* fand nach langer Zeit wieder ein päpstliches Dokument fast ungeteilte Zustimmung.

Epilog: Ein Papst in seiner Zeit

„Der erste moderne Papst"?

Heute kann man Paul VI. zu Recht als den „vergessenen Papst" bezeichnen. Zumindest für den deutschen Sprachraum gilt, dass die Beschäftigung mit ihm und seiner Amtszeit lieber aufgeschoben oder gar verdrängt wird. Das überrascht umso mehr, als er bei seiner Wahl als *der* Papst seiner Epoche gelten konnte. Er war auf der Höhe der Zeit, und das Denken seiner Zeitgenossen fand sich in ihm wieder. Das lässt sich etwa daran ablesen, dass zu Beginn seines Pontifikates ein Roman auf Platz 1 der amerikanischen Bestsellerlisten stand, in dem es um einen „modernen Papst" geht. Morris L. West (1916–1999) beschrieb im Jahr 1963 in *The Shoes of the Fisherman* das Leben eines fiktiven Nachfolgers Petri. Der Roman diente fünf Jahre später als (einigermaßen frei behandelte) Vorlage für den gleichnamigen Hollywoodfilm mit Anthony Quinn in der Rolle des Papstes. Die Welt steht vor einem Vierten Weltkrieg, da das expansive China seine Bevölkerung nicht mehr ernähren kann. Daher befreit die Sowjetführung den in Sibirien inhaftierten katholischen Erzbischof von Lemberg, um durch ihn den Vatikan als Vermittler einzuschalten. Der Erzbischof geht nach Rom und wird dort überraschend zum Papst gewählt. Hier lernt er einen jungen Priester kennen, der Schwierigkeiten mit dem römischen Lehramt hat, weil er mit seinen Schriften christlichen Glauben und Evolutionstheorie versöhnen will. Als Papst sucht er dann tatsächlich zwischen Moskau und Peking zu vermitteln. Da die Chinesen an seiner Glaubwürdigkeit zweifeln, setzt er einen symbolischen Akt, indem er die Tiara ablegt und verkündet, dass die Schätze der Kirche den von der Hungersnot betroffenen Menschen zugute kommen sollen.

Manches Detail des Buches bzw. Films erinnert an konkrete Entscheidungen Pauls VI.: an den Verzicht auf die päpstliche Krone und die

Anordnung, den Erlös den Armen zuzuwenden, an die Vermittlertätigkeit zwischen den Großmächten im Vietnamkrieg, an den Dialog mit den kommunistischen Machthabern im Rahmen der sogenannten Ostpolitik, an die Offenheit für moderne theologische Strömungen und an die Kontakte mit zuvor verurteilten Theologen, schließlich an die Bestrebungen, dem Papsttum äußerlich ein moderneres Gesicht zu geben. Auch wenn man kaum wird annehmen können, dass Paul VI. mit seinem Handeln dem Roman oder dem Drehbuch folgte, so zeigen diese auffälligen Parallelen doch, was man zu seiner Zeit von dem Träger seines Amtes erwartete und wie sehr er diesen Erwartungen zumindest am Anfang seines päpstlichen Wirkens entsprach.

Der Montini-Papst hatte ohne Zweifel ausgesprochen moderne Züge.[1] Ihn kennzeichnete ein positives Verhältnis zur zeitgenössischen Kultur und Zivilisation. Es ist das Verdienst seiner ersten Enzyklika *Ecclesiam Suam*, „das Thema Dialog wieder in der Kirche eingeführt zu haben."[2] Seine konsequente Unterstützung der demokratischen Kräfte im Spanien des Diktators Franco zeigt, dass er auch viel von der modernen Staatsform der Demokratie erwartete. Von seiner Geisteshaltung her war er viel fortschrittlicher als Pius XII., aber auch als sein unmittelbarer Vorgänger Johannes XXIII., der wegen der Einberufung des Konzils als liberaler und weltoffener Papst in die Geschichtsbücher eingegangen ist. „Johannes XXIII. war sehr viel konservativer, sehr viel traditionsbestimmter als ich"[3], bekennt Paul VI. einmal seinem Vertrauten Jean Guitton. Gleichwohl wusste auch er sich stets der Tradition verpflichtet, wie besonders sein Agieren während des Konzils zeigt. Als irritierend wurde schon von den Zeitgenossen empfunden, dass konservative Züge neben fortschrittlichen stehen. Eine Vorliebe für die lateinische Liturgiesprache verbindet sich etwa mit einer großen Aufgeschlossenheit für die Anliegen der Liturgischen Bewegung, der moralische Konservativismus in der Familienethik (genannt sei die Enzyklika *Humanae Vitae)* mit äußerst fortschrittlichen Positionen in der Sozialethik (Enzyklika *Populorum Progressio)*, eine eher konventionelle persönliche Frömmigkeit (in der Eucharistie, Kirche und Marienverehrung im Zentrum stehen) mit unkonventionellen pastoralen Methoden (man denke an die „apostolischen Reisen") – um nur einige Beispiele zu nennen.

Ihm das Attribut „modern“ zu geben, wie dies die Mehrzahl der Biographen tut, ist in gewissem Sinn schon eine Vorentscheidung über das am Ende zu fällende Urteil. Dabei wird die erste Phase des Pontifikates stark gemacht und zugleich mancher konservative, von der Tradition bestimmte Zug seines Wirkens unterbewertet. Die Kategorie der „Modernität“ ist also zu eindimensional und undifferenziert, um der Persönlichkeit Montinis wirklich gerecht zu werden.

Prägung und Ausbildung

Sein positives Verhältnis zur modernen Kultur und Bildung kann nicht verwundern, wenn man auf die Prägung schaut, die er in Kindheit und Jugend empfangen hat. Aufgewachsen in einem großbürgerlichen Haus im lombardischen Brescia, lernte er an seinem Vater schon früh die Bedeutung gesellschaftlichen Engagements kennen. In dem katholischen Journalisten erlebte er einen Laien, der für seine Überzeugungen einstand und sich auch durch die faschistische Drangsalierung nicht einschüchtern ließ. Zu der sozialethisch-bürgerlichen Prägung durch den Vater kam eine schöngeistig-spirituelle durch die Mutter. Von ihr her wurde ihm eine eigenständige, an den großen französischen Autoren der Barockzeit ausgerichtete Frömmigkeit mitgegeben. Von nicht geringer Bedeutung waren auch die Impulse von Seiten der heimatlichen Jesuiten und Oratorianer, von Ordensmännern also, die sich gesellschaftspolitisch auf der Höhe der Zeit bewegten. Es formte sich seine Spiritualität, in deren Mittelpunkt die Kirche stand. Diese Prägung ist nicht von ihrem zeitgeschichtlichen Kontext zu trennen, insofern die Ekklesiologie in den Jahrzehnten vor der Enzyklika *Mystici Corporis* (1943) einen immer höheren Stellenwert bekam.

Nicht zu unterschätzen für seine geistige Formung ist die Tatsache, dass er als Student aus gesundheitlichen Gründen die meiste Zeit zu Hause wohnen durfte und sich von daher Einflüssen aussetzen konnte, die einem normalen Seminaristen jener Zeit vorenthalten blieben. So wurde er schon früh ein eigenständiger Kopf, der seine Bildung auf eigene Lese- und Bildungserfahrungen aufbauen konnte. Durch die Auseinandersetzung mit Literatur und Philosophie erhielt er zahlreiche Anregungen. Seine geistige Haltung blieb dabei stets die eines Eklektizisten, im positiven wie im negativen Sinn. Damit verbunden kennzeichnete ihn zeitlebens sowohl eine große intellektuelle Aufnahmefähigkeit als auch eine gewisse Beeinflussbarkeit. Er war eher Schöngeist als systematischer Theologe und daher auf Anregungen und Anleitung von außen angewiesen.

Vom Kurienmitarbeiter zum Großstadtbischof

Der junge Montini, 1920 zum Priester geweiht, war von kränklicher Konstitution, feinsinnig und gebildet, aufmerksam im persönlichen Umgang, aber im größeren Kreis doch stets etwas reserviert. Seine starke Seite sollte immer der Dialog bleiben, in dem er auf sein jeweiliges Gegenüber einzugehen wusste. Seine Sprache wirkte gewählt. Er war sicher nicht das, was man einen forschen Charakter nennen könnte; im Gegenteil, er blieb sein Leben lang vorsichtig, bedächtig und abwägend, ja bisweilen scheu und feinnervig, kein Mann der großen Auftritte. Von daher schien ihm die Laufbahn im vatikanischen Staatssekretariat durchaus angemessen. Als Vorbereitung darauf war ihm auch jetzt keine gründliche theologische Vertiefung vergönnt – stattdessen hatte er sich den praktischen Fragen des Kirchenrechts zu widmen. Seine geistigen Interessen konnte er allenfalls nebenbei in der studentischen Arbeit zur Geltung bringen, die ihm viele Kontakte zu jungen Menschen brachte, die er mit seiner Art formen konnte. Aufgrund seiner Loyalität und seines großen Diensteifers stieg er in dreißig Jahren an der Kurie immer weiter auf. Besonders Pius XII. schätzte seinen Fleiß, seine Intelligenz und seine Verlässlichkeit. Für ihn koordinierte er im Krieg die humanitären Aktionen des Heiligen Stuhles und wurde nach 1944 als Substitut in der kurialen „Schaltstelle" des Staatsekretariates zu einem der beiden wichtigsten Mitarbeiter des Papstes. Den Pacelli-Papst bewunderte er zeitlebens, und namentlich in der Außenpolitik sollte er später sein eigentliches Vorbild werden.

Auch wenn die Ernennung zum Erzbischof von Mailand auf den ersten Blick in biographischer Hinsicht wenig folgerichtig erscheint, konnte er sich doch auch in dieser Aufgabe mit seinen Fähigkeiten voll einbringen und auf die höhere Aufgabe vorbereiten. Insofern ist die oft gestellte Frage müßig, was Pius XII. mit dieser „Beförderung" bezweckte.

Wollte er ihn von der Kurie entfernen, weil er das Vertrauen in ihn verloren hatte – oder wollte er ihn durch den Einsatz in der Pastoral für eine spätere Nachfolge qualifizieren? Was Montini von seiner Herkunft und von seinem beruflichen Werdegang her mitbrachte, schien ihn jedenfalls für die neue Aufgabe zu prädestinieren. Er war offen für das Leben in der Metropole, er hatte einen Sinn für die moderne Kunst und Kultur, und er war zum Dialog mit allen gesellschaftlichen Kräften bereit, auch mit der Arbeiterschaft und den Gewerkschaften. Er versuchte, sich in seine Zeitgenossen und in ihre Entfremdung von der Kirche hineinzudenken. Dabei wusste er um die Bedeutung der Laien bei der Neuevangelisierung der Stadt. So hinterließen die von ihm angestoßenen pastoralen Aktivitäten wie die große Mission von 1957 oder der forcierte Bau von Gemeindezentren an der Peripherie der Industriemetropole weit über das Mailänder Erzbistum hinaus den Eindruck des Modernen, Zeitgemäßen, zum Aufbruch Bereiten. Bei alledem konnte man bei ihm keine Abstriche in der katholischen Lehre erwarten, wie seine Mitarbeit in der Zentralen Vorbereitungskommission des Konzils und im Konzil selbst zeigt. Mit anderen Worten: in dieser Lebensphase verbindet sich eine Bejahung moderner Methoden in Pastoral und Verkündigung mit einem grundsätzlichen Konservativismus im Doktrinären.

Der Konzilspapst – der ungeliebte Vermittler

Aufgrund seiner Erfahrung sowohl an der Kurie als auch in der Leitung eines großen Bistums war es nicht weiter verwunderlich, dass er als Favorit in das Konklave des Jahres 1963 ging und tatsächlich mit großer Einmütigkeit gewählt wurde – galt es doch, das vom Roncalli-Papst begonnene „Pastoralkonzil" fortzuführen und die Öffnung der Kirche zur modernen Welt voranzutreiben. Niemand schien dazu geeigneter als der Mailänder Oberhirte. Ob Johannes XXIII. ihn selbst als Nachfolger sehen wollte, ist schwer auszumachen; jedenfalls verband die beiden Kirchenmänner seit Längerem eine große Wertschätzung und ein echtes Vertrauen. Montinis Nähe zu Pius XII., für den er stets eine hohe Achtung bewahrte und in dem er sein großes Vorbild sah, dürfte ihn bei manchen Kardinälen und an der Kurie empfohlen haben.

In den letzten Jahren veröffentlichte persönliche Aufzeichnungen des neuen Papstes lassen ein hohes, ja fast übersteigert wirkendes Verantwortungsbewusstsein erkennen. Sein Rollen- und Amtsverständnis ist in gewissem Sinn monarchisch, vergleichbar demjenigen des Pacelli-Papstes. Seine Pflichten als Nachfolger des Apostels Petrus kann ihm niemand abnehmen, ist er überzeugt. Die Erwartungen an sich selbst scheinen bereits jetzt den Keim der Überforderung in sich zu tragen.

Zwar war er nicht der erste „Medienpapst" – diesen Titel wird man wohl Pius XII. zugestehen müssen –, doch erkannte er schon früh die Bedeutung der modernen Kommunikationsmittel und ließ sich trotz seiner persönlich eher zurückhaltenden Art auf die Begegnung mit ihren Vertretern ein. Immer wieder überrascht, mit welcher Virtuosität er sich an Journalisten, Leute von Film und Fernsehen, aber auch an Künstler und Literaten wandte. Es scheint, als sei er gerade hier in seinem Element.

Wie man es erwartet hatte, führte er das Konzil mit Überzeugung fort. Es konnte kein Zweifel daran bestehen, dass er sich dieses Unternehmen seines Vorgängers ganz zu eigen machte. Doch war ihm klar, dass es in der bisherigen Verfahrensweise nicht zu einem erfolgreichen Ende geführt werden konnte. Wie er schon als Erzbischof geäußert hatte, kam es nun auf inhaltliche und methodische Konzentration an. Inhaltlich mussten alle Beratungen unter einem Oberthema, unter einem gemeinsamen Nenner stehen, und das konnte nach seiner Auffassung nur die Kirche sein. Zunächst müsse die Kirche auf sich selbst und ihr Wesen reflektieren, dann könne sie sich in einer zweiten Sitzungsperiode auf ihre Sendung und ihren Auftrag konzentrieren, um dann in einer dritten ihre Beziehungen zur „Welt" auf den Prüfstand zu stellen. Dass das Konzil am Ende vier Perioden benötigen würde, um die Arbeiten abzuschließen, konnte zu diesem Zeitpunkt niemand vorhersehen. In methodischer Hinsicht war die Zahl der vorbereiteten Schemata zu reduzieren, und es musste eine effektive Leitung geschaffen werden. Mit der Einsetzung von vier Moderatoren, die ein gutes Bindeglied zwischen ihm und der Versammlung bildeten, ließen sich die Beratungen deutlich beschleunigen. Aus der täglichen Detailarbeit des Konzils konnte er sich daher weitgehend zurückhalten. Davon unbenommen sorgten Alleingänge seinerseits wiederholt für Irritationen, wie etwa die Verleihung des Titels *Mater Ecclesiae* an die Gottesmutter oder die Veröffentlichung eines Deutungsschlüssels der zu beschließenden Kirchenkonstitution (*Nota explicativa praevia*). Insgesamt kann man über sein Wirken im Konzil sagen, dass er bemüht war, einen Ausgleich zwischen der konservativen Minderheit und der progressiveren Mehrheit der Väter zu schaffen. Durch die Bevorzugung einer mittleren Linie bei der Erarbeitung der Dokumente suchte er den Konsens zu verbreitern. Ihm erging es dabei, wie es vielen Mediatoren ergeht: Er wurde gewissermaßen zum *ungeliebten Vermittler,* der es keiner Seite ganz recht machen konnte, der beide Flügel enttäuschen musste.

Paul VI. war – nicht anders als Pius XII. – ein Mann, der auf die Kraft des Wortes vertraute. Davon legen seine Ansprachen, die rund 20.000 Druckseiten umfassen, Zeugnis ab. Bereits in den beiden Jahren zwischen seiner Wahl und dem Abschluss des Konzils zeigte sich, wohl auch in der geistigen Nachfolge Pacellis, sein Sinn für Inszenierungen und die Fähigkeit, die theologische Diskussion durch sprechende Gesten zu unterstützen. Die Weltöffentlichkeit registrierte mit Verwunderung die Umarmung des Ökumenischen Patriarchen Athenagoras in Jerusalem und den engagierten Friedensappell vor den Vereinten Nationen in New York. Die Reisen lenkten die Aufmerksamkeit der Weltkirche auf die Anliegen des Konzils und sollten dessen Arbeit befruchten. In diesem Sinn wurde die Reise ins Heilige Land zum wichtigen Impuls sowohl für die Beratungen über die Ökumene als auch über das Verhältnis zum Judentum. Die Versammlung wurde durch dieses Unternehmen auf die Ursprünge der Kirche verwiesen. Die Beratungen über die Religionsfreiheit erhielten durch die Reise nach Indien, wo die Christen eine Minderheit bilden, einen wichtigen Akzent. Der Auftritt vor den Vereinten Nationen schließlich, bei dem der Papst seine Bejahung von Fortschritt und Zivilisation zum Ausdruck bringen konnte und sich mit allen Menschen guten Willens zum Schutz des Friedens verbündete, stellte einen wahrnehmbaren Beitrag zur Pastoralkonstitution *Gaudium et Spes* dar.

Auch in dieser Phase seines Lebens lassen sich deutlich fortschrittliche Züge (der Einsatz der Medien, die Reisetätigkeit) und weniger moderne (eine prononcierte Amtsauffassung, eine Zurückhaltung gegenüber radikalen Erneuerungskräften) feststellen. In praktischen Fragen, also in solchen des Auftretens, der Pastoral und Verkündigung ist ihm eine gewisse Aufgeschlossenheit gegenüber der Moderne eigen, ohne dass das Verhältnis zu ihr theoretisch reflektiert würde.

Wäre er zu diesem Zeitpunkt gestorben, nach einem fulminanten kurzen Pontifikat, dann wäre ihm wohl dasselbe Schicksal zuteil geworden wie seinem Vorgänger, nämlich eine tief wurzelnde Verehrung. Man hätte in ihm einen großen Reformer sowie den „Retter des Konzils" gesehen und ihn zu den größten Päpsten der jüngeren Papstgeschichte gezählt. Dass es anders kam, liegt nicht zuletzt an der nachkonziliaren Krise, die nun in der katholischen Kirche einsetzte.

Die unerwartet schwierige Nachkonzilszeit

Die Jahre 1963 bis 1965 waren eine Zeit hektischer Aktivität und hatten etwas Kurzatmiges. Nicht nur die Aufgaben im Konzil selbst, sondern auch die Reisen und die Erarbeitung der lehramtlichen Verlautbarungen waren zu bewältigen, daneben das vatikanische Tagesgeschäft. Vieles wurde begonnen, kaum etwas ließ sich zu Ende führen. „Ich habe keine Zeit, um große Projekte zu entwerfen", beklagt sich der Montini-Papst einmal in Gegenwart seines Vertrauten Guitton.[4] Nach dem Konzil, das ihn fast übermenschliche Kräfte gekostet hatte, war er erschöpft. Er erwartete, dass nach den aufwühlenden Diskussionen nun eine Zeit der ruhigen Umsetzung und eines tieferen Verständnisses der Dokumente anbrechen müsse. Doch darin hatte er sich getäuscht, denn in zahlreichen Ländern (etwa in Holland oder in Frankreich) und in vielen Orden (besonders bei den Jesuiten) brach jetzt erst recht eine unruhige Zeit an.

Einige Jahre später blickte er zurück: „Man glaubte, nach dem Konzil sei eine sonnige Zeit für die Geschichte der Kirche gekommen. Es ist dagegen eine Zeit der Wolken, des Sturms, des Dunkels, der Suche, der Ungewissheit gekommen."[5] Die Kirche hätte eine Zeit der Ruhe und Klarheit nötig gehabt, um die Konzilsbeschlüsse auf allen Ebenen in die Praxis umsetzen zu können. Stattdessen wurde auch sie von einer religiösen Krise erfasst, die in den sechziger Jahren allen in der westlichen Welt vertretenen Kirchen zu schaffen machte, wo teils bis zur Selbstzerfleischung Diskussionen um den einzuschlagenden Weg geführt wurden. Der Papst nahm die entsprechenden Zeitströmungen sehr wohl wahr, konnte sie aber weder aufhalten noch entscheidend steuern. Die mitten in einem umfassenden Reformprozess befindliche katholische Kirche wurde schließlich von den Ereignissen des Jahres 1968 zur falschesten Zeit erreicht (inwieweit die Reformdynamik des Konzils selbst zu einem der Katalysatoren der Umwälzungen jenes Jahres wurde, wäre noch zu untersuchen). Jedenfalls war das Papsttum von einem Autoritätsverlust betroffen, der nun nahezu alle überkommenen gesellschaftlichen Institutionen erfassen sollte. „Kein anderer neuzeitlicher Papst musste mit derlei Widerspruch fertig werden“[6], bemerkt der Biograph Peter Hebblethwaite zu Recht. Tragisch erscheint im Hinblick auf Person und Wirken des Montini-Papstes, dass dessen moralische Autorität bis dahin weltweite Anerkennung gefunden hatte. Der Fall musste also umso tiefer sein!

Auch sollte es sich jetzt als Bumerang erweisen, dass er die letzte Entscheidung in zwei besonders intensiv diskutierten Fragen dem Konzil entzogen und sich selbst vorbehalten hatte. Den priesterlichen Zölibat bekräftigte er 1967 mit der Enzyklika *Sacerdotalis Coelibatus*. Das Dokument wies die Richtung zu einem erleichterten Ausstieg aus dem Priesteramt. Was als Zeichen der Milde für einige Wenige gedacht war, wurde unerwartet schnell zu einem auch zahlenmäßig großen Problem für die Kirche, als in den folgenden Jahren die Laisierungsanträge sprunghaft anstiegen – für Paul VI. eine geradezu traumatische Erfahrung. Gleichzeitig ging der Nachwuchs in Orden und Priesterseminaren drastisch zurück. Die zweite Frage, die er auf Kosten des Konzils an sich gezogen hatte, war die Stellungnahme zur künstlichen Empfängnisverhütung. Diese wurde 1968 durch die Enzyklika *Humanae Vitae* verworfen. Die zur Begutachtung der Angelegenheit von seinem Vorgänger eingesetzte Kommission aus Priestern und Laien war ebenso wie eine Kommission aus Bischöfen mehrheitlich zu einem anderen Urteil gekommen und hatte die Legitimität der Kontrazeption unter bestimmten Umständen festgestellt. Eine kritische Lektüre von Aussagen des Papstes zeigt, dass er selbst sich sehr früh schon eine Meinung gebildet zu haben scheint. Er war von einer echten Sorge erfüllt, dass eine hedonistische und permissive Sexualmoral dem modernen Menschen schweren Schaden zufüge. Außerdem erwartete er, dass die neuen Möglichkeiten der Kontrazeption in vielen Staaten der Erde im Sinn einer gezielten Bevölkerungspolitik missbraucht würden. „Es steht (...) das Leben der Menschheit auf dem Spiel!“[7], war er überzeugt. Nur vor diesem Hintergrund ist seine Unbeugsamkeit in der Sache zu verstehen. Nach der Veröffentlichung dieses Dokumentes brach ein medialer Sturm los; viele Theologen in aller Welt scheuten den offenen Dissens nicht. Drei der vier von ihm eingesetzten Konzilsmoderatoren, die entscheidend zum Erfolg der Kirchenversammlung beigetragen hatten, wandten sich gegen ihn. Kritik kam nicht nur aus Kreisen, die man als links und ultraprogressiv bezeichnen könnte; selbst als gemäßigt geltende Theologen und Bischöfe äußerten offen ihr Unverständnis. Das traf ihn doppelt. Bischofskonferenzen loteten die Möglichkeit der Verwendung von Kontrazeptiva aus und diskutierten die lehramtliche Verbindlichkeit des vatikanischen Textes. Paul VI. hatte bis dahin in gesellschaftspolitischer Hinsicht als fortschrittsbejahender und progressiver Pontifex gegolten. Das änderte sich nun schlagartig. Mit seiner Entscheidung in dieser sensiblen Frage bekam er das Stigma des konservativen Papstes und wurde es nicht mehr los. In Deutschland überlagerte die Enzyklika derart stark alle anderen Dimensionen seines Wirkens, dass er quasi nur noch als „Pillen-Papst“ wahrgenommen wurde.[8] Sein Vertrauter Jean Guitton sah deutlich, dass sich die Atmosphäre des Pontifikates mit *Humanae Vitae* verändert hatte; nichts mehr sei danach so wie vorher.[9] Die nach 1965 scheinbar unerwartet einsetzenden Krisenphänomene haben viele Beobachter dazu verleitet, von einem „Bruch“ bzw. einer „Wende“ in der Amtsführung dieses Papstes zu sprechen.[10] Der „moderne“ Papst habe angesichts der kaum zu steuernden Entwicklungen in weiten Teilen der Weltkirche zunehmend seine konservativen Züge hervorgekehrt. Eine fortschrittliche und optimistische Frühphase sei von einer konservativeren und pessimistischen Spätphase abgelöst worden. Statt Aufbruch und Mut zu Neuem hätten sich Sklerose und Unbeweglichkeit durchgesetzt. Gegen diese Einschätzung spricht manches: Auch in anderen Konfessionen reagierten Kirchenführer oftmals hilflos und scheinbar lavierend auf die um sich greifende „religiöse Krise“. Man kann bei Paul VI. sowohl in den Jahren vor der vermeintlichen „Wende“ konservative Züge als auch danach Reformbereitschaft erkennen. Trotz der Enttäuschungen und Rückschläge, trotz der Kritik an seiner Amtsführung blieb er bis zum Ende seinem Hauptanliegen treu: der Umsetzung des Konzils und der konziliaren Erneuerung der Kirche.

Den Wirren, von denen seine Entscheidungen (insbesondere zum Zölibat und zur künstlichen Empfängnisverhütung) begleitet waren, suchte er durch theologische Reflexion zu begegnen. In diesem Zusammenhang ist das „Credo des Gottesvolkes" zu nennen, mit dem er 1968 den Glauben neu formulierte. Der theologischen Grundlagenarbeit diente die von ihm ins Leben gerufene Internationale Theologenkommission. Daneben setzte er auf eine geistliche Vertiefung, für die etwa die programmatischen Heilig- und Seligsprechungen stehen. Gegen den in Kirche und säkularer Gesellschaft rapide um sich greifenden Relativismus wird also noch einmal eine verbindliche Gestalt von Lehre und Frömmigkeit gestellt. Das Verhältnis der Kirche zur Moderne (als kritisch-ablehnende oder zustimmend-fördernde Haltung) wird freilich auch jetzt nicht explizit reflektiert. Nicht zuletzt darin zeigt sich eine gewisse Ohnmacht den umwälzenden Entwicklungen gegenüber.

Weitere Akzente

Von den Schwierigkeiten der Nachkonzilszeit zu sprechen, ist aber nur *eine* Seite der Medaille. Trotz der nicht einfachen Rahmenbedingungen nach 1965 kam es nicht zum Stillstand, ja der Pontifikat blieb auch jetzt reich an Neuerungen und Überraschungen.

Fortgesetzt wurde nach dem Konzil die Reisetätigkeit. Der Beitrag zur Vollversammlung des CELAM im Jahr 1968 setzte die lateinamerikanischen Bischöfe in den Stand, sich effektiv für Gerechtigkeit, Demokratie, Frieden und den Schutz der Entrechteten einzusetzen. Seine Reise nach Afrika lenkte 1969 die Aufmerksamkeit der Welt auf den geschundenen Kontinent, der nach dem Ende der Kolonialzeit noch nicht zu sich gefunden hatte. Diese Reisen stellen insofern eine praktische Umsetzung der Enzyklika *Populorum Progressio* dar. Bis zur Asienreise im Jahr 1970 wurde ein ausgefeiltes Reisekonzept entwickelt. Als erster Papst überhaupt besuchte er alle fünf Kontinente und brachte so die Katholizität und Universalität der Kirche neu zur Darstellung.

Konsequent schuf er die institutionellen Voraussetzungen für eine geordnete Umsetzung der Konzilsbeschlüsse, die insgesamt extrem zügig, stringent und kohärent erfolgte, namentlich auch im Vergleich zum letzten Reformkonzil, dem Konzil von Trient. Für die Veröffentlichung der entsprechenden Verwaltungsbestimmungen brauchte es gerade einmal 10 Jahre. Auch die Arbeit am neuen Gesetzbuch der Kirche wurde so weit vorangetrieben, dass es schon 1983 veröffentlicht werden konnte. Die Liturgiereform begann noch während des Konzils. Obgleich hier der Widerspruch nicht ausblieb, suchte Paul VI. doch zehn Jahre lang beharrlich das Anliegen des Konzils zu realisieren, den Gläubigen durch eine erneuerte Liturgie eine aktive und gemeinschaftliche Teilnahme zu ermöglichen. Dass er nicht alle Änderungen steuern konnte, sei dahingestellt. Breit angelegt war die Kurienreform, bei der er wohl am sichersten und zielstrebigsten agierte, nicht zuletzt aufgrund seiner jahrzehntelangen Kenntnis des Vatikans. Internationalisierung, stärkere Beteiligung des Bischofskollegiums durch Einbindung in die Arbeit der Dikasterien und Effizienz waren die Hauptanliegen, die ihn dabei leiteten. Neue Dikasterien für den Dialog mit den Nichtchristen und Ungläubigen sowie für die Entwicklungshilfe wurden geschaffen. Die Bischofssynode wurde ein wichtiges Werkzeug der universalen Regierung des Papstes und ein echter Ausdruck der Kollegialität im Sinn des II. Vaticanums. So wurden letztlich auch die Voraussetzungen dafür geschaffen, dass 1978 erstmals seit über 400 Jahren ein Nicht-Italiener zum Papst gewählt werden konnte. Die Ökumene wurde einerseits durch die Einleitung bilateraler Dialoge mit allen großen Konfessionen und durch den Erlass von Richtlinien („Direktorien“) kanalisiert, andererseits durch weitere Gesten und Begegnungen bereichert.

Bei der Realisierung all dieser Weichenstellungen (Zölibat, Empfängnisverhütung, Liturgie- und Kurienreform, Ökumene) zeigte sich, dass er auf die Kraft des Wortes und die Wirkung von Argumenten setzte. Als konservativen Zug wird man wohl das grundsätzliche Vertrauen in die Bedeutung und Leistungsfähigkeit kirchlicher Institutionen und Strukturen ansehen müssen. Nur so sind seine vielfältigen, ja bisweilen hektisch wirkenden Aktivitäten in diesem Bereich zu erklären.

In den Jahren nach dem Konzil setzte Paul VI. nicht nur spezifisch theologische und religiöse Akzente. Neben den Bemühungen um die Arbeiterschaft und um gerechte Entwicklungschancen für alle Völker (namentlich durch die Enzyklika *Populorum Progressio* von 1967) äußerte er sich auch immer wieder zur Frage des Weltfriedens und machte sich für diesen stark, besonders während des Vietnamkriegs. Eine frühe Bildbiographie des Papstes trägt den treffenden Titel: *Papst des Dialogs und des Friedens.*[11] In der Tat bildete der Einsatz für den Frieden eines der Hauptanliegen dieses Mannes, der schon als rechte Hand in der Außenpolitik Pius' XII. dessen Sorge um den Weltfrieden erlebt hatte. Der Friede hat für ihn eine dreifache Dimension, er ist Friede unter den Völkern, friedliches Zusammenleben im italienischen Gemeinwesen und Eintracht innerhalb der Kirche. Durch das Wirken für Frieden und Gerechtigkeit sowie für die Entwicklung der unterentwickelten Völker stieg das Ansehen des Papsttums in der ganzen Welt, und zwar sowohl innerhalb als auch außerhalb der katholischen Kirche. Unter Paul VI. wurde der Vatikan erst recht zu einer weltweit anerkannten moralischen Autorität, und sein Einsatz für den Frieden, gegen den Kolonialismus, für gerechte Entwicklungschancen der Völker Afrikas und Asiens wurde weithin geschätzt. Nie zuvor war die „Dritte Welt" so stark im Visier der Kirche gewesen, ja man kann durchaus sagen, dass Paul VI. durch sein Wirken einen wichtigen Beitrag zur Entwicklungsthematik geleistet hat. Hinzu kam in den siebziger Jahren das Anliegen des Lebensschutzes.

Einen Pionierweg ging er in der Begegnung mit der modernen Kunst, namentlich durch seine Kunstaufträge. Hier suchte er Anschluss an die Zeit zu finden und das einzulösen, was die Konzilsväter in der Pastoralkonstitution *Gaudium et Spes* angeregt hatten: das Verhältnis von Kultur und Christentum zu entkrampfen und einen Dialog in Gang zu bringen. Zwar erkannte er der Kunst eine weitgehende Eigengesetzlichkeit zu, nicht aber eine wirkliche Autonomie. Aus seiner Sicht ist es zu begrüßen, wenn die Kunst den Zielen der Kirche dienstbar ist. Wohl lange nicht mehr in der Geschichte des Papsttums hatte es ein so positives Verhältnis zur zeitgenössischen Kunst gegeben wie während dieses Pontifikats. In Verbindung mit der Liturgiereform kam es geradezu zu einer Blüte der sakralen Kunst und Architektur.

Die späten Jahre

Die lange Nachkonzilszeit mit ihren immer neuen Krisenphänomenen schien erst gegen Mitte der siebziger Jahre überwunden. Eine Zäsur bildete sicher das Heilige Jahr 1975, das von Montini selbst als geistlicher Aufbruch erlebt wurde und für das er trotz Alter und Krankheit noch einmal alle ihm verfügbaren Kräfte aufbrachte. Dieses Großereignis, eine echte Massenmobilisierung, wurde so zum Akt der Selbstbehauptung des Katholizismus. In seinen Ansprachen betonte er immer wieder die Bedeutung der Spiritualität und geistlichen Erneuerung; das Thema der Freude nahm einen hohen Stellenwert ein. Die innerkirchliche Konsolidierung, welche den Pontifikat Johannes Pauls II. kennzeichnen sollte, wurde in dieser Zeit grundgelegt.

Was die gesellschaftliche Entwicklung im Westen anging, war Montini über eine zunehmende Säkularisierung besorgt. Nicht abzuwenden vermochte er die italienischen Gesetze über die Ehescheidung und Abtreibung, die ausgerechnet unter Regierungen unter Führung der christdemokratischen Partei, der er zeitlebens nahe stand, die Kammern des Parlamentes passierten. Gerade in seinen letzten Lebensjahren zeigte sich, wie sehr ihm die italienischen Verhältnisse am Herzen lagen. Viel mehr als seine beiden Vorgänger war er ein „italienischer Papst". Johannes XXIII. hatte die längste Zeit seines Berufslebens im Ausland verbracht und räumte den italienischen Angelegenheiten keine Priorität ein. Pius XII. war lange in Deutschland gewesen und galt zu Recht als germanophil, hatte überdies einen europäisch ausgerichteten Horizont. Montinis Manko war vielleicht, dass er durch seine Herkunft stark in die Politik seines Heimatlandes involviert war und nie wirklich aus Italien herausgekommen ist.

Im kommunistischen Osten vollzog sich aus anderen Gründen ein Glaubensschwund. Hier knüpfte Paul VI. beherzt an die Politik seines Vorgängers an, der die konfrontative Politik Pius' XII. gegenüber den dortigen Regimen weitgehend aufgegeben hatte. In der Ostpolitik Montinis ging es zuerst um Grundsätzliches, nämlich um die Realisierung von Religions- und Gewissensfreiheit. Daneben verfolgte er durch sie das pragmatische Ziel, für die Ortskirchen zu retten, was zu retten war. Unter Aufgabe von Grundsatzpositionen sollten konkrete Erleichterungen für die Pastoral und die Kirchenleitung erreicht werden. Die Tragik dieser Vorgehensweise liegt darin, dass führende Exponenten des antikommunistischen Widerstandes fallen gelassen werden mussten, die Widerständigkeit der Ortskirchen insgesamt geschwächt wurde und Ortsbischöfe nicht immer voll in die vatikanischen Maßnahmen einbezogen waren. Ob dies dem Geist der vom Konzil hochgehaltenen Kollegialität entsprach, ist eine andere Frage.

Auch in den siebziger Jahren ließ Paul VI. nicht davon ab, den Prozess der Mitarbeit des Vatikans in den internationalen Organisationen voranzutreiben. Dass die Religionsfreiheit im Rahmen der KSZE in Helsinki kodifiziert wurde, stellt sicher einen Erfolg der vatikanischen Diplomatie dar. Dissidenten im Osten sollten sich bis 1989 immer wieder auf dieses auch von den kommunistischen Regimen verbriefte Recht berufen.

Zwiespältigkeit

„Ach, wieviel hängt davon ab, in welche Zeit auch des besten Mannes Wirken fällt“: Auf diesen Grabspruch Hadrians VI. sei abschließend noch einmal zurückgekommen. Die Zeit des Montini-Papstes ist von schwierigen äußeren Bedingungen gekennzeichnet: von dem begonnenen Konzil, von der problematischen Nachkonzilszeit, von der 68er-Revolution, von den Säkularisierungsschüben der siebziger Jahre … Ist er diesen Herausforderungen gerecht geworden? Es bleibt bei der Betrachtung seines Pontifikates ein zwiespältiger Eindruck zurück. Etwas Mitreißendes und bleibend Fesselndes hatte sein Wirken nicht. Eine durchgängige Leitidee schien zu fehlen. Auch der Begriff der Moderne taugt dazu nicht, denn ob er diese wirklich grundsätzlich bejaht oder doch nur im Bereich der praktischen Methoden zugelassen hat, muss offen bleiben. Sein Pontifikat weist ebenso „moderne“ wie „konservative“, traditionsbestimmte Züge auf. Mit solchen Begriffen ist sein Wirken letztlich kaum zu fassen.

Sicher handelt es sich bei ihm um eine komplexe Persönlichkeit: Er war weltoffen im Umgang mit Kunst und Literatur, doch konservativ in der Moral, in der Dogmatik und in seiner Amtsauffassung; ein Mann der großen Gesten und zugleich der leisen Töne, dessen eigentliche Stärken im persönlichen Umgang lagen; seinem Selbstverständnis nach ein moderater Reformer, der doch mehr als einmal einschneidende Entscheidungen gefällt hat; bereit zu großen Veränderungen und doch auch immer wieder vorsichtig und zögernd; ein Exponent Italiens wie des alten christlichen Europa und zugleich sensibel für die Entwicklung der Dritten Welt; ein Mann der großen Inszenierungen und publikumswirksamen Auftritte, der aber auch unpopuläre Entscheidungen nicht scheute. Im Amtsverständnis und in der Außenpolitik stand er Pacelli nahe, in der Bescheidenheit und Schlichtheit des Auftretens eher Roncalli. Er war zu intellektuell, um wirklich herzlich zu wirken, zu schöngeistig, um als großer Intellektueller gelten zu können. In seiner Persönlichkeit und in seinem Wirken kommen also verschiedene Einflüsse zusammen, die sich schwer auf einen Nenner bringen lassen. Als Führungspersönlichkeit schien er daher nicht den Halt, die Sicherheit und Eindeutigkeit zu vermitteln, wie es viele Zeitgenossen in unruhigen Zeiten von ihm erwarteten. Vielleicht erklärt gerade dieses Zusammenkommen von schwierigen Zeitumständen und einer alles andere als eindimensionalen Persönlichkeit, dass der Ruf „*Santo Subito*" nach seinem Tod nicht laut wurde.

Für Johannes XXIII. war der Begriff *Aggiornamento,* Erneuerung, prägend, für Paul VI. dagegen der Begriff *Approfondimento,* Vertiefung, verstehendes Nachdenken und abwägende Reflexion.[12] Vertiefung ist aber mühsamer und langwieriger als der prophetische Erneuerungsruf. Vielleicht liegt auch darin ein Grund, dass Johannes XXIII. eine größere Popularität entwickelte als Paul VI.

Sicher wird es einmal eine Renaissance der vielschichtigen, schwer zu fassenden und damit gerade faszinierenden Persönlichkeit des Montini-Papstes geben. Immerhin scheint ihm Papst Franziskus große Wertschätzung entgegenzubringen. Treffend fasste er bei der Seligsprechung sein Wirken und seine Persönlichkeit zusammen: „Während sich eine säkularisierte und feindliche Gesellschaft abzeichnete, hat er es verstanden, weitblickend und weise – und manchmal einsam – das Schiff Petri zu steuern, ohne jemals die Freude am Herrn und das Vertrauen auf ihn zu verlieren."[13] In einem Kondolenzschreiben Albino Lucianis, der wenige Tage später unter dem Namen Johannes Paul I. Montinis Nachfolger werden sollte, heißt es: „Es sind heute nicht viele, die den Papst verstehen: Die Geschichte wird ihn und sein Wirken erhellen."[14] Ist diese Zeit gekommen?

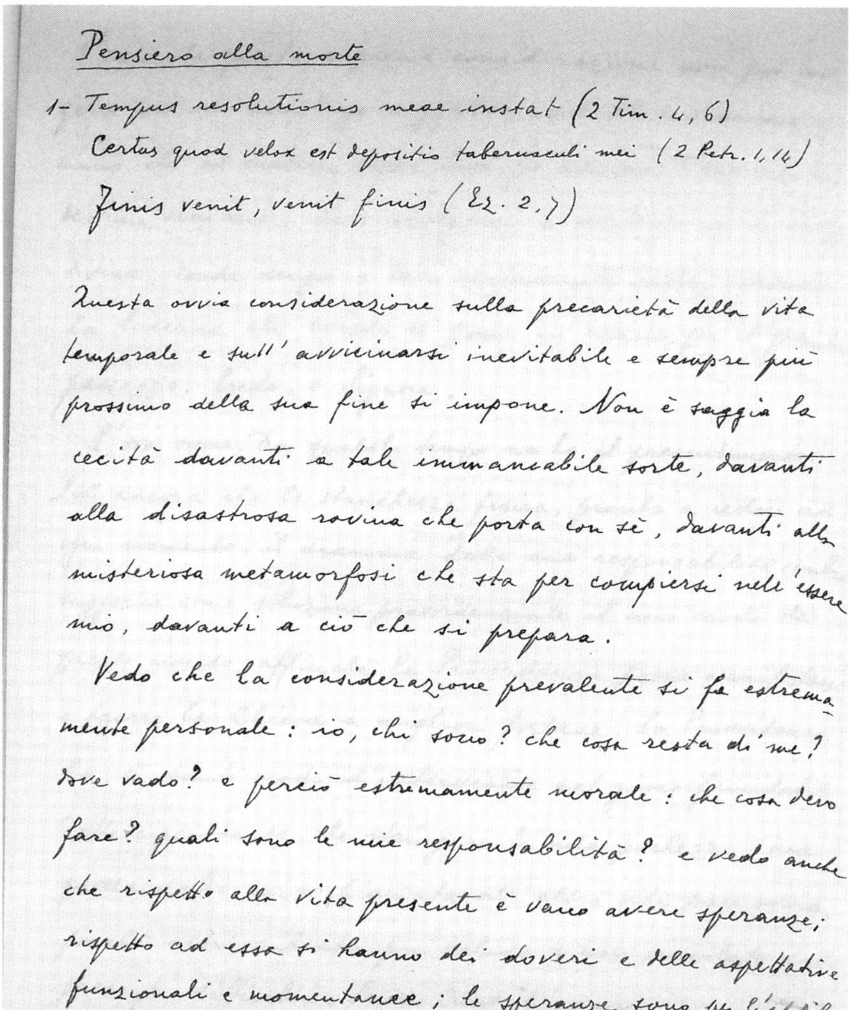
Pensiero alla morte

1- Tempus resolutionis meae instat (2 Tim. 4,6)
Certus quod velox est depositio tabernaculi mei (2 Petr. 1,14)
Finis venit, venit finis (Ez. 2,7)

Questa ovvia considerazione sulla precarietà della vita
temporale e sull'avvicinarsi inevitabile e sempre più
prossimo della sua fine si impone. Non è saggia la
cecità davanti a tale immancabile sorte, davanti
alla disastrosa rovina che porta con sé, davanti alla
misteriosa metamorfosi che sta per compiersi nell'essere
mio, davanti a ciò che si prepara.
Vedo che la considerazione prevalente si fa estrema-
mente personale: io, chi sono? che cosa resta di me?
dove vado? e perciò estremamente morale: che cosa devo
fare? quali sono le mie responsabilità? e vedo anche
che rispetto alla vita presente è vano avere speranze;
rispetto ad essa si hanno dei doveri e delle aspettative
funzionali e momentanee; le speranze sono per l'al di là;

61 Autograph Pauls VI.: *Pensiero alla morte* (Meditation über den Tod; um 1965)

62 Grab Pauls VI. in den Vatikanischen Grotten unter St. Peter (2012)

Quellenanhang: Ausgewählte Texte Pauls VI.

Ansprache bei der Audienz des US-Präsidenten John F. Kennedy

Vatikan, 2. Juli 1963

Ins. I (1963), 36ff. (aus dem Englischen).[1]

Eure Exzellenz!
Mit großer Freude heißen wir Eure Exzellenz im Vatikan willkommen. Wir erinnern uns gern an unsere erste Begegnung vor bald 25 Jahren. Damals begleiteten Sie als junger Mann Ihre Eltern zur Krönung Pius' XII., unseres verehrten Vorgängers seligen Angedenkens.[2] Wir haben auch die vielen Besuche Ihres werten Herrn Vaters in sehr guter Erinnerung.

Eure Exzellenz kommen jetzt wieder, dieses Mal als Präsident jener noblen Nation, der USA. Wir haben Ihr wundervolles Land besucht. Als wir von einer großen Stadt zur anderen gereist sind, konnten wir persönlich die vielen bewundernswerten Qualitäten erfahren, welche Ihre Nation zu einer führenden in der Völkergemeinschaft gemacht haben. Die warmherzige und ehrliche Gastfreundschaft, die wir überall erlebt haben, hat bei uns einen bleibenden Eindruck hinterlassen. Die vielen Kirchen, welche die amerikanische Landschaft prägen, und die Türme, welche die Städte überragen, lassen auf die Offenheit Ihres Volkes für religiöse Fragen schließen. Wir waren Zeuge des Fleißes, des Erfindungsgeistes und der Hingabe, durch die die reichen natürlichen Ressourcen

1 Auf biblische Textbelege wird im Folgenden verzichtet. In den hier wiedergegebenen deutschen Texten, die zuvor schon in Übersetzungen vorlagen, werden offenkundige sprachliche Fehler und heute unübliche Schreibweisen ohne weitere Kennzeichnung korrigiert.

2 Vgl. Robert A. Ventresca: Soldier of Christ. The Life of Pius XII, Cambridge (Massachusetts) – London 2013, 139ff.

zur Grundlage für einen hohen Lebensstandard Ihrer Bürger werden konnten.

Trotz dieses hart erarbeiteten Überflusses hat Ihr Land nicht die Ideale seiner Anfangszeit vergessen. Auch wurden die ärmeren Nationen nicht vernachlässigt, besonders nicht jene neu entstandenen Staaten, welche Ihrer Bevölkerung Freiheit und Rechtstaatlichkeit garantieren wollen. Mit nicht geringen Kosten haben ihnen die USA großzügig ihre helfende Hand gereicht. Diese verständnisvolle und großzügige Haltung wird sicher zu einer Freundschaft in gegenseitigem Respekt führen und den Bürgern Ihres Landes weiteren Segen bringen.

Die letzten Jahre haben beeindruckende Entwicklungen bei der Erforschung des Weltraums mit sich gebracht, zu denen die USA einen beachtlichen Beitrag geleistet haben. Mögen diese Unternehmungen zur Ehre Gottes beitragen, des Schöpfers und höchsten Lenkers der Welt. Weil sie so vielversprechend für das Wohl der Menschheit sind, mögen sie auch einen wahren und friedlichen Fortschritt einleiten, der die Menschen zu einer universalen brüderlichen Gemeinschaft zusammenschließt.

Genau das ist es, was wir oft aus den Reden Eurer Exzellenz heraushören, dass nämlich Ihre Worte engagiert an die höheren Prinzipien von Wahrheit, Gerechtigkeit und Freiheit erinnern. Wir erkennen eine direkte Übereinstimmung mit dem, was unser verehrter Vorgänger Papst Johannes XXIII. in seiner letzten Enzyklika *Pacem in Terris* lehrt. Er war es, der der Welt von neuem die traditionelle Lehre der Kirche von der Würde der menschlichen Person, des menschlichen Individuums vorgelegt hat. Mit dieser Würde hat der allmächtige Schöpfer den Menschen ausgestattet, als er ihn nach seinem Bild und Gleichnis geschaffen hat. Wir gedenken in unseren Gebeten stets der Bemühungen, all Ihren Landsleuten die gleichen bürgerlichen Rechte zu gewähren. Denn das Fundament für die Gleichheit aller Menschen ist ihre Würde als Personen und Kinder Gottes.

Das unermüdliche Streben nach einem weltweiten Frieden ist ein sehr wichtiges Anliegen, und wir vertrauen darauf, dass diese Bemühungen von allen Menschen guten Willens geteilt werden. Ein Weltfriede in Liebe und Gerechtigkeit kann erreicht werden, und wir spüren, dass die Anstrengungen der Vereinigten Staaten Frucht tragen und gewährleisten werden, dass alle Völker dieser bedrängten Welt sich des göttlichen Segens erfreuen können. Diesem Anliegen widmen wir nach dem Beispiel unserer Vorgänger unsere Gebete, all unsere Kraft und unser Leben.

Wir heißen Sie herzlich willkommen und übermitteln durch Sie auch Frau Kennedy[3], Ihrer Familie und allen Bürgern Ihres Landes unsere Grüße, indem wir auf alle den überreichen Segen Gottes herabrufen.

3 Gemeint ist Rose Kennedy, die verwitwete Mutter des Präsidenten (die First Lady Jacqueline Kennedy war bei der Audienz anwesend).

Predigt in der „Künstlermesse" 1964

Vatikan (Sixtinische Kapelle), 7. Mai 1964

Ins. II (1964), 312–318 (aus dem Italienischen; gekürzt).

Werte Damen und Herren, hochgeschätzte Söhne!
Bevor wir diese kurze Zwiesprache mit Euch beginnen, drängt es uns, uns von einer gewissen Befangenheit zu lösen, die angesichts dieses Anlasses und dieses Ortes, der Sixtinischen Kapelle, nur zu verständlich ist. Es gibt wohl keinen anderen Ort, der mehr zu denken gibt und erschauern lässt, der eine stärkere Scheu einflößt und zugleich größere Gefühle weckt. Gerade Ihr Künstler müsst zuerst das instinktive Zögern von uns nehmen, das beim Betreten dieses Heiligtums der Geschichte, Kunst, Religion, der menschlichen Schicksale, Erinnerungen und Vorahnungen aufkommt. Warum? Weil es vor allem ein Heiligtum der Künstler, für die Künstler ist. Daher müsst Ihr es zulassen, dass Euren Geist in diesem Augenblick der große Atem der Emotionen, der Erinnerungen, des Gotteslobes in Freiheit anweht (also all das, was ein Tempel wie dieser in der Seele hervorrufen kann).

Eine weitere Unsicherheit, eine andere lähmende Scheu mag sich einstellen: nicht durch unsere bescheidene Person, sondern dadurch, dass wir offiziell als Papst anwesend sind. „Der Papst ist hier!" So denkt ihr sicher. Sind denn die Künstler noch nie zum Papst gekommen? Es ist in der Tat vielleicht das erste Mal. Das heißt, jahrhundertelang sind sie gekommen und standen dabei auf unterschiedliche Weise in Verbindung mit dem Haupt der katholischen Kirche. Diese Verbindung, diese Beziehung ist sozusagen abgebrochen. Und nun seid Ihr alle hier, in einer religiösen Feier, die nur für Euch stattfindet. Ihr steht nicht hinter den Kulissen, sondern lasst Euch wirklich auf eine spirituelle Konversation und auf eine heilige Feier ein. Und bei sensiblen und verständnisvollen Menschen ist es nur natürlich, dass dabei Verehrung, Respekt, der Wunsch zu verstehen und zu schweigen im Spiel sind. Wenn Euch ein solches Empfinden in diesem Augenblick daran hindern sollte, Euren Gefühlen freien Lauf zu lassen, dann wollen wir Euch doch dazu ermutigen. Denn der Papst muss alle bei sich aufnehmen, er ist der Vater aller und für alle von Amts wegen zuständig, er hat für einen jeden ein passendes Wort. Für Euch speziell hat er dieses Wort, und er freut sich darüber, es Euch heute sagen zu dürfen. Denn der Papst ist Euer Freund. Das ist er nicht nur, weil eine Tradition von Prunk, Mäzenatentum, Größe, Prachtentfaltung mit seinem Amt, seiner Autorität, seiner Beziehung zu den Menschen verknüpft ist; auch nicht, weil er diese Ausdrucksmittel nötig hätte, um den Menschen, die es nicht wissen, zu sagen, wer er ist und wie ihn Christus mitten in die Menschheit gestellt hat. Die Gründe liegen tiefer. Sie sollen uns heute beschäftigen. Es gehört zu unserem Amt, Euch zu suchen. Müssen wir das große Wort eigens aussprechen, das Ihr im Übrigen schon kennt? Wir haben Euch nötig! In unserem Amt als Papst brauchen wir Eure Mitarbeit.

Denn wie Ihr wisst, ist es unsere Aufgabe zu predigen und die Welt des Geistes, des Unsichtbaren, des Unbegreiflichen, die Welt Gottes zu eröffnen, sie verständlich zu machen, sie nahezubringen. Bei diesem Werk, die unsichtbare Welt in begreifbaren, verständlichen Formeln darzustellen, seid Ihr Meister. Das ist Euer Metier, Eure Sendung. Eure Kunst besteht eben darin, aus dem Himmel des Geistes die Schätze herunterzuholen und sie in Worte, Farben, Formen, Zugänge zu kleiden. Dabei handelt es sich nicht nur um logische oder mathematische Zugänge (die ja auch auf ihre Weise die Geheimnisse der Welt für die Sinne und den Verstand erschließen). Wenn Ihr so die Welt des Geistes zugänglich und verständlich macht, beharrt Ihr darauf, dass sie immer auch unergründlich und transzendent, ja ein Geheimnis bleibt. Ihr betont, dass dies zugleich Anstrengung und Leichtigkeit erfordert. Ihr wendet dabei das an, was die Experten „Einfühlung“ nennen, also das Gespür, die Fähigkeit, etwas mit dem Gefühl wahrzunehmen, was der Verstand nicht verstehen und ausdrücken könnte. Uns etwas auf diese Weise nahezubringen, darin seid Ihr Meister. Nochmals: Ihr beschert uns auf diese Weise beglückende und leichte Einsichten in Wirklichkeiten, die man nur intuitiv und mit den Sinnen erfassen kann. Wenn wir Eure Hilfe nicht hätten, dann würde unsere Verkündigung stammelnd und unsicher. Sie müsste sich dann selbst bemühen, künstlerisch, ja prophetisch zu werden. Um mit poetischer Kraft und intuitiver Schönheit zu sprechen, müssten Priestertum und Kunst eins werden.

Daher müsste unsere Ansprache nun ernst und feierlich werden. Ort und Augenblick würden es nahelegen, aber die Zeit, die uns zur Verfügung steht, und das für dieses erste freundschaftliche Treffen vorgesehene Programm erlauben es nicht. Vielleicht kommt ja einmal die Gelegenheit, bei der wir mehr sagen können.

Es geht jetzt darum, die Freundschaft zwischen Kirche und Künstlern wiederherzustellen. Es ist ja nicht so, dass dieses Freundschaftsband jemals ganz zerrissen ist – ein Beweis dieser Freundschaft ist schließlich diese Veranstaltung. Manch anderes ließe sich zum Beweis dafür anführen, dass ein freundschaftliches Band zwischen Kirche und Künstlern immer fortbestanden hat. Das gilt auch deshalb, weil (wie wir gesagt haben) die Kirche ein solches nötig hat. Und vielleicht sprechen wir Euch aus dem Herzen, wenn wir darüber hinaus sagen: Ihr selbst sucht das Unergründliche und stellt dabei fest, dass seine Heimstatt, seine Wohnung und sein schönstes Gewand immer noch die Religion ist.

Wir waren also immer Freunde. Aber wie es zwischen Verwandten und Freunden passiert, ist irgendwann etwas falsch gelaufen. Wir haben unsere Freundschaft nicht gekündigt, aber wir haben sie getrübt. Dürfen wir es offen sagen? Ihr habt uns ein wenig verlassen, habt Euch entfernt, um aus anderen Quellen zu trinken, um (wenn auch legitimer Weise) andere Dinge darzustellen, die nicht die unseren sind. Wir könnten noch andere Beobachtungen anführen, aber wir wollen heute Morgen nicht unhöflich sein, indem wir Euch verwirren. Ihr wisst, dass es uns sehr verletzt, wenn Ihr bestimmte Ausdrucksmittel wählt. Das sagen wir, weil wir uns als Hüter der Humanität, der ganzheitlichen Sicht des Menschen einschließlich seiner Gesundheit und seines seelischen Gleichgewichts verstehen. Ihr trennt die Kunst vom Leben, und dann… Mehr noch, manchmal vergesst Ihr das heilige Grundgesetz Eurer Bestimmung. Man weiß nicht, was Ihr sagen wollt; oft wisst Ihr es auch selbst nicht. Daraus entsteht eine babylonische Verwirrung. Wo bleibt da die Kunst? Die Kunst sollte doch Intuition, Leichtigkeit, Glück sein. Das enthaltet Ihr uns manchmal vor, so dass wir überrascht, eingeschüchtert und vor den Kopf gestoßen sind.

Aber um aufrichtig und mutig zu sprechen: wir müssen es unsererseits nochmals zugeben, dass auch wir Euch ein wenig in die Enge getrieben haben, weil wir Euch schöpferische, stets lebendige, mit unzähligen neuen Ideen beschenkte Menschen an erster Stelle auf den Kanon der getreuen Nachbildung verpflichtet haben. Man hat Euch wissen lassen: Wir haben unseren Stil, an den man sich anpassen muss; wir haben unsere Tradition, der man treu bleiben muss; wir haben diese und jene Meister, denen man folgen muss; wir haben diesen Kanon, der seine Gültigkeit behalten muss. Wir haben Euch wohl manchmal eine Bleikugel angehängt. Wir wollen es aussprechen: Vergebt uns! Also auch wir haben Euch verlassen. Wir haben Euch nicht erklärt, was uns wichtig ist; wir haben Euch nicht in unser Heiligtum eingeführt, wo die Geheimnisse Gottes das Herz des Menschen mit Freude, Hoffnung, Fröhlichkeit und Begeisterung erfüllen. Ihr wart nicht unsere Schüler, Freunde, Gesprächspartner, denn Ihr habt uns nicht gekannt.

Daher ist Eure Sprache in der Welt zwar gelehrt gewesen, dabei aber auch befangen, unbeholfen und unfähig zu einem freien Wort. Wir haben deshalb ein gewisses Ungenügen wegen dieser Form von Kunst empfunden. Und um das Schuldbekenntnis heute Morgen wenigstens in dieser Hinsicht vollständig zu machen: wir haben Euch sogar noch schlechter behandelt, indem wir Ersatz besorgt haben, Kunstdrucke, billige und wertlose Artefakte. Ohne eigene Schuld hatten wir keine anderen Werke zur Hand, um mit ihnen Großes wirken zu können, wir hatten keine schönen, neuen, würdigen, bewundernswerten Kunstwerke. Und so sind auch wir in Sackgassen geraten, in denen der Kunst, der Schönheit und – was für uns noch schlimmer ist – der Gottesverehrung schlecht gedient ist.

Schließen wir wieder Frieden? Heute? Hier? Wollen wir wieder Freunde sein? Der Papst wird wieder Freund der Künstler?

Ihr erwartet praktische Vorschläge? Lassen wir diese für jetzt beiseite. In dieser Stunde zählen die Gefühle. Wir müssen wieder Verbündete werden. Wir müssen Euch all das abverlangen, was Euch der Herr an Fähigkeiten geschenkt hat. Im Hinblick auf Zweck und Ziele, durch die Kunst und Gottesverehrung verbunden sind, müssen wir Euren Stimmen den freien und mächtigen Gesang zugestehen, der Euch gegeben ist. Und für Eure Interpretation, für das, was ihr sagen wollt, braucht Ihr alle Eure Fähigkeiten. Von uns werdet Ihr Motive und Themen bekommen – und manchmal mehr als die Themen, nämlich jenes geheime Fluidum, das man Inspiration, Gnade, Charisma der Kunst nennt. Und so Gott will, werden wir es zu geben wissen.

Aber wie gesagt, dies ist nicht der Moment für lange Reden und für abschließende Erklärungen. Für unseren Teil jedenfalls haben wir, Papst und Kirche, schon die Urkunde des neuen Bundes mit dem Künstler unterzeichnet. Die Liturgiekonstitution, die das Zweite Vatikanische Konzil als erstes Dokument verabschiedet hat, enthält einen für Euch wichtigen Passus, den Ihr hoffentlich kennt. Er stellt einen Friedensvertrag und die Wiedergeburt der religiösen Kunst im Raum der katholischen Kirche dar. Ich wiederhole, unsererseits ist der Vertrag bereits unterzeichnet. Es fehlt nur noch *Eure* Unterschrift. (…)

Die Transzendenz, die dem modernen Menschen Angst macht, ist wirklich etwas, das ihn unendlich übersteigt. Wer diese Distanz nicht empfindet, hat auch kein Empfinden für die wahre Religion. Wer sich der Überlegenheit und Unbegreiflichkeit des verborgenen Gottes nicht bewusst ist, hat kein echtes Empfinden von Religion. Aber wer diese Unbegreiflichkeit empfindet, macht unmittelbar die Erfahrung, dass der so weit entfernte Gott schon ganz nah ist: „Du würdest ihn nicht suchen, wenn du ihn nicht schon gefunden hättest.“ Ein Wort Pascals. Und genau das geschieht ständig im wahren geistlichen Leben der Christen. Immer dann, wenn wir Christus dort suchen, wo er ist, nämlich im Himmel, sehen wir zugleich seinen Widerschein in unserer Seele. Der transzendente Gott ist in gewisser Weise immanent geworden. Er ist mir im Inneren meines Herzens Freund und Seelenführer geworden. Und die Gemeinschaft mit ihm, die zunächst unmöglich erschien, so als müsse man einen unendlichen Abgrund überbrücken, ist immer schon vollzogen. Dabei tritt der Herr mit uns in Gemeinschaft auf Wegen, die Ihr wohl kennt: in seinem Wort, in seiner Gnade, in seinem Sakrament, in den Schätzen also, welche die Kirche für die Seelen bereithält.

Das möge für jetzt genügen.

Liebe Künstler, für jetzt sagen wir nur ein einziges Wort: Auf Wiedersehen!

Ansprache bei der Audienz des deutschen Bundeskanzlers Konrad Adenauer

Vatikan, 17. September 1963

Ins. I (1963), 323.

Hochgeehrter Herr Bundeskanzler!
Ihr Besuch, Herr Bundeskanzler, weckt in unserem Geiste die angenehme Erinnerung an die Begegnungen, die wir in den vergangenen Jahren mit Euer Exzellenz hatten, als wir noch im Staatssekretariat Pius' XII., hochseligen Angedenkens, tätig waren. Damals hatten wir das Glück, von Ihnen während Ihres Sommeraufenthaltes im Landhaus in Cadenabbia empfangen zu werden, wo Sie uns mit so großer Liebenswürdigkeit aufnahmen und wir eine gemeinsame Aussprache hatten, die uns unvergesslich bleibt wegen der so freundlichen Art und ob der Wichtigkeit der besprochenen Argumente.

Wir müssen noch mehr sagen: Ihre Gegenwart, Herr Bundeskanzler, in diesen Räumen erweckt in uns aber auch so viele andere Erinnerungen, die Papst Pius XII., den wir eben erwähnten, vor unserem Auge erstehen lassen in seinen Bemühungen für Deutschland vor, während und nach dem großen Krieg, Bemühungen, die unter verschiedenen Gesichtspunkten äußerst wichtig waren, aber immer getragen von einer ganz hohen Wertschätzung und einer ganz großen Liebe für das deutsche Volk.

Sie, Herr Bundeskanzler, haben in opfervollen Jahren am großen Werk des Wiederaufbaus Ihres Landes in maßgeblicher Weise beitragen können und dürfen nunmehr auf eine so sichtlich gesegnete Lebensaufgabe zurückblicken.

Es ist uns eine besondere Freude, in Ihnen einen christlichen Staatsmann begrüßen zu können, der seinen religiösen Glauben und seine Treue zur Kirche offen bekennt. Ja, wir grüßen mit Ihnen alle Ihre Landsleute und nützen gern diese Gelegenheit, unserer Bewunderung Ausdruck zu geben über den hohen Beitrag, den Sie der Welt an echt religiösem Leben, an geistigen und kulturellen Werten schenken. Nicht zuletzt gilt auch unser Dank dem deutschen Volk für alles, was es zur Förderung der Völker in der Entwicklung geleistet hat und noch leistet, woran insbesondere auch die Katholiken tätigen Anteil haben.

Gott, der Geber alles Guten, beschütze Sie, hochgeehrter Herr Bundeskanzler, auch weiterhin auf Ihrem Lebensweg. Ihnen, Ihren Angehörigen und Ihren Mitarbeitern wie dem gesamten uns teuren deutschen Volk erflehen wir von Herzen Gottes überreichen Segen.

Aus der Enzyklika *Ecclesiam Suam*

Vatikan, 6. August 1964

AAS 56 (1964), 609–659 (lateinischer Originaltext). – Deutsche Übersetzung: Papst Paul VI.: Die Wege der Kirche. Rundschreiben *Ecclesiam Suam*, Leutesdorf 1966 (Auszüge).

65. Die Kirche muss zu einem Dialog mit der Welt kommen, in der sie nun einmal lebt. Die Kirche macht sich selbst zum Wort, zur Botschaft, zum Dialog.

66. Dieser Gesichtspunkt ist einer der wichtigsten im heutigen Leben der Kirche; er ist, wie bekannt, Gegenstand eines besonderen und umfassenden Studiums des Ökumenischen Konzils. Wir wollen uns nicht auf die Prüfung der einzelnen Themen dieser Studien einlassen, sondern den Konzilsvätern die Aufgabe überlassen, sie in Freiheit zu behandeln. Wir möchten Euch, ehrwürdige Brüder, nur einige Gedanken zur Erwägung vorlegen, um die Beweggründe, die die Kirche zu diesem Dialog drängen, seine Methode, seine Ziele zu verdeutlichen. Es geht uns dabei um die rechte innere Verfassung, in der der Dialog geführt werden muss, nicht um die einzelnen Diskussionspunkte. Wir wollen nur vorbereiten, noch nicht die Sache selbst behandeln.

70. Der transzendente Ursprung des Dialogs, ehrwürdige Brüder, liegt im Plane Gottes selbst. Die Religion ist ihrer Natur nach eine Beziehung zwischen Gott und dem Menschen. Das Gebet spricht im Dialog diese Beziehung aus. Die Offenbarung, das heißt die übernatürliche Beziehung, die Gott selbst durch freien Entschluss mit der Menschheit herstellen wollte, wird in einem Dialog verwirklicht, wobei das Wort Gottes sich in der Menschwerdung und dann im Evangelium zum Ausdruck bringt. Das heilige väterliche Gespräch Gottes mit dem Menschen wurde durch die Erbsünde unterbrochen, aber im Laufe der Weltgeschichte wunderbar wiederaufgenommen. Die Heilsgeschichte erzählt diesen langen und vielgestaltigen Dialog, der von Gott ausgeht und zu einer wunderbar vielgestaltigen Zwiesprache mit dem Menschen wird. In diesem Gespräch Christi mit den Menschen gewährt Gott etwas Einblick in

das Geheimnis seines Lebens, in das Einzigartige seines Wesens, dreifaltig in den Personen; er sagt uns, wie er erkannt werden will – er ist Liebe; und wie er von uns geehrt werden will und wie wir ihm dienen sollen – Liebe ist unser oberstes Gebot. Der Dialog wird eng und vertraulich. Das Kind ist dazu eingeladen, der Mystiker erschöpft sich darin.

114. Dieser Wunsch, den Beziehungen innerhalb der Kirche den Geist eines Dialogs zwischen Gliedern einer Gemeinschaft zu geben, deren Wesenselement die Liebe ist, will aber keineswegs die Pflege der Tugend des Gehorsams beseitigen, da nämlich die Ausübung der Autorität auf der einen und die Unterordnung auf der anderen Seite sowohl von einem geordneten gesellschaftlichen Leben, besonders aber von der hierarchischen Natur der Kirche gefordert werden. Die Autorität der Kirche ist von Christus eingesetzt; sie vertritt ihn; sie ist die bevollmächtigte Vermittlerin seiner Worte und seiner seelsorglichen Liebe. So wird der Gehorsam, der aus dem Motiv des Glaubens geleistet wird, eine Schule evangelischer Demut und führt den Gehorchenden zur Klugheit, zur Einheit, zur Frömmigkeit und zur Liebe, zu Tugenden, die das kirchliche Gefüge erhalten. Er gewährt dem, der ihn auferlegt, wie dem, der gehorcht, das Verdienst, Christus nachzuahmen, „der gehorsam wurde bis in den Tod".

115. Unter Gehorsam, der sich dem Dialog öffnet, verstehen wir die Ausübung der Autorität, die ganz vom Bewusstsein durchdrungen ist, im Dienst der Wahrheit und der Liebe zu stehen. Und wir verstehen darunter die immer bereitwillige und frohe Befolgung der kanonischen Vorschriften und die Unterordnung unter die Führung der rechtmäßigen Vorgesetzten, wie es sich für freie und liebende Kinder geziemt. Der Geist der Auflehnung, der Kritik, der Rebellion verträgt sich schlecht mit der Liebe, die ein Gemeinschaftsleben beseelen soll, mit Eintracht und Frieden in der Kirche, und verwandelt schnell den Dialog in eine Auseinandersetzung, einen Wortwechsel, einen Streit, was leider nur zu leicht geschieht, aber darum eine nicht weniger unerfreuliche Erscheinung ist, gegen die uns das Wort des Apostels schützen soll: „Lasst nicht Spaltung sein unter euch." (…)

Predigt in der Pfarrei St. Paul, Bombay

Bombay (heute Mumbay, Indien), 4. Dezember 1964

Aus dem Englischen; der Originaltext findet sich nicht in den offiziellen Verlautbarungen des Vatikans; er wird zitiert nach der vatikanischen Internetseite.[4]

Verehrte Brüder, geliebte Söhne und Töchter!
Wir sind in dieses gastliche Land als Pilger gekommen, um unseren Herrn in der Heiligen Eucharistie zu verehren. Dabei richten wir unsere Worte des Grußes und der Aufmerksamkeit an Euch, an alle Katholiken, Bischöfe, Priester und alle Leute, ja auch an alle Inder. Wenn Ihr fragt: Wer ist dieser Pilger? Was sind seine Motive und Intentionen? Dann antworten wir: Wir sind ein Diener und Botschafter Jesu Christi, durch die göttliche Vorsehung zum Haupt seiner Kirche bestellt, als Nachfolger des heiligen Petrus, des Apostelfürsten. Botschafter Jesu und Haupt der Kirche sind in Wirklichkeit ein und dieselbe Aufgabe, denn die Kirche ist dafür da, die Lehre Jesu zu verkünden und zu verbreiten, um so sein Wirken auf Erden fortzuführen. Das ist unsere Identität und unsere Mission.

Für einen fruchtbaren Dialog müssen beide Seiten sich kennen. Wir wollen Euch besser kennenlernen. Wir wissen schon um die lange und glorreiche Geschichte der Kirche in Indien. Sie geht auf das Wirken des Apostels Thomas zurück. Er hat dieses Land durch seine Predigt geheiligt und wird Apostel Indiens genannt. Der Tradition nach wurde der Glaube auch vom heiligen Bartholomäus gebracht. Wir erinnern an das segensreiche Apostolat des heiligen Franz Xaver und an viele andere Priester und Ordensleute, welche die Gute Nachricht des Evangeliums verbreitet haben und bis heute fortfahren, Menschen den Weg zur ewigen Seligkeit zu zeigen.

4 http://www.vatican.va/holy_father/paul_vi/homilies/documents/hf_p-vi_hom_19641204_india_en.html (12.8.2014).

In den Jahrhunderten der Geschichte Eures Landes erweist sich für uns die angeborene Güte, die Demut und Geduld seiner Söhne, Eure unerschütterliche Hingabe an spirituelle Ideale. Wir wissen auch um die vielen Belastungen und Schwierigkeiten, die Ihr mit Starkmut und Ausdauer ertragt. Ein herausragendes Beispiel dieser Tugenden hat Mahatma Gandhi durch sein Leben und seine Werke gegeben. Sein erhabener Charakter und seine Friedensliebe sind allgemein bekannt.

Eine derartige religiöse Haltung und der hohe Stellenwert, den man der Familie beimisst, kennzeichnen Indien, ja alle Völker Asiens.

Wir grüßen voll Respekt den ganzen asiatischen Kontinent (hier spielt Indien eine große Rolle) in seiner Verschiedenheit der Rassen und Kulturen, mit seinen Bemühungen um echten Fortschritt, mit seinem tief empfundenen Wunsch nach Frieden unter den Nationen der Welt und mit dem Bemühen darum.

Wir kommen zu Euch als ein Botschafter Jesu und seiner Lehre. Viele von Euch kennen seine Lehre und seine Botschaft. Viele von Euch verehren ihn und bewundern seine Lehre, wie es Mahatma Gandhi getan hat. Jesus sagt: „Ich bin das Licht der Welt.“ Heute braucht die Welt dieses Licht, um Unfrieden und Spaltung, Teilung und die Bedrohung durch eine bislang ungekannte Gewalt zu überwinden, welche die Menschheit in den Abgrund zu reißen droht.

Inder, ja Asiaten allgemein können Licht und Stärke aus der Lehre und dem Geist Jesu empfangen, aus seiner Liebe und seinem Mitgefühl. So können sie den Bedürftigen helfen, geschwisterlich und in Frieden mit sich und ihren Nachbarn zu leben.

Das ist die Mission der Kirche, und wir sind zutiefst dankbar dafür, dass die Prediger des Evangeliums sich in Eurem Land frei betätigen können. Sie verkünden die Botschaft Jesu mit dem höchsten Respekt vor den Überzeugungen anderer, in der Sprache und Kultur des Volkes, und sie ermutigen die Christen, ihren Glauben und ihre Frömmigkeit in Harmonie mit der indischen Zivilisation und in echt indischen Formen auszudrücken. Die Kirche, welche in der Vergangenheit den kulturellen Reichtum von Ost und West, aufgenommen hat, wird durch ihre indischen Gläubigen, die ihre alte und vielseitige Tradition einbringen, weiter bereichert werden.

Geliebte Söhne und Töchter und alle Menschen in Indien! In dieser schlichten Rede haben wir mögliche Berührungspunkte sowie viele gemeinsame Anliegen aufgezeigt.

Wir fühlen uns also bei Euch nicht wie ein Fremder. Der Papst ist überall zuhause, wo die Kirche heimisch ist. Die Kirche ist überall eng mit dem Volk verbunden, wenn es um Verbesserungen für die Nation geht.

Von ganzem Herzen wünschen wir dem indischen Volk Wohlstand und Fortschritt. Soweit es in unseren Kräften steht, haben wir geholfen und wollen weiter helfen. Wir wollen nicht darin nachlassen, den allmächtigen Gott und unseren Herrn Jesus Christus zu bitten, Führern und Volk dieser edlen Nation den göttlichen Segen in Überfluss zu schenken, besonders aber das hohe Gut des Friedens in Gerechtigkeit und geschwisterlicher Liebe.

Predigt in der römischen Vorstadtpfarrei Ognissanti (Allerheiligen) am 1. Fastensonntag 1965

Rom, 7. März 1965

Ins. III (1965), 1179–1185 (aus dem Italienischen; gekürzt).

(…) Außergewöhnlich ist die neue Weise, in der wir heute beten und die Heilige Messe feiern. Heute wird in allen Pfarreien und Kirchen der Welt die neue Form der Liturgie in Kraft gesetzt, und zwar in allen Messen für das Volk. Es ist ein großes Ereignis, das man als Anfang einer neuen Blüte des geistlichen Lebens im Gedächtnis behalten wird, als Neuanfang im großen Dialog zwischen Gott und Mensch.

„Der Herr sei mit euch!"

Es wird nun zum Grundprinzip, dass beim Beten die einzelnen Sätze und Worte verstanden werden, dass Sie mit unseren persönlichen Gefühlen gefüllt werden. Und diese Gefühle sollen in Gleichklang mit der Gemeinschaft sein, mit der wir einen Chor bilden. (…)

Worin besteht dieser Ritus, den wir gerade feiern? Es handelt sich um eine Begegnung zwischen dem, der das göttliche Opfer darbringt, und dem Volk, das ihm dabei assistiert. Diese Begegnung muss daher umfassend sein und von Herzen kommen. Es ist deshalb durchaus nicht abwegig, dass der Zelebrant – in diesem Fall der Papst – mehrere Male an die Anwesenden den charakteristischen Gruß richtet: „Der Herr sei mit euch!"

Seht her: Der Papst wiederholt den großen Wunsch, indem er sich nicht nur herzlich an die Anwesenden wendet, sondern er will die ganze christliche Bevölkerung dieser Stadt ansprechen, der Diözese der Apostel Petrus und Paulus, der Diözese Rom. Daher ruft der Heilige Vater aus vollem Herzen und mit all der Kraft, die Gott seiner Stimme und seinem Amt verleiht, dem römischen Volk zu: dass doch der Herr mit ihm sei!

Und dabei hofft er, dass ein jeder mit Überzeugung antworte: Und mit deinem Geiste! Auf diese Weise beginnt der wunderbare und innige Dialog zwischen dem Amtsträger, dem Diener Gottes, und dem christlichen Volk. So beginnt der gnadenreiche Dialog zwischen dem Priester und dem einzelnen Gläubigen, der diese Gnaden empfängt. Der Priester kommentiert sie, er lässt sich selbst von ihnen bereichern und schenkt sie von sich her an die Gemeinschaft weiter. (…)

[Der Papst begrüßt im Folgenden die verschiedenen Gruppen der Pfarrei.]

Und die Fernstehenden? Gibt es jemanden – fragt der Heilige Vater mit väterlicher Sorge –, der jetzt noch nicht begrüßt worden ist? Ja gut, fügt er hinzu, ich hätte das Recht alle Christen dieser Pfarrei zu mir zu rufen und zu fragen, ob sie gläubig sind. Ich könnte einen jeden daran erinnern, welches Siegel er in der Seele trägt, das ihn befähigt, Christus zu kennen, zu lieben und ihm zu dienen. Und wenn einer nicht mehr daran dächte oder in diesem Glauben schwach geworden wäre, höre er heute meine herzliche und väterliche Einladung: Du, der Du die Angelegenheiten der Kirche nicht verstehst; Du, der Du nicht beten kannst; Du, der Du Dich für fernstehend hältst; Du, der Du Dich vielleicht aus der großen Familie ausgeschlossen und verachtet fühlst: Du sollst wissen, dass die Kirche Dich sucht, Dich ruft, Dich anspornt, Dich erwartet. Warum? Weil auch Du ein rechtmäßiges Kind Gottes bist. Du hast daher die Pflicht, auf den Ruf zu antworten, der Dein Heil will. In der Tat ist es für uns alle die höchste Berufung, dass uns das Heil zuteilwerden soll.

Ein zweiter Gedanke. Wir sind nicht nur hier, so wichtig das ist, um einander zu begegnen, sondern auch um das große eucharistische Opfer zu feiern: die Heilige Messe. Wir feiern also die Gegenwart Christi in unserer Mitte. Nun will der Papst, bevor er auf diese sakramentale und reale Gegenwart zu sprechen kommt, seine geschätzten Zuhörer auf eine andere Wahrheit hinweisen. Schon dadurch besitzen wir seine Gegenwart, dass wir zusammengekommen sind, versammelt im Namen Christi, geeint darin, an ihn zu denken und zu ihm zu beten. Jesus selbst hat uns versichert: Überall „wo zwei oder drei in meinem Namen versammelt sind, da bin ich mitten unter ihnen." So ereignet sich das große Geheimnis der Gegenwart Christi. Wir dürfen um diese unsichtbare und geheimnisvolle Gegenwart Christi heute bei uns wissen und uns vor Augen halten, dass er uns im Jahre 1965 nach seiner Geburt zusammenführt. Denn an ihn glauben wir, und bald werden wir die Heiligen Geheimnisse feiern.

Christus ist hier: Die Pfarrei verwirklicht seine Gegenwart inmitten der Gläubigen, und auf diese Weise wird das christliche Volk sozusagen Sakrament, heiliges Zeichen der Gegenwart des Herrn.

Und das ist noch nicht alles. Wir erfreuen uns einer weiteren Gegenwart des Herrn: in seinem Wort, in seinem Evangelium. Bei Jesus fallen Leben und Wort in eins, denn er *ist* das Wort. Wenn wir seine Worte wiederholen, wird Christus in gewisser Weise bei uns gegenwärtig. Zwischen einem Lehrer und seinem Gegenstand herrscht eine gewisse Distanz, während es bei Jesus so ist, dass sein Wort und er selbst in eins fallen. Während wir uns wünschen, dass der Herr mit uns sei, geschieht das schon in seinem Wort. Auf diese Weise – wohl geheimnisvoll, aber so, dass wir es annehmen können – lebt seine Gegenwart in unseren Seelen. Seine Stimme hallt wider in unseren Herzen, seine Gedanken werden unsere Gedanken, seine Lehre dringt in unser Leben ein. Um es zusammenzufassen: wir treten in eine Gemeinschaft mit Christus ein, wenn wir das Wort Gottes aufmerksam hören.

So finden wir uns gut vorbereitet auf das große und geheimnisvolle Opfermahl, die Heilige Messe.

Testament Pauls VI.

Rom, 30. Juni 1965 (eigenhändige Datierung)

Paolo VI: Pensiero alla morte. Testamento. Omelia nel XV Anniversario dell'incoronazione, Brescia 1988 (mit Reproduktion der Autographen), 57f. (aus dem Italienischen; Schlusszeile und Unterschrift lateinisch; Auszug).

(...) Zum Begräbnis: Es soll fromm und einfach sein (statt des derzeit bei Papstbegräbnissen üblichen Katafalks wünsche ich eine bescheidene und angemessene Aufbahrung).

Ich hätte gerne ein Erdgrab. Eine bescheidene Inschrift möge auf den Ort hinweisen und zu frommem Gedenken einladen. Für mich kein Grabmonument.

Und um zu Wichtigerem zu kommen: Da ich von der Szene dieser Welt abtrete und mich dem barmherzigen Gericht Gottes nähere, hätte ich noch so viele Dinge zu sagen.

Über den Zustand der Kirche: Sie möge dem ein oder anderen Wort Gehör schenken, das wir ihr mit Ernst und Liebe gesagt haben.

Über das Konzil: Man bringe es zu einem guten Ende und führe dann getreu seine Anweisungen aus.

Über den Ökumenismus: Man nähere sich weiter den getrennten Brüdern an, mit viel Verständnis, mit viel Geduld, mit großer Liebe aber ohne von der wahren katholischen Lehre Abstriche zu machen.

Über die Welt: Man soll nicht meinen, dass man ihr von Nutzen sein kann, indem man ihr Denken, ihr Verhalten, ihre Vorlieben annimmt sondern man lerne sie besser kennen, liebe sie, diene ihr.

Ich schließe die Augen in dieser leidvollen, dramatischen, großartigen Welt, indem ich noch einmal auf sie die göttliche Güte herabrufe. Noch einmal segne ich alle, Rom besonders, Mailand und Brescia. Dem Heiligen Land, dem Land Jesu, wo ich als Pilger des Glaubens und des Friedens weilte, gilt mein besonderer Segenswunsch.

Und der Kirche, der so sehr geliebten katholischen Kirche, der ganzen Menschheit meinen apostolischen Segen!

Schließlich: In deine Hände, Herr, empfehle ich meinen Geist.

Ich: Papst Paul VI.

Ansprache vor den Vereinten Nation (UNO)

New York, 4. Oktober 1965

AAS 57 (1965), 877–885 (aus dem Französischen).

In dem Augenblick, in dem wir in dieser Versammlung, die in der Welt einzigartig ist, das Wort ergreifen, möchten wir uns ganz herzlich bei Ihrem Generalsekretär Thant bedanken, dass er uns aus Anlass des 20. Jahrestags der Gründung dieser Weltorganisation für Frieden und Zusammenarbeit zwischen den Völkern der Erde, der Vereinten Nationen, eingeladen hat. Wir danken ebenfalls dem Herrn Präsidenten der Versammlung, Amintore Fanfani, der bei seinem Amtsantritt sehr zuvorkommende Worte an uns gerichtet hat. Dank auch an alle Anwesenden für den freundlichen Empfang. An einen jeden von Ihnen richtet sich unser ehrerbietiger und herzlicher Gruß. Aus Freundschaft haben Sie uns eingeladen und gewähren uns nun Zutritt zu dieser Zusammenkunft, und als Freunde wollen wir vor Sie hintreten.

Wir bringen nicht nur unsere persönliche Hochachtung zum Ausdruck, sondern auch die des gesamten Ökumenischen Zweiten Vatikanischen Konzils, das gerade in Rom versammelt ist und das durch die Herren Kardinäle vertreten wird, die uns zu diesem Zweck begleiten. In ihrem und in unserem eigenen Namen machen wir Ihnen unsere Aufwartung und grüßen Sie.

Sie alle werden verstehen, dass diese Begegnung ein schlichter und ergreifender Moment ist. Schlicht weil Sie vor Ihnen einen Menschen sehen, wie Sie es sind. Er ist Ihr Bruder, und zwar unter Ihnen als den Vertretern souveräner Staaten einer der kleinsten. Auch er steht, wenn Sie so wollen, für eine winzige, gleichsam symbolische zeitliche Herrschaft gerade so groß, damit er in Freiheit seine geistliche Sendung ausüben und allen, die mit ihm zu tun bekommen, gewährleisten kann, von jedem anderen Souverän dieser Welt unabhängig zu sein. Er hat keine weltliche Macht und will nicht mit Ihnen konkurrieren. In der Tat wollen wir heute kein Problem angehen und nichts erbitten, es sei denn, Ihnen in dem, was Ihnen ohnehin aufgetragen ist, nach Kräften zu Diensten sein zu dürfen, uneigennützig, demütig und freundlich.

Das ist die erste Erklärung, die wir abgeben wollen; wie Sie sehen, ist sie so einfach, dass sie für diese Versammlung, die sonst so wichtige und schwierige Fragen zu behandeln pflegt, fast unbedeutend erscheint. Aber wir haben es erwähnt, und Sie spüren es, dass dieser Moment groß ist, groß für uns und groß für Sie. Besonders für uns! Sie wissen ja, wer wir sind. Wie immer auch Ihre Meinung über den römischen Pontifex sein mag, so kennen Sie doch seine Sendung. Wir sind Träger einer Botschaft für die ganze Menschheit. Wir sind es nicht nur in unserem eigenen Namen und in demjenigen der ganzen katholischen Familie, sondern auch im Namen aller Mitchristen, die unsere Gefühle teilen, namentlich derjenigen, die wir ausdrücklich vertreten dürfen. Wir sind gewissermaßen ein Botschafter, der nach langer Reise ankommt und den ihm anvertrauten Brief übergeben kann. So sind wir uns des Glücks bewusst, dass sich für uns in diesem kurzen Augenblick ein Wunsch erfüllt, den wir seit fast 20 Jahrhunderten im Herzen tragen. Sie erinnern sich: Wir haben einen weiten Weg und eine lange Geschichte hinter uns. Wir setzen hier den Schlusspunkt einer mühsamen Pilgerschaft, die als Ziel das Gespräch mit der ganzen Welt hat. Denn es ist uns aufgegeben: „Geht und tragt die frohe Botschaft zu allen Völkern." Nun sind Sie es, die „alle Völker" vertreten. Wir haben für Sie eine Botschaft, ja eine frohe Botschaft, die einen jeden von Ihnen erreichen soll.

Unsere Botschaft ist in erster Linie als eine moralische und feierliche Anerkennung dieser hohen Institution zu verstehen. Diese Botschaft basiert auf unserer historischen Erfahrung. Wir als „Experten für menschliche Fragen" erinnern an die Unterstützung dieser Organisation durch unsere unmittelbaren Vorgänger, durch die katholischen Bischöfe und durch uns selbst. Denn wir sind überzeugt, dass diese Organisation den richtigen Weg zur modernen Zivilisation und zum Weltfrieden darstellt.

Wir wollen den Toten und den Lebenden Stimme verleihen. Den Menschen, die in den furchtbaren letzten Kriegen umgekommen sind und die von Eintracht und Frieden in der Welt geträumt hatten. Wir wollen den Überlebenden Stimme verleihen, welche die Kriegstreiber im Herzen verurteilen. Wir wollen der nachwachsenden Generation Stimme verleihen, die neu und vertrauensvoll beginnt, den heutigen Jugendlichen, die zu Recht von einer besseren Menschheit träumen. Und wir wollen den Armen Stimme verleihen, den Enterbten, den Leidenden, denen, die nach der Gerechtigkeit, nach Würde, Freiheit, Wohlergehen und Fortschritt dürsten. Die Völker sehen in der UNO einen Schutzwall der Eintracht und des Friedens. Mit ihnen wollen auch wir die UNO voll Hoffnung ehren. Daher also ist dieser Augenblick auch für Sie groß.

Wir wissen, dass Ihnen das alles wohl bewusst ist. Hören Sie jetzt die Fortsetzung unserer Botschaft. Sie wendet sich nun ganz der Zukunft zu. Das Gebäude, das Sie errichtet haben, darf nie wieder verfallen. Es muss vielmehr noch vollkommener werden und an die Erfordernisse der Geschichte angepasst werden. Sie stehen für eine Stufe in der Entwicklung der Menschheit, hinter die es kein Zurück, nur ein Vorwärts geben darf.

Auf den unübersehbaren Pluralismus der Staaten antworten Sie mit einer extrem einfachen und zugleich sinnvollen Grundregel des Zusammenlebens: Erstens erkennen Sie sich gegenseitig an und unterscheiden die einen [Staaten] von den anderen. Sicher, Sie verleihen den Staaten nicht erst ihre Existenz. Aber Sie beurteilen bei jeder einzelnen Nation, ob sie in dieser Organisation Mitglied sein kann. Sie verleihen also einer jeden souveränen Nation eine für sie sehr wichtige ethische und juridische Anerkennung und gewährleisten so, dass ihr ein anerkannter Platz unter den Nationen zukommt. Es handelt sich dabei schon um einen großen Dienst an der Menschheit, wenn die nationalen Subjekte der Weltgemeinschaft recht abgegrenzt und gewürdigt werden, wenn sie von Rechts wegen etabliert werden, so dass alle es anerkennen und respektieren müssen. Daraus kann ein geordnetes und stabiles System des internationalen Zusammenlebens entstehen. Sie sorgen dafür, dass die Beziehungen zwischen den Völkern prinzipiell von der Vernunft, von der Gerechtigkeit, vom Recht, von Verhandlungen – und nicht von der Stärke, der Gewalt, dem Krieg und noch weniger von der Furcht oder der Täuschung reguliert werden. So soll es sein. Lassen Sie sich dazu gratulieren, dass Sie so weise gewesen sind, diesen Saal für die jungen Völker geöffnet zu haben, die erst vor kurzem ihre Unabhängigkeit und nationale Freiheit gefunden haben. Ihre Anwesenheit beweist die Universalität und Großherzigkeit der Prinzipien, von denen diese Institution von Anfang an inspiriert worden ist. So soll es sein. Daher unsere Anerkennung und unsere guten Wünsche, die wir Ihnen im Hinblick auf Ihr Statut (also auf einen für Sie zentralen Aspekt) aussprechen.

Im Hinblick auf Ihr Statut wollen auch wir noch einen Schritt weitergehen. Sie wirken als solche für die Einheit der Nationen, um sozusagen die Staaten miteinander zu verbinden. Sie bilden eine Vereinigung, eine Brücke zwischen den Völkern, ein Beziehungsnetz zwischen den Staaten. Dieses Charakteristikum spiegelt in gewissem Sinne im weltlichen Bereich das wider, was die Kirche im geistlichen verwirklichen will: Einheit und Universalität. Auf der geistigen Ebene ist das für die Menschheit der höchste Wert. Ihre Berufung besteht darin, Brüderlichkeit nicht nur zwischen einigen, sondern zwischen allen Völkern zu stiften. Eine schwierige Aufgabe? Ohne Zweifel. Aber das ist Ihre Aufgabe, eine sehr ehrenwerte Aufgabe. Wer sähe nicht die Notwendigkeit, Schritt für Schritt eine internationale Autorität zu etablieren, die auf juristischer und politischer Ebene wirksam agieren kann? Auch in dieser Hinsicht wiederholen wir unseren Wunsch: Lassen Sie darin nicht nach. Mehr noch, holen Sie diejenigen zurück, die sich von Ihnen getrennt haben, und laden Sie denjenigen in Ehren und Loyalität zu Ihrer brüderlichen Gemeinschaft ein, der noch nicht dazugehört. Sorgen Sie dafür, dass derjenige, der noch draußen steht, das allgemeine Vertrauen erwerbe und verdiene. Nehmen Sie ihn dann großzügig auf. Sie, die Sie das Glück und die Ehre haben, an diesem Ort friedlichen Zusammenlebens zu sitzen, hören Sie uns an: Lassen Sie nicht zu, dass jemals das gegenseitige Vertrauen, das Sie eint und in den Stand versetzt, große und gute Dinge zu wirken, gefährdet und verraten wird.

Dieser Wunsch, der gewissermaßen Ihrer Organisation als Grundgesetz eingeschrieben ist, führt uns zu weiteren Prinzipien Ihres Wirkens: Eines ist, dass kein Mitglied Ihrer Gemeinschaft über dem anderen steht. Keiner über dem anderen. Das ist die Formel der Gleichheit. Wir sind uns bewusst, dass andere Faktoren zu der schlichten Zugehörigkeit zu dieser Institution hinzukommen müssen. Aber dieser Faktor gehört ebenfalls zu Ihrem Grundgesetz. Sie sind nicht alle gleich, aber Sie behandeln einander von gleich zu gleich. Das kann für viele von Ihnen ein Akt großer Tugend sein. Sie werden mir dieses Wort erlauben, der ich Vertreter einer Religion bin, in der das Werk des Heils durch die Demut ihres göttlichen Gründers gewirkt wird. Man kann einander nicht Bruder sein, wenn man nicht demütig ist. Es ist der Hochmut (so unvermeidlich er scheinen mag), der Spannungen und den Kampf um Prestige und Vorherrschaft sowie den egoistischen Kolonialismus provoziert. Das heißt, er zerstört die Gemeinschaft unter Brüdern.

Und nun erreicht unsere Botschaft ihren Höhepunkt, ihren negativen Höhepunkt. Sie erwarten von uns dieses Wort, das wir mit Würde und Feierlichkeit aussprechen wollen: Nicht die einen gegen die anderen, nicht mehr, nie mehr! Zu diesem Zweck vor allem sind die Vereinten Nationen entstanden, gegen den Krieg und für den Frieden! Hören Sie die klaren Worte des verstorbenen John F. Kennedy, eines großen Mannes, der vor nunmehr vier Jahren ausgerufen hat: „Die Menschheit muss dem Krieg ein Ende setzen, oder der Krieg wird der Menschheit ein Ende setzen!" Damit ist mit wenigen Worten das höchste Ziel dieser Organisation umschrieben. Man muss nur daran erinnern, dass das Blut von Millionen Menschen, unzähliges übergroßes Leiden, unnützes Blutvergießen, in Schutt und Asche gefallene Städte am Anfang des Bundes stehen, der Sie vereint, zusammen mit einem Schwur, der die zukünftige Geschichte der Welt verändern muss: *Nie wieder Krieg, nie wieder Krieg!* Der Friede, ja der Friede muss die Geschicke der Völker und der ganzen Menschheit lenken.

Dank und Ruhm gebührt Ihnen, die Sie seit zwanzig Jahren für die Freiheit arbeiten und die Sie diesen Einsatz für eine heilige Sache sogar mit großen Opfern bezahlt haben. Dank und Ruhm Ihnen wegen der Konflikte, denen Sie zuvorgekommen sind und die Sie beigelegt haben. Die Ergebnisse Ihrer Bemühungen, die Sie in den letzten Tagen für den Frieden geleistet haben, verdienen es – auch wenn sie noch nicht endgültig sind –, dass wir uns zu Sprechern der ganzen Welt machen, indem wir Anerkennung und Dank zum Ausdruck bringen.[5]

5 Es handelt sich um den zweiten Kaschmirkrieg, in dem die UNO am 23.9.1965 einen Frieden zwischen Indien, Pakistan und pakistanischen Guerillas vermitteln konnte; vgl. http://www.wiso.uni-hamburg.de/fachbereiche/sozialwissenschaften/forschung/akuf/kriege-archiv/084-indien/ (27.9.2014).

Meine Herren, Sie haben etwas Großes begonnen und führen es fort: die Erziehung der Menschheit zum Frieden. Die UNO ist die hohe Schule dieser Erziehung. Wir befinden uns in der Aula Magna dieser Schule. Wer in dieser Aula sitzt, wird zugleich Schüler und Lehrer in der Kunst, Frieden zu stiften. Wenn Sie diese Aula verlassen, schaut die Welt auf Sie wie auf Architekten und Erbauer des Friedens.

Und Sie wissen, dass man den Frieden nicht nur durch Politik sowie durch das Gleichgewicht der Kräfte und Interessen stiftet, sondern durch den Geist, durch die Ideen und die Werke des Friedens. Sie arbeiten schon in diesem Sinne. Aber Sie stehen erst am Anfang. Wird es in der Welt jemals ein Ende jener auf den eigenen Vorteil bedachten und kriegerischen Mentalität geben, die bis jetzt einen großen Teil der Geschichte durchwirkt? Das ist schwer vorherzusehen. Sicher aber ist, dass man sich entschlossen auf den Weg zu einer neuen Geschichte machen muss, die friedliebender und wirklich menschlicher ist – zu einer Geschichte, die Gott den Menschen guten Willens verheißen hat. Die Wege dorthin sind Ihnen schon vorgezeichnet. Der erste ist derjenige der Abrüstung. Wenn Sie Brüder sein wollen, lassen Sie die Waffen aus Ihren Händen fallen. Niemand kann lieben, solange seine Faust Angriffswaffen umklammert hält. Besonders die schrecklichen Waffen, welche die moderne Technik Ihnen an die Hand gegeben hat, erzeugen – noch bevor sie Opfer und Zerstörung zeitigen – böse Träume, sie nähren schlechte Gefühle, rufen Alpträume und Misstrauen hervor, ermöglichen traurige Vorhaben, sie fordern hohe Kosten und verhindern damit Projekte der Solidarität und des sozialen Einsatzes, sie verfälschen die Psychologie der Völker.

Solange der Mensch ein schwaches, unbeständiges und auch böses Wesen ist (was sich oft zeigt), werden Verteidigungswaffen leider notwendig sein. Sie aber, die Sie mutig und fähig sind, bemühen sich darum, die Sicherheit des internationalen Zusammenlebens ohne Waffen zu garantieren. Das ist ein sehr ehrenwertes Ziel, das erwarten die Völker von Ihnen, das gilt es zu erreichen. Möge das einmütige Vertrauen in diese Institution wachsen, möge ihre Autorität wachsen, dann wird sich das Ziel hoffentlich erreichen lassen. Die Völker werden es Ihnen danken, von denen so der Druck der Rüstungsausgaben genommen wird und die vom Alptraum eines ständig drohenden Krieges befreit werden, der ihre Seele verformt. Wir freuen uns zu hören, dass viele von Ihnen sich wohlwollend mit unserer Einladung auseinandergesetzt haben, die wir im vergangenen Dezember in Bombay an alle Staaten im Hinblick auf den Weltfrieden ausgesprochen haben, einen Teil der Rüstungsausgaben den Entwicklungsländern zukommen zu lassen. Wir erneuern hier diese Einladung und vertrauen dabei auf Ihre Menschlichkeit und Großmütigkeit.

In diesem Zusammenhang wollen wir an ein anderes Grundprinzip dieser Organisation erinnern, an seine positive Zielrichtung. Es geht hier nicht nur darum, über die Konflikte zwischen den Staaten zu sprechen, sondern auch darum, die Staaten in brüderlichem Geist zu befähigen, *dass sich die einen für die anderen einsetzen*. Sie begnügen sich nicht damit, die Koexistenz und das Zusammenleben zwischen den verschiedenen Nationen zu fördern. Sie machen vielmehr einen weiteren Schritt, dem wir unser Lob zollen und dem wir unsere Unterstützung nicht versagen: Sie fördern die brüderliche Zusammenarbeit zwischen den Völkern. Hier wird ein System der Solidarität geschaffen, dessen höchste zivile Ziele seitens der ganzen Völkerfamilie einmütige und einträchtige Unterstützung erhalten, zum allgemeinen Wohl und zum Wohl des Einzelnen. Dieser Aspekt ist der schönste, das wahrhaft menschliche Gesicht dieser Organisation, der UNO. Es geht um das Ideal einer Menschheit, die pilgernd in der Zeit unterwegs ist, es geht um die tiefsten Hoffnungen der Welt. Wir wagen es zu sagen: Dieser Aspekt ist der Widerschein des transzendenten und barmherzigen Planes Gottes, der den Fortschritt des Menschengeschlechts auf Erden will. Hier erkennen wir, dass die himmlische Botschaft des Evangeliums auf Erden Gestalt annimmt. Hier klingen die Worte unserer Vorgänger an, besonders des Papstes Johannes XXIII., dessen Enzykliken auch in Ihren Kreisen eine anerkennende und wohlwollende Aufnahme gefunden haben.

Denn Sie proklamieren hier die fundamentalen Rechte und Pflichten des Menschen, seine Würde, seine Freiheit, besonders die Religionsfreiheit. Wiederum scheint uns, dass damit das Höchste des menschlichen Lebens angesprochen ist, wir möchten sagen: seine Heiligkeit. Denn es geht vor allem um das menschliche Leben; und dieses ist heilig. Niemand darf sich an ihm vergreifen. Der Respekt vor dem Leben, auch hinsichtlich der wichtigen Geburtenfrage, muss hier besonders betont und besonnen verteidigt werden. Sie müssen dafür sorgen, dass die ganze Menschheit genug Brot auf dem Tisch hat. Es griffe zu kurz und wäre unvernünftig zu glauben, durch eine künstliche Geburtenkontrolle lasse sich die Zahl der Tischgenossen am Gastmahl des Lebens vermindern.

Aber es geht nicht nur darum, die Hungernden zu speisen. Man muss darüber hinaus jedem Menschen ein Leben ermöglichen, das seiner Würde entspricht. Und darum genau bemühen Sie sich. Erfüllt sich nicht im Übrigen durch Ihr Wirken vor unseren Augen die prophetische Verheißung, die auf Ihre Institution zutrifft: *„Dann schmieden sie Pflugscharen aus ihren Schwertern und Winzermesser aus ihren Lanzen"*? Sind Sie es nicht, welche die wunderbaren Energien der Erde und die großartigen Erfindungen der Technik, die zuvor Werkzeuge des Todes waren, in Werkzeuge des Lebens umwandeln, für ein neues Zeitalter der Menschheit?

Wir wissen, dass sich die Vereinten Nationen und ihre Unterorganisationen mit wachsender Intensität und Effektivität bemühen, den Regierungen die nötige Hilfe zukommen zu lassen, um ihren wirtschaftlichen und sozialen Fortschritt zu fördern. Wir sind uns bewusst, mit welch großem Eifer Sie gegen den Analphabetismus kämpfen und sich weltweit für die Kultur einsetzen. Sie machen sich für ein angemessenes und modernes Gesundheitswesen stark, helfen dem Menschen, die wunderbaren Ressourcen der Wissenschaft, der Technik, der Organisation zu nutzen. All das ist großartig, es verdient Lob und Unterstützung von allen, auch von uns.

Wir möchten mit gutem Beispiel vorangehen, obgleich unsere Mittel in praktischer und quantitativer Hinsicht gering sind. Wir wollen jedoch unseren caritativen Institutionen einen neuen Impuls geben, gegen den Hunger und die Not der Welt zu kämpfen. Denn so allein baut man den Frieden auf.

Ein letztes Wort noch, meine Herren. Das Gebäude, das Sie errichten, ruht nicht nur auf materiellen und irdischen Fundamenten, denn dann wäre es auf Sand gebaut. Es gründet vielmehr vor allem auf dem

Gewissen. Es ist Zeit für eine „metanoia“, für die persönliche Umkehr, für die innere Erneuerung. Wir müssen uns daran gewöhnen, in neuer Weise vom Menschen zu denken, vom Zusammenleben der Menschheit, von der Geschichte und vom Geschick der Welt, gemäß den Worten des heiligen Paulus: *„Zieht den neuen Menschen an, der nach dem Bild Gottes geschaffen ist in wahrer Gerechtigkeit und Heiligkeit.“* Es ist Zeit innezuhalten, in uns zu gehen, die Dinge zu überdenken, gewissermaßen zu beten. Wir müssen unseren gemeinsamen Ursprung, unsere Geschichte, unser gemeinsames Geschick neu bedenken. Nie zuvor war der Appell an das moralische Gewissen des Menschen so notwendig wie heute, in einer Epoche so großen Fortschritts.

Die Gefahr kommt weder vom Fortschritt noch von der Wissenschaft. Gut eingesetzt, werden sie viele der schweren Probleme lösen können, welche die Menschheit bedrängen. Die wahre Gefahr liegt im Menschen selbst, dem immer wirkmächtigere Instrumente in die Hand gegeben sind, die sowohl zur Zerstörung als auch zur Erreichung höchster Ziele führen können. Mit einem Wort, das Gebäude der modernen Zivilisation muss auf spirituelle Prinzipien gegründet sein, die es nicht nur tragen, sondern auch erleuchten und beseelen. Und diese unverzichtbaren Prinzipien höherer Weisheit müssen auf dem Glauben an Gott gründen. Ist es der unbekannte Gott, von dem der heilige Paulus bei den Bewohnern von Athen auf dem Areopag sprach? Unbekannt denen, die ihn suchten und ihm nahe waren, ohne ihn zu sehen, wie es vielen Menschen unseres Jahrhunderts widerfährt? Für uns jedenfalls und für all jene, welche die unergründliche Offenbarung annehmen, mit der sich Christus selbst geoffenbart hat, ist es der lebendige Gott, der Vater aller Menschen.

Apostolisches Schreiben *Ambulate in Dilectione*

Vatikan, 7. Dezember 1965

AAS 58 (1966), 40f. (aus dem Lateinischen).

„Wandelt in der Liebe, so wie auch Christus uns geliebt hat“: Diese mahnenden Worte des Völkerapostels richten sich an uns, die wir uns dem Namen des Erlösers nach Christen nennen. Sie stehen uns vor Augen und bewegen uns besonders in dieser unserer Zeit, die darauf drängt, die Nächstenliebe auf neue Weise Gestalt annehmen zu lassen.

Durch das Wirken Gottes sind wir zuinnerst von dem Wunsch erfüllt, mit allen Mitteln diejenigen zur Einheit zurückzuführen, die sie als Glieder Christi bewahren sollten. Wir selbst, die wir nach Gottes Willen den Stuhl Petri besetzen, haben diese Weisung des Herrn vernommen und daher schon mehrfach unsere Absicht bekräftigt, jede sich bietende sinnvolle Gelegenheit zu ergreifen, diesen Willen des Erlösers zu erfüllen.

Wir denken an jene beklagenswerten Ereignisse des Jahres 1054 zurück, als nach vielen Auseinandersetzungen eine tiefe Meinungsverschiedenheit zwischen der römischen und der konstantinopolitanischen Kirche entstand. Nicht umsonst schrieb später Gregor VII., einer unserer Vorgänger: „So wie zuvor die Eintracht von Nutzen war, so schadete es nun, dass die wechselseitige Liebe erkaltet war.“ Es kam sogar so weit, dass die päpstlichen Gesandten die Exkommunikation gegen Michael Kerullarios, den Patriarchen von Konstantinopel, und gegen zwei weitere Kirchenmänner aussprachen, während dieser und seine Synode es ihnen gleichtaten.

Jetzt dagegen haben sich die Zeiten und die Einstellungen geändert, und wir sind voll Freude, dass unser ehrenwerter Bruder Athenagoras I., Patriarch von Konstantinopel, mit seiner Synode unsere Absicht teilt, dass wir uns in der Liebe, jenem „süßen und heilsamen geistigen Band“, von neuem verbinden.

Wir wollen daher weiter aus dem Weg der brüderlichen Liebe voranschreiten, die uns zur vollkommenen Einheit führen und alles beseitigen kann, was an Hindernissen und Hemmnissen existiert. Und so erklären wir vor den Bischöfen, die zum Zweiten Vatikanischen Konzil versammelt sind, dass wir nichts von dem, was damals gesagt und getan worden ist, gutheißen werden, wenn es aus heutiger Sicht nicht mehr gebilligt werden kann. Mehr noch, wir wollen die damals ausgesprochene Exkommunikation aus dem Gedächtnis der Kirche löschen; sie soll begraben, vergessen und getilgt sein.

Wir freuen uns, dass uns Gelegenheit geboten wird, dieses Zeichen brüderlicher Liebe gerade hier in Rom beim Grab des Apostels Petrus zu setzen, und zwar am selben Tag wie in der Stadt Konstantinopel, die ein „zweites Rom" genannt wird, am Festtag des heiligen Ambrosius, den die Ost- und die Westkirche gleichermaßen als Lehrer verehren.

Der allgütige Gott, Urheber des Friedens, kröne dieses beiderseitige Zeichen guten Willens mit Erfolg. Er gewähre, dass diese öffentliche Bezeugung christlicher Brüderlichkeit seine Ehre mehre und den Seelen helfe.

Gegeben zu Rom bei St. Peter, gesiegelt mit dem Ring des Fischers, am 7. Dezember 1965, dem Fest des heiligen Ambrosius, des Bischofs, Bekenners und Kirchenlehrers, im dritten Jahr unseres Pontifikats.
Paulus PP. VI

Ansprache in der letzten Generalversammlung des Konzils

Vatikan (Peterskirche), 7. Dezember 1965

Ins. III (1965), 716–725 (aus dem Lateinischen; Auszüge).

(...) Eins muss man festhalten: Das Lehramt der Kirche hat sich [erg.: im Konzil], ohne außerordentliche dogmatische Erklärungen abzugeben, mit der ihm eigenen Autorität zu einer Reihe von Fragen geäußert, die heute dem Menschen in dem, was er tut, ein Gewissensurteil abverlangen. Das Lehramt ist also in einen Dialog mit ihm getreten. Unter Wahrung seiner Autorität und Eigenart hat es die freundliche Stimme der pastoralen Sorge gewählt. Es wollte von allen gehört und verstanden werden. Das Lehramt hat sich nicht nur an die Intellektuellen gewandt, sondern sich bemüht, in heutiger Sprache zu reden und dabei um der größeren Überzeugungskraft willen Erfahrung und Gefühl einzubeziehen. Es hat damit zum heutigen Menschen gesprochen, wie er ist.

Einen weiteren Aspekt müssen wir hervorheben: Der ganze Reichtum der Lehre ist nur zu einem einzigen Zweck ausgebreitet worden: um dem Menschen zu dienen. Dem Menschen in jeder Lage, in all seiner Schwäche, in all seinen Bedürfnissen. Die Kirche hat sich gleichsam zur Dienerin der Menschheit gemacht – und das zu einem Zeitpunkt, als das Lehramt und die Hirtensorge der Kirche durch das große Konzil überzeugend und kraftvoll erneuert worden sind. Die Vorstellung von einem „Dienstamt" hat wirklich im Mittelpunkt gestanden.

Hat all das, was wir über den menschlichen Wert des Konzils sagen könnten, die Kirche vielleicht vom rechten Weg abgeführt und sie den Menschen in den Mittelpunkt stellen lassen, wie das die moderne Kultur tut? „Vom rechten Weg abgeführt" wohl nicht. Wer aber diese für das Konzil charakteristische Ausrichtung auf die menschlichen und zeitlichen Werte feststellt, kann nicht leugnen, dass diese Ausrichtung Folge des pastoralen Charakters ist, welchen das Konzil sich gewissermaßen als Programm erwählt hat. Er wird ferner anerkennen müssen, dass diese Ausrichtung spezifisch religiös ist. Sie zielt sowohl auf die Nächstenliebe, von der das Konzils in einzigartiger Weise beseelt ist (wo die Nächstenliebe ist, da ist Gott!), als auch auf die Verbindung der menschlichen und zeitlichen mit den geistlichen, religiösen und ewigen Werten (diese Verbindung hatte das Konzil stets im Blick). Das Konzil errichtet das Reich Gottes, indem es sich dem Menschen und der Erde zuwendet.

Der moderne Mensch, der es gewöhnt ist, alles von seinem Wert und Nutzen her zu beurteilen, wird zugeben müssen, dass das Konzil einen hohen Wert hat, weil alles auf den Nutzen für den Menschen ausgerichtet ist. Niemand soll behaupten können, die katholische Religion sei zu nichts nütze – hat sie sich doch durch das Konzil in höchstverbindlicher Form bewusst auf die Seite des Menschen geschlagen und in seinen Dienst gestellt.

Die katholische Religion und das menschliche Leben haben so ihren Bund erneuert, denn sie sind einig in einem zentralen Punkt: Die katholische Religion ist für die Menschheit da; in gewissem Sinne ist sie selbst das Leben der Menschheit. Es ist im geistigen und ganz korrekten Sinn das Leben, das unsere Religion dem Menschen schenkt (ist sich der Mensch selbst nicht ein Geheimnis?). Dabei schenkt sie dem Menschen das Leben gerade von ihrem Wissen um Gott her: Um den Menschen, den wahren, den ganzen Menschen zu kennen, muss man Gott kennen. Für jetzt möge als Beweis das flammende Wort der hl. Katharina von Siena genügen: „In deiner Natur, ewige Gottheit, werde ich meine eigene Natur erkennen." (...)

Geschätzte Anwesende, Brüder und Söhne! Wir erinnern daran, dass wir im Antlitz eines jeden Menschen, besonders des weinenden und leidenden, das Antlitz Christi, des Menschensohnes, erblicken können und müssen. Und im Antlitz Christi wiederum können und müssen wir das Antlitz des himmlischen Vaters erblicken: „Wer mich sieht", spricht Jesus, „sieht auch den Vater". Wenn das gilt, wird aus unserem Humanismus Christentum, und unser Christentum stellt erst recht Gott ins Zentrum.

So können wir umgekehrt sagen: Um Gott zu erkennen, muss man den Menschen kennen. Ist also dieses Konzil, das seine Aufmerksamkeit besonders dem Menschen geschenkt hat, dazu bestimmt, die Welt von neuem auf die Befreiung und den Trost hinzuweisen und ihm den Weg dorthin zu zeigen?

Wäre das nicht letztlich eine einfache, neue und wichtige Lehre, dass man den Menschen lieben muss, um Gott lieben zu können? Und den Menschen zu lieben, wäre dann nicht nur ein Mittel, sondern eine Etappe auf dem Weg zum letzten, transzendenten Ziel, zum Ursprung und Grund aller Liebe.

Die religiöse Bedeutung dieses Konzils liegt also in letzter Konsequenz darin, dass es eine deutliche und freundliche Einladung an die heutige Menschheit ausspricht, auf dem Weg der Nächstenliebe Gott wiederzufinden, denn: „sich von jenem Gott zu entfernen, bedeutet fallen; sich an ihn zu wenden, bedeutet auferstehen; in ihm zu bleiben, bedeutet Bestand haben; zu ihm zurückzukehren, bedeutet wiedergeboren werden; in ihm zu wohnen, bedeutet leben (Augustinus)."

So hoffen wir am Ende dieses Ökumenischen Zweiten Vatikanischen Konzils und am Beginn einer menschlichen und religiösen Erneuerung, welche durch diese Versammlung studiert und befördert werden sollte. So erhoffen wir es für uns, Brüder und Konzilsväter. So erhoffen wir es für die ganze Menschheit. Sie mehr zu lieben und ihr besser zu dienen, haben wir hier gelernt. (…)

Besuch in Fumone zum Gedenken an Papst Coelestin V.

Fumone (Diözese Anagni / Latium), 1. September 1966

Ins. IV (1966), 1178f. (aus dem Italienischen).

Der Papst ist wirklich sehr bewegt wegen des begeisterten Empfangs. Zuerst sei dem Bischof Dank gesagt. Der Heilige Vater segnet die gesamte Diözese Anagni, den Klerus, die Katholische Aktion, die gerade ihre Versammlung abhält, das ganze Volk, die zivilen, militärischen und politischen Autoritäten, angefangen beim Bürgermeister, mit dem der Papst gerade eben zusammengetroffen ist.

Vor 18 Jahren hat der Papst schon einmal Fumone und die Umgegend besucht. Die heutige Straße und die Wasserleitung gab es noch nicht. Auch die Landschaft stand damals wohl weniger in Blüte, und es hatten sich noch keine Industriebetriebe angesiedelt.

Daher will der Heilige Vater neben der geliebten Bevölkerung auch dem erreichten Fortschritt und den Veränderungen, die mit ihm einhergehen, seinen Segen geben. Er ermutigt die Bevölkerung, von diesen Verbesserungen zu profitieren. Mögen die Menschen gleichzeitig gute Söhne der Kirche und gute Christen bleiben, die sich auch um das Wohl der Mitmenschen sorgen.

Der Hauptzweck des Besuches besteht darin, dem heiligen Coelestin V. Ehre zu erweisen, weil er Papst war, weil er heilig war und weil er in Fumone gestorben ist. Zwei Lehren will der Papst aus seinem Leben ziehen.

Die erste Lehre liefert die Geschichte. 700 Jahre sind es her, als das Mittelalter sich seinem Ende zuneigte und neue Lebensbedingungen für Rom, Italien und ganz Europa entstanden.

Die Gestalt Coelestins V. verweist uns auf die Ursprünge der Kirche, auf die Einsetzung des heiligen Petrus und seiner Nachfolger durch unseren Herrn. Wir müssen über diese apostolische Kontinuität nachdenken, welche auch die scheinbar ungünstigsten Umstände überwindet. Sie ist auch in Gegenwart und Zukunft wirksam, eben weil die Hand Gottes im Spiel ist, die göttliche Gegenwart in der Kirche.

Das war die Zeit des Pietro di Morrone: eine 27-monatige Sedisvakanz des Heiligen Stuhls; nur noch 12 Kardinäle, die auch noch unter sich zerstritten waren; schreckliche Zeiten. Und da wird Pietro Morrone, der heiligmäßige Einsiedler, gewählt und eingeladen, auf den Stuhl Petri zu steigen. Nach einigem Zögern akzeptiert er aus Pflichtbewusstsein und hält in L'Aquila Einzug auf einem Esel, wie unser Herr. Dort warten schon zwei Könige auf ihn. Das ist das Wesen der Kirche, das Schicksal Roms als Sitz des Nachfolgers Petri: Wo man hinblickt, ist der Niedergang allgegenwärtig. Aber in der Kirche gibt es ein Charisma, hier gilt die Verheißung der göttlichen Gegenwart: „Ich bin bei euch alle Tage bis zum Ende der Welt."

Das ist das lebendige Wunder des Katholizismus.

Die zweite Lehre bezieht sich auf die Heiligkeit: Da treffen menschliches Elend und menschliche Schwächen auf christliche Tugenden und werden von ihnen überwunden. Der hl. Coelestin V. merkt nach wenigen Monaten schon, dass er belogen wird von denen, die ihn umgeben, die seine Unerfahrenheit ausnützen, um sich Wohltaten zu erschleichen. Und so überstrahlt die Heiligkeit das, was ihm ansonsten fehlt: Wie der Papst aus Pflichtbewusstsein den Pontifikat begonnen hatte, so verzichtet er auch aus Pflichtbewusstsein darauf. Er tut dies aber nicht aus Feigheit, wie Dante geschrieben hat (wenn sich seine Worte überhaupt auf Coelestin beziehen), sondern aus heroischer Tugend, aus Pflichtgefühl.

An diesem Ort ist er gestorben, abgesondert, damit andere nicht weiter von seiner schlichten und demütigen Art profitieren konnten. Der Tod war für ihn nicht das Ende, sondern der Anfang des Ruhmes, wie im Paradies so auch auf Erden.

Aus der Enzyklika *Populorum Progressio* (1967)

Vatikan, 26. März 1967

AAS 59 (1967), 257–299 (lateinischer Originaltext). – Deutsche Übersetzung: Enzyklika des Heiligen Vaters Papst Paul VI. *Populorum Progressio* über die Entwicklung der Völker, Rom (Tipografia Poliglotta Vaticana) 1967 (gekürzt).

Einführung:
War es bei Leo XIII. zunächst vorrangig um die „Arbeiterfrage" gegangen, weitete sich die soziale Frage mit der Zeit, und es rückten die Rahmenbedingungen des sozialen Lebens, namentlich die Ungleichheiten in der Welt sowie die makroökonomischen Bedingungen des Zusammenlebens, in den Fokus. Dies gilt spätestens seit den Sozialenzykliken des Papstes Johannes' XXIII. (Mater et Magistra *und* Pacem in Terris).

In der Einleitung seiner Enzyklika (Artikel 1–5) hebt Paul VI., in Anknüpfung an die Lehre seiner Vorgänger, zunächst den Stellenwert der sozialen Frage hervor. Der Zentralbegriff „Entwicklung" wird in einem ersten Teil entfaltet (Artikel 6–42). In einem zweiten Teil (Artikel 43–75) wird der Entwicklungsgedanke von einer christlichen Warte beleuchtet und in Verbindung mit dem Solidaritätsbegriff gebracht. Insbesondere der Beitrag der Kirche zu einer umfassenden Entwicklung des Individuums sowie der Gesellschaft wird in den Blick genommen. Im Schlussteil (Artikel 76–87) wird der Gedanke entfaltet, dass Entwicklung in der modernen Welt die beste Voraussetzung für ein friedliches Zusammenleben der Menschen und der Völker darstellt. Sie zu fördern, verpflichtet sich die Kirche.

29. Es eilt. Zu viele Menschen sind in Not, und es wächst der Abstand, der den Fortschritt der einen von der Stagnation, besser gesagt, dem Rückschritt der anderen trennt. (...)

30. Es gibt ganz sicher Situationen, deren Ungerechtigkeit zum Himmel schreit. Wenn ganze Völker, die am Mangel des Notwendigsten leiden, unter fremder Herrschaft gehindert werden, irgendetwas aus eigener Initiative zu unternehmen, zu höherer Bildung aufzusteigen, am

sozialen und politischen Leben teilzunehmen, dann ist die Versuchung groß, solches gegen die menschliche Würde verstoßende Unrecht mit Gewalt zu beseitigen.

31. Trotzdem: Jede Revolution – ausgenommen im Fall der eindeutigen und lange dauernden Gewaltherrschaft, die die Grundrechte der Person schwer verletzt und dem Gemeinwohl des Landes ernsten Schaden zufügt – zeugt neues Unrecht, bringt neue Störungen des Gleichgewichts mit sich, ruft neue Zerrüttung hervor. Man kann das Übel, das existiert, nicht mit einem noch größeren Übel vertreiben.

32. Man verstehe uns recht: Wir müssen uns der gegenwärtigen Situation mutig stellen und ihre Ungerechtigkeiten tilgen und aus der Welt schaffen. Das Entwicklungswerk verlangt kühne, bahnbrechende Umgestaltungen. Drängende Reformen müssen unverzüglich in Angriff genommen werden. Alle müssen sich hochherzig daran beteiligen, vor allem jene, die durch Erziehung, Stellung, Einfluss große Möglichkeiten haben. Möchten sie doch, Beispiel gebend, wie es einige unserer Brüder aus dem Episkopat taten, aus ihrem eigenen Vermögen etwas opfern. Damit entsprechen sie der Erwartung der Menschen, damit gehorchen sie dem Geist Gottes, denn „der Sauerteig des Evangeliums hat im Herzen des Menschen den unbezwingbaren Anspruch auf Würde erweckt und erweckt ihn auch weiter".

33. Die Einzelinitiative und das freie Spiel des Wettbewerbs können den Erfolg des Entwicklungswerkes jedoch nicht sichern. Man darf es nicht darauf ankommen lassen, dass der Reichtum der Reichen und die Stärke der Starken noch größer werden, während man das Elend der Völker verewigt und die Knechtschaft der Unterdrückten noch härter werden lässt (…).

37. Es ist richtig, dass zu oft ein schnelles Anwachsen der Bevölkerung für das Entwicklungsproblem eine zusätzliche Schwierigkeit bedeutet; die Bevölkerung wächst schneller als die zur Verfügung stehenden Hilfsmittel, und man gerät sichtlich in einen Engpass. Dann ist die Versuchung groß, das Anwachsen der Bevölkerung durch radikale Maßnahmen aufzuhalten. Der Staat hat zweifellos innerhalb der Grenzen seiner Zuständigkeit das Recht, hier einzugreifen, eine zweckmäßige Aufklärung durchzuführen und geeignete Maßnahmen zu treffen, vo-

rausgesetzt, dass diese in Übereinstimmung mit dem Sittengesetz sind und die berechtigte Freiheit der Eheleute nicht antasten. Ohne das unabdingbare Recht auf Ehe und Zeugung gibt es keine Würde des Menschen. Die letzte Entscheidung über die Kinderzahl liegt bei den Eltern. Sie haben es reiflich zu überlegen. Sie nehmen die Verantwortung auf sich vor Gott, vor sich selbst, vor den Kindern, die sie bereits haben, vor der Gemeinschaft, zu der sie gehören, nach ihrem gemäß dem authentisch interpretierten Gesetz Gottes gebildeten und durch ihr Gottvertrauen gestärkten Gewissen.

47. Aber das reicht nicht aus, ebensowenig wie die privaten und öffentlichen geschenkten oder kreditierten Geldmittel. Denn es handelt sich nicht nur darum, den Hunger zu besiegen, die Armut einzudämmen. Der Kampf gegen das Elend, so dringend und notwendig er ist, ist zu wenig. Es geht darum, eine Welt zu bauen, wo jeder Mensch, ohne Unterschied der Rasse, der Religion, der Abstammung, ein volles menschliches Leben führen kann, frei von Versklavung seitens der Menschen oder einer noch nicht hinreichend gebändigten Natur; eine Welt, wo die Freiheit nicht ein leeres Wort ist, wo der arme Lazarus an derselben Tafel mit dem Reichen sitzen kann. Das fordert von diesem ein hohes Maß an Hochherzigkeit, große Opfer und unermüdliche Anstrengungen. Jeder muss sein Gewissen erforschen, das ihn auf diese neuen Forderungen für unsere Zeit hinweist. Ist er bereit, auf seine Kosten die Werke und Aufgaben zugunsten der Ärmsten zu unterstützen? Mehr Steuern zu zahlen, damit die öffentlichen Stellen ihre Entwicklungshilfe intensivieren können? Höhere Preise für Einfuhrgüter zu zahlen, damit die Erzeuger einen angemessenen Verdienst erhalten? Notfalls seine Heimat zu verlassen, wenn er jung ist, um den zu höherer Zivilisation aufstrebenden Nationen zu helfen?

62. Noch andere Hindernisse stellen sich dem Aufbau einer gerechteren und nach dem Prinzip der wechselseitigen Solidarität geordneten menschlichen Gesellschaft heute entgegen: der Nationalismus und der Rassenwahn. Es ist verständlich, dass die Völker, die erst jüngst ihre politische Unabhängigkeit erlangt haben, eifersüchtig auf ihre noch zerbrechliche nationale Einheit bedacht sind und sich bemühen, sie zu schützen. Es ist ebenfalls normal, dass die Völker einer alten Kultur stolz

sind auf das Erbe, das ihnen die Geschichte überliefert hat. Aber diese berechtigten Gefühle müssen doch überhöht werden durch eine Liebe, die alle Glieder der Menschheitsfamilie umfasst. Der Nationalismus trennt die Völker voneinander und schadet ihrem wahren Wohl. Er wirkt sich dort besonders schädlich aus, wo die Schwäche der Volkswirtschaften vielmehr die Gemeinsamkeit von Anstrengungen, Erkenntnissen und finanziellen Mitteln fordert, um die Entwicklungsprogramme zu verwirklichen und den wirtschaftlichen und kulturellen Austausch zu fördern.

65. Das muss unbedingt erstrebt werden. Es scheint, dass diese Solidarität unter den Völkern der Erde immer mehr Wirklichkeit wird. Sie muss es allen Völkern erlauben, ihr Geschick selbst in die Hand zu nehmen. Die Vergangenheit war zu oft von den Gewalttaten der Völker gegeneinander gekennzeichnet. Möge der Tag kommen, wo die internationalen Beziehungen von gegenseitiger Achtung und Freundschaft geprägt sind, von gegenseitiger Zusammenarbeit, von gemeinsamem Aufstieg, für den sich jeder verantwortlich fühlt. Die jetzt aufstrebenden ärmeren Völker fordern ihren Anteil am Aufbau einer besseren Welt, in der die Rechte und die Aufgaben eines jeden geachtet werden. Dieses Verlangen ist berechtigt, jeder muss es hören und darauf antworten.

66. Die Welt ist krank. Das Übel liegt jedoch weniger darin, dass die Hilfsquellen versiegt sind oder dass einige wenige alles abschöpfen. Es liegt im Fehlen der brüderlichen Bande unter den Menschen und unter den Völkern. (…)

82. Weiter sind wir sicher, dass alle, die sich als Christen bekennen und deshalb unsere Brüder sind, ihre gemeinsame Anstrengung verdoppeln, um den Menschen zu helfen, über den Egoismus, den Stolz, die Rivalitäten und Streitigkeiten zu triumphieren. Ehrsucht und Ungerechtigkeiten zu überwinden, um allen den Weg zu einem menschlicheren Leben zu öffnen, wo jeder als Bruder von Brüdern geliebt und ihm geholfen wird. Ebenso sind wir noch tief bewegt von der unvergesslichen Begegnung, die wir mit Männern aus verschiedenen nichtchristlichen Religionsgemeinschaften in Bombay hatten; auch diese unsere Brüder laden wir ein, mit ihrem Herzen und ihrer Intelligenz mitzuarbeiten, damit alle Menschenkinder ein der Kinder Gottes würdiges Leben führen können. (…)

Botschaft zum ersten „Weltfriedenstag"

Vatikan, 8. Dezember 1967

Ins. V (1967), 620–625 (lateinischer Originaltext). – Deutsche Übersetzung: Botschaft Seiner Heiligkeit Papst Pauls VI. zur Feier eines „Tages des Friedens", Rom (Tipografia Poliglotta Vaticana) 1967 (gekürzt).

Wir wenden uns an alle Menschen guten Willens und rufen sie auf, in aller Welt den „Tag des Friedens" am ersten Tag des Kalenderjahres, dem 1. Januar 1968, zu begehen. Wir würden es begrüßen, wenn sich dann jedes Jahr diese Feier wiederholen könnte als Wunsch und Gelöbnis, an den Anfang des Jahres, das die Zeit unseres menschlichen Daseins misst und beschreibt, den Frieden zu stellen, um in seiner gerechten und wohltuenden Ausgeglichenheit die geschichtliche Entwicklung der Zukunft zu bestimmen. (...) Die Katholische Kirche wird ihren Gläubigen die Feier dieses „Tages des Friedens" immer mahnend ins Gedächtnis rufen mit den religiös sittlichen Grundsätzen des christlichen Glaubens. Sie hält es aber auch für ihre Pflicht, alle jene, die mit ihr zusammen die Feier dieses Tages begehen wollen, an folgendes zu erinnern, was zum Wesen einer solchen Feier gehört: Zunächst die Notwendigkeit, für den Frieden einzutreten in Anbetracht der Gefahren, die ihm zu allen Zeiten drohen: nämlich die Gefahr, dass in den Beziehungen der Völker zueinander der Egoismus überhandnimmt; die Gefahr, dass sich die Bevölkerung mancher Länder zu Ausschreitungen hinreißen lässt in der Verzweiflung, nicht anerkannt zu werden und zusehen zu müssen, wie Menschenrecht und Menschenwürde mit Füßen getreten werden; weiterhin die Gefahr, Vernichtungswaffen einzusetzen, die gerade heute erschreckende Ausmaße angenommen hat. Die Großmächte, die darüber verfügen, wenden dafür ungeheure Summen auf. – Das aber gäbe gerade in Anbetracht der gravierenden Notlage, in der sich die Entwicklung vieler Völker befindet, Anlass zur Besinnung. – Weiterhin endlich die Gefahr anzunehmen, dass die internationalen Konflikte nicht auf dem Weg der Vernunft, d.h. durch Verhandlungen auf der Grundlage des Rechtes, der Gerechtigkeit und der Gleichheit, sondern nur durch gewaltsame Abschreckungsmaßnahmen und mörderische Waffen bereinigt werden können. Der Friede gründet sich subjektiv auf einen neuen Geist, der das Zusammenleben der Völker beseelen muss, auf einer neuen Auffassung vom Menschen, seinen Pflichten und seiner Bestimmung. Ein langer Weg muss noch beschritten werden, damit diese Auffassung Allgemeingut wird und sich auswirken kann. Eine neue Erziehungsweise muss die heranwachsende Generation dazu führen, dass sich die Nationen gegenseitig achten, dass die Völker untereinander Brüder werden und alle Menschen für ihren gemeinsamen Fortschritt zusammenarbeiten. Die internationalen Verbände und Einrichtungen, die dieses Ziel anstreben, verdienen es, besser gekannt zu werden, von allen Unterstützung zu erfahren und mit Autorität und den für ihre hohe Sendung notwendigen Mitteln ausgestattet zu werden. Der „Tag des Friedens" soll auch eine Ehrung für diese Institutionen sein und ihrem Werk Ansehen und Vertrauen entgegenbringen. (…) Diese Feierlichkeit soll den liturgischen Kalender nicht abändern, der den „Neujahrstag" der Verehrung der göttlichen Mutterschaft Mariens und dem heiligsten Namen Jesu vorbehält. Im Gegenteil! Diese heiligen und schönen Gedenktage sollen vielmehr mit ihrem Lichte aufleuchten lassen, was sie an Güte, an Weisheit und Hoffnung in sich schließen für unser Beten, unsere Betrachtung und unser Ringen um das große und ersehnte Gut des Friedens, dessen die Welt so sehr bedarf. Es wird euch aufgefallen sein, ehrwürdige Brüder und geliebte Söhne, wie oft unsere Worte Erwägungen und Ermahnungen zum Frieden wiederholen. Wir tun es keineswegs, weil wir uns daran gewöhnt haben oder um lediglich ein aktuelles Thema zu behandeln. Wir tun dies vielmehr in dem Gedanken, dass dies unsere Pflicht als Hirte aller Gläubigen ist. Wir tun es, weil wir den Frieden schwer bedroht sehen und in der Vorausschau schrecklicher Ereignisse, die sich für ganze Länder und vielleicht auch für einen großen Teil der Menschheit katastrophal auswirken können. Wir tun es, weil es sich in den letzten Jahren der Geschichte unseres Jahrhunderts endlich ganz klar gezeigt hat, dass der Friede den einzigen und wahren Weg des menschlichen Fortschrittes darstellt (nicht die Spannungen ehrgeiziger nationaler Bestrebungen, nicht gewalttätige Eroberungen; nicht Unterdrückungen, die eine verfehlte bürgerliche Ordnung zeitigen). Wir tun es, weil der Frieden im Ideenbereich der christlichen Religion gegeben ist; weil für den Christen den Frieden proklamieren gleichbedeutend ist mit Christus verkündigen. „Er ist unser Friede". Sein Evangelium ist „das Evangelium des Friedens". Durch sein Kreuzesopfer hat er die Aussöhnung aller Menschen vollzogen, und wir, die wir ihm folgen, sind berufen, „Mitarbeiter des Friedens" zu sein; und nur aus dem Evangelium endlich kann tatsächlich der Friede erblühen, nicht um die Menschen schwach und weich zu machen, sondern um in ihrem Gemüte an Stelle impulsiver Gewalttätigkeit und Unterdrückungssucht die edlen Tugenden kluger, gereifter Überlegung und herzlichen Menschentums zu setzen. Wir tun es endlich, weil wir nicht möchten, dass jemals von Gott oder der Geschichte gegen uns der Vorwurf erhoben würde, angesichts der Gefahr eines neuen Weltbrandes geschwiegen zu haben, der, wie jeder weiß, unvorhergesehene Formen apokalyptischen Schreckens annehmen könnte. Man muss immer vom Frieden sprechen. Man muss die Welt dazu erziehen, den Frieden zu lieben, den Frieden aufzubauen, den Frieden zu verteidigen. Und gegen die auflebenden Vorboten des Krieges (nationalistische Bestrebungen, Rüstungen, Herausforderung zum Umsturz, Rassenhass, Rachsucht usw.) und gegen die Bedrohung eines taktischen Pazifismus, der den zu vernichtenden Gegner einzuschläfern sucht oder aber in den Geistern den Sinn für Gerechtigkeit, für Pflicht und Opfer ertötet, muss man bei den Menschen unserer Zeit und bei den kommenden Geschlechtern den Sinn und die Liebe für einen Frieden wecken, der in der Wahrheit begründet ist, in der Gerechtigkeit, in der Freiheit und in der Liebe. Die große Idee des Friedens soll vor allem bei uns, die wir Christus folgen, zu Beginn des neuen Jahres 1968 ihren Festtag haben. Wir, die wir an das Evangelium glauben, können dieser Gedenkfeier einen wunderbaren Schatz von schöpferischen und kraftvollen Gedanken geben: wie z. B. die unantastbare und universale Bruderschaft aller Menschen, die sich ableitet aus der einzigartigen, erhabenen und liebenswerten Vaterschaft Gottes und die aus der Gemeinschaft kommt, die alle – tatsächlich oder im Wunsche – mit Christus vereint; und die sich auch aus der Berufung beim Propheten ergibt, der das Menschengeschlecht im Heiligen Geist zur Einheit aufruft, und zwar nicht nur im Bewusstsein, sondern auch in Werken und in schicksalhafter Verbundenheit. Wir können, wie sonst niemand, von der Nächstenliebe sprechen. Wir können aus der Vorschrift des Evangeliums, zu verzeihen und Barmherzigkeit zu üben, belebende Ansatzpunkte für das Gesellschaftsleben knüpfen. Wir vor allem, ehrwürdige Brüder und geliebte Söhne, haben eine einzigartige Waffe für den Frieden zu unserer Verfügung: das Gebet mit seinen wunderbaren Kraftquellen auf moralischer Ebene und der Einwirkung übernatürlicher Faktoren geistlicher und politischer Erneuerung. Das Gebet bietet jedem die Möglichkeit, sich persönlich und aufrichtig nach den tiefsten Gründen des Verletztseins und der Gewalttätigkeit zu fragen, die sich im Herzen eines jeden eventuell finden können. Wir sehen also der Einweihung des Gnadenjahres 1968 entgegen (dem Jahr des Glaubens wie der Hoffnung) mit einem Gebet für den Frieden, und zwar alle, nach Möglichkeit zusammen in unseren Kirchen und in unseren Heimen. Darum möchten wir euch für jetzt bitten. Keine Stimme soll fehlen in dem großen Chor der Kirche und der Welt, die Christus anflehen, der sich für uns geopfert hat: „Dona nobis pacem, schenk uns den Frieden!" Euch alle begleite unser Apostolischer Segen.

Credo des Gottesvolkes

Vatikan (Peterskirche), 30. Juni 1968

AAS 60 (1968), 432–445 (lateinischer Originaltext). – Deutsche Übersetzung: Das Credo des Gottesvolkes. Gesprochen zum Abschluss des Glaubensjahres am 30. Juni 1968, Rom (Tipografia Poliglotta Vaticana) 1968.

Wir glauben an den einen Gott, Vater, Sohn und Heiliger Geist, Schöpfer der sichtbaren Dinge, wie es diese Welt ist, auf der unser flüchtiges Leben sich abspielt, Schöpfer der unsichtbaren Dinge, wie es die reinen Geister sind, die man auch Engel nennt, und Schöpfer der unsterblichen Geistseele eines jeden Menschen.

Wir glauben, dass dieser einzige Gott seiner Wesenheit nach absolut einer ist, unendlich heilig wie er in allen seinen Eigenschaften unendlich vollkommen ist, in seiner Allmacht, in seinem unbegrenzten Wissen, in seiner Vorsehung, in seinem Willen und in seiner Liebe. Er ist *der, der ist,* wie er es Moses geoffenbart hat; er ist *Liebe,* wie der Apostel Johannes es uns lehrt. Diese beiden Worte also, Sein und Liebe, bezeichnen in unaussprechlicher Weise die gleiche göttliche Wirklichkeit dessen, der sich uns zu erkennen geben wollte, und der, da er „in einem unzugänglichen Lichte wohnt", in sich selbst jenseits jeglicher Bezeichnung, über allen Dingen steht und alles geschaffene Denken übersteigt. Gott allein kann uns von sich eine angemessene und volle Erkenntnis mitteilen, indem er sich als Vater, Sohn und Heiliger Geist offenbart. Durch die Gnade sind wir berufen, an ihrem ewigen Leben teilzuhaben, hier auf Erden im Dunkel des Glaubens, und nach dem Tode im ewigen Lichte. Die gegenseitigen Bande, die von Ewigkeit her die drei Personen wesentlich ausmachen, deren jede das eine und selbe göttliche Sein ist, sind das beseligende innerste Leben des dreimal heiligen Gottes, unendlich weit entfernt von all dem, was wir auf menschliche Weise begreifen können. Wir sagen indessen der göttlichen Güte Dank für die Tatsache, dass sehr viele gläubige Menschen mit uns vor der Welt die Einzigkeit

Gottes bezeugen, obwohl sie das Geheimnis der allerheiligsten Dreifaltigkeit nicht kennen.

Wir glauben also an den Vater, der von Ewigkeit her den Sohn zeugt; an den Sohn, das Wort Gottes, das von Ewigkeit her gezeugt ist; an den Heiligen Geist, die unerschaffene Person, die vom Vater und vom Sohne ausgeht als ihre ewige Liebe. In den drei göttlichen Personen also, *untereinander gleich ewig und gleichen Wesens,* sind das Leben und die Seligkeit Gottes, der vollkommen eins ist, in überreicher Fülle vorhanden und vollenden sich in der Vollkommenheit und in der Glorie, die dem unerschaffenen Wesen eigen sind. Immer „muss also die Einheit in der Dreifaltigkeit und die Dreifaltigkeit in der Einheit verehrt werden".

Wir glauben an unseren Herrn Jesus Christus, der der Sohn Gottes ist. Er ist das ewige Wort, gezeugt vom Vater vor aller Zeit und wesensgleich dem Vater *(homoousios to Patri);* durch ihn ist alles erschaffen worden. Durch das Wirken des Heiligen Geistes hat er im Schoße der Jungfrau Maria Fleisch angenommen und ist Mensch geworden: dem Vater also seiner Gottheit nach gleich, der Menschheit aber nach ist er geringer als der Vater. Er ist in sich selbst einer, nicht durch eine unmögliche Vermischung der Naturen, sondern durch die Einheit der Person.

Er hat unter uns gewohnt, voll der Gnade und Wahrheit. Er verkündete das Reich Gottes und richtete es wieder auf, und ließ uns den Vater durch sich erkennen. Er hat uns ein neues Gebot gegeben, einander zu lieben wie er uns geliebt hat. Er lehrte uns den Weg der Seligpreisungen des Evangeliums: Armut im Geiste, Milde, Geduld im Leiden, Durst nach der Gerechtigkeit, Barmherzigkeit, Reinheit des Herzens, Wille zum Frieden, Verfolgung erdulden um der Gerechtigkeit willen. Er litt unter Pontius Pilatus, als Lamm Gottes nahm er die Sünden der Welt auf sich; er ist für uns am Kreuze gestorben und rettete uns durch sein erlösendes Blut. Er ist begraben worden und am dritten Tag aus eigener Kraft wieder auferstanden. Durch seine Auferstehung berief er uns zur Teilnahme am göttlichen Leben, das das Leben der Gnade ist. Er ist aufgefahren in den Himmel und wird wiederkommen aufs Neue, und zwar dieses Mal in Herrlichkeit, um die Lebenden und die Toten zu richten: einen jeden nach seinen Verdiensten, – jene, die der Liebe und dem Erbarmen Gottes entsprochen haben, werden eingehen zum ewigen Leben; jene aber, die bis zum Ende ihres Lebens die Liebe und das Erbarmen Gottes ablehnten, werden dem Feuer überantwortet, das niemals erlischt. Und seines Reiches wird kein Ende sein.

Wir glauben an den Heiligen Geist, den Herrn und Lebensspender, der mit dem Vater und dem Sohne angebetet und verherrlicht wird. Durch die Propheten hat er zu uns gesprochen und ist von Christus, nach der Auferstehung und Himmelfahrt zum Vater, gesandt worden. Der Heilige Geist erleuchtet, belebt, beschützt und führt die Kirche; er läutert ihre Glieder, wenn sie der Gnade nicht widerstehen. Sein gnadenvolles Wirken, das bis in das Innerste der Seele eindringt, macht den Menschen fähig, auf den Anruf Christi zu antworten: „Seid vollkommen, wie euer Vater im Himmel vollkommen ist!"

Wir glauben, dass Maria, die allzeit Jungfrau blieb, die Mutter des menschgewordenen Wortes ist, unseres Gottes und Heilandes Jesus Christus, und dass sie im Hinblick auf diese einzigartige Gnadenauserwählung und durch die Verdienste ihres Sohnes auf eine vollkommenere Art erlöst worden ist, indem sie von jedem Makel der Erbsünde bewahrt wurde und mit dem Gottesgeschenk der Gnade mehr bedacht wurde, als alle anderen Geschöpfe.

Verbunden in einer ganz innigen und unauflöslichen Weise mit dem Geheimnis der Menschwerdung und Erlösung, wurde die allerseligste Jungfrau, die unbefleckt Empfangene, am Ende ihres irdischen Lebens mit Leib und Seele in die Herrlichkeit des Himmels aufgenommen und in Vorausnahme des künftigen Loses aller Gerechten ihrem auferstandenen Sohne in der Verklärung angeglichen. Wir glauben, dass die heilige Gottesmutter, die Neue Eva, die Mutter der Kirche, im Himmel ihr mütterliches Amt fortsetzt im Hinblick auf die Glieder Christi, indem sie mitwirkt bei der Erweckung und Entfaltung des göttlichen Lebens in den erlösten Seelen.

Wir glauben, dass in Adam alle gesündigt haben, was besagen will, dass die Erbschuld, die Adam beging, die menschliche Natur, die allen Menschen gemeinsam ist, in einen Zustand fallen ließ, in dem sie die Folgen dieser Schuld zu tragen hat, und dass dieser Zustand nicht jener ist, in dem unsere Stammeltern sich zuerst befanden, da sie in Heiligkeit und Gerechtigkeit geschaffen waren, und der Mensch weder das

Böse noch den Tod kannte. Die menschliche Natur ist also eine gefallene Natur, beraubt der Gnade, die sie bekleidete, verwundet in ihren eigenen natürlichen Kräften und dem Reich des Todes unterworfen, der auf alle Menschen übergegangen ist. Das ist der Sinn, dass jeder Mensch in Sünde geboren wird. Wir halten also mit dem Konzil von Trient fest, dass die Erbsünde mit der menschlichen Natur übertragen wird, „nicht durch Nachahmung, sondern durch Fortpflanzung", und [sie] „gehört so zu einem jeden."

Wir glauben, dass unser Herr Jesus Christus uns durch sein Opfer am Kreuz von der Erbsünde und von allen persönlichen Sünden, die wir begangen haben, erlöst hat, so dass nach den Worten des Apostels dort, „wo die Sünde zugenommen hat, die Gnade überreich geworden ist".

Wir glauben an die eine Taufe, die von unserem Herrn Jesus Christus zur Nachlassung der Sünden eingesetzt worden ist. Die Taufe muss auch schon den Kindern im frühen Alter gespendet werden, die sich noch keiner persönlichen Sünde schuldig machen konnten, damit sie, die ohne den Besitz der übernatürlichen Gnade geboren sind, wiedergeboren werden aus dem Wasser und dem Heiligen Geist „zum göttlichen Leben in Jesus Christus."

Wir glauben an die eine, heilige, katholische und apostolische Kirche, die von Jesus Christus auf den Felsen gegründet wurde, der Petrus ist. Sie ist der mystische Leib Jesu Christi, von ihm sowohl als sichtbare Gesellschaft mit hierarchischem Aufbau wie auch als geistige Gemeinschaft eingesetzt; sie ist die Kirche hier auf Erden, das pilgernde Gottesvolk und sie ist die Kirche, die beschenkt ist mit himmlischen Gütern, der Same und keimhafte Anfang des Reiches Gottes, durch das sich Werk und Leiden der Erlösung in der Geschichte fortsetzen und das seine Vollendung finden wird jenseits aller Zeitlichkeit, in der ewigen Herrlichkeit. Der Herr Jesus Christus lässt seine Kirche in der Zeit Gestalt annehmen durch die Sakramente, die aus seiner göttlichen Fülle hervorgehen. Durch sie haben die Glieder der Kirche Anteil am Geheimnis seines Todes und seiner Auferstehung, in der Gnade des Heiligen Geistes, der Leben und Tun verleiht. Die Kirche ist deshalb heilig, auch wenn sich in ihrer Mitte Sünder befinden, weil sie selbst kein anderes Leben besitzt als das der Gnade. Das heißt, dass sich ihre Glieder heiligen, wenn sie an ihrem Leben teilnehmen, und dass sie, wenn sie ihr Leben preisgeben, der Sünde und Unordnung verfallen, die den Glanz ihrer Heiligkeit verdunkeln. Deshalb leidet und büßt die Kirche für diese Verfehlungen; sie hat die Gewalt, ihre Gläubigen davon zu heilen durch das Blut Christi und die Gabe des Heiligen Geistes. Sie ist dem Geiste nach Erbin der göttlichen Verheißungen und Tochter Abrahams, durch jenes Israel, dessen heilige Schriften sie in Liebe bewahrt und dessen Patriarchen und Propheten sie in Ehrfurcht gedenkt; sie ist auf die Apostel gegründet und gibt im Nachfolger des heiligen Petrus und in den Bischöfen, die sich in Gemeinschaft mit ihm befinden, deren immerdar lebendiges Wort und deren Hirtengewalt durch die Jahrhunderte weiter. Unter dem immerwährenden Beistand des Heiligen Geistes hat die Kirche die Aufgabe, jene Wahrheit zu bewahren, zu lehren, auszulegen und in der Welt zu verkündigen, die Gott in verhüllter Weise durch die Propheten und in ihrer ganzen Fülle durch unseren Herrn Jesus Christus geoffenbart hat. Wir glauben alles, was im geschriebenen oder überlieferten Gotteswort enthalten ist, und was die Kirche als von Gott geoffenbarte Wahrheit zu glauben vorlegt, entweder durch eine feierliche Glaubensentscheidung oder durch das ordentliche und allgemeine Lehramt. Wir glauben an die Unfehlbarkeit, die dem Nachfolger des heiligen Petrus zukommt, wenn er *ex cathedra* als Hirte und Lehrer aller Gläubigen spricht; diese ist auch dem Kollegium der Bischöfe verheißen, wenn es gemeinsam mit dem Papst das höchste Lehramt ausübt.

Wir glauben, dass die von Christus gegründete Kirche, für die er gebetet hat, die Einheit im Glauben, im Kult und in der hierarchischen Gemeinschaft unverlierbar besitzt. Die reiche Vielfalt in der Liturgie, die zurecht bestehende Verschiedenheit im theologischen und geistlichem Erbe sowie in den eigenen Rechtsordnungen im Innern der Kirche, tun ihrer Einheit keinen Abbruch, sondern lassen sie stärker aufleuchten.

Wir anerkennen das Vorhandensein zahlreicher Elemente der Wahrheit und Heiligung außerhalb der Gemeinschaft der Kirche Christi, welche eigentlich ihr zugehören und auf die katholische Einheit hindrängen und wir glauben an das Wirken des Heiligen Geistes, der in den Herzen der Ringer Christi die Liebe zu dieser Einheit entflammt; wir haben aber die Hoffnung, dass auch die Gläubigen, die noch nicht voll und ganz der

Gemeinschaft der Kirche angehören, sich eines Tages in einer einzigen Herde mit einem Hirten vereinigen werden.

Wir glauben, dass die Kirche heilsnotwendig ist, denn Christus, der alleinige Mittler und Weg zum Heil, ist für uns gegenwärtig in seinem Leib, der die Kirche ist. Aber der göttliche Heilsplan umfasst alle Menschen; diejenigen, die ohne ihre Schuld die Frohbotschaft Christi und seine Kirche nicht kennen, aber aufrichtig Gott suchen und sich mit Hilfe der Gnade um die Erfüllung seines Willens bemühen, den sie aus den Forderungen ihres Gewissens erkannt haben – ihre Zahl ist Gott allein bekannt – können das Heil erlangen.

Wir glauben, dass die Heilige Messe, wenn sie vom Priester, der die Person Christi darstellt, kraft der durch das Weihesakrament empfangenen Gewalt, gefeiert und im Namen Jesu Christi und der Glieder seines mystischen Leibes dargebracht wird, das Opfer von Kalvaria ist, das auf unseren Altären sakramental vergegenwärtigt wird. Wir glauben, dass in der Weise wie Brot und Wein vom Herrn beim heiligen Abendmahl konsekriert und in seinen Leib und in sein Blut verwandelt worden sind, die er für uns am Kreuz geopfert hat, auch Brot und Wein, wenn sie vom Priester konsekriert werden, in den Leib und das Blut Christi verwandelt werden, der glorreich in den Himmel aufgefahren ist; und wir glauben, dass die geheimnisvolle Gegenwart des Herrn unter dem, was für unsere Sinne in derselben Weise wie vorher fortzubestehen erscheint, eine wahre, wirkliche und wesentliche Gegenwart ist. Christus kann in diesem Sakrament nicht anders gegenwärtig sein als durch die Verwandlung der Substanz des Brotes in seinen Leib und der Verwandlung der Substanz des Weines in sein Blut, dabei bleiben die Gestalten von Brot und Wein, wie sie unsere Sinne wahrnehmen, unverändert erhalten. Diese geheimnisvolle Verwandlung nennt die Kirche auf sehr treffende Weise *Transsubstantiation.* Jede theologische Erklärung, die sich um das Verständnis dieses Geheimnisses bemüht, muss, um mit dem katholischen Glauben übereinstimmen zu können, daran festhalten, dass in der von unserem Geist unabhängigen Ordnung der Wirklichkeit Brot und Wein nach der Konsekration zu bestehen aufgehört haben, so dass nunmehr der anbetungswürdige Leib und das anbetungswürdige Blut unseres Herrn vor uns gegenwärtig sind unter den sakramentalen Gestalten von Brot und Wein; so hat es der Herr gewollt, um sich uns zur Speise zu geben und uns einzugliedern in die Einheit seines mystischen Leibes. Die alleinige und unteilbare Daseinsweise des verklärten Herrn im Himmel wird damit keineswegs vervielfältigt; sie ist durch das Sakrament vergegenwärtigt an den vielen Orten der Erde, wo das Messopfer dargebracht wird. Diese Daseinsweise bleibt nach dem Opfer im Sakrament fortbestehen, das im Tabernakel aufbewahrt wird, der die Herzmitte unserer Kirchen ist. Es ist uns eine heilige Pflicht, das fleischgewordene Wort, das unsere Augen nicht erblicken können und das, ohne den Himmel zu verlassen, sich uns vergegenwärtigt, in der heiligen Hostie, die unsere Augen sehen können, anzubeten und zu verehren.

Wir bekennen, dass Gottes Reich hier auf Erden in der Kirche Christi seinen Anfang nahm, die nicht von dieser Welt ist, deren Antlitz ja vergeht, und, dass das ihm eigene Wachstum nicht mit dem Fortschritt der Zivilisation, der Wissenschaft und Technik des Menschen gleichgesetzt werden darf, sondern darin besteht, um immer tiefer den unergründlichen Reichtum Christi zu erkennen, immer zuversichtlicher auf die ewigen Güter zu hoffen, mit immer brennenderem Herzen der Liebe Gottes zu antworten und den Menschen immer freigebiger die Güter der Gnade und Heiligkeit mitzuteilen.

Doch ist es dieselbe Liebe, die die Kirche bewegt, sich stets um das wahre zeitliche Wohl der Menschen zu sorgen. Unablässig erinnert sie einerseits ihre Kinder daran, dass ihnen hier auf Erden keine bleibende Wohnung beschieden ist, andererseits drängt sie sie dazu, dass jeder von ihnen, entsprechend seiner Berufung und seinen Möglichkeiten, zum Wohle seiner irdischen Heimat beiträgt, dass er Gerechtigkeit, Frieden und Brüderlichkeit unter den Menschen fördert und seinen Brüdern, vor allem den Armen und Unglücklichen, hilft. Die stete Sorge der Kirche, der Braut Christi, für die Not der Menschen, für ihre Freuden und Hoffnungen, für ihre Arbeiten und Mühen ist demnach nichts anderes als die große Sehnsucht, ihnen nahe zu sein, um sie zu erleuchten mit dem Lichte Christi und sie alle in ihm, ihrem alleinigen Heiland, zu vereinen. Diese Sorge kann niemals bedeuten, dass sich die Kirche den Dingen dieser Welt gleichförmig macht, noch kann sie die brennende Sehnsucht hindern, mit der die Kirche den Herrn und sein ewiges Reich erwartet.

Wir glauben an das ewige Leben. Wir glauben, dass die Seelen aller, die in der Gnade Christi sterben, sei es, dass sie noch im Reinigungsort geläutert werden müssen oder dass sie Jesus im Augenblick, da sie ihren Leib verlassen, in das Paradies aufnimmt, wie er es mit dem guten Schächer am Kreuz getan hat, das Volk Gottes bilden jenseits des Todes, der am Tag der Auferstehung, da diese Seelen mit ihren Leibern vereinigt sein werden, endgültig besiegt sein wird.

Wir glauben, dass die große Schar derer, die mit Jesus und Maria im Paradies vereinigt sind, die himmlische Kirche bildet. Dort schauen sie in ewiger Glückseligkeit Gott so wie er ist; dort legen sie auch, in verschiedenen Abstufungen, mit den heiligen Engeln der Herrschaft des verherrlichten Christus angegliedert, für uns Fürsprache ein und kommen uns in unserer Schwachheit durch ihre brüderliche Fürsorge zu Hilfe.

Wir glauben an die Gemeinschaft aller Christgläubigen; derer, die hier auf Erden als Pilger wandern, der Verstorbenen, die ihre Läuterung erwarten und der Seligen im Himmel; alle zusammen bilden sie die eine Kirche; wir glauben, dass in dieser Gemeinschaft die barmherzige Liebe Gottes und seiner Heiligen stets unsere Gebete erhört, wie uns Jesus gesagt hat: „Bittet und ihr werdet empfangen." In diesem Glauben und in dieser Hoffnung erwarten wir die Auferstehung von den Toten und das Leben der zukünftigen Welt.

Gepriesen sei der dreimalheilige Gott! Amen.

Botschaft an den Vorsitzenden der 23. Generalversammlung der Vereinten Nationen, Emilio Arenales Catalan

Vatikan, 10. Dezember 1968

AAS 61 (1969), 60f.(aus dem Englischen).

Nach den schlimmen Erfahrungen des Zweiten Weltkriegs haben die Vereinten Nationen im Jahr 1948 feierlich die „Allgemeine Erklärung der Menschenrechte" der Öffentlichkeit vorgestellt. Während der letzten Jahre hat sich dieses wichtige Dokument einen festen Platz in der Menschheit erobert und ist zum Ideal menschlicher Gemeinschaft geworden.

Die Verwirklichung dieses heute nicht weniger aktuellen Ziels bleibt stets die Hauptaufgabe der Vereinten Nationen. Nur so kann wirklich geschwisterliche Zusammenarbeit unter den Menschen erreicht werden, ohne die es keinen wahren Frieden gibt.

Bei unserem unvergesslichen Besuch der Generalversammlung haben wir uns das Programm der Vereinten Nationen in dieser Frage zu Eigen gemacht, indem wir an das Ideal, die Träume und Hoffnungen der pilgernden Menschheit erinnert haben. Wir haben damals gesagt, „dass hier die fundamentalen Rechte und Pflichten des Menschen definiert werden, seine Würde, seine Freiheit – und vor allem die Religionsfreiheit".

Im Kern haben Sie der Welt damit ein Ideal vor Augen gestellt, für das engagierte Menschen gekämpft haben. Es handelt sich auch um ein grundlegendes Prinzip der Verfassung der Vereinigten Staaten: „Alle Menschen sind in Gleichheit geschaffen; der Schöpfer hat sie mit unveräußerlichen Rechten ausgestattet, zu denen das Leben, die Freiheit und die Verwirklichung ihres je eigenen Lebensglücks gehören."[6]

Die Allgemeine Erklärung der Menschenrechte ist heute noch genauso aktuell. Sie gibt einen Kurs vor, den die Menschheit um des Friedens willen nicht verlassen darf.

6 Der Papst zitiert die amerikanische Unabhängigkeitserklärung vom 4. 7. 1776.

Vieles, was wir heute in manchen Teilen der Welt erleben, steht leider in krassem Widerspruch zu einer solchen geschwisterlichen Zusammenarbeit in einem Klima des Respekts und gegenseitigen Verständnisses – denken wir an die Diskriminierung aus rassischen, ideologischen und religiösen Gründen, an die gewaltsame Unterwerfung schwächerer Nationen, an politische Regime, die Menschen der ihnen zustehenden Freiheit berauben; denken wir daran, wie oft es zu Drohung und Gewalt kommt, wo allein Verhandlungen Interessenskonflikte lösen könnten.

Menschenrechte und Frieden sind eng verknüpft. Es kann kein echter und dauerhafter Friede herrschen, wo die Menschenrechte missachtet, verletzt und mit Füßen getreten werden.

Die katholische Kirche ist sich ihrer Verantwortung im Hinblick auf die Einheit des Menschengeschlechts bewusst. Sie will keine neuen Strukturen schaffen oder juridische Normen für die menschliche Gesellschaft etablieren. Aber sie insistiert darauf, dass diese Normen vom Prinzip des Respekts inspiriert sind – für die Rechte des Menschen, die es zu fördern und zu bewahren gilt.

Am 1. Januar wird in der ganzen Kirche ein Welttag des Friedens begangen. Bei der Gelegenheit wird betont, dass die Förderung der Menschenrechte der Weg zum Frieden ist. Darin folgen wir getreu dem Beispiel Christi, welcher der Kirche die Botschaft der Liebe anvertraut hat. Aus dieser Liebe leiten sich alle Normen der Moral und der schuldige Respekt vor der menschlichen Person ab.

Sie, Exzellenz, und ihre Kollegen, die Sie die Anliegen aller Menschen vertreten, rufen wir auf, die Verwirklichung der Allgemeinen Erklärung der Menschenrechte weiterhin zu fördern. So wird der ersehnte Frieden für alle Menschen Wirklichkeit werden. Unsererseits wollen wir bei dieser Gelegenheit und auch sonst Gottes Segen erbitten für den Einsatz der Vereinten Nationen für die Menschen, die Brüder in der einen Menschheitsfamilie und Kinder Gottes sind.

Pastoralreise nach Asien: An die Jugend Australiens

Sydney, 2. Dezember 1970

Ins. VIII (1970), 1327–1330 (aus dem Englischen).

Liebe Söhne und Töchter,
In unserem Besuchsprogramm durfte die Begegnung mit Euch nicht fehlen, der Jugend von Australien.

Der Grund ist nicht allein der, dass ihr in der Kraft der Taufe und durch das gemeinsame Bekenntnis des Glaubens zur Gemeinschaft der Katholiken gehört. Wir haben uns vielmehr gedacht, dass Ihr in diesem jungen Volk die ganz Jungen seid und dass Ihr von daher ein Recht auf eine eigene Ansprache habt. Möget Ihr darin auch ein Zeichen der Wertschätzung der Kirche für die Jugend sehen.

Das bedeutet nicht, dass die Kirche sich alt fühlt und Hilfe bei der starken und kräftigen Jugend sucht. Sicher, sie kann eine lange Geschichte und eine reiche Erfahrung vorweisen, die sie im Kontakt mit unzähligen Generationen verschiedener Herkunft und Kultur erworben hat. Das soll sie aber nicht hindern, sich für die junge Generation von heute zu interessieren und ihre Unterstützung zu suchen.

Die Daseinsberechtigung der Kirche liegt darin, Christus inmitten der Menschen gegenwärtig werden zu lassen, sein Wort zu verbreiten und sein Leben mitzuteilen. Hat er sich nicht selbst „Weg, Wahrheit und Leben“ genannt? Ist er nicht das Licht, das jeden Menschen erhellt? Als neuer und vollkommener Mensch, der ewig jung ist, da er im Wechsel der Zeiten Herrscher bleibt, ist er für unsere Tage, was er für die frühe Christenheit gewesen ist: Er ist der, der den Menschen vollends sich selbst offenbart und ihm ermöglicht, zu seiner Vollendung zu finden. Für das Konzil ist er nach einer treffenden Formulierung „Ziel der menschlichen Geschichte, der Punkt, auf den hin alle Bestrebungen der Geschichte und der Kultur konvergieren, der Mittelpunkt der Menschheit, die Freude aller Herzen und die Erfüllung ihrer Sehnsüchte“.[7]

7 *Gaudium et Spes* 45.

Die Kirche führt diese Sendung Christi fort, zu einem jeden Menschen zu gehen, um ihm zu helfen, seine Fähigkeiten und Talente zu entwickeln, um ihn zu erhöhen und zu retten, indem sie ihn zum Sohn Gottes macht.

Von Christus empfängt die Kirche – anders als jede nur menschliche Vereinigung – die Kraft, für Eure jungen Seelen die volle Antwort zu sein. Denn sie ist die „wahre Jugend der Welt", die sich ständig selbst erneuert (wie es in der Botschaft des Konzils an die Jugend heißt). Sie unterbreitet jeder neuen Generation und jedem neuen Volk die heilbringende Frohe Botschaft. So bezieht sie aus dem unermesslichen Schatz des Gotteswortes die Antwort selbst auf die schwierigsten Fragen.

Daher wendet sich die Kirche einfach und ehrlich an Euch.

Sie weiß um die Werte, für die Ihr steht: Eure Begeisterung für die Zukunft, Eure große Zahl, Euren Hunger nach Gerechtigkeit und Wahrheit. Sie weiß, dass Ihr den Hass ablehnt, besonders in seiner schlimmsten Form als Krieg. Sie weiß schließlich darum, dass Ihr die vergänglichen Seiten der modernen Zivilisation ablehnt.

Gott hat Euch diese Werte gegeben, damit Ihr neue Situationen mit einer neuen Haltung bestehen könnt.

Der Schöpfer des Lebens, der durch seine Menschwerdung in allem uns gleich werden wollte, außer der Sünde, kann auch die menschliche Geschichte zu ihrem Ziel führen. So kann er diese Welt von Spaltung und Chaos befreien und sie durch die freie Mitwirkung eines jeden Menschen zu ihrer wunderbaren Bestimmung, zum Reich Gottes führen.

Liebe Jugendliche, Euer Glaube und Euer Leben hängen eng zusammen. Gerade die Unzufriedenheit, die Euch umtreibt, Eure Kritik an der Gesellschaft (die man heute zu Recht permissive Gesellschaft nennt), sind ein Lichtblick.

In der Gesellschaft sieht man heute leider immer mehr Aggression sowie nicht-christliche Haltungen und Verhaltensmuster. Ihr habt recht, wenn Ihr solche Dinge beim Namen nennt, wenn Ihr die Gesellschaft in die Pflicht nehmt und stattdessen echte Werte einfordert, echte Aufrichtigkeit, moralische Geradlinigkeit und wahre Brüderlichkeit. Bei der Kirche stoßt Ihr nicht nur auf ein offenes Ohr, sondern auch auf volle Zustimmung.

Aber habt acht, wie Ihr vorgeht. Denn wenn Ihr Euch nur auf Euch selbst verlasst, wenn Ihr Euch zu den obersten Richtern über die Wahrheit aufschwingt, wenn Ihr die Vergangenheit komplett zurückweist (also all das, was die anderen Vertreter des Menschengeschlechtes, zu dem Ihr gehört, mit denselben Fähigkeiten und Defekten, aufzubauen versucht haben): dann wird die Welt von morgen kaum besser sein, höchstens anders, denn die Wurzel des Übels wird nicht ausgerissen sein. Und diese Wurzel ist der Hochmut des Menschen. In unserer Enzyklika *Populorum Progressio* haben wir gesagt: „Gewiss, der Mensch kann die Erde ohne Gott gestalten", aber „ohne Gott kann er sie letzten Endes nur gegen den Menschen formen. Der in sich verschlossene Humanismus ist ein unmenschlicher Humanismus."[8] Wenn Ihr Euch hingegen an den wendet, der seine Liebe zum Menschen mehr als alle anderen unter Beweis gestellt hat, indem er sein Leben hingegeben hat, um den Menschen zu retten, dann werdet Ihr die Flamme Eurer Ideale am Feuer seiner göttlichen Liebe entzünden. Dann wandelt auch Ihr auf dem Weg des Menschen zum Licht: *„Denn es ist uns Menschen* kein anderer Name unter dem Himmel gegeben, durch den wir gerettet werden sollen." Das ist Eure Berufung, liebe Söhne und Töchter. Das ist Eure Pflicht. Ihr müsst Euch entscheiden: Mit Jesus Christus für den Menschen oder gegen den Menschen. Das ist keine gefühlsmäßige oder oberflächliche Entscheidung, denn es geht um Euer Leben und um das der anderen.

Es liegt nun an Euch, Eure Kenntnis und Euer Verständnis des Glaubens zu vertiefen – mit der Hilfe Eurer Eltern, Eurer Erzieher, Eurer Weggefährten, durch die für Euer Alter und Eure Anliegen geeigneten Organisationen. Wichtig ist, dass Ihr Euren Kinderglauben hinter Euch lasst.

Auf der anderen Seite geht es nicht nur um Euch, sondern um alle australischen Mitchristen, ja darüber hinaus um das Heil der Welt. Gott hat uns nicht als einzelne Menschen erlöst, sondern wir sollten nach seinem Plan ein geeintes und friedvolles Volk bilden. Euer Glück findet Ihr nur, wenn Ihr es mit anderen teilt.

An Gelegenheit dazu wird es nicht mangeln – in Eurer Umgebung, bei den Studienkollegen, in Euren Pfarreien, bei den Armen und Kran-

8 *Populorum Progressio* 42 (AAS 59 [1967], 278).

ken. Gelegenheiten dazu finden sich in der ganzen Welt, die nach dem wahren Sinn des Lebens fragt.

Inständig bitten wir den Meister, die Zweifelnden zu erleuchten, die Leidenden zu trösten und sich Euch allen zu offenbaren. Wir beten, dass er, der so gütig und Euch allen so nahe ist, Euch den Frieden und die Freude des Herzens schenkt. Mit Zuneigung spenden wir Euch Anwesenden und der ganzen australischen Jugend unseren besonderen Apostolischen Segen.

Predigt zum Fest Peter und Paul 1972 („*Fortes in fide*“)

Vatikan, 29. Juni 1978

Aus dem Italienischen; nach der Abschrift einer Tonbandaufnahme im Archiv des Istituto Paolo VI in Brescia (Auszüge); eine paraphrasierende Zusammenfassung der Ansprache findet sich in Ins. X. (1972), 703–709.

Einführung: Es scheint, als habe der Papst nicht durchgängig nach einem Manuskript gesprochen bzw. als sei er in manchen Passagen von einem vorbereiteten Text abgewichen, da die Ansprache entgegen seiner sonstigen Gewohnheit nicht sehr ausgearbeitet wirkt. Weite Passagen wirken spontan formuliert. Dies würde auch erklären, warum diese nicht in den Insegnamenti di Paolo VI abgedruckt wurde.

Namentlich die Berufung auf den „Rauch Satans“ dient in traditionalistischen Kreisen stereotyp als Beleg dafür, dass Paul VI. an seiner eigenen Kirche und an ihrer nachkonziliaren Entwicklung verzweifelt sei. Der Duktus seiner Worte beweist das Gegenteil. Hier wird die entscheidende Passage als Ausschnitt wiedergegeben.

(…) In diesem Augenblick denken wir (und das könnt Ihr uns glauben, geliebte Söhne und Brüder) mit sehr viel christlicher Liebe an all unsere Brüder, die uns verlassen. Wir denken an viele, die weggelaufen und vor uns geflohen sind. Wir denken an viele, die uns vergessen haben. Wir denken an viele, die vielleicht nicht einmal soweit gekommen sind, sich ihrer Berufung als Christen bewusst zu werden, obgleich sie die Taufe empfangen haben. Wie gern würden wir ihnen die Hand entgegenstrecken und ihnen sagen, dass unser Herz und unsere Tür immer offen stehen, dass sie die Schwelle überschreiten können. Wir möchten ihnen Anteil geben an unserem großen und unermesslichen Glück, dass wir wahrhaft in einer unergründlichen Verbindung mit Gott stehen. Diese lässt uns als Menschen dieser Zeit leben und die Dinge mit einem positiven Realismus annehmen. Vielleicht verlangt uns dieses Glück Verzicht und Opfer ab, aber es macht uns auch reicher, indem es uns etwas nimmt. Es nimmt uns etwas von der Energie dieser Welt und erlegt uns Verzicht auf – aber es macht uns auch überreich.

Wir sind nicht arm, denn der Herr macht uns reich.

Wir möchten diese Brüder, die gleichsam eine Wunde in unser priesterliches Herz gerissen haben, wissen lassen, dass wir ihnen nahe sind, dass wir sie immer noch, ja noch stärker lieben, dass wir für sie beten. Sie sollen wissen, wie sehr wir uns anstrengen, indem wir ihnen nachgehen und uns bemühen, unsere Gemeinschaft mit Christus wiederherzustellen, die durch sie gemindert ist.

Und dann gilt noch etwas anderes, das uns alle ein wenig betrifft und die heutige Kirche kennzeichnet. Man könnte sagen, dass durch einen mysteriösen – nein, wohl nicht mysteriösen – Spalt der Rauch Satans in die Kirche eingedrungen ist. Es herrschen der Zweifel, die Unsicherheit, das Problematisieren, die Unruhe, die Unzufriedenheit, der Streit. Man vertraut der Kirche nicht mehr. Man vertraut auf den erstbesten weltlichen Propheten in irgendeiner Zeitung oder sonstwo in der Öffentlichkeit. Zu ihm läuft man hin, um die Wahrheit über dieses Leben zu erfahren. Und dabei vergessen wir, dass *wir* diese Wahrheit schon haben und dass wir sie lehren.

Ich betone nochmals: Der Zweifel hat in unser Gewissen Einzug gehalten, und zwar durch Fenster, die doch das Licht hereinlassen müssten.

Die Wissenschaft! Soll uns die Wissenschaft denn nicht eigentlich Wahrheiten vermitteln, die uns nicht von Gott entfernen, sondern die uns einladen, ihn noch mehr zu suchen und freudiger zu loben? Die Wissenschaft hat hingegen alles in Frage gestellt und an allem gezweifelt, was ist und was wir wissen. Die Wissenschaftler, die denkend und leidend an vorderster Front stehen, lehren am Ende auch nur: „Ich weiß nicht. Wir wissen es nicht. Wir können es nicht wissen." Sicher führt uns die Wissenschaft die Grenzen unseres Wissens vor Augen. Aber darüber hinaus müsste sie uns doch auch etwas Positives vermitteln, nämlich Licht, Gewissheit, Antrieb, Reichtum. Sie müsste wohl unsere Fähigkeit steigern zu beten und Gott zu loben. Stattdessen wird die Lehre zum Tummelplatz der geistigen Verwirrung und einer allzu weit gespannten Pluralität, die manchmal geradezu absurde Widersprüche hervorbringt: Man feiert zum einen den Fortschritt, um ihn zum anderen durch die seltsamsten und radikalsten Revolutionen zu zerstören. So wird negiert, was man erobert hat, und am Ende steht man mit leeren

Händen da, nachdem man zuvor die Eroberungen und den Fortschritt der modernen Welt so hochgelobt hat.

Wir befinden uns also in diesem Stadium der Unsicherheit. Auch wir, auch wir, meine Söhne, auch wir in der Kirche.

Wir haben geglaubt, dass nach dem Konzil ein heller Tag in der Geschichte der Kirche anbrechen würde. Stattdessen sind Wolken gekommen, Stürme und Dunkel, Suchen und Ungewissheit. Es fällt schwer, noch Freude an der Gemeinschaft zu vermitteln. Einerseits predigen wir den Ökumenismus. Zugleich aber entfernen wir uns immer mehr von den anderen und suchen neue Gräben zu graben statt alte zuzuschütten.

Wie konnte es dazu kommen? Wir wollen Euch einen Gedanken anvertrauen – und zwar lediglich als Gedankenanstoß –, der vielleicht unbegründet ist, nämlich dass eine feindliche Macht am Werk ist. Nennen wir seinen Namen: Es ist der Teufel, dieses geheimnisvolle Wesen, auf den der Petrusbrief anspielt, den wir heute auslegen (ganz abgesehen von den vielen Malen, da Jesus in den Evangelien der Name dieses Menschenfeindes über die Lippen kommt). Wir glauben, dass eine übernatürliche Kraft in der Welt wirksam geworden ist, um Verwirrung zu stiften, um die Früchte des Ökumenischen Konzils zu ersticken und um zu verhindern, dass die Kirche in einen Freudenjubel ausbricht, da sie ihr Selbstbewusstsein wiedergefunden hat.

Und gerade deshalb wollen wir uns bemühen, geliebte Brüder, mehr denn je des Amtes zu walten, das Gott dem Apostel Petrus anvertraut hat, nämlich die Brüder im Glauben zu stärken. Wir wollen Euch an diesem Charisma der Gewissheit teilhaben lassen, das der Herr dem verleiht, der ihn – wenn auch unwürdig – auf Erden repräsentiert. Wir wollen Euch sagen, dass der Glaube uns eine wahrhaft große Gewissheit schenkt – er basiert nicht auf Ansprüchen oder auf Argumenten, die wir nur schwer überprüfen können, sondern auf dem Wort Gottes. Dieses Wort Gottes wird durch unseren Verstand und unsere menschliche Vernunft beglaubigt und bestätigt. Und wer mit Einfachheit und Demut glaubt, weiß sich auf einem guten Weg. Sein Inneres gibt ihm recht. (…)[9]

9 An dieser Stelle folgt in der Tonbandmitschrift eine Passage, deren Sinn kaum zu rekonstruieren ist.

Wir sehen eine Vielzahl von demütigen, einfachen, reinen, aufrechten, starken Seelen vor uns, die glauben. Sie sind, wie der heilige Petrus am Ende seines Briefes sagt, „stark im Glauben“[10]. Wir wünschen uns, dass diese Kraft des Glaubens, diese Sicherheit, dieser Friede, der gleichsam über alle Widrigkeiten dieser Welt (das Leben, unsere Erfahrung, die Dinge selbst) triumphiert, uns „stark im Glauben“ sein lässt.

Brüder, wir sprechen keine seltsamen, schwierigen oder absurden Dinge an. Wir wünschen nur, dass Ihr Euch auf einen Glaubensakt einlasst, in Demut und Ehrlichkeit. Wir wünschen, dass Ihr eine geistige Anstrengung vollbringt, in dem Sinne: „Wir wollen einen bewussten Akt setzen. Es ist wahr , es ist nicht wahr; ich nehme es an oder ich nehme es nicht an Ja, Herr, ich glaube an Dein Wort; ich glaube an Deine Offenbarung; ich glaube dem, den Du als Zeugen und Garanten dieser Offenbarung eingesetzt hast. So will ich schon jetzt durch die Kraft des Glaubens das Vorgefühl der verheißenen ewigen Seligkeit erleben. Und so sei es.

10 Nach den lateinischen Worten *fortes in fide* wird diese Predigt oft benannt.

Eröffnung der Sammlung für moderne religiöse Kunst in den Vatikanischen Museen

Vatikan, 23. Juni 1973

Ins. XI (1973), 646–650 (aus dem Italienischen; gekürzt).

(…) Also gut, wir haben uns nun die Frage gestellt: Existiert heute, als wahrnehmbare Größe, eine religiöse Kunst, die aktuell und modern ist, ein Kind unserer Zeit und mit der profanen Kunst verschwistert, die das Auge und den Geist des Menschen unserer Zeit unwiderstehlich in Bann schlägt? Eine vorläufige Antwort fällt trotz aller Zweifel und Vorsicht positiv aus, denn eine solche Antwort muss sich auf Einzelfälle und einzelne Namen beschränken. Man muss sich aber für diese stark machen, eben weil es sich um isolierte Fälle und einzelne Namen handelt. Es scheint, als seien diese in gewisser Hinsicht eingeschüchtert und scheuten davor zurück, sich mit den großen Traditionen der Vergangenheit sowie mit den höchsten Ausdrucksformen der zeitgenössischen Kunst zu vergleichen.

Wir können also festhalten: Auch heute noch haben wir Künstler, die fähig sind, sich mit religiösen Gegenständen zu messen. Und wir haben echte Werke religiöser (wenn auch nicht immer sakraler) Kunst, mit denen es sich zu beschäftigen lohnt. Aber wo finden wir solche Künstler, derartige Werke? Wie viele sind es? Und was denkt die Kirche, der immer ein Urteil über religiöse Fragen zusteht, von ihnen?

Zwei durchaus unbequeme Phänomene kommen uns nun in den Sinn: Erstens: die Kirche war Lehrmeisterin der Kunst; in der Vergangenheit hat sie sie gefördert und das so Geschaffene stets bewahrt. Ihre große Tradition hat sich aber verlangsamt und ist nicht mehr so fruchtbar. Wo ist zum Beispiel in dieser Heimstatt großer Kunstwerke der Vergangenheit [= in den Vatikanischen Museen] ein Platz für uns Menschen der Moderne? Hat denn die Kirche dem Menschen, der bewundern und nachahmen will, nur Museen und Schatzhäuser für die Künstler der Vergangenheit und somit stolze und prächtige Friedhöfe zu bieten? Steht die Kirche still und beschränkt sich auf die Geschichte, auf längst vergangene Zeiten?

Und ein Zweites: Haben denn die zeitgenössischen Künstler überhaupt ein Heimatrecht in der Institution Kirche? Wohl eher nicht. Diese Menschen, denen die Kirche fremd ist, sagen: Wir haben uns weit von jenen Pfaden, die allein zu ihr, der Kirche, hinführen, entfernt. Wir haben uns weit entfernt von den Pfaden der klassischen Vollendung, den Pfaden der Schönheit und Ästhetik, wo die Form eine intuitive Würde hat, wo klare Gedanken geäußert werden, sei es in dramatischer, sei es in romantischer Weise. Wir haben uns weit entfernt von Ausdrucksformen, die sich dem Betrachter leicht erschließen. Wir können also nicht mehr in dieses Reich des Schönen eintreten, das unmittelbar überzeugt, und des Wahren, das nur das gläubige Auge durchdringt, und des Guten, das transzendenten und universal gültigen Regeln folgt? Für unsere Kunstauffassung gibt es keinen gültigen Leitstern mehr.

Und nun?

(...) Es scheint nicht zu stimmen, dass die zeitgenössische Kunst als solche vor allem durch Abgedrehtheit, Leidenschaftlichkeit sowie verkopfte und willkürliche Abstraktion gekennzeichnet ist. Ja, der moderne Künstler ist subjektiv, er sucht die Motive für seine Werke mehr in sich selbst als außerhalb seiner selbst. Aber gerade dadurch ist er oft besonders menschlich; gerade deshalb muss man ihn hochschätzen. Viele Künstler haben an die Stelle der Ästhetik die Psychologie gesetzt. Zwar ist die Psychologie eine oftmals gefährliche und ernüchternde Angelegenheit, doch befähigt sie uns auch, ins Heiligtum des Geistes einzudringen. Daher sollten wir, die wir Schüler und Meister des Geistes sind, sie durchaus hochschätzen.

Auf jeden Fall ist diese Kunst, die ihre Impulse eher von innen als von außen her bekommt, für uns von Interesse, und wir sind verpflichtet Sie kennenlernen. Es geht uns darum, in der Seele des Künstlers zu lesen und damit in der Seele des Zeitgenossen, für den er, bewusst oder nicht, Dolmetscher und getreuer Spiegel ist. Mehr noch, auch in dieser Seele, in der Seele des naturreligiösen Menschen (denn religiös, metaphysisch sind wir alle in gewissem Sinne) ist heute eine ganz ursprüngliche Stimme zu hören, bisweilen mit jungfräulicher Unschuld, bisweilen mit außergewöhnlicher Manneskraft. Sagen wir es also ganz offen: Es existiert noch, es existiert auch in dieser unserer nüchternen, säkularisierten Welt, die manchmal geradezu durch obszöne und blasphemische Profanisierungen verdorben ist, eine wunderbare Fähigkeit (dieses Wunder wollen wir suchen!), dem Religiösen, dem Göttlichen, dem Christlichen (und eben nicht nur dem rein Menschlichen) Ausdruck zu verleihen. (…)

Brief an Frederick Donald Coggan, Erzbischof von Canterbury

Vatikan, 30. November 1975

AAS 68 (1976), 599f. (aus dem Englischen).

Wir antworten mit diesem Schreiben auf Ihren Brief vom 9. Juli. Wir hatten des Öfteren Gelegenheit, zunächst Ihrem Vorgänger, dann Ihnen selbst unseren Dank gegenüber Gott und unsere Befriedigung über das wachsende Verständnis zwischen der katholischen Kirche und der anglikanischen Gemeinschaft zum Ausdruck zu bringen. Wir haben auch unsere Genugtuung über den engagierten theologischen Dialog und über die christliche Zusammenarbeit gezeigt, welche dieses Wachstum zugleich vorantreibt und bezeugt.

In diesem Klima des Vertrauens und der Offenheit nehmen wir Ihre Ausführungen zum Problem der Frauenordination zur Kenntnis, das sich derzeit in der anglikanischen Gemeinschaft stellt. Eure Gnaden wissen sicher um die katholische Position in dieser Frage. Die katholische Kirche hält aus schwerwiegenden Gründen daran fest, dass es nicht zulässig ist, Frauen zu Priestern zu weihen. Sie verweist darauf, dass Christus nach dem Zeugnis der Heiligen Schrift nur Männer zu Aposteln erwählt hat. Die Kirche hat nie aufgehört, Christus darin zu folgen, nur Männer zu erwählen. Das Lehramt hat in Übereinstimmung mit diesem Befund festgelegt, dass der Ausschluss von Frauen vom Priesteramt dem Plan Gottes für seine Kirche entspricht.

Die gemeinsame Kommission von anglikanischer Gemeinschaft und katholischer Kirche, die seit 1966 tätig ist, soll zu gegebener Zeit einen Abschlussbericht vorlegen. Wir müssen immer mehr feststellen, dass der neue Kurs der anglikanischen Gemeinschaft, Frauen zum Amtspriestertum zuzulassen, den Dialog unausweichlich erschweren wird. Dessen werden sich alle, die an diesem Dialog beteiligt sind, deutlich bewusst sein.

Diese Hindernisse entbinden keine der beiden Seiten von der Pflicht, weiterhin die Versöhnung zu suchen. Wir nehmen es mit Genugtuung wahr, dass über dieses Thema ein erstes informelles Gespräch zwischen Vertretern der Anglikaner und unseres Einheitssekretariates stattgefunden hat, bei dem man sich über die grundsätzliche Bedeutung dieser Frage einig war. Wir haben den Wunsch, dass dieser Anfang in der Zukunft zu einer gemeinsamen Haltung und zu einem größeren gegenseitigen Verständnis führen wird.

Nochmals wünschen wir Euch brüderlich alles Gute in unserem Herrn.

Papst Paul VI.

„An unseren verehrten Bruder Marcel Lefebvre"

Castelgandolfo, 15. August 1976

Ins. XIV (1976), 647f. (aus dem Französischen).

An diesem Fest der Aufnahme der heiligen Jungfrau Maria in den Himmel versichern wir Sie unseres Gedenkens, verbunden mit einem besonderen Gebet für eine baldige positive Lösung Ihrer Angelegenheit, im Hinblick auf Ihre Person und auf Ihr Wirken in der Heiligen Kirche.

Wir äußern den brüderlichen und väterlichen Wunsch: Mögen Sie vor dem Herrn und vor der Kirche bedenken, in Schweigen und angesichts Ihrer Verantwortung als Bischof, dass Ihre gegenwärtige Haltung untragbar ist und allen geltenden Gesetzen widerspricht; sie ist weder wahr noch gerecht.

Sie maßen sich das Recht an zu erklären, wir hätten uns in unserem apostolischen Amt von der Regel des Glaubens entfernt. Sie maßen sich das Recht an, die Lehre eines Ökumenischen Konzils, das nach allen geltenden Regeln und kirchlichen Normen durchgeführt worden ist, als inakzeptabel einzustufen. Das sind extrem schwerwiegende Anschuldigungen. Ihre Haltung entspricht nicht dem Evangelium und nicht dem Glauben.

Weiter auf diesem Weg voranzuschreiten, würde Ihrer geweihten Person und denen, die Ihrer Führung anvertraut sind, schweren Schaden zufügen und Ungehorsam gegenüber den kanonischen Gesetzen bedeuten. Statt einen Missbrauch, den man korrigieren will, abzustellen, würden Sie einen anderen, unkalkulierbar schweren hinzufügen.

Haben Sie Demut, Bruder, und den Mut, die unlogische Kette zu sprengen, die Sie der Kirche entfremdet und Sie zu Ihrem Feind macht – dieser Kirche, der Sie doch gedient haben, die Sie doch immer noch lieben und die Sie auferbauen wollen. Wie sehr erwarten die Seelen von Ihnen dieses Vorbild einer heroischen und schlichten Treue!

Indem wir den Hl. Geist anrufen und der heiligen Jungfrau Maria diese Stunde anempfehlen, die für Sie wie für uns groß und bitter ist, bitten und hoffen wir.
Papst Paul VI.

Telegramm an Joseph Kardinal Höffner aus Anlass der Entführung eines Flugzeugs der Lufthansa

Vatikan, 17. Oktober 1977

Ins. XV (1977), 962. – Das Original des Telegramms findet sich im Historischen Archiv des Erzbistums Köln.

Einführung:
Der Anlass dieses Briefes fällt in die hohe Zeit des Linksterrorismus in Deutschland. Im September war der Arbeitgeberpräsident Hanns Martin Schleyer von der RAF entführt worden, um Häftlinge freizupressen. Als der Staat sich nicht auf Verhandlungen einließ, entführten palästinensische Gesinnungsgenossen der RAF am 13. Oktober die von Mallorca abgeflogene „Landshut", mit 86 Fluggästen an Bord. Nach einer Odyssee durch verschiedene Staaten wurde der Pilot Jürgen Schumann getötet und im somalischen Mogadischu ein neues Ultimatum gesetzt. Zu diesem Zeitpunkt schrieb der Papst an den Erzbischof von Köln. Einen Tag später, am 18. Oktober, erfolgte die gewaltsame Befreiung der Geiseln.

Mit Bestürzung und großem Schmerz verfolgen wir die durch die tragische Flugzeugentführung der deutschen Lufthansamaschine so vielen unschuldigen Menschen verursachten schrecklichen Leiden und Ängste. Die Nachricht von der Ermordung des Piloten erfüllt uns mit großer Trauer. Wir bitten Euer Eminenz, den trauernden Angehörigen unsere aufrichtige Anteilnahme zu übermitteln und sie unseres Gebetes zu versichern. Wäre es von Nutzen, so würden wir sogar unsere Person für die Befreiung der Geiseln anbieten.

Wir appellieren an das Gewissen der Entführer, von ihrem grausamen Unternehmen abzulassen, das so viele Menschen, sogar unschuldige Kinder, in Schmerz und Unglück zu stürzen droht. Zugleich rufen wir alle Verantwortlichen auf, alles Menschenmögliche zu tun, um noch weiteres unschuldiges Blutvergießen zu vermeiden.
Paulus PP VI

Lehrschreiben über die christliche Freude („*Gaudete in Domino*")

Vatikan, 9. Mai 1975

AAS 67 (1976), 289–322 (lateinischer Originaltext). – Deutsche Übersetzung: Papst Paul VI.: Über die christliche Freude. Apostolisches Schreiben „Gaudete in Domino", Leutesdorf am Rhein 1975 (Auszüge).

Einführung:
Paul VI. verstand das Heilige Jahr 1975 als Aufruf zu einer vertieften Spiritualität. Vor diesem Hintergrund ist auch das Apostolische Schreiben über die christliche Freude zu sehen. Der Papst widmet diesem Gegenstand erstmals in der katholischen Lehrverkündigung ein eigenes Dokument. Die Freude wird zunächst als Konstitutivum der menschlichen Existenz geschildert: Alle Menschen suchen nach ihr und sind auf sie ausgerichtet (4–11). Bereits im Alten Testament wird eine freudige Botschaft verkündet und die christliche Freude vorbereitet (12–16), die dann in der Lehre des Neuen Testaments eine zentrale Rolle spielt (17–31). Die christliche Freude ist ein unverkennbares Zeichen von Heiligkeit und eine bleibende ekklesiologische Grundkategorie (32–51). Die Wurzel des Aufbegehrens der Jugend sieht der Verfasser in der Sehnsucht nach Freude (52–61). Sie zu suchen, ist den Gläubigen im Heiligen Jahr besonders aufgegeben (61–72).

36. Aus dem Abendland genügt es, unter den vielen, die auf dem Weg der Heiligkeit und der Freude Schule gemacht haben, nur einige Namen zu nennen: den heiligen Augustinus, den heiligen Bernhard, den heiligen Dominikus, den heiligen Ignatius von Loyola, den heiligen Johannes vom Kreuz, die heilige Teresa von Ávila, den heiligen Franz von Sales, den heiligen Johannes Bosco.

37. Wir wollen drei Gestalten besonders herausgreifen, die heute noch auf die Gesamtheit des christlichen Volkes eine große Anziehungskraft ausüben. An erster Stelle der demütige Arme von Assisi. Zahlreiche Pilger des Heiligen Jahres geben sich Mühe, seinen Spuren zu folgen. Nachdem er alles um des Herrn willen verlassen hatte, hat er durch

die heilige Armut sozusagen etwas von jener ursprünglichen Seligkeit wiedergefunden, als die Welt heil aus den Händen des Schöpfers hervorgegangen ist. In der äußersten Armut, fast schon erblindet, konnte er seinen unvergesslichen Preisgesang der Schöpfung anstimmen, den Lobgesang der Schwester Sonne, der ganzen Natur, die für ihn gleichsam transparent und zum lauteren Spiegelbild der göttlichen Herrlichkeit geworden ist. Er empfindet selbst Freude angesichts des Kommens „unseres Bruders, des leiblichen Todes": „Selig diejenigen, die deinem heiligsten Willen gleichförmig geworden sind..."

38. In der uns näher liegenden Zeit ist es die heilige Theresia von Lisieux, die uns auf den mutigen Weg hinweist, sich ganz in die Hände Gottes fallen zu lassen, dem sie ihre eigene Armseligkeit anvertraut. Doch ist ihr deshalb das Gefühl der Gottverlassenheit nicht unbekannt, von dem unser Jahrhundert auf seine Weise seine bittere Erfahrung macht: „Manchmal scheint das kleine Vögelchen" (mit dem sie sich selbst vergleicht) „nicht zu glauben, dass es etwas anderes gibt als die Wolken, die es einhüllen... Das ist der Augenblick vollkommener Freude für das arme, schwache Wesen... Welches Glück für es, dort zu bleiben, auch wenn seine Augen nach dem unsichtbaren Licht Ausschau halten, das sich seinem Glauben entzieht."

39. Wie sollte man schließlich nicht auch an das Vorbild des seligen Maximilian Kolbe erinnern, eines echten Jüngers des heiligen Franziskus! Sein Bild erstrahlt für unsere Generation. In den sehr tragischen Ereignissen, die unsere Zeit mit so viel Blut befleckt haben, hat er freiwillig sein Leben hingegeben, um einen unbekannten Bruder zu retten. Zeugen berichten uns, dass sein innerer Friede, seine Gelassenheit und seine Freude aus einem Ort voller Entbehrungen und Leiden, der gewöhnlich ein Bild der Hölle war, für seine Leidensgenossen und für ihn selbst in gewisser Weise einen Vorhof zum ewigen Leben gemacht hat.

70. Wir haben geglaubt, in der Mitte dieses Heiligen Jahres treu den Eingebungen des Heiligen Geistes zu folgen, wenn wir die Christen dazu ermahnen, zu den Quellen der Freude zurückzukehren.

71. Liebe Brüder, Söhne und Töchter, ist es nicht natürlich, dass uns Freude erfüllt, wenn wir in unseren Herzen gläubig hierfür die grundlegenden Motive betrachten oder neu entdecken, die wahrhaft einfach

sind: Gott hat so sehr die Welt geliebt, dass er seinen einzigen Sohn dahingegeben hat; er hört nicht auf, uns durch seinen Geist, durch seine Gegenwart mit seinem Wohlwollen zu umgeben, und mit seinem Leben zu durchdringen; auch befinden wir uns auf dem Weg zur beseligenden Verklärung unserer Existenz als Folge der Auferstehung Jesu. Es wäre in der Tat recht seltsam, wenn uns diese Frohbotschaft, die das Alleluja der Kirche hervorruft, uns nicht den Anblick von Erlösten geben wollte. Die Freude darüber, ein Christ, mit der Kirche verbunden, „in Christus", im Stand der Gnade Gottes zu sein, ist in der Tat imstande, das Herz des Menschen zu erfüllen. Ist es nicht gerade dieser innere Jubel, der dem Tagebuch Pascals eine erschütternde Note verleiht: „Freude, Freude, Freude, Tränen der Freude?" Und wie viele erleuchtete Schriftsteller – wir denken zum Beispiel an Georges Bernanos – drücken nicht auch in unserer Zeit in neuer Form diese christliche Freude der Kleinen und Demütigen aus, die überall in einer Welt aufleuchtet, welche vom Schweigen Gottes spricht?

72. Die Freude entsteht immer von einem bestimmten Blick auf den Menschen und auf Gott. „Ist dein Auge gesund, so hat dein ganzer Leib Licht." Wir berühren hier die ursprüngliche und unveräußerliche Dimension der menschlichen Person: Ihre Berufung zum Glück geht immer über die Wege der Erkenntnis und der Liebe, der Kontemplation und der Aktion. Könntet Ihr doch das Edelste, was sich in der Seele Eures Bruders findet, und diese göttliche Gegenwart, die dem menschlichen Herzen so nahe ist, wieder miteinander verbinden! (…)

Apostolisches Schreiben *Evangelii Nuntiandi*

Vatikan, 8. Dezember 1975

AAS 68 (1976), 5–76 (lateinischer Originaltext). – Deutsche Übersetzung: Apostolisches Schreiben „Evangelii nuntiandi" Seiner Heiligkeit Papst Pauls VI. an den Episkopat, den Klerus und alle Gläubigen der Katholischen Kirche über die Evangelisierung in der Welt von heute (8. Dezember 1975) [= Deutsche Bischofskonferenz (Hg.): Verlautbarungen des Apostolischen Stuhls 2]; Auszüge.

Einführung:
Der Papst versteht dieses Dokument als Besinnung auf das Konzil und als Frucht der Synode im Vorjahr. Evangelisierung sieht er als ein Leitthema seines Pontifikats an (2–5). Die Evangelisierung wird hier christologisch begründet: Sie entspricht dem Auftrag Christi und stellt eine ureigene Aufgabe der Kirche dar (6–16). Evangelii Nuntiandi *widmet sich auch den Dimensionen der Evangelisierung (etwa ihrer kulturprägenden Kraft, 17–24), ihren Inhalten (zu der auch das ganzheitliche Heil des Menschen, seine „Befreiung" gehört, 25–39). Voraussetzung aller evangelisierenden Aktivitäten ist die Religionsfreiheit. Ebenso werden die Wege aufgezeigt, auf denen heute Evangelisierung geschehen kann (40–48): Neben den klassischen Wegen wie der Spendung der Sakramente und der Katechese sind neue Akzente wie der Einsatz der Massenmedien nötig. Bedeutender denn je ist das Lebenszeugnis von Priestern und Laien. – Auch die Adressaten werden in den Blick genommen, zu denen die Ungetauften, die Fernstehenden und die nicht praktizierenden Christen zählen (49–58). – Die Evangelisierung ist Aufgabe der ganzen Kirche mit all ihren Gliedern (59–73). – Schließlich wird die geistlich-moralische Haltung umrissen, mit der sie erfolgen muss (74–80).*

41. Ohne alles zu wiederholen, was wir schon vorher gesagt haben, ist es doch gut, folgendes hervorzuheben. Für die Kirche ist das Zeugnis eines echt christlichen Lebens mit seiner Hingabe an Gott in einer Gemeinschaft, die durch nichts zerstört werden darf, und gleichzeitig mit einer Hingabe an den Nächsten in grenzenloser Einsatzbereitschaft der erste Weg der Evangelisierung. „Der heutige Mensch", so sagten wir kürz-

lich zu einer Gruppe von Laien, „hört lieber auf Zeugen als auf Gelehrte, und wenn er auf Gelehrte hört, dann deshalb, weil sie Zeugen sind". Als der hl. Petrus das Bild eines reinen und ehrbaren Lebens zeichnete, brachte er das deutlich zum Ausdruck: „Ohne zu reden, gewannen sie diejenigen, welche sich weigerten, an das Wort zu glauben." Die Evangelisierung der Welt geschieht also vor allem durch das Verhalten, durch das Leben der Kirche, das heißt durch das gelebte Zeugnis der Treue zu Jesus, dem Herrn, durch das gelebte Zeugnis der Armut und inneren Loslösung und der Freiheit gegenüber den Mächten dieser Welt, kurz, der Heiligkeit.

42. Sodann ist es nicht überflüssig, auf die Bedeutung und Notwendigkeit der Verkündigung hinzuweisen. „Wie sollen sie an den glauben, von dem sie nichts gehört haben? Wie sollen sie hören, wenn niemand verkündet? So gründet der Glaube in der Botschaft, die Botschaft im Wort Christi." Dieses Gesetz, einst vom Apostel Paulus aufgestellt, behält auch heute noch seine ganze Kraft.

Ja, die Verkündigung, diese mündliche Proklamation einer Botschaft, ist nach wie vor unverzichtbar. Wir wissen sehr wohl, dass der Mensch angesichts der Wortflut in unserer Zeit oft des Hörens müde wird und, schlimmer noch, dem Wort gegenüber abstumpft. Wir kennen auch die Gedanken zahlreicher Psychologen und Soziologen, die behaupten, der moderne Mensch habe die Zivilisation des Wortes, die nun unwirksam und „überflüssig" geworden sei, hinter sich gelassen und lebe nun in einer Zivilisation des Bildes. Das müsste uns gewiss anspornen, die von dieser Zivilisation hervorgebrachten modernen Mittel für die Vermittlung der Botschaft des Evangeliums einzusetzen. Übrigens sind in dieser Richtung schon beachtliche Anstrengungen unternommen worden. Wir können das nur loben und dazu ermutigen, diese Bemühungen noch weiter zu verstärken und zu entfalten. Die Müdigkeit, die sich heute angesichts einer solchen Flut leerer Worte und der Aktualität ganz anderer Kommunikationsformen einstellt, darf indes die bleibende Kraft des Wortes nicht schwächen oder das Vertrauen zum Wort verlorengehen lassen. Das Wort bleibt immer aktuell, zumal wenn es die Macht Gottes in sich trägt. Darum bleibt auch heute der Grundsatz des hl. Paulus gültig: „Der Glaube gründet in der Botschaft." Es ist also das vernommene Wort, das zum Glauben führt.

52. Wenn sich diese erste Verkündigung auch vornehmlich an jene richtet, die von der Frohbotschaft Jesu noch nichts gehört haben, oder an Kinder, so erweist sie sich in gleicher Weise immer notwendiger angesichts der heute häufig zu beobachtenden Entchristlichung, und zwar für sehr viele, die zwar getauft sind, aber gänzlich außerhalb eines christlichen Lebensraumes stehen, dann für einfache Menschen, die zwar einen gewissen Glauben haben, seine Grundlagen aber kaum kennen, ferner für Intellektuelle, die das Bedürfnis spüren, Jesus Christus in einem anderen Licht kennenzulernen als bei der Unterweisung in ihrer Kinderzeit, und schließlich für viele andere.

56. Ein zweiter Bereich: das sind die Nichtpraktizierenden, eine heute große Zahl von Getauften, die vielfach ihre Taufe nicht ausdrücklich verleugnen, sie aber als Nebensache betrachten und nicht leben. Dass es Nichtpraktizierende gibt, ist eine sehr alte Erscheinung in der Geschichte des Christentums; das gehört zu einer natürlichen Schwäche, zu dem tiefen Widerstreit, der leider unser Innerstes durchzieht. Aber sie nimmt heute neue Formen an. Die Gründe dafür liegen häufig in einer für unsere Zeit typischen Entwurzelung. Ein weiterer Grund liegt darin, dass die Christen heute Seite an Seite mit den Nichtglaubenden leben und ständig die Rückwirkungen des Unglaubens zu spüren bekommen. Mehr als früher suchen Nichtpraktizierende ihre Position dadurch zu erklären und zu rechtfertigen, dass sie sich auf ein religiöses Inneres, auf die Eigenverantwortung oder auf persönliche Echtheit berufen.

Atheisten und Ungläubige auf der einen Seite und Nichtpraktizierende auf der anderen bilden für die Evangelisierung Hindernisse, die sich nicht übersehen lassen. Bei den ersteren ist es das Hindernis einer bestimmten Verweigerung, die Unfähigkeit, die neue Ordnung der Dinge, den neuen Sinn der Welt, des Lebens und der Geschichte wahrzunehmen, was hingegen nur möglich ist, wenn man vom Absoluten, von Gott ausgeht. Bei den anderen ist es das Hindernis der Trägheit, die irgendwie feindselige Haltung von jemandem, der sich im eigenen Hause sicher fühlt, der behauptet, alles zu kennen, alles genossen zu haben und an nichts mehr zu glauben. Atheistische Säkularisierung und das Fehlen religiöser Praxis finden sich bei Erwachsenen und Jugendlichen, bei der Elite und im breiten Volk, in allen kulturellen Schichten sowie in den alten und jungen Kirchen. Das evangelisierende Wirken der Kirche kann diese beiden Welten nicht unbeachtet lassen oder vor ihnen haltmachen; sie muss beständig nach den geeigneten Mitteln und der entsprechenden Sprache suchen, um die Offenbarung Gottes und den Glauben an Jesus Christus auch dorthin zu tragen oder erneut zu verkünden.

76. Betrachten wir nun die Person des Verkündigers selbst. Oft wird heute gesagt, unser Jahrhundert verlange geradezu nach Echtheit. Besonders von der Jugend sagt man, sie habe einen Abscheu vor allem Gekünstelten, Unechten und suche vor allem Wahrheit und Transparenz. Solche „Zeichen der Zeit" sollten uns wachsam finden. Still oder in lautstarken Ausbrüchen, immer aber voller Eindringlichkeit, fragt man uns: Glaubt ihr wirklich an das, was ihr verkündet? Lebt ihr, was ihr glaubt? Predigt ihr wirklich, was ihr lebt? Mehr denn je ist das Zeugnis des Lebens eine wesentliche Bedingung für die Tiefenwirkung der Predigt geworden. Durch diese enge Verbindung sind wir bis zu einem gewissen Grade verantwortlich für den Erfolg des Evangeliums, das wir verkünden.

„Wie steht es mit der Kirche zehn Jahre nach dem Abschluss des Konzils?" so fragten wir zu Beginn dieser Überlegungen. Ist sie im Herzen der Welt verankert und dennoch frei und unabhängig genug, die Welt in Frage zu stellen? Gibt sie Zeugnis von der Solidarität mit den Menschen und zugleich vom Absolutheitsanspruch Gottes? Ist sie eifriger in der Betrachtung und Anbetung, ist sie engagierter in der Mission, Caritas und Befreiung? Setzt sie sich noch entschiedener für die Verwirklichung der vollkommenen Einheit unter den Christen ein, die das gemeinsame Zeugnis immer wirksamer macht, „damit die Welt glaube"? Wir alle sind verantwortlich für die Antworten, die man auf diese Fragen geben mag.

So mahnen wir unsere Mitbrüder im Bischofsamt, die vom Heiligen Geiste mit der Leitung der Kirche Gottes betraut worden sind. Wir ermahnen die Priester und Diakone, Mitarbeiter der Bischöfe in der Aufgabe, das Volk Gottes zu sammeln und die Ortsgemeinden geistlich zu betreuen. Wir ermahnen die Ordensleute, Zeugen einer Kirche, die zur Heiligkeit berufen ist; sie selbst sind dadurch eingeladen zu einem Leben, das von den Seligpreisungen des Evangeliums Zeugnis ablegt. Wir ermahnen die Laien: die christlichen Familien, die Jungen und die Erwachsenen, die Berufstätigen, die Führungspersönlichkeiten; nicht zu vergessen die Armen, die oft reich im Glauben und in der Hoffnung sind; alle Laien, die sich ihrer Rolle als Träger der Evangelisierung im Dienst ihrer Kirche oder im Herzen der Gesellschaft und der Welt bewusst sind. Ihnen allen sagen wir: Es ist unabdingbar, dass unser Verkündigungseifer aus einer echten Heiligkeit unseres Lebens kommt, die aus dem Gebet und vor allem aus der Eucharistie Kraft und Stärkung erhält, und dass – wie uns das Zweite Vatikanische Konzil ans Herz legt – die Predigt ihrerseits den Prediger zu größerer Heiligkeit führt.

Eine Welt, die – so paradox es klingt – trotz unzähliger Zeichen der Ablehnung Gottes ihn auf unerwarteten Wegen sucht und schmerzlich spürt, dass sie seiner bedarf; eine solche Welt fordert Verkünder, die von einem Gott sprechen, den sie kennen und der ihnen so vertraut ist, als sähen sie den Unsichtbaren. Die Welt verlangt und erwartet von uns Einfachheit des Lebens, Sinn für das Gebet, Nächstenliebe gegenüber allen, besonders gegenüber den Armen und Schwachen, Gehorsam und Demut, Selbstlosigkeit und Verzicht. Ohne diese Zeichen der Heiligkeit gelangt unser Wort nur schwer in die Herzen der Menschen unserer Zeit. Es läuft Gefahr hohl und unfruchtbar zu sein. (…)

Brief an die Entführer Aldo Moros

Vatikan, 21. April 1978

Ins. XVI (1978), 298f. (aus dem Italienischen).

Ich schreibe an Euch, Männer der Roten Brigaden: Schenkt dem Abgeordneten Aldo Moro seine Freiheit wieder, gebt ihn seiner Familie zurück, entlasst ihn in das bürgerliche Leben. Ich kenne Euch nicht, und ich habe keinerlei Kontakt zu Euch. Deshalb schreibe ich Euch öffentlich, um so die wenige Zeit zu nutzen, die bis zum Ablauf des Ultimatums verbleibt, das Ihr über sein Leben verhängt habt. Er ist ein guter und ehrlicher Mensch, dem niemand irgendeine Untat vorwerfen kann. Niemand kann ihn anklagen, nicht ausreichend sozialen Sinn bewiesen oder nicht genug für die Gerechtigkeit und das friedliche Zusammenleben der Menschen getan zu haben.

Ich bin in keiner Hinsicht von ihm beauftragt worden und bin ihm auch nicht privat verpflichtet. Aber ich liebe ihn als Glied der großen Menschheitsfamilie, als Studienfreund und in besonderer Weise als Bruder im Glauben sowie als Sohn der Kirche Christi.

Und in diesem höchsten Namen wende ich mich an Euch, im Namen Christi, den Ihr sicher kennt – an Euch, Ihr unbekannten und unversöhnlichen Feinde dieses würdigen und unschuldigen Menschen. Und ich bitte Euch auf Knien: Lasst den Abgeordneten Aldo Moro schlicht und einfach frei, ohne Bedingungen – nicht so sehr wegen meiner demütigen und innigen Fürsprache, sondern wegen seiner Würde als Menschenbruder und im Blick auf den gesellschaftlichen Fortschritt, der hoffentlich auch für Euer Gewissen etwas zählt – den Fortschritt, der nicht durch unschuldiges Blut befleckt noch durch überflüssiges Leid behindert werden darf.

Wir müssen schon zu viele Opfer beweinen und beklagen, die nichts anderes als ihre Pflicht getan haben. Wir alle müssen uns fürchten vor dem Hass, der zur Rache oder zur Verzweiflung wird, die den Menschen erniedrigt.

Und wir alle müssen Gott fürchten, der für die grund- und schuldlos Getöteten eintritt.

Männer der Roten Brigaden, nehmt mir, der ich für so viele Eurer Mitbürger sprechen darf, nicht die Hoffnung, dass in Euren Herzen ein Mitgefühl wohnt, das am Ende siegen wird. Das erwarte ich, ohne aufzuhören, Euch zu lieben, und erbitte den Beweis dafür.

Gebet beim Trauergottesdienst für Aldo Moro

Rom (Lateranbasilika), 13. Mai 1978

Ins. XVI (1978), 362f. (aus dem Italienischen).

Und in dieser Stunde will sich das Tor unserer Lippen, vor dem ein Fels liegt, gleich wie der große Fels vor dem Eingang zum Grabe Christi, für ein *De Profundis*[11] öffnen, für einen Schrei und eine Wehklage unaussprechlichen Schmerzes, mit der diese Tragödie unsere Stimme erstickt.

Herr, erhöre uns!

Und wer kann unsere Klage erhören, wenn nicht Du, Du Herr über Leben und Tod?

Du hast unsere Bitte nicht erhört, unsere Bitte, dass Aldo Moro nichts geschieht, diesem guten, milden, weisen, unschuldigen und freundlichen Menschen.

Aber Du, oh Herr, hast seinen unsterblichen Geist nicht verlassen, der als Siegel den Glauben an Christus trägt, der die Auferstehung und das Leben ist. Durch ihn, durch ihn.

Herr, erhöre uns!

Oh Gott, Vater des Erbarmens, lass auch im Dunkel des Todes das Band nicht zerreißen, das zwischen denen besteht, die aus dieser zeitlichen Existenz geschieden sind, und uns, die wir jetzt noch leben – an einem Tag, da die Sonne unerbittlich sinkt.

Als erlöste Menschen dürfen wir aus dem Wissen leben: Unser Fleisch wird auferstehen, unser Leben wird ewig sein! Oh, möge unser Glaube von nun an von dieser Verheißung geprägt sein. Aldo und alle,

11 Anfangsworte des 130. Psalms, der traditionell in der Begräbnisliturgie gebetet wird („Aus der Tiefe rufe ich, Herr, zu Dir“).

die in Christus leben, beseligt im unendlichen Gott, werden wir wiedersehen!

Herr, erhöre uns!

Indessen hilf uns, oh Herr, in der Kraft Deines Kreuzes das ungerechte und tödliche Vergehen gegen diesen so teuren Menschen und gegen die anderen Opfer zu vergeben.

Lass uns sein Andenken als ein teures Erbe bewahren, namentlich seine aufrechte Haltung, seine menschliche und aufrichtige Gesinnung, seine Hingabe an das Gemeinwohl und an die Werte unserer geliebten italienischen Nation!

Herr, erhöre uns!

Anhang

Anmerkungen

Einführung

1 Vgl. Thomas Brechenmacher: Pius XII. und Paul VI. im Urteil der Nachwelt, in: zur debatte 7 (2008), 18ff.

2 Vgl. Hugh McLeod: The Religious Crisis of the 1960s, Oxford 2007.

3 Vgl. ebd., 31–59; Jörg Ernesti: Die Teilnahme am Sonntagsgottesdienst im Licht der Geschichte. Historische Perspektiven. In: Brixner Theologisches Forum 119 (2008), 27–40, 35–40.

4 Vgl. McLeod (2007), 238ff.

5 Vgl. ebd., 257ff. Zur Diskussion, die diese Studie ausgelöst hat, siehe Callum C. Brown: What was the Religious Crisis of the 1960s?, in: Journal of Religious History 34 (2010), 468–479. Nach Brown muss man stärker berücksichtigen, dass auch nicht-religiöse Institutionen in den sechziger Jahren in eine Sinn- und Autoritätskrise gerieten. Eine eher konservative und restaurative Phase seit 1945 fand damit auch dort ein Ende.

6 Vgl. John O'Sullivan: The President, the Pope and the Prime Minister. Three who Changed the World, Washington D.C. 2006, 53: „Paul VI was not directly responsable for these developments which arose from profound cultural changes in Western society: a growing public secularism, a kind of operational agnosticism in social theory, and above all the sexual revolution. But the pope's tentative and nervous public personality failed to inspire the faithful to resist them. The impression that the Vatican gave in those years alternated between drift and a feeble opposition to the spirit of the age that did little to halt it. This is too harsh a judgment on Paul VI personally, yet it seems to have been close to the pope's own regretful verdict."

7 Karl Rahner: Einleitung, in: David A. Seeber: Paul. Papst im Widerstreit. Dokumentation und Analyse, Freiburg i. Br. u.a. 1971, 8.

8 Vgl. Giovannibattista Montini giovane. Documenti inediti e testimonianze (1897–1944), herausgegeben von Antonio Fappani – Franco Molinari, Casale Monferrato 1979; Giovanni Battista Montini: Lettere ai familiari (1919–1943), herausgegeben von Nello Vian, 2 Bände [= IPB. Pubblicazioni 4,1+2], Brescia – Rom 1986.

9 Vgl. Pasquale Macchi: Paolo VI nella sua parola, Brescia 2001, 108.

10 Insegnamenti di Paolo VI, 16 Bände, Rom 1965–1979.

11 Vgl. Notiziario IPB 1 (1979), 3.

12 Http://www.vatican.va/holy_father/paul_vi/index_ge.htm (27. 3. 2011).

13 Vgl. Giovanni Battista Montini: Note giovanili, in: Notiziario IPB 27 (1994), 7–39; das Notizbuch mit den Aufzeichnungen aus den Jahren 1919–1921 befindet sich im Archiv des IPB; siehe auch: Paolo VI: Pensiero alla morte. Testamento. Omelia nel XV Anniversario dell'incoronazione, Brescia 1988 (mit Reproduktion der Autographen).

14 Vgl. Jean Guitton: Dialog mit Paul VI., Freiburg i. Br. u.a. 1967; ders.: Paolo VI segreto, Cinisello Balsamo (Mailand) [4]2002 (1. Auflage: 1985); Jean-Jacques Antier: Jean Guitton. Pensatore e testimone, Mailand 2002; Notiziario IPB 23 (1992), 53–66 (Würdigung durch verschiedene Autoren).

15 Ein vollständiges schriftliches Verzeichnis der von ihm verwahrten Dokumente existiert nach meinen Informationen nicht; vgl. allenfalls die Angaben in Notiziario IPB 1 (1979), 42ff.; siehe allgemein: Gli autografi di Paolo VI. Introduzione, inventario e indice, herausgegeben von Paolo Vian [= Biblioteca Apostolica Vaticana. Studi e testi 393], Rom 1999.

16 Vgl. Paul VI et la modernité dans l'Église [= Tagung Rom, 2.–4. 6. 1983/Collection de L'École Française de Rome 72], Rom 1984.

17 Vgl. L'Istituto Paolo VI. Cenni storici (1979–2009) [= IPB. Quaderni 29], Brescia – Rom 2009.

18 Mündliche Auskunft des in Concesio zuständigen Bibliothekars Lino Albertelli.
19 Vgl. Giovanni Battista Montini: Lettere ai familiari (1919–1943), herausgegeben von Nello Vian, 2 Bände [= IPB. Pubblicazioni 4,1+2], Brescia – Rom 1986.
20 Vgl. Giovanni Battista Montini (Arcivescovo di Milano): Discorsi e scritti Milanesi (1954–1963); I: 1954–1957; II: 1958–1960; III: 1961–1963; IV: Appendice e indici, Brescia 1997.
21 Vgl. etwa Cristina Siccardi: Paolo VI. Il Papa della luce, Mailand 2008, 134: „Als neuer Abraham hat Giovanni Battista den Willen Gottes immer mit Schmerzen und Liebe gehört" („Novello Abramo, Giovanni Battista ha sempre accolto la volontà di Dio con travaglio e con amore"). Im Blick auf die Reaktionen auf *Humanae Vitae* kommentiert sie: „Der Papst wurde gekreuzigt" („Il Santo Padre fu crocifisso"; 322). Solche Urteile gehören nicht in eine Biographie, sondern eher in einen Seligsprechungsakt.
22 Vgl. Giselda Adornato: Paolo VI. L'audacia di un Papa, Cinisello Balsamo (Mailand) 2008, 296: Es liege auf der Hand, dass bei der Leitung einer weltweiten Organisation in bestimmten Bereichen auch Fehlentscheidungen möglich seien. Auch wenn er vom Heiligen Geist geführt werde, bleibe er doch stets ein Mensch.
23 Vgl. Andrea Tornielli: Paolo VI. L'audacia di un Papa, Mailand 2009; ähnlich schon ders.: Paolo VI. Il timoniere del concilio, Casale Monferrato 2003.
24 Die Informationen werden jedoch als „colloquio con l'autore" in methodischer Hinsicht nur ungenügend belegt.
25 Vgl. Gabriele della Balda: Paolo VI. Il coraggio della coerenza, Padua 2008.
26 Vgl. Dionigi Tettamanzi: Paolo VI. L'arcivescovo Montini raccontato dal suo terzo successore, Cinisello Balsamo (Mailand) 2009.
27 Vgl. Carlo Cremona: Paolo VI, Mailand 1997.
28 Vgl. Xenio Toscani (Hg.): Paolo VI. Una biografia, Brescia – Rom 2014.
29 Vgl. als Beispiel für dieses Genre: Rino Fisichella: Ho incontrato Paolo VI. La sua santità dalla voce dei testimoni, Cinisello Balsamo (Mailand) 2014.
30 Vgl. den Bericht in Notiziario IPB 25 (1993), 63ff.
31 Vgl. Peter Hebblethwaite: Paul VI. The First Modern Pope, New York u. a. 1993.
32 Vgl. Luitpold Dorn: Paul VI. Der einsame Reformer, Graz u. a. 1989.
33 Die Übersetzungen der hier zitierten Quellen stammen (bis auf die Konzilsdokumente) von mir.

Die Vita bis 1963
1 Stationen einer kirchlichen Karriere

1 Vgl. Nello Vian: Le radici bresciane di Giovanni Battista Montini, in: Paul VI (1984), 15–31.
2 „Impegno per la libertà, la giustizia e la solidarietà operosa": Ins. XV (1977), 1182 (10.12.1977).
3 „Una splendida e coraggiosa missione al servizio della verità, della democrazia, del progresso; del bene pubblico, in una parola": Ins. I (1963), 45 (Rede vor den im Vatikan akkreditierten Journalisten, 29. 6. 1963).
4 Vgl. Gabriele De Rosa: Storia del Partito Popolare Italiano, Bari 1966.
5 „Maestro e amico mio": Lettere ai familiari II, Nr. 1097 (S. 999) vom 7. 2. 1943.
6 Vgl. Gabriele de Rosa: La formazione di Giovanni Battista Montini, in: Paul VI (1984), 3–13.
7 So die Einschätzung von Guitton (2001), 33f.
8 „Maestro, confidente, fratello e ispiratore": Macchi (2001), 344. Vgl. Antonio Fappani: Padre Giulio Bevilacqua. Il cardinale parocco, Brescia 1979. 22 Briefe der beiden Brescianer aus den Jahren 1940–1963 liegen gedruckt vor in: Notiziario IPB 3 (1981), 9–29.
9 Vgl. „Ora et labora". Alla ricerca di un metodo spirituale, in: Notiziario IPB 53 (2007), 19–38.
10 Abgedruckt in Notiziario IPB 16 (1988), 7–10.
11 Vgl. ebd.
12 Vgl. die entsprechende Korrespondenz in Notiziario IPB 9 (1984), 7–45.
13 Vgl. Giovanni Colombo: La spiritualità di Giovanni Battista Montini, in: Paul VI (1984), 149–165, 149.

14 Vgl. Jacques Prévotat: Les sources françaises dans la formation intellectuelle de Giovanni Battista Montini (1919–1963), in: Paul VI (1984), 101–127; Philippe Levillain, Paul VI et la culture française, in: Le dialogue possible. Paul VI et les cultures contemporaines [= Studientag Paris, 13. 12. 2005/IPB. Pubblicazioni 28], Brescia – Rom 2007, 17–27.
15 Vgl. Guitton (2002), 137 (8. 9. 1976).
16 Am 17. 8. 1922 schreibt er aus München an seine Eltern: „Sto bene ma sono un po‘ avvilito per non capire questa terribile lingua“: Lettere ai familiari I, 159. Über seine schwierigen, ja fast verzweifelten Versuche, die deutsche Sprache zu erlernen, berichtet er dem Vater am 11. 8. 1922 aus Innsbruck: „Il tedesco mi sembra ogni giorno più involuto e incomprensibile: vero è che il mio studio finora non mi ha affaticato mai, nè che vi ero preparato, ma mi accorgo che bisogna conquistare la lingua parola per parola, anzi parecchie volte la stessa parola. Tuttavia vedo che si puo vivere anche senza parlare“ (ebd., 155). Gleichwohl bewunderte er die deutsche Ordnungsliebe (vgl. ebd., 160ff.).
17 Vgl. Hermann Josef Pottmeyer (Hg.): Paul VI. und Deutschland [= Studientage Bochum, 24./25. 6. 2003/IPB. Pubblicazioni 27], Brescia – Rom 2006; Florian Bock – Jörg Ernesti: Paolo VI e la Germania, la Germania e Paolo VI, in: Philippe Chenaux (Hg.): Giovanni XXIII e Paolo VI. I due papi del Concilio, Rom 2013, 169–184.
18 Vgl. Manfred Lochbrunner: Papst Paul VI. und Romano Guardini. Zum 100. Geburtstag von Giovanni Battista Montini und zum 30. Todestag von Guardini, in: Forum katholische Theologie 14 (1998), 161–188; ders.: Paolo VI e Romano Guardini, in: Notiziario IPB 44 (2002), 79–106; Massimo Marcocchi: Il rinnovamento liturgico tra Germania e Italia. Alcuni documenti d'archivio, in: Notiziario IPB 53 (2007), 39–51.
19 Vgl. Lochbrunner (1998), 184f. und ders.: Die Beziehungen zwischen Giovanni Battista Montini/Paul VI. und Romano Guardini. Eine biographische Studie, in: Pottmeyer (2006), 133–158, 148 mit Anm. 51 sowie ebd., 220f. (Diskussion).
20 Lochbrunner (2006), 148; vgl. ebd., 154 mit Anm. 73.
21 Vgl. Ricardo M. Mauti: Newman nel pensiero e nella vita di Paolo VI, in: Notiziario IPB 43 (2002), 21–51.
22 Vgl. Colombo (1984), 149–165.
23 *La Fionda* heißt übersetzt die Schleuder. Zu denken ist an die Schleuder des späteren Königs David, mit der dieser den starken Helden Goliath besiegte. So besiegt der Geist alle materiellen Kräfte.
24 Vgl. Lettere a un giovane amico. Carteggio di Giovanni Battista Montini con Andrea Trebeschi (1914–1923), herausgegeben von Cesare Trebeschi, Brescia 1978.
25 Vgl. Angelo Maffeis: Giovanni Battista Montini, Mario Bendiscioli e l'incontro con la cultura tedesca, in: Pottmeyer (2006), 159–216.
26 Vgl. Notiziario IPB 27 (1994), 7–39; Bruno Rossetti: La spiritualità sacerdotale di Paolo VI. Una mistica incarnata nella storia, Cinisello Balsamo (Mailand) 2008, der akribisch die Genese der „priesterlichen Spiritualität“ Montinis rekonstruiert, berücksichtigt diesen Schlüsseltext nicht.
27 „Devo riconoscere la potenza che hanno le convinzioni religiose di sconvolgere tutta la vita dell'uomo“: Notiziario IPB 27 (1994), 7.
28 „Tutta la mia esistenza deve essere culto“ (ebd., 9).
29 „Sentirsi cellule del corpo a cui capo è Cristo e in Lui sentirsi vivere, questo è pregare“ (ebd., 10).
30 Vgl. Macchi (2001) 107.
31 „Tante persone degnissime incontrate a Brescia nel primo periodo della nostra vita; sacerdoti ammirabili, laici valorosissimi ed esemplari, istituzioni operanti in stile di milizia e di carità cristiana, atmosfera di fede e di azione impregnata di non comune spirito di sincera pietà religiosa e di virili sentimenti civili e sociali“: Ins. X (1972), 254 (Rede vor den Redakteuren des Bandes „Paolo VI e Brescia“ am 16. 3. 1972).
32 Vgl. Rosemary Goldie: Paul VI, les laïcs et le laïcat, in: Paul VI (1984), 295–316.
33 Vgl. die Beschreibung von Franco Zeffirelli: Non immagine ma simbolo, in: Paolo VI. Immagini di un'pontificato [= Biblioteca universale cristiana 8], Rom 1978, 153–158, der von einer „fragilità apparente“ (157) spricht.
34 Wie er sich gegenüber Guitton (2002), 82 erinnert.

35 Vgl. zahlreiche Schriftproben in den Lettere ai familiari. Jüngere Reproduktionen von Briefen in: Giovanni e Paolo. Due papi. Saggio di corrispondenza (1925–1962), herausgegeben von Loris Capovilla [= IPB. Quaderni 2], Brescia – Rom 1982, 112ff. und Ritorno al Giordano. Le immagini e le parole negli autografi di Paolo VI, Cinisello Balsamo (Mailand) 1988.
36 Vgl. etwa Guitton (2002), 37f.
37 Vgl. Fappani – Molinari (1979), 331f.
38 Vgl. Giovannibattista Montini giovane (1979), 339.
39 Einige Briefe an Mitglieder der FUCI aus den Jahren 1926–1939 liegen gedruckt vor in: Notiziario IPB 4 (1982), 20–48; vgl. Giovanni Battista Montini: Scritti fucini (1925–1933), herausgegeben von Massimo Marcocchi [= IPB. Quaderni 24], Brescia – Rom 2004; vgl. Giulio Andreotti: Giovanni Battista Montini, aumônier des universitaires et des licenciés, in: Paul VI (1984), 33–40; Renato Moro: Giovanni Battista Montini e il fascismo, ebd., 41–65.
40 Vgl. Jorge Dagnino Jiménez: Universidad y un nuevo orden spiritual. El caso de la FUCI 1933–1939, in: Teologia y vida 51 (2010), 387–411.
41 „Fare tutto, fare bene, fare lietamente": überliefert durch Cremona (1997), 229.
42 „Chi perde tempo, perde se stesso" (ebd.).
43 Vgl. Colombo (1984), 153.
44 Vgl. Giuseppe Ferraro: Il presbiterato nell'insegnamento e nell'esperienza sacramentale di Paolo VI, in: La Civiltà cattolica 128 (1977), 482–497; Macchi (2001), 123–131; Bruno Rossetti: La spiritualità sacerdotale di Paolo VI. Una mistica incarnata nella storia, Mailand 2008, 10ff. Geistliche Schriften liegen in Auswahl vor: Paolo VI. L'uomo spirituale (1938–2008), herausgegeben von Carlo Maria Martini und Marco Vergottini [= IPB. Quaderni 27], Brescia – Rom 2008.
45 „Voglio che la mia vita sia una testimonianza alla verità per imitare così Gesu Cristo, come a me si conviene": Giovanni Battista Montini: Spiritus Veritatis, Brescia (Sonderdruck, Brescia o.J., ohne Paginierung; mit fotographischer Reproduktion des Autographs).
46 Vgl. ebd.: „La sua liturgia sarà la regola preferita per la mia spiritualità religiosa."
47 „Mai la comunione dei Santi e la spirituale genealogia dei successori di Cristo [sic!] mi parsero avere più commovente rappresentazione. E ciò consola molto. La chiesa, questa viva e immortale realtà, spirituale e visibile è più presente che mai, più moderna e necessaria che mai; e Dio sia lodato che tutti ci unisce e ammaestra": Lettere ai familiari II, Nr. 1060 (S. 935f.).
48 „Je croire che Paul VI mystique, Paul VI homme d'intériorité et de prière est plus grand che Paul VI penseur, che Paul VI orateur, etc. Je crois che'il faudrait compléter la pensée théologique de Paul VI, d'une côté par ses gestes et de l'autre côté par ses themes de prière": Ecclesiam Suam. Première lettre encyclique de Paul VI [= Tagung IPB, 24.–26. 10. 1980/IPB. Pubblicazioni 2], Brescia – Rom 1982, 114 (Diskussion).
49 Andreotti (1984), 37.
50 Vgl. ebd., 33–36. Als Montini entfernt worden war, hörten die Angriffe auf die FUCI eine Zeitlang auf, wie Hebblethwaite (1995), 109ff. feststellt und daraus schließt, dass dieser den Faschisten ein Dorn im Auge war und von daher vom Vatikan als kleineres Übel entfernt wurde.
51 Vgl. Nicola Antonetti: La FUCI di Montini e di Righetti. Lettere di Igino Righetti ad Angela Gotelli (1928–1933), Rom 1979.
52 Vgl. Philippe Chenaux: Paul VI et Maritain. Les rapports du «montinianisme» et du «maritanisme» [= IPB. Saggi 3], Rom 1994.
53 Vgl. Robert A. Graham: Giovanni Battista Montini Substitut Secretary of State (in tandem with Domenico Tardini), in: Paul VI (1984), 67–84.
54 Montini und Tardini arbeiteten loyal und weitgehend reibungslos zusammen, ohne dass zwischen den beiden eine größere Vertrautheit oder gar Freundschaft entstanden zu sein scheint; vgl. Giacomo Martina: Tardini nella Segreteria di Stato. A proposito di due recenti opere, in: Archivum Historiae Pontificiae 27 (1989), 433–441.
55 Vgl. Lettere ai familiari II, Nr. 1023 (S. 917) vom 8. 8. 1939.
56 Eine Reproduktion des Entwurfs in Lettere ai familiari II, Nr. 1025 (S. 919f.) Anm. 3 (4. 9. 1939, an seine Familie); vgl. Burkart Schneider: Der Friedensappell Papst Pius' XII. vom 24. August 1939, in: Archivum Historiae Pontificiae 6 (1968), 415–424.
57 Eine Auflistung siehe ebd.

58 „Ho sempre la fortuna della visita serale al S. Padre, per le cose più semplici, ma sempre in modo che da parte Sua molto paterno, che mi commuove e mi esulta“: Lettere ai familiari II, Nr. 1036 (S. 931) vom 25. 2. 1940. Zum Namenstag schenkte der Papst ihm eine Kasel: vgl. ebd., Nr. 1044 (S. 937f.).
59 „Si offre questa sofferenza e stanchezza per quegli altri che soffrono ben di più“ (ebd., 920).
60 Vgl. http://www.mediatecaroma.it/mediatecaRoma/ricerca.html?show=14&index=70&jsonVal=&filter=&query=Paolo+VI&id=IL3000009759&refId=12 (3. 8. 2013).
61 „Santo Padre, (…) meglio la schiavitù che la guerra, ci liberi dalla guerra, ci liberi dalla guerra“: Ins. IX (1971), 12 (1. 1. 1971).
62 „Non ho voglia che di riposo, di silenzio, e di raccoglimento“: Lettere ai familiari II, Nr. 1026 (S. 921) vom 4. 9. 1939.
63 Das Vorwort zur ersten Nummer von *Ecclesia* ist abgedruckt in: Notiziario IPB 17 (1988), 7–10; siehe auch den Rechenschaftsbericht: La Chiesa e la guerra. Documentazione dell'Opera dell'Ufficio Informazioni del Vaticano, in: Ecclesia 1 (1944), 9ff.; vgl. Fappani – Molinari (1979), 374–377.
64 Vgl. das vollständige Interview unter http://www.lagrandestoria.rai.it/category/0,1067207,1067034–1073881,00.html (15. 7. 2011) und http://www.youtube.com/watch?v=t0b8UaJCwlQ (15. 7. 2011).
65 Vgl. Fappani – Molinari (1979), 371f. Als Quelle dient den beiden Autoren der Bericht eines Montini-Neffen.
66 „Sono a giorni cinque anni che mi trovo in questo posto; mi pare di aver accumulato assai più responsabilità che merito (…). Penso allo studio lasciato, al contatto col mister ridotto, alla preghiera abbreviata“: Lettere ai familiari II, Nr 1094 (S. 984).
67 Vgl. Macchi (2001); Siccardi (2008), 168. Macchi weiß, dass Montini einmal, als bei einer Vinzenzkonferenz Geld gesammelt wurde und er keines gehabt habe, seinen Bischofsring vom Finger genommen und ihn in den Sammelkorb gelegt habe; vgl. Notiziario IPB 1 (1979), 50.
68 Der Familie berichtet er davon brieflich am 5. 6. 1941: vgl. Lettere ai familiari II, 1066 (S. 958f.) mit Anm. 3 (S. 959); vgl. Graham (1984), 76ff.
69 Vgl. Fulvio De Giorgi: Mons. Montini. Chiesa cattolica e scontri di civiltà nella prima metà del Novecento, Bologna 2012, 226ff.
70 Vgl. Pierre Blet (u.a. Hgg.): Le Saint Siège et les victimes de la guerre (Janvier 1941 – Décembre 1942) [= Actes et documents du Saint Siège relatifs à la Seconde Guerre Mondiale 8], Rom 1974, 665.
71 Vgl. De Giorgi (2012), 251: „Dalla rete montiniana di relazioni (…) vennero infatti i maggiori leader nazionali che, all'indomani della Liberazione, si imposero nel mondo cattolico.“ Neben De Gasperi ist vor allem an dessen Nachfolger im Parteivorsitz Amintore Fanfani, Guido Gonnella und Aldo Moro sowie an Giorgio La Pira und Giuseppe Dossetti zu denken. Vgl. Andrea Riccardi: Il 'partito romano'. Politica italiana, Chiesa cattolica e Curia romana da Pio XII a Paolo VI, Brescia 2007.
72 Vgl. Francesca De Gasperi: Mons. Montini e De Gasperi, in: Rivista di storia della Chiesa in Italia 33 (1979), 105–108.
73 Vgl. De Giorgi (2012), 253ff.
74 Vgl. ebd., 261.
75 Vgl. ebd., 284f.
76 Vgl. Angelo Maffeis: Giovanni Battista Montini e il problema ecumenico. Dagli anni giovanili all'episcopato milanese, in: Paolo VI e l'ecumenismo [= Tagung IPB, 25.–27. 9. 1998/IPB. Pubblicazioni 21], Brescia – Rom 2001, 39–96.
77 Vgl. Jörg Ernesti: Art. Boyer, Charles, in: Ders. – Wolfgang Thönissen (Hgg.): Personenlexikon Ökumene, Freiburg i. Br. u. a. 2010, 46ff.; ders.: Art. Hesselblad, Maria Elisabetta, ebd., 42.
78 Vgl. Étienne Fouilloux: Giovanni Battista Montini face aux débats ecclésiaux de son temps (1944–1954), in: Paul VI (1984), 85–100, 98ff.
79 Vgl. die *Enzyklika Humani Generis* vom 12. 8. 1950: AAS 42 (1950), 561–578; Jürgen Mettepenningen: Nouvelle théologie – New theology. Inheritor of Modernism. Precursor of Vatican II, London 2010.
80 Vgl. Guido Verucci: L'eresia del Novecento. La chiesa e la repressione del Modernismo in Italia, Turin 2010, 127ff.138ff.

81 Vgl. Macchi (2001), 24f.
82 Vgl. De Giorgi (2012), 326ff.
83 Ders. (2012), 325 spricht vom Vorwurf des "neomodernismo filofrancese", der gegen Montini erhoben worden sei. Konservative Kuriale und vielleicht der Papst selbst hätten befürchtet, dass französische Vorstellungen auf die in der Katholischen Aktion organisierte Laienwelt übergreifen könnten.
84 Schwer nachzuprüfen ist die Behauptung Agostino Casarolis, Pius XII. habe Tardini und Montini 1953 zu Kardinälen machen wollen, sie aber hätten ihn gebeten, sie von der Liste zu nehmen; vgl. die Ansprache Agostino Casarolis beim 100. Geburtstag Montinis in Concesio: Nella memoria e nel cuore della chiesa e del mondo, in: Notiziario IPB 35 (1998), 88–103, 92.
85 Vgl. Siccardi (2008), 150ff.; Andrea Tornielli (2009), 169 spricht dagegen geradezu von einer „caduta in disgrazia" (er sei „in Ungnade gefallen") und nennt als einen der Gründe Montinis geheime Kontakte zur politischen Linken (vgl. 169ff.). Freilich sind weder die im Blick auf das Verhältnis Pacellis zu Montini harmonisiererenden Bestrebungen Siccardis noch Torniellis Empfänglichkeit für vatikanisches Palastgeflüster angebracht, sondern eher eine gewisse Zurückhaltung im Urteil.
86 Vgl. Alberto Melloni: Paolo VI e l'immagine dei suoi predecessori, in: Paul VI (1984), 167–181, 167ff.
87 Abgedruckt in Notiziario IPB 19 (1989), 11–15.
88 „Nessun Pontefice ha tanto parlato ed ha tanto scritto" (ebd., 15).
89 „Voci di critica e perfino ingiusti ed ingrati clamori di biasimo e di accusa" (ebd., 12); ähnlich Ins. XII (1974), 222f.
90 „Paolo VI (...) lega Pio XII e Giovanni XXIII alla sua immagine ed al suo magistero con un unico filo": Melloni (1984), 179. Der Bologneser Kirchenhistoriker stützt sich unter anderem auf eine statistische Auswertung der Papstzitate. Vgl. Giovanni e Paolo. Due papi. Saggio di corrispondenza (1925–1962), herausgegeben von Loris Capovilla [= IPB. Quaderni 2], Brescia – Rom 1982; Angelo Giuseppe Roncalli/Giovanni XXIII – Giovanni Battista Montini/Paolo VI: Lettere di fede e amicizia. Corrispondenza inedita (1925–1963), herausgegeben von Loris F. Capovilla und Marco Roncalli [IPB. Quaderni 32], Brescia – Rom 2013. Auch Pasquale Macchi (2001), 34ff. bezeugt die gegenseitige Wertschätzung zwischen seinem Dienstherrn und Pius XII.
91 Vgl. Ins. XI (1973), 372; Macchi (2001), 84–88.
92 Vgl. Giovanni e Paolo (1982), 177ff.
93 „Una disposizione della Provvidenza mi ha voluto per tanti anni vicino al Papa; e di là vedevo, osservavo, imparavo, misuravo, confrontavo, per meglio comprendere e servire I bisogni della chiesa. E ora, così preparato, vengo a contemplare la grande distesa della diocesi Milanese per scoprire anche col mio giudizio, anche coi miei occhi nuovi, i suoi bisogni": DSM II, 399.
94 Vgl. Macchi (2001) 47–55.
95 Vgl. Angelo Moioli: Sviluppo economico e condizioni sociali nell'area milanese tra gli anni Cinquanta e Sessanta, in: Adriano Caprioli – Luciano Vaccaro (Hgg.): Lavoro ed economia in Giovanni Battista Montini arcivescovo di Milano [= Quaderni della ‚Gazzada' 10], Brescia 1989, 27–44.
96 „L'osservazione della vita reale del nostro popolo, specialmente in città, mi dà continua e angosciosa pena": Macchi (2001), 77 (Brief vom 20. 12. 1959).
97 Vgl. den unveröffentlichten Ad-Limina-Bericht bei Macchi (2001), 79.
98 „... scambiare l'avvicinamento degli indifferenti, dei lontani, degli avversari con l'assimilazione al loro modo di pensare e agire. Non saremmo più i conquistatori, ma dei conquistati. Il dialogo, metodo necessario all'apostolo, non deve terminare con una negazione, o un oblio della nostra verità": DSM II, 3265 (Predigt zum 6. 1. 1960).
99 Vgl. Notiziario IPB 27 (1994), 21f.
100 Vgl. Giorgio Campanini: La missione Milanese dell'arcivescovo Montini (1957), in: Notiziario IPB 38 (2000), 36–49; Antonio Airò: „Venite e ascoltate". Montini e la Missione di Milano, Mailand 2000; Macchi (2001), 29–34; Siccardi (2008), 164–184.
101 „Milano deve salvare Milano. La Milano antica salvi la nuova. Milano cristiana salvi la Milano pagana": Macchi (2001), 45.

102 „Scopo principale“ – „di far ascoltare un autentica parola religiosa ai fratelli lontani“: DSM I, 1753; vgl. 1753–1756.
103 „Provate a conoscerci!“ (ebd., 1753).
104 „Transigenza sul piano pratico“ – „intransigenza sul piano della verità dottrinale“: Colombo (1984), 156f. Montini erbat Colombo, der Rektor der Mailänder Priesterseminare war, 1960 als Weihbischof. Er folgte Montini 1963 als Erzbischof nach und wurde 1965 zum Kardinal ernannt.
105 Vgl. DSM II, 2342–2348.
106 „Potrebbe essere questa anche la nostra sorte“ (ebd., 2344).
107 Vgl. Airò (2000), 167–183.
108 Vgl. Giovanni e Paolo (1982), Nr. 73 (S. 115ff.).
109 Vgl. Giuseppe Angelini: Montini e la questione del lavoro nella società industriale, in: Caprioli – Vaccaro (1989), 99–120; Lorenzo Cantù: Montini e il mondo del lavoro e sindacale, ebd., 159–168.
110 Vgl. Giselda Adornato: Le ACLI e l'arcivescovo Montini, ebd., 145–158; Macchi (2001), 65–68.
111 Zur italienischen Politik vgl. das Kapitel „Der letzte italienische Papst“.
112 Vgl. Eliana Versace: Montini e l'apertura a sinistra. Il falso mito del „vescovo progressista“, Mailand 2007; zustimmend Siccardi (2008), 185–199.271ff.; ablehnend, aus Kenntnis der Mailänder Quellenlage, Adornato (2008), 65 mit Anm. 34.
113 Vgl. Macchi (2001), 68f.
114 Vgl. ebd., 56–68.
115 Vgl. Adornato (2008), 59 f.
116 Vgl. Notiziario IPB 1 (1979), 50.
117 Vgl. Giselda Adornato: A cinquant'anni dall'inizio delle visite pastorali dell'arcivescovo Montini nella diocesi ambrosiana, in: Notiziario IPB 51 (2006), 19–34.
118 Vgl. Marino Catella: Montini e I movimenti sociali cattolici, in: Caprioli – Vaccaro (1989), 45–74, 51ff.
119 Catella (1989), 52.
120 Vgl. Philippe Chenaux: Dall'apostolato alla missione. Il ruolo dei laici nella chiesa e nel mondo, in: ders. (Hg.): L'eredità del Magistero di Pio XII [= Dibattiti per il Millennio 13], Rom 2010, 285–297.
121 Vgl. Colombo (1984), 161.
122 Vgl. Dario E. Viganò: Pio XII, i media e la communicazione, in: Chenaux (2010), 141–182.
123 Vgl. Marisa Tiraboschi: Agostino Gemelli. Un figlio di San Francesco tra le sfide del novecento, Rom 2007.
124 Vgl. Johannes Meier u.a.: Brasilien, in: Johannes Meier – Veit Straßner (Hgg.): Kirche und Katholizismus seit 1945, Bd. 6: Lateinamerika und Karibik, Paderborn u.a. 2009, 465–530, 477f.; José Oscar Beozzo: Dom Hélder Câmara und das Zweite Vatikanische Konzil, in: Jahrbuch für Europäische Überseegeschichte 9 (2009), 199–215.
125 Giovanni Battista Montini (arcivescovo di Milano): Discorsi e scritti sul Concilio (1959–1963), herausgegeben von Antonio Rimoldi, Brescia – Rom 1983, 25f.
126 Lateinischer Text in: Notiziario IPB 6 (1983), 41–52 (nach: Acta et Documenta Concilio Oecumenico Vaticano Apparando series I, vol. II, pars III, Rom 1960, 374–381).
127 Vgl. ebd., 44: „cui reapse tota christiana communitas partecipare possit.“
128 Vgl. Chenaux (2010), 285–297.
129 Vgl. Giovanni Battista Montini arcivescovo di Milano e il Concilio Ecumenico Vaticano II. Preparazione e primo periodo [= Tagung Mailand 23.–25. 9. 1983/IPB. Pubblicazioni 3], Brescia – Rom 1985; Giovanni Battista Montini (arcivescovo di Milano): Interventi nella Commissione centrale preparatoria del Concilio Ecumenico Vaticano II (gennaio–giugno 1962), herausgegeben von Alberto Rimoldi, Rom 1992.
130 Vgl. den Hirtenbrief „Pensiamo al Concilio“ vom 22. 2. 1962 (DSM III, 4898–4935); vgl. Macchi (2001), 82f.
131 Vgl. DSM III, 4924f.
132 „Adattamento della chiesa ai tempi ed agli ambienti, in cui si trova a vivere“ – „alcuni ritocchi, ma non può essere sostanzialmente cambiata“ (ebd., 4925 u. 4926).
133 Vgl. ebd., 4931f.
134 Vgl. Dorn (1989), 162ff.

Der Pontifikat
2 Der große Aufbruch (1963–1965)

1 Vgl. Ins. X (1972), 662f.

2 Zu Lercaro siehe den entsprechenden Artikel bei Jan Grootaers: I Protagonisti del Vaticano II, Mailand 1994, 157–170.

3 Vgl. John Magee: La vita quotidiana di Paolo VI, in: Paul VI (1984), 135–147, 136f.; Macchi (2001), 128f.

4 In Mailand war er bereits drei Monate nach seiner Amtseinführung wegen Überlastung in ein Hospital eingewiesen worden; vgl. Macchi (2001), 27.

5 „Padronanza di se": Guitton (2002), 76.

6 Vgl. Zeffirelli (1978), 153–158.

7 Wie Yves Congar: Mon journal du Concile, II, Paris 2002, 30f. berichtet. Anscheinend in Anspielung auf diese Bezeichnung sagt der Pontifex im Jahr 1975 zu Pasquale Macchi: „Meine Geisteshaltung? Hamlet? Don Quijotte? Links? Rechts? ... Ich fühle mich nicht durchschaut. Die zwei bestimmenden Gefühle: ‚superabundo gaudio'. Ich bin voll des Trostes, erfüllt von Freude in jeder Bedrängnis (2 Kor 7,4)": Notiziario IPB 1 (1979), 50 (ansonsten unveröffentlichte Äußerung).

8 Vgl. Zeffirelli (1978), 156f.

9 Wie er gegenüber Macchi (2001), 103 bekennt: „A me occorre una certa razionalità, che talvolta inceppa la rapidità delle decisioni."

10 „Eccoci di nuovo in conversazione con i visitatori della nostra udienza generale settimanale": http://www.vatican.va/holy_father/paul_vi/audiences/documents/hf_p-vi_aud_19751231_it.html (Audienz vom 31.12.1975; abgerufen am 12.11.2011).

11 Wie eine Äußerung gegenüber Guitton (2002, 49f.) schließen lässt.

12 Vgl. Fabio Finotti: Critica stilistica e linguaggio religioso in Giovanni Battista Montini [= IPB. Saggi 1], Rom 1989.

13 Vgl. Macchi (2001), 130f.

14 Vgl. Ins. VIII (1970), 674.

15 Vgl. Ins. III (1965), 490ff.

16 Vgl. DSM III, 4770-4775.

17 „Immagine della bontà e della santità" (ebd., 4772).

18 „Aveva l'arte, la forza del comando e si era sicuri che quando aveva detto una parola, quella restava di ferro e si poteva essere sicuri che non dimenticava più; dava il senso di sicurezza" (ebd.). Pius habe oft stundenlang schweigend und gesammelt über alten Codices gesessen; vgl. ebd, 4774.

19 „E se il primo papa mostrava la santità, il secondo la abilità, questo, mi pare, mostrò la forza" (ebd., 4772).

20 „Che cosa semplice, ma che cosa sublime; e anche, diciamo, che cosa difficile!" (ebd., 4775).

21 „Cerchiamo davvero di imitarlo" (ebd.).

22 „La mia posizione è unica. Vale a dire che mi costituisce in un'estrema solitudine. Era già grande prima, ora è totale e tremenda": Nell'intimità di Paolo VI. Pensiero alla morte, testamento, meditazioni, herausgegeben von Pasquale Macchi, Brescia 2000, 58f.

23 „Non devo avere paura, non devo cercare appoggio esteriore, che mi esoneri dal mio dovere (...) e soffrire solo" (ebd., 59).

24 Vgl. Vocazione e ministero (Fragmente 65–73), herausgegeben von Angelo Maffeis, in: Notiziario IPB 45 (2003), 7–15; der Text trägt eine eigenhändige Datierung (28.V.65).

25 „Siamo in grandi angustie / Non solo per il tempo che manca / e per le forze troppo scarse per/ i grandi doveri / Ma specialmente per le tempeste che / sono nella Chiesa e nel / mondo / Così fidiamo nel Signore, trepidanti / per noi, sicuri di Lui / o ch'Egli ci chiami, o che ci / salvi" (ebd., 7).

26 „Per uno studio sulla psicologia dei miei doveri / – non meravigliarsi di nulla di quanto può essere motivo di dispiacere o di dolore. Giudizio chiaro, sereno, benevole" (ebd.).

27 „Questo uffico apostolico esige una continua tensione dello spirito – per la necessità di conoscere (tutto: dalla teologia alla politica, dalle correnti di pensiero e di costume ai piccoli

intrighi di curia, dalle innovazioni moderne alla psicologia della gente; libri, giornali, studi, corrispondenza, ecc.) – per il dovere di fare ciò che la missione apostolica impone; il senso di responsabilità non dà tregua – per le difficoltà, le opposizioni, la diversità delle opinioni, la scarsezza di consiglieri veri e saggi – per la quantità delle occupazioni che non danno respiro e esigono assai più tempo di quanto disponibile – per la debolezza dei buoni, di quelli cioè che lo dovrebbero essere, dispiacere ineffabile questo – per l'impegno all'amore superiore e totale a Cristo" (ebd., 8).

28 „Non mi basti essere un fedele; mi sia doveroso essere un apostolo": Autograph Spiritus Veritatis. Vgl. auch ebd.: „La cattedra, la stampa, l'opera d'arte, la conferenza, la corrispondenza, il consiglio e sempre l'amicizia, e poi ogni altra forma di comunicazione con gli altri, potranno essere, a ragion veduta, un dovere per me; dovere, che una volta prefisso, adempirò volentieri e con disinteresse."

29 „Come è facile per chi occupa uffici di responsabilità dare cattivo esempio, 'dare scandalo'. Chi è in alto è visto, criticato, giudicato da tutti. Tutti desiderano e pretendono di vedere in lui rispecchiate le proprie idée (...). D'altra parte la persona responsabile deve pure agire con libertà, coerente con la propria coscienza e con certi principi morali obliganti; e non deve uniformare la propria condotta, quando si tratta di doveri superiori specialmente, al gusto del pubblico, nè deve temere l'impopolarità per compiere la propria funzione": Notiziario IPB 45 (2003), 8 (datiert: 28. 5. 1965).

30 „Bisognerebbe essere ispirato da un'amore folle, cioè superiore alle misure della prudenza umana. Lirico, profetico, eroico, teso fino all'impossibile per poter compiere qualche cosa di possibile" (ebd.). Vgl. auch Guitton (2002), 62: „Dio mi ha portato qui. Farò quanto è in mio potere, con tutte le mie energie, donandomi tutto a tutti, a ogni ora, a ogni persona".

31 Vgl. Guitton (2002), 49f.

32 „La sua sensibilità estrema lo fa soffrire tanto per le piccole cose come per le più gravi": ebd., 62f.

33 Vgl. Ins. I (1963), 24f. (Krönungsansprache).

34 Vgl. Guitton (2002), 50ff.

35 „Per devozione all'Apostolo – primo teologo di Gesu Cristo – l'amoroso di Cristo / – per ammirazione dell'apostolo-missionario, che porta il Vangelo al mondo, al suo tempo, con criteri di universalità, il prototipo della cattolicità": Macchi (2001), 386.

36 Vgl. Guitton (2002), 13. Macchi sei nur ausführender Arm, nicht aber Berater gewesen („esecutore ma non consigliere"; ebd., 35).

37 „Va, intanto, osservato, che se di ‚nepotismo' si vuol parlare, questo si verificherebbe alla rovescia: è il nipote che onora lo zio, e non il contrario": Ins. III (1965), 130 (25. 2. 1965).

38 „Un rigore che apparve talora persino eccessivo": Macchi (2001), 345.

39 Vgl. Ins. I (1963), 44f.

40 Vgl. ebd., 23–31.

41 Vgl. Paolo VI: Discorsi e documenti sul Concilio (1963–1965), herausgegeben von Antonio Rimoldi, Rom 1986; Art. Paolo VI, in: Grootaers (1994), 49–81, 71–76; Roger Aubert: Paolo VI e il Concilio, in: Notiziario IPB 31 (1996), 68ff.

42 Vgl. Vincenzo Fagiolo: Il cardinal Montini, Paolo VI e il Vaticano II, in: Paul VI (1984), 561–568; Paolo VI e i problemi ecclesiologici al Concilio [= Tagung IPB, 19.–21. 9. 1986/IPB. Pubblicazioni 7], Brescia – Rom 1986.

43 Zu Ottaviani vgl. den ensprechenden Artikel bei Grootaers (1994), 196–205.

44 Er denkt dabei wohl vor allem an eine Erneuerung der kirchlichen Disziplin und der Pastoral. In seinen Äußerungen deutet aber nichts darauf hin, dass er sich bewusst war, dass auch die anderen großen Konfessionen in diesen Jahren einen solchen Prozess durchliefen; vgl. Jörg Ernesti: Die Päpste des Konzils und ihr Verhältnis zur Moderne, in: ders. – Leonhard Hell – Günter Kruk (Hgg.): Selbstbesinnung und Aufbruch in die Moderne. 50 Jahre Zweites Vatikanisches Konzil, Paderborn u.a. 2013, 11–26.

45 Vgl. Leo Suenens: Von Johannes XXIII. zu Johannes Paul II., in: Herder Korrespondenz 34 (1980), 176–182; Grootaers (1994), 227–242; Leo Declerck – Toon Osaer: Les relations entre le cardinal Montini-Paul VI. (1897–1978) et le Cardinal Suenens (1904–1996) pendant le concile Vatican II, in: Notiziario IPB 51 (2006), 47–77. Ob Paul VI. mit der neuen Geschäftsordnung die Anregungen der „Bologneser Gruppe" aufnahm (so Giuseppe Alberigo: Die Fens-

ter öffnen. Das Abenteuer des Zweiten Vatikanischen Konzils, Zürich 2006, 91) oder doch eher von verschiedener Seite vertretene Vorstellungen berücksichtigte, sei dahingestellt. Es ist evident, dass Alberigo dazu tendiert, die Bedeutung Kardinal Lercaros und seiner Mitarbeiter sehr hoch anzusetzen.

46 „Disegno organico, ideale e logico“: Brief Kardinal Giovanni Battista Montinis vom 18.10.1962 an Kardinal Amleto Cicognani, in: Notiziario IPB 7 (1983), 11–18, 11.

47 Gerade mit dieser Weichenstellung knüpft er bewusst an Pius XII. an. In dem Artikel *Orientamenti pastorali* aus dem Jahr 1956 stellt er heraus, dass die Kirche bei Pius XII. im Mittelpunkt der Theologie gestanden habe: abgedruckt in Notiziario 17 (1988), 32–40.

48 „Ad Pontificalis muneris potiorem veluti partem sane sibi vindicat persequendum Concilium Oecumenicum Vaticanum II, ad quod universi bonae voluntatis homines convertunt oculos. Hoc praecipuum opus erit, in quod omnes prorsus vires Nostras impendemus“: AAS 55 (1963), 571.

49 Zum Verhältnis Montinis zu Frings siehe Norbert Trippen: Giovanni Battista Montini/Paul VI. und der deutsche Episkopat, insbesondere die Kardinäle Frings und Döpfner, in: Hermann Josef Pottmeyer (Hg.): Paul VI. und Deutschland [= Studientage Bochum, 24./25.6.2003/IPB. Pubblicazioni 27], Brescia – Rom 2006, 18–33.

50 Eugène Tisserant wirkte an der Kurie in verschiedenen Funktionen, u.a. als Bibliothekar und Archivar sowie als Dekan des Kardinalskollegiums von 1951–1972; vgl. Étienne Fouilloux: Eugène Cardinal Tisserant (1884–1972). Une Biographie, Paris 2011.

51 Vgl. Grootaers (1994), 199ff.

52 Vgl. Klaus Wittstadt: Julius Kardinal Döpfner (1913–1976). Anwalt Gottes und der Menschen, München 2001, 193–205.

53 Am 2.7.1963 bedankt sich der Kardinal brieflich für das erbetene Gutachten zur Geschäftsordnung des Konzils: Archiv des Erzbistums München und Freising: Julius Kardinal Döpfner. Konzilstagebücher, Briefe und Notizen zum Zweiten Vatikanischen Konzil [= Schriften des Archivs des Erzbistums München und Freising 9], München 2006, 294 (EAM 1344).

54 Vgl. Suenens (1980), 179; zu Felici und seiner Rolle im Konzil siehe den entsprechenden Artikel bei Grootaers (1994), 115–131.

55 Von „Pressionen“ seitens der Minderheit zu sprechen, wie Alberigo (2006 – Die Fenster öffnen), 133 das tut, ist wohl etwas zu stark.

56 Etwa am 21.9.1963 in einer Rede vor Mitarbeitern der Römischen Kurie: vgl. Ins. I (1963), 146ff.

57 Vgl. Paolo VI e il rapporto Chiesa-mondo al Concilio [= Tagung Rom, 22.–24.9.1989/IPB. Pubblicazioni 12], Rom 1991.

58 Vgl. Ins. I (1963), 165–185.

59 Vgl. Angelo Maffeis: Gli osservatori al Vaticano II, in: Notiziario IPB 25 (1993), 39–45.

60 Wie Macchi (2001), 112f. bezeugt.

61 Vgl. Ins. I (1963), 167.

62 „Tutti i problemi erano vissuti in prima persona da Paolo VI“: Macchi (2001), 113.

63 Alberigo (2006 – Die Fenster öffnen), 132.

64 Vgl. Renato Marangoni: La chiesa mistero di comunione. Il contributo di Paolo VI nell'elaborazione dell'ecclesiologia di comunione [= Analecta Gregoriana 282], Rom 2001.

65 „*Et Nos, Apostolica a Christo Nobis tradita potestate, illa, una cum Venerabilibus Patribus, in Spiritu Sancto approbamus, decernimus ac statuimus et quae ita synodaliter statuta sunt ad Dei gloriam promulgari iubemus*“: AAS 56 (1964), 157.

66 Vgl. Grootaers (1994), 103–113.

67 Vgl. Jacques Martin: Les voyages de Paul VI, in: Paul VI (1984), 317–332; I viaggi apostolici di Paolo VI [= Tagung Brescia, 21.–23.9.2001/IPB. Pubblicazioni 25], Brescia – Rom 2004.

68 Vgl. Adornato (2008), 72ff.

69 Vgl. Michele Maccarone (Hg.): Il pellegrinaggio di Paolo VI in Terra Santa (4–6 gennaio 1964), Rom 1964; Martin (1984), 317–321; Pasquale Macchi: Il pellegrinaggio in Terra Santa, in: I viaggi apostolici di Paolo VI (2004), 33–45.

70 Siehe seine Rede vom 4.12.1963: Ins. I (1963), 371–381. Die konkreten Planungen oblagen Jacques Martin vom Staatssekretariat und Pasquale Macchi, die Vorbereitung vor Ort der Kustodie vom Hl. Land, der dortigen Franziskanerprovinz. Ein Abstecher nach Damaskus

als paulinischer Akzent der Reise erwies sich aus politischen Gründen als nicht realisierbar; vgl. Macchi (2001), 133.

71 Vgl. Il pellegrinaggio (1964), 39–42.

72 Vgl. Pro oriente (Hg.): Tomos agapis. Dokumentation zum Dialog der Liebe zwischen dem Hl. Stuhl und dem Ökumenischen Patriarchat 1958–1976 (...), Innsbruck u. a. 1978; Gregor Larentzakis: Das Ökumenische Patriarchat von Konstantinopel zu den großen Ereignissen der Römisch-Katholischen Kirche. Von Papst Paul VI. bis zu Papst Johannes Paul II., in: Ostkirchliche Studien 28 (1979), 186–196.

73 Vgl. Pierre Duprey: Les gestes oecuméniques de Paul VI, in: Proche-Orient chrétien 48 (1998), 145–167.

74 Vgl. Athanasios Vletis: Art. Athenagoras, in: Ernesti – Thönissen (2010), 27ff.

75 Vgl. Eleuterio Fortino: Art. Duprey, Pierre, ebd., 71f.

76 Vgl. AAS 39 (1967), 587.

77 Paul VI. / Athenagoras: „Auserwählt, um aufeinander zuzugehen ...“ Unveröffentlichter Mitschnitt eines historischen Gesprächs vor 25 Jahren, in: Das Prisma 1 (1989), 37ff. (hier: 37).

78 Ebd., 39.

79 Das griechisch-lateinische Neue Testament stellte der Papst Johannes Willebrands, dem späteren langjährigen Leiter des päpstlichen Einheitsrates, zur Verfügung. Dieser trug es seit jenem Tag ständig in der Westentasche, und bei seiner Beerdigung lag es auf seinem Sarg.

80 Paul VI. hatte zunächst vorgehabt, wie Yves Congar berichtet, jedem der orthodoxen Patriarchen, die er in Jerusalem getroffen hatte, ein Stück zukommen zu lassen. Dieses Zeichen wäre vermutlich nicht so positiv aufgenommen worden; vgl. Congar (2002), II, 23f.

81 Vgl. AAS 58 (1966), 40f.

82 Vgl. AAS 66 (1964), 183–188 (15. 1. 1964).

83 Vgl. Jörg Ernesti: Die Revision der katholischen Haltung zum Judentum und zur Palästinafrage unter Papst Paul VI., in: Freiburger Rundbrief. Neue Folge 18 (2011), 265–275; ders.: La revisione dell'atteggiamento cattolico verso l'ebraismo e la questione palestinese sotto il pontificato di Paolo VI, in: Notiziario IPB 62 (2011), 44–51.

84 Vgl. Ecclesiam Suam, Art. 111–115. Die Enzyklika spricht mit Wertschätzung von den Juden.

85 Vgl. Ulrike Koltermann: Päpste und Palästina. Die Nahostpolitik des Vatikans von 1947 bis 1997 [= Jerusalemer Theologisches Forum 2], Münster 2001; Thomas Brechenmacher: Der Vatikan und die Juden. Geschichte einer unheiligen Beziehung, München 2005; Klaus Lohrmann: Die Päpste und die Juden. 2000 Jahre zwischen Verfolgung und Versöhnung, Düsseldorf 2008.

86 Damit hatte er einen Kernpunkt der Resolution 181 der UNO aufgenommen; vgl. Koltermann (2001), 147ff.

87 Vgl. Ins. II (1964), 47f.

88 Vgl. ebd., 51f.

89 Vgl. ebd., 52f.

90 Brechenmacher (2005), 241; vgl. auch ders. – Hardy Ostry: Paul VI. – Rom und Jerusalem. Konzil, Pilgerfahrt, Dialog der Religionen, Trier 2000, 44–51. Brechenmacher ist Vorstand der Forschungsstelle Deutsch-Jüdische Zeitgeschichte.

91 Vgl. Brechenmacher (2005), 243.

92 „Les fils du ‚peuple de l'Alliance'“: Ins. II (1964), 53. Wie gründlich er selbst alle Reden vorbereitete, die er bei seiner ersten Reise zu halten gedachte, und an einzelnen Formulierungen feilte, zeigen die fotografisch reproduzierten Entwürfe: Ritorno al Giordano. Le immagini e le parole negli autografi di Paolo VI, Cinisello Balsamo (Mailand) 1988.

93 Ins. II (1964), 53. Nachweislich falsch liegt also Koltermann (2001), 121: Der Papst sei bemüht gewesen, „rhetorisch keine Verbindung zwischen der Glaubensgemeinschaft der Juden und dem Staat Israel herzustellen.“ Die Verfasserin berücksichtigt zu wenig theologische Aussagen des Papstes.

94 Brechenmacher (2005), 243; vgl. ders. – Ostry (2000), 59: Shazar sagte hinterher, er habe sich als Sprecher aller Juden gefühlt.

95 Vgl. Freiburger Rundbrief 16 (1964), 22.

96 Vgl. etwa den Bericht des *Time Magazine* vom 1. 11. 1963: http://www.time.com/time/magazine/article/0,9171,875335,00.html (21. 11. 2010).

97 Vgl. I viaggi apostolici di Paolo VI (2004), 57 (Diskussion: Redebeitrag Pasquale Macchi).
98 „Qu'il a fait pour la défence et le salut de tous ceux qui étaient dans l'épreuve, sans aucune distinction": Ins. II (1964), 54.
99 Vgl. Michael F. Feldkamp: Pius XII. und Deutschland, Göttingen 2000, 183.
100 Vgl. Brechenmacher (2005), 252f.
101 Vgl. Ins. II (1964), 34
102 Vgl. ebd., 55.
103 Vgl. Koltermann (2001), 187ff.; Adalbert M. Franquesa: Pablo VI y el „Ecumenical Institute for Advanced Theological Studies" en Jerusalén, in: Paolo VI e l'ecumenismo [= Tagung IPB, 25.–27. 9. 1998/IPB. Pubblicazioni 21], Brescia – Rom 2001, 380-392.
104 Brechenmacher (2005), 245.
105 Freiburger Rundbrief 16 (1964), 23.
106 Vgl. Klemens Richter: Die katholische Kirche und die Juden. Zur Entwicklung von 1945–1982, in: Ders. (Hg.): Die katholische Kirche und das Judentum. Dokumente 1945–1982, Freiburg i. Br. u. a. 1982, 9–24; Wolfgang Wirth: Solidarität der Kirche mit Israel. Die theologische Neubestimmung des Verhältnisses der Kirche zum Judentum nach 1945 anhand der offiziellen Verlautbarungen [= Europäische Hochschulschriften Reihe 23, Bd. 312], Frankfurt a. M. u. a. 1987, 21–52; Rolf Rendtorff – Hans Hermann Henrix (Hgg.): Die Kirchen und das Judentum. Dokumente von 1945 bis 1985, Paderborn 1988.
107 Eine Synopse zur Entwicklung der Fürbitte für die Juden bei Wirth (1987), 57–59; siehe auch Hubert Wolf: Liturgischer Antisemitismus? Die Karfreitagsfürbitte für die Juden und die Römische Kurie (1928–1975), in: Florian Schuller (u. a. Hgg.): Katholizismus und Judentum. Gemeinsamkeiten und Verwerfungen vom 16. bis zum 20. Jahrhundert, Regensburg 2005, 253–269.
108 Wirth (1987), 59.
109 Vgl. Hardy Ostry: Die Judenfrage auf dem Konzil – der Kampf um Nostra Aetate, in: Brechenmacher – ders. (2000), 115–141; Roman Siebenrock: Theologischer Kommentar zur Erklärung über die Haltung der Kirche zu den nichtchristlichen Religionen Nostra Aetate, in: Peter Hünermann – Bernd Jochen Hilberath (Hgg.): Herders Theologischer Kommentar zum Zweiten Vatikanischen Konzil, Bd. 3, Freiburg i. Br. u. a. 2005, 591–693.
110 Vgl. Ansgar Koschel: Katholische Kirche und Judentum im 20. Jahrhundert [= Symposion Mainz 15./16. 9. 2000/= Religion – Geschichte – Gesellschaft 26], Münster u. a. 2002, 86.
111 Vgl. Brechenmacher (2005), 263.
112 Vgl. Alberigo (2006 – Geschichte), IV, 173ff.
113 Vgl. Wirth (1987), 54ff.
114 Vgl. Dorothee Recker: Die Wegbereiter der Judenerklärung des Zweiten Vatikanischen Konzils. Johannes XXIII., Kardinal Bea und Prälat Oesterreicher – eine Darstellung ihrer theologischen Entwicklung, Paderborn 2007; Ansgar Koschel: Die Pflicht, das Recht. Gerhart Riegner und der christlich-jüdische Dialog, in: Christ in der Gegenwart 53 (2001), 420.
115 Vgl. Wirth (1987) 99–106; die deutsche Fassung des Dokumentes in Freiburger Rundbrief 26 (1974), 5ff. und bei Richter (1982), 80–87; vgl. den Kommentar bei Philip A. Cunningham: Official Ecclesial Documents to Implement the Second Vatican Council on Relations with Jews: Study Them, Become Immersed in Them, and Put Them into Practice, in: Studies in Christian-Jewish Relations 4 (2009), 1–36, 16–20 [online: http://escholarship.bc.edu/cgi/viewcontent.cgi?article=1208&context=scjr (2. 10. 2011)].
116 Vgl. Freiburger Rundbrief 21 (1969), 69f. Dieses Manko wird auch bemerkt von Clemens Thoma in seinem Kommentar zu diesem Dokument im Freiburger Rundbrief 26 (1974), 7ff.
117 Vgl. Wirth (1987), 54ff.
118 Vgl. AAS 66 (1974), 177–188 (Zitat: 178: „Urbs Sancta uniusque Dei religionis Caput").
119 „Las riquezas de este gran patrimonio común": Ins. VI (1968), 396.
120 Vgl. Ins. VIII (1970), 267.1272.1355.
121 Vgl. Wirth (1987), 46ff.61f.
122 Vgl. Brechenmacher (2005), 241.
123 Ebd., 247.
124 Vgl. *Osservatore Romano* vom 8. 6. 1967, 1.
125 „Per tutti i discendenti della stirpe spirituale di Abramo, ebrei, musulmani, cristiani": Ins.

V (1967), 284. Dieselbe Forderung erhebt er in der Weihnachtsansprache des Jahres 1971 in Gegenwart der Kardinäle: Vgl. Ins. IX (1971), 1121.

126 Vgl. Koltermann (2001), 148–157.

127 Vgl. Ins. VIII (1970), 1093ff.

128 „I figli del popolo palestinese che da tanti anni attendono ed invocano un equo riconoscimento delle loro aspirazioni, non in contrasto, ma nella necessaria armonia con i diritti di altri popoli": Ins. X (1972), 1303. In der Weihnachtsansprache des Folgejahres erinnert er an die palästinensischen Flüchtlinge und an die Rechte der drei monotheistischen Religionen in der Stadt Jerusalem: vgl. Ins. XI (1973), 1228ff. (21.12.1973).

129 „I didn't like the opening at all. The Pope said to me at the outset that he found it hard to understand how the Jewish people, which should be merciful, behaves so fiercely in its own country": zitiert nach dem Abdruck in der *St. Petersburg Times* am 20.1.1973: http://news.google.com/newspapers?id=I7gMAAAAIBAJ&pg=7209,3563666&dq (22.11.2011). Sie wiederholte diese Worte auch in ihrer Autobiographie: vgl. Golda Meir: My Life, London 1975, 406f. Sie hielt dem Papst vor, dass der Vatikan längst alle möglichen arabischen Staaten anerkannt habe, während er bei Israel immer noch zögere (vgl. ebd., 406–409).

130 „Grande sofferenza": Ins. X (1972), 857.

131 „E benché consapevoli delle tragedie non lontane che hanno spinto il Popolo Ebraico a ricercare un sicuro e protetto presidio in un proprio Stato sovrano ed indipendente, anzi proprio perché di ciò siamo consapevoli, vorremmo invitare i figli di questo Popolo a riconoscere i diritti e le legittime aspirazioni di un altro Popolo, che ha anch'esso lungamente sofferto, la gente palestinese": Ins. XIII (1975), 1551.

132 Vgl. Koltermann (2001), 206–213.

133 „È da assicurare a Gerusalemme condizioni giuridiche e reali tali che essa non continui ad essere motivo di contesa fra le parti, ma divenga – com'è sua vocazione – centro religioso di pace, in cui possano convivere, in pacifica uguaglianza di diritti, le comunità locali delle tre grandi religioni monoteiste ed incontrarsi e dialogare fraternamente Ebrei, Cristiani e Musulmani della regione e del mondo intero": Ins. XVI (1978), 136 (13.2.1978).

134 Freiburger Rundbrief 28 (1978), 95.

135 Vgl. Koltermann (2001), 213. Zu dieser Einschätzung gelangt sie deshalb, weil sie im Wesentlichen nur politische Stellungnahmen des Vatikans, nicht aber theologische Entwicklungen berücksichtigt.

136 Vgl. Ins. 1 (1963), 167.

137 *Summi Pontificatus* wurde am 20.10.1939 veröffentlicht: AAS 31 (1939), 413–453; *Ad Petri Cathedram* datiert vom 29.6.1959: AAS 51 (1959), 497–531.

138 Vgl. Roger Aubert: Attentes des Èglises et du monde au moment de l'élection de Paul VI, in: Ecclesiam Suam (1982), 10–39, 10–19.

139 Vgl. AAS 56 (1964), 609–659; vgl. Paolo VI: Ecclesiam Suam. Lettera Enciclica – 6 agosto 1964 (mit Reproduktion des päpstlichen Autographs), herausgegeben von Rodolfo Rossi, Brescia 1998; deutscher Text: Papst Paul VI.: Die Wege der Kirche. Rundschreiben Ecclesiam Suam, Leutesdorf 1966 – zitiert nach: http://www.kathpedia.com/index.php?title=Ecclesiam_suam_%28Wortlaut%29 (28.3.2013); Note per l'enciclica circa il dialogo, in: Notitziario IPB 2 (1980), 55–60; Giuseppe Colombo: Genesi, storia e significato dell'enciclica „Ecclesiam Suam", in: Ecclesiam Suam. Première lettre encyclique de Paul VI [= Tagung IPB, 24.–26.10.1980/IPB. Pubblicazioni 2], Brescia – Rom 1982, 131–160; Antonio Acerbi: Paolo VI e il dialogo col mondo. Sguardi sull'enciclica Ecclesiam suam, in: Notiziario IPB 38 (1999), 51–60; Un'artistica edizione critica dell'Ecclesiam Suam di Paolo VI, in: Notiziaro IPB 37 (1999), 89–95.

140 Vgl. Ecclesiam Suam 3 (zitiert nach: Papst Paul VI.: Die Wege der Kirche. Rundschreiben Ecclesiam Suam, Leutesdorf 1966).

141 „Pure Paul": http://www.time.com/time/magazine/article/0,9171,876035,00.html#i xzz 2KcqZxa6n (27.9.2014). Vgl. auch: Un'artistica edizione critica dell'Ecclesiam Suam di Paolo VI, in: Notiziaro IPB 37 (1999), 89–95, 89: Die Enzyklika habe einen „carattere personalissimo".

142 Ecclesiam Suam 13; vgl. AAS 35 (1943), 238.

143 Vgl. LG 8.

144 Ecclesiam Suam 33.
145 Ebd., 6.
146 Vgl. Ins. II (1964), 471–474.
147 „Ma che cosa diciamo finalmente in questa Enciclica? Diciamo quello che Noi pensiamo debba fare oggi la Chiesa per essere fedele alla sua vocazione e per essere idonea alla sua missione“ (ebd., 473).
148 „Il modo, l'arte, lo stile“ (ebd).
149 Vgl. Jeonghun Shin: Kirche als Weltforum. Zum Dialogverständnis in kirchlichen Dokumenten seit dem Zweiten Vatikanischen Konzil, Berlin 2010 (zu *Ecclesiam Suam*: 28–32).
150 Vgl. Ecclesiam Suam, Art. 93ff.
151 Ebd., 65.
152 Ebd., 93.
153 Vgl. ebd., 70–80.
154 Ebd., 87.
155 Ebd., 88.
156 „Cum hinc colloquium nostrum nulla ex parte possit officii remissionem recipere fidei nostrae servandae“: Ecclesam Suam, 91 (AAS 56 [1964], 647).
157 Vgl. ebd., 90.
158 Vgl. ebd., 101.
159 „Sulle forme pratiche e storiche di vivere ed esprimere il cristianesimo“: Note per l'enciclica circa il dialogo, in: Notiziario IPB 2 (1980), 53.
160 Ecclesiam Suam 109.
161 Ebd., 110.
162 Ebd., 115.
163 Vgl. Yves Congar: Mon journal du Concile, II, Paris 2002, 531f.
164 Vgl. Ecclesiam Suam (1982), 105 (Diskussion).
165 Vgl. Ins. II (1964), 530ff.
166 „Siamo alla vigilia della ripresa, la terza del Concilio, e prevedo immenso travaglio per me, immense responsabilità. (...) Sono molto stanco; ma l'amore non è mai stanco“: Macchi (2001), 109.
167 Vgl. Alberigo (2006 – Geschichte), IV, 504–522 (über die – letztlich schwer aufzuhellende – Motivation des Papstes: 519–522).
168 Vgl. Andrea Bellani: Carlo Colombo e la „Nota praevia“, in: Teologia 33 (2008), 248–284.
169 „Il rispetto che egli ha per i suoi avversari lo rende più conciliabile con loro che con I suoi amici“: Guitton (2002), 63.
170 Vgl. Dekret über den Ökumenismus. Einführung von Werner Becker, in: LThK².E, Freiburg i. Br. 1967, 11–39; Bernd Jochen Hilberath: Theologischer Kommentar zum Dekret über den Ökumenismus, in: Herders Theologischer Kommentar zum Zweiten Vatikanischen Konzil, Bd. 3, Freiburg i. Br. u.a. 2005, 69–223.
171 Vgl. Becker (1967), 38.
172 Vgl. den Kommentar von Johannes Feiner, in: LThK².E, Freiburg i. Br. 1967, 40–126.
173 Vgl. ebd., 124.
174 Alberigo (2006 – Die Fenster öffnen), 185 konstatiert, der Papst habe der Konzilsmehrheit zu geringes Gewicht beigemessen: „Es stimmt wohl, dass die Eingriffe des Papstes im Wesentlichen nichts geändert hatten. Gewiss jedoch bewegten sie sie immer in Richtung einer gemäßigten Linie einschränkender Korrekturen, die aber schlimmstenfalls die Klarheit und Kraft der Texte geschmälert hatten, weil sie versuchten, sie durch Nuancen in ein altgewohntes Flussbett umzulenken.“ In diesem Sinn attestiert er ihm eine „radikale Bevorzugung einer vorsichtigen Mittelposition“ (ebd.). Diese Deutung ist einseitig zuungunsten Montinis.
175 Vgl. Alberigo (2006 – Geschichte), IV, 522ff.
176 So hatten etwa 500 Bischöfe eine Definition der Mittlerschaft, 50 gar der Miterlöserschaft Mariens angeregt; vgl. Franz Courth: Art. Mittlerschaft/Miterlöserschaft Mariens, in: LThK³, Bd. 7, 346f.
177 Vgl. die Angelus-Ansprache nach der Rückkehr aus Ostasien am 6. 12. 1970: Ins. VIII (1970), 1402.

178 Vgl. Ins. II (1964), 700 (3.12.1964). Diese bewahrte er sich auch später, wie seine Ansprache beim Empfang des Dalai Lama am 30.9.1973 zeigt; vgl. Ins. XI (1973), 909; Giuseppe Pittau: I viaggi di Paolo VI in Asia. L'incontro della chiesa con le culture e religioni asiatiche, in: I viaggi apostolici (2004), 151–165, 151–155.
179 „Un viaggio di pace e di amore, che vuole unire in più stretti legami di mutua comprensione e di amicizia le genti tutte": Ins. II (1964), 684f. (Rede am 2.12.1964 auf dem römischen Flughafen Fiumicino).
180 Vgl. den Augenzeugenbericht des Journalisten Luitpold Dorn (1989), 200f.
181 Ihre Kongregation erkannte er 1975 an.
182 „They communicate the message of Jesus with highest respect for the convictions of others, in the language and cultural expressions of the people, and encourage Christians to express their faith and devotion in harmony with the civilization of India and in truly Indian forms": Ins. II (1964), 704 (Predigt am 4.12.1964).
183 Vgl. ebd., 693ff.
184 Vgl. ebd., 704ff.
185 „Ci è parso che rappresentasse le sterminate genti dell'India immensa; e con esse quelle dell'Asia intera; non cattolica, si sa, ma cortese, aperta, avida d'uno sguardo e d'una parola dell'esotico visitatore romano, quale Noi eravamo" (ebd., 760).
186 „Non tutte cristiane, no, ma profondamente spirituali" (ebd.).
187 Vgl. Alberto Melloni: La politica internazionale della Santa Sede negli anni Sessanta, in: ders. (Hg.): Il filo sottile. L'Ostpolitik vaticana di Agostino Casaroli, Bologna 2006, 3–47.
188 „D'une minuscule et quasi symbolique souveraineté temporelle: le minimum nécessaire pour être libre d'exercer sa mission spirituelle": Ins. III (1965), 507.
189 Abgedruckt in Notiziario IPB 17 (1988), 41–55.
190 Vgl. Robert John Araujo – John A. Lucal: Diplomacy and the Quest for Peace. The United Nations from Pius XII to Paul VI, Philadelphia 2010, 83–116.
191 Dass er sich mit seiner Außenpolitik weniger als Erneuerer denn als Vollender derjenigen Pius' XII. wusste, belegen Äußerungen gegenüber Guitton. Voll Bewunderung stellt er fest, jener sei der erste Papst gewesen, der eine Vorstellung von dem gehabt habe, was man als „Staatengemeinschaft" („società delle nazioni") bezeichnen könne; vgl. Guitton (2002), 63.
192 „Il problema vero è che la chiesa si apre al mondo e trova un mondo che in gran parte non crede": *Corriere della Sera* vom 3.10.1965, S. 1.
193 „Nous sommes porteur d'un message pour toute l'humanité. Et Nous le sommes non seulement en Notre Nom personnel et au nom de la grande famille catholique": Ins. III (1965), 508.
194 „Expert en humanité" (ebd.); vgl. Ins. I (1963), 371: Die Kirche wird von Paul VI. schon kurz nach seinem Regierungsantritt als Gewissen der Menschheit vorgestellt.
195 „Jamais plus la guerre, jamais plus la guerre! C'est la paix, la paix, qui doit guider le destin des peuples et de toute l'humanité!": Ins. III (1965), 511.
196 „L'humanité devra mettre fin à la guerre, ou c'est la guerre qui mettra fin à l'humanité" (ebd.).
197 „La nouvelle ère de l'humanité" (ebd., 514).
198 Siehe einige Fernsehbilder des Besuchsprogramms unter http://www.youtube.com/watch?v=1A41HHKp23I (27.11.2011).
199 „This is the day which We have desired for centuries! The day which, for the first time, sees the Pope setting foot on this young and glorious continent!" (Ins. III [1965]., 531).
200 Vgl. *Corriere della Sera* vom 3.10.1965, S. 2 und vom 5.10.1965, S. 2.
201 Vgl. den Bericht im *Corriere della Sera* vom 5.10.1965, S. 3.
202 Ansprache am 23.11.1963: „having discerned in him great wisdom and high resolution for the good of humanity": Ins. I (1963), 511.
203 „Scopre quanta capacità di odio e di male ci sia ancora nel mondo, quanta minaccia per l'ordine civile e per la pace; quanto bisogno della grazia di Dio, della Sua misericordia e del Suo perdono" (ebd., 510; 24.11.1963).
204 „In order that not hatred, but Christian love, should reign among all mankind" (ebd., 511; 23.11.1963).
205 Vgl. AAS 57 (1965), 353–358
206 Vgl. Alberigo (2006 – Geschichte), IV, 754f.

207 Vgl. Wilhelm de Vries: Das ökumenische Ereignis des 7. Dezembers 1965, in: Stimmen der Zeit 177 (1965), 65–69.
208 Vgl. AAS 58 (1966), 20f.
209 Vgl. De Vries (1965), 66.
210 Vgl. ebd. 68.
211 Vgl. Peter Plank: Die Eucharistieversammlung als Kirche. Zur Entstehung und Entfaltung der eucharistischen Ekklesiologie Nikolaj Afanas'evs (1893–1966), Würzburg [2]2000.
212 Vgl. UR 14.
213 „Votre départ produit autour de nous une solitude qu'avant le Concile nous ne connaissions pas et qui maintenant nous attriste; nous voudrions vous voir toujours avec nous!": AAS 58 (1966), 60.
214 Vgl. Alberigo (1997 – Geschichte), II, 21.250.
215 „Ce n'è stato solo per il Papa. Troneggiava come un sovrano: tutto si riferiva a lui. Non appariva tanto nella chiesa quanto al di sopra di essa": Congar (2005), II, 429.
216 Karl Barth, der mit Paul VI. am 5.10.1966 ein längeres Gespräch führen konnte, äußerte sich im Anschluss daran ernüchtert über die theologische Kompetenz des Papstes: vgl. Eberhard Busch, Meine Zeit mit Karl Barth. Tagebuch 1965–1968, Göttingen 2011, 84f.: „Der Papst machte auf ihn nicht gerade einen starken Eindruck von theologischer Versiertheit und auch nur auffallender Intelligenz, aber er meine es in seiner Weise wohl gut." Freundlicher und diplomatischer fällt das Urteil in Barths eigener kleiner Schrift *Ad limina apostolorum*, Zürich 1967, 15f. aus.
217 Vgl. Ins. III (1965), 749–762.
218 Vgl. ebd., 763f.
219 Alberigo (2006 – Die Fenster öffnen), 255, vgl. Paolo VI e i problemi ecclesiologici al Concilio [= Tagung IPB, 19.–21.9.1986], Brescia – Rom 1989.
220 „Man mano che il nostro sguardo sul passato si fa più largo e consapevole, appare sempre più grande, direi quasi sovrumano, il merito di Paolo VI nel presiedere l'Assise conciliare, nel condurla felicemente a termine e nel governare la movimentata fase del post-Concilio": Angelus am 3.8.2008 (http://www.vatican.va/holy_father/benedict_xvi/angelus/2008/documents/hf_ben-xvi_ang_20080803_it.html; 26.4.2014).
221 Vgl. Giuseppe Alberigo: Transizione Epocale. Studi sul Vaticano II [= Testi e ricerche di scienze religiose. NS 40], Bologna 2009, 73–134.
222 Vgl. Alberigo (2009), 766–859.
223 „Una drastica riduzione qualitativa e quantitativa dell'orizzonte cattolico" (ebd., 845).
224 „Paul VI s'est vraiment appliqué à respecter la liberté du Concile": Ecclesiam Suam (1982), 104 (Diskussion).
225 Vgl. Grootaers (1994), 61–64.
226 Vgl. *Corriere della Sera* vom 3.10.1965, S. 1.
227 http://www.spiegel.de/spiegel/print/d-46275509.html (23.6.2011).
228 „If a man with some of Pius' capacity for discourse and some of John's openness is what the Catholic Church needs, then the cardinals last week could hardly have chosen better": http://www.time.com/time/magazine/article/0,9171,874967-8,00.html (Artikel vom 28.6.1963; abgerufen am 23.6.2011).
229 Vgl. http://www.time.com/time/magazine/article/0,9171,834370-1,00.html (Artikel vom 24.9.1965; abgerufen am 23.6.2011).
230 Vgl. die (bis dato ungedruckte) Radiobotschaft zum 50-jährigen Jubiläum des CIC von 1917 am 27.5.1967, in: Notiziario IPB 31 (1996), 26–29.
231 „Nella chiesa un codice non puo essere che una conseguenza della fede": Guitton (2002), 117 (8.9.1971); vgl. Christian Huber: Papst Paul VI. und das Kirchenrecht [= Münsterischer Kommentar zum CIC. Beiheft 21], Essen 1999.
232 Vgl. Giuseppe Alberigo: Transizione epocale. Studi sul Concilio Vativano II, Bologna 2009, 29–69.845ff. Der 2007 verstorbene Bologneser Kirchenhistoriker Alberigo steht als Schüler von Giuseppe Dossetti in direkter Verbindung mit dem Konzilsmoderator Kardinal Giacomo Lercaro.
233 Vgl. ebd., 73–134.
234 Vgl. Giovanni e Paolo. Due papi. Saggio di corrispondenza (1925–1962), hg. v. Loris Capovilla, Brescia – Rom 1982. Eine Neuedition der Briefe durch das Istituto Paolo VI erfolgte 2013.

235 „E, professando questo proposito di fedeltà a quanto il Concilio c'insegna e ci prescrive, sembra a Noi doversi evitare due possibili errori: primo quello di supporre che il Concilio Ecumenico Vaticano Secondo rappresenti una rottura con la tradizione dottrinale e disciplinare che lo precede, quasi ch'esso sia tale novità da doversi paragonare ad una sconvolgente scoperta, ad una soggettiva emancipazione, che autorizzi il distacco, quasi una pseudo-liberazione, da quanto fino a ieri la Chiesa ha con autorità insegnato e professato, e perciò consenta di proporre al dogma cattolico nuove e arbitrarie interpretazioni, spesso mutuate fuori dell'ortodossia irrinunciabile, e di offrire al costume cattolico nuove ed intemperanti espressioni, spesso mutuate dallo spirito del mondo": Ins. IV (1966), 622f. (8.12.1966).
236 „Ciò non sarebbe conforme alla definizione storica e allo spirito autentico del Concilio, quale lo presagì Papa Giovanni XXIII. Il Concilio tanto vale quanto continua la vita della Chiesa; esso non la interrompe, non la deforma, non la inventa; ma la conferma, la sviluppa, la perfeziona, la 'aggiorna'": ebd., 623.
237 Vgl. Wolfgang Beinert: Nur pastoral oder dogmatisch verpflichtend? Zur Verbindlichkeit des Zweiten Vatikanischen Konzils, in: Stimmen der Zeit 228 (2010) 3–15; Eberhard Schockenhoff: Versöhnung mit der Piusbruderschaft? Der Streit um die authentische Interpretation des Konzils, in: ebd., 219–228.
238 Benedikt XVI.: Ansprache an die Kardinäle und die Mitarbeiter der Kurie beim Weihnachtsempfang am 22.12.2005, in: Verlautbarungen des Apostolischen Stuhls 172, Bonn 2006, 11.
239 Ebd., 13.
240 Vgl. Joseph A. Komonchak: Benedict XVI and the Interpretation of Vatican II, in: Cristianesimo nella storia 28 (2007), 323–337; Lieven Boeve: „La vraie réception de Vatican II n'a pas encore commencé". Joseph Ratzinger, révélation et autorité de Vatican II, in: Ephemerides theologicae Lovanienses 85 (2009), 305–339; Michael Böhnke: Wider die falschen Alternativen. Zur Hermeneutik des Zweiten Vatikanischen Konzils, in: Catholica (Münster) 65 (2011), 169–183; Peter Hünermann: Kriterien für die Rezeption des II. Vatikanischen Konzils, in: Theologische Quartalschrift 191 (2011), 126–147.
241 Vgl. zum Folgenden besonders: John T. Ford (Hg.): Religious Liberty: Paul VI and ‚Dignitatis Humanae' [= Tagung Washington D.C., 3.–5.6.1993/IPB. Pubblicazioni 16], Brescia 1995; 'Dignitatis Humanae'. La libertà religiosa in Paolo VI [= Tagung Brescia, 24.–26.9.2004/IPB. Pubblicazioni 29], Brescia – Rom 2007; Gianpaolo Salvini: La ‚Dignitatis humanae'. La libertà religiosa in Paolo VI, in: La Civiltà Cattolica 159 (2008), 338–348; Andreas Renz: Paul VI. und die Religionen. Zwischen Aufbruch und Verunsicherung, in: Religionen unterwegs 20 (2014), 4-10.
242 Vgl. Nikolaus Lobkowicz: „He rejoices being in the American Tradition". John Courtney Murray SJ und die Religionsfreiheit, in: Communio 39 (2010), 198–204.
243 Vgl. Alfredo Ottaviani: Doveri dello Stato cattolico verso la religione, Rom 1953.
244 „In hominis iuribus hoc quoque numerandum est, ut et Deum ad rectam suae conscientiae normam, venerari possit": Pacem in terris 8 (AAS 55 [1963], 260).
245 Vgl. Ecclesiam Suam 106 (AAS 56 [1964], 655).
246 „An essential dimension in the thought and activities of Paul VI": Ford (1995), 2.
247 „We are ever mindful in our prayers of the efforts to ensure to all your citizens the equal benefits of citizenship, which have as their foundation the equality of all men because of their dignity as persons and children of God": Ins. I (1963), 37.
248 „Può studiarsi nelle manifestazioni storiche, sia dell'Antico testamento sia dei vari popoli, sia nella vita e nei documenti della Chiesa; e deve studiarsi nei pensieri di Cristo, nel Vangelo e nel Testamento in genere, sia sotto l'aspetto *nemo cogatur* (...) sia sotto quello *nemo impediatur,* riferito alla libertà di predicare e di testimoniare la verità religiosa (cf. i martiri)": http://2.andreatornielli.it/?p=1178 (24.5.2014).
249 Vgl. seine Ausführungen bei der Generalaudienz vom 18.8.1971: Ins. IX (1971), 278ff.
250 Vgl. George Weigel: Zeuge der Hoffnung. Johannes Paul II. Eine Biographie, Paderborn u.a. 2002, 170–173.
251 „Ce que vous proclamez ici, ce sont les droits et les devoirs fondamentaux de l'homme, sa dignité, sa liberté, et avant tout la liberté religieuse. Nous sentons que vous êtes les interprètes de ce qu'il y a de plus haut dans la sagesse humaine, Nous dirions presque: son caractère sacré": AAS 57 (1965), 883.

252 Schon am 23.9.1964 hatte er sich ähnlich geäußert; vgl. Grootaers (1994), 199ff.
253 Vgl. DSM II, 3265 (Predigt zum 6.1.1960).
254 „Non si deve confondere con l'indifferenza, l'agnosticismo, l'indederminatezza, ecc, cioè in una libertà negativa. Essa invece è da stabilirsi nel
– dovere della ricerca della verità;
– dovere della fedeltà alla verità;
– dovere dell'insegnamento della verità;
– dovere della professione e della difesa della verità religiosa, che è oggettivamente una sola e che nella sua pienezza è quella della rivelazione cristiana, custodita e insegnata dalla Santa Chiesa cattolica": http://2.andreatornielli.it/?p=1178 (27.5.2013).
255 Vgl. ebd.
256 Etwa am 21.9.1963 in einer Rede vor Mitarbeitern der Römischen Kurie: vgl. Ins. I (1963), 146ff.
257 Zum Beispiel Ins. IV (1966), 194.
258 „If DH is compared with earlier official Catholic teaching, it represents an undeniable, even a dramatic, change. The question must therefore be asked: Was the Declaration a homogeneous development within the Catholic tradition, or was it a repudiation of previous Church doctrine?": http://www.firstthings.com/article/2008/08/003-religious-freedom-innovation-and-development-41 (27.10.2014).
259 „Et que demande-t-elle de vous, cette Eglise, après deux mille ans bientôt de vicissitudes de toutes sortes dans ses relations avec vous, les Puissances de la Terre; que vous demande-t-elle aujourd'hui? Elle vous l'a dit dans un des textes majeurs de ce Concile: elle ne vous demande que la liberté. La liberté de croire et de prêcher sa foi, la liberté d'aimer son Dieu et de le servir, la liberté de vivre et de porter aux hommes son message de vie. Ne le craignez pas: elle est à l'image de son Maître, don't l'action mystérieuse n'empiète pas sur vos prérogatives, mais guérit tout l'humain de sa fatale caducité, le transfigure, le remplit d'espérance, de vérité et de beauté": AAS 58 (1966), 10f. (8.12.1965).
260 Vgl. AAS 61 (1969), 60–61.
261 „Ab hac autem legitima liberatione cum evangelizatione copulata, quae eo contendit ut structurae efficiantur, quae libertates humanas defendant, separari nullo modo potest tutela primariorum hominis iurium, in quibus religiosa libertas primum locum obtinet. Nuper quidem Nos de hac praesentissima quaestione iam collocuti sumus, in luce ponentes: 'quot etiamnunc christiani, propterea quod christiani sunt et catholici, suffocantur meditata quadam oppressione! Casus etiamnunc fidelitatis erga Christum ac libertatis religiosae etiamnunc producitur, quamvis vehementibus interdum asseverationibus contegatur pro iuribus hominum humanaeque consortionis!'": Evangelii Nuntiandi 39 (AAS 68 [1976], 30).

3 Die nachkonziliare Krise (1966–1970)

1 „Deo gratias. Ieri: Deo gratias. Nunc dimittis? Ora nuovo periodo, dopo il Concilio. Non è terminato il nostro servizio?": Macchi (2001), 120.
2 „Forse il Signore mi ha chiamato e mi tiene a questo servizio non tanto perché io vi abbia qualche attitudine, o affinché io governi e salvi la Chiesa dalle sue presenti difficoltà, ma perché io soffra qualche cosa per la Chiesa, e sia chiaro che Egli, non altri, la guida e la salva" (ebd., 121).
3 Zum Beispiel Ins. IV (1966), 194.
4 „La verità divina non cambia": Ins. VII (1969), 778 (10.12.1969).
5 „Disceptationi finis imponitur; res incipiunt mente volvi et comprehendi. Arationem solum proscindentem sequitur agri cultura, quae ordinatim et utiliter fit": Ins. III (1965), 631 (Rede in der Generalversammlung des Konzils am 18.11.1965).
6 Vgl. *Corriere della Sera* vom 3.10.1965, S. 1.
7 „Il Concilio non ha inaugurato un periodo di incertezza dogmatica e morale, di indifferenza disciplinare, di superficiale irenismo religioso, di rilassamento organizzativo; al contrario esso ha voluto iniziare un periodo di maggiore fervore, di maggiore coesione comunitaria,

di maggiore approfondimento culturale, di maggiore aderenza al Vangelo, di maggiore carità pastorale, di maggiore spiritualità ecclesiale“: Ins. III (1965), 798 (Ansprache im Konsistorium am 23. 12. 1965).

8 Vgl. Jörg Ernesti: Paolo VI e la crisi postconciliare. La sua percezione e le reazioni che lo caratterizzarono, in: Ders. (Hg.): Paolo VI e la crisi postconciliare – Paul VI. und die nachkonziliare Krise [= Internationale Studientage Brixen, 25.–26. Februar 2012 [= Tagungsakten/ IPB. Pubblicazioni 32], Brescia 2013, 5–15.

9 Vgl. Giovanni Battista Montini: Scritti liturgici. Riflessioni, appunti, saggi (1930–1939), herausgegeben von Inos Biffi [= IPB. Quaderni 31], Brescia – Rom 2010; Le rôle de Giovanni Battista Montini-Paul VI dans la réforme liturgique [= Studientag Löwen, 17. 10. 1984/IPB. Pubblicazioni 5], Rom 1987; Godfried Daneels: Paul VI et la réforme liturgique, in: Notiziario IPB 10 (1985), 55–70.

10 Vgl. Ins. III (1965), 879f.; Ins. VII (1964), 1122ff.

11 Vgl. SC 25.

12 Vgl. AAS 56 (1964), 139–144. Auf Lercaro folgte 1968 Kardinal Benno Gut OSB.

13 Vgl. Annibale Bugnini: La riforma liturgica (1948–1975) [= Ephemerides Liturgicae. Subsidia 30], Rom 1983; Gottardo Pasqualetti: Mons. Bugnini e la Riforma liturgica. Valore e senso di un impegno, in: Ephemerides Liturgicae 136 (2012), 392–400.

14 Vgl. Hebblethwaite (1993), 507–510.

15 Ordo Missae. Ritus servandus in celebratione Missae. De defectibus in celebratione Missae occurentibus. Editio typica, Rom 1965.

16 „È un grande avvenimento, che si dovrà ricordare come principio di rigogliosa vita spirituale, come un impegno nuovo nel corrispondere al grande dialogo tra Dio e l'uomo“: Ins. III (1965), 1179.

17 „È un sacrificio che la Chiesa ha compiuto della propria lingua, il latino; lingua sacra, grave, bella, estremamente espressiva ed elegante. Ha sacrificato tradizioni di secoli e soprattutto sacrifica l›unità di linguaggio nei vari popoli, in omaggio a questa maggiore universalità, per arrivare a tutti”: http://www.vatican.va/holy_father/paul_vi/angelus/1965/documents/hf_p-vi_ang_07031965_it.html (28. 5. 2014).

18 „Nolumus ullus regulae publicarum Ecclesiae precum refragetur, immutationes privatas vel ritus singulares inducendo; nolumus ullus sibi sumat potestatem Constitutionem de Sacra Liturgia, quam hodie promulgamus, suo arbitrio usurpandi, antequam normae opportunae et certae hac de re edantur, atque immutationes legitime approbentur, quas Consilia ad hoc instituenda post Concilium apparaverint. Haec igitur praeclara Ecclesiae precatio concordi modulatione per totum resonet orbem terrarum: nemo eam perturbet, nemo violet“: Ins. I (1963), 376 (4. 12. 1963).

19 Vgl. etwa Ins. VII (1969), 1128. Sein Sekretär John Magee bezeugt, dass der Papst sich in den Jahren nach dem Konzil stets dafür interessierte, wie in den einzelnen Ländern zelebriert werde und ob man sich an die bestehenden Regeln halte. Nach jeder Reise musste er ihm Auskunft geben; vgl. Tornielli (2009), 588f. (Interview mit Magee).

20 Vgl. AAS 61 (1969), 217–222.

21 Dass dieser Schritt ganz im Sinn des Papstes war, zeigt der Entwurf eines (heilsgeschichtlich ausgerichteten) Hochgebetes in seinen handschriftlichen Aufzeichnungen; vgl. Note sparse, in: Notiziario IPB 31 (1996), 11–26, 10f.

22 Breve esame critico del 'Novus Ordo Missae' – deutsch: Kurze kritische Untersuchung des ‚Novus Ordo Missae', von einer ausgewählten Gruppe von Theologen, Liturgiefachleuten und Seelenhirten, unter dem Patronat von Alfredo Kardinal Ottaviani und Antonio Kardinal Bacci, Luzern u. a. 1969; Text auch unter http://www.unavox.it/doc14.htm (23. 9. 2011).

23 In dem Apostolischen Schreiben *Sacrificium Laudis* ordnete er an, dass beim Stundengebet der Ordensleute das Latein zu verwenden sei (Notitiae 2 [1966], 252–255; 15. 8. 1966); eine würdige – und das hieß für ihn vor allem: lateinische – Kirchenmusik war ihm ein wichtiges Anliegen, wie die Instructio *Musicam Sacram* vom 5. 3. 1967 zeigt: AAS 59 (1967), 300–320.

24 Vgl. Notiziario IPB 7 (1983), 11–18. 15f.

25 Gründungsdokument ist das Motu Proprio *Studia Latinitatis* vom 22. 2. 1964: AAS 56 (1964), 225–231.

26 Vgl. *Inter Oecumenici*, Art. 57.

27 Vgl. Ins. XI (1973), 792 (22. 8. 1973).
28 Vgl. AAS 59 (1967), 697–704 (18. 6. 1967).
29 Ediert von Tornielli (2009), 542f.
30 „Non solo abbiamo mantenuto tutto il passato, ma abbiamo ritrovato la fonte che è la tradizione più antica, la più primitiva, la più vicina alle origini. Ora, questa tradizione era stata oscurata nel corso dei secoli, e particolarmente al concilio di Trento": Guitton (2002), 143f. (Gespräch vom 9. 9. 1976).
31 „Sicurezza nell'insegnamento della Chiesa cattolica": Ins. II (1964), 155 (8. 3. 1964).
32 Vgl. Paolo VI e la collegialità episcopale [= Tagung IPB, 25.–27. 9. 1992/IPB. Pubblicazioni 15], Brescia – Rom 1995; vgl. Alberigo (2006), IV, 72–100. Die entsprechenden Diskussionen wurden im Kontext des dritten Kapitels des Kirchenschemas geführt.
33 Wie schon Casaroli (1998), 93 beobachtet.
34 Suenens (1980), 182.
35 Vgl. AAS 57 (1965), 775–780; Rene Laurentin: Paul VI et l'après-Concile. Le Synode des Évêques, in: Paul VI (1984), 569–601.
36 Dorn (1989), 244.
37 Laurentin (1984), 572.
38 Ebd., 573.
39 Vgl. AAS 57 (1965), 775f.
40 Das *Time Magazine* etwa fasste am 24. 9. 1965 die Vorbehalte vieler (amerikanischer) Bischöfe zusammen: „Would the synod become the church's equivalent of the subservient Soviet parliament – an assembly summoned only to approve, not to decide?": http://www.time.com/time/magazine/article/0,9171,834370-4,00.html (23. 4. 2011); anlässlich der ersten außerordentlichen Synode fasst das Magazin *Der Spiegel* 41 (1969) die allgemeine Kritik an der Rechtsform der Synode zusammen: http://www.spiegel.de/spiegel/print/d-45520749.html (23. 4. 2011).
41 „Mit der Errichtung der Bischofssynode hat Paul VI. den innerkirchlichen Dialog institutionalisiert": Dorn (1989), 244.
42 Vgl. AAS 68 (1976), 5–76.
43 Vgl. International Theological Commission: Texts and Documents, San Francisco 1989, VIIs. (Geleitwort: Joseph Ratzinger); siehe die Statuten in AAS 61 (1969), 540f.; vgl. auch Philippe Delhaye: Paul VI et la Commission Théologique Internationale, in: Revue théologique de Louvain 9 (1978), 417–423; Emanuele Avallone: Paolo VI e la nascita della Commissione Teologica Internazionale, in: Ernesti (2013 – Paolo VI), 95–114.
44 Vgl. Ins. VII (1969), 638–654.
45 Vgl. Ins. XV (1977), 667.
46 Vgl. Guitton (2002), 127.
47 Vgl. Kurienreform [= lateinische Texte mit den von den deutschen Bischöfen approbierten Übersetzungen], 2 Bände, eingeleitet und kommentiert von Heribert Schmitz, Trier 1968/1976; Giancarlo Zizola: Die Kurienreform. Bemühungen und Probleme, in: Theologie der Gegenwart 21 (1978), 28–36; Niccolò del Re: La curia romana. Lineamenti storico-giuridici, Rom [4]1998; Jörg Ernesti: Die Kurienreform Pauls VI. Umsetzung zentraler Anliegen des Konzils auf der Ebene der Kirchenleitung, in: Claus Arnold – Andreas Merkt – Gregor Wurst (Hgg.): Reformen in der Kirche. Historische Perspektiven [= Tagung der deutschsprachigen Kirchenhistoriker, Augsburg 28. 5.–1. 6. 2012/QD 260], Freiburg i. Br. u.a. 2014, 278–291.
48 Vgl. Philippe Chenaux: La réception du Concile Vatican II dans la Curie romaine, in: Leo Kenis (u. a. Hgg.): The Transformation of the Christian Churches in Western Europe 1945–2000 (…), Löwen 2010, 255–266.
49 „Necessitatibus temporum, regionum ac Rituum magis aptatae, subiciantur, praesertim quod spectat eorundem numerum, nomen, competentiam propriamque procedendi rationem, atque inter se laborum coordinationem" (CD 9).
50 Vgl. Peter Huizing – Knut Walf: Römische Kurie und Gemeinschaft der Kirchen: in: Concilium 15 (1979), 421–426; Joseph Lécuyer: Die theologische Position der Römischen Kurie, ebd., 427–431.
51 Vgl. Dorn (1989), 181f.
52 So Alberigo (2006 – Die Fenster öffnen), 91.
53 Vgl. Ins. III (1965), 984.

54 Vgl. Macchi (2001), 161f.
55 Diese von dem Designer Valerio Vigorelli gestaltete Tiara wird heute in der Basilica of the National Shrine of the Immaculate Conception von Washington D.C. ausgestellt; eine Darstellung findet sich unter: http://de.wikipedia.org/w/index.php?title=Datei:PaulVITiara1.jpg&filetimestamp=20080530075158 (26.4.2011).
56 Vgl. Giancarlo Zizola: Quale papa? Analisi delle strutture elettorali e governative del papato romano, Rom 1977, 178–181; Wilhelm Imkamp: „Praesentia et efficientia". Anmerkungen zur Entwicklung des Kardinalates unter Paul VI., in: Paolo VI e la collegialità episcopale [= Tagung Brescia, 25.–27.9.1992], Brescia – Rom 1992, 46–64; Salvatore Campo: I cardinali di Paolo VI (1963–1978). Breve contributo sulle „porpore" del dopo Concilio, in: Notiziario IPB 38 (2000), 50–81.
57 Vgl. Campo (2000), 71–81 (Liste aller von Paul VI. in seinen sechs Konsistorien zwischen 1965 und 1977 ernannten 143 Kardinäle).
58 Vgl. AAS 57 (1965), 295f.
59 Vgl. ebd., 952–955.
60 Namentlich durch die *Ratio agendi* vom 15.1.1971 (*Nova agendi ratio in doctrinarum examine*: AAS 63 [1971] 234–236). Schon als Erzbischof von Mailand legte er großen Wert auf Transparenz und weigerte sich daher, anonyme Anzeigen entgegenzunehmen; vgl. Macchi (2001), 37f.
61 Vgl. Emilio Cavaterra: Il prefetto del Sant'Offizio. Le opere e i giorni del cardinale Ottaviani [= Storia e documenti 100], Mailand 1990, 92–98. Ottaviani reichte Anfang 1968 seine Demission ein, anscheinend nicht ganz freiwillig.
62 Vgl. AAS 59 (1967), 881–884.
63 Vgl. AAS 59 (1967), 885–928 (Apostolische Konstitution); vgl. François-Charles Uginet: La constitution «Regimini ecclesiae universae», in: Paul VI (1984), 603–613.
64 Vgl. Cavaterra (1990), 85ff.
65 Siehe das Motu Proprio *In Fructibus Multis* vom 2.4.1964: AAS 56 (1964), 289–292.
66 Die Kammer und damit das Urkundenwesen wurde 1973 dem Staatssekretariat eingegliedert.
67 Neue Normen für die Migrantenseelsorge wurden durch das Motu proprio *Pastoralis Migratorum Cura* vom 15.8.1969 festgesetzt: AAS 61 (1969), 601–603; *Cor Unum* wurde durch das Apostolische Schreiben *Amoris Officio* ins Leben gerufen: AAS 63 (1971), 669–673.
68 Vgl. AAS 58 (1966), 757–787.
69 Vgl. AAS 62 (1970), 810–813.
70 Zu den entsprechenden Medienktivitäten der beiden Kardinäle vgl. den Bericht des *Spiegel* vom 7.12.1970: http://www.spiegel.de/spiegel/print/d-43822764.html (25.8.2011).
71 Vgl. Adornato (2008), 257 mit Anm. 357; Suenens (1980), 180.
72 Vgl. Ins. IV (1966), 1078f.
73 „Fino alla fine": Ins. VIII (1970), 601 (25.6.1970).
74 Vgl. Macchi (2001), 343–350.
75 Vgl. Antoine Wenger: Le cardinal Jean Villot (1905–1979). Secretaire d'état de trois papes, Paris 1989.
76 Vgl. Alceste Santini: Casaroli. L'uomo del dialogo, Mailand 1993. Casaroli beerbte 1979 Villot als Staatssekretär.
77 Vgl. AAS 61 (1969), 473–484.
78 Vgl. Herman H. Schwedt: Papst Paul VI. und die Aufhebung des römischen Index der verbotenen Bücher in den Jahren 1965–1966, in: Geschichtsverein für das Bistum Aachen (Hg.): Papst Paul VI. Zur 100. Wiederkehr seines Geburtstages 1897–1997 [= Geschichte im Bistum Aachen. Beiheft 1/Vorträge des Studientages 29.11.1997 in Aachen], Neustadt an den Aisch 1999, 45–111; ders.: Papst Paul VI. und die Aufhebung des römischen Index der verbotenen Bücher im Jahre 1965, in: Römische Quartalschrift für christliche Altertumskunde und Kirchengeschichte 98 (2003), 236–278; Hubert Wolf: Index. Der Vatikan und die verbotenen Bücher, München 2006.
79 Vgl. *Notificatio de Indicis librorum prohibitorum conditione*: AAS 58 (1966), 445. Am 15.11.1966 erging eine Ausführungsbestimmung: AAS 58 (1966), 1186.
80 Vgl. AAS 59 (1967), 1065.
81 Vgl. AAS 60 (1968), 305–315.
82 Das Motu proprio *Pontificalia Insignia* vom 21.06.1968 regelte die Insignien der Bischöfe:

AAS 60 (1968) 374–377. Weitere Vorschriften, auch Kardinäle und Prälaten betreffend, wurden am 31. 3. 1969 durch die Instruktion *Ut Sive Sollicite* erlassen: AAS 61 (1969), 334–340.

83 Benedikt XVI. tauschte das künstlerisch moderne Kreuz Pauls VI., das Johannes Paul II. aus Reverenz weiter verwendet hatte, gegen ein von der Formensprache her antik anmutendes Kreuz ein, eine Mischung aus Staurothek und Gemmenkreuz.

84 Vgl. AAS 67 (1975), 609–645.

85 Vgl. Campo (2000), 50ff. Am 5. 3. 1973 stellte er selbst die eher rhetorisch gemeinte Frage, ob nicht Repräsentanten der Bischofssynode zum Kardinalskollegium hinzugezogen werden sollten, so dass sie den Papst mitwählen könnten. Diese Frage verneinte er und bestätigte dem Heiligen Kollegium das exklusive Recht dazu; vgl. AAS 65 (1973), 163ff.; Ins. XI (1973), 193.

86 Vgl. den in Frage kommenden Art. 92.

87 Vgl. das Motu proprio *Ecclesiae Sanctae* vom 6. 8. 1966: AAS 58 (1966), 757ff.

88 Vgl. Marangoni (2001), 483–486.498–507.

89 Vgl. Alberto Melloni (Hg.): Angelo Dell'Acqua. Prete, diplomatico e cardinale al cuore della politica vaticana (1903–1972), Bologna 2004.

90 Vgl. AAS 69 (1977), 5–18.

91 Vgl. Ins. V (1967), 64–69.83–87.

92 So äußert sich Hans Küng: Erkämpfte Freiheit, München 2002, 559.

93 Vgl. Yves Congar: Paolo VI e l'ecumenismo, in: Oikoumenikon 17 (1977), 643–646; Oscar Cullmann: Paul VI et l'œcumenisme, in: Notiziario IPB 4 (1982), 51–62; Paolo VI e l'ecumenismo [= Tagung IPB, 25.–27. 9. 1998/IPB. Pubblicazioni 21], Brescia – Rom 2001.

94 „Lentement, graduellement, loyalement, généreusement": AAS 58 (1966), 61.

95 „Con molta comprensione, con molta pazienza, con grande amore; ma senza deflettere dalla vera dottrina cattolica": Testament (1988), 55.

96 Vgl. Angelo Maffeis: Paolo VI e Atenagora. Lo scambio di visite del 1967, in: Notiziario IPB 53 (2007), 89–98.

97 Vgl. die Ausgabe der Wochenzeitung *Der Spiegel* 32 (1967) vom 31. 7. 1967: http://www.spiegel.de/spiegel/print/d-46211801.html (23. 3. 2011).

98 Vgl. AAS 59 (1967), 852f.

99 *Ecclesiae sorores* (ebd., 853). Zur Begriffsgeschichte siehe die Note der Glaubenskongregation vom 30. 6. 2000: http://www.vatican.va/roman_curia/congregations/cfaith/documents/rc_con_cfaith_doc_20000630_chiese-sorelle_ge.html (23. 10. 2011).

100 „Voi siete vicino alla più grande Personalità, non solo della nostra Chiesa cristiana, ma anche di tutta l'umanità. Personalità che costituisce il grande tesoro del mondo, il nuovo Profeta che prevede, predice e prepara ciò che dovrà avvenire nel futuro per l'affermazione del grande bene della pace, dell'unione e del Regno di Dio sulla terra": Macchi (2001), 243. Die wichtigsten Dokumente zu den Kontakten zwischen Paul VI. und Athenagoras finden sich in: Pro Oriente (1978).

101 „Ammirato ed amato": Ins. X (1972), 730 (9. 7. 1972).

102 „Egli ha avuto per noi un'amicizia e una fiducia, che sempre ci ha commossi" (ebd.).

103 Vgl. Antonio Olmi: Il consenso cristologico tra le chiese calcedonesi e non calcedonesi (1964–1996) [= Analecta Gregoriana 290], Rom 2003.

104 Wie er selbst bezeugt: Ins. V (1967), 890.

105 Vgl. Patrice Mahieu: La concélebration projectée entre Paul VI et Athénagoras Ier, in: Istina 108 (2013), 41–68.

106 Vgl. Notiziario IPB 1 (1979), 49; Macchi (2001), 248; George D. Dragas – Athanasios Papas: Rome and Constantinople. Pope Paul VI and Metropolitan Meliton of Chalcedon, Rollingford 2006.

107 „Con le venerabili Chiese d'Oriente, in particolare, abbiamo riscoperto una comunione quasi piena che ci spinge a fare tutto il possibile per completarla": Notiziario IPB 35 (1998), 37.

108 Vgl. Hebblethwaite (1993), 461–464.

109 Vgl. Ins. XV (1977), 403ff.

110 Vgl. *New York Times*, 14. 4. 1966, S. 18.

111 Vgl. Angelo Maffeis: Il viaggio di Paolo VI a Ginevra e la visita al Consiglio Ecumenico delle Chiese, in: Notiziario IPB 57 (2009), 47–54.

112 Vgl. Ins. VII (1969), 399; Adolfo González Montes: El ministerio petrino al servicio de la unidad de todos los cristianos. Doctrina y práctica en el magistero de Pablo VI, in: Paolo VI e l'ecumenismo (2001), 284–310.
113 Darauf weist Cullmann (1982), 55 nachdrücklich hin.
114 Vgl. LG 8.
115 Vgl. UR 19 („Communitates ecclesiales").
116 Vgl. UR 22: „et quamvis credamus illas, praesertim propter sacramenti Ordinis defectum, genuinam atque integram substantiam Mysterii eucharistici non servasse".
117 Vgl. die Studie der Gemeinsamen Arbeitsgruppe von ÖRK und römisch-katholischer Kirche in: Ökumenische Rundschau 21 (1972), 528–561; Jan Grootaers: An Unfinished Agenda. The Question of Roman Catholic Membership in the World Council of Churches (1968–1975), in: Ecumenical Review 49 (1997), 305–347; Jared Wicks: Collaboration and Dialogue. The Roman Catholic Presence in the Ecumenical Movement during the Pontificate of Paul VI, in: Paolo VI e l'ecumenismo (2001), 215–267, bes. 237–248.
118 Vgl. die Zusammenstellung in Notiziario IPB 35 (1998), 7–71.
119 Directorium Oecumenicum vom 14.5.1967: AAS 59 (1967), 574–592; Directorium Oecumenicum vom 15.5.1970: AAS 62 (1970), 705–724; Directorium Oecumenicum vom 25.3.1993: AAS 85 (1993), 1039–1119.
120 Vgl. AAS 62 (1970), 257–263; vgl. Johannes Günter Gerhartz: Die rechtliche Ordnung der Mischehen. Die Bestimmungen vom Codex Iuris Canonici (1917) bis „Matrimonia mixta" (1970), Trier 1971.
121 Vgl. Ralph Rotte: Die Außen- und Friedenspolitik des Heiligen Stuhls. Eine Einführung, Wiesbaden 2007, 204–208 („Der Hl. Stuhl als Advokat von Frieden und Entwicklung"); Araujo – Lucal (2010), 117–137.207–240.
122 „Oggi la vita cambia in modo così radicale, che non è possibile attenersi alle forme da cui era ieri modellata. È giusto: non possiamo, non dobbiamo rimanere vincolati al passato; anzi è nostro dovere accogliere ogni cosa buona che i nuovi tempi ci offrono; diremo di più, dobbiamo noi stessi promuovere il progresso, ad ogni livello, e accelerare gli sviluppi che la prodigiosa civiltà moderna offre all'uomo, perché egli sia più uomo, e perché tutti possano godere dei benefici d'un mondo migliore": Ins.VII (1969), 1070 (24.9.1969).
123 „Molti pensano al Papa come ad uomo felice: ebbene, sappiate che tutti i dolori del mondo, in qualche misura, si ripercuotono nel suo animo, se vuol essere Vicario di Cristo": Ins. XI (1973), 1035 (Acilia, 31.10.1973).
124 „Nessuno puo negare che il Cristianesimo solo dia all'uomo una nozione più alta della propria dignità": Notiziario IPB 27 (1994), 25.
125 „Diciamo, e ne abbiamo prova, che la chiesa ha conferito alla società umana un'anima vivente" (ebd., 28).
126 Zu übersetzen etwa als: wer sich für die Gerechtigkeit einsetzt, fördert den Frieden.
127 „È successo che il mondo del lavoro non va più verso la religione, verso la fede, verso la Chiesa; anzi, lo avrete sentito anche voi, lo provate forse anche voi, nelle vostre coscienze, nei vostri circoli, nelle vostre riunioni, c'è quasi un senso di distacco, di diffidenza: l'operaio moderno sente di essere fuori, di essere estraneo, quando non sia addirittura nemico": Ins. IV (1966), 980.
128 „Perché questa frattura? Cioè, perché non venite più voi, a trovare me? (...) Io vengo a cercarvi, per dirvi che la Chiesa vi è vicina, che noi vi comprendiamo, che noi vi amiamo, che siamo vostri amici. E non c'è nessuna ragione per dubitare di questo" (ebd., 981).
129 „Ci sembra che tra voi e Noi non ci sia un linguaggio comune. Voi siete immersi in un mondo, che è estraneo al mondo in cui noi, uomini di Chiesa, invece viviamo. Voi pensate e lavorate in una maniera tanto diversa da quella in cui pensa ed opera la Chiesa! Vi dicevamo, salutandovi, che siamo fratelli ed amici: ma è poi vero in realtà? Perché noi tutti avvertiamo questo fatto evidente: il lavoro e la religione, nel nostro mondo moderno, sono due cose separate, staccate, tante volte anche opposte. Una volta non era così": Ins. VI (1968), 694.
130 „Ma questa separazione, questa reciproca incomprensione non ha ragione di essere" (ebd.).
131 „Quanto più l'opera umana qui si afferma nelle sue dimensioni di progresso scientifico, di potenza, di forza, di organizzazione, di utilità, di meraviglia – di modernità insomma – tan-

to più merita e reclama che Gesù, l'operaio profeta, il maestro e l'amico dell'umanità, (...) annunci qui, e di qui al mondo, il suo messaggio di rinnovazione e di speranza" (ebd., 695).

132 Vgl. etwa Ins. VIII (1970), 146.246.

133 Vgl. Ins. XI (1973), 1035.

134 Vgl. Ins. VII (1969), 395ff.

135 Vgl. AAS 63 (1971), 401–441.

136 Vgl. Octogesima Adveniens, Art. 4 (ebd., 403ff.).

137 „Christi Ecclesia, iam rerum humanarum peritissima": Populorum Progressio, Art. 13 (AAS 59 [1967], 263).

138 „Le monde change vite, l'Èglise aussi. Il ne faut pas etre en retard, comme quelquefois. Cela a tant changé depuis Léon XIII, e cela change ancore. Les classes: ce n'est plus cela aujourd'hui, c'est dépassé. Maintenant, ce sont les peoples, tous les peoples entre eux. Il faut parler pour le monde entier. La vie nous presse": Paul Poupard: L'Enseignement social de Paul VI, in: Paul VI (1984), 429–443, 429.

139 Dieser Aspekt stand im Mittelpunkt der 11. Internationalen Studientagung des IPB am 24.–26. 9. 2010: Vgl. Verso la civiltà dell'amore. Paolo VI e la costruzione della comunità umana, herausgegeben von Renato Papetti [= Tagung Brescia, 24.–26. 9. 2010/IPB. Pubblicazioni 31], Brescia 2012.

140 „We entrust to you Our special message to the world. Would that the nations could cease the armaments race, and devote their resources and energies instead to the fraternal assistance of the developing countries! Would that every nation, thinking «thoughts of peace and not of affliction» and war, would contribute even a part of its expenditure for arms to a great world fund for the relief of the many problems of nutrition, clothing, shelter and medical care which affect so many peoples!": Ins. II (1964), 716 (4. 12. 1964).

141 Vgl. Populorum Progressio, Art. 4.

142 Vgl Paul Poupard: Il trentennio della ‚Populorum progressio', in: Notiziario IPB 33 (1997), 32ff.

143 Vgl. Populorum Progressio, Art. 87. Bereits die Enzyklika *Pacem in Terris* Johannes' XXIII. vom 11. 4. 1963 war an „an alle Menschen guten Willens" gerichtet: AAS 55 (1963), 257–304.

144 Vgl. Populorum Progressio, Art. 7.

145 „Fame laborantes populi hodie divitiis praepollentes populos miserabili quadam voce compellant": ebd., Art. 3 (AAS 59 [1967], 258).

146 Vgl. ebd., Art. 46ff.

147 Wörtlich heißt es: „Nam si hodie nemo dubitat progressionem idem valere ac pacem": ebd., art. 87 (AAS 59 [1967], 298).

148 „Siquidem pax non est prorsus ad belli omnis privationem dumtaxat revocanda": ebd., Art. 76 (AAS 59 [1967], 294).

149 Vgl. ebd., Art.14.

150 Vgl. ebd., Art. 30f.

151 „Sunt sine dubio rerum condiciones quae, utpote iniustae, Dei animadversionem acerrime petant. Cum enim populi toti, necessariis ad vivendum destituti, ita sint sub aliorum dicione, ut quodvis inceptum sua sponte inire, munera cum onere suscipere, ad altiores etiam humani cultus gradus ascendere, vitam socialem et publicam participare vetentur, facile homines sollicitantur, ut humanae dignitati iniuriam allatam vi repellant": Populorum Progressio, Art. 30 (AAS 59 [1967], 272).

152 „Seditiones et motus – nisi agatur de tyrannide aperta ac diuturna, qua primaria iura personae humanae laedantur et bono communi alicuius civitatis grave iniungatur detrimentum – novas parere iniurias, novas ingerere inaequalitates, ad novas strages homines accendere": Populorum Progressio, Art. 31 (AAS 59 [1967], 272).

153 Vgl. ebd., Art. 37.

154 Vgl. ebd., Art. 51.

155 Vgl. Lucio Bertelli: Humanae vitae. La encíclica que dividió al mundo, in: Foro di Teología moral [=http://www.foromoral.com.ar/respuesta.asp?id=136 (17. 11. 2011)].

156 Vgl. die Bilanz bei Gottfried Schweiger – Clemens Sedmak (Hgg.): Auf dem Weg zu größerer Menschlichkeit. Zum 40. Jahrestag von Populorum Progressio [= Salzburger Theologische Studien 33], Innsbruck u. a. 2007.

157 „Strongly leftist, even Marxist in tone“ (29. 3. 1967; zitiert nach Jolanta Babiuch – Jonathan Luxmoore: The Vatican and the Red Flag. The Struggle for the Soul of Eastern Europe, London – New York 1999, 159).
158 Vgl. http://www.fao.org/docrep/x5591e/x5591e09.htm (13. 7. 2011).
159 Vgl. Uppsala spricht. Die Sektionsberichte der Vierten Vollversammlung des Ökumenischen Rates der Kirchen, Genf 1968, 52f. (angenommener Bericht der Sektion III); Johan Verstraeten: Fundamental Changes in the Social Ethic of the Christian Churches, in: Kenis (2010), 175–193, 181–185.
160 Vgl. *Populorum Progressio*, Art. 62f.
161 Vgl. ebd., 63ff. (Bericht der Sektion IV); Jörg Ernesti: Breve storia dell'Ecumenismo. Dal Cristianesimo diviso alle Chiese in dialogo, Bologna 2010, 89–93; zur päpstlichen Haltung siehe insbesondere Populorum Progressio 16.
162 „These past few years have seen impressive developments in the exploration of space to which the United States has made notable contributions. May these undertakings take on a meaning of homage rendered to God, Creator and Supreme Lawmaker. Because they augur so much for the benefit of mankind, may they be indicative of true and peaceful progress which would bring men together in a closer relationship of universal brotherhood“: Ins. I (1963), 36.
163 „This is what We hear often in the discourses of Your Excellency, how with candor your words recall the higher moral principles of truth, of justice and of liberty. We find a spontaneous harmony with that which Our Venerable Predecessor, Pope John XXIII said in His last Encyclical Letter, ‚Pacem in Terris'“ (ebd.).
164 „Universal peace in charity and justice can be achieved, and We feel that the efforts of the United States will bear fruit and help to secure for all peoples of this troubled world that peace which will enable them to prosper and to enjoy the blessings which God intends for them. To this end, following the example of Our Predecessors, We too are dedicating Our prayers, Our energies, and Our life“ (ebd., 36f.).
165 „I was most impressed by Your splendid message”: Der Entwurf des Schreiben vom 16. 7. 1963 findet sich im Archiv der Präsidentenbibliothek Kennedys: http://www.jfklibrary.org/Asset-Viewer/Archives/JFKPOF-032-001.aspx (27. 1. 2014).
166 Vgl. Macchi (2001), 309.
167 Das italienische Staatsfernsehen übertrug die Aufnahmen live (Armstrong betrat den Planeten um 3:56 MEZ). Der Film ist zu sehen unter http://www.youtube.com/watch?v=SkUaYrWuv3s (22. 11. 2011).
168 „Honour, greetings and blessings to you, conquerors of the Moon, pale lamp of our nights and out dreams! Bring to her, with your living presence, the voice of the spirit, a hymn to God, our Creator and our Father. We are close to you, with our good wishes and with our prayers. Together with the whole Catholic Church, Pope Paul the Sixth salutes you“: Ins. VII (1969), 499; vgl. 498ff.
169 Vgl. ebd., 507f.
170 Vgl. ebd., 501.
171 Siehe seine grundsätzlichen Ausführungen im Gefolge der Mondlandung: ebd., 498.
172 Vgl. Maurizio Molinari: Santa Sede e Stati Uniti d'America negli anni 1964–1968. La guerra in Vietnam, in: Notiziario IPB 40 (2001), 33–36 [= zuerst in: *La Stampa* vom 20. 4. 2001, S. 7]. Der Autor stützt sich auf 13 von ihm eingesehene Dokumente im Archiv des State Department, welche die Spannungen zwischen Präsident Johnson und Paul VI. betreffen; Andreas W. Daum – Lloyd C. Gartner: America, the Vietnam War and the World. Comparative and International Perspectives, Cambridge (Massachusetts) 2003, 267ff.; Robert C. Doyle: The Enemy in Our Hand, Lexington (Kentucky) 2010, 273–290.
173 Vgl. ebd.
174 Vgl. Macchi (2001), 224.
175 Vgl. Azio de Franciscis: Papst Paul VI. nach Vietman? Der Papst will den Frieden wiederherstellen, in: *Die Zeit* vom 28. 10. 1966, 1f.
176 Gleichwohl verzichtete er darauf, öffentlich sein Unbehagen gegenüber der amerikanischen Politik kundzutun, um so nicht seine Wirkungsmöglichkeiten zu beschränken. Anfang 1968 scheint er dem Bologneser Kardinal Giacomo Lercaro, der die amerikanischen Luftangriffe scharf verurteilt hatte, aus eben diesem Grund den Rücktritt nahegelegt zu haben; vgl. Tornielli (2009), 481ff.

177 Vgl. Hebblethwaite (1993), 511ff; Joseph A. Califano: The President and the Pope. Lyndon B. Johnson, Paul VI and the Vietnam War, in: America 165 (1991), 238ff.
178 Vgl. Ins. VIII (1970), 1224f.
179 Vgl. den Notenwechsel zwischen Präsident und Papst in der Präsidentenbibliothek Fords: http://www.fordlibrarymuseum.gov/library/document/0351/1555871.pdf (27. 9. 2013).
180 Vgl. Ins. V (1967), 620; Renato Raffaele Martino: Paolo VI e la Giornata mondiale della Pace, in: Notiziario IPB 55 (2008), 12–22.
181 Vgl. Ins. V (1967), 903.
182 Vgl. Ins. VIII (1970), 1451f.
183 Vgl. Notiziario IPB 42 (2001), 17–56 (herausgegeben von Rodolfo Rossi).
184 Vgl. http://disarmament.un.org/TreatyStatus.nsf/e03053a22d4bf8478525688f00693182/ef591c8120db836d8525688f006d265c?OpenDocument (27. 1. 2011).
185 Wie Giovanni Battista Re in einem Statement auf der 11. Studientagung des IPB am 25. September darlegte; so schon Luxmoore – Babiuch (1999), 170.
186 „The participating States will respect human rights and fundamental freedoms, including the freedom of thought, conscience, religion or belief, for all without distinction as to race, sex, language or religion": http://www.osce.org/documents/mcs/1975/08/4044_de.pdf (12. 11. 2011).
187 Insofern ist Luxmoore – Babiuch (1999), 171 also nicht zuzustimmen: „The achievements for human rights were negligible", da die Menschenrechte nicht einklagbar gewesen und die Staaten nicht in ihrer Souveränität beschnitten worden seien.
188 Vgl. Mt 28, 19f.
189 Vgl. Ins. VI (1968), 346 (Ansprache vom 21. 8. 1968 in Bogotá); vgl. Bernard Sesboüé: Les voyages apostoliques de Paul VI. Profil historique, in: I viaggi apostolici (2004), 63–77.
190 Eine kartographische Dokumentation seiner Reisen findet sich unter: http://en.wikipedia.org/wiki/File:Foreign_trips_of_Paul_VI.png (27. 9. 2014).
191 Vgl. Sesbüe (2004), 67–76.
192 Vgl. William Henn: Theological Aims and Contents of the Apostolic Voyages of Paul VI. An Ecclesiology for the Areopagus, in: I viaggi apostolici (2004), 79–110.
193 Vgl. Eleuterio Fortino: I viaggi di Paolo VI e l'ecumenismo, ebd., 257–277.
194 „In quibusdam peculiaribus rerum adiunctis, cuiusmodi sunt precationes quae «pro unitate» indicuntur, atque in oecumenicis conventibus licitum est immo et optandum, ut Catholici cum fratribus seiunctis in oratione consocientur": UR, Art. 8.
195 Vgl. AAS 59 (1967), 465–475.
196 Vgl. Tornielli (2009), 461ff.
197 Vgl. Ins. V (1967), 71ff.
198 „C'est pour prier pour la paix que Nous avons entrepris le voyage de Fátima" (ebd., 254).
199 Vgl. Ins. VI (1968), 354.
200 „Il primo viaggio d'un Papa a quelle terre lontane (…) assumeva la figura d'un incontro globale; per questo abbiamo voluto, mettendo il piede su quel continente, baciare la terra, ancor prima di incontrarci con i suoi, a Noi immediati, rappresentanti e abitanti, affinché fosse palese il Nostro interesse per tutta l'estensione geografica e morale del continente" (ebd., 436f.); vgl. Macchi (2001), 252–255.
201 „La visita ad un continente, all'America Latina. Abbiamo dovuto restringerla alla Colombia, anzi alla sua capitale, Bogotá; ma la Nostra intenzione è stata quella di salutare tutte e singole le Nazione dell'America Latina": Ins. VI (1968), 436.
202 Vgl. Ins. VII (1969), 131.
203 Vgl. Ins. VI (1968), 359–369.
204 „Voi siete Cristo per Noi" (ebd., 377).
205 Vgl. ebd., 372–376.
206 Vgl. Alberto Melloni – Silvia Scatena (Hgg.): L'America Latina fra Pio XII e Paolo VI. Il cardinale Casaroli e le politiche vaticane in una Chiesa che cambia, Bologna 2006. Agostino Casaroli war an der Gründung der CELAM maßgeblich beteiligt gewesen und begleitete für den Vatikan ihre Entwicklung.
207 Vgl. João Batista Libânio: Gli influssi sull'insegnamento teologico in America Latina del viaggio e dei discorsi di Paolo VI in Colombia, in: I viaggi apostolici (2004), 125–140.
208 Vgl. ebd., 135–140.

209 „Continuation into this century of the apostolic wanderings": Ins. VI (1968), 432 (24.8.1968).
210 „Abbiamo poi avuto l'onore e la fortuna di parlare ai Vescovi, convenuti a Bogotá (...). Quanta edificazione, quanta speranza, quale senso della fraternità episcopale sono, in quell'ora, venute nel Nostro animo! Ci è parso di intravedere l'avvenire del Continente; un avvenire fedele e apostolico, fervente e generoso" (ebd., 439).
211 Vgl. Jörg Ernesti, Konfessionskunde kompakt. Die christlichen Kirchen in Geschichte und Gegenwart, Freiburg i. Br. u. a. 2009, 193–198.
212 Vgl. AAS 59 (1967), 1076–1086.
213 Vgl. Populorum Progressio, Art. 16.20ff.
214 Vgl. Willi Henkel: Mission als Dialog und Zeugnis. Papst Paul VI. und die Mission, in: Neue Zeitschrift für Missionswissenschaft 35 (1979), 241–254.
215 Vgl. Ins. VII (1969), 519ff.
216 „L'opera di evangelizzazione (...) è ancora al principio" (ebd., 516).
217 Vgl. ebd., 524.527.
218 Vgl. ebd., 575.
219 „By now, you Africans are missionaries to yourselves" (ebd., 528).
220 Vgl. ebd., 590f.
221 Vgl. Macchi (2001), 262–278.
222 „For I believe profoundly that we are children of the one human family": Ins. VIII (1970), 1185.
223 Vgl. Macchi (2001), 264.
224 Paul VI. schrieb selbst seine Erinnerung an das Attentat und die Behandlung der Wunde nieder; das Fragment wird von Macchi überliefert; vgl. ebd., 263ff.
225 Vgl. Ins. VIII (1970), 1197.
226 „You have wished that your group should faithfully reflect the population of Formosa" (ebd., 1203).
227 „None better than an Asian can speak to an Asian" (ebd., 1216).
228 Vgl. Pittau (2004), 162–165.
229 „I Paul, the successor of Saint Peter, charged with the pastoral mission for the whole Church, would never have come from Rome to this far-distant land, unless I had been most firmly convinced of two fundamental things: first, of Christ; and second, of your salvation": Ins. VIII (1970), 1237.
230 Vgl. ebd., 1250f.
231 „And so I have a favour to ask of you. It is this. Let us together send a message, I mean a letter, an invitation, to all the Catholics of the whole world. Let us tell them that there are still many people, many peoples indeed, who have not yet received missionaries, or else have received too few of them. Let us say that they must send new men and women missionaries here and to all the islands and all parts of the world that still do not know Jesus Christ. They are needed to preach the Gospel, and to baptize all who desire to become Christians. They are also needed to educate the people, to teach the children, to instruct the youth in what is good and beautiful (...), to proclaim to all the duty to respect every human being, to show to all the way to live well, in justice and peace, and to recall to all who the Risen Christ is, and that we must love God and love all men. Do you like this idea? I give you this sheet of paper. On it is written the missionary message. We will all sign it. It will be the Catholic Message from the Missions of Samoa for the Missions of the whole world. The whole world will listen to you" (ebd., 1289f.). Siehe auch die dort verkündigte Botschaft an alle Stände der katholischen Christenheit (ebd., 1290f.).
232 Vgl. Macchi (2001), 270.
233 „You must know that this is the purpose of Our journey: to experience, to consolidate and celebrate in Christ the unity of the Church": Ins. VIII (1970), 1301.
234 „There comes to this far eastern land, for the first time in history, the humble apostle of Christ that We are. And what does he say? Why does he come? To sum it up in one word: Love. Christ is a teacher, a shepherd and a loving redeemer for China too" (ebd., 1388).
235 Vgl. Macchi (2001), 275f.
236 Im Einzelnen dokumentiert bei Macchi (2001), 281–288; vgl. Angelo Bonetti: La cattedra itinerante. I viaggi pastorali di Paolo VI in Italia, Rom 2008.
237 *Osservatore Romano* vom 11.10.1965, 3 (zitiert nach LThK^2.E 3, 136).

238 Vgl. Andre Zysk: Die theologische Begründung des priesterlichen Zölibates nach dem Zweiten Vatikanischen Konzil, Norderstedt 2000, 37–43.
239 Vgl. AAS 59 (1967), 657–697.
240 „Legem igitur vigentem sacri caelibatus nunc etiam cum sacerdotali munere esse conectendam censemus; eaque fulciri oportere sacerdotem, cum constituit praeterquam se totum, se in perpetuum, se uni tantummodo summo Christi amori dicare, operam quoque suam Dei religioni, Ecclesiaeque commodis navare. Ea insuper caelibatus lege status et condicio sacerdotis opus est distinguatur, sive ad fidelium sive ad profanorum hominum convictum quod spectat“: Sacerdotalis Coelibatus, Art. 14 (AAS 59 [1967], 662).
241 Vgl. ebd., Art. 49.
242 Vgl. die Zusammenstellung seiner Botschaften zum Weltgebetstag unter: http://www.vatican.va/holy_father/paul_vi/messages/vocations/documents/hf_p-vi_mes_19640411_i-word-day-for-vocations_it.html (8. 5. 2014).
243 Vgl. Sacerdotalis Coelibatus, Art. 83f.
244 Vgl. ebd., Art. 85–89.
245 „Quae dispensationes, uti aiunt, hac in re forte concedantur, – quae paucissimae profecto putandae sunt si cum magno numero sacerdotum sanorum ac dignorum comparentur“, heißt es ebd., Art. 85 (AAS 59 [1967], 690f.).
246 Vgl. International Theological Commission (1989), 5f.
247 Vgl. Pasquale Macchi: Commemorazione di Paolo VI [Mailand, 23. 9. 1979], in: Notiziario IPB 1 (1979), 57ff., 57.
248 „Ita se gerens, semper magno cum maerore procedit“: Sacerdotalis Coelibatus, Art. 85 (AAS 59 [1967], 691).
249 Vgl. Karim Schelkens: Paul VI and the Postconciliar Celibacy Crisis in the Netherlands, in: Ernesti (2013; Paolo VI), 121–149.
250 Vgl. Heinz-Meinolf Stamm: Luthers Stellung zum Ordensleben [= Veröffentlichungen des Instituts für Europäische Geschichte Mainz. Abteilung für Abendländische Religionsgeschichte 101], Wiesbaden 1980.
251 Vgl. AAS 62 (1970), 66–69.
252 „Legge capitale della nostra Chiesa latina“: Ins. VIII (1970), 93.
253 Vgl. Informations catholiques internationales 360 vom 15. 5. 1970; International Theological Commission (1989), 82.
254 Vgl. International Theological Commission (1989), 3–90.
255 „È certo una norma molto alta e molto esigente, la cui osservanza esige, oltre che un irrevocabile proposito, uno speciale carisma, cioè una grazia superiore e interiore“: Ins. VIII (1970), 93 (1. 2. 1970).
256 „Sì, è difficile; ma è proprio questo carattere che lo rende attraente alle anime giovani e ardenti; ed è più che mai valido per i bisogni del nostro tempo“ (ebd.).
257 Vgl. LG 29.
258 Vgl. das Motu proprio *Sacrum Diaconatus Ordinem* vom 18. 6. 1967: AAS 59 (1967), 697–704 (18. 6. 1967).
259 Vgl. AAS 64 (1972), 529–534.
260 „Your Grâce is of course well aware of the Catholic Church's position on this question. She holds that it is not admissible to ordain women to the priesthood, for very fundamental reasons. These reasons include: the example recorded in the Sacred Scriptures of Christ choosing his Apostles only from among men; the constant practice of the Church, which has imitated Christ in choosing only men; and her living teaching authority which has consistently held that the exclusion of women from the priesthood is in accordance with God's plan for his Church“: AAS 68 (1976), 599.
261 Vgl. AAS 67 (1975), 265 (Ansprache vom 18. 4. 1975) und den weiteren Brief an Coggan in: AAS 68 (1976), 600f. (23. 3. 1976). Der gesamte Briefwechsel mit den Schreiben Coggans und den Stellungnahmen der Synode ist abgedruckt in: Doing the Truth in Charity. Statements of Pope Paul VI, Popes John Paul I, John Paul II and the Secretariat for Promoting Christian Unity 1964–1980, herausgegeben von Thomas F. Stransky [= Ecumenical Documents 1], New York u.a. 1982, 260–264. Gleichwohl erkannte Paul VI. den Frauen zentral wichtige Aufgaben im Leben der Kirche zu: vgl. AAS 68 (1976), 197–201 (Ansprache vom 30. 1. 1976).

262 Vgl. AAS 69 (1977), 98–116.
263 Vgl. AAS 86 (1994), 545–548.
264 Vgl. Jörg Ernesti: Die Teilnahme am Sonntagsgottesdienst im Licht der Geschichte. Historische Perspektiven. In: Brixner Theologisches Forum 119 (2008), 27–40, 37–40.
265 Vgl. Lk 22, 32.
266 Vgl. AAS 59 (1967), 193–200; Leonardo Sapienza: Paolo VI e la fede, Rom 2012.
267 Vgl. Ins. VI (1968), 279–282; Margherita Guarducci: Pietro ritrovato. Il martirio, la tomba, le reliquie, Mailand 1969; die Autorin lieferte die entscheidenden epigraphischen Indizien für eine Identifizierung.
268 Vgl. Ins. VI (1968), 280f.
269 *Credo del Popolo di Dio (Sollemnis Professio Fidei):* AAS 60 (1968) 436–445. Zum Hintergrund der Entstehung und zum Inhalt vgl. Ferdinand Holböck: Credimus. Kommentar zum Credo Pauls VI., München – Salzburg 1969 (^{2}1970; ^{3}1973); Michel Cagin: Le ‚Credo' du peuple de Dieu, in: Nova et vetera 84 (2009), 7–43; ders.: Le ‚Credo du peuple de Dieu' et l'année de la foi, in: La trasmissione della fede (2009), 157–179; vgl. die Auswahl von Aussagen des Papstes, die sich auf die einzelnen Passagen des Credos beziehen: Il Credo del popolo di Dio. Presentazione di Luciano Monari, Mailand 2012.
270 Vgl. Michel Cagin: Maritain. Dal ‚Paysan de la Garonne' alla professione di fede di Paolo VI, in: Montini, Journet, Maritain. Une famille d'esprit [= Studientage Molsheim, 4.–5. 6. 1999/ IPB. Pubblicazioni 22], Brescia – Rom 2000, 48–71.
271 Das Credo des Gottesvolkes. Gesprochen zum Abschluss des Glaubensjahres am 30. Juni 1968, Rom 1968, 6f.
272 Ebd., 7.
273 Vgl. AAS 57 (1965), 753–774.
274 Vgl. Edward Schillebeeckx: Die eucharistische Gegenwart. Zur Diskussion über die Realpräsenz, Düsseldorf 1967 [holländische Originalausgabe: Christus' tegenwoordigheid in de eucharistie, Bilthoven 1967].
275 „Credimus animas eorum omnium, qui in gratia Christi moriuntur – sive quae adhuc Purgatorii igne expiandae sunt, sive quae statim ac corpore separatae, sicut Bonus Latro, a Iesu in Paradisum suscipiuntur – Populum Dei constituere post mortem, quae omnino destruetur Resurrectionis die, quo hae animae cum suis corporibus coniungetur": AAS 60 (1968), 444.
276 Vgl. Joseph Ratzinger: Einführung in das Christentum, München 1968, 289–300 (Zitate: 289).
277 Vgl. Ferdinand Holböck: Credimus. Kommentar zum Credo Pauls VI., München – Salzburg 1969 (^{2}1970; ^{3}1973).
278 „Ma soprattutto non vogliamo dimenticare quella nostra ‚Professione di fede' che, proprio dieci anni fa, il 30 giugno del 1968, noi solennemente pronunciammo in nome e a impegno di tutta la Chiesa come ‚Credo del Popolo di Dio', per ricordare, per riaffermare, per ribadire i punti capitali della fede della Chiesa stessa, proclamata dai più importanti Concili Ecumenici, in un momento in cui facili sperimentalismi dottrinali sembravano scuotere la certezza di tanti sacerdoti e fedeli, e richiedevano un ritorno alle sorgenti": Ins. XVI (1978), 521f.
279 „La perfezione dell'uomo" – „l'inabitazione di Dio, uno e trino, nell'anima": Ins. XIII (1975), 745.747.
280 Vgl. GS 43.
281 Vgl. GS 29.
282 Vgl. Macchi (2001), 54f.; Sergio Luzzato: Padre Pio. Miracoli e politica nell'Italia del Novecento, Turin 2007.
283 http://www.vatican.va/roman_curia/congregations/csaints/documents/rc_con_csaints_doc_19990502_padre-pio_ge.html (17. 10. 2011).
284 Vgl. Macchi (2001), 231–235.
285 Vgl. AAS 58 (1966), 745–749.
286 Wie sein Sekretär Macchi (2001), 288–295 bezeugt, indem er auf zahlreiche Begegnungen verweist.
287 Vgl. AAS 63 (1971), 497–526; vgl. Evangelica Testificatio, Art. 52.17f.
288 „Le ‚laboratoire d'expérience' dans lequel l'Eglise vérifie les modalités concrètes de ses rapports avec le monde": Ins. XIV (1976), 676 (Ansprache an die Oberen der Säkularinstitute am 25. 8. 1976); vgl. auch seine Ansprache zum 2. 2. 1972: Ins. X (1972), 100ff.

289 Wie Macchi (2001), 295–299 bezeugt.
290 Vgl. den zeitgenössischen Filmbericht: http://www.josemariaescriva.info/article/1965-pope-paul-vi-visited-il-centro-elis-italy (27. 8. 2011).
291 Vgl. Norberto Galli: Matrimonio e famiglia negli insegnamenti di Paolo VI, in: Educazione, intellettuali e società in Giovanni Battista Montini – Paolo VI [= Studientage Mailand 16./17. 11. 1990/IPB. Pubblicazioni 13], Brescia – Rom 1992, 87–117, 92ff.; Giovanni Maria Vian: La solitudine di Paolo VI e il peso della tradizione, in: Notiziario IPB 55 (2008), 28–35; Martin M. Lintner: Humanae Vitae: eine historisch-genealogische Studie, in: Jörg Ernesti (Hg.): Paolo VI e la crisi postconciliare – Paul VI. und die nachkonziliare Krise [= Internationale Studientage Brixen, 25.–26. 2. 2012/IPB. Pubblicazioni 32], Brescia – Rom 2013, 16–53..
292 Galli (1992), 104 spricht von einem „persistente pessimismo".
293 Für wertvolle Hinweise zur Kontroverse um die künstliche Empfängnisverhütung danke ich dem Brixner Moraltheologen Martin M. Lintner.
294 Vgl. AAS 22 (1930), 559–561; AAS 43 (1951), 835–854.
295 Vgl. McLeod (2007), 166.
296 Vgl. Bernard Asbell: *Die Pille* und wie sie die Welt veränderte, Frankfurt a. M. 1998.
297 Vgl. Michel Rouche: La préparation de l'encyclique ‚Humanae vitae'. La commission sur la population, la famille et la natalité, in: Paul VI (1984), 361–384. Die Kommission, die zunächst im Staatssekretariat angesiedelt war, sollte eine für die UN bestimmte Stellungnahme erarbeiten.
298 Vgl. UN World Population Prospects. File 1: Total Fertility (…): http://esa.un.org/unpd/wpp/Excel-Data/fertility.htm (22. 5. 2014).
299 Vgl. Alberigo (2006 – Geschichte), IV, 358–362.
300 Zit. n. ebd., 361.
301 Vgl. Alberigo (2006 – Geschichte), IV, 358–362.
302 Vgl. ebd., 362
303 „Quaedam quaestiones quae aliis ac diligentioribus investigationibus indigent, iussu Summi Pontificis, Commissioni pro studio populationis, familiae et natalitatis traditae sunt, ut postquam illa munus suum expleverit, Summus Pontifex iudicium ferat. Sic stante doctrina Magisterii, S. Synodus solutiones concretas immediate proponere non intendit": GS 50 Anm. 119.
304 Vgl. Les fondements de la doctrine de l'église concernant les principes de la vie conjugale, in: Analecta Cracoviensia 1 (1969) 194–230. Der Text wird in der Enzyklika nicht direkt zitiert, klingt aber an verschiedenen Stellen an; Weigel (2002), 216–220.
305 Vgl. Battista Mondin: Dizionario di Teologi, Bologna 1992, 184f.; Grootaers (1994), 84–101.
306 Vgl. ebd., 87f.
307 „Vogliamo apririci sul mondo e dobbiamo decidere giorno per giorno cose che avranno conseguenze nei secoli": *Corriere della Sera* vom 3. 10. 1965, S. 1.
308 „Tacere non possiamo. Parlare è un bel problema. La chiesa non ha mai dovuto affrontare, per secoli, cose simili" (ebd.).
309 „Così le commissioni si riuniscono, crescono le montagne delle relazioni, degli studi. Oh si studia tanto, sa. Ma poi tocca a noi decidere. E nel decidere siamo soli. Decidere non e così facile come studiare. Ma dobbiamo dire qualcosa. Che cosa? … Bisogna proprio che Dio ci illumini" (ebd.).
310 Vgl. Guitton (2002), 96ff.
311 Nell'intimità di Paolo VI (2000), 59 (ital. Zitat s. o.).
312 So deutete er es selbst: vgl. Guitton (1967), 88. Auch die Stellungnahme der Minderheit gelangte an die Öffentlichkeit.
313 Zu den Hintergründen vgl. Hebblethwaite (1993), 487f.
314 Vgl. Jan Grootaers: Quelques données concernant la redaction de l'encyclique 'Humanae vitae', in: Paul VI (1984), 385–398; Gustave Martelet: Essai sur la signification de l'encyclique ‚Humanae vitae', ebd. 399–415; ders.: L'Existence humaine et l'amour. Pour mieux comprendre l'encyclique ‚Humanae Vitae', Paris 1969.
315 „De propagatione humanae prolis recte ordinanda": AAS 60 (1968), 481–503. Deutscher Text zitiert nach: http://www.vatican.va/holy_father/paul_vi/encyclicals/documents/hf_p-vi_enc_25071968_humanae-vitae_ge.html (23. 11. 2011).

316 Vgl. *Humanae Vitae*, Art. 4f.
317 „Quare, actis ad Nos missis accurate expensis, re diligentissime mente animoque excussa, assiduisque Deo admotis precibus, vi mandati, Nobis a Christo commissi, nunc gravibus huius generis quaestionibus responsum dare censemus“: ebd., Art. 6 (AAS 60 [1968], 485).
318 „Scilicet Ecclesiam ante omnes primam esse in laudando atque commendando humani intellectus usu in opere, quod hominem, ratione praeditum, tam arte cum Creatore suo consociat; at ipsam affirmare, id peragendum esse, servato rerum ordine a Deo statuto“: ebd., Art. 16 (AAS 60 [1968], 491f.).
319 Vgl. ebd., Art. 18.
320 Vgl. ebd., Art. 1.
321 Vgl. ebd., Art. 7.
322 Vgl. ebd., Art. 10 (AAS 60 [1968], 487): „paternitatem consciam“.
323 Vgl. Guitton (2002), 102.
324 „An videlicet fas non sit opinari finem procreandae prolis potius ad totam coniugum vitam, quam ad singulos quosque eius actus pertinere. Quaerunt insuper num, ob suorum officiorum conscientiam, qua hodie magis homines fruuntur, tempus iam ipsis advenerit, quo tradendae vitae munus potius rationi et voluntati suae, quam certis sui corporis vicibus, sit tribuendum“: Humanae Vitae, Art. 3 (AAS 60 [1968], 482f.).
325 „*Quilibet matrimonii usus* ad vitam humanam procreandam per se destinatus permaneat“: ebd., Art. 11 (AAS 60 [1968], 488; Hervorhebung d. Verf.).
326 Vgl. ebd., Art. 12f.
327 „Item quivis respuendus est actus, qui, cum coniugale commercium vel praevidetur vel efficitur vel ad suos naturales exitus ducit, id tamquam finem obtinendum aut viam adhibendam intendat, ut procreatio impediatur. (…). Quapropter erret omnino, qui arbitretur coniugalem actum, sua fecunditate ex industria destitutum, ideoque intrinsece inhonestum, fecundis totius coniugum vitae congressionibus comprobari posse“: ebd., Art. 14 (AAS 60 [1968], 491).
328 Vgl. ebd., Art. 16. Auf den ersten Blick kasuistisch und nicht dem Duktus der Argumentation entsprechend mag es erscheinen, dass Paare, die keine Kinder mehr wünschen, in empfängnisfreien Zeiten „zur Bezeugung der gegenseitigen Liebe“ (ebd.) Verkehr haben dürfen. Diese Formulierung ließe sich so deuten, dass hier die beiden Ehezwecke getrennt werden.
329 Vgl. AAS 43 (1951), 835–854.
330 Vgl. Humanae Vitae, Art. 17f.
331 Vgl. ebd., Art. 19.
332 „Neque vos fugit, summi esse momenti, ad animorum pacem populique christiani unitatem servandam, ut in re morali ita in re dogmatica, omnes Ecclesiae Magisterio parere eodemque uti sermone“: ebd., Art. 28 (AAS 60 [1968], 501).
333 Vgl. Bock – Ernesti (2013), 176ff.
334 Ausgabe 32 (1968): http://www.spiegel.de/spiegel/print/d-46020824.html (17. 8. 2011).
335 Vgl. Ausgabe 90 vom 16. 8. 1968, S. 36.
336 Vgl. ebd.
337 Vgl. Philippe Delhaye (u.a. Hgg.): Pour relire Humanae Vitae. Déclarations épiscopales du monde entier, Gembloux 1970.
338 Vgl. John J. Wright: Reaction of Anglophone Hierarchies to 'Humanae vitae' in: Lateranum 44 (1978), 92–104.
339 Vgl. Leo Declerck: La réaction du cardinal Suenens et de l'épiscopat belge à l'encyclique Humanae Vitae. Chronique d'une Déclaration (juillet – décembre 1968), in: Ephemerides Theologicae Lovanienses 84 (2008), 1–68.
340 Vgl. das Wort der deutschen Bischöfe zur seelsorglichen Lage nach dem Erscheinen der Enzyklika ‚Humanae vitae‘, in: Dokumente der Deutschen Bischofskonferenz 1 (1998), 465–471; vgl. Joachim Piegsa: „Humanae Vitae“ und die „Königsteiner Erklärung“, in: Theologie und Glaube 76 (1982), 14–39; Giovanni B. Sala: Die „Königsteiner Erklärung“. 25 Jahre danach, in: Forum Katholische Theologie 10 (94), 93–127.
341 Vgl. GS 51.
342 Königsteiner Erklärung, Art.13.
343 Ebd., Art. 16.

344 Mariatroster Erklärung, in: Franz Böckle: Freiheit und Bindung, Kevelaer 1968, 123–128, 126.
345 Ebd., 127.
346 Vgl. Wittstadt (2001), 229ff.
347 Vgl. Tornielli (2009), 508f. Dieser Aspekt wird ausgeblendet in dem eher hagiographisch ausgerichteten Tagungsband: Albino Luciani. Dal Veneto al mondo [= Tagung Canale d'Agordo – Vicenza – Venedig, 24.-26. 9. 2008], Rom 2010.
348 „La grande maggioranza della Chiesa l'ha accolta con favore e con fiduciosa obbedienza. Esso [= die in *Humanae Vitae* ausgesprochenen Regelungen] non è una corsa cieca alla sovrappopolazione; esso non diminuisce la responsabilità, né la libertà dei coniugi, a cui non vieta un'onesta e ragionevole limitazione delle nascite": Ins. VI (1968), 425.
349 „Vi confideremo che tale sentimento Ci ha fatto anche non poco soffrire spiritualmente. Non mai abbiamo sentito come in questa congiuntura il peso del Nostro ufficio. Abbiamo studiato, letto, discusso quanto potevamo; e abbiamo anche molto pregato": Ins. VI (1968), 870f. (31. 7. 1968).
350 „Sapevamo delle discussioni accese con tanta passione ed anche con tanta autorità, su questo importantissimo tema; sentivamo le voci fragorose dell'opinione pubblica e della stampa; ascoltavamo quelle più tenui, ma assai penetranti nel Nostro cuore di padre e di pastore, di tante persone, di donne rispettabilissime specialmente, angustiate dal difficile problema e dall'ancor più difficile loro esperienza; leggevamo le relazioni scientifiche circa le allarmanti questioni demografiche nel mondo, suffragate spesso da studi di esperti e da programmi governativi" (ebd., 871).
351 „Quante volte abbiamo trepidato davanti al dilemma d'una facile condiscendenza alle opinioni correnti, ovvero d'una sentenza male sopportata dall'odierna società, o che fosse arbitrariamente troppo grave per la vita coniugale!" (ebd.).
352 Vgl. Guitton (2002), 96: „Portiamo il peso dell'umanità presente e futura" (12. 9. 1968).
353 „Virtù superlative ed eroiche": Ins. XI (1973), 883 (23. 9. 1973).
354 „Pensiamo ad una madre della Diocesi di Milano, che per dare la vita al suo bambino sacrifica, con meditata immolazione, la propria" (ebd.); vgl. http://www.vatican.va/news_services/liturgy/saints/ns_lit_doc_20040516_beretta-molla_ge.html (15. 7. 2011). Sie wurde am 24. 4. 1994 seliggesprochen, 30 Jahre nach Einleitung des Verfahrens.
355 „La sofferenza, certo, ma anche la serenità. Non ho rimpianti, né rimorsi. Sono sicuro di aver fatto ciò che dovevo fare": Guitton (2002), 94f. (12. 9. 1968).
356 „Fedeltà autentica": Ins. XVI (1978), 502.
357 Vgl. Bianca Többe: Bevölkerung und Entwicklung, Münster 2000, 36–42.
358 „È in gioco (…) la vita dell'umanità!": Ins. XII (1974), 741. Vgl. *Time Magazine* vom 9. 9. 1974: http://www.time.com/time/magazine/article/0,9171,904104-2,00.html (12. 12. 2011); *Der Spiegel* vom 26. 8. 1974: http://www.spiegel.de/spiegel/print/d-41651448.html (17. 12. 2011); Hebblethwaite (1993), 607ff.; Araujo – Lucal (2010), 132f.
359 *Die Welt* vom 25. 7. 2008, 7. Vgl. Florian Bock: Der „Pillen-Bann". Die Enzyklika „Humanae Vitae" Papst Pauls VI. im Spiegel der deutschen und italienischen Presse, in: Communicatio Socialis 3 (2010), 270–281.
360 Vgl. Asbell (1998), 7ff.; siehe auch aktuelle Erhebungen in den USA: http://www.guttmacher.org/pubs/Religion-and-Contraceptive-Use.pdf (6. 2. 2012). Auch wenn der Gesamtbefund kaum zu bestreiten sein dürfte, bleibt im Einzelnen Zurückhaltung angezeigt.
361 Vgl. McLeod (2007), 168ff.
362 Vgl. ebd.
363 Vgl. die Belege ebd., 29.
364 Fragment Contestazione, herausgegeben von Pierangelo Sequeri, in: Notiziario IPB 54 (2007), 7–21.
365 „Cattolici inquieti" (ebd., 9).
366 Vgl. Ins. VII (1969), 847ff.
367 „Sì, ma non c'è mai stato un tale scombussolamento all'interno della chiesa stessa e senza che se ne abbia la percezione. Nel 1906 esisteva un eguale scompiglio, ma se ne era consapevoli. Certo, nel 1969 il papa ha maggiori possibilità che nel 1906 di essere sentito dall'umanità. Ma dall'altra parte è meno *ascoltato*": Guitton (2002), 106 (Hervorhebung d. Verf.).

368 Vgl. ebd., 103.
369 Siehe die äußerst ernüchternde Bilanz bei Johannes Bots: Die Niederlande, in: Hubert Jedin: Handbuch der Kirchengeschichte, Bd. VII, Freiburg i. Br. u. a. 1979, 567–575; Pierre Brachin: Paul VI.et l'Église des Pays-Bas, in: Paul VI (1984), 765–784; Jan Jacobs: Die Niederlande, in: Kirche und Katholizismus seit 1945, hrsg. von Erwin Gatz, Bd. 1: Mittel-, West- und Nordeuropa, Paderborn u. a. 1998, 243–274; Lodewijk Winkeler: Opening Windows or Opening Doors? Catholic Intellectuals as the Bearers of Secularisation in the Netherlands, 1945–1970, in: Kenis (2010), 96–112.
370 Vgl. De nieuwe Katechismus. Geloofsverkondiging voor volwassenen, Hilversum u. a.1966.
371 Vgl. Walter Goddijn: Paul VI et le Cardinal Alfrink, in: Paolo VI e la collegialità episcopale (1995), 248–251.
372 „Anche se essi non obbediscono al Papa e non mi amano, non è vero il contrario: il papa li ama": Guitton (2002), 89.
373 Vgl. den anschaulichen Bericht in *Die Zeit* Nr. 3 vom 16. 1. 1970: http://www.zeit.de/1970/03/revolte-gegen-den-papst (2. 11. 2011).
374 Der Brief wurde am 12. 1. 1970 im *Osservatore Romano* abgedruckt (S. 2).
375 Vgl. ebd., S. 2 (4. 2. 1970).
376 Vgl. die anschauliche Schilderung im *Spiegel* 39 vom 18. 9. 1972: http://www.spiegel.de/spiegel/print/d-42842943.html (24. 5. 2011).
377 Vgl. Maria Luisa Paronetto Valier: Paolo VI e la Spagna, in: Notiziario IPB 28 *(1994)*, 71–79; Pablo VI y España [= Tagung Madrid, 20.–22. 5. 1994/IPB. Studium], Brescia – Rom 1996, 24ff. Aus der Sicht des Regimes schreibt der Vatikanbotschafter unter Franco: vgl. Laureano López Rodó: Le Relazioni tra Spagna e Vaticano durante il Pontificato di Paolo VI, in: Notiziario IPB 32 (1996), 53–79 [= Auszüge aus: Testimonio de una política de estado, Madrid 1987]; Audrey Brassloff: Religion and Politics in Spain. The Spanish Church in Transition 1962–1996, Basingstoke 1998.
378 Vgl. Paronetto Valier (1994), 72f.
379 Vgl. López Rodó (1996), 60ff.
380 Vgl. ebd., 66ff.
381 Vgl. Yves-Marie Hilaire: La France et le Saint Siège, in: Paul VI (1984), 717–745; Giuseppe Ruggieri: Delusioni alla fine del concilio. Qualche atteggiamento nell'ambiente cattolico francese, in: Joseph Doré – Alberto Melloni (Hgg.): Volti di fine Concilio. Studi di storia sulla conclusione del Vaticano II [= Testi e ricerche di scienze religiose. NS 27], Bologna 2000, 193–224; Philippe Chenaux: Paul VI e la crise de l'Eglise en France, in: Ernesti (2013 – Paolo VI), 73–87.
382 Vgl. Guitton (2002), 149f.
383 Vgl. Melloni – Scatena (2006).
384 Vgl. Renate Wind: Bis zur letzten Konsequenz. Die Lebensgeschichte des Camilo Torres, Weinheim 1994.
385 „Dov'è la coerenza e la dignità proprie di veri cristiani? dov'è il senso di responsabilità verso la propria e verso l'altrui professione cattolica? dov'è l'amore alla Chiesa?": Ins. VI (1968), 910.
386 Vgl. Joachim Schmiedl: Reception and Implementation of the Second Vatican Council. Religious Institutes, in: Kenis (2010), 296–311.
387 Vgl. Peter C. Hartmann: Die Jesuiten, München 2001, 212f.
388 „Comprendiamo i dubbi e le difficoltà vere, serie, che alcuni di voi provano. Voi siete agli avamposti di quella rinnovazione profonda che la Chiesa, specie dopo il Concilio Vaticano II, sta affrontando in questo mondo secolarizzato. La vostra Compagnia è, diciamo, il test della vitalità della Chiesa attraverso i secoli": Ins. XII (1974), 1187f. (3. 12. 1974); Vgl. Adornato (2008), 156f.
389 Vgl. Ins. XII (1974), 1186; Ins. IV (1966), 850f.
390 Vgl. Küng (2002), 561ff.576ff.
391 Vgl. die Erklärung der Deutschen Bischofskonferenz vom 7. 1. 1980, in: Die Deutschen Bischöfe 25 (1980), 4–8.
392 Vgl. AAS 65 (1973), 397.
393 Vgl. AAS 67 (1975), 203f.

4 Hoffnung wider alle Hoffnung (1971–1978)

1 Vgl. Macchi (2001), 120.
2 Vgl. ebd., 346f.
3 „Miserere mei Domine. Sono stanco e vecchio. ma ‚caritas nunquam excidit'": Vocazione e ministero (2003), 9; vgl. 1 Kor 13, 7.
4 Vgl. Paolo VI: Pensiero alla morte. Testamento. Omelia nel XV Anniversario dell'incoronazione (mit Reproduktion der autographen Originale), Brescia 1988: Testament (51–55), datiert am 30. 6. 1965; Zusatz vom 16. 9. 1972 (56); Zusatz vom 14. 7. 1973 (57).
5 Macchi (2001), 348 („testamento spirituale").
6 Vgl. Pensiero alla morte (2004), 23–29.
7 Vgl. etwa Ins. VI (1968), 909–913 (Generalaudienz am 18. 9. 1968).
8 „La Chiesa attraversa, oggi, un momento di inquietudine. Taluni si esercitano nell'autocritica, si direbbe perfino nell'autodemolizione": Ins. VI (1968), 1188 (7. 12. 1968).
9 „Come infatti non potrebbe soffrire il Papa, e quanti con lui sostengono la responsabilità della guida pastorale della Chiesa, nel vedere che le difficoltà maggiori oggi sorgono dal seno stesso di lei, che i dispiaceri più pungenti le sono dati dalla indocilità e dall'infedeltà di certi suoi ministri e di alcune sue anime consacrate, che le più deludenti sorprese le vengono dagli ambienti più assistiti, favoriti e prediletti? Come non provare dolore dalla dispersione di tante energie, non nell'intento di dare incremento, ma nello studio superfluo e sofistico di suscitare problemi e di renderli complicati e irritanti?": Ins. VII (1969), 1056 (10. 9. 1969).
10 „Ma una cosa è il rammarico, ed altra cosa è la sfiducia. Le amarezze, che noi possiamo e dobbiamo sentire per certe prove della Chiesa nell'ora presente, non diminuiscono la nostra fiducia a suo riguardo" (ebd.).
11 Vgl. Macchi (1979), 57.
12 Vgl. Ins. VII (1969), 799f.
13 „Cosa debbo fare?": Cremona (1997), 232.
14 „Non vi sono talvolta anche fra noi quegli *'schismata'*, quelle *'scissuras'*, che la prima lettera ai Corinti di S. Paolo dolorosamente denuncia?": Ins. VII (1969), 191 (3. 4. 1969).
15 Die Verbindung von Fortschritt und künstlerisch-religiöser Tradition zog der Papst bei seinem Besuch auf der Weltausstellung selbst: "As We gazed on this moving masterpiece, We could not but think of the religious convictions which moved the young Michelangelo to such heights and to such a magnificent result. We feel that these same religious convictions can move men in a similar way to seek peace and harmony among the peoples of this world": http://www.vatican.va/holy_father/paul_vi/speeches/1965/documents/hf_p-vi_spe_19651004_fiera-mondiale-new-york_en.html (27. 11. 2011).
16 „Da qualche fessura sia entrato il fumo di Satana nel tempio di Dio. C'è il dubbio, l'incertezza, la problematica, l'inquietudine, l'insoddisfazione, il confronto. Non ci si fida più della Chiesa": Ins. X (1972), 708f. Ähnliche Aussagen machte er am 15. 11. 1972 (ebd., 1168–1173). Siehe auch ebd., 262.707f.1169.1173; Ins. XI (1973), 1126; Ins. XV (1977), 1227.
17 „Il caos avanza a grandi passi. La civiltà ucciderà la civiltà": Guitton (2002), 131 (8. 9. 1974).
18 Etwa im geschützten Raum gegenüber seinem Vertrauten Jean Guitton; vgl. ders. (2002), 98.
19 Liber accusationis in Paulum sextum. À notre Saint Père le Pape Paul VI par la grâce de Dieu et la loi de l'Eglise juge souverain de tous les fidèles du Christ plainte pour hérésie, schisme et scandale au sujet de notre frère dans la foi, le Pape Paul VI, St. Parres les Vaudes 1973. Noch im selben Jahr erschien die Schmähschrift auch auf Englisch und Deutsch. Vgl. Bugnini (1983), 291ff.
20 Vgl. Cremona (1997), 233ff.
21 *Osservatore Romano* vom 2. 9. 1977, S. 1 („Perchè un Papa non puo dimettersi").
22 Vgl. Paolo VI. Dono d'amore alla chiesa, Brescia o. J., 271.
23 Demnach sei im Jahr 1967 versucht worden, ihn mit einem angeblichen homosexuellen Verhältnis zu erpressen, das er in seiner Mailänder Zeit zu einem Schauspieler gehabt habe und von dem auch der italienische Präsident Giuseppe Saragat (1898–1988) gewusst haben soll. Vgl. http://archiviostorico.corriere.it/2006/gennaio/27/Dossier_tentato_ricatto_Paolo_VI_co_9_060127066.shtml (23. 4. 2011). Das entsprechende staatspolizeiliche Dossier wurde von dem französischen Autor Roger Peyrefitte (1907–2000) veröffentlicht. Vgl. David Berger, Art. Peyrefitte, Roger, in: Biographisch-Bibliographisches Kirchnlexikon 31

(2010), 1057–61. Solche völlig haltlosen Vorwürfe zu konstruieren, mochte sich von daher nahegelegt haben, als Montini ein feinsinniger, sensibler, kunstsinniger Charakter war. Tornielli (2009), 590f. weist aber in diesem Zusammenhang zu Recht darauf hin, dass er zeitlebens sowohl streng asketisch lebte als auch übervorsichtig war, was üble Nachrede anging.

24 Vgl. AAS 68 (1976), 77–96 (29. 12. 1975); vgl. *Osservatore Romano* vom 10. 1. 1976, S. 1ff.

25 „Noi sappiamo che il nostro Cardinale Vicario e poi la Conferenza Episcopale Italiana vi hanno invitati a pregare per la nostra umile persona, fatta oggetto di scherno e di orribili e calunniose insinuazioni di certa stampa, irriguardosa dell'onestà e della verità. Noi ringraziamo voi tutti di codeste dimostrazioni di filiale pietà e di morale sensibilità. Così siamo riconoscenti a quanti hanno corrisposto a queste esortazioni di spirituale solidarietà. Grazie, grazie di cuore“: Ins. XIV (1976), 226.

26 Vgl. ebd.

27 Vgl. Notiziario IPB 7 (1983), 41ff.

28 Vgl. zum Folgenden: Rudolf Lill: Geschichte Italiens in der Neuzeit, Darmstadt [4]1994; Volker Reinhardt: Geschichte Italiens. Von der Spätantike bis zur Gegenwart, München 2003, 293–316; Dieter Münch: Einführung in die politische Geschichte Italiens 1943–2009, Rostock 2009.

29 Montini war mit ihm und anderen kommunistischen Politikern wohl schon vor der Befreiung in den Jahren 1944/45 zusammengetroffen; vgl. De Giorgi (2012), 254f.

30 Vgl. GS 21 Anm. 16.

31 Vgl. Octogesima Adveniens, Art. 26–35: AAS 63 (1971), 420–425.

32 Vgl. Ins. VIII (1970), 1403.

33 „Violazione del Concordato“: Ins. VIII (1970), 1449.

34 Vgl. seine „Note sparse", in: Notiziario IPB 31 (1996), 11–26, 12; Ins. XI (1973), 1124f.; Ins. XII (1974), 428f.; Tornielli (2009), 567ff.

35 Vgl. Ins. XII (1974), 441.

36 Vgl. *Osservatore Romano* vom 2./3. 5. 1978 (S.1).

37 „Non possiamo che supplicare ogni Autorità, ogni debita competenza, di operare affinché all'aborto volontario sia dato divieto“: AAS 70 (1978), 53f. (1. 1. 1978).

38 Wie er bei der Weltkonferenz der christdemokratischen Parteien am 29. 11. 1975 betonte; vgl. Ins. XIII (1975), 1340.

39 Vgl. Aldo Moro: Lettere dalla prigionia, herausgegeben von Miguel Gotor, Turin 2008.

40 In seiner Ansprache vom 10. 5. 1978 erwähnt er, dass er Moro schon als jungen Studenten gekannt und geschätzt habe; vgl. Ins. XVI (1978), 345. Ein Briefwechsel zwischen den beiden ist bislang nicht bekannt. Eine Öffnung der Archivalien Pauls VI. im Vatikan dürfte weiteren Aufschluss bringen. Informationen aus erster Hand zur Haltung und zum Vorgehen des Papstes in der Causa Moro bietet Pasquale Macchi: Paolo VI e la tragedia di Moro, Mailand 1998.

41 „Siamo infatti ancor tutti sconvolti, turbati e sgomenti perché ancora una volta le forze disgregatrici della società hanno colpito con freddezza e cinismo“: Ins. XVI (1978), 212 (19. 3. 1978).

42 Vgl. ebd., 238.

43 Vgl. Macchi (2001), 340ff.

44 Macchi (1998), 26ff. Ein erster Brief des Entführten an den Pontifex war nicht im Vatikan angekommen.

45 Vgl. Macchi (2001), 337f.

46 Vgl. ebd., 337.

47 Der Brief ist abgedruckt in Ins. XVI (1978), 298f. Er datiert vom 22. 4. 1978.

48 „Uomo buono ed onesto, che nessuno può incolpare di qualsiasi reato, o accusare di scarso senso sociale e di mancato servizio alla giustizia e alla pacifica convivenza civile“ (ebd., 288).

49 „Ed è in questo nome supremo di Cristo, che io mi rivolgo a voi, che certamente non lo ignorate, a voi, ignoti e implacabili avversari di questo uomo degno e innocente; e vi prego in ginocchio, liberate l'onorevole Aldo Moro, semplicemente, senza condizioni, non tanto per motivo della mia umile e affettuosa intercessione, ma in virtù della sua dignità di comune fratello in umanità, e per causa, che io voglio sperare avere forza nella vostra coscienza, d'un

vero progresso sociale, che non deve essere macchiato di sangue innocente, né tormentato da superfluo dolore" (ebd.).

50 „Intellectu ac libertate praeditus, homo in se periculum cum sui ipsius profectus, tum suae salutis recipit": Populorum Progressio, Art. 15 (AAS 59 [1967], 265).

51 „Consortio humanior promovetur, in qua cuncti dare debeant et accipere, neque aliorum processus progressionem praepediat aliorum": Populorum Progressio, Art. 44 (ebd., 279).

52 Vgl. ebd., Art. 30f.

53 Am 26.4.1978 etwa stellt er fest, es gehe um nichts weniger als um die „Stabilität unserer modernen Zivilisation" („stabilità del nostro moderno mondo civile"): Ins. XVI (1978), 308.

54 „Un segno di questi nostri tempi, in cui il conflitto fra il bene e il male assume un'evidenza drammatica" (ebd., 505).

55 „Il Papa ha fatto pochino: forse ne avrà scrupolo": Moro (2008), 178. Der Brief wurde am 5. Mai den Empfängern zugespielt.

56 Vgl. *Osservatore Romano* vom 23.4.1978 (S. 1).

57 Vgl. Macchi (2001), 340.

58 Vgl. ebd., 44.

59 Vgl. Ins. XVI (1978), 347.

60 „E chi può ascoltare il nostro lamento, se non ancora Tu, o Dio della vita e della morte? Tu non hai esaudito la nostra supplica per la incolumità di Aldo Moro, di questo Uomo buono, mite, saggio, innocente ed amico" (ebd., 362).

61 „Ma Tu, o Signore, non hai abbandonato il suo spirito immortale, segnato dalla Fede nel Cristo, che è la risurrezione e la vita. Per lui, per lui. Ascoltaci, Signore" (ebd.).

62 „Attentati alla vita" (ebd., 309; 26.4.1978).

63 „Questa legge Cristiana fondamentale" (ebd, 307).

64 Vgl. Hélène Carrere d'Encausse: Paul VI et l'Ostpolitik, in: Paul VI (1984), 547–557; Achille Silvestrini: L'Ostpolitik de Paul VI, in: Notiziario IPB 20 (1990), 70–83; Rudolf Lill: Zur Vatikanischen Ostpolitik unter Johannes XXIII. und Paul VI., in: Karl-Joseph Hummel (Hg.): Vatikanische Ostpolitik unter Johannes XXIII. und Paul VI. 1958–1978, Paderborn u. a. 1999, 19–30; ders.: Papst Paul VI. und die deutsche Ostpolitik, in: Pottmeyer (2006), 69–125; Luxmoore – Babiuch (1999), 154–175 („The small steps of Paul VI"); Agostino Casaroli: Il martirio della pazienza. La Santa Sede e I paesi comunisti (1963–1989), Turin 2000 (über weite Strecken eine Verteidungsschrift der Ostpolitik); Hartmut Lehmann – Jens Holger Schjørring (Hgg.): Im Räderwerk des ‚real existierenden Sozialismus'. Kirchen in Ostmittel- und Osteuropa von Stalin bis Gorbatschow, Göttingen 2003; Alberto Melloni (Hg.): Il filo sottile. L'Ostpolitik vaticana di Agostino Casaroli, Bologna 2006; Philippe Chenaux: L'ultima eresia. La chiesa cattolica e il comunismo in Europa da Lenin a Giovanni Paolo II, Rom 2011.

65 Vgl. Luxmoore – Babiuch (1999), 170: „By the mid-1970s, Paul VI had modified his passion for North-South issues in favour of a greater concentration on Europe."

66 Vgl. AAS 29 (1937), 65–106 (19.3.1937).

67 Vgl. Ins. 1 (1963), 31.

68 Ecclesiam Suam, Art. 101 (AAS 56 [1964], 651): „communismo atheo".

69 „Re quidem vera, nostra haec deploratio potius est existimanda afflictorum hominum questus, quam sententia iudicum": Ecclesiam Suam, Art. 104 (AAS 56 [1964], 652).

70 Vgl. ebd., Art. 32ff.

71 Vgl. ebd., Art. 103.

72 Vgl. Casaroli (2000), 55–63.135ff.

73 Vgl. Ins. VI (1968), 333–338.

74 Vgl. Casaroli (2000), 103–114; vgl. Jozsef Mindszenty: Erinnerungen, Frankfurt a.M. u.a. 1974.

75 Wie der Ungar gegenüber Jean Guitton (2002), 123 ausführte (8.9.1971).

76 Vgl. Krisztián Ungváry: The Kádár Regime and the Roman Catholic Hierarchy, in: The Hungarian Quarterly 187 (2007), 80–91, 80ff.

77 „Crediamo che l'esperienza confermi la validità del cammino intrapreso: il cammino di un dialogo sulle cose, attento alla tutela dei diritti e dei legittimi interessi della Chiesa e dei credenti, ma aperto, insieme, alla comprensione delle preoccupazioni e dell'azione dello Stato nei campi che ad esso sono propri, ed inteso, a favorire, in un clima di vera pace religiosa,

l'unità e la leale collaborazione di tutte le componenti della vita sociale, a sempre maggiore vantaggio della comunità nazionale“: Ins. XV (1977), 578.

78 „Per se stessa, la Chiesa non chiede se non la legittima libertà di svolgere il proprio ministero spirituale e di offrire il proprio leale servizio all'uomo – individuo e comunità – al di fuori di ogni altro proprio interesse, estraneo alla sua missione religiosa e morale“: Ins. IX (1971), 234.

79 Der Artikel wurde in den entsprechenden Jahresband der „Insegnamenti di Paolo VI“ aufgenommen: Vgl. Ins. XI (1973), 542f.

80 Vgl. Roland Cerny-Werner: Vatikanische Ostpolitik und die DDR, Göttingen 2011, 81–313.

81 Akten zur auswärtigen Politik der Bundesrepublik Deutschland 1963 (1. Juni bis 30. September), herausgegeben im Auftrag des Auswärtigen Amts (...), München 1994, Nr. 342 (S. 1133).

82 Ebd.

83 Ebd., 1134.

84 Ebd., 1133.

85 Ebd., 1134.

86 Akten zur auswärtigen Politik der Bundesrepublik Deutschland 1973 (1. Januar bis 30. April), herausgegeben im Auftrag des Auswärtigen Amts (...), München 2004, Nr. 79 (S. 373). Das Memorandum wurde am 9. 3. 1973 in der Tageszeitung *Die Welt* veröffentlicht; vgl. *Die Welt* vom 16. 3. 1973, 3 („Schwere Differenzen zwischen Papst und deutschem Klerus“).

87 Für den deutschen Anteil der Erzdiözese Breslau war schon am 28. 6. 1972 die Apostolische Administratur Görlitz geschaffen worden, zugleich Sonderfall und Vorspiel der späteren Regelung in der DDR; vgl. AAS 64 (1972), 657ff.

88 Vgl. Hummel (2006), 71–74.

89 Vgl. Akten zur auswärtigen Politik der Bundesrepublik Deutschland 1978 (1. Januar bis 31. Dezember), herausgegeben im Auftrag des Auswärtigen Amts (...), München 2009, 386ff.

90 Die wichtigsten Quellen zu Montinis Polenpolitik sind zusammengestellt in Notiziario IPB 21 (1990), 5–58.

91 Zitiert nach: http://www.berlin.polemb.net/index.php?document=312 (22. 4. 2011).

92 Vgl. Ins. IV (1966), 224–229.

93 „Per sé, la Chiesa Cattolica non chiede privilegi, ma soltanto il diritto di essere se stessa e la possibilità di svolgere senza intralci l'azione che le è propria, per la sua costituzione e per la sua missione“: Ins. XV (1977), 1119.

94 Vgl. AAS 50 (1958), 601–614. Bereits in seiner Enzyklika *Ad Sinarum Gentem* (AAS 44, 1954, 153ff.) vom 7. 10. 1954 hatte er vor separatistischen Tendenzen gewarnt.

95 Vgl. Ins. I (1963), 250–254.

96 Vgl. Ins. V (1967), 13–17.

97 „Vorremmo ora tuttavia riprendere i contatti col Popolo cinese del continente; contatti non da Noi interrotti volontariamente, per dire a tutti quei Cattolici cinesi, che sono rimasti fedeli alla Chiesa cattolica, che Noi non li abbiamo mai dimenticati, e che non rinunceremo mai alla speranza della rinascita, anzi dello sviluppo della religione cattolica in quella Nazione“ (ebd., 15).

98 „Riprendere i contatti per far sapere alla gioventù cinese con quale trepidazione e con quale affezione Noi consideriamo la presente sua esaltazione verso ideali di vita nuova, laboriosa, prospera e concorde. E vorremmo anche con chi presiede alla vita cinese odierna nel Continente ragionare di pace, sapendo come questo sommo ideale umano e civile sia intimamente congeniale con lo spirito del Popolo Cinese“ (ebd.).

99 Vgl. Dorn (1989), 216.

100 Vgl. Luxmoore – Babiuch (1999), 155f.

101 Vgl. etwa den Bericht über die Audienz für den neuen Botschafter Taiwans am 10. 2. 1978 im *Osservatore Romano* vom 10. 2. 1978 (S. 1).

102 „Of all the Pope's many diplomatic initiatives, including a long and fruitless attempt to mediate peace in Vietnam and similarly frustrating efforts in Biafra, Northern Ireland and the Middle East, his Ostpolitik was the most successful" (veröffentlicht am 14. 8. 1978): http://www.time.com/time/magazine/article/0,9171,946975-5,00.html (abgerufen am 8. 2. 2014).

103 „The price of official contacts would be paid by the underground Church“: Luxmoore – Babiuch (1999), 155.
104 „Whereas Pius XII had been too confrontional, rejecting even sensible, precautionary approaches, Paul VI had gone to the other extreme“ (ebd., 172).
105 Vgl. ebd., 173.
106 Vgl. Ungváry (2007), 80ff.
107 „His methods had been more sophisticated; but the truth was that communists responded, now as before, only to pressure – the pressure of internal resistance and international isolation“: Luxmoore – Babiuch (1999), 173.
108 Gabriel Adriányi: Die Ostpolitik des Vatikans 1958–1978 gegenüber Ungarn. Der Fall Kardinal Mindszenty [= Studien zur Geschichte Ost- und Ostmitteleuropas 3], Herne 2003, 144.
109 Vgl. Adriano Caprioli – Luciano Vaccaro (Hgg.): Paolo VI e la cultura [= Quaderni della ‚Gazzada' 4], Brescia 1983; Paolo VI: Su l'arte e agli artisti. Discorsi, messaggi e scritti (1963–1978), herausgegeben von Pier Virgilio Begni Redona, Brescia – Rom 2000; Paul VI et l'art [= Studientag Paris, 27. 1. 1988/IPB. Pubblicazioni 9], Brescia – Rom 1989; Franco Lanza: Paolo VI e gli scrittori, Brescia – Rom 1994, 73–92; Ralf van Bühren: Paul VI. und die Kunst. Die Bedeutung des Montini-Pontifikates für die Erneuerung der Künstlerpastoral nach dem Zweiten Vatikanischen Konzil, in: Forum katholische Theologie 24 (2008), 266–290; ders.: Kunst und Kirche im 20. Jahrhundert. Die Rezeption des Zweiten Vatikanischen Konzils [= Konziliengeschichte. Reihe B: Untersuchungen], Paderborn u.a. 2008, 302–334.
110 Mündliche Auskunft des verantwortlichen Bibliothekars des Istituto Paolo VI in Concesio (Brescia), Lino Albertelli.
111 „L'arte è una visione indiretta di Dio, suprema bellezza, ma è una cosa umana; il suo ambito non trascende la passione e l'intelligenza umana“: Notiziario IPB 27 (1994), 17.
112 „È necessario penetrare le ragioni del bello, opera cotesta di lunghissima meditazione, di studio profondo, amplissimo, svariatissima [sic!], universale, perchè deve comprendere tutta l'opera umana nei suoi più alti capolavori“ (ebd., 16).
113 Vgl. Note sull'arte, herausgegeben von Pier Virgilio Begni Redona, in: Notiziario IPB 22 (1991), 7–26.
114 „La bellezza è una rivelazione ... perció la dottrina Cristiana deve avere un manto di bellezza.“ (ebd., 17).
115 Dabei ist er nicht unkritisch allem Neuen gegenüber. In einer frühen Notiz kritisiert er eine Ausstellung moderner Kunst, da die ausstellenden Künstler kein Gespür für den modernen Menschen mit seinen existenziellen Fragen hätten und technisch nicht versiert seien. Vgl. ebd., 20f.
116 „Quindi non dite che la Chiesa non vi comprende, che non vi chiama e non vi invita. Sentite la chiamata che la chiesa vi fa. Essa vi dice: 'Venite ad aiutarmi, perchè io ho un tesoro da consegnare agli uomini, date forma a questi concetti sublimi della religione; io ho da elevare la vostra arte a sacerdozio, che sia mediatore tra Dio e gli uomini'“: DSM I, 1701.
117 „La Chiesa ha bisogno del magistero e del ministero degli artisti“ (ebd.). *Magistero* und *Ministero* sind Begriffe, die das kirchliche Lehramt und das kirchliche Dienstamt bezeichnen.
118 „Se l'artista è illuminato da Dio, sarà capace di esprimere Dio“ (ebd.).
119 Van Bühren (2008), 331.
120 „Noi abbiamo bisogno di Voi“: Ins. II (1964), 313.
121 „Il quale è Profeta e Poeta dell'uomo d'oggi, della sua mentalità, della società moderna“: Ins. XI (1973), 649.
122 „Voi Ci avete un po' abbandonato, siete andati lontani (...). Rifacciamo la pace? quest'oggi? qui? Vogliamo ritornare amici? Il Papa ridiventa ancora l'amico degli artisti?“: Ins. II (1964), 315f.
123 „Suo quoque modo litterae et artes pro vita Ecclesiae magni sunt momenti. Indolem enim propriam hominis, eius problemata eiusque experientiam in conatu ad seipsum mundumque cognoscendum et perficiendum ediscere contendunt; situationem eius in historia et in universo mundo detegere necnon miserias et gaudia, necessitates et vires hominum illustrare“: GS 62.
124 „Exinde adlaborandum est ut artium illarum cultores se ab Ecclesia in sua navitate agnitos sentiant et, ordinata libertate fruentes, faciliora commercia cum communitate christiana

instituant. Novae quoque formae artis, quae coaevis nostris aptantur iuxta variarum nationum et regionum indolem, ab Ecclesia agnoscantur": GS 62.
125 Vgl. Mario Ferrazza: Collezione d'arte religiosa moderna, Rom 2000.
126 Vgl. Macchi (2001), 299–307.
127 Vgl. http://www.collezionepaolovi.it/index.asp (20. 1. 2012).
128 „L'Arte religiosa è frutto d'altra e ormai sorpassata stagione dello spirito umano, ovvero è e può esserlo anche di questa nostra moderna stagione, ove la radice religiosa sembra aver perduto tanto della sua magica virtù ispiratrice?": Ins. XI (1973), 646f.
129 „Da questa prima rassegna d'Arte religiosa moderna (…) scaturisca una novella tradizione artistica, e si avvalori nei cuori degli Artisti la convinzione che la Chiesa cattolica è tuttora e sempre loro estimatrice, fautrice e protettrice" (ebd, 649).
130 Vgl. ebd.: „la fioritura di una primavera nuova dell'Arte religiosa postconciliare".
131 Es ist ein Desiderat der Forschung, Kirchenbau und sakrale Kunst der Epoche Pauls VI. einmal umfassend in den Blick zu nehmen. Vgl. van Bühren (2008), 331–334.
132 Vgl. etwa seine Ansprache aus Anlass einer Ausstellung moderner Kunst zum Thema „Paulus" zu seinem 80. Geburtstag: Ins. XV (1977), 920f.
133 Van Bühren (2008), 315.
134 „Dobbiamo infatti esprimere la nostra compiacenza con l'architetto Pier Luigi Nervi, ideatore di questa costruzione. Noi stessi, prevedendone le dimensioni, proporzionate allo scopo, lo abbiamo, al principio, incoraggiato ad «osare», ben sapendo come egli avesse genio e virtù per tale impresa, e come l'incombente vicinanza della Basilica di San Pietro esigesse non certo la velleità d'un'emulazione, ma l'impegno a tentare opera non meschina o banale, ma cosciente della sua privilegiata collocazione e della sua ideale destinazione": http://www.vatican.va/holy_father/paul_vi/speeches/1971/june/documents/hf_p-vi_spe_19710630_nuova-aula-udienze_it.html (28. 10. 2014).
135 Wie Scorzelli in einem Aufsatz selbst bezeugt, der dem im Vatikan vertriebenen Faksimile des Kreuzes beigegeben ist.
136 Wie sein Sekretär bezeugt: Vgl. Macchi (2001), 105.
137 Vgl. ebd.
138 Vgl. Franco Zeffirelli's Jesus. A Spiritual Diary, New York u. a. 1984, 7ff.
139 „Decem annis a Concilii Oecumenici Vaticani II exitu completis, Annus hic Sacer Nobis videtur quasi quidam terminus temporis, ponderationi et reformationi tributi, et initium novi spatii, quo oportet aedificetur elaborando in re theologica, spirituali, pastorali; quae actio innitatur in fundamentis, praeteritis annis magno cum labore iactis et firmatis": Apostolisches Schreiben *Apostolorum Limina* vom 23. 5. 1974 (AAS 66 [1974], 289–307, 292).
140 Vgl. seine Aufzeichnungen in den Note sparse, in: Notiziario IPB 31 (1996), 11–26.25f.
141 Vgl. Macchi (2001), 313–327.
142 Vgl. Ins. XI (1973), 450ff.
143 Vgl. AAS 66 (1974), 113–168.
144 Vgl. AAS 66 (1974), 306.
145 Vgl. AAS 67 (1975), 5–23.
146 Vgl. ebd., 289–322.
147 Vgl. AAS 68 (1976), 5–76.
148 Vgl. Evangelii Nuntiandi, Art. 20.
149 „Con la libertà d'un giudizio critico, perché non ricordare quei giovani ‚hippies', che abbiamo visti fotografati con iscrizioni di maiuscola evidenza sui loro rudimentali indumenti: ‚I love Jesus', io amo Gesù. Snobismo, dilettantismo? Chi sa! Speriamo di no: ciò almeno indicherebbe che l'orientamento verso la conclusione risolutiva del problema religioso oggi può avvenire anche mediante forme imprevedibili, anche improvvise, capricciose e mimetiche; e avvenire per la via dei giovani. Che siano i giovani oggi a riconoscere il Cristo? Come nel giorno delle Palme? Noi lo speriamo": Ins. X (1972), 42 (12. 1. 1972).
150 „La Chiesa è più che mai viva perché l'abbiamo vista così! In questo Anno Santo una corrente di rinnovamento, di santità, di grazia l'ha pervasa in tutte le sue componenti, segno eloquente della serietà con cui è stato accolto il nostro invito al rinnovamento e alla riconciliazione": Ins. XIII (1975), 1553 (22. 12. 1975 – Weihnachtsansprache).
151 Vgl. ebd., 1566ff.

152 Vgl. McLeod (2007), 99ff.155ff.
153 Vgl. Bugnini (1983), 288–293, der den Widerspruch gegen den Papst wegen der neuen Liturgie dokumentiert.
154 Vgl. Cremona (1997), 233.
155 Eine Sammlung der relevanten Artikel und Briefe: http://www.latin-mass-society.org/themil.htm (12.11.2011).
156 Vgl. Franz Xaver Bischof: Widerstand und Verweigerung – die Priesterbruderschaft St. Pius X. Chronologie eines Schismas, in: Münchner theologische Zeitschrift 60 (2009), 234–246.
157 „Elle s'arroge le droit de déclarer que notre ministère apostolique s'écarte de la règle de la Foi, et de juger comme inacceptable l'enseignement d'un Concile œcuménique célébré selon une observance parfaite des normes ecclésiastiques: ce sont là des accusations extrêmement graves. Votre position n'est pas selon l'Evangile et selon la Foi": Ins. XIV (1976), 647.
158 Vgl. Brief Pauls VI. vom 11. Oktober 1976 an Alt-Erzbischof Lefebvre, in: Archiv für katholisches Kirchenrecht 145 (1976), 508–517.
159 Vgl. Ins. XIV (1976), 810–823 (Vorrede: 810).
160 „Ma questa messa (...) diviene il simbolo della condanna del concilio. Ora non accetterò mai in nessuna circostanza che si condanni il concilio per mezzo di un simbolo": Guitton (2002), 144f. (9.9.1976).
161 Vgl. Jean Guitton: Das Drama von Ecône in der Sicht Papst Pauls VI., in: Una-Voce-Korrespondenz 34 (2004), 33–46; ders. (2002), 139–146. Der Philosoph selbst hatte sich angeboten, nach Ecône zu reisen und dort Gespräche zu führen. Paul VI. konnte ihn nicht offiziell als seinen „Gesandten" schicken, billigte aber seine Initiative.
162 Vgl. Magee (1984), 142–146. Sein Beichtvater wurde nach dem Tod Bevilacquas zunächst Alfredo Cavagna, der diese Aufgabe schon bei Johannes XXIII. innegehabt hatte, dann René Arnou SJ, zuletzt Paolo Dezza SJ; vgl. Macchi (2001), 355 mit Anm.139. Die letzten Exerzitien hielt ihm der große Exeget und spätere Erzbischof von Mailand, Carlo Maria Martini SJ (1927–2012), seinerzeit Rektor des Päpstlichen Bibelinstituts, den er persönlich sehr schätzte; vgl. *Osservatore Romano* vom 10.2.1978 (S. 1).
163 „Sono vecchio, sono debole, ma sono *Pietro*": Magee (1984), 142.
164 „E vogliamo altresì rivolgere un appello, accorato ma fermo, a quanti impegnano se stessi e trascinano gli altri, con la parola, con gli scritti, con il comportamento, sulle vie delle opinioni personali e poi su quelle dell'eresia e dello scisma, disorientando le coscienze dei singoli, e la comunità intera, la quale dev'essere anzitutto *koinonia* nell'adesione alla verità della Parola di Dio, per verificare e garantire la *koinonia* nell'unico Pane e nell'unico Calice": Ins. XVI (1978), 522 (29.6.1978).
165 „Li avvertiamo paternamente: si guardino dal turbare ulteriormente la Chiesa; è giunto il momento della verità, e occorre che ciascuno conosca le proprie responsabilità di fronte a decisioni che debbono salvaguardare la fede, tesoro comune che il Cristo, il quale è Petra, è Roccia, ha affidato a Pietro, *Vicarius Petrae*, Vicario della Roccia, come lo chiama San Bonaventura" (ebd.).
166 Vgl. Note sparse, in: Notiziario IPB 31 (1996), 11–26, 11f.
167 Vgl. Ins. XVI (1978), 521f.
168 Bezeugt von Cremona (1997), 238ff.
169 „Sogniamo noi forse quando parliamo di civiltà dell'amore? No, non sogniamo. Gli ideali, se autentici, se umani, non sono sogni: sono doveri. Per noi cristiani, specialmente": Ins. XIII (1975), 1578.
170 Vgl. AAS 68 (1976), 77–96.
171 Der Brief ist abgedruckt in: Ins. XV (1977), 962.
172 Vgl. *Der Spiegel* vom 7.8.1978: http://www.spiegel.de/spiegel/print/d-40615892.html (12.3.2014). Diese an sich sensationelle Nachricht fand kaum Beachtung, da der Papst am Vortag (kurz nach Redaktionsschluss) gestorben war. Die Berichterstattung über den Tod des Papstes erfolgte erst in der folgenden Ausgabe eine Woche später.
173 Ebd.
174 Vgl. 2 Tim 4, 7.
175 „‚Fidem servavi'! possiamo dire oggi, con la umile e ferma coscienza di non aver mai tradito ‘il santo vero'": Ins. XVI (1978), 521.

176 Vgl. Guitton (2002), 152f. (8. 9. 1977).
177 Vgl. Macchi (2001), 331.
178 Vgl. Hebblethwaite (1993), 608ff.
179 Wie er seinem Sekretär Macchi anvertraute: Macchi (2001), 355.
180 Vgl. ebd., 351–356.
181 Vgl. Notiziario IPB 1 (1979), 45; Magee (1984), 146; René Schlott: Papsttod und Weltöffentlichkeit seit 1878. Die Medialisierung eines Rituals [= Veröffentlichungen der Kommission für Zeitgeschichte. B 123], Paderborn u.a. 2013, 170–177 kennt nicht die wichtigste Quelle zu den Ereignissen, die Erinnerungen des Papstsekretärs Macchi, der selbst beim Tod des Pontifex anwesend war.
182 Vgl. Testamento (1988), 57: „Desidero che i miei funerali siano semplicissimi e non desidero né tomba speciale, né alcun monumento. Qualche suffragio (beneficenze e preghiere)". Es handelt sich um einen Zusatz aus dem Jahr 1973. Unvollständig ist der Abdruck des Testaments in AAS 70 (1978), 559–562.
183 „Il nostro ufficio è quello stesso di Pietro, al quale Cristo ha affidato il mandato di confermare i fratelli": Ins. XVI (1978), 520 (29. 6. 1978).

Epilog: Ein Papst in seiner Zeit

1 Vgl. Jörg Ernesti: Paul VI. – der erste moderne Papst? In: Theologie und Glaube 103 (2013), 268–279.
2 Shin (2010), 32.
3 „Giovanni XXIII era molto più conservatore di me, molto più tradizionale di me!": Guitton (2002), 98 (12. 9. 1968; bei dem Gespräch ging es um *Humanae Vitae*).
4 „Non ho tempo per formulare grandi progetti": Guitton (2002), 63.
5 „Si credeva che dopo il Concilio sarebbe venuta una giornata di sole per la storia della Chiesa. È venuta invece una giornata di nuvole, di tempesta, di buio, di ricerca, di incertezza": Ins. X (1972), 709.
6 „No pope in modern history had to cope with such dissidence": Hebblethwaite (1993), 571.
7 „È in gioco (...) la vita dell'umanità!": Ins. XII (1974), 741.
8 Der Mainzer Kardinal Karl Lehmann etwa stellt fest, Montinis Wirken habe „bis auf den heutigen Tag leider keine angemessene Würdigung erfahren, weil die öffentliche Wahrnehmung seines Pontifikats einseitig auf die Enzyklika ‚Humanae vitae' reduziert werde": Die Tagespost vom 9. 12. 2010, 146.
9 Vgl. Guitton (2002), 22–27.
10 Diese Deutung geht zurück auf Carlo Falconi: La svolta di Paolo VI. Valutazione critica del suo pontificato, Rom 1968.
11 Wilhelm Sandfuchs: Paul VI. Papst des Dialogs und des Friedens, Würzburg 1978.
12 So die Beobachtung von Guitton (2002), 27.
13 http://w2.vatican.va/content/francesco/de/homilies/2014/documents/papa-francesco_20141019_omelia-chiusura-sinodo-beatificazione-paolo-vi.html (27. 11. 2014).
14 „Oggi il Papa non è compreso da tanti: la storia lo metterà in luce, lui e la sua opera": Macchi (2001), 283 Anm.6

Bibliographie

Die Quellen werden in chronologischer Folge der Edition aufgeführt, die Sekundärliteratur in alphabetischer Ordnung nach Autoren. Übersetzungen fremdsprachiger Zitate stammen, so nicht anders angegeben, von mir. Bei Konzilstexten wird die offizielle vatikanische Übersetzung verwendet.
Vgl. allgemein: Paulus PP. VI. 1963–1978. Elenchus Bibliographicus [= IPB. Pubblicazioni 1], Brescia 1981.

Abkürzungen

AAS: Acta Apostolicae Sedis, Rom 1909ff.
DSM: Discorsi e scritti milanesi, Brescia 1997.
Ins.: Insegnamenti di Paolo VI, 16 Bände, Rom 1965–1979.
IPB: Istituto Paolo VI, Brescia (Hg.).
Notiziario IPB: Istituto Paolo VI – Notiziario, Brescia 1979ff.

Konzilsdokumente:
CD – *Christus Dominus* (Bischofsamt)
DH – *Dignitatis Humanae* (Religionsfreiheit)
DV – *Dei Verbum* (Offenbarung)
LG – *Lumen Gentium* (Kirche)
PO – *Presbyterorum Ordinis* (Priester)
UR – *Unitatis Redintegratio* (Ökumenismus)

Quellen

(in Auswahl)

Zu Giovanni Battista Montini

La Chiesa e la guerra [= Documentazione dell'Opera dell'Ufficio Informazioni del Vaticano], Rom 1944.

Actes et documents du Saint Siège relatifs à la Seconde Guerre Mondiale, herausgegeben von Pierre Blet u.a., 11 Bände, Rom 1965–1981.

Brief Pauls VI. vom 11. Oktober 1976 an Alt-Erzbischof Lefebvre, in: Archiv für katholisches Kirchenrecht 145 (1976), 508–517.

Lettere a un giovane amico. Carteggio di Giovanni Battista Montini con Andrea Trebeschi (1914–1923), herausgegeben von Cesare Trebeschi, Brescia 1978.

Montini, Giovanni Battista: Scritti giovanili, herausgegeben von Cesare Trebeschi, Brescia 1979.

Giovannibattista Montini giovane. Documenti inediti e testimonianze (1897–1944), herausgegeben von Antonio Fappani und Franco Molinari, Casale Monferrato 1979.

Giovanni Battista Montini (arcivescovo di Milano): Discorsi e scritti sul Concilio (1959–1963), herausgegeben von Antonio Rimoldi [= IPB. Quaderni 3], Brescia – Rom 1983.

Giovanni Battista Montini arcivescovo di Milano e il Concilio Ecumenico Vaticano II. Preparazione e primo periodo [= Tagung Mailand, 23.–25. 9. 1983/IPB. Pubblicazioni 3], Brescia – Rom 1985.

Giovanni Battista Montini: Lettere ai familiari (1919–1943), herausgegeben von Nello Vian, Bd. 1: 1919–1927; Bd. 2: 1928–1943 [= IPB. Pubblicazioni 4,1+2], Brescia – Rom 1986.

Giovanni Battista Montini: Lettere a casa 1915–1943, herausgegeben von Nello Vian, Mailand 1987.

Una rara amicizia. Giovanni Battista Montini e Mariano Rampolla del Tindaro. Carteggio 1922–1944, herausgegeben von Salvatore Garofalo [= IPB. Quaderni 9], Brescia – Rom 1990.

Note sull'arte, herausgegeben von Pier Virgilio Begni Redona, in: Notiziario IPB 22 (1991), 7–26.

Giovanni Battista Montini (arcivescovo di Milano): Interventi nella Commissione centrale preparatoria del Concilio Ecumenico Vaticano II (gennaio – giugno 1962), herausgegeben von Antonio Rimoldi [IPB. Quaderni 10], Brescia – Rom 1992.

„Note sparse", in: Notiziario IPB 31 (1996), 11–26.

Giovanni Battista Montini (Arcivescovo di Milano): Discorsi e scritti Milanesi (1954–1963), I: 1954–1957; II: 1958–1960; III: 1961–1963; IV: Appendice e indici, Brescia 1997.

Giovanni Battista Montini: Scritti fucini (1925–1933), herausgegeben von Massimo Marcocchi [= ITB. Quaderni 24], Brescia – Rom 2004.

„Ora et labora". Alla ricerca di un metodo spirituale, in: Notiziario IPB 53 (2007), 19–38.

Giovanni Battista Montini: Scritti liturgici. Riflessioni, appunti, saggi (1930–1939), herausgegeben von Inos Biffi [= IPB. Quaderni 31], Brescia – Rom 2010.
Angelo Giuseppe Roncalli / Giovanni XXIII – Giovanni Battista Montini / Paolo VI: Lettere di fede e amicizia. Corrispondenza inedita (1925–1963), herausgegeben von Loris F. Capovilla und Marco Roncalli [IPB. Quaderni 32], Brescia – Rom 2013.
Giovanni Battista Montini: Spiritus Veritatis [= Sonderdruck, Brescia o.J.].

Zu Paul VI.

Il pellegrinaggio di Paolo VI in Terra Santa, Rom 1964.
Encicliche e discorsi, 26 Bände, Rom 1964–1976.
Insegnamenti di Paolo VI, 16 Bände, Rom 1965–1979.
Kurienreform [= lateinische Texte mit den von den deutschen Bischöfen approbierten Übersetzungen], 2 Bände, eingeleitet und kommentiert von Heribert Schmitz, Trier 1968/1976.
Squicciarini, Donato (Hg.): Die Weltfriedensbotschaften Papst Pauls VI., Berlin 1979.
Doing the truth in charity. Statements of Popes Paul VI, John Paul I, John Paul II and the Secretariat for Promoting Christian Unity 1964–1980, herausgegeben von Thomas F. Stransky [= Ecumenical Documents 1], New York u.a. 1982.
Ecclesiam Suam. Première lettre encyclique de Paul VI [= Tagung IPB, 24.–26. 10. 1980/ IPB. Pubblicazioni 2], Brescia – Rom 1982.
Giovanni e Paolo. Due papi. Saggio di corrispondenza (1925–1962), herausgegeben von Loris Capovilla [= IPB. Quaderni 2], Brescia – Rom 1982.
Paolo VI: Discorsi e documenti sul Concilio (1963–1965), herausgegeben von Antonio Rimoldi [= IPB. Quaderni 4], Brescia – Rom 1986.
Paolo VI: Al mondo del lavoro [= IPB. Quaderni 6], Brescia – Rom 1986.
Paolo VI: Pensiero alla morte. Testamento. Omelia nel XV Anniversario dell'incoronazione (mit Reproduktion der autographen Originale), Brescia 1988.
Ritorno al Giordano. Le immagini e le parole negli autografi di Paolo VI, Cinisello Balsamo (Mailand) 1988.
Paul VI et l'art [= Studientag Paris, 27. 1. 1988/IPB. Pubblicazioni 9], Brescia – Rom 1989.
Paul VI. / Athenagoras: „Auserwählt, um aufeinander zuzugehen…" Unveröffentlichter Mitschnitt eines historischen Gesprächs vor 25 Jahren, in: Das Prisma 1 (1989), 37ff.
Note sull'arte, herausgegeben von Pier Virgilio Begni Redona, in: Notiziario IPB 22 (1991), 7–26.
Paolo VI: Ecclesiam Suam, Lettera Enciclica – 6 agosto 1964 (mit Reproduktion des päpstlichen Autographs), herausgegeben von Rodolfo Rossi, Brescia – Rom 1997.
Gli autografi di Paolo VI. Introduzione, inventario e indice, herausgegeben von Paolo Vian [= Biblioteca Apostolica Vaticana. Studi e testi 393], Rom 1999.
Nell'intimità di Paolo VI. Pensiero alla morte, testamento, meditazioni, herausgegeben von Pasquale Macchi, Brescia 2000.
Paolo VI: Su l'arte e agli artisti. Discorsi, messaggi e scritti (1963–1978), herausgegeben von Pier Virgilio Begni Redona, Brescia – Rom 2000.

Vocazione e ministero (Fragmente 65–73), herausgegeben von Angelo Maffeis, in: Notiziario IPB 45 (2003), 7–15.
Paolo VI. Fede, cultura, università, herausgegeben von Mauro Mantovani und Mario Toso, Rom 2003.
Giovanni Battista Montini – Paolo VI: Carità intellettuale. Testi scelti, herausgegeben von Giovanni Maria Vian, Mailand 2005.
Fragment Contestazione, herausgegeben von Pierangelo Sequeri, in: Notiziario IPB 54 (2007), 7–21.
Paolo VI. L'uomo spirituale (1938–2008), herausgegeben von Carlo Maria Martini und Marco Vergottini [= IPB. Quaderni 27], Brescia – Rom 2008.
Giovanni Battista Montini – Paolo VI: La pedagogia della coscienza Cristiana. Discorsi e scritti sull'educazione (1955–1978), herausgegeben von Angelo Maffeis [= IPB. Quaderni V 28], Brescia – Rom 2009.

Sonstige Quellen

Acta Apostolicae Sedis (AAS), Rom 1909ff.
Acta et Documenta Concilio Oecumenico Vaticano Apparando, 28 Bände, Rom 1960–1995.
Ordo Missae. Ritus servandus in celebratione Missae. De defectibus in celebratione Missae occurentibus. Editio typica, Rom 1965.
Sekretariat des Konzils (Hg.): Sacrosanctum Oecumenicum Concilium Vaticanum II. Constitutiones, Decreta, Declarationes, Rom 1966.
Das Zweite Vatikanische Konzil: Dokumente (lateinisch-deutsch) und Kommentare [= LThK^2.E], Freiburg i. Br. u. a. 1966–1968.
Uppsala spricht. Die Sektionsberichte der Vierten Vollversammlung des Ökumenischen Rates der Kirchen, Genf 1968.
Delhaye, Philippe (u.a. Hgg.): Pour relire Humanae Vitae. Déclarations épiscopales du monde entier, Gembloux 1970.
International Theological Commission: Texts and Documents, San Francisco 1989.
Wort der deutschen Bischöfe zur seelsorglichen Lage nach dem Erscheinen der Enzyklika ‚Humanae vitae', in: Dokumente der Deutschen Bischofskonferenz 1 (1998), 465–471.
Akten zur auswärtigen Politik der Bundesrepublik Deutschland (16 Bände: 1963–1978), herausgegeben im Auftrag des Auswärtigen Amtes (...), München 1994–2009.
Congar, Yves: Mon Journal du Concile, 2 Bände, Paris 2002.
Congar, Yves: Diario del Concilio, 2 Bände [= aus dem Französischen], Mailand 2005.
Marcocchi, Massimo (Hg.): Il rinnovamento liturgico tra Germania e Italia. Alcuni documenti d'archivio, in: Notiziario IPB 53 (2007), 39–51.
Moro, Aldo: Lettere dalla prigionia, herausgegeben von Miguel Gotor, Turin 2008.
Il Credo del popolo di Dio. Presentazione di Luciano Monari, Mailand 2012.
Colombo, Giovanni: Il Concilio Vaticano II. Discorsi e scritti, herausgegeben von Inos Biffi, Mailand 2013.
Paolo VI. Dono d'amore alla chiesa, Brescia o. J. [= Bildband]

Tageszeitungen und Nachrichtenmagazine:
Corriere della Sera, Mailand 1876ff.
Le Monde, Paris 1844ff.
The New York Times, New York 1851ff.
L'Osservatore Romano, Rom 1849ff. [ital. Originalausgabe].
Der Spiegel, Hamburg 1947ff.
Time Magazine, New York 1923ff.
Die Welt, Hamburg – Berlin 1946ff.
Die Zeit, Hamburg 1946ff.

Sekundärliteratur

Acerbi, Antonio: Paolo VI e il dialogo col mondo. Sguardi sull'enciclica Ecclesiam suam, in: Notiziario IPB 37 (1999), 51–60.

Adornato, Giselda: Le ACLI e l'arcivescovo Montini, in: Caprioli – Vaccaro (1989), 145–158.

Dies.: A cinquant'anni dall'inizio delle visite pastorali dell'arcivescovo Montini nella diocesi ambrosiana, in: Notiziario IPB 51 (2006), 19–34.

Dies.: Cronologia dell'episcopato di Giovanni Battista Montini a Milano (4 gennaio 1955 – 21 giugno 1963), Brescia – Rom 2002.

Dies.: Paolo VI. Il coraggio della modernità, Cinisello Balsamo (Mailand) 2008.

Adriányi, Gabriel: Die Ostpolitik des Vatikans 1958–1978 gegenüber Ungarn. Der Fall Kardinal Mindszenty [= Studien zur Geschichte Ost- und Ostmitteleuropas 3], Herne 2003.

Airò, Antonio: „Venite e ascoltate". Montini e la Missione di Milano, Mailand 2000.

Alberigo, Giuseppe: Die Fenster öffnen. Das Abenteuer des Zweiten Vatikanischen Konzils, Zürich 2006.

Ders.: Geschichte des Zweiten Vatikanischen Konzils (1959–1965), deutsche Ausgabe herausgegeben von Klaus Wittstadt (Bände 1–3) und Günther Wassilowsky (Bände 4–5), Mainz 1997–2008.
Bd. 1: Die katholische Kirche auf dem Weg in ein neues Zeitalter. Die Ankündigung und Vorbereitung des Zweiten Vatikanischen Konzils (Januar 1959 bis Oktober 1962), Mainz 1997.
Bd. 2: Das Konzil auf dem Weg zu sich selbst. Erste Sitzungsperiode und Intersessio (Oktober 1962 – September 1963), Mainz 2000.
Bd. 3: Das mündige Konzil. Zweite Sitzungsperiode und Intersessio (September 1963 – September 1964), Mainz 2002.
Bd. 4: Die Kirche als Gemeinschaft (September 1964 – September 1965), Ostfildern 2006.
Bd. 5: Ein Konzil des Übergangs (September – Dezember 1965), Ostfildern 2008.

Ders.: Kirche im Wandel. Eine kritische Zwischenbilanz nach dem Zweiten Vatikanum, Düsseldorf 1982.

Ders.: Die Rezeption des Zweiten Vatikanischen Konzils, Düsseldorf 1986.

Ders.: Transizione Epocale. Studi sul Vaticano II. [= Testi e ricerche di scienze religiose. NS 40.], Bologna 2009.

Albino Luciani. Dal Veneto al mondo [= Tagung Canale d'Agordo – Vicenza – Venedig, 24.–26.9.2008], Rom 2010.
Andreotti, Giulio: Giovanni Battista Montini, aumônier des universitaires et des licenciés, in: Paul VI (1984), 33–40.
Angelini, Giuseppe: Montini e la questione del lavoro nella società industriale, in: Caprioli – Vaccaro (1989), 99–120.
Antier, Jean-Jacques: Jean Guitton. Pensatore e testimone, Mailand 2002.
Antonetti, Nicola: La FUCI di Montini e di Righetti. Lettere di Igino Righetti ad Angela Gotelli (1928-1933), Rom 1979.
Araujo, Robert J. – Lucal, John A.: Papal Diplomacy and the Quest for Peace. The United Nations from Pius XII to Paul VI, Philadelphia 2010.
Asbell, Bernard: Die Pille und wie sie die Welt veränderte, Frankfurt a. M. 1998.
Aubert, Roger: Paolo VI e il Concilio, in: Notiziario IPB 31 (1996), 68ff.
Babiuch, Jolanta – Luxmoore, Jonathan: The Vatican and the Red Flag. The Struggle for the Soul of Eastern Europe, London – New York 1999.
Barth, Karl: Ad Limina Apostolorum, Zürich 1967.
Bellani, Andrea: Carlo Colombo e la ‚Nota praevia', in: Teologia 33 (2008), 248–284.
Beozzo, José Oscar: Dom Helder Camara und das Zweite Vatikanische Konzil, in: Jahrbuch für Europäische Überseegeschichte 9 (2009), 199–215.
Bischof, Franz Xaver: Widerstand und Verweigerung – die Priesterbruderschaft St. Pius X. Chronologie eines Schismas, in: Münchner theologische Zeitschrift 60 (2009), 234–246.
Bock, Florian: Der „Pillen-Bann". Die Enzyklika „Humanae Vitae" Papst Pauls VI. im Spiegel der deutschen und italienischen Presse, in: Communicatio Socialis 3 (2010), 270–281.
Ders. – Jörg Ernesti: Paolo VI e la Germania, la Germania e Paolo VI, in: Philippe Chenaux (Hg.): Giovanni XXIII e Paolo VI. I due papi del Concilio, Rom 2013, 169–184.
Bonetti, Angelo: La cattedra itinerante. I viaggi pastorali di Paolo VI in Italia, Rom 2008.
Brachin, Pierre: Paul VI et l'Église des Pays-Bas, in Paul VI (1984), 765–784.
Brandmüller, Walter: Das Konzil und die Konzile. Das Zweite Vatikanum im Licht der Konziliengeschichte, St. Ottilien 1991.
Brassloff, Audrey: Religion and Politics in Spain. The Spanish Church in Transition 1962–1996, Basingstoke 1998.
Brechenmacher, Thomas: Pius XII. und Paul VI. im Urteil der Nachwelt, in: zur debatte 7 (2008), 18ff.
Ders.: Der Vatikan und die Juden. Geschichte einer unheiligen Beziehung, München 2005.
Brown, Callum C.: What was the Religious Crisis oft he 1960s?, in: Journal of Religious History 34 (2010), 468–479.
Bugnini, Annibale: La riforma liturgica (1948–1975) [= Ephemerides Liturgicae. Subsidia 30], Rom 1983.
Bühren, Ralf van: Kunst und Kirche im 20. Jahrhundert. Die Rezeption des Zweiten Vatikanischen Konzils [= Konziliengeschichte. Reihe B: Untersuchungen], Paderborn u. a. 2008.
Ders.: Paul VI. und die Kunst. Die Bedeutung des Montini-Pontifikates für die Erneue-

rung der Künstlerpastoral nach dem Zweiten Vatikanischen Konzil, in: Forum katholische Theologie 24 (2008), 266–290.

Busch, Eberhard: Meine Zeit mit Karl Barth. Tagebuch 1965–1968, Göttingen 2011.

Cagin, Michel: Le ‚Credo' du peuple de Dieu, in: Nova et vetera 84 (2009), 7–43.

Ders.: Le ‚Credo du peuple de Dieu' et l'année de la foi, in: La trasmissione della fede (2009), 157–179.

Ders.: Maritain. Dal ‚Paysan de la Garonne' alla professione di fede di Paolo VI, in: Montini, Journet, Maritain. Une famille d'esprit [= Studientage Molsheim, 4.–5. 6. 1999/ IPB. Pubblicazioni 22], Brescia – Rom 2000, 48–71.

Camadini, Giuseppe: Giovanni Battista Montini – Alcide De Gasperi, in: Notiziario IPB 55 (2008), 73–89.

Campanin, Giorgio: La missione Milanese dell'arcivescovo Montini (1957), in: Notiziario IPB 38 (2000), 36–49.

Cantù, Lorenzo: Montini e il mondo del lavoro e sindacale, in Caprioli – Vaccaro (1989), 159–168.

Caprioli, Adriano – Vaccaro, Luciano (Hgg.): Paolo VI e la cultura [= Quaderni della ‚Gazzada' 4], Brescia 1983.

Caprioli, Adriano – Vaccaro, Luciano (Hgg.): Lavoro ed economia in Giovanni Battista Montini arcivescovo di Milano [= Quaderni della ‚Gazzada' 10], Brescia 1989.

Carey, Patrick W. – Lienhard, Joseph T.: Biographical Dictionary of Christian Theologians, Westport (CT) 2000.

Casaroli, Agostino: Il martirio della pazienza. La Santa Sede e i paesi comunisti (1963–1989), Turin 2000.

Ders.: Nella memoria e nel cuore della chiesa e del mondo, in: Notiziario IPB 35 (1998), 88–103.

Catella, Marino: Montini e i movimenti sociali cattolici, in: Caprioli – Vaccaro (1989), 45–74.

Cavaterra, Emilio: Il prefetto del Sant'Offizio. Le opere e i giorni del cardinale Ottaviani [= Storia e documenti 100], Mailand 1990.

Cerny-Werner, Roland: Vatikanische Ostpolitik und die DDR, Göttingen 2011.

Chenaux, Philippe: Dall'apostolato alla missione. Il ruolo dei laici nella chiesa e nel mondo, in: ders. (Hg.). L'eredità del Magistero di Pio XII [= Dibattiti per il Millennio 13], Rom 2010, 285–297.

Ders.: Paul VI et Maritain. Les rapports du «montinianisme» et du «maritanisme» [= IPB. Saggi 3], Rom 1994.

Ders.: La réception du Concile Vatican II dans la Curie romaine, in: Kenis (2010), 255–266.

Chiron, Yves: Histoire des conciles, Paris 2011.

Ders.: Paul VI. Le pape écartelé, Paris 2008.

Colombo, Giovanni: La spiritualità di Giovanni Battista Montini, in: Paul VI (1984), 149–165.

Congar, Yves: Paolo VI e l'ecumenismo, in: Oikoumenikon 17 (1977), 643–646.

Cremona, Carlo: Paolo VI, Mailand 1997.

Cullmann, Oscar: Paul VI et l'œcumenisme, in: Notiziario IPB 4 (1982), 51–62.

Cunningham, Philip A.: Official Ecclesial Documents to Implement the Second Vatican Council on Relations with Jews. Study Them, Become Immersed in Them, and Put Them into Practice, in: Studies in Christian-Jewish Relations 4 (2009), 1–36, [online: http://escholarship.bc.edu/cgi/viewcontent.cgi?article=1208&context=scjr (2. 5. 2011)].

Daneels, Godfried: Paul VI et la réforme liturgique, in: Notiziario IPB 10 (1985), 55–70.

Daum, Andreas W. – Gartner, Lloyd C.: America, the Vietnam War and the World. Comparative and International Perspectives, Cambridge (Massachusetts) 2003.

Declerck, Leo: La réaction du cardinal Suenens et de l'épiscopat belge à l'encyclique Humanae Vitae. Chronique d'une Déclaration (juillet – décembre 1968), in: Ephemerides Theologiae Lovanienses 2008, 1–68.

Ders. – Osaer, Toon: Les relations entre le Cardinal Montini – Paul VI (1897–1978) et le Cardinal Suenens (1904–1996) pendant le concile Vatican II, in: Notiziario IPB 51 (2006), 47–77.

De Giorgi, Fulvio: Mons. Montini. Chiesa cattolica e scontri di civiltà nella prima metà del Novecento, Bologna 2012.

Delhaye, Philippe: Paul VI et la Commission Théologique Internationale, in: Revue théologique de Louvain 9 (1978), 417–423.

De Gasperi, Francesca: Mons. Montini e De Gasperi, in: Rivista di storia della Chiesa in Italia 33 (1979), 105–108.

Della Balda, Gabriele: Paolo VI. Il coraggio della coerenza, Padua 2008.

Del Re, Niccolò: La curia romana. Lineamenti storico-giuridici, Rom [4]1998.

De Mattei, Roberto: Il Concilio Vaticano II. Una storia mai scritta, Turin 2010.

De Rosa, Gabriele: La formazione di Giovanni Battista Montini, in: Paul VI (1984), 3–13.

Ders.: Storia del Partito Popolare Italiano, Bari 1966.

Le dialogue possible: Paul VI et les cultures contemporaines [= Studientag Paris 13. 12. 2005/IPB. Pubblicazioni 28], Brescia – Rom 2007.

'Dignitatis Humanae'. La libertà religiosa in Paolo VI [= Tagung Brescia, 24.–26. 9. 2004/ Istituto Paolo VI. Pubblicazioni 29], Brescia – Rom 2007.

Dorn, Luitpold: Paul VI. Der einsame Reformer, Graz u. a. 1989.

Doyle, Robert C.: The Enemy in Our Hand, Lexington (Kentucky) 2010.

Dragas, George D. – Athanasios Papas: Rome and Constantinople. Pope Paul VI and Metropolitan Meliton of Chalcedon, Rollingford 2006.

Duprey, Pierre: Les gestes oecuméniques de Paul VI. in: Proche-Orient chrétien 48 (1998), 145–167.

Ders.: I gesti ecumenici di Paolo VI, in: Notiziario IPB 42 (2001), 112–128.

Educazione, intellettuali e società in Giovanni Battista Montini – Paolo VI [= Studientage Mailand 16./17. 11. 1990/IPB. Pubblicazioni 13], Brescia – Rom 1992.

Ernesti, Jörg: Breve storia dell'Ecumenismo. Dal Cristianesimo diviso alle chiese in dialogo, Bologna 2010.

Ders.: Die Kurienreform Pauls VI. Umsetzung zentraler Anliegen des Konzils auf der Ebene der Kirchenleitung, in: Claus Arnold – Andreas Merkt – Gregor Wurst (Hgg.): Reformen in der Kirche. Historische Perspektiven [= Tagung der deutschsprachigen Kirchenhistoriker, Augsburg 28.5.–1.6.2012/QD 260], Freiburg i. Br. u.a. 2014, 278–291.

Ders. (Hg.): Paolo VI e la crisi postconciliare – Paul VI. und die nachkonziliare Krise [= Internationale Studientage Brixen, 25.–26. Februar 2012/IPB. Pubblicazioni 32], Brescia 2013.

Ders.: Die Päpste des Konzils und ihr Verhältnis zur Moderne, in: ders. – Leonhard Hell – Günter Kruk (Hgg.): Selbstbesinnung und Aufbruch in die Moderne. 50 Jahre Zweites Vatikanisches Konzil, Paderborn / Wien / Zürich 2013, 11–26.
Ders.: Paul VI. – der erste moderne Papst? In: Theologie und Glaube 103 (2013), 268–279.
Ders.: Konfessionskunde kompakt. Die christlichen Kirchen in Geschichte und Gegenwart, Freiburg i. Br. u. a. 2009.
Ders.: Die Revision der katholischen Haltung zum Judentum und zur Palästinafrage unter Papst Paul VI., in: Freiburger Rundbrief. Neue Folge 18 (2011), 265–275.
Ders.: La revisione dell'atteggiamento cattolico verso l'ebraismo e la questione palestinese sotto il pontificato di Paolo VI, in: Notiziario IPB 62 (2011), 44–51.
Ders.: siehe Florian Bock.
Ders. – Wolfgang Thönissen (Hgg.): Die Entdeckung der Ökumene. Zur Beteiligung der katholischen Kirche an der Ökumenischen Bewegung, Frankfurt a. M. u. a. 2008.
Dies. (Hgg.): Personenlexikon Ökumene, Freiburg i. Br. u. a. 2010.
Fagiolo, Vicenzo: Il cardinal Montini, Paolo VI e il Vaticano II, in: Paul VI (1984), 561–568.
Falconi, Carlo: La svolta di Paolo VI. Valutazione critica del suo pontificato, Rom 1968.
Fappani, Antonio: Padre Giulio Bevilacqua. Il cardinale parocco, Brescia 1979.
Feldkamp, Michael F.: Pius XII. und Deutschland, Göttingen 2000.
Ferraro, Giuseppe: Il presbiterato nell'insegnamento e nell'esperienza sacramentale di Paolo VI, in: La Civiltà Cattolica 128 (1977), 482–497.
Ferrazza, Mario: Collezione d'arte religiosa moderna, Rom 2000.
Finotti, Fabio: Critica stilistica e linguaggio religioso in Giovanni Battista Montini [= IPB. Saggi 1], Rom 1989.
Ders.: Lo stile della prosa montiniana, in: Notiziario IPB 38 (1999), 61–68.
Fisichella, Rino: Ho incontrato Paolo VI. La sua santità dalla voce dei testimoni, Cinisello Balsamo (Mailand) 2014.
Ford, John T. (Hg.): Religious Liberty: Paul VI and ‚Dignitatis Humanae' [= Tagung Washington D.C., 3.–5. Juni 1993/IPB. Pubblicazioni 16], Brescia 1995.
Fouilloux, Étienne: Eugène Cardinal Tisserant (1884–1972). Une Biographie, Paris 2011.
Galli, Norberto: Matrimonio e famiglia negli insegnamenti di Paolo VI, in: Educazione, intellettuali e società in Giovanni Battista Montini – Paolo VI [= Studientage Mailand 16./17. 11. 1990/IPB. Pubblicazioni 13], Brescia – Rom 1992, 87–117.
Gartner: siehe Daum.
Gatz, Erwin (Hg.): Kirche und Katholizismus seit 1945, Bd. 1: Mittel-, West- und Nordeuropa, Paderborn u. a. 1998.
Gelmi, Josef: Pius XII. (1939–1958) und Paul VI. (1963–1978). Herkunft und Werdergang zweier Päpste, in: zur debatte 7 (2008), 9–12.
Gerhartz, Johannes Günter: Die rechtliche Ordnung der Mischehen. Die Bestimmungen vom Codex Iuris Canonici (1917) bis „Matrimonia mixta" (1970), Trier 1971.
Geschichtsverein für das Bistum Aachen (Hg.): Papst Paul VI. Zur 100. Wiederkehr seines Geburtstages 1897–1997 [= Geschichte im Bistum Aachen. Beiheft 1/ Vorträge des Studientages 29. 11. 1997 in Aachen], Neustadt an den Aisch 1999.
Graber, Rudolf: Papst Paul VI. und die innerkirchliche Krisis [= Una Voce Schriftenreihe 4], Zürich 1966.

Graham, Robert A.: Giovanni Battista Montini Substitut Secretary of State (in tandem with Domenico Tardini), in: Paul VI (1984), 67–84.

Grootaers, Jan: I Protagonisti del Vaticano II, Mailand 1994.

Ders.: Quelques données concernant la redaction de l'encyclique 'Humanae vitae', in: Paul VI (1984), 385–398.

Ders.: An Unfinished Agenda. The Question of Roman Catholic Membership in the World Council of Churches (1968–1975), in: Ecumenical Review 49 (1997), 305–347.

Guarducci, Margherita: Pietro ritrovato. Il martirio, la tomba, le reliquie, Mailand 1969.

Guitton, Jean: Dialog mit Paul VI., Freiburg i. Br. u. a. 1967.

Ders.: Das Drama von Ecône in der Sicht Papst Pauls VI., in: Una-Voce-Korrespondenz 34 (2004), 33–46.

Ders.: Paolo VI segreto, Cinisello Balsamo (Mailand) [4]2002.

Hartmann, Peter C.: Die Jesuiten, München 2001.

Hebblethwaite, Peter: Paul VI. The First Modern Pope, New York u. a. 1993.

Henkel, Willi: Mission als Dialog und Zeugnis. Papst Paul VI. und die Mission, in: Neue Zeitschrift für Missionswissenschaft 35 (1979), 241–254.

Henn, William: Theological Aims and Contents of the Apostolic Voyages of Paul VI. An Ecclesiology for the Areopagus, in: I viaggi apostolici (2004), 79–110.

Henrix, Hans Hermann – Rendtorff, Rolf (Hgg.): Die Kirchen und das Judentum. Dokumente von 1945 bis 1985, Paderborn 1988.

Hilaire, Yves-Marie: La France et le Saint Siège, in: Paul VI (1984), 717–745.

Holböck, Ferdinand: Credimus. Kommentar zum Credo Pauls VI., München – Salzburg [3]1973.

Huber, Christian: Papst Paul VI. und das Kirchenrecht [= Münsterischer Kommentar zum CIC. Beiheft 21], Essen 1999.

Hummel, Karl-Joseph: Pius XII. und die Deutschen – Deutschland und Paul VI., in: zur debatte 7 (2008), 14f.

Huizing, Peter – Walf, Knut: Römische Kurie und Gemeinschaft der Kirchen, in: Concilium 15 (1979), 421–426.

Imkamp, Wilhelm: „Praesentia et efficientia". Anmerkungen zur Entwicklung des Kardinalates unter Paul VI., in: Paolo VI e la collegialità episcopale [= Tagung Brescia, 25.–27. 9. 1992], Brescia – Rom 1992, 46–64.

Jiménez, Jorge Dagnino: Universidad y un nuevo orden spiritual. El caso de la FUCI 1933–1939, in: Teologia y vida 51 (2010), 387–411.

L'Istituto Paolo VI. Cenni storici (1979–2009) [= IPB. Quaderni 29], Brescia – Rom 2009.

Kenis, Leo (u. a. Hgg.): The Transformation of the Christian Churches in Western Europe 1945–2000 (…), Löwen 2010.

Koltermann, Ulrike: Päpste und Palästina. Die Nahostpolitik des Vatikans von 1947 bis 1997 [= Jerusalemer Theologisches Forum 2], Münster 2001.

Koschel, Ansgar: Katholische Kirche und Judentum im 20. Jahrhundert [= Symposion Mainz, 15.–16. 9. 2000/= Religion – Geschichte – Gesellschaft 26], Münster u. a. 2002.

Küng, Hans: Erkämpfte Freiheit, München 2002.

Lanza, Franco: Paolo VI e gli scrittori [= IPB. Saggi 4], Brescia – Rom 1994.

Larentzakis, Gregor: Das Ökumenische Patriarchat von Konstantinopel zu den großen

Ereignissen der Römisch-Katholischen Kirche. Von Papst Paul VI. bis zu Papst Johannes Paul II., in: Ostkirchliche Studien 28 (1979), 186–196.
Laurentin, Rene: Paul VI.et l'après-Concile. Le Synode des Évêques, in: Paul VI (1984), 569–601.
Lécuyer, Joseph: Die theologische Position der Römischen Kurie, in: Concilium 15 (1979), 427–431.
Lehmann, Hartmut – Schjørring, Jens Holger (Hgg.): Im Räderwerk des ‚real existierenden Sozialismus'. Kirchen in Ostmittel- und Osteuropa von Stalin bis Gorbatschow, Göttingen 2003.
Levillain, Philippe: Paul VI et la culture française, in: Le dialogue possible. Paul VI et les cultures contemporaines [= Studientag Paris, 13.12.2005/IPB. Pubblicazioni 28], Brescia – Rom 2007, 17–27.
Libânio, João Batista: Gli influssi sull'insegnamento teologico in America Latina del viaggio e dei discorsi di Paolo VI in Colombia, in: I viaggi apostolici (2004), 125–140.
Lill, Rudolf: Geschichte Italiens in der Neuzeit, Darmstadt [4]1994.
Ders.: Zur Politik Pius' XII. und Pauls VI. in: zur debatte 7 (2008), 12f.
Ders.: Zur Vatikanischen Ostpolitik unter Johannes XXIII. und Paul VI., in: Hummel, Karl-Joseph (Hrsg.): Vatikanische Ostpolitik unter Johannes XXIII. und Paul VI. 1958–1978, Paderborn u.a. 1999, 19–30.
Lindgens, Godehard: Katholische Kirche und moderner Pluralismus. Der neue Zugang zur Politik bei den Päpsten Johannes XXIII. und Paul VI. und dem Zweiten Vatikanischen Konzil, Berlin 1978.
Lobkowicz, Nikolaus: „He rejoices being in the American Tradition". John Courtney Murray SJ und die Religionsfreiheit, in: Communio 39 (2010), 198–204.
Lochbrunner, Manfred: Die Beziehungen zwischen Giovanni Battista Montini/Paul VI. und Romano Guardini. Eine biographische Studie, in: Pottmeyer (2006), 133–158.
Ders.: Paolo VI e Romano Guardini, in: Notiziario IPB 44 (2002), 79–106.
Ders.: Papst Paul VI. und Romano Guardini. Zum 100. Geburtstag von Giovanni Battista Montini und zum 30. Todestag von Guardini, in: Forum katholische Theologie 14 (1998), 161–188.
Lohrmann, Klaus: Die Päpste und die Juden. 2000 Jahre zwischen Verfolgung und Versöhnung, Düsseldorf 2008.
López Rodó, Laureano: Le Relazioni tra Spagna e Vaticano durante il Pontificato di Paolo VI, in: Notiziario IPB 32 (1996), 53–79.
Lucal: siehe Araujo.
Luxmoore: siehe Babiuch.
Macchi, Pasquale: Commemorazione di Paolo VI [Mailand, 23.9.1979], in: Notiziario IPB 1 (1979), 57ff.
Ders.: Paolo VI nella sua parola, Brescia 2001.
Ders.: Paolo VI e la tragedia di Moro, Mailand 1998.
Maffeis, Angelo: Giovanni Battista Montini, Mario Bendiscioli e l'incontro con la cultura tedesca, in: Pottmeyer (2006), 159–216.
Ders.: Giovanni Battista Montini e il problema ecumenico. Dagli anni giovanili all'episcopato milanese, in: Paolo VI e l'ecumenismo [= Tagung IPB, 25.–27.9.1998/IPB. Pubblicazioni 21], Brescia – Rom 2001, 39–96.
Ders.: Gli osservatori al Vaticano II, in: Notiziario IPB 25 (1993), 39–45.

Ders.: Paolo VI e Atenagora. Lo scambio di visite del 1967, in: Notiziario IPB 53 (2007), 89–98.
Ders.: Il viaggio di Paolo VI a Ginevra e la visita al Consiglio Ecumenico delle Chiese, in: Notiziario IPB 57 (2009), 47–54.
Magee, John: La vita quotidiana di Paolo VI, in: Paul VI (1984), 135–147.
Mahieu, Patrice: La concélebration projectée entre Paul VI et Athénagoras Ier, in: Istina 108 (2013), 41–68.
Ders.: Paolo VI, maestro spirituale, Rom 2004.
Marangoni, Renato: La chiesa mistero di comunione. Il contributo di Paolo VI nell'elaborazione dell'ecclesiologia di comunione [= Analecta Gregoriana 282], Rom 2001.
Martelet, Gustave: Essai sur la signification de l'encyclique ‚Humanae vitae', in: Paul VI (1984), 399–415.
Ders.: L'existence humaine et l'amour. Pour mieux comprendre l'encyclique ‚Humanae Vitae', Paris 1969.
Martin, Jacques: Les voyages de Paul VI. in: Paul VI (1984), 317–332.
Martina, Giacomo: Tardini nella Segreteria di Stato. A proposito di due recenti opere, in: Archivum Historiae Pontificiae 27 (1989), 433–441.
Martino, Renato Raffaele: Paolo VI e la Giornata mondiale della Pace, in: Notiziario IPB 55 (2008), 12–22.
Marzaroli, Davide: La chiesa volta di Cristo. Il pensiero ecclesiologico die Giovanni Battista Montini. Origini e sviluppi (1918–1963) [= Convivivium Assisiense 2. Studia], Assisi 1994.
Mauti, Ricardo M.: Newman nel pensiero e nella vita di Paolo VI, in: Notiziario IPB 43 (2002), 21–51.
McLeod, Hugh: The Religious Crisis of the 1960s, Oxford 2007.
Meier, Johannes – Straßner, Veit (Hgg.): Kirche und Katholizismus seit 1945, Bd. 6: Lateinamerika und Karibik, Paderborn u.a. 2009.
Meir, Golda: My Life, London 1975.
Melloni, Alberto (Hg.): Angelo Dell'Acqua, prete, diplomatico e cardinale al cuore della politica vaticana (1903–1972), Bologna 2004.
Ders.: Paolo VI e l'immagine dei suoi predecessori, in: Paul VI (1984), 167–181.
Ders.: La politica internazionale della Santa Sede negli anni Sessanta, in: ders. (Hg.): Il filo sottile. L'Ostpolitik vaticana di Agostino Casaroli, Bologna 2006, 3–47.
Ders. – Scatena, Silvia (Hgg.): L'America Latina fra Pio XII e Paolo VI. Il cardinale Casaroli e le politiche vaticane in una Chiesa che cambia, Bologna 2006.
Mettepenningen, Jürgen: Nouvelle théologie – New Theology. Inheritor of Modernism. Precursor of Vatican II, London 2010.
Mindszenty, Jozsef: Erinnerungen, Frankfurt a.M. u.a. 1974.
Moioli, Angelo: Sviluppo economico e condizioni sociali nell'area milanese tra gli anni cinquanta e sessanta, in: Capriolo – Vaccaro (1989), 27–44.
Molinari, Maurizio: Santa Sede e Stati Uniti d'America negli anni 1964–1968. La guerra in Vietnam, in: Notiziario IPB 40 (2001), 33–36.
Mondin, Battista: Dizionario di Teologi, Bologna 1992.
Moro, Renato: Giovanni Battista Montini e il fascismo, in: Paul VI (1984), 41–65.
Mougel, Renè: Maritain, Paul et l'Église du Concile, in: Notiziario IPB 38 (2000), 82–100.

Münch, Dieter: Einführung in die politische Geschichte Italiens 1943–2009, Rostock 2009.
Olmi, Antonio: Il consenso cristologico tra le chiese calcedonesi e non calcedonesi (1964–1996) [= Analecta Gregoriana 290], Rom 2003.
O'Malley, John: What Happened at Vatican II?, Cambridge (Massachusetts) 2010.
Osaer: siehe Declerck.
Pablo VI y España [= Tagung Madrid, 20./22. 5. 1994/IPB. Studium], Brescia – Rom 1996.
Paoletti, Domenico: La testimonianza Cristiana nel mondo contemporaneo in Papa Montini, Rom 1991.
Paolo VI e la collegialità episcopale [= Tagung IPB, 25.–27. 9. 1992/IPB. Pubblicazioni 15], Brescia – Rom 1995.
Paolo VI e l'ecumenismo [= Tagung IPB, 25.–27. 9. 1998/IPB. Pubblicazioni 21], Brescia – Rom 2001.
Paolo VI. Immagini di un'pontificato [= Biblioteca universale Cristiana 8], Rom 1978.
Paolo VI e i problemi ecclesiologici al Concilio [= Tagung IPB, 19.–21. 9. 1986/IPB. Pubblicazioni 7], Brescia – Rom 1989.
Paolo VI e il rapporto Chiesa-mondo al Concilio [= Tagung Rom, 22.–24. 9. 1989/IPB. Pubblicazioni 12], Rom 1991.
Paronetto Valier, Maria Luisa: Paolo Vi e la Spagna, in: Notiziario IPB *28 (1994)*, 71–79.
Pasqualetti, Gottardo: Mons. Bugnini e la Riforma liturgica. Valore e senso di un impegno, in: Ephemerides Liturgicae 136 (2012), 392–400.
Paul VI et la modernité dans l'Église [= Tagung Rom, 2.–4. 6. 1983/Collection de L'École Française de Rome 72], Rom 1984.
Il pellegrinaggio di Paolo VI in Terra Santa (4–6 gennaio 1964), Rom 1964.
Pesch, Otto Hermann: Das Zweite Vatikanische Konzil. Vorgeschichte – Verlauf – Ergebnisse – Nachgeschichte, Würzburg 2001.
Pittau, Giuseppe: I viaggi di Paolo VI in Asia. L'incontro della chiesa con le culture e religioni asiatiche, in: I viaggi apostolici (2004), 151–165.
Pottmeyer, Hermann Josef (Hg.): Paul VI. und Deutschland [= Studientage Bochum, 24./25. 6. 2003/IPB. Pubblicazioni 27], Brescia – Rom 2006.
Ders.: Pius XII. und Paul VI. – zwei Päpste, die die Kirche von heute prägen, in: zur debatte 7 (2008), 16f.
Potz, Richard: Papst Paul VI. und das Recht, in: Österreichisches Archiv für Kirchenrecht 29 (1978), 199–216.
Poupard, Paul: Il trentennio della ‚Populorum progressio', in: Notiziario IPB 33 (1997), 32ff.
Prévotat, Jacques: Les sources françaises dans la formation intellectuelle de Giovanni Battista Montini (1919–1963), in: Paul VI (1984), 101–127.
Pro oriente (Hg.): Tomos agapis. Dokumentation zum Dialog der Liebe zwischen dem Hl. Stuhl und dem Ökumenischen Patriarchat 1958–1976 (...), Innsbruck u. a. 1978.
Ratzinger, Joseph: Einführung in das Christentum, München 1968.
Re, Giovanni Battista: Paolo VI e la diplomazia, in: Notiziario IPB 37 (1999), 27–33.
Recker, Dorothee: Die Wegbereiter der Judenerklärung des Zweiten Vatikanischen Konzils. Johannes XXIII., Kardinal Bea und Prälat Oesterreicher – eine Darstellung ihrer theologischen Entwicklung, Paderborn 2007.

Reinhardt, Volker: Geschichte Italiens. Von der Spätantike bis zur Gegenwart, München 2003.
Rendtorff: siehe Henrix.
Renz, Andreas: Paul VI. und die Religionen. Zwischen Aufbruch und Verunsicherung, in: Religionen unterwegs 20 (2014), 4-10.
Riccardi, Andrea: Il ‚partito romano'. Politica italiana, Chiesa cattolica e Curia romana da Pio XII a Paolo VI, Brescia 2007.
Richter, Klemens: Die katholische Kirche und die Juden. Zur Entwicklung von 1945–1982, in: Ders. (Hg.): Die katholische Kirche und das Judentum. Dokumente 1945–1982, Freiburg i. Br. u. a. 1982, 9–24.
Le rôle de Giovanni Battista Montini – Paul VI dans la réforme liturgique [= Studientag Löwen, 17. 10. 1984/IPB. Pubblicazioni 5], Rom 1987.
Rossetti, Bruno: La spiritualità sacerdotale di Paolo VI. Una mistica incarnata nella storia, Cinisello Balsamo (Mailand) 2008.
Rotte, Ralph: Die Außen- und Friedenspolitik des Heiligen Stuhls. Eine Einführung, Wiesbaden 2007 ([2]2014).
Rouche, Michel: La préparation de l'encyclique ‚Humanae vitae'. La commission sur la population, la famille et la natalité, in: Paul VI (1984), 361–384.
Routhier, Gilles: Il Concilio Vaticano II. Recezione ed ermeneutica, Mailand 2007.
Ruggieri, Giuseppe: Delusioni alla fine del concilio. Qualche atteggiamento nell'ambiente cattolico francese, in: Doré, Joseph – Melloni, Alberto (Hgg.): Volti di fine Concilio. Studi di storia sulla conclusione del Vaticano II [= Testi e ricerche di scienze religiose. NS 27], Bologna 2000, 193–224.
Rumi, Giorgio: Montini arcivescovo di Milano. Avvertenze metodologiche e linee di ricerca, in: Paul VI (1984), 129–134.
Salvini, Gianpaolo: La ‚Dignitatis humanae'. La libertà religiosa in Paolo VI, in: La Civiltà Cattolica 159 (2008), 338–348.
Sandfuchs, Wilhelm: Paul VI. Papst des Dialogs und des Friedens, Würzburg 1978.
Santini, Alceste: Casaroli. L'uomo del dialogo, Mailand 1993.
Scatena: siehe Melloni.
Schillebeeckx, Edward: Die eucharistische Gegenwart. Zur Diskussion über die Realpräsenz, Düsseldorf 1967 [holländische Originalausgabe: Christus' tegenwoordigheid in de eucharistie, Bilthoven 1967].
Schjørring: siehe Lehmann.
Schlott, René: Papsttod und Weltöffentlichkeit seit 1878. Die Medialisierung eines Rituals [= Veröffentlichungen der Kommission für Zeitgeschichte. B 123], Paderborn u. a. 2013.
Schmiedl, Joachim: Reception and Implementation of the Second Vatican Council. Religious Institutes, in: Kenis (2010), 296–311.
Schmidt, Stjepan: Augustin Bea. Der Kardinal der Einheit, Graz u. a. 1989.
Schneider, Burkart: Der Friedensappell Papst Pius' XII. vom 24. August 1939, in: AHP 6 (1968), 415–424.
Schwedt, Herman H.: Papst Paul VI. und die Aufhebung des römischen Index der verbotenen Bücher in den Jahren 1965–1966, in: Geschichtsverein für das Bistum Aachen (1999), 45–111.
Ders.: Papst Paul VI. und die Aufhebung des römischen Index der verbotenen Bücher

im Jahre 1965, in: Römische Quartalschrift für christliche Altertumskunde und Kirchengeschichte 98 (2003), 236–278.
Schweiger, Gottfried – Sedmak, Clemens (Hgg.): Auf dem Weg zu größerer Menschlichkeit. Zum 40. Jahrestag von Populorum Progressio [= Salzburger Theologische Studien 33], Innsbruck u.a. 2007.
Seeber, David A.: Paul. Papst im Widerstreit. Dokumentation und Analyse. Einleitung Karl Rahner, Freiburg i. Br. u.a. 1971.
Semeraro, Cosimo (Hg.): La sollecitudine ecclesiale di Pio XI. Alla luce delle nuove fonti archivistiche [= Tagung Rom, 26.–28. 2. 2009/= Pontificio Comitato di scienze storiche. Atti e documenti 31], Rom 2010.
Sesboüé, Bernard: Les voyages apostoliques de Paul VI. Profil Historique, in: I viaggi apostolici (2004), 63–77.
Shin, Jeonghun: Kirche als Weltforum. Zum Dialogverständnis in kirchlichen Dokumenten seit dem Zweiten Vatikanischen Konzil, Berlin 2010.
Siccardi, Cristina: Paolo VI. Il papa della luce, Mailand 2008.
Silvestrini: L'Ostpolitik de Paul VI, in: Notiziario IPB 20 (1990), 70–83.
Ders. (Hg.): L'Ostpolitik di Agostino Casaroli, Bologna 2009.
Straßner: siehe Meier.
Suenens, Leo Joseph: Von Johannes XXIII. zu Johannes Paul II., in: Herder Korrespondenz 34 (1980), 176–182.
O'Sullivan, John: The President, the Pope and the Prime Minister. Three who Changed the World, Washington D.C. 2006.
Tettamanzi, Dionigi: Paolo VI. L'arcivescovo Montini raccontato dal suo terzo successore, Cinisello Balsamo (Mailand) 2009.
Ders.: Vi parlo di Montini, Mailand 2003.
Thönissen: siehe Ernesti.
Tiraboschi, Marisa: Agostino Gemelli. Un figlio di San Francesco tra le sfide del novecento, Rom 2007.
Többe, Bianca: Bevölkerung und Entwicklung, Münster 2000.
Tornielli, Andrea: Paolo VI. L'audacia di un Papa, Mailand 2009.
Ders.: Paolo VI. Il timoniere del concilio, Casale Monferrato 2003.
Toscani, Xenio (Hg.): Paolo VI. Una biografia, Brescia – Rom 2014.
Trippen, Norbert: Giovanni Battista Montini/Paul VI. und der deutsche Episkopat, insbesondere die Kardinäle Frings und Döpfner, in: Pottmeyer (2006), 18–33.
Ders.: Josef Kardinal Frings (1887–1978). Band 2: Sein Wirken für die Weltkirche und seine letzten Bischofsjahre [= Veröffentlichungen der Kommission für Zeitgeschichte. Reihe B 104], Paderborn u.a. 2005.
Uginet, François-Charles: La constitution «Regimini ecclesiae universae», in: Paul VI (1984), 603–613.
Ungváry, Krisztián: The Kádár Regime and the Roman Catholic Hierarchy, in: The Hungarian Quarterly 187 (2007), 80–91.
Vaccaro: siehe Caprioli.
Ventresca, Robert A.: Soldier of Christ. The Life of Pius XII, Cambridge (Massachusetts) – London 2013.
Verucci, Guido: L'eresia del Novecento. La chiesa e la repressione del Modernismo in Italia, Turin 2010.

Versace, Eliana: Montini e l'apertura a sinistra. Il falso mito del „vescovo progressista", Mailand 2007.

Verso la civiltà dell'amore. Paolo VI e la costruzione della comunità umana, herausgegeben von Renato Papetti [= Tagung Brescia, 24.–26.9.2010/IPB. Pubblicazioni 31], Brescia 2012.

Verstraeten: Fundamental Changes in the Social Ethic of the Christian Churches, in: Kenis (2010), 175–193.

I viaggi apostolici di Paolo VI [= Tagung Brescia, 21.–23.9.2001/IPB. Pubblicazioni 25], Brescia – Rom 2004.

Vian, Giovanni Maria: La solitudine di Paolo VI e il peso della tradizione, in: Notiziario IPB 55 (2008), 28–35.

Vian, Nello (Hg.): Anni e opere di Paolo VI, Rom 1978.

Ders.: Le radici bresciane di Giovanni Battista Montini, in: Paul VI (1984), 15–31.

Viganò, Dario E.: Pio XII, i media e la communicazione, in: Chenaux (2010), 141–182.

Walf: siehe Huizing.

Weigel, George: Zeuge der Hoffnung. Johannes Paul II. Eine Biographie, Paderborn u. a. 2002.

Wenger, Antoine: Le cardinal Jean Villot (1905–1979). Secretaire d'état de trois papes, Paris 1989.

Wenzel, Knut: Kleine Geschichte des Zweiten Vatikanischen Konzils, Freiburg i. Br. u. a. 2005.

Wind, Renate: Bis zur letzten Konsequenz. Die Lebensgeschichte des Camilo Torres, Weinheim 1994.

Winkeler, Lodewijk: Opening Windows or Opening Doors? Catholic Intellectuals as the Bearers of Secularisation in the Netherlands, 1945–1970, in: Kenis (2010), 96–112.

Wirth, Wolfgang: Solidariät der Kirche mit Israel. Die theologische Neubestimmung des Verhältnisses der Kirche zum Judentum nach 1945 anhand der offiziellen Verlautbarungen [= EHS. Reihe 23. Bd. 312], Frankfurt a. M. u. a. 1987.

Wittstadt, Klaus: Julius Kardinal Döpfner (1913–1976). Anwalt Gottes und der Menschen, München 2001.

Ders.: Paul VI. Schwerpunkte seines Pontifikates, in: Geschichtsverein für das Bistum Aachen (1999), 9–43.

Wolf, Hubert: Index. Der Vatikan und die verbotenen Bücher. München [2]2006.

Ders.: Liturgischer Antisemitismus? Die Karfreitagsfürbitte für die Juden und die Römische Kurie (1928–1975), in: Florian Schuller (u. a. Hgg.): Katholizismus und Judentum. Gemeinsamkeiten und Verwerfungen vom 16. bis zum 20. Jahrhundert, Regensburg 2005, 253–269.

Wright, John J.: Reaction of Anglophone Hierarchies to ‚Humanae vitae', in: Lateranum 44 (1978), 92–104.

Zizola, Giancarlo: Die Kurienreform. Bemühungen und Probleme, in: Theologie der Gegenwart 21 (1978), 28–36.

Ders.: Quale papa? Analisi delle strutture elettorali e governative del papato romano, Rom 1977.

Bildnachweis

Der größere Teil der hier verwendeten Fotos stammt aus dem Bildarchiv des Istituto Paolo VI (IPB – Brescia/Concesio). Ich danke für die Hilfe bei der Auswahl und für die Genehmigung, sie in diesem Band reproduzieren zu dürfen.

IPB: 1, 2, 3, 4, 5, 6, 7, 8, 9, 11, 13, 14, 15, 16, 17, 18, 19, 20, 21, 23, 24, 26, 27, 28, 29, 31, 32, 34, 35, 36, 37, 39, 40, 41, 42, 44, 45, 46, 47, 48, 53, 54, 55, 56, 57, 59, 60, 61, 62
Bildarchiv Herder: 10, 25
© Getty Images: 12, 22, 30, 33, 38, 43, 49, 50, 51, 52
Historisches Archiv des Erzbistums Köln: 58

Zeittafel

1897	Giovanni Battista Montini wird am 26.9. im lombardischen Concesio als Sohn von Giorgio und Giuditta Montini geboren
1916	Reifeprüfung
1916–1920	Theologiestudium in Brescia
1920	Priesterweihe
1920–1923	Studien als Alumne der Päpstlichen Diplomatenakademie in Rom (ziviles und kanonisches Recht sowie Philosophie an der Gregoriana)
1923	Mitarbeiter an der Nuntiatur in Warschau
1924–1933	Geistlicher Assistent des Verbandes der katholischen Studentenschaft in Italien (FUCI) – zunächst für Rom, ab 1925 auf nationaler Ebene
1925	Ernennung zum Minutenten im vatikanischen Staatssekretariat
1930–1937	Dozent für die Geschichte der päpstlichen Diplomatie
1937	Substitut im Staatssekretariat – als solcher richtet er während des Krieges den *Informationsdienst* für Kriegsgefangene ein
1952	Ernennung zum Pro-Sekretär im Staatssekretariat
1954	Ernennung zum Erzbischof von Mailand und Bischofsweihe (12. Dezember; Hauptkonsekrator: Eugène Tisserant)
1957	Große Mailänder Diözesanmission
1958	Am 15. Dezember Ernennung zum Kardinal durch Papst Johannes XXIII. (Titelkirche: SS. Silvestro e Martino)
1961	Mitglied der Zentralen Vorbereitungskommission des Zweiten Vatikanischen Konzils
1963	Am 21. Juni Wahl zum Nachfolger Johannes' XXIII. Am 29. September Wiederaufnahme des Konzils
1964	Wallfahrt ins Heilige Land

	Erste Enzyklika *Ecclesiam Suam* über Kirche und Dialog
	Einsetzung des Rates zur Durchführung der Liturgiekonstitution
	Gründung des Sekretariates für die Nichtchristen als Auftakt der großen Kurienreform
	Indienreise
1965	Enzykliken *Mense Maio* über die Marienverehrung und *Mysterium Fidei* über die Eucharistie
	Rede vor der UNO in New York
	Aufhebung des Banns von 1054
	Am 8. Dezember Abschluss des Konzils
1966	Enzyklika *Christi Matri*
1967	„Jahr des Glaubens"
	Reise ins portugiesische Fátima
	Enzykliken *Sacerdotalis Coelibatus* und *Populorum Progressio*
	Erste Bischofssynode zu liturgischen und pastoralen Fragen
	Zusammentreffen mit dem Ökumenischen Patriarchen Athenagoras in Istanbul und in Rom
1968	Am 1. Januar: Erster Weltfriedenstag
	„Credo des Gottesvolkes"
	Enzyklika *Humanae Vitae*
	Reise ins kolumbianische Bogotá
1969	Außerordentliche Bischofssynode zur Amtsfrage
	Endgültiges Inkrafttreten des reformierten Messbuches
1970	Reise nach Ostasien, Australien und Ozeanien
1971	Bischofssynode über Priestertum und Gerechtigkeit
1973	Eröffnung des vatikanischen Museums für moderne religiöse Kunst
1974	Bischofssynode zum Thema Evangelisierung
1975	Feier des Heiligen Jahres als großes Medienereignis
	Apostolisches Schreiben *Evangelii Nuntiandi*
1976	Suspension des traditionalistischen Erzbischofs Marcel Lefebvre
1978	Vermittlungsversuch im Entführungsfall Aldo Moro
	Paul VI. stirbt am 6. August in Castelgandolfo

Personenregister